# Die Boote im Netz

GÜNTER BÖDDEKER

# Die Boote im Netz

## Der dramatische Bericht über Karl Dönitz und das Schicksal der deutschen U-Boot-Waffe

WELTBILD VERLAG

Titelmotiv:

U 473; Atlantik-Boot der deutschen Kriegsmarine Typ VII C; Baujahr 1941 (Germania-Werft Kiel); 769 t, Länge 67 m; durch britischen Geleitschutz versenkt am 5. Mai 1944 im Nordatlantik.

Gemälde von Günther Todt, Hamburg

Genehmigte Lizenzausgabe für
Weltbild Verlag GmbH, Augsburg 1993

Einbandgestaltung: Peter Engel, München
Gesamtherstellung: Wiener Verlag, Himberg bei Wien
Printed in Austria
ISBN 3-89350-552-0

# Inhalt

# 1 Der verlorene Sieg

*Die Sorgen des Großadmirals Dönitz – Verrat oder technische Revolution – Was Churchill verschwieg – Drei Jahrzehnte später eine historische Sensation – Ultra, das Instrument des alliierten Sieges – Ein vollständig neues Bild des U-Boot-Kriegs*

Anfang 1943. Der Zweite Weltkrieg war an allen Fronten in seine kritische Phase eingetreten.

Deutsche Soldaten kämpften am Polarkreis und in der afrikanischen Wüste.

In Stalingrad gingen die überlebenden Männer der geschlagenen 6. Armee in sowjetische Gefangenschaft. Der russische Druck auf die deutsche Ostfront wuchs.

In Casablanca einigten sich Amerikas Präsident Roosevelt und Großbritanniens Premier Churchill auf das Kriegsziel der »bedingungslosen Kapitulation« ihrer Feinde.

An der Front in Nordafrika führten Briten und Amerikaner jetzt eine erdrückende Materialübermacht in die Schlacht gegen die deutsch-italienischen Truppen.

An der Luftfront über Deutschland steigerten die Alliierten ihre Bomberoffensive zu städtevernichtender Gewalt.

In Berlin verfügte Hitler die »totale Mobilisierung« von Männern und Frauen für die Reichsverteidigung. Propagandaminister Goebbels verkündete im Sportpalast den »totalen Krieg«.

In dieser Lage und zu diesem Zeitpunkt nun drohte die schärfste Waffe, die das Reich noch besaß, abzustumpfen: die deutschen U-Boote.

Am 8. Februar 1943 erschien der zehn Tage zuvor zum Oberbefehlshaber der deutschen Kriegsmarine ernannte Großadmiral Karl Dönitz im Führerhauptquartier Wolfschanze zum Lagevortrag.

Es drängte ihn, auch Hitler mit einer Sorge bekannt zu machen, die Dönitz in diesem vierten Kriegsjahr stärker bedrückte als die meisten anderen seiner Probleme: Der Feind, Briten und Amerikaner, schien genau zu wissen, wo im weiten Ozean die deutschen U-Boote standen. Dafür gab es, so schien es der deutschen Marineführung, nur zwei Erklärungen: In der Umgebung des Großadmirals war ein Verräter.

Oder aber, was ebenso gefährlich war: Die Alliierten hatten einen technischen Durchbruch erzielt und ein Ortungssystem entwickelt, dem die Deutschen nichts entgegenzusetzen hatten.

Die Schlacht im Atlantik um Englands Nachschub über See strebte jetzt ihrer Entscheidung zu.

Der Ausgang dieser Schlacht aber, so erschien es Karl Dönitz, entschied auch über den Ausgang des Krieges.
Im Nordatlantik lauerten die deutschen U-Boote, an Zahl und Schlagkraft stärker als je zuvor. Aber die Geleitzüge des Feindes schlugen Haken auf dem Ozean, fuhren in weitem Bogen um die Rudel der »grauen Wölfe« herum.
Wie konnte dies geschehen?
Gab es auf dem Weg, den die Funkbefehle aus dem Lagezimmer der U-Boot-Führung zur Funkstelle nahmen, ein Leck?
Befand sich unter den wenigen Offizieren, die über die Positionen und Marschbefehle für die Boote informiert waren, ein Mann, der seine Kameraden, die im Ozean in einem tödlichen Gefecht standen, dem Feind preisgab?
Hatten die Briten und Amerikaner ein elektronisches System entwickelt, das weite Räume des Ozeans überwachen konnte?
Das Geheimnis enthüllte sich dem Großadmiral und den Männern, die mit ihm kämpften, nicht.
Nicht während des Krieges und nicht in vielen Jahren nach seinem Ende.
Denn Briten und Amerikaner wollten ihren geschlagenen deutschen Feind nicht wissen lassen, welche Tatsache entscheidend zur Niederlage der deutschen U-Boote beigetragen hatte. Sie verpflichteten alle Mitwisser zur absoluten Verschwiegenheit, und sie hielten alle schriftlichen Beweisstücke für Jahrzehnte in ihren Staatsarchiven unter Verschluß.
Stephen W. Roskill, Kapitän zur See in der Royal Navy, verfaßte eine vom britischen Parlament veranlaßte Geschichte des Seekriegs im Zweiten Weltkrieg. Auf den 2122 Seiten dieses Werks wird auf Hunderten von Seiten der Kampf der Briten und Amerikaner gegen die deutschen U-Boote geschildert.
Doch Kapitän Roskill, Kenner der Wahrheit über die Gründe für den alliierten Sieg, verbarg sein Wissen – weil die britische Regierung es für besser hielt.
Großbritanniens Kriegspremier Winston S. Churchill schrieb von 1948 bis 1954, sechs Jahre lang, an seiner Geschichte des Zweiten Weltkriegs. Sie umfaßt sechs Bände, die auf zwölf Bücher aufgeteilt und insgesamt 5741 Seiten stark sind.
An zahlreichen Stellen seines Monumentalwerks schrieb Churchill über die deutschen U-Boote viel Rühmendes. Er legte auch dar, als wie groß er die Gefahr ansah, die von ihnen für Großbritannien ausging: »Mitten in der unaufhörlichen Folge gewalttätiger Ereignisse war eine einzige Besorgnis vorherrschend. Schlachten mochten gewonnen oder verloren werden, Unternehmungen gelingen oder mißlingen, Gebiete erobert oder geräumt werden – über all unseren Anstrengungen, den Krieg fortzusetzen oder sogar ihn nur zu überstehen, stand die Anstrengung,

die Seeherrschaft über die Ozeanrouten, die gefahrlose Annäherung und die Zugänge zu unseren Häfen zu beherrschen . . .
Der U-Boot-Krieg war unser schlimmstes Übel. Es wäre weise von den Deutschen gewesen, alles auf diese Karte zu setzen . . .
Die Atlantikschlacht war der dominierende Faktor während des ganzen Krieges. Niemals, auch nicht für einen Moment, durften wir vergessen, daß alles, was sich anderswo ereignete – zu Lande, zu Wasser oder in der Luft – letzten Endes von ihrem Ausgang abhing, und inmitten aller unserer anderen Sorgen betrachteten wir ihr wechselhaftes Glück Tag um Tag mit Hoffnung oder Furcht.«

Doch mit keinem Wort ließ der Politiker und Historiker Churchill in seinen Büchern erkennen, daß die Furcht der Briten schon im zweiten Jahr des Krieges gegen die deutschen U-Boote in begründete Hoffnung umgeschlagen war.

Mit keinem Wort gab er preis, welchem besonderen Umstand ein wesentlicher Anteil des Sieges über die deutschen U-Boote zuzuschreiben war.

Erst 1974, drei Jahrzehnte nach dem Krieg, neun Jahre nach Churchills Tod, erlaubte das britische Verteidigungsministerium dem Luftwaffenoffizier Frederick W. Winterbotham, der während des Krieges zu Winston Churchills Vertrauten gezählt hatte, die Öffentlichkeit über das größte Geheimnis des Zweiten Weltkriegs zu unterrichten – über jenen Vorgang, den die Alliierten mit einem weit dichteren Schleier umgeben hatten als die Schritte, die zur Entwicklung der Atombombe führten.

Frederick W. Winterbothams Enthüllungen erwiesen sich als historische Sensation: In den ersten Monaten des Krieges bereits war es den Briten gelungen, in den Funkschlüssel der deutschen Luftwaffe einzudringen. Und nur ein Jahr später zerbrachen sie auch die Schutzhülle, mit der die deutsche Marine ihren Funkverkehr umgeben hatte.

Fortan konnten die Briten Funksprüche lesen, die zwischen der deutschen U-Boot-Führung und den U-Booten, die in den Weiten des Ozeans standen, gewechselt wurden.

Die Briten belegten die Nachrichten, die sie aus der Entzifferung deutscher Funksprüche gewannen, mit der allerhöchsten Geheimhaltungsstufe und nannten sie Ultra. Im Bereich der Marine trugen die Ultra-Meldungen die Bezeichnung »Special Intelligence«.

Der deutsche Großadmiral Karl Dönitz war 83 Jahre alt, als ihm diese Wahrheit über den U-Boot-Krieg bekannt wurde.

Er wußte nun, was das »Ungreifbare, Gefährliche, Drohende«, wie ein Mann seiner Umgebung es beschrieb, wirklich gewesen war, das den deutschen U-Booten vier Kriegsjahre lang Verderben brachte.

Und es muß ihn erleichtert haben, eine endgültige Bestätigung dafür zu bekommen, daß nicht ein Verräter Briten und Amerikanern den Weg zum Sieg über die U-Boote geebnet hatte.

Dönitz schrieb: »Zum Verräter militärischer Geheimnisse an den Gegner gibt es keine Brücke. Jedes Volk, jede Nation verachtet ihn. Selbst der Gegner respektiert ihn nicht, er benutzt ihn nur.«
Seinen Memoiren, einem Standardwerk zur Geschichte des Seekriegs von 1939 bis 1945, fügte Dönitz in einer Neuauflage den Satz hinzu: »Nach den inzwischen gewonnenen Erkenntnissen spielten außer der Radarentwicklung auch noch andere Faktoren bei den englischen Erfolgen in der U-Boot-Bekämpfung eine wesentliche Rolle, nämlich ein Bord-Kurzwellenpeiler und wahrscheinlich auch seit 1942 die Entschlüsselung deutscher Funksprüche.«
Im Nachwort zu den Memoiren des Großadmirals schrieb Professor Dr. Jürgen Rohwer, der bekannteste deutsche Marinehistoriker, wie sich die mit so großer Verspätung bekanntgewordenen Tatsachen auf die Betrachtung des U-Boot-Kriegs auswirken: »Der Verlauf der Schlacht im Atlantik (wurde) aus der Sicht der alliierten operativen Führung in einem derart schwerwiegenden Maß von den aus der Funkentzifferung, der ›Special Intelligence‹, gewonnenen Erkenntnissen über die deutschen Operationsabsichten beeinflußt, daß eine völlige Neubewertung der Zusammenhänge erforderlich wird. Das gilt sowohl für die Darstellung der operativen Abläufe, . . . als auch für die Auswirkungen und Konsequenzen des U-Boot-Kriegs für den gesamten Kriegsverlauf.«
Die Erkenntnisse über die Bedeutung von Ultra lassen ein vollständig neues Bild des U-Boot-Kriegs im Zweiten Weltkrieg entstehen.
Der U-Boot-Krieg, so zeigt sich, war in noch weit höherem Maße ein Krieg der Gehirne, als dies lange angenommen worden war.
Aus britischen und amerikanischen Akten ergibt sich der Ablauf des Kampfes auf einem geheimen Kriegsschauplatz, auf dem ebenso tödliche und vernichtende Aktionen eingeleitet wurden wie an den Fronten, an denen geschossen wurde. Den Kampf auf dem Meer trugen die Männer in ihren Booten, den Zerstörern und den Korvetten und den Flugzeugen aus. Aber über den Sieg in diesem Kampf war bereits eine Vorentscheidung gefallen – gegen die deutschen U-Boote.
Nie zuvor in der Geschichte waren kriegführende Staaten so genau über die Pläne des Gegners informiert wie Briten und Amerikaner über die Absichten ihres deutschen Feindes.
Sie waren Mitwisser seiner Überlegungen, seiner Vorbereitungen, sie kannten seine Hoffnungen, und sie richteten sich auf an seinen Enttäuschungen. Sie konnten sich hineindenken in seine Gedanken, sich hineintasten in seine Gefühle.
Kein Spion, kein Geheimdienst und auch kein Verräter hätte leisten können, was Ultra für Briten und Amerikaner leistete. Kein Verräter ist je so erfolgreich, kein Verrat je in der Geschichte so umfangreich und nützlich gewesen wie die Quelle Ultra.

Zögernd nur haben die britischen und amerikanischen Verteidigungsbehörden Material über diesen geheimnisumwitterten Vorgang des Zweiten Weltkriegs freigegeben.
Aufklärung über viele dramatische Ultra-Details gaben erst die Berichte von »Op-20-G«, einer Abteilung der amerikanischen Admiralität, die sich vor allem mit der Auswertung entzifferter deutscher Funksprüche befaßte. Dieser U-Boot-Report kann erst seit kurzem eingesehen werden.
Die umfangreichste und zugleich bedeutendste Beschreibung der Auswirkungen von Ultra auf den Verlauf des Krieges stellt die amtliche Geschichte der »Britischen Geheimdienste im Zweiten Weltkrieg« dar, deren erster Band auch erst dreieinhalb Jahrzehnte nach dem Ende des Krieges erscheinen durfte.
Aus dem, was jetzt bekannt geworden ist, ergibt sich die ganz besondere Tragik des Schicksals der Männer in den deutschen U-Booten – einer Waffengattung, der es in diesem schrecklichsten aller Kriege zufiel, die letzte Hoffnung zu tragen.
Auf die Zeiten ihrer Triumphe folgten die Monate und Jahre wechselhaften Erfolgs und schließlich der Niederlage: Das Auf und Ab des U-Boot-Kriegs in direkter Beziehung zur jeweiligen Wirksamkeit von Ultra.
Die deutschen U-Boote kämpften gegen einen Gegner, der alle Vorteile auf seiner Seite hatte: eine erdrückende materielle Überlegenheit an Kriegsschiffen und Kampfflugzeugen, einen beträchtlichen technischen Vorsprung und zu alledem die Erkenntnisse von Ultra.
Der Kampf der deutschen U-Boote war schwer. Wir wissen es aus den Verlustlisten, die kurze Zeit nach dem Ende des Krieges aufgestellt wurden.
Im Lichte der Enthüllungen über Ultra erscheinen die Kämpfe deutscher U-Boote auf den Meeren der Welt noch dramatischer, ihre Erfolge noch glanzvoller, die Tapferkeit der Männer in den Booten noch bewundernswerter.
Ihre schrecklichen Verluste aber muten noch tragischer an, weil wahrscheinlich ein Teil von ihnen vermeidbar gewesen wäre, hätten die Deutschen auch nur geahnt, daß der Gegner ihre Marschpläne, ihre Standorte, ihre Treffpunkte kannte.
In dem geheimen U-Boot-Report, den die amerikanische Admiralität in den Wochen unmittelbar nach dem Ende des Krieges in Europa ausarbeiten ließ, ist zu lesen, daß allein von US-Schiffen und US-Flugzeugen 96 deutsche U-Boote deshalb versenkt wurden, weil ihre Standorte und ihre Kurse durch Funkaufklärung festgestellt wurden.
Die entsprechende Zahl der von britischen Schiffen und Flugzeugen auf Grund der Erkenntnisse von Funkaufklärung vernichteten deutschen U-Boote ist noch sehr viel größer.

Dies heißt nicht, daß die Männer, die mit diesen U-Booten versanken, unter anderen Umständen in jedem Fall überlebt hätten, aber sie hätten vielleicht eine Chance gehabt, zu entkommen.
So waren sie ohne jede Chance.
In Großbritannien ließ die Öffnung der Ultra-Akten verborgen gehaltene Helden auf die Bühne der Geschichte des Seekriegs treten, Männer – und auch Frauen –, die sich bis dahin mit stillem Ruhm begnügen mußten: die riesige Heerschar von Entzifferungs-Experten und ihren Hilfskräften im britischen Entschlüsselungszentrum Bletchley Park, von Winston Churchill voller Dankbarkeit als »Gänse, die goldene Eier legen und niemals schnattern« bezeichnet, und vor allem auch die Offiziere des britischen »Submarine Tracking Room«.
Ein Mann aber ragt in besonderer Weise aus dem Heer der Namenlosen heraus, die Großbritannien und auch den Vereinigten Staaten halfen, den Sieg über die deutschen U-Boote zu erringen: Er hieß Rodger Winn, und er wurde einer der bedeutendsten Widersacher des deutschen Großadmirals Karl Dönitz. Winn war kein Soldat, er war kein Seeoffizier, er war ein Rechtsanwalt gewesen, bevor er sich freiwillig zum Wehrdienst meldete – obwohl er an einer Verkrüppelung litt.
Winn wurde Leiter des britischen »Submarine Tracking Room«, dessen Aufgabe es war, die Bewegungen deutscher U-Boote auf den Meeren der Welt zu verfolgen. Und in dieser Position entwickelte er eine Kunstfertigkeit und Geschicklichkeit, die ihn zu einem der Väter des alliierten Sieges über die deutschen U-Boote machte.
Rodger Winn knüpfte an dem Netz, in dem sich die Boote fingen – dem Netz aus Radar, Peilstrahlen und den Erkenntnissen, die Briten und Amerikaner aus der Entzifferung deutscher Funksprüche gewannen.
Der britische Marinehistoriker Patrick Beesly, während des Krieges stellvertretender Leiter des »Submarine Tracking Room«, schilderte, mit welch ungeheurem Maß von persönlichem Einsatz Rodger Winn seine Aufgabe erfüllte: »Sein Arzt stellte fest, daß er geistig und körperlich völlig erschöpft, sein Blutdruck gefährlich niedrig sei und daß er ohne längeres Aussetzen und absolute Ruhe nie mehr in der Lage sein würde, irgendeine ernsthafte Arbeit zu verrichten. Eine Rückkehr zur Admiralität sei unter allen Umständen ausgeschlossen . . . Winn, ein ganzer Mann, schlug den Rat seines Arztes in den Wind und meldete sich nach vier Wochen wieder zum Dienst.«
Die Geschichte des Einsatzes von Ultra gegen die deutschen U-Boote ist vor allem auch eine Geschichte von Menschen, von großartigen menschlichen Eigenschaften und menschlichen Schwächen. Sie ist eine Geschichte energischer Zielstrebigkeit, die von glücklichen Zufällen gekrönt wurde auf der Seite der Briten, und der Selbsttäuschung und auch der Selbstgefälligkeit auf der Seite der Deutschen; einer Selbstgefälligkeit, die Karl Dönitz allerdings nicht teilte.

Die Geschichte von Ultra ist auch die Geschichte des Krieges: aus kleinen Anfängen entwickelte sich ein Inferno der Vernichtung.
Die Geschichte von Ultra, soweit es gegen die U-Boote verwandt wurde, begann im Mai 1941 im Nordatlantik – mit der lange Zeit von Rätseln umgebenen Kaperung des deutschen U-Bootes U 110 durch die Entermannschaft eines britischen Zerstörers.
Für die Deutschen war U 110 eines von vielen Booten, die in jenem zweiten Jahr des Krieges verlorengingen; die Briten aber fanden im Rumpf des zerbombten und von seiner Besatzung aufgegebenen Bootes einen der Wegweiser zum Sieg: die deutsche Chiffrier-Maschine Enigma, mit der die Funksprüche der U-Boote und ihres Befehlshabers verschlüsselt wurden.
Das Material von U 110 ermöglichte es den Briten, wenige Wochen später sieben deutsche Versorgungsschiffe zu versenken – innerhalb von neun Tagen. Einige von ihnen wurden genau in dem Augenblick von feindlichen Kriegsschiffen überrascht, in dem sie U-Boote auftankten. Die Maschine Enigma, nun in britischer Hand, hatte den Feind geführt – zu sieben Schiffen in neun Tagen, die zwischen Polarkreis und Äquator verteilt gewesen waren.
Hätten die Deutschen nicht jetzt schon feststellen müssen, daß die Briten in das Nachrichtensystem eingedrungen waren, mit dem Karl Dönitz seine Boote zum Angriff leitete und mit dem seine Kommandanten berichteten, wie sich die Lage auf dem Ozean entwickelte?
Die Deutschen wurden stutzig – mehr nicht.
Wenig später konnte der britische »Submarine Tracking Room« die mit Hilfe von Ultra gewonnenen Kenntnisse dazu nutzen, die Geleitzüge um die Positionen der deutschen U-Boote im Atlantik herumzuführen. Die »grauen Wölfe« fanden den Feind in der Weite des Meeres nicht mehr, und oft entkam er ihnen selbst dann, wenn ein Boot die Schiffe eines Konvois gesichtet hatte.
Dann hatten die Deutschen den Beweis schwarz auf weiß vor sich liegen, daß die Briten in den Funkschlüssel der U-Boote eingebrochen waren. Die Deutschen erfuhren, daß der Feind die U-Boot-Aufstellungen im Ozean genau kannte. Das Wissen der Deutschen entstammte britischen Funksprüchen, die vom deutschen xB-Dienst entziffert worden waren. Die Deutschen also vermochten es, britische Funksprüche zu entschlüsseln. Eine gleiche Fähigkeit aber trauten ihre Nachrichtenexperten den Briten nicht zu. Die Deutschen bauten auf ihre Schlüsselmaschine Enigma, in deren System angeblich kein Feind auf Dauer eindringen konnte. Dieses Vertrauen in die Maschine hatte den Charakter einer Verblendung.
Im Frühjahr 1943 drohte die geballte Macht der im Nordatlantik versammelten Wolfsrudel die Seeverbindungen zwischen Nordamerika und Großbritannien zu zerreißen.

Damals, als der britischen Admiralität nach eigenem Eingeständnis die »Niederlage ins Gesicht starrte«, trug Ultra schließlich wieder entscheidend zum Sieg der Alliierten bei: Wieder wurde die Masse des Frachterstroms, der Lebensmittel und nun auch Kriegsmaterial für die Invasion des Kontinents nach Großbritannien brachte, um die Positionen der U-Boote herumgeleitet.
Nicht allein das: Da die Briten die Befehle mitlasen, die Karl Dönitz seinen Kommandanten gab, konnten sie die Verteidigung der Konvois immer dort verstärken, wo die »grauen Wölfe« sich zum Angriff konzentrierten. Ultra gab der ungeheuren materiellen Überlegenheit der Alliierten durchschlagende Vehemenz.
So mußte Briten und Amerikanern der Sieg zufallen.
Hätten die U-Boote in der Schlacht im Atlantik gesiegt, wenn Briten und Amerikanern Ultra nicht zur Verfügung gestanden hätte?
Der Marinehistoriker Jürgen Rohwer folgerte: »Ohne die Arbeit der vielen Kryptologen in Bletchley Park . . . und der Männer, die Intelligence (Erkenntnisse) in operative Entscheidungen umzusetzen hatten, wäre die Wende in der Schlacht im Atlantik sicher noch nicht im Mai 1943 eingetreten. Nach wesentlich höheren Schiffsverlusten bis zum Sommer 1943 wäre die alliierte technische und materielle Überlegenheit wohl erst im Herbst 1943 so groß geworden, daß sie den U-Boot-Krieg erdrückt hätte.
Dann jedoch wäre eine alliierte Invasion in der Normandie sicher nicht zum Termin Juni 1944 möglich gewesen.
Die Kette der Ereignisse hätte einen ganz anderen Verlauf als den uns bekannten nehmen müssen. Ohne Frage hätte der Krieg trotz allem schließlich mit einem alliierten Sieg geendet. Doch wäre dieser Sieg dann vielleicht durch den Abwurf der ersten Atombomben auf Berlin oder das Ruhrgebiet herbeigeführt worden.
Doch wollen wir uns nicht in dieses Feld der Spekulation verirren. Sie mag nur andeuten, wie anders der Krieg ohne die ›Special Intelligence‹ in der Schlacht im Atlantik hätte verlaufen können.«
Nach der Niederlage vom Mai 1943 im Nordatlantik ließ Karl Dönitz seine Boote in andere Seegebiete vorstoßen – wo, wie er glaubte, die feindliche Abwehr schwächer und weniger wirksam war.
Aber im mittleren Atlantik, bei den Azoren, vor der amerikanischen Ostküste, vor Brasilien, in der Karibik lauerten amerikanische U-Jagd-Gruppen – auf die Spur der Boote gesetzt durch Ultra.
Innerhalb kurzer Zeit zerschmetterten die Amerikaner das Rückgrat des Ferneinsatzes deutscher U-Boote: Sie versenkten die Masse der U-Tanker, mit denen die Boote für ihre Vorstöße in weit entfernte Seegebiete versorgt wurden. Die Schiffe und Bomber der Amerikaner fanden die Tanker nach einer Treibjagd ohnegleichen mit Hilfe von Ultra.

Entzifferten Funksprüchen der Deutschen entnahmen die Briten zur gleichen Zeit Positionen und Treffpunkte der U-Boote in der Biskaya. Britische und amerikanische Bomber erschlugen die Boote aus der Luft – nicht weit von den Stützpunkten der Deutschen.
Über Ultra erfuhren Amerikaner und Briten im Herbst 1943, daß die deutschen U-Boote eine neue Art von Torpedo mit in die Schlacht im Atlantik führten, und Ultra vermittelte den Alliierten zugleich Kenntnisse, die sie brauchten, um die Wirkung der neuen gefährlichen Waffe zunichte zu machen.
Aus entschlüsselten Funksprüchen erkannten Briten und Amerikaner die Ratlosigkeit, mit der deutsche Techniker dem Einsatz neuer Radargeräte in alliierten Schiffen und Flugzeugen gegenüberstanden. Und Ultra hielt Briten und Amerikaner auch auf dem laufenden über die Bemühungen der Deutschen, der Radardrohung zu begegnen.
Kaum ein Winkel der deutschen maritimen Waffentechnik blieb den spähenden Augen der Feinde verborgen.
Ultra war es, das den Alliierten die Entwicklung und den Einsatz des Schnorchels ankündigte, jener Vorrichtung, die den Booten die Eigenschaft zurückgeben sollte, die sie einst zu einer so wirksamen Waffe gemacht hatte: die Unsichtbarkeit.
Mit Hilfe der Funkentzifferung drangen die Alliierten 1944 schließlich sogar in die Herzkammer der deutschen U-Boot-Rüstung ein: Sie erfuhren, welche Eigenschaften und welche Kampfkraft die neuen deutschen U-Boote hatten, die Großadmiral Karl Dönitz bauen ließ; Boote von nie dagewesener Unterwassergeschwindigkeit und Unterwasserausdauer.
Der letzte Versuch der deutschen U-Boot-Waffe, die Schlacht im Atlantik noch einmal aufzunehmen, und diesmal mit größeren Aussichten auf Erfolg, wurde schon an Land erstickt, in den Explosionen, in Rauch und Feuer schwerer Fliegerbomben. Die entzifferten Funksprüche hatten Briten und Amerikanern vor Augen geführt, wie dringlich es geworden war, die deutschen Werften zu bombardieren, auf denen die neuen Boote der Deutschen, die zugleich ihre letzte Hoffnung waren, gebaut wurden.

*

Zum zweiten Mal in diesem Jahrhundert hatten die deutschen U-Boote den Sieg verloren.
Zweimal hatten sie Großbritannien an den Rand der Niederlage gebracht.
Zweimal hatten sie gegen eine gewaltige Übermacht gekämpft, und zweimal war ihre Bedeutung zunächst im eigenen Lande weit unterschätzt worden.

Des Kaisers Großadmiral Alfred von Tirpitz tat vor dem Ausbruch des Ersten Weltkriegs die U-Boote als »Spielerei« ab. Hitlers Großadmiral Erich Raeder setzte die U-Boote an eine der letzten Stellen seines Rüstungsprogramms.
Im Ersten wie im Zweiten Weltkrieg verhalfen erst Einzeltaten deutscher Offiziere der U-Boot-Waffe zum Durchbruch: Kapitänleutnant Otto Weddigen versenkte im ersten Kriegsjahr 1914 mit U 9 drei britische Panzerkreuzer vor Hoek van Holland; Kapitänleutnant Günther Prien torpedierte im ersten Kriegsjahr 1939 mit U 47 ein britisches Schlachtschiff in dessen Hafen Scapa Flow.
Ein Mann schmiedete die U-Boote dann zur schärfsten Waffe des Deutschen Reichs im Zweiten Weltkrieg: Karl Dönitz, der von Winston Churchill am meisten gefürchtete Deutsche. Er machte als Seestratege Geschichte wie einst Britanniens Lord Nelson. Er diente dem Kaiser noch als Seekadett, als Churchill schon Erster Lord der Admiralität war. Drei Jahrzehnte später kehrte Karl Dönitz den Ozean um. Seine Geschichte ist auch die Geschichte der deutschen U-Boote.

# 2 Der Führer der U-Boote

*Der Aufstieg des Seekadetten Karl Dönitz – »Zum Dienst bei der U-Boot-Waffe zu empfehlen« – Dönitz wird Kommandant – Nachtgefecht im Mittelmeer – Eine revolutionäre Seestrategie entsteht – Offensive aus dem Hafenwinkel*

Karl Dönitz wurde am 16. September 1891 in Grünau in der Nähe von Berlin geboren. Sein Vater war Ingenieur und später wissenschaftlicher Mitarbeiter der Firma Carl Zeiss in Jena.

Die Mutter von Karl Dönitz starb, als der Junge vier Jahre alt war. Der Vater heiratete nicht wieder, er zog Karl Dönitz und dessen Bruder fortan allein auf. Dönitz schrieb: »Ich glaube, daß der so frühe Tod meiner Mutter eines der einschneidendsten und für mein inneres Werden wirkungsvollsten Ereignisse meines Lebens war. Für ein Kind läßt sich Mutterliebe nicht ersetzen.«

Vater Dönitz fuhr mit seinen Söhnen in den Sommerferien meist nach Baltrum, der kleinsten der Ostfriesischen Inseln. Im Alter von 80 Jahren erinnerte sich Karl Dönitz an die Bilder seiner Jugend:

»Am Westende des Ostdorfes von Baltrum lag in wundervoller Stille der kleine alte Friedhof. Auf ihm war nur das Rascheln des Strandhafers und das Rieseln des Sandes zu hören, wenn der immer wehende Wind über die Dünen hinwegstrich. Bei Nordsturm allerdings klang auch das Rollen und Grollen der Brandung, die die aufgewühlte Nordsee dann hoch auf den Baltrumer Strand schickte, bis zum Friedhof hinüber . . . Es mag sich gut dort in der Stille liegen, in der Erhabenheit dieser Gegend mit einer Himmelsglocke über dem flachen Land, die höher scheint als anderswo, und ringsherum mit dem Blick in die Ferne, im Süden das weite Watt und im Norden die großartige Fläche des Meeres, die sich bis zum fernen Horizont, zum Gewölbe des Himmels, hinstreckt.«

Den achtzehnjährigen Abiturienten Karl Dönitz plagte lange Zeit die Ungewißheit über den Beruf, den er ergreifen sollte. Dann aber war er sich plötzlich sicher: »Meine Begeisterung für die deutsche geschichtliche Vergangenheit war groß. Mein Stolz auf das Bismarcksche Kaiserreich erheblich. Meine Verehrung für alles Soldatentum lag mir anscheinend im Blut. So war es natürlich, daß mich die junge Kaiserliche Marine besonders interessierte, weil in ihr sowohl mein Hang zum Soldatentum wie auch mein Drängen in die Ferne, unbekannte Länder zu sehen, erfüllt schienen.«

Am 1. April 1910 trat der 18 Jahre alte Karl Dönitz in die Kaiserliche Marine ein. Er wurde Seekadett auf dem Kreuzer »Hertha«.

Auch des Kaisers künftige Seeoffiziere mußten während der Ausbildungszeit schwerste körperliche Arbeit leisten: so etwa drei Wochen lang die Kohlenkessel des Ausbildungsschiffes »Hertha« bedienen. Dönitz: »Dieser Heizerdienst war für uns ungelernte und ungewöhnte Jünglinge eine Strapaze. Die Hitze im Kesselraum vor den Feuern und die große körperliche Beanspruchung ließen unsere Stimmung nach etwa zehn Tagen ziemlich sinken. Da griff der Kommandant des Schulschiffes ein und tat das richtige: Wir mußten auf dem Kommandoheck, dem Allerheiligsten des Schiffes, antreten. Mit harten Worten monierte der Kommandant unser ›schlappes Verhalten‹ und verlangte von uns, daß wir uns als Kerle erwiesen. Damit wurden wir zu weiteren zehn Tagen Dienst vor den Kesseln entlassen.«
Im Herbst 1912 wurde der inzwischen zum Fähnrich zur See beförderte Karl Dönitz auf den Leichten Kreuzer »Breslau« kommandiert. An Bord dieses Schiffes vollbrachte der Fähnrich Dönitz im Angesicht des Kaisers Wilhelm II. eine seemännische Meisterleistung: Der Schlachtkreuzer »Goeben« mit dem Herrscher des Reiches an Bord feuerte vor der griechischen Insel Korfu auf eine Zielscheibe, die vom Kreuzer »Breslau« geschleppt wurde.
Dönitz war dazu kommandiert worden, mit einem Boot der »Breslau« hinter der Zielscheibe herzufahren und nach Abschluß des Schießens die Treffer auf der Scheibe festzustellen.
Da setzte die kleine Dampfmaschine seines Bootes plötzlich aus: Eine Leine war in die Schraube des Bootes geraten. Ein Vorfall dieser Art hat in aller Regel zur Folge, daß ein Boot aus dem Wasser herausgeholt werden muß, damit die Leine gelöst werden kann, oder aber, daß ein voll ausgerüsteter Taucher an der Schraube des schwimmenden Bootes arbeitet.
Dönitz sah den Schlachtkreuzer »Goeben« näher kommen, und er entschied, das Problem auf seine Weise zu lösen – auf der Stelle und mit eigener Kraft. Er entkleidete sich, sprang über Bord und tauchte zur Schraube hinunter. Ein Mitglied der Bootsbesatzung half ihm.
Von der Brücke des Schlachtkreuzers »Goeben« aus beobachteten der Kaiser und seine Kommandanten mit Ferngläsern, was auf dem Boot geschah. Dönitz schaffte es. Er befreite die Schraube von der Leine. Dann schossen die Geschütze der »Goeben« weiter auf die Zielscheibe.
Der junge Mann beeindruckte seine Vorgesetzten. Im Dienstzeugnis für den Fähnrich zur See Karl Dönitz, das im Juli 1913 ausgestellt wurde, heißt es: »Dönitz hat gezeigt, daß er hervorragendes Verständnis für den praktischen Dienst besitzt. Er hat es verstanden, seine Leute sehr gut auszubilden und richtig zu behandeln . . . Seine Anlagen lassen ihn für Sonderstellungen – namentlich auch für die Verwendung auf Torpedobooten – geeignet erscheinen.«
Der inzwischen zum Leutnant zur See beförderte Karl Dönitz tat auch

ein Jahr später, beim Ausbruch des Ersten Weltkrieges im August 1914, noch Dienst auf der »Breslau«, die zu jenem Zeitpunkt im Mittelmeer stand. Zusammen mit dem Schlachtkreuzer »Goeben« lief die »Breslau« in den ersten Tagen des Krieges unter die nordafrikanische Küste. Die Schiffe beschossen Häfen, in denen französische Truppen eingeschifft wurden. Dann stießen »Goeben« und »Breslau« nach Osten zum Bosporus und später in das Schwarze Meer zum Kampf gegen russische Schiffe vor. Karl Dönitz wurde auf der »Breslau« als Signaloffizier und Adjutant eingesetzt.

Zwei Jahre trennten den jungen Seeoffizier noch von der Waffengattung, die schließlich zu seiner Bestimmung werden sollte. Sie trat, zu Anfang des großen Krieges, zunächst noch tastend, aber dann mit donnernden Schlägen in die Geschichte des Seekriegs ein.

In den ersten Tagen des August 1914 durchfurchten seltsam aussehende Fahrzeuge die Wellen der Nordsee: Es waren die Boote der I. U-Boot-Flottille der deutschen Kriegsmarine.

Hinter dem Turm der graugestrichenen Boote ragte wie bei einem Dampfer eine Art Schornstein empor, aus dem eine weiße Rauchfahne quoll: Die Boote wurden bei Überwasserfahrt von Petroleummotoren angetrieben.

Die Marineführung hatte die Boote der I. Flottille zur Erkundungsfahrt in das Meer zwischen Deutschland und England geschickt. Fast alle Schiffe der deutschen Hochseeflotte jedoch – 36 Linienschiffe, 14 Panzerkreuzer, 35 Kreuzer – blieben in ihren Häfen.

Von dieser ersten Feindfahrt kehrten zwei Boote nicht zurück – ein Umstand, der das Mißtrauen der Marineführung gegen die neue Waffe noch verstärkte.

Doch nur fünf Wochen nach dem Ausbruch des Krieges führte das deutsche U-Boot U 21 unter dem Kommando von Oberleutnant zur See Otto Hersing vor, was die Unterwasserwaffe vermochte. Am 5. September 1914 lauerte U 21 in der Nordsee vor der englischen Ostküste. In den Nachmittagsstunden machte Kommandant Hersing im Sehrohr ein Kriegsschiff aus, das mit schäumender Bugwelle Kurs auf den Standort des U-Bootes hielt. Es war der britische Leichte Kreuzer »Pathfinder«, 2490 Tonnen groß, der zu einer Aufklärungsfahrt ausgelaufen war.

Starker Nordwestwind wühlte die Nordsee auf und legte den Gischt in langen Streifen über das Wasser. Die Spur, die das Periskop von U 21 zog, war vom Ausguck auf dem britischen Kriegsschiff nicht zu entdecken.

Der Kreuzer näherte sich dem getauchten Boot und drehte ihm dabei die Breitseite zu. Kommandant Hersing beobachtete das feindliche Schiff, berechnete die Geschwindigkeit des Gegners, die sich verändernden Positionen und die Laufzeit des Torpedos. Und dann gab er das klassische Kommando: »Torpedos los!«

Mit einem Ruck verließen die Geschosse ihre Rohre. Ihre Preßluftmotoren trieben sie mit hoher Geschwindigkeit auf den Kreuzer zu. Dann eine dumpfe Detonation, eine Säule aus Wasser und Rauch sprang am Rumpf des Kriegsschiffes in den Himmel, dann Flammen, und dann wieder Explosionen, gelbe, rote und grüne Stichflammen. Die Munitionskammer des Schiffes explodierte.
Der Kreuzer bäumte sich auf, legte sich auf die Seite und versank vier Minuten nach dem Torpedotreffer in der Nordsee: das erste von einem U-Boot versenkte Schiff. 259 Männer der Besatzung kamen um.
Nur knapp drei Wochen später, am 22. September 1914, änderte sich die Einschätzung der neuen Waffe durch Deutschlands Kaiser und seine Admirale endgültig – und dies innerhalb weniger Augenblicke.
An diesem Tag marschierte das deutsche U-Boot U 9, dessen Kommandant der Kapitänleutnant Otto Weddigen war, vor Hoek van Holland auf nordwestlichem Kurs. Ziel des Bootes waren die Gewässer vor Englands Küsten.
Um sechs Uhr an diesem klaren, hellen Spätsommermorgen entdeckte die Wache im Turm des Bootes Rauchwolken am Horizont. U 9 ging auf Tauchstation. Durch das Sehrohr des Bootes beobachtete Weddigen, wie unter den Rauchwolken zuerst Masten und Drähte, dann die Aufbauten und Geschütztürme und schließlich die gewaltigen Rümpfe von drei britischen Kriegsschiffen sichtbar wurden. Es waren die Panzerkreuzer »Aboukir«, »Hogue« und »Cressy«. Jeder von ihnen verdrängte 12 000 Tonnen.
Die mächtigen Schiffe steuerten einen Kurs, der sie unmittelbar vor die Torpedorohre des getauchten Bootes brachte. Weddigen wartete. Dann erschien der Panzerkreuzer »Aboukir« im Zielkreuz des Sehrohrs.
Weddigen befahl: »Rohr eins, los!« Es war sein erster Schuß in diesem Krieg.
Der Torpedo lief genau einunddreißig Sekunden lang. Dann hörten die Männer an Bord von U 9 das Krachen der Explosion.
Weddigen ließ das Sehrohr wieder ausfahren. Seinem Blick bot sich das Bild der Katastrophe, die seitdem viele tausend Male von U-Booten angerichtet worden ist: ein Schiff mit starker Schlagseite, Menschen, die von den sich schräg neigenden Decks ins Wasser sprangen; Rettungsboote, an die sich Schiffbrüchige klammerten.
So überraschend war der Torpedoangriff des deutschen U-Bootes über die Briten gekommen, daß die beiden anderen Panzerkreuzer sich der Gefahr, die unter Wasser lauerte, offenbar nicht bewußt wurden. Sie fuhren an das sinkende Schiff heran und blieben in dessen Nähe ohne Fahrt liegen.
Der Panzerkreuzer »Hogue« ließ seine Rettungsboote zu Wasser, um die Besatzung der »Aboukir« aufzufischen. Weddigen fuhr seinen zweiten Angriff. Diesmal schoß er zwei Torpedos: beide trafen.

Der Panzerkreuzer »Hogue« sank innerhalb weniger Minuten nahezu gleichzeitig mit der »Aboukir«.
Minuten später torpedierte U 9 mit seinen letzten Torpedos das dritte Schiff, die »Cressy«.
Kommandant Weddigen überließ seinen Platz am Sehrohr dem I. Offizier von U 9, Johannes Spieß. Er berichtete über den Anblick: »Der Riese mit den vier Schornsteinen wälzte sich langsam auf die Backbordseite. Männer kletterten wie Ameisen über seinen Rumpf und liefen, als er völlig kieloben lag, auf dem breiten, flachen Schiffsboden umher, bis das Schiff nach wenigen Minuten in den Wellen verschwand.«
U 9 fuhr davon. Auf den drei Kreuzern hatten sich insgesamt 2400 Mann Besatzung befunden. Kaum ein Drittel überlebte.
Otto Weddigen wurde als »Siegfried der Tiefe« gefeiert und zum Kommandanten eines der damals modernsten deutschen U-Boote, U 29, ernannt. Sie wurden nicht mehr mit Petroleum, sondern mit Dieselmotoren angetrieben. Doch ein halbes Jahr nach seinem Sieg wurde er selbst ein Opfer des Unterwasserkriegs. Das britische Schlachtschiff »Dreadnought« überrannte U 29 nördlich der Orkneyinseln und zerschnitt es in zwei Teile. Es versank mit seiner gesamten Besatzung.
Des Kapitänleutnants Weddigen Sieg gegen die drei Panzerkreuzer bei Hoek van Holland hatte unter Beweis gestellt, daß im Dunkel des Meeres lauernde U-Boote Kriegsschiffe niederkämpfen konnten, die zwanzig- oder dreißigmal größer waren als die Boote selbst.
Die letzten Zweifel an der Schlagkraft der neuen Waffe waren damit beseitigt.
Mit U-Booten versuchte das Deutsche Reich auch auf die Blockade zu antworten, die von den Briten verhängt worden war: Wie britische Überwasserstreitkräfte nach Deutschland fahrende Handelsschiffe abfingen, so sollten die deutschen U-Boote den Nachschub, der über See nach Großbritannien gebracht wurde, abwürgen.
Der uneingeschränkte U-Boot-Krieg begann.
Karl Dönitz nahm ihn aus der Ferne wahr: Auch 1915 und in den ersten neun Monaten des Jahres 1916 blieb er auf dem Leichten Kreuzer »Breslau«, der im Schwarzen Meer gegen russische Schiffe fuhr.
Als der Kreuzer zur Reparatur im Bosporus lag, machte Karl Dönitz Erfahrungen mit der Luftwaffe. Für kurze Zeit war er Bombenschütze eines Wasserflugzeugs. Dönitz berichtete: »Die Konstruktion des Rumpfes unseres Flugzeugs gestattete es nicht, daß Löcher für den Bombenabwurf eingeschnitten wurden. Ich mußte daher zum Bombenwerfen auf die Tragfläche hinausentern und die kleinen Bomben zwischen beiden Beinen hindurchfallen lassen.«
Im Herbst 1916 jedoch wurde der Keim zu jener Entwicklung gelegt, die

den Namen Dönitz ein Vierteljahrhundert später auf den Meeren der Welt gefürchteter werden ließ als das Erscheinen des Fliegenden Holländers.

Am 18. September 1916 stellte Korvettenkapitän Wolfram von Knorr, Kommandant des Kreuzers »Breslau«, dem Oberleutnant zur See Dönitz ein Dienstzeugnis aus, in dem es hieß: »Dönitz hat . . . bei überdurchschnittlicher Begabung, besonders guter Berufsveranlagung, größtem Berufsinteresse . . . sich die Anerkennung der Vorgesetzten, die Achtung des Offizierskorps und die Zuneigung der Kameraden in hohem Maße erworben.« Und dann folgt in dieser Beurteilung der Satz: »Sowohl für den Dienst bei der U-Boot-Waffe wie für alle besonderen Dienststellungen seines Dienstalters zu empfehlen.«

Vizeadmiral Wilhelm Souchon, damals Chef der deutschen Mittelmeerdivision, fügte dem Zeugnis für Dönitz hinzu: »Einverstanden. Vortrefflicher Offizier.«

Im Oktober und November 1916 nahm Karl Dönitz auf dem Torpedoschulschiff »Württemberg« an einem Lehrgang für U-Boot-Torpedooffiziere teil, im Dezember 1916 und Januar 1917 war er auf dem Schulschiff »Vulkan« zu einem Lehrgang für U-Boot-Wachoffiziere kommandiert.

Der Aufstieg des jungen Mannes in der neuen Waffe konnte beginnen. Im Januar 1917, unmittelbar nach dem Abschluß des Lehrgangs, wurde der Oberleutnant zur See Karl Dönitz Wachoffizier und Torpedooffizier auf Seiner Majestät Unterseeboot U 39, das unter dem Kommando von Kapitänleutnant Walter Forstmann stand. Forstmann war eines der frühen Asse der deutschen U-Boot-Waffe: der zweiterfolgreichste U-Boot-Kommandant des Ersten Weltkriegs.

In jenen ersten Monaten des Jahres 1917 war der Krieg der deutschen U-Boote gegen Englands Versorgung zu einer vernichtenden Offensive angeschwollen. Die deutsche Marine schien dicht vor ihrem Ziel zu stehen, Großbritannien, damals der Erde größte Seemacht, von seinen Verbindungslinien abzuschneiden. Ein paar Dutzend deutscher U-Boote hatten die tödliche Bedrohung heraufbeschworen. Allein im Februar 1917 versenkten die Boote Schiffe mit mehr als einer halben Million Tonnen, und die Versenkungsziffer stieg weiter an.

Der amerikanische Admiral William Sims, Befehlshaber der US-Streitkräfte, die damals in Europa kämpften, urteilte: »Wenn die Deutschen im Winter und Frühjahr 1917 in der Lage gewesen wären, dauernd 50 U-Boote auf den wichtigsten Schiffahrtswegen nach England operieren zu lassen, hätte nichts sie daran hindern können, den Weltkrieg zu gewinnen.«

Engländer und Amerikaner verfielen in dieser gefährlichen Situation des Jahres 1917 auf den einzigen Ausweg, der Rettung versprach und der tatsächlich auch den Nachschub sicherstellte: Von nun an fuhren die

Handelsschiffe nicht mehr einzeln; sie fuhren in Gruppen von vielen Frachtern, die von Kriegsschiffen geschützt wurden: im Geleitzug.
Der Konvoi besiegte das U-Boot: Während jedes zehnte allein nach England fahrende Schiff versenkt wurde, verloren die Geleitzüge nur jeweils eins von fünfzig Schiffen.
Ende 1917 verließ der Wachoffizier Karl Dönitz das U-Boot U 39. Kapitänleutnant Walter Forstmann urteilte über seinen Untergebenen: »Besonders geeignet zur weiteren Verwendung bei der Torpedowaffe, der er großes Verständnis entgegenbringt, und zum Kommandanten eines Unterseebootes. Frischer, energischer Offizier, der an jeden Dienst mit Fleiß und Begeisterung herantritt. Beliebter Kamerad.«
Im Februar 1918 wurde Oberleutnant zur See Karl Dönitz Kommandant des U-Boots UC 25. Dönitz erinnerte sich: »Ich fühlte mich mächtig wie ein König.« Aber: »Der Gipfelpunkt des deutschen U-Boot-Kriegs war Februar 1918 bereits überschritten. Die Einführung des Geleitzugsystems stellte ihn vor Schwierigkeiten, denen die nur einzeln operierenden U-Boote, ohne eigene Fernaufklärung und Nachrichtenübermittlung untereinander, nicht gewachsen waren.«
Karl Dönitz operierte mit UC 25 im Mittelmeer. Er drang in den italienischen Kriegshafen Porta Augusta ein, überwand die U-Boot-Sperre und torpedierte ein im Hafen liegendes großes Schiff. Für diese Unterwassertat erhielt Kommandant Dönitz das Ritterkreuz des Hohenzollerschen Hausordens.
Im September 1918 wurde Karl Dönitz Kommandant von UB 68, eines Bootes, das schneller, größer und kampfstärker war als UC 25. Dennoch betrachtete Kommandant Dönitz sein neues Boot mit einem gewissen Vorbehalt: »Die Längsstabilität einer Serie dieser Boote unter Wasser reichte nicht aus . . . Eine Vorlastigkeit von vier bis sechs Grad war bereits gefährlich . . . Das Boot stellte sich . . . auf den Kopf und konnte bei größerer Wassertiefe vor der Vernichtung nur noch durch sofortiges Anblasen der Tauchtanks mit Preßluft gerettet werden.«
Auf der Werft im Adria-Hafen Pola wurden an dem Boot, das Karl Dönitz übernehmen sollte, umfangreiche Umbauarbeiten vorgenommen, um seine Tauchtüchtigkeit sicherzustellen.
Anfang Oktober 1918 machte UB 68 in Pola die Leinen los und steuerte südlichen Kurs. Karl Dönitz hatte seine letzte U-Boot-Fahrt in diesem Ersten Weltkrieg angetreten. Doch sie vermittelte ihm zugleich genau jene Erkenntnisse, in denen die revolutionäre Strategie des späteren U-Boot-Befehlshabers Karl Dönitz wurzeln sollte.
In der ersten Stunde des 4. Oktober 1918 stand UB 68 im Mittelmeer, etwa 50 Seemeilen südöstlich der Insel Sizilien. Um ein Uhr machte die Wache im Turm von UB 68 in der Dunkelheit der Nacht schwarze Schatten aus: Schiffe, die mit westlichem Kurs dahinstampften. Die Dampfer lagen tief im Wasser: Es war ein Geleitzug, vollbeladen mit

Gütern für England. Die große Herde der Frachter wurde von Kriegsschiffen gesichert.
Kommandant Dönitz ließ UB 68 zum Überwasserangriff anlaufen. Das Boot stieß durch eine Lücke in der Zerstörersicherung, und dann feuerte UB 68 einen Torpedo: eine schwere, dumpfe Explosion, eine Wassersäule an der Bordwand eines Dampfers, ein sinkendes Schiff.
Die britischen Zerstörer liefen jetzt mit hoher Fahrt die Linie der Dampfer entlang, um das U-Boot zu finden und zu vernichten. UB 68 tauchte vor einem der angreifenden Zerstörer weg und tauchte nach kurzer Zeit schon wieder auf. Der Geleitzug hatte Kurs und Geschwindigkeit beibehalten, Karl Dönitz sah die Schiffe am westlichen Horizont davonziehen. UB 68 setzte nach. Über Wasser versuchte Dönitz, den Konvoi einzuholen und noch einmal zum Schuß zu kommen.
Doch als das Boot wieder in die Nähe des Geleitzugs gelangt war, lag schon das erste Licht des Tages über dem Mittelmeer. Ein Überwasserangriff wäre mit Sicherheit von den britischen Zerstörern abgeschlagen worden und hätte mit der Vernichtung des Bootes geendet. Dönitz ließ UB 68 tauchen. Unter Wasser näherte sich das Boot dem Konvoi:
Dönitz bereitete den zweiten Angriff vor. Und da geschah es. Er berichtete: »Ich merkte plötzlich, daß der Leitende Ingenieur Schwierigkeiten bei der Tiefensteuerung des Bootes hatte. Wir stellten uns fast auf den Kopf und gingen auf Tiefe. Ich sehe noch heute, wie der Zeiger am Tiefenmanometer im Turm sehr schnell ausschlug. Ich befahl Preßluft auf alle Tanks und beide Maschinen äußerste Kraft zurück und ließ das Ruder hart Backbord legen, damit es hemmend wirken konnte. Das Licht ging aus. Mein Wachoffizier, der neben mir im Turm stand, beleuchtete den Tiefenmesser mit einer Taschenlampe. Bei etwa 80 Metern – die erlaubte Tauchtiefe des Bootes war damals etwa 70 Meter – krachte es am Oberdeck. Der Zeiger des Manometers bewegte sich weiter nach unten.«
Das Boot sank schließlich bis auf eine Tiefe von 92 Metern ab, dann bewegte es sich schnell nach oben. Die Preßluft hatte endlich das Wasser aus den Tauchtanks des Bootes gedrückt.
Dönitz: »Es schoß wie ein Stock, den man unter Wasser gedrückt hat, hinauf.« UB 68 befand sich jetzt inmitten des Geleitzuges, den Dönitz hatte angreifen wollen.
Die Briten entdeckten UB 68 sofort: Beim Auftauchen hatte ein Drittel des Bootsrumpfes aus dem Wasser hervorgeragt. Zerstörer und auch die Frachter, die mit Heckgeschützen ausgerüstet waren, schossen auf das Boot.
Kommandant Dönitz befahl ein neues Tauchmanöver. Aber: Das Boot hatte keine Preßluft mehr. Sie war verbraucht worden, als das Boot aus der Tiefe von 92 Metern an die Oberfläche zurückgezwungen wurde. Karl Dönitz befahl: »Alle Mann aus dem Boot!«

UB 68, von Granaten getroffen, versank. Das britische Kriegsschiff »Snapdragon« rettete den Oberleutnant zur See Karl Dönitz und seine Männer aus dem Mittelmeer. Auf dem Deck der britischen Korvette zählte Dönitz ab: Sechs Mitglieder der Besatzung waren gefallen.
Dönitz: »Ich sagte meiner angetretenen Besatzung, sie solle in der Gefangenschaft Haltung bewahren und vor allen Dingen völlig über militärische Dinge schweigen. Dann brachte ich drei Hurras auf den Kaiser aus, in die meine Besatzung kraftvoll einstimmte.«
Sein Boot versunken, Kameraden gefallen, Dönitz ein Gefangener – der Kampf an diesem Konvoi aber verschaffte dem jungen Oberleutnant noch in der gleichen Nacht überraschende Einsichten: »Der Angriff über Wasser auf einen Geleitzug im Schutz der Dunkelheit ist für das U-Boot besonders aussichtsreich.«
Und: »Je mehr U-Boote gleichzeitig angreifen, um so günstiger wird die Lage auch für jeden einzelnen Angreifer; denn durch Detonationen und sinkende Schiffe entsteht in dunkler Nacht eine solche Verwirrung, daß die schützenden Zerstörer in ihrer Handlungsfreiheit behindert sind und sich infolge der Häufung der nächtlichen Ereignisse zersplittern müssen.«
Noch trennten zwanzig Jahre den Seeoffizier Dönitz von dem Zeitpunkt, da er die neue Strategie in den Krieg auf den Meeren einführte. Zunächst wurde Karl Dönitz auf die Mittelmeerinsel Malta, dann nach Großbritannien gebracht. Dort, im Gefangenenlager, las er in englischen Zeitungen die Schlagzeilen: »Hang the U-Boat-Commanders!« und »Hang the Kaiser!«
Im Lager begegneten dem Seeoffizier Dönitz viele gefangene Kameraden, die von sich behaupteten, »schon immer Republikaner gewesen zu sein und die königstreue Haltung des Offizierskorps nur äußerlich mitgemacht zu haben«.
Dönitz: »Nein, erklärte ich, das mache ich nicht mit. Nun gerade nicht. Ich sagte den Offizieren, ich würde die königstreue Baracke ›Hohenzollern‹ gründen. Wer meine Gesinnung teile, sei willkommen.«
Im Juli 1919 kehrte Karl Dönitz aus britischem Gewahrsam ins Deutsche Reich zurück, das nun tatsächlich eine Republik geworden war. Der junge Offizier setzte in der nur 15 000 Mann starken Marine der Weimarer Republik seine Karriere fort.
Dönitz: »Die Überlegung hatte Gewicht, daß man den deutschen Staat, welche Form er sich auch gegeben hatte, als Soldat nicht verlassen durfte. Dies hätte dem deutsch-preußischen Prinzip des selbstlosen Dienstes der Sache wegen widersprochen.«
Einmal kämpfte er mit sich. Er plante, die Marine zu verlassen und einen Zivilberuf zu ergreifen. Aber er blieb. Denn: »Nur Geldverdienen als Lebensziel befriedigt nicht. Das Streben des Menschen muß sein, anständig seine Pflicht zu erfüllen.«

Die Sieger des Ersten Weltkriegs hatten dem unterlegenen Reich die Unterseebootwaffe verboten. Karl Dönitz wurde 1920 Kommandant eines Torpedoboots, dann Referent für U-Boots-Wesen in der Inspektion des Torpedo- und Minenwesens.
Der Seeoffizier Dönitz, der 1921 zum Kapitänleutnant befördert worden war, beeindruckte auch im Frieden seine Vorgesetzten. In der Beurteilung vom 1. November 1923 heißt es über ihn: »Frisch und tatkräftig, ein vorzüglicher Soldat . . . vorbildliche Dienstauffassung . . . vorzügliche Charaktereigenschaften . . . sehr beliebter Kamerad. Wirtschaftlich hat er, als Vater von drei Kindern, gegen die Not der Zeit erheblich zu kämpfen.«
Karl Dönitz hatte bereits 1916, noch nicht 25 Jahre alt, geheiratet, 1917 waren Tochter Ursula, 1920 Sohn Klaus und 1922 Sohn Peter zur Welt gekommen. Dönitz beschrieb die finanziellen Probleme, denen er in den ersten Jahren nach dem Krieg gegenüberstand: »Die dauernde Geldentwertung bis zum Herbst 1923 brachte die Festbesoldeten am Ende eines jeden Monats in Schwierigkeiten, da inzwischen die Preise für Lebensmittel wieder gestiegen waren. Als dann ab Oktober 1923 wir Soldaten unser Gehalt in Rentenmark ausgezahlt bekamen, war dieses Gehalt so gering, daß es im allgemeinen nur bis zur Mitte des Monats reichte und danach die Hausfrau beim Kaufmann borgen mußte, um ihrer Familie Essen geben zu können . . . Aber trotzdem waren diese Jahre glücklich.«
Im September 1928 übernahm Karl Dönitz das Kommando über die 4. Torpedoboots-Halbflottille. Die Torpedoboote der kleinen Marine der Weimarer Republik übten den »Torpedobootsdurchbruch« und das Gefecht bei Dunkelheit. Es erschien ihr als Ausweg aus einer Situation, die nahezu hoffnungslos war: Jeder mögliche Gegner war der deutschen Marine an Schiffen und Feuerkraft weit voraus.
Dönitz schrieb: »Es schien uns daher, daß wir Kampfsituationen suchen sollten, in denen der Gegner seine Überlegenheit nicht voll entfalten konnte. Diese Möglichkeiten boten sich vor allen Dingen nachts. Dann konnte der Schwache plötzlich und überraschend aus der Dunkelheit zum Angriff erscheinen und danach sich wieder des schützenden Mantels der Finsternis bedienen. Es wurde also bei uns in starkem Maße der Nachtkampf geübt.«
Nachtkampf – jene Taktik, die Deutschlands U-Boote später so gefürchtet machte.
Im Herbst 1934 wurde der inzwischen zum Admiralstab abkommandierte Karl Dönitz Kommandant des Leichten Kreuzers »Emden«. Er führte das Schiff mit 160 Kadetten an Bord zur Repräsentation der Reichsmarine nach Portugal und zur Napoleon-Insel St. Helena, nach Kapstadt und in asiatische Häfen.
Für die Kadetten des Kommandanten Dönitz galten die gleichen strengen Regeln, die 24 Jahre zuvor für den Seekadetten Dönitz auf Seiner

Majestät Schiff »Hertha« gegolten hatten: »Sie waren tagtäglich in gleicher Weise wie die Matrosen und Heizer am ›Reinschiff‹ und am ›Malen‹ und ›Instandhalten‹ des Schiffes beteiligt. So war die Geschlossenheit und Gemeinschaft der gesamten Besatzung groß. Dies war mir sehr wichtig.«

Im Juli 1935 ankerte die »Emden« nach ihrer Rückkehr vor dem deutschen Kriegshafen Wilhelmshaven. Generaladmiral Erich Raeder, damals Chef der Kriegsmarine des Dritten Reiches, kam an Bord. Er überraschte den Kommandanten des Kreuzers »Emden« mit einem Versetzungsbefehl: »Sie, Dönitz, übernehmen die Ausbildung der neuen U-Boot-Waffe.«

Der Kapitän Dönitz konnte darangehen, zu verwirklichen, was dem gefangenen Oberleutnant Dönitz 1918 eingefallen war.

Doch zunächst war Dönitz enttäuscht. »Ich war keineswegs beglückt. Die U-Boote konnten im Aufbau der geplanten Flotte nur ein kleiner und weniger wichtiger Teil sein. Ich sah mich auf ein Nebengleis geschoben.« Aber der Seestratege Dönitz irrte sich. Aus dem Hafenwinkel heraus startete er eine Offensive, die zur tödlichen Bedrohung Großbritanniens wurde.

# 3 Die Geburt des Rudels

*Die Erkenntnisse des Seestrategen Dönitz – Was der Führer der U-Boote verlangte, und was er bekam – »Total Germany« – Der erste Angriff: ein Rückschlag – Ein Flugzeugträger sinkt*

Am 20. September 1935 musterte der 44 Jahre alte Kapitän Karl Dönitz an der Tirpitz-Mole in Kiel die Streitmacht, deren Chef er gerade geworden war. Vor ihm im Wasser des Ostsee-Hafens schwammen neun U-Boote. Keines verdrängte mehr als 250 Tonnen. Es waren schmale, kleine Fahrzeuge – »Einbäume«, sagten ihre Besatzungen.
Diese U-Flottille »Weddigen«, wie die Einheit nach dem Seehelden des Ersten Weltkriegs hieß, war die kleinste und schwächste U-Boot-Flotte aller bedeutenden seefahrenden Nationen jener Zeit. Es hatte den Anschein, deutsche U-Boote könnten künftig allenfalls am Rande bewaffneter Auseinandersetzungen eine Rolle spielen.
Nur wenige Wochen bevor Karl Dönitz zum Führer der Unterseeboote ernannt worden war, hatten das Deutsche Reich und Großbritannien am 18. Juni 1935 einen Vertrag geschlossen, der die Flotten beider Länder in ein exaktes Verhältnis zueinander setzte. Das Dritte Reich verpflichtete sich, die Stärke seiner Kriegsmarine auf 35 Prozent der britischen Seestreitkräfte zu begrenzen.
Eine Ausnahme machten die U-Boote: Den Deutschen wurde erlaubt, ihre Unterwasserflotte auf 45 Prozent der britischen zu bringen und diese Relation unter Umständen auch noch zu erhöhen – möglicherweise so weit, bis sie mit der britischen U-Boot-Flotte gleichzogen.
Doch dies bedeutete nicht viel. Großbritanniens Flotte war aus Überwasserschiffen zusammengefügt. Die damals mächtigste Seemacht der Erde unterhielt nur wenige Unterseeboote – kaum ein halbes Hundert.
Auch waffentechnisch hatte das U-Boot offenbar keine Zukunft. Tatsächlich war die Kampfkraft der U-Boote seit Beginn des Ersten Weltkriegs nie mehr so gering eingeschätzt worden wie ausgerechnet zu dem Zeitpunkt, da Karl Dönitz die Führung der deutschen Untersee-Waffe übernahm: Die britische Marine hatte ein Ortungsgerät bis zur technischen Perfektion entwickelt, mit dem U-Boote unter Wasser aufgespürt werden konnten – und zwar schon auf eine Entfernung, in der den U-Booten ein sicherer Torpedoschuß auf ein Ziel nicht möglich war. Dieses Gerät trug den Namen »Asdic«; Abkürzung für »Allied Submarine Detection Investigation Committee«.
Der britische Marinehistoriker Stephen W. Roskill schrieb in der

offiziellen britischen Geschichte des Seekriegs: »Dieses auf allen unseren Zerstörern und Geleitfahrzeugen eingebaute Asdic-Gerät für die Suche nach U-Booten bedeutete einen fühlbaren Fortschritt gegenüber den Unterwasser-Horchgeräten der Jahre 1914 bis 1918. Seine hervorragende Leistung in den Händen gut eingespielter Bedienungsmannschaften verlockte allerdings den Admiralstab zu dem Glauben, daß die Bedrohung durch die U-Boote im wesentlichen überwunden war.«
Mitte der dreißiger Jahre formulierte die britische Admiralität ihre Überzeugung vom Endsieg über den unsichtbaren Feind: »Das U-Boot wird nie wieder fähig sein, uns vor das Problem zu stellen, dem wir uns 1917 gegenübersahen.«
Das von Admiral Erich Raeder geleitete Oberkommando der deutschen Kriegsmarine teilte jetzt, 1936/37, weitgehend die britische Einschätzung der Wirksamkeit von U-Booten: Nicht U-Boote, sondern große Überwasser-Einheiten, Schlachtschiffe, Panzerschiffe, Schwere Kreuzer, würden auch in jedem künftigen Waffengang den Krieg zur See entscheiden.
Führende deutsche Marineoffiziere wurden in dieser Auffassung zudem durch einen Vorgang bestärkt, der die Kampfkraft von U-Booten formal noch weiter einschränkte: Am 23. November 1936 war das Deutsche Reich dem internationalen U-Boot-Abkommen beigetreten. Dieser Vertrag verpflichtete die Unterzeichner-Staaten, U-Boot-Krieg ausschließlich nach den Vorschriften des Prisenrechts zu führen.
Die Prisenordnung verlangte von allen Kriegsschiffen, also auch von Unterseebooten, beim Angriff auf ein Handelsschiff nach strengen Regeln zu verfahren.
Das Handelsschiff mußte angehalten werden, also etwa mit einem Schuß vor den Bug. Das Kriegsschiff mußte ein Boot aussetzen, dessen Besatzung sich an Bord des Handelsschiffes begab, um dort Papiere und Ladung zu untersuchen. Wenn sich aus dieser Überprüfung ergab, daß eine Versenkung des Handelsschiffes vorgenommen werden durfte, mußte das Kriegsschiff für die Sicherheit der Menschen an Bord des Frachtfahrers sorgen.
Fand die Versenkung auf hoher See statt, galten Rettungsboote nicht als hinlängliche Mittel, die Rettung der Besatzung sicherzustellen. Das Kriegsschiff mußte also entweder auf die Versenkung verzichten oder aber die Besatzung des versenkten Schiffes an Bord nehmen.
Ein U-Boot konnte diesen Vorschriften kaum nachkommen, ohne sich selbst schwer zu gefährden: Ein bewaffneter Frachter war durchaus in der Lage, ein aufgetauchtes U-Boot niederzukämpfen. Ein Granattreffer in den empfindlichen Druckkörper des Bootes konnte genügen, um es gefechtsuntauglich zu machen. Der Platz an Bord eines U-Bootes reichte gerade für seine Männer aus. Die Besatzung eines versenkten Handelsschiffes konnte nicht im U-Boot untergebracht werden.

Zudem befand sich die deutsche Marineführung in dem Glauben, daß sie ihre Schiffe und U-Boote vorerst nicht gegen England fahren lassen müßte. Adolf Hitler hatte ihr Mitte der dreißiger Jahre immer wieder versichert, es werde vorerst keinen Krieg des Deutschen Reiches gegen Großbritannien geben.
In den »Vorläufigen Kampfanweisungen für die Kriegsmarine« aus dem Jahre 1936 hieß es: »Der Kriegsfall mit einer übermächtigen Koalition unter Einschluß Englands ist außer Betracht gelassen worden, da ein solcher Krieg unter besonderen Bedingungen geführt werden muß und für die Seekriegführung in diesem Fall keine Kampfanweisungen mit dem Ziel einer erfolgreichen Beendigung des Krieges im voraus erlassen werden können.«
Den Kriegsfall stellte sich die deutsche Marineleitung vor allem als Konflikt mit Rußland oder Frankreich oder gegen beide gleichzeitig vor, aber keinesfalls gegen Großbritannien. In einer Studie der Flottenabteilung aus dem Jahre 1936 stand, worauf es den Deutschen ankam: »Die Voraussetzung jeder erfolgreichen Seekriegführung Deutschlands gegen seine Hauptgegner im Westen und Osten ist die Neutralität Englands.«
Wie ein roter Faden zieht sich die Unterschätzung des U-Boots in einem künftigen Krieg durch die strategischen Überlegungen des Oberkommandos der Kriegsmarine in den Jahren vor dem Zweiten Weltkrieg.
Vergessen schien, daß die U-Boot-Flotte im Ersten Weltkrieg einen großen und erfolgreichen Kampf gekämpft hatte, daß die kleinen Unterwasserboote England viel stärker bedrängten, als es die Schlachtgeschwader des Kaisers vermocht hatten.
Noch im Juli 1938 hieß es in einer Denkschrift des damaligen Fregattenkapitäns Hellmuth Heye, Operationsoffizier in der Seekriegsleitung: »Von einer offensiven Seekriegführung nur mit U-Booten dürfen nicht zu weit reichende Erfolge erwartet werden.«
Da ist es kaum noch erstaunlich, daß der Führer der Unterseeboote, Karl Dönitz, nicht zu den Beratungen eines von Großadmiral Erich Raeder 1939 gegründeten Planungsausschusses, der sich mit den Fragen der Marinerüstung befaßte, eingeladen wurde.
Auch der sogenannte Z-Plan, mit dem die Führung der deutschen Kriegsmarine im Winter 1938/39 ihr Flottenbau-Programm festschrieb, konzentrierte sich auf schwere Schiffe. Bis 1945 sollten sechs neue Schlachtschiffe, acht neue Panzerschiffe, fünf Schwere Kreuzer, vier Flugzeugträger und vierzehn Leichte Kreuzer fertiggestellt sein.
Den U-Booten war auch in diesem Plan nur geringe Bedeutung beigemessen worden: Insgesamt 233 sollten bis zum Jahre 1945 gebaut werden, jeden Monat also etwa zwei bis drei. Die Pläne der deutschen Marineführung spiegelten die überkommenen und von englischen Anschauungen geprägten Ansichten vom Aufbau einer Flotte.

↑ Oberleutnant zur See Karl Dönitz im Sommer 1917 als Wachoffizier im Turm des U-Bootes U 39, das von Kapitänleutnant Walter Forstmann kommandiert wurde. Es war der erste Einsatz des Seeoffiziers Dönitz auf einem U-Boot.

→ Kapitänleutnant Günther Prien (rechts) im Turm seines Bootes U 47. Die Versenkung des britischen Schlachtschiffes »Royal Oak« in Scapa Flow machte Prien zum berühmtesten deutschen U-Boot-Kommandanten (Bundesarchiv).

↓ Männer an Bord eines deutschen U-Bootes auf Feindfahrt bei der Mahlzeit. Die Verpflegung war meist gut, der Platz, mit dem die U-Boot-Fahrer auskommen mußten, jedoch sehr beschränkt (BBC Hulton Library).

← Sechs Torpedos auf einem Transportschiff. Die Torpedos der deutschen U-Boote waren sieben Meter lang und wogen anderthalb Tonnen. In ihrem Gefechtskopf befanden sich rund 350 Kilo Sprengstoff (Preußischer Kulturbesitz).

↑ Soldaten sind an der Pier angetreten, eine Militärkapelle spielt auf, Männer winken: Ein U-Boot läuft zu Anfang des Zweiten Weltkriegs aus einem Stützpunkt in Deutschland zur Feindfahrt gegen Großbritannien aus (Bundesarchiv).

← Männer der Besatzung verstauen Torpedos an Bord eines U-Bootes. Diese Reserve-Torpedos engten den Lebensraum an Bord eines Bootes noch weiter ein. Die Kojen der Männer befanden sich über den Geschossen (Preußischer Kulturbesitz).

→ Männer der Besatzung eines deutschen U-Boots auf Feindfahrt hören weit draußen im Ozean die Rundfunknachrichten eines deutschen Senders (Bettmann Archive).

↓ Karl Dönitz, Befehlshaber der U-Boote, überreicht im Stützpunkt den Männern einer erfolgreichen U-Boot-Besatzung ihre Kriegsauszeichnungen (Janusz Piekalkiewicz).

← Der Leitende Ingenieur (Vordergrund) und ein Mann des Zentralepersonals unter dem Turmluk in der Zentrale, dem mit Instrumenten gefüllten Herzen eines U-Bootes (Ullstein Bilderdienst).

↓ Karl Dönitz beim Gespräch mit Kapitänleutnant Fritz-Julius Lemp im Oktober 1940. Wenige Monate später wurde Kommandant Lemps Boot U 110 von den Briten gekapert – ein einschneidendes Ereignis des Krieges (Preußischer Kulturbesitz).

Otto Kretschmer, ›achim Schepke und ›ünther Prien – im ›ärz 1941 verlor die ›utsche U-Boot-Waffe ›ese drei Asse. Schepke wurde das erste Opfer von Radar an Bord eines britischen Zerstörers (Public Records Office, London).

→ Das deutsche U-Boot U 61 auf dem Slipwagen zur Vornahme von Reparaturen des Unterwasserschiffs (Bundesarchiv).

↓ Die deutsche Schlüsselmaschine Enigma, mit der Funksprüche chiffriert und dechiffriert wurden. Sie gehörte zu den bestgehüteten Geheimnissen der deutschen Wehrmacht. Das Foto zeigt das Modell mit vier Walzen, das auf den U-Booten ab Februar 1942 eingesetzt wurde (Public Records Office, London).

↓ Commander Rodger Winn war einer der gefährlichsten Widersacher von Karl Dönitz (Public Records Office, London).

↓ Ein entscheidender Augenblick des U-Boot-Krieges: Der britische Zerstörer »Bulldog« hat am 9. Mai 1941 das deutsche U-Boot U 110 im Nordatlantik gekapert. Die Briten erbeuteten in dem Boot auch eine Enigma. Wenig später konnten sie den deutschen U-Boot-Funkverkehr mitlesen (Public Records Office, London).

↑ Der britische Flugzeugträger »Courageous« sinkt am 17. September 1939, getroffen von zwei Torpedos des deutschen U-Boots U 29. Die »Courageous« war das erste im Zweiten Weltkrieg von einem U-Boot versenkte große Kriegsschiff (Imperial War Museum, London).

→ Boote der Flottille »Weddigen« an der Tirpitz-Mole in Kiel. Diese »Einbäume« genannten Fahrzeuge zählten zu den ersten Booten der neuen deutschen U-Boot-Waffe. Ihre Reichweite war gering. Sie waren nicht atlantikfähig.

→ Ein deutsches U-Boot auf Feindfahrt in entfernte Seegebiete. Die Männer im Turm des Bootes mustern mit Ferngläsern den Horizont. Die mächtige Dünung des Atlantik hebt gerade den Bug des Bootes an (Ullstein Bilderdienst).

Vielleicht hätte die Geschichte das Urteil der britischen und der deutschen Admiralität über den Unwert der U-Boote bestätigt – wenn nicht gerade der Kapitän zur See Karl Dönitz Führer der Unterseeboote gewesen wäre.
Karl Dönitz entpuppte sich in dieser Position als einer der bedeutendsten Seestrategen dieses Jahrhunderts.
Karl Dönitz gab sich keinen Selbsttäuschungen über den Charakter eines modernen Krieges hin, wie es viele führende Offiziere im Oberkommando der deutschen Kriegsmarine taten. Der Erste Weltkrieg hatte schon alle Merkmale des Völkerkrieges getragen, in dem es um die nackte Existenz ging. Regeln, nach denen Kriege früherer Zeiten ausgetragen wurden, waren damals hinfällig geworden. Wie sollte es in einem neuen Krieg anders sein?
Karl Dönitz schloß weit früher als das Oberkommando der deutschen Kriegsmarine in seine Überlegungen ein, daß auch in einem künftigen Krieg wieder Großbritannien Deutschlands bedeutendster Feind zur See sein würde. »Ich neigte«, so schrieb er, »immer mehr der Ansicht zu, daß die Politik Hitlers und damit der ständige Machtzuwachs Deutschlands trotz des abgeschlossenen Flottenabkommens zwangsläufig die Gegnerschaft Englands bringen würde.«
Doch über Wasser würde die Royal Navy den Seestreitkräften des Deutschen Reiches noch auf lange Zeit um ein Vielfaches überlegen sein: Im Herbst 1938 zum Beispiel waren in Deutschland erst vier moderne Schlachtschiffe im Bau, keines schon einsatzbereit. Englands Marine hingegen verfügte damals über 15 Schlachtschiffe und hatte fünf weitere auf Kiel gelegt.
Ein Seekrieg mit Aussicht auf Erfolg, so fand Dönitz, konnte ausschließlich von den Unterseebooten gegen den schwächsten Punkt in Englands maritimer Verteidigungslinie geführt werden: die Versorgung der Insel über See.
Karl Dönitz ging daran, die scheinbar stumpfe Waffe Unterseeboot zu schärfen. Dönitz: »Ich glaubte an die Kampfkraft des U-Bootes. Ich hielt es nach wie vor für ein ausgezeichnetes Angriffsmittel des Seekrieges, für den bestmöglichen Torpedo-Träger.«
Gegen das englische Asdic-Ortungsgerät, das U-Boote unter Wasser entdecken sollte, setzte Karl Dönitz den Überwasser-Angriff der Boote bei Nacht. Dönitz: »Ich hielt die sichere Wirkung des Asdic für nicht erwiesen. Auf jeden Fall weigerte ich mich, aufgrund der englischen Veröffentlichungen klein beizugeben.«
Gegen die Lehre, den Torpedo auf ein feindliches Schiff aus weiter Entfernung zu lösen, setzte er den Angriff aus der Nähe: Schußentfernung 600 Meter.
Gegen das Geleitzugsystem, bei dem eine große Zahl von Frachtern von Kriegsschiffen, die zur U-Boot-Bekämpfung ausgerüstet waren,

begleitet wurden, setzte Karl Dönitz den gemeinsamen Angriff mehrerer U-Boote zur gleichen Zeit – die Rudeltaktik.
Bei der Entwicklung dieses Angriffsprinzips, das die deutsche U-Boot-Flotte zu einer der kampfkräftigsten Einheiten des Zweiten Weltkriegs machte, zog Karl Dönitz als einer der wenigen verantwortlichen deutschen Seeoffiziere richtige Erkenntnisse aus den Lehren des Ersten Weltkriegs: »Damals operierte und kämpfte das U-Boot allein. An dem Geleitzugsystem war der deutsche U-Boot-Krieg gescheitert. Aber es ist eine der natürlichsten Forderungen, daß man im Kampf möglichst stark sein will, ihn nicht allein bestehen möchte, sondern versucht, die Waffenhilfe anderer zu bekommen. Seit urdenklichen Zeiten rottete man sich daher für den Kampf zusammen und versammelte sich unter gemeinsamer, einheitlicher Führung . . . Der Massierung von Zielen in einem Kriegsschiffverband oder einem Geleitzug ist also eine Massierung von U-Booten entgegenzusetzen.«
Karl Dönitz führte in jenen ersten Jahren der neuen deutschen U-Boot-Waffe den Besatzungen die Handhabung der Boote persönlich vor: »Ich lehrte den Sehrohr- und Überwasserangriff . . . Der Kommandant mußte das Gefühl dafür bekommen, wann er über Wasser gesehen wird und wann nicht, wann vor einem gesichteten Flugzeug oder Fahrzeug getaucht werden muß; wann das Boot über Wasser bleiben kann.«
Über das Ergebnis der von ihm geleiteten Ausbildung schrieb der Führer der U-Boote: »Da es meine Art war, sehr persönlich zu führen, lernten die Besatzungen mich bald kennen. So konnte sich gegenseitiges Vertrauen bilden. Ein guter Geist erfüllte die U-Boot-Waffe.«
Der damalige Seekadett und spätere Kommandant Heinz Schaeffer schrieb: »Die Ausbildung beruhte auf dem Grundsatz, daß nur jemand, der zu gehorchen weiß, auch zu befehlen versteht.«
Die Flotte des Kapitäns Dönitz aber wuchs nur langsam. Im Jahre 1936 lieferten die Werften 21 Boote ab, im Jahr 1937 nur ein einziges, im Jahre 1938 neun Boote, 1939, im Jahr des Kriegsausbruchs, 18 Boote.
Viele der neuen Boote waren Boote des Typs VII, dessen Eigenschaften nach der Ansicht von Karl Dönitz die »beste Synthese zwischen sich widersprechenden Forderungen« darstellten.
Ein U-Boot durfte nicht so groß werden, daß seine tauchtechnischen Eigenschaften und seine Manövrierfähigkeit litten, es durfte aber andererseits nicht so klein sein, daß sein Aktionsbereich einen Einsatz im Atlantik unmöglich machte.
England konnte, so rechnete der Seestratege Dönitz, nur auf den Schiffahrtswegen im Westen der Insel empfindlich getroffen werden – in Gebieten, die von den kleinen U-Booten, den Einbäumen, mit denen die U-Boot-Flotte zunächst ausgerüstet worden war, nicht erreicht werden konnten.
Das Boot vom Typ VII, dessen Bau Dönitz betrieb, stellte sich später als

eine der erfolgreichsten deutschen Waffen im Zweiten Weltkrieg heraus. Diese Boote waren 67,1 Meter lang und 6,2 Meter breit. Aufgetaucht verdrängten sie 769 Tonnen, getaucht 871 Tonnen. Ihre Besatzungsstärke betrug rund 50 Mann. Sie hatten im Bug vier Torpedorohre, im Heck ein Torpedorohr.
Insgesamt konnte ein Boot vom Typ VII bis zu 14 Torpedos mit sich führen. Die Kanone auf seinem Vorderdeck hatte das Kaliber 8,8 Zentimeter. Das Boot wurde bei Überwasserfahrt von zwei Dieselmotoren mit zusammen 2800 PS getrieben, bei Unterwasserfahrt von zwei Elektromotoren. Über Wasser konnten die Boote vom Typ VII eine Geschwindigkeit von etwa 17 Knoten, rund 31 Stundenkilometer, erreichen, unter Wasser eine Höchstgeschwindigkeit von 7,6 Knoten, etwa 14 Stundenkilometer. Diese Geschwindigkeit konnten die Boote jedoch nur kurze Zeit fahren – dann waren die Batterien erschöpft. So fuhren sie getaucht meist sehr viel langsamer.
Im Winter 1938/39 rückte die kleine Flotte des Führers der U-Boote, der inzwischen zum Kommodore, zum Kapitän in der Dienststellung eines Admirals, befördert worden war, zu einem Kriegsspiel in den Atlantik aus. Sie übte den Rudelangriff gegen Geleitzüge.
Bei diesem Seemanöver gewann Karl Dönitz Gewißheit darüber, was nötig war, um England zu schlagen: »Für einen erfolgreichen Handelskrieg sind mindestens 300 deutsche Front-U-Boote erforderlich. Bei dieser Zahl wird gerechnet, daß hundert U-Boote jeweils zur Überholung und Erholung der Besatzungen in der Werft liegen, hundert U-Boote auf dem Marsch sind und hundert U-Boote im Operationsgebiet am Feind stehen können.«
Im Oberkommando der deutschen Kriegsmarine aber kursierte im Frühjahr 1939 eine Denkschrift, in der es hieß: »Der U-Boot-Handelskrieg gegen England hat heute für Deutschland keine Aussichten auf Erfolg. Jede gegenteilige Ansicht, die sich etwa auf die große Zahl unserer U-Boote oder auf die Aussicht stützt, daß die englische U-Boot-Abwehr auf hohem Atlantik weniger wirkungsvoll sein könnte als erwartet, muß als abwegig bezeichnet werden. Es darf als erwiesen gelten, daß jeder englische Konvoi . . . mit Abwehrstreitkräften gesichert ist, die in der Lage sind, jedes unter Wasser angreifende U-Boot mit Bestimmtheit zu vernichten.«
So tief verwurzelt waren die Vorurteile, so groß die Widerstände, gegen die der Kommodore Dönitz kämpfen mußte – in einer Zeit, in der der Krieg mit Großbritannien nicht mehr nur möglich, sondern schon wahrscheinlich geworden war.
Mitte August 1939 wurde Karl Dönitz aus seinem Urlaub zurückgerufen. Der deutsche Angriff auf Polen stand bevor, und er würde, wenn England seinen Verpflichtungen nachkam, auch Krieg mit Großbritannien bedeuten.

Karl Dönitz schickte seine U-Boote auf den Marsch. Sie rückten in der Nordsee und auch westlich der Britischen Inseln in die Positionen ein, die für den Fall der Mobilmachung vorgesehen waren.
Am 1. September 1939 marschierten deutsche Truppen in Polen ein. Am Morgen des 3. September, einem Sonntag, überreichte der britische Botschafter in Berlin dem deutschen Außenministerium ein Telegramm seiner Regierung, in dem ultimativ der Rückzug der Wehrmacht aus Polen gefordert wurde: »Falls nicht bis 11 Uhr vormittags britischer Sommerzeit am heutigen Tage, dem 3. September, eine befriedigende Zusicherung erteilt wird, wird zwischen Großbritannien und dem Deutschen Reich ein Kriegszustand von dieser Stunde an bestehen.«
Kurz nach 11 Uhr an diesem Sonntagvormittag funkte die britische Admiralität an alle ihre Schiffe auf den Meeren der Welt zwei Worte: »Total Germany«. Es war der Code für den Beginn des Krieges gegen Deutschland.
Großadmiral Erich Raeder, Oberbefehlshaber der Kriegsmarine, notierte: »Am heutigen Tage ist der Krieg gegen England–Frankreich ausgebrochen, mit dem wir nach den bisherigen Äußerungen des Führers nicht vor etwa 1944 zu rechnen brauchten . . .«
Der Führer der Unterseeboote, Karl Dönitz, hielt sich an diesem 3. September 1939 in seiner Befehlsstelle nahe des U-Boot-Stützpunktes Wilhelmshaven auf. Um 13.30 Uhr las er den Befehl der Seekriegsleitung: »Beginn der Feindseligkeiten gegen England sofort.«
Am gleichen Tag traf Kommodore Dönitz mit den Admiralen Hermann Boehm und Alfred Saalwächter zusammen. Die Stimmung war gedrückt. Dönitz erinnerte sich: »Tiefer Ernst beherrschte unsere Aussprache. Wir wußten, was ein Krieg gegen England bedeutete, wie fast unerschöpflich die Kräfte seiner Seemacht sind, und daß sie sich zwar erst allmählich entfalten, dann aber immer überlegener zur Wirkung kommen.«
Die deutsche U-Boot-Waffe mußte jetzt gegen die stärkste Seemacht der Erde fahren – jedoch nicht mit 300 Booten, die Dönitz für den Sieg erforderlich hielt, sondern mit nur 46 einsatzfähigen Booten, von denen wiederum nur 22 atlantiktauglich waren.
Dönitz schrieb später: »Dienststellen der deutschen Marine und die deutsche Staatsführung haben im Zweiten Weltkrieg die Bedeutung des U-Bootes nicht rechtzeitig und nicht in ihrer vollen Größe erkannt und die erforderlichen Mittel dafür nicht rechtzeitig aufgewendet. Das ist die Tragik des deutschen U-Boot-Kriegs im Zweiten Weltkrieg.«
Am Abend dieses Tages aber, an dem der Krieg ausbrach, ereignete sich ein Vorfall, der die militärische Bedeutung der deutschen Unterseeboote vorerst noch weiter schrumpfen ließ.
Am Nachmittag des 2. September hatte der britische Passagierdampfer

»Athenia« den Hafen von Liverpool verlassen. An Bord des 14 000 Tonnen großen Schiffes befanden sich 1410 Passagiere und Besatzungsmitglieder, unter ihnen 316 Amerikaner. In den Morgenstunden des 3. September umrundete die »Athenia« die Nordspitze Irlands und ging auf westlichen Kurs.

Westlich von Irland stand an diesem 3. September 1939 das deutsche U-Boot U 30, kommandiert von Kapitänleutnant Fritz-Julius Lemp. Am frühen Nachmittag hatte das Boot den Funkspruch der Seekriegsleitung aufgefangen, mit dem die Kommandanten der U-Boote informiert wurden, daß sich Deutschland im Krieg mit England befand. Kapitänleutnant Lemp hatte die schriftlichen Befehle gelesen, die Karl Dönitz für diesen Fall ausgegeben hatte, und Lemp hatte ihnen entnommen, daß die U-Boote sich bei ihren Angriffen an die Prisenordnung halten mußten.

Jetzt neigte sich dieser erste Tag des Krieges dem Abend zu. U 30 pirschte in dem Seeraum, der ihm als Operationsgebiet zugewiesen worden war. Zu diesem Zeitpunkt näherte sich von Osten mit stetiger Geschwindigkeit die »Athenia«. Ihr Kapitän James Cook wußte nichts von der Anwesenheit eines U-Bootes, aber er befahl, die Geschwindigkeit des Schiffes zu erhöhen, und er ordnete gleichzeitig an, den großen Dampfer in Zickzackkursen über das Meer zu steuern. Zickzackkurse galten als Abwehrmaßnahme gegen U-Boote: Sie sollten es dem Boot erschweren, sein Ziel auszurechnen und einen sicheren Torpedoschuß abzufeuern. Die Anweisungen des Passagierdampfer-Kapitäns James Cook aber erwiesen sich als verhängnisvoll.

Einer der Männer im Turm von U 30 machte in der Dämmerung die Umrisse der Aufbauten eines großen Dampfers aus, der sich dem Standort des Bootes näherte. Kommandant Fritz-Julius Lemp ließ U 30 auf das fremde Schiff eindrehen. Er sah, daß der Dampfer mit abgeblendeten Lichtern fuhr, und er sah auch, wie das Schiff über den Ozean zackte. Kapitänleutnant Lemp kam zu dem Schluß, daß da ein Hilfskreuzer heranstampfte, ein zum Kriegsschiff umgebautes, mit schweren Geschützen bewaffnetes Fahrzeug. Kommandant Lemp beschloß, den vermeintlichen Feind zu vernichten.

Um 19.43 Uhr an diesem 3. September machte U 30 drei Torpedos los. Es waren die ersten Schüsse in der Atlantikschlacht.

Die Torpedos trafen die Backbordseite der »Athenia«. Die Explosionen donnerten auf, die Schiffswand zerbarst, Wasser schoß in die Räume des Dampfers, wenig später neigte sich das Schiff mit Schlagseite nach Backbord. Aber es sank nicht sofort.

In den nächsten Augenblicken erkannte Lemp seinen Irrtum: Das Schiff funkte SOS und nannte dabei seinen Namen. Lemp sah aus den Niedergängen Menschen hervorquellen, Boote wurden zu Wasser gelassen, in ihnen Frauen und Kinder.

U 30 verließ den Ort, an dem es den ersten Schlag in einer Schlacht geführt hatte, die noch mehr als fünfeinhalb Jahre dauern sollte.
Zwei britische Zerstörer, ein norwegischer Frachter und eine schwedische Segelyacht kamen den Schiffbrüchigen der langsam sinkenden »Athenia« zu Hilfe. Sie retteten 1300 Menschen, 118 aber kamen durch den Torpedoangriff des deutschen Bootes um, unter ihnen 22 Amerikaner.
Der Angriff von U 30 auf die »Athenia« erwies der deutschen U-Boot-Waffe keinen guten Dienst. Er erweckte in der deutschen Führung düstere Erinnerungen an die Folgen, die die Versenkung der »Lusitania« durch U 20 im Mai 1915 vor Irland gehabt hatte. Damals waren 1198 Menschen ums Leben gekommen, 128 von ihnen Amerikaner. Die Vernichtung dieses Passagierdampfers hatte viel dazu beigetragen, die Vereinigten Staaten in den Ersten Weltkrieg hineinzuziehen.
Hitler aber wollte Amerika vorerst um jeden Preis aus dem Krieg heraushalten. Zudem hoffte er immer noch, mit den Westmächten zu einer Einigung zu kommen oder gar Frankreich und England voneinander trennen zu können.
Die deutsche Propaganda leugnete, daß die »Athenia« von einem deutschen U-Boot versenkt worden war. Zugleich wurde die Operationsfreiheit der deutschen U-Boote auf Hitlers Geheiß noch weiter eingeschränkt: So durften Passagierdampfer jetzt selbst dann nicht mehr angegriffen werden, wenn sie im Geleit fuhren, also höchstwahrscheinlich Truppen transportierten. Angriffe auf französische Schiffe wurden den U-Booten gänzlich verboten.
Die Flotte des Führers der U-Boote, so mußte es in den ersten Tagen des Krieges scheinen, hatte tatsächlich keine Chance, entscheidend in den Gang der Geschichte einzugreifen. Die Vorurteile ihrer Gegner in der deutschen Seekriegführung schienen bestätigt, die Skepsis der Männer, die am Kampfwert der Boote zweifelten, verfestigte sich.
Doch bald schon führte die unterschätzte Waffe vor, was sie vermochte: Ein U-Boot, und nicht eines der mächtigen deutschen Kampfschiffe, versenkte das erste große britische Kriegsschiff in diesem Krieg.
Am 17. September 1939 stand das deutsche U-Boot U 29, das von Kapitänleutnant Otto Schuhart kommandiert wurde, im Seegebiet westlich vor Irland. Wieder und wieder hatte Kommandant Schuhart durch das Periskop nach einem Ziel gesucht – ergebnislos.
Am Abend dieses 17. September um sechs Uhr jedoch nahm er plötzlich verwehenden Rauch wahr, dann Aufbauten, und dann schälte sich ein mächtiger Koloß aus dem feinen Schleier von Dunst über dem Atlantik: der britische Flugzeugträger »Courageous«.
Ursprünglich war der Träger von vier Zerstörern gehütet worden, doch zwei waren davongeprescht, um einem Frachter zu Hilfe zu kommen, der über Funk einen U-Boot-Angriff gemeldet hatte.

Kommandant Schuhart hielt die Augen an das Okular des Periskops gepreßt: Die britische Gruppe hielt Kurs, und dieser Kurs schien die feindlichen Schiffe so weit an U 29 vorbeizuführen, daß das Boot nicht zum Schuß kommen konnte.
Dennoch versuchte U 29 heranzuschleichen. Kommandant Schuhart berichtete: »Es sah wie ein hoffnungsloses Unternehmen aus. Meine Unterwassergeschwindigkeit war weniger als acht Knoten, während der Träger mehr als zwanzig laufen konnte. Aber bei der Ausbildung war uns eingeschärft worden, daß wir immer in der Nähe bleiben sollten, und genau dies tat ich und folgte ihm getaucht.«
Nach zwei Stunden änderte der Träger plötzlich seinen Kurs: Er drehte in den Wind, damit seine Flugzeug starten und landen konnten. U 29 durchstieß den Sicherungsring, den die Zerstörer um den Träger legten. Die Asdic-Schallortungsgeräte auf den U-Boot-Jägern nahmen den Feind unter Wasser nicht wahr. Dann stand U 29 in Schußweite. Es war 19.30 am Abend des 17. September.
Otto Schuharts Stimme klang durch das Boot: »Fächer los!« Aus den Rohren des Bootes lösten sich die Geschosse und liefen, jedes mit 350 Kilogramm Sprengstoff beladen, auf den Flugzeugträger zu.
Der Kommandant berichtete: »Nachdem wir unsere Torpedos losgemacht hatten, herrschte gespannte Stille im Boot, bis wir sicher waren, daß wir Erfolg gehabt hatten: Dann konnten wir die Explosionen hören.«
Am Rumpf des Trägers stiegen in diesem Augenblick zwei riesige Detonationssäulen aus Wasser und Rauch hoch. Die Explosionen rissen die Seite des Trägers auf, ein Feuerball stand über dem Schiff. Dann legte sich das Schiff über, erst glitten die Flugzeuge vom Flugdeck platschend ins Wasser, dann rutschten Menschen hinterher.
Um den Träger herum breitete sich eine riesige Lache von Öl aus, darin erstickende, ertrinkende Matrosen.
Die »Courageous« schwamm noch 15 Minuten. Dann versank das 22 500 Tonnen große Schiff im Atlantik. 518 britische Seeoffiziere und Matrosen fanden den Tod.
U 29 entkam der Wasserbombenverfolgung durch die britischen Zerstörer. Kommodore Karl Dönitz notierte: »Die englische Admiralität . . . zog alle Flugzeugträger aus dem Atlantik zurück. Dies bedeutete natürlich eine wesentliche Erleichterung für die Handelskriegführung der U-Boote.«
Nur knapp vier Wochen nach der Versenkung der »Courageous« verhalfen Günther Prien und U 47 der deutschen U-Boot-Waffe endgültig zum Durchbruch.

# 4 U 47 gegen Englands Flotte

*48 Stunden Bedenkzeit für Günther Prien – Eine Lücke in der Sperre – »Wir sind in Scapa Flow« – Ein Schlachtschiff versinkt im eigenen Hafen – 833 Männer sterben in Feuer und Wasser – Durchbruch der U-Boot-Waffe*

An einem Tag im September 1939 studierte der Führer der Unterseeboote Karl Dönitz in seiner Kieler Befehlsstelle eine Seekarte mit großem Maßstab. Sie zeigte in Blau, Grau und Weiß ein Gewirr von vielen großen und kleineren felsigen Inseln, manche rund, manche langgestreckt: die Orkneys im Norden Großbritanniens. Zwischen zwei größeren Eilanden weitet sich dort die See zu einer Bucht: Scapa Flow. Wie Schildwachen liegen die öden Orkneyinseln in der Zufahrt aus dem nördlichen Atlantik zur Nordsee. Vor vielen Jahrzehnten schon hatte die Royal Navy die Bucht von Scapa Flow zu einem der Hauptliegeplätze ihrer schweren Kampfschiffe gewählt. Von hier aus konnten Schlachtschiffe und Kreuzer rasch in die Nordsee und die Deutsche Bucht, nach Norwegen, aber auch in den Atlantik vorstoßen.
Mit dieser Bucht von Scapa Flow verband die deutsche Marine besonders schmerzliche Erinnerungen: Dort waren im Ersten Weltkrieg in englischen Minensperren zwei deutsche U-Boote verlorengegangen, die Englands Hochseeflotte in ihrem sichersten Hafen angreifen wollten. Und dort, in Scapa Flow, hatte sich die in der Skagerrak-Schlacht unbesiegte deutsche Hochseeflotte nach dem Ende des Ersten Weltkriegs selbst versenkt. Die Flotte war genötigt worden, von Wilhelmshaven nach Scapa Flow zu laufen. Von dort sollten die Schiffe auf neutrale Häfen verteilt werden.
In der düsteren Bucht von Scapa Flow jedoch erkannten die deutschen Offiziere bald, daß die Engländer offenbar planten, die Schiffe des Reiches in Besitz zu nehmen und in die Royal Navy einzugliedern. Am 21. Juni 1919 fluteten auf Befehl des deutschen Admirals Ludwig von Reuter Offiziere und Matrosen die Räume der Schiffe: 20 Linienschiffe, Schlachtkreuzer und Kleine Kreuzer sowie 46 Torpedoboote gingen in diesen Stunden auf den Grund der Nordsee.
Die Mannschaften englischer Bewachungsschiffe schossen auf die deutschen Matrosen, die sich in die deutschen Boote gerettet hatten, und sie schossen auch auf Matrosen, die im Wasser schwammen. Zehn deutsche Seeleute starben im Feuer der Engländer, 16 wurden verwundet.
Jetzt, im Herbst 1939, war Scapa Flow immer noch einer der wichtigsten

Stützpunkte der britischen Flotte. Wenn es einem U-Boot gelang, sich in die Bucht zu pirschen, mußte es einen gewaltigen Schlag gegen die britische Macht zur See führen können.
Karl Dönitz erinnerte sich: »Seit Kriegsbeginn trug ich mich immer wieder mit dem Gedanken, eine U-Boot-Operation gegen Scapa Flow anzusetzen.«
Doch nahezu unüberwindliche Schwierigkeiten standen einer U-Boot-Attacke auf die britische Flotte in Scapa Flow entgegen: Dort ist die See selbst ein Feind jedes Angreifers.
Die Orkneyinseln sind ein Gebiet mit außerordentlich starken Gezeitenströmen. Bei Ebbe und Flut sind gewaltige Wassermassen in Bewegung.
Dort, wo Inseln und Klippen den Weg des Wassers einengen, schwillt es zu einem reißenden Strom: Bei den Orkneyinseln und in den Zufahrten von Scapa Flow kann die Geschwindigkeit der Gezeitenströmung mehr als 10 Knoten, nahezu 19 Kilometer in der Stunde, erreichen.
Ein U-Boot jener Tage jedoch konnte unter Wasser allenfalls eine Geschwindigkeit von etwas mehr als sieben Knoten laufen; bei weitem nicht genug, um im Strom manövrieren zu können. Ein Angriff gegen Scapa Flow mußte also über Wasser gefahren werden.
In den Einfahrten zu Scapa Flow vermutete Karl Dönitz zudem Sperren gegen jeden Eindringling: Netze zum Abfangen von U-Booten, Minen, verankerte schwere Balken, verankerte Schiffe und natürlich Wachboote und Zerstörer auf Patrouille. Der Führer der U-Boote kam zu dem Schluß: »Eine Operation gegen Scapa Flow schien das kühnste aller kühnen Eindring-Unternehmen zu sein.«
In den ersten Wochen des Krieges gegen England flogen Maschinen der deutschen Luftwaffe Aufklärung über Scapa Flow. Auf einer Luftaufnahme vom 11. September konnte Karl Dönitz erkennen, daß in der Bucht schwere Kriegsschiffe der Royal Navy vor Anker lagen: Ziele für einen U-Boot-Angriff.
Am 26. September 1939 erhielt Karl Dönitz weitere Luftaufnahmen von Scapa Flow. Sie zeigten in gestochener Schärfe die Vorkehrungen, die Englands Marine gegen Eindringlinge getroffen hatte. Der Führer der U-Boote suchte die Fotos Zentimeter für Zentimeter ab. Drei der vier von der Nordsee aus erreichbaren Zugänge zur Bucht waren durch Sperren gesichert, die ein U-Boot nicht überwinden konnte.
Im Fahrwasser der vierten, der nördlichsten Einfahrt hatten die Briten zwei Dampfer versenkt und ein Schiff verankert. Dönitz verglich Luftaufnahmen und Seekarte. Er sah: Zwischen den versenkten Schiffen und dem unpassierbaren Flachwasser waren Lücken offengeblieben. Durch sie hindurch konnte ein U-Boot in die Bucht hinein vorstoßen. Allerdings: Der Kommandant des U-Bootes mußte dabei eine seemännische Meisterleistung vollbringen. An Steuerbord und Backbord blieben

in der Durchfahrt kaum fünf Meter Wasser; auf der einen Seite reckten sich die Sperrschiffe, auf der anderen Seite lauerten die Felsen. Jeder kleine Kursfehler im reißenden Strom konnte das Ende von Boot und Besatzung bedeuten. Karl Dönitz entschloß sich zum Angriff auf Scapa Flow: Ein Boot gegen die britische Schlachtflotte. Zu jener Zeit, da Dönitz eines der aufsehenerregendsten Unternehmen des Weltkriegs plante, hatte im Hafen von Kiel das U-Boot U 47 festgemacht, ein atlantiktaugliches U-Boot vom Typ VII. Es war gerade von seiner ersten Feindfahrt zurückgekehrt, bei der es drei Frachtschiffe versenkt hatte. Der Kommandant des Bootes war Kapitänleutnant Günther Prien, damals 31 Jahre alt, verheiratet, Vater von zwei Töchtern. Prien stammte aus Leipzig und war als Handesschiffsoffizier zur See gefahren, bevor er zur Kriegsmarine kam. Der Führer der Unterseeboote kannte Prien seit einer Reihe von Jahren.

Jetzt, Ende September 1939, fällte Dönitz einen Entschluß, der den jungen Offizier zu einem der berühmtesten Seehelden der deutschen Geschichte machen sollte: »Meine Wahl für die Unternehmung gegen Scapa Flow fiel auf Kapitänleutnant Prien. Er hatte nach meiner Ansicht die erforderlichen soldatischen Eigenschaften und seemännischen Fähigkeiten.«

Am 1. Oktober 1939, einem Sonntag, ließ Dönitz Prien zu sich rufen und legte ihm die Schwierigkeiten dar, die dem Vorstoß eines U-Bootes gegen die britische Flottenbasis entgegenstanden. Dönitz: »Ich stellte Prien frei, den Auftrag anzunehmen oder abzulehnen. Seine Entscheidung wollte ich nicht vor Ablauf von 48 Stunden haben.«

Kapitänleutnant Prien brauchte nur 24 Stunden. Am Montag, dem 2. Oktober, erschien er wieder bei Dönitz und erklärte: Ja, er werde den Auftrag übernehmen. Kommodore und Kommandant erörterten dann den Zeitpunkt des Angriffs von U 47 auf Großbritanniens Flotte in Scapa Flow. In weniger als zwei Wochen würden zwei Umstände zusammentreffen, die Priens Vorhaben begünstigten: In der Nacht vom 13. auf den 14. Oktober war Neumond. Es würde also völlige Finsternis herrschen, die das U-Boot bei seiner Überwasserfahrt einhüllte. In dieser Nacht würde es zudem bei beiden Stauwassern dunkel sein. Stauwasser ist jener Zeitraum zwischen Ebbe und Flut, zu dem der Gezeitenstrom für wenige Augenblicke zur Ruhe kommt. Dann ist das Manövrieren in engen Durchfahrten leichter.

Am 8. Oktober 1939 machte U 47 in Kiel die Leinen los, durchfuhr den Nord-Ostsee-Kanal, die Elbmündung und nahm Kurs auf das rund 600 Seemeilen, etwa 1100 Kilometer, entfernte Scapa Flow.

An diesem 8. Oktober liefen auch Teile der deutschen Überwasserflotte gegen England aus: Das Schlachtschiff »Gneisenau«, der Kreuzer »Köln« und neun Zerstörer. Der Flottenverband stieß in die nördliche Nordsee vor.

Das Unternehmen Priens und die Aktion der »Gneisenau« hatten keinen Zusammenhang miteinander. Dennoch hatte diese Operation der deutschen Überwasserschiffe weitreichende Auswirkungen auf den Erfolg des Kapitänleutnants Günther Prien.
Ein britisches Aufklärungsflugzeug entdeckte den deutschen Verband auf seinem Weg nach Norden. Schwere Einheiten der britischen Flotte machten Dampf auf und verließen ihre Liegeplätze, um die Deutschen in See zu stellen und zu vernichten.
Die Bucht von Scapa Flow war plötzlich leer. Zu den britischen Schiffen, die unter dem grauen Himmel der Nordsee nach dem deutschen Feind suchten, gehörte das Schlachtschiff »Royal Oak«, eines der mächtigsten Schiffe der britischen Flotte. Es hatte bereits 1916 in der Schlacht am Skagerrak gekämpft. Das Schiff verdrängte 30 000 Tonnen. Die »Royal Oak« war 189 Meter lang und knapp 32 Meter breit. Getrieben von 40 000 PS, erreichte das Schiff eine Geschwindigkeit von 22 Knoten, rund 40 Stundenkilometer. Seine schwersten Waffen waren acht Geschütze vom Kaliber 38,1 Zentimeter und 12 Geschütze vom Kaliber 15,2 Zentimeter. Seine Besatzungsstärke betrug 1198 Mann.
Die Briten fanden die Deutschen in diesen Tagen nicht: Die »Gneisenau« und ihre Begleitschiffe gingen am 9. Oktober auf Südkurs und waren am 10. Oktober zurück in Kiel.
Die britischen Schiffe liefen gleichfalls zurück. Aber: Nur ein Teil der Großkampfschiffe nahm Kurs auf Scapa Flow, unter ihnen die »Royal Oak«. Schon in der folgenden Nacht rückten die meisten der schweren britischen Einheiten wieder aus Scapa Flow. Zurück in der weiten Bucht blieb die »Royal Oak«.
Unterdessen schlich U 47 an sein Ziel heran. Am 13. Oktober stand das Boot knapp östlich der Zufahrten zu Scapa Flow. Prien hatte U 47 für die Stunden des Tageslichts auf den weichen Sandgrund der Nordsee legen lassen, die an dieser Stelle 90 Meter tief ist. Die Besatzung schlief.
Um 17 Uhr aßen die Männer von U 47: Suppe, Kasseler Rippenspeer, Kartoffeln und Grünkohl. Dann ließ Prien Torpedos in Ladestellung hinter die Rohre bringen. An mehreren Stellen des Bootes wurden Sprengkörper befestigt, die das Boot versenken sollten, wenn es aufgegeben werden mußte. Die erste Phase des Angriffs von U 47 auf Scapa Flow hatte begonnen. In seinem Kriegstagebuch vermerkte der Kommandant: »Die Moral der Besatzung ist hervorragend«.«
Um 19.15 Uhr befahl Prien: »Auftauchen!« Wenig später schob sich der dunkle Leib des Bootes gurgelnd und schäumend an die Oberfläche des Meeres. Aus Nordosten wehte ein leichter Wind. Er warf kleine Wellen auf. Zeitpunkt und Bedingungen für die Attacke schienen in der Tat so günstig, wie Dönitz und Prien es angenommen hatten. Aber: In einem Punkt hatten sie sich geirrt – die Nacht war keineswegs dunkel.
Über dem gesamten nördlichen Horizont stand ein fahler Schein:

Polarlicht, eine nur in den hohen Breiten der Erde zu beobachtende Himmelserscheinung. Prien schrieb in sein Kriegstagebuch: »Gespenstisch wie Theaterkulissen stehen die Sperrschiffe in den Einfahrten.«
U 47 nahm jetzt, dreißig Minuten vor Mitternacht, am Freitag, dem 13. Oktober 1939, Kurs auf die nördliche Einfahrt von Scapa Flow, auf die Lücke, die Karl Dönitz auf den Luftfotos entdeckt hatte.
Kapitänleutnant Günther Prien gab vom Turm des Bootes aus Befehle für Ruder und Maschinen. Vor ihm ragte der dunkeldrohende Schatten eines der Sperrschiffe empor, mit denen die Briten die Einfahrt gegen Eindringlinge gesichert hatten. U 47 näherte sich dem Hindernis mit hoher Geschwindigkeit. Der Gezeitenstrom setzte in die Bucht.
Dann ein Augenblick, in dem der Kommandant von U 47 befürchtete, das Unternehmen könnte scheitern, bevor es noch recht begonnen hatte: Vom Sperrschiff in der Einfahrt ragte eine schwere Kette schräg nach vorn zum Anker im Grund. Sie engte den Raum für U 47 auf ein Minimum ein. Beim Versuch, der Kette auszuweichen, plötzlich ein harter Schlag, Schurren und das Kreischen von Metall. U 47 war auf den felsigen Grund geraten.
Prien befahl, die mit Wasser gefüllten Tauchzellen des Bootes mit Preßluft auszublasen. Das Boot hob sich, kam frei, das Heck schlug gegen die Ankerkette des Sperrschiffs. Aber dann drehte der Bug von U 47 auf den alten Kurs zurück.
Prien beugte sich über das Sprachrohr im Turm und sagte, so daß jeder der Männer seiner Besatzung im Innern des Bootes es hören konnte: »Wir sind in Scapa Flow!« Ein paar Seemeilen entfernt von U 47 schliefen zu diesem Zeitpunkt mehr als tausend Männer, über die wenige Minuten später aus dem Dunkel der Nacht Entsetzen und vielhundertfacher Tod kamen.
Es war jetzt kurz vor halb eins am 14. Oktober 1939. U 47 stieß weiter in die Bucht von Scapa Flow hinein. Im Turm des Bootes Kapitänleutnant Prien und die Männer der Wache. Sie alle preßten Nachtgläser an die Augen. Sie suchten nach britischen Schiffen.
Die Sichtverhältnisse waren ausgezeichnet. Polarlicht stand hoch über dem nördlichen Horizont. Günther Prien schrieb in das Kriegstagebuch von U 47: »Es ist widerlich hell. Die ganze Bucht ist fabelhaft zu übersehen.« Auf der Uferstraße konnten die Männer von U 47 einen späten Radfahrer beobachten. Er sah das deutsche U-Boot nicht.
Dann hob sich plötzlich die Silhouette eines Schiffes aus dem Dunkel: Es war eines der britischen Wachboote, die Scapa Flows Einfahrten gegen einen Überfall des deutschen Feindes schützen sollten. Die Briten bemerkten den deutschen Eindringling nicht.
U 47 fuhr weiter in die Bucht hinein, lauernd, jeden Augenblick auf einen Angriff gefaßt. Die Männer im Turm suchten jetzt systematisch die Bucht ab. Aber sie entdeckten nicht, was sie erwartet hatten: die

Umrisse großer Kampfschiffe oder Flugzeugträger. Die Bucht, so schien es, war leer.
Scapa Flow, dieser Hauptliegeplatz der britischen Flotte, schien tatsächlich von Schiffen geräumt zu sein – ausgerechnet in der Nacht, in der es zum ersten Mal in der Geschichte einem Feind gelungen war, die Sperren zu überwinden und in dieses Zentrum britischer Seemacht vorzudringen.
Es war jetzt kurz vor ein Uhr. Seit einer halben Stunde durchfurchte U 47 die Gewässer von Scapa Flow. Die Männer im Turm suchten weiter. Prien ließ das Boot auf einen Kurs legen, der es auf die nördliche Küste zu führte. In den Gläsern der Deutschen zeichnete sich das Steilufer ab, auf dessen Höhe die Ortschaft St. Marys in tiefer Ruhe lag.
Prien drehte das Boot auf nordwestlichen Kurs. Plötzlich, von einem Augenblick zum anderen, erlosch das Polarlicht. Die Bucht lag in tiefer Dunkelheit. Allmählich hellte sich der Himmel wieder auf, und in dieser Sekunde erkannte einer der Männer im Turm eine schwarze Masse, die noch einen Hauch dunkler war als der Schatten des Steilufers.
U 47 war ungefähr 4 000 Meter von ihr entfernt. Das Boot lief auf den Schatten zu. Prien starrte durch sein Glas. Bald konnte er im Dunkeln einen Umriß erkennen: ein Schlachtschiff, die »Royal Oak«.
U 47 rückte näher heran. Und dann sahen die Männer im Turm ein zweites großes Schiff hinter dem ersten liegen – noch näher zum Ufer hin. Kapitänleutnant Prien hielt dieses Schiff für den Schlachtkreuzer »Repulse«, mächtiger noch als die »Royal Oak«. Dieses zweite Schiff wurde zu seinem größten Teil von dem Schiff im Vordergrund abgedeckt.
U 47 stand jetzt 3 000 Meter von den britischen Schiffen entfernt. Prien brachte sein Boot in Schußposition auf das im Vordergrund liegende Schlachtschiff, die »Royal Oak«, und gab die Befehle für das Torpedopersonal. Die Torpedos sollten die feindlichen Schiffe in einer Tiefe von 7,5 Metern treffen, die Rümpfe weit aufreißen, so daß die Wassermassen in ungeheurem Schwall die Räume überschwemmen und die Schiffe auf den Grund ziehen würden.
Immer noch lag die Bucht von Scapa Flow still. Die Männer im Turm des Bootes hörten nur das Geräusch der Motoren, das Klatschen und Zischen der Bugwelle, sie fühlten den Fahrwind. Dann die Befehle des Kommandanten: »Rohr eins los! Rohr zwo los!«
Mit leichtem Ruck verließen die Torpedos ihre Rohre. Mit einer Geschwindigkeit von 30 Knoten, rund 55 Kilometer in der Stunde, 15 Meter in der Sekunde, trugen sie jeweils 350 Kilogramm Sprengstoff an ihre rund dreieinhalb Minuten entfernten Ziele heran.
Während die ersten zwei Torpedos schon liefen, ließ Prien U 47 nach Steuerbord drehen. Jetzt zeigten die Torpedorohre des Bootes in gerader

Linie auf den Bug des zweiten britischen Schiffes. »Rohr drei los! Rohr vier los!« befahl der Kommandant. Doch nur der Torpedo in Rohr drei löste sich, der Torpedo im Rohr vier blieb stecken.
U 47 lief unterdessen ab und nahm Kurs auf den Ausgang der Bucht. Auf dem Turm des Bootes zählten die Männer die Sekunden: 200, 205, 210. Jetzt, ja, jetzt mußten die Torpedos auf den Rumpf treffen, detonieren, den schweren Stahl zerbrechen. Die Uhr lief. Doch es geschah nichts.
Dann doch eine Explosion, eine Wassersäule – offenbar am Bug des entfernt liegenden Schiffes, vielleicht aber auch an der Ankerkette der »Royal Oak«. Nur ein Torpedo hatte funktioniert, zwei der Torpedos hatten versagt.
Die Detonation des Torpedos erschütterte auch die »Royal Oak«. Captain R. F. Nichols, der Erste Offizier des Schlachtschiffes, erinnerte sich: »Ich ging an Deck, aber niemand konnte mir sagen, was geschehen war. In dem schwachen Nordlicht konnte ich die Umrisse des Landes gegen den Himmel und die über das Deck laufenden Männer sehen, aber nicht genau erkennen.«
Captain Nichols stieg zurück unter Deck. Dort traf er auf den Kommandanten der »Royal Oak«, Captain William Gordon Benn. Der Kommandant war der Ansicht, daß sich innerhalb des Schiffes eine leichte Explosion ereignet hatte, vielleicht in der Farbenlast, dem Raum, wo Ölfarben, Rostschutz- und Reinigungsmittel gelagert wurden.
Konteradmiral Henry Blagrove, Befehlshaber des 2. britischen Schlachtgeschwaders und in dieser Nacht zu Gast an Bord der »Royal Oak«, stimmte der Ansicht des Kommandanten zu. Keiner der beiden glaubte in diesem Augenblick an einen Torpedotreffer. Ein britischer Matrose erhielt den Befehl, ausgerüstet mit einer Rauchmaske in die Farbenlast hinunterzusteigen und nach der Ursache der Explosion zu forschen.
Auf anderen britischen Schiffen in der Bucht von Scapa Flow war die Explosion gleichfalls wahrgenommen worden, aber niemand hatte sie mit dem Treffer eines deutschen U-Bootes in Verbindung gebracht. Zerstörer und Wachboote blieben an ihren Plätzen.
Kommandant Prien ließ unterdessen das Boot zu einem zweiten Angriff klarmachen. Die Männer luden mit geübten Handgriffen die Torpedorohre nach. U 47 drehte nach Steuerbord und lief wieder mit hoher Geschwindigkeit auf die »Royal Oak« zu.
Und wieder der Befehl des Kommandanten: »Rohr eins los! Rohr zwo los! Rohr vier los!« Es war 22 Minuten nach ein Uhr am 14. Oktober 1939.
U 47 drehte wieder ab. Der Kommandant beobachtete durch sein Glas das Schlachtschiff, dessen Umrisse sich jetzt deutlich von den Felsen im Hintergrund abhoben. Wieder zählte er die Sekunden.
Dann kurz hintereinander drei schwere Detonationen, drei riesenhafte Wassersäulen: Eine in der Nähe des Bugs der »Royal Oak«, eine

mittschiffs, eine am Geschützturm achtern. Rollend hallte der Explosionsdonner von den Felsenhängen der Bucht wider. Und dann stand über der »Royal Oak« plötzlich eine dicke, schwarze Wolke.
Prien notierte über den Anblick, der sich ihm bot: »Da rollt, knallt, bumst und rummelt es gewaltig. Feuersäulen, Brocken fliegen durch die Luft.« Einer der Torpedos hatte eine der Munitionskammern des Schlachtschiffes getroffen. Die explodierenden Granaten rissen riesige Stücke von Stahl aus Rumpf und Deck und aus den Geschütztürmen.
Feuer fauchte durch die Leitungen und die Öffnungen des Lüftungssystems, meterhohe Flammen schlugen den Männern entgegen, die sich zu retten versuchten. Dann erlosch das Feuer und ließ die Besatzung der »Roal Oak« in der Dunkelheit zurück. Jeder, der noch lebte im riesigen Rumpf des Schlachtschiffes, fühlte, daß die »Roal Oak« sinken würde.
Der Erste Offizier Nichols berichtete: »Alle Lichter gingen aus, und das Schiff nahm sofort Schlagseite von 35 Grad nach Steuerbord an. Wir hatten keinen elektrischen Strom mehr, um die größeren Boote auszusetzen, und wegen der zunehmenden Krängung des Schiffes wurde es in der dunklen Nacht auch immer schwieriger, die kleineren Boote zu handhaben. In fast völliger Dunkelheit warfen der Kommandant und ich mit Unterstützung einer Reihe von Besatzungsangehörigen soviel Rettungsmaterial über Bord, wie wir finden konnten.«
Im Inneren des torpedierten Schiffes kämpften Matrosen um ihr Leben – vor geschlossenen Luken aus schwerem Panzerstahl, die von Motoren bewegt wurden und sich jetzt nicht öffnen ließen.
Das Deck der »Royal Oak« neigte sich weiter der Oberfläche des Wassers zu. Auch durch die Bullaugen an Steuerbord strömte jetzt Wasser in das Schiff. Einige der Männer schafften es, durch die Bullaugen an Backbord auf den Rumpf des Schiffes zu klettern. Doch sie fürchteten sich davor, ins Wasser zu springen. Die See war jetzt, im Herbst, kaum noch zehn Grad warm, und das Ufer war mehr als einen Kilometer entfernt.
Den Männern der »Royal Oak« blieb nicht viel Zeit. 13 Minuten nach der Detonation der von U 47 geschossenen Torpedos kenterte das Schlachtschiff. Einer der Männer, die sich retten konnten, berichtete: »Was mich am meisten erstaunte, war der gewaltige Lärm. Es hörte sich an, wie wenn eine große Schüssel voll Bolzen und Muttern langsam umgekippt wird. Die gelagerten Granaten müssen sich losgerissen haben, wohl auch anderes Gerät, so daß für die Menschen, die noch im Schiff waren, keinerlei Hoffnung mehr bestand. Es muß entsetzlich gewesen sein.«
Das Schlachtschiff drehte seinen Kiel himmelwärts und sank dann auf den Grund der an dieser Stelle rund 30 Meter tiefen Bucht. In diesen Minuten starben im eigenen Hafen 833 Offiziere und Mannschaften der Royal Navy, von Explosionen zerrissen, vom Feuer verbrannt, in den Räumen des riesigen Schiffes ertränkt.

Der britische Marinehistoriker Stephen W. Roskill schrieb: »Der Verlust so vieler wertvoller Menschenleben auf solche Art war voller Tragik.«
Als die »Royal Oak« sich auf die Seite legte und sank, steuerte U 47 schon mit Höchstgeschwindigkeit der Einfahrt entgegen, durch die es hereingeschlüpft war. Aber jetzt schien das Boot nicht ungesehen davonkommen zu können. An Bord der Schiffe in der Bucht von Scapa Flow und an Land war Alarm ausgelöst worden. Überall blinkten Lampen auf: Morsezeichen zur Verständigung von Schiff zu Schiff und vom Schiff zum Ufer. Scheinwerfer suchten den Himmel über der Bucht nach deutschen Flugzeugen ab. Ihre Lichtbündel strichen auch über das Wasser, durch das U 47 dahinrauschte. Britische Zerstörer und Wachschiffe machten von ihren Liegeplätzen los und fahndeten in der Bucht nach dem Feind.
Unterdessen stand U 47 bereits in der Nähe der Einfahrt. Starker Gezeitenstrom setzte dem Boot entgegen und verlangsamte seine Fahrt – bis zum völligen Stillstand. Prien notierte über diesen Augenblick: »Ich stehe auf der Stelle.« Das Boot konnte nicht genau den gleichen Weg wählen, den es gekommen war – das Wasser war gefallen, der Manövrierraum zwischen den Sperrschiffen im Norden und dem Ufer zu eng geworden.
Es war dies der Augenblick, da sich das Kriegsglück plötzlich gegen U 47 und seine Besatzung zu wenden schien. Aus dem Halbdunkel wuchs ein Schatten rasch auf U 47 zu: ein Zerstörer, an Geschwindigkeit und Feuerkraft dem deutschen U-Boot weit überlegen. Das britische Kriegsschiff kam näher und schaltete einen Scheinwerfer ein, dessen Licht über das tiefdunkle Wasser strich.
Die Deutschen auf der Brücke des Bootes starrten in die graue Masse des Kriegsschiffes, aus der heraus jeden Augenblick das Mündungsfeuer der Artillerie hervorbrechen konnte.
Der Zerstörer schaltete seinen Suchscheinwerfer ab, ein Morsescheinwerfer blinkte auf. Rief er die Deutschen an? U 47 preschte weiter. Dann drehte der Zerstörer plötzlich ab. Die Männer auf der Brücke von U 47 blickten ihm nach, bis die Dunkelheit über dem Wasser ihn verschluckt hatte.
U 47 stand jetzt in der südlichen Lücke innerhalb der Sperren der Einfahrt. Und noch einmal drohte die Operation zu scheitern. Vor U 47 hob sich plötzlich die Mauer einer Mole aus dem Meer. Mit vielen Schrauben- und Rudermanövern wischte das Boot knapp an ihr vorbei. Dann stampfte es in die freie Nordsee hinaus. Es war jetzt 2.15 Uhr am 14. Oktober 1939. Kapitänleutnant Günther Prien hatte das von Karl Dönitz geplante »kühnste aller kühnen Eindring-Unternehmen« zu Ende gebracht.
U 47 steuerte südöstlich – Heimatkurs. Im Nordwesten konnte der

Kommandant noch lange den Widerschein der Scheinwerfer von Scapa Flow erblicken. Dumpfe Schläge drangen über das Meer: die Geräusche explodierender Wasserbomben. Immer noch suchten die Briten nach dem Feind, der ihnen in ihrem Hafen einen so schweren Schlag versetzt hatte. Um 6.30 Uhr an diesem Morgen des 14. Oktober gab Prien den Befehl, zu tauchen. Während des ganzen Tages lag U 47 auf dem Grund der Nordsee. Bei Dunkelheit marschierte das Boot weiter nach Süden. Am Abend dieses 14. Oktober hörte Prien in einer britischen Rundfunksendung die erste Meldung über seinen Erfolg. Die Admiralität in London gab bekannt, das Schlachtschiff »Royal Oak« sei vermutlich einer U-Boot-Aktion zum Opfer gefallen und gesunken.

Von einem zweiten Schiff, das U 47 in der Bucht von Scapa Flow torpediert hatte, war in dieser Radiomeldung nicht die Rede. Prien setzte am nächsten Morgen einen Funkspruch an den Führer der U-Boote, Karl Dönitz, ab: »Unternehmung planmäßig durchgeführt. ›Royal Oak‹ versenkt. ›Repulse‹ beschädigt.«

In einem Punkt irrte Prien: Das Schiff, das hinter der »Royal Oak« vor Anker gelegen und auf das er einen Torpedo abgefeuert hatte, war nicht der Schlachtkreuzer »Repulse«, sondern die »Pegasus«, ein Mutterschiff für Wasserflugzeuge. Die »Repulse« stand in dieser Nacht in See. Die »Pegasus« wurde von dem Angriff des deutschen Bootes nicht betroffen: Sie blieb unbeschädigt. Dies ist der Stand der offiziellen deutschen wie der britischen Geschichtsschreibung.

Am 17. Oktober morgens um 11 Uhr, rund 80 Stunden nach dem Angriff auf Scapa Flow, lief U 47 in die dritte Einfahrt des Hafens von Wilhelmshaven ein. Den Turm des Boots schmückte ein seltsames Emblem: ein mit weißer Farbe auf das Grau gepinseltes Bild, das einen angreifenden Stier zeigte. Es war aus einer Laune heraus vom Ersten Wachoffizier des Bootes, Oberleutnant zur See Engelbert Endraß, gemalt worden. Von nun an hieß Prien der »Stier von Scapa Flow«.

Am Kai von Wilhelmshaven warteten Großadmiral Erich Raeder, Oberbefehlshaber der Kriegsmarine, und Karl Dönitz, Führer der U-Boote, auf die Männer, die es unternommen hatten, Großbritanniens Flotte in deren eigenem Hafen anzugreifen.

Die beiden Befehlshaber stiegen an Bord von U 47. Günther Prien wurde mit dem Eisernen Kreuz Erster Klasse, jedes Mitglied seiner Besatzung mit dem Eisernen Kreuz Zweiter Klasse ausgezeichnet.

Auf dem stählernen Deck des siegreichen Bootes U 47 gab Raeder anschließend bekannt, daß der Kapitän zur See Karl Dönitz zum Konteradmiral befördert sei.

Besatzung und Kommandant von U 47 wurden tags darauf mit einer Sondermaschine nach Berlin geflogen. In den Straßen, durch die die Autos mit den U-Boot-Männern vom Flughafen Tempelhof zur Reichskanzlei fuhren, standen Tausende von Menschen Spalier. Sie warfen

Blumen und Schokolade in die offenen Fahrzeuge. In der Reichskanzlei erhielt Günther Prien aus Hitlers Händen das Ritterkreuz.
Prien nötigte dem Feind Respekt ab. Der britische Marinehistoriker Stephen W. Roskill urteilte: »Diese Unternehmung war von Admiral Dönitz selbst sorgfältig geplant worden, der die schwachen Stellen in den Sperren genau kannte. Kapitänleutnant Prien verdient höchste Anerkennung für seinen Mut und die Entschlossenheit, mit der er die Planung von Dönitz ausführte.«
Großbritanniens Kriegspremier Winston Churchill schrieb in seinem Werk über den Zweiten Weltkrieg zum Angriff von U 47: ». . . eine Katastrophe, welche die Admiralität an einer höchst empfindlichen Stelle traf. Diese Episode, die eine beachtenswerte Waffentat des deutschen U-Boot-Kommandanten darstellt, versetzte die öffentliche Meinung in lebhafte Erregung.«
Seine größte Wirkung aber übte das Unternehmen des Kapitänleutnants Prien in Deutschland aus. Sein Einsatz gegen Englands Flotte beseitigte Vorbehalte gegen die U-Boote.
Großadmiral Erich Raeder notierte am 14. Oktober 1939, nachdem die Versenkung der »Royal Oak« gemeldet worden war: »Der Verlust der ›Royal Oak‹ . . . trifft England im gegenwärtigen Augenblick . . . besonders schwer. Der Erfolg (von U 47) schädigt in hohem Maße das englische Prestige bei den Neutralen und erhöht die Achtung vor der deutschen Schlagkraft. Im deutschen Volke stärkt er in gleicher Weise wie die Erfolge unseres U-Boot-Handelskrieges das Ansehen der Kriegsmarine und weckt die Liebe zur jungen deutschen U-Boot-Waffe.«
Doch es blieb bei Worten. Der U-Boot-Bau wurde nicht beschleunigt. Schlimmer noch: Bald standen die Männer der deutschen U-Boot-Waffe vor einer unfaßlichen Tatsache. Ihre wichtigste Waffe, der Torpedo, war für sie selbst ein gefährlicher Feind.

# 5 Boote ohne Waffe

*Die Torpedokrise – Drei Treffer auf einem Schlachtschiff mit Churchill an Bord – Fehlschüsse verraten U 39 – Die Schlacht um Norwegen – Prien: »Ich kämpfe nicht mit dem Holzgewehr« – Gefängnis für die Verantwortlichen*

Der Mann im Horchraum von U 56 nahm als erster den Feind wahr: In seinen Kopfhörern war das dumpf mahlende Geräusch der Schrauben vieler Schiffe zu hören. Die Geräusche wurden stärker, näherten sich, schwollen zu brausendem Gedröhn.

Es war am 30. Oktober 1939, morgens kurz vor 10 Uhr. U 56 war wenige Meilen westlich der Orkneyinseln im Norden Großbritanniens auf Sehrohrtiefe weggetaucht. Kapitänleutnant Wilhelm Zahn, Kommandant von U 56, hatte das Periskop wiederholt ausgefahren und rundherum die Kimm gemustert.

Zunächst schien das Meer leer. Aber dann waren Rümpfe am Horizont emporgewachsen – die schlanken Silhouetten von Zerstörern, insgesamt zehn, zwei Flottillen. Die schnellen Schiffe fuhren U-Boot-Sicherung. Der massive Aufwand von Zerstörern galt dem Schutz von Großbritanniens wertvollstem Gut zur See.

Inmitten der Zerstörer-Meute stampften drei der kampfkräftigsten Schlachtschiffe der Royal Navy durch die lange Dünung des Atlantik: die »Nelson«, 34 000 Tonnen groß, ihr Schwesterschiff »Rodney« und die »Hood«, mit 42 000 Tonnen Englands größtes Kriegsschiff überhaupt.

Der britische Flottenverband furchte mit Marschgeschwindigkeit dahin, mit 12 Knoten, etwa 22 Stundenkilometer, unerreichbar für U 56, das unter Wasser allenfalls sieben Knoten fahren konnte.

Aber dann geschah es: Die großen Schiffe änderten ihren Kurs und näherten sich schnell dem Standort von U 56. Sie liefen dem lauernden Boot vor die Rohre.

Die Zerstörer, die die Schlachtschiffe vor U-Boot-Angriffen bewahren sollten, rauschten mit weitem Abstand von den großen Schiffen durch die See. So befand sich das U-Boot plötzlich zwischen Zerstörern und Schlachtschiffen, vom Feind unbemerkt, bereit zum vernichtenden Schlag.

U 56 war von Konteradmiral Karl Dönitz, der nun den Titel »Befehlshaber der U-Boote« trug, im Seegebiet westlich der Orkneyinseln postiert worden.

Dönitz hatte vorausgesehen, was die Briten tun würden, nachdem

Kapitänleutnant Günther Prien in der Bucht von Scapa Flow die »Royal Oak« versenkt hatte. Der Befehlshaber der U-Boote erinnerte sich: »Es war nach Priens Erfolg klar, daß die Engländer alle möglichen Eindringlücken in die Bucht von Scapa Flow gründlich untersuchen und völlig schließen würden. Während dieser Zeit würden sie Scapa räumen und die Heimatflotte auf einen anderen Liegeplatz führen. Ich nahm an, daß das Loch Ewe an der schottischen Westküste, der Firth of Forth und der Firth of Clyde hierfür in Frage kamen. Infolgedessen wurden entsprechende U-Boot-Unternehmungen dorthin angesetzt.«

Jetzt, am 30. Oktober 1939, zwei Wochen nach der Operation von Prien gegen Scapa Flow, schien die Rechnung von Karl Dönitz bereits aufzugehen. Kapitänleutnant Wilhelm Zahn verfolgte durch das Periskop von U 56 die Bewegungen der Schlachtschiffe, die sich stetig der Position seines Bootes näherten. Voran die »Rodney« mit mächtiger, weiß gischtender Bugwelle, dahinter die »Nelson«.

Die »Nelson« fuhr in diesem Moment einen Kurs, der für U 56, wie Kapitänleutnant Zahn notierte, »ideale Schußposition« bedeutete.

Es war ein historischer Augenblick. Der junge Kommandant von U 56 konnte mit einem erfolgreichen Angriff nicht allein ein Schlachtschiff versenken; er hätte möglicherweise den Verlauf des Krieges beeinflussen können.

Denn: An Bord der »Nelson« befand sich Winston Churchill, damals noch Erster Lord der Admiralität, der Mann, der sich als einer der grimmigsten und zähesten Gegner des nationalsozialistischen Deutschland erweisen sollte, der Mann, der Großbritannien zu ungeheuren Anstrengungen anspornte, der Architekt des Sieges der Alliierten.

Die »Nelson« stand jetzt in einer Entfernung von weniger als tausend Metern vor U 56. Sie kehrte dem Boot die Breitseite ihres Rumpfes zu. Und dann wanderte der Umriß des Schlachtschiffs in das Fadenkreuz des Periskops. Kommandant Zahn befahl: »Dreierfächer! Fächer los!« Unmittelbar nacheinander glitten die drei Torpedos aus ihren Rohren und liefen acht Meter unter der Wasseroberfläche auf ihr Ziel zu.

Kommandant Zahn befahl, größere Tiefe anzusteuern. Sobald die Torpedos explodiert waren, würden zehn Zerstörer mit ihren Ortungsgeräten nach seinem Boot suchen, zehn Zerstörer würden mit Wasserbomben den Bereich abdecken, in dem sie U 56 vermuteten. Je tiefer das Boot weggetaucht war, desto größer waren seine Aussichten, davonzukommen.

Viel Zeit hatte U 56 nicht. Zwischen den Torpedoschüssen und den Treffer-Detonationen würden allenfalls 60 Sekunden vergehen.

Der Mann im Horchraum von U 56 blickte auf seine Stoppuhr, und jeder Mann der Besatzung zählte heimlich mit. Kommandant Zahn hatte sich die Kopfhörer aufgestülpt. Die Sekunden flogen dahin. 50, 53, 55 . . .

und dann drei helle hämmernde Schläge. Metall schlug gegen Metall. Die Torpedos waren auf den Rumpf der »Nelson« aufgetroffen.
Aber den Aufschlägen folgte nicht das dumpfe Dröhnen der Explosion von mehr als einer Tonne hochbrisanten Sprengstoffes, nicht das schrille Kreischen zerreißenden Metalls, nicht das gurgelnde Geräusch des Wassers, das mit mächtigem Schwall in die Räume eines torpedierten Schiffes eindringt.
Es folgte nichts mehr.
Alle drei Torpedos von U 56 hatten ihr Ziel erreicht, und alle drei hatten versagt. Die »Nelson« und mit ihr der gesamte britische Flottenverband hielt Kurs und entschwand dem Periskop-Blickfeld von Kommandant Zahn.
U 56 tauchte auf, und Kapitänleutnant Zahn ließ einen Funkspruch an Konteradmiral Karl Dönitz absetzen: »30. Oktober, 10 Uhr. ›Rodney‹ ›Nelson‹, ›Hood‹, 10 Zerstörer mit Kurs 240 Grad. 3 Torpedos geschossen, Versager«.
Zehn Tage später traf U 56 wieder im U-Boot-Stützpunkt Wilhelmshaven ein. Zahn berichtete seinem Admiral. Dönitz notierte: »Der Kommandant des U-Bootes, der, sich voll einsetzend, innerhalb einer feindlichen Sicherung von zehn Zerstörern diesen Angriff (auf die ›Nelson›) durchgeführt hatte, war nach diesem unverschuldeten Mißerfolg so tief deprimiert, daß ich mich veranlaßt sah, ihn zunächst als Front-Kommandant abzulösen und in der U-Boot-Ausbildung zu verwenden. Dieser Mißerfolg von U 56«, urteilte Karl Dönitz, »war ein außerordentlicher militärischer Fehlschlag.«
Kapitänleutnant Wilhelm Zahn war nicht der erste deutsche U-Boot-Kommandant gewesen, der Karl Dönitz über versagende Torpedos berichtet hatte, und er sollte nicht der letzte gewesen sein. Vielmehr hatten bereits die ersten Tage des Krieges gezeigt, daß die U-Boote mit unzuverlässigen Waffen gegen den Feind fuhren.
Am 3. September, 48 Stunden nachdem deutsche Truppen die Feindseligkeiten gegen Polen eröffnet hatten, machte das deutsche U-Boot U 14 in der Ostsee ein polnisches U-Boot aus. Es schoß einen Torpedo auf den Gegner – aber er explodierte weit vor dem Ziel, ohne Schaden anzurichten.
Am 14. September 1939 pirschte U 39 unter dem Kommando von Kapitänleutnant Gerhard Glattes nördlich von Irland nach Beute. In seinem Sehrohr plötzlich riesengroß der britische Flugzeugträger »Ark Royal«, 22 000 Tonnen Verdrängung, 60 Flugzeuge an Bord.
Der Träger war 800 Meter entfernt, als Kommandant Glattes zwei Torpedos abschoß. Glattes beobachtete durch das Sehrohr, was geschah: Die Torpedos detonierten, aber nicht am Rumpf des Trägers, sondern weit vor ihm.
Der Lärm und die Wassersäulen brachten die Zerstörer, die den Träger

sicherten, herbei. Von den Brücken dieser Schiffe aus waren im Wasser noch die Blasenbahnen zu sehen, die die von Preßluft angetriebenen Torpedos des deutschen Bootes gezogen hatten.
Mit Höchstfahrt liefen die feindlichen Schiffe auf den Standort von U 39 zu. Das U-Boot war noch nicht tief genug weggetaucht. Serien von Wasserbomben detonierten nahe an U 39.
Die Explosionen drückten den Bootskörper ein, aber U 39 wurde nicht in die Tiefe gezogen, es brach an die Oberfläche durch. Die Besatzung sprang über Bord, dann sackte U 39 weg. Die Briten retteten ihre schwimmenden Feinde.
U 39 war das erste deutsche U-Boot, das im Zweiten Weltkrieg verlorenging – und dies, weil es durch seine eigenen versagenden Torpedos verraten worden war.
Bei seinem ersten Angriff in der Bucht von Scapa Flow hatte Günther Prien, Kommandant von U 47, drei Torpedos geschossen, von denen zwei versagten.
Am 25. Oktober meldete Kapitänleutnant Herbert Schultze, Kommandant von U 48, fünf Torpedoversager.
Am 31. Oktober berichtete Korvettenkapitän Victor Schütze, Kommandant von U 25, über vier Torpedoversager.
Am 7. November meldete Kapitänleutnant Herbert Sohler, Kommandant von U 46, daß neun der zwölf Torpedos, mit denen sein Boot ausgerüstet gewesen war, versagt hatten.
Doch wie war es möglich, daß die wegen ihrer Perfektion gerühmte und gefürchtete Rüstungsmaschinerie des Dritten Reiches ausgerechnet bei der Torpedokonstruktion schwere Fehler gemacht hatte, Fehler, die den Ausschlag geben konnten für schwere Niederlagen im Seekrieg?
Der Torpedo ist ein besonders kompliziertes Erzeugnis der Waffentechnik. Er ist ein Unterwassertransporter von Sprengstoff, ausgerüstet mit einer Zündvorrichtung, eigenem Antrieb und Steuermechanismen für die Richtung und die Tiefe, in der er sich auf sein Ziel zubewegt.
Die vorwiegend verwendeten deutschen Torpedos vom Typ G7 waren sieben Meter lang und hatten einen Durchmesser von 53 Zentimetern. Ihr Gewicht belief sich auf etwa 1,5 Tonnen. Der größte Teil ihres Gewichts und ihres Innenraums wurde vom Antrieb eingenommen, von Preßluftbehältern oder von Batterien für einen Elektromotor. Der deutsche Elektotorpedo vom Typ G7e war mit 30 Knoten, etwa 55 Stundenkilometer, weit langsamer als der Preßlufttorpedo G7a mit 36 Knoten, etwa 67 Stundenkilometer. Doch der Elektrotorpedo verriet sich nicht; der Preßlufttorpedo hingegen zog eine Blasenbahn durch das Wasser, die feindliche Schiffe zum Standort des U-Bootes führen konnte.
Die deutschen Torpedos trugen eine Sprengladung, den sogenannten Gefechtskopf, von rund 350 Kilogramm. Sie wurde durch eine besondere

Zündvorrichtung, »Gefechtspistole« genannt, zur Detonation gebracht. Ursprünglich löste die Zündvorrichtung beim Auftreffen des Torpedos auf sein Ziel die Explosion aus.
Diese Zündart hatte jedoch Nachteile. Erstens: Ein U-Boot konnte mit diesen Torpedos Schiffe mit geringem Tiefgang, wie etwa Zerstörer, nur schwer bekämpfen. Zweitens: Der Torpedo konnte zwar in den Rumpf eines Handelsschiffes ein riesiges Leck reißen, aber oft blieb das torpedierte Schiff trotzdem schwimmfähig,weil es den Raum, in den das Wasser eingebrochen war, abschotten konnte. Weitere Torpedos waren dann notwendig, um es endgültig zu versenken.
Abhilfe versprach eine Entwicklung, die schon während des Ersten Weltkrieges ihren Anfang genommen hatte: Nicht mehr der Aufschlag des Torpedos auf sein Ziel sollte seine Sprengladung zur Explosion bringen. Vielmehr sollte der Torpedo unterhalb des angegriffenen Schiffes detonieren. Die ungeheure Kraft der Explosion würde das Schiff anheben, es zurückfallen lassen und auf diese Weise seinen Kiel brechen. Dann würde es unrettbar verloren sein.
Zur Zündung des Torpedos unterhalb seines Zieles machten sich die Torpedo-Techniker den Umstand zunutze, daß jedes eiserne Schiff ein starkes magnetisches Feld hat: Der Magnetismus des angegriffenen Schiffes sollte die Zündvorrichtung des Torpedos genau in dem Augenblick auslösen, da sich das Geschoß unter seinem Kiel befand. Die Magnetzündung versprach den U-Booten Siege auch gegen weit überlegene Gegner.
Aber: Die Stärke des magnetischen Feldes, das von einem Schiff gebildet wird, ist beträchtlichen Schwankungen unterworfen. Sie verändert sich nicht nur mit der jeweiligen Größe eines Schiffes, sondern auch mit seinem Standort, mit seiner Entfernung vom magnetischen Pol der Erde. Sie kann darüber hinaus von Eisenerzlagern in seiner Nähe und auch von atmosphärischen Störungen stark beeinflußt werden. Deshalb hatten die deutschen Torpedo-Konstrukteure in den Zündapparat eine Vorrichtung eingebaut, mit der die Empfindlichkeit des Magnetzünders verändert werden konnte – in insgesamt 16 Stufen.
Alle diese Umstände machten die Magnetzündung jedoch zu einem für Störungen außerordentlich anfälligen Teil des Torpedos. Gleichwohl hielten die Waffentechniker der deutschen Torpedo-Versuchsanstalt an dieser Vorrichtung fest. Sie waren von ihrer Zuverlässigkeit geradezu blind überzeugt.
Einer der ersten, die an der Tauglichkeit der Magnetzündung zweifelten, war Karl Dönitz. Schon im Sommer 1939 brachte er seine Bedenken in einem Gespräch mit Offizieren und Beamten der Torpedo-Versuchsanstalt vor. Der Leiter der Torpedo-Versuchsanstalt, Konteradmiral Oskar Wehr, jedoch nannte die Befürchtungen von Dönitz »grundlos«.
Am Ende des ersten Kriegsmonats aber hatten die Meldungen der

U-Boot-Kommandanten über Torpedo-Versager und Frühzünder schon einen so großen Umfang angenommen, daß Dönitz sich zu einer dramatischen Maßnahme genötigt sah: Am 2. Oktober 1939 ordnete der Befehlhaber der U-Boote an, künftig dürfe nur noch mit Aufschlagzündung geschossen werden.

Erst später enthüllte sich, daß auch die Aufschlagzündung mit starken Mängeln behaftet war. Sie arbeitete mit einem Gestänge, daß die Kraft des Aufschlags nicht direkt von vorn, sondern umgelenkt von hinten auf die Zündmasse übertrug. Diese Vorrichtung aber war gegen mechanische Störungen sehr empfindlich. Wenn der Torpedo in sehr spitzem Winkel auf sein Ziel auftraf, versagte die Zündung oft.

Schon in den ersten Tagen des Oktober 1939 teilte die Torpedo-Versuchsanstalt mit, die Ursache für das Versagen der Magnetzündung sei gefunden: Ein falsch verlegtes Kabel habe die Frühzündung ausgelöst. Doch wieder zwei Wochen später meldeten U-Boote von der Front, daß auch die veränderten Torpedos mit dem gleichen alten Mangel behaftet waren: Frühzünder.

Wieder mußte Dönitz anordnen, vorerst nur noch mit Aufschlagzündung zu schießen. In seinem Kriegstagebuch vermerkte der Befehlshaber der U-Boote bitter: »Damit sind wir auf dem Stand von 1914/18 wieder angekommen. Aber ich habe diesen schweren Entschluß, der die oft gerühmten, viel besprochenen Vorteile der Magnetzündung aufgibt, fassen müssen, um vermeidbare Bootverluste durch eigene Waffenwirkung zu verhindern und um die zu dieser Zeit allein bekannte Versagerquelle, die Frühzünder, im Interesse der U-Boot-Erfolge zu vermeiden.«

Und wieder nur wenige Tage später erreichte den Befehlshaber der U-Boote eine Nachricht über einen weiteren schwerwiegenden Mangel der deutschen Topedos: Auch der sogenannte Tiefenapparat funktionierte nicht wie vorgesehen.

Dieser Tiefenapparat diente dazu, das Projektil bei seinem Lauf zum angegriffenen Schiff genau in der erforderlichen Wassertiefe zu halten. Jetzt aber stellte sich heraus, daß die Torpedos oft unvorhersehbar tiefer steuerten. Das hieß: Sie gingen vor dem Ziel auf eine größere Tiefe und liefen dann unter dem angegriffenen Schiff hindurch. Die Aufschlagzündung konnte unter diesen Umständen selbstverständlich nicht arbeiten. Und auch die Magnetzündung wurde nicht ausgelöst, wenn der Abstand zwischen dem Kiel des Schiffes und dem Torpedo ein bestimmtes Maß überschritt. Am Ende seiner Laufstrecke sank der Torpedo dann lautlos auf den Grund des Meeres.

Am 23. Oktober 1939 notierte Karl Dönitz in seinem Kriegstagebuch: »Es steht fest, daß die Brauchbarkeit des Torpedos in stärkstem Maße beschränkt ist: Bei Aufschlagzündung besteht die Gefahr des Untersteuerns. Bei Magnetzündung besteht die Gefahr des Frühzündens.«

Dönitz drang darauf, daß die Torpedo-Versuchsanstalt eine neue Zünd-

vorrichtung baute. Doch das Ergebnis war niederschmetternd. Auf den Schreibtisch von Karl Dönitz gelangten immer mehr Meldungen von U-Boot-Kommandanten über Torpedo-Versager. Wieder wurde Karl Dönitz bei der Torpedo-Versuchsanstalt vorstellig: »Die Front braucht endlich einen zuverlässigen Torpedo.«
Die Waffentechniker aber mochten die eigenen Versäumnisse nicht eingestehen und eigenen Fehlern nicht nachgehen. Sie erklärten, nicht die Torpedos hätten versagt, sondern die Kommandanten der U-Boote: Sie hätten nämlich einfach vorbeigeschossen.
Der Befehlshaber der U-Boote nahm diese Behauptung nicht hin. Anfang Januar 1940, vier Monate nach Beginn des Krieges, 16 Wochen nach der ersten Meldung eines deutschen U-Bootes über einen Torpedo, der nicht gezündet hatte, veranstaltete die Torpedo-Inspektion ein Versuchsschießen. Es bestätigte zweifelsfrei, was Karl Dönitz und seine Kommandanten vorgebracht hatten: Die Zündvorrichtungen versagten. Die deutschen U-Boote konnten sich tatsächlich mitten im Krieg nicht auf ihre Waffen verlassen.
Karl Dönitz notierte im Januar 1940: »Das Zutrauen der Kommandanten und Besatzungen zum Torpedo ist erheblich erschüttert. Trotz starker Gegenwehr haben die Boote immer wieder versucht, die Torpedos unter möglichst günstigen Bedingungen anzubringen, aber trotz oft schneidigsten Einsatzes haben sie Mißerfolge und Versager und Gefährdung des Bootes erlebt.« Schiffe mit insgesamt 300 000 Bruttoregistertonnen, rechnete Dönitz aus, blieben den Briten erhalten, weil deutsche Torpedos versagt hatten.
Als Karl Dönitz dies schrieb, wußte er nicht, daß die Torpedo-Krise ihn nur drei Monate später vor eine ungeheuerliche Entscheidung stellen würde: Durften die U-Boote überhaupt noch gegen den Feind auslaufen? Oder sollten sie von der Front zurückgezogen werden? Mußte der U-Boot-Krieg ganz aufgegeben werden?
Der Winter 1939/40 hatte Europa mit ungewöhnlich schlechtem Wetter und harter Kälte überzogen. Viele Wochen lang hatte die Temperatur weit unter dem Gefrierpunkt gelegen. Die Ostsee war mit Eis überzogen. Die Gewässer des Großen und des Kleinen Belt, durch die sich der Schiffsverkehr aus der Ostsee in das Kattegat zwängen mußte, waren unpassierbar. Schwere Stürme tobten über den nördlichen Atlantik hinweg. In diesen Wochen befaßten sich die Deutschen wie die Briten immer intensiver mit einem entfernten Seegebiet: mit der Lage in norwegischen Küstengewässern.
Dort, in einer der abgelegenen Gegenden Europas, in den Gewässern des Nordmeers, konnten die Briten einen möglicherweise entscheidenden Schlag gegen den Feind führen: Denn dort fuhren die Transportschiffe mit Eisenerz für die Waffenschmieden des Deutschen Reiches.
Ein beträchtlicher Teil des Erzes, das in Deutschland verarbeitet wurde,

stammte aus schwedischen Gruben hoch im Norden des Landes. Während der Sommermonate wurde das Erz von dem schwedischen Hafen Lulea am Bottnischen Meerbusen aus nach Deutschland verschifft. Dieser Hafen aber war während der Wintermonate oft nicht benutzbar: Die nördliche Ostsee friert meist zu, so auch im Winter 1939/40. Das Gewässer war mit einer meterdicken Eisschicht bedeckt.

Aber unweit der schwedischen Erzgruben gibt es einen Hafen, der immer zugänglich bleibt: Narvik an der norwegischen Westküste, am Atlantik. Von den schwedischen Erzgruben aus nach Narvik war schon zu Beginn des Jahrhunderts eine Eisenbahnlinie für die Erztransporte gebaut worden; und jetzt, im ersten Winter dieses Krieges, luden Erzschiffe in Narvik Erz für Deutschland.

Die Royal Navy beherrschte zwar mit Schlachtschiffen, Kreuzern und Zerstörern den nördlichen Atlantik und auch die Gewässer vor den norwegischen Küsten. Den Erztransport nach Deutschland aber konnten die Briten nicht unterbinden.

Denn: Der norwegischen Küste sind zahlreiche kleinere und größere Inseln vorgelagert, und zwischen diesen Inseln und der Küste verläuft über tausend Kilometer hinweg ein Fahrwasser, das auch für große Schiffe tief genug ist. So brauchten die Erzfrachter auf ihrer Fahrt nach Deutschland die norwegischen Hoheitsgewässer erst an Norwegens Südküste zu verlassen. Dort aber befanden sie sich im Schutz deutscher Kriegsschiffe und deutscher Kampfflugzeuge, die von nahe gelegenen Stützpunkten in Norddeutschland aus starteten.

Der Krieg war noch nicht drei Wochen alt, da drang Winston Churchill im Londoner Kabinett darauf, eine Attacke gegen den schwachen Punkt der Deutschen in Gang zu setzen. Er forderte, britische Schiffe sollten den Seeweg zwischen den norwegischen Inseln und dem norwegischen Festland verminen. Wenn dieser Weg unpassierbar war, mußten die Erzschiffe auf das offene Wasser ausweichen. Und dort würden sie dem Zugriff der Royal Navy ausgesetzt sein.

Sechs Monate lang widersetzte sich das britische Außenministerium aus Furcht vor diplomatischen Schwierigkeiten mit Norwegen und Schweden Churchills Plänen. Dann aber setzte sich Churchill durch. Die britische Flotte erhielt Befehl, die »Operation Wilfried« vorzubereiten: Verseuchung der norwegischen Küstengewässer mit schweren Minen. Zugleich jedoch bereiteten die Briten eine Aktion vor, die weit über den Minenplan hinausging: die »Operation R 4«. Es war das erste große britische Unternehmen des Krieges, und es zielte auf die Besetzung der wichtigsten Häfen an der norwegischen Küste: Stavanger, Bergen, Drontheim und Narvik. In schottischen Häfen schifften sich britische Landstreitkräfte auf Kreuzern und Zerstörern ein.

Gleichzeitig beorderte die Royal Navy 16 ihrer U-Boote auf Positionen im Skagerrak und in der Deutschen Bucht. Ihr Auftrag: Überwachung

der Seewege von Deutschland nach Norden, Aufklärung der Bewegungen schwerer deutscher Überwassereinheiten, der Schlachtschiffe, der Panzerschiffe und der Kreuzer.
Dieser Aufmarsch der britischen U-Boote sollte wenig später in ein einzigartiges Duell zwischen deutschen und britischen U-Booten münden. Die deutsche Unterwasser-Waffe erlitt bei diesem Vergleich eine bittere Niederlage – freilich nicht durch eigenes Versagen.
Zur gleichen Zeit, da sich in England die Soldaten für die Operation gegen Norwegen sammelten, traf die deutsche Wehrmacht letzte Vorbereitungen für das »Unternehmen Weserübung«. Es hatte genau die gleichen Zielsetzungen wie die britische »Operation R 4«: überraschende Besetzung der wichtigsten Häfen an der norwegischen Westküste.
Die Deutschen mußten, wenn sie überhaupt Hoffnung auf einen Sieg in diesem Krieg behalten wollten, einer Besetzung Norwegens durch die Briten um jeden Preis zuvorkommen.
Dabei ging es nicht allein um die Sicherung der Erztransporte entlang der norwegischen Küste. Wenn die Briten sich in Norwegen festsetzten, war die seestrategische Lage der Deutschen aussichtslos: Britische Schiffe und britische Flugzeuge waren dann fähig, die Seewege aus den deutschen Ostseehäfen und durch das Skagerrak zu sperren, und sie konnten den Marsch deutscher Seestreitkräfte aus der Deutschen Bucht heraus in Zangenoperationen von Großbritannien und von Norwegen aus behindern, wenn nicht unmöglich machen.
Im »Unternehmen Weserübung« war den deutschen U-Booten eine bedeutsame Rolle zugedacht. Am 4. März 1940 erhielt der Befehlshaber der U-Boote Karl Dönitz von der Seekriegsleitung in Berlin diesen Befehl: »Auslaufen weiterer Boote zunächst stoppen. Kein Einsatz auch bereits ausgelaufener U-Boote an Norwegens Küste. Verwendungsmöglichkeit aller Seestreitkräfte beschleunigt herstellen. Keine besondere Bereitschaft.«
Dönitz machte mobil, was tauchen konnte. Nur 12 der großen, atlantikfähigen Boote waren einsatzbereit, eine für die Operation viel zu geringe Zahl. Deshalb setzte der Befehlshaber der U-Boote auch 13 der kleinen Boote in Marsch, und er ließ die U-Boot-Ausbildung in der Ostsee unterbrechen. Sechs Schulboote liefen nach Norden in die Gewässer zwischen Norwegen und Großbritannien.
Noch kannten Besatzungen und Kommandanten ihren Kampfauftrag nicht. An Bord jedes der Boote befand sich ein versiegelter Umschlag. Er durfte von den Kommandanten erst geöffnet werden, wenn ihnen der Befehl dazu über Funk erteilt wurde. Das Stichwort hieß »Hartmut«.
Karl Dönitz rechnete sich für seine Boote vor Norwegen große Erfolge aus. In seinen Erinnerungen schrieb er: »Sicherlich würde der Gegner auf die Anlandungen deutscher Truppen in Norwegen scharf reagieren.

Seine Unternehmungen konnten sich dann gegen die von uns besetzten Häfen richten oder die Einrichtung eigener, das heißt englischer Stützpunkte zum Ziele haben . . . Auch der Gegner war an die engen Fahrwasser der Fjorde gebunden, seine Schiffe mußten also die U-Boote in naher Entfernung passieren. Dies konnte nur bei sehr unruhiger Wetterlage ungesehen geschehen. Bei Aufstellung mehrerer U-Boote in tiefer Staffelung war es deshalb wahrscheinlich, daß sich Schußgelegenheiten ergeben würden.«

Für den Kampf um Norwegen hatte Karl Dönitz seinen Kommandanten freigestellt, mit Aufschlag- oder mit Magnetzündung zu schießen.

Anfang April 1940 standen 31 U-Boote zwischen England und Norwegen bereit. Am 6. April ließ Karl Dönitz einen Funkbefehl an alle seine U-Boote in der Nordsee und im Nordmeer absetzen. Er enthielt das Stichwort »Hartmut«.

Die deutschen U-Boote liefen in die Positionen, die Dönitz befohlen hatte. Unter ihnen: U 47, kommandiert von Kapitänleutnant Günther Prien, dem Helden von Scapa Flow.

Am 7. April nachts um zwei Uhr sammelten sich vor der Wesermündung deutsche Schlachtschiffe, Kreuzer und Zerstörer. An Bord der Zerstörer: 2000 Gebirgsjäger, kommandiert von General Dietl.

Im Tageslicht des 7. April sichteten britische U-Boote deutsche Überwasserschiffe und funkten die Nachricht nach England. Die britische Flotte machte Dampf auf und stürmte in die See hinaus, um die Deutschen abzufangen. Die deutschen Zerstörer aber kamen durch. In der Morgendämmerung des 9. April liefen sie – wie geplant – in den Vest-Fjord von Narvik ein und landeten die Truppen.

Die Briten stießen nach, Zerstörer und Kreuzer der Royal Navy marschierten vor der norwegischen Küste auf. Ihre Ziele waren, so erkannten die Deutschen, die Häfen von Narvik und Drontheim. Dönitz verstärkte die U-Boot-Gruppierungen vor den Zufahrten zu diesen Häfen.

Diesmal mußten die Boote den Feind nicht suchen. Er würde kommen – genau in das Seegebiet, in dem die U-Boote lauerten.

Am 10. April, dem Tag nach der Landung der deutschen Truppen, lag das deutsche U-Boot U 25 im Vest-Fjord von Narvik. Und dann tauchten britische Zerstörer aus dem leichten Schneetreiben auf. U 25 schoß aus vorzüglicher Angriffsposition Torpedos auf die feindlichen Schiffe. Der Kommandant beobachtete im Periskop den Aufstieg der Detonationssäulen aus der kaum bewegten Wasseroberfläche des Fjords. Aber: Die Torpedos explodierten nicht am Ziel, sondern weit vorher.

Das deutsche U-Boot U 48, unter dem Kommando von Kapitänleutnant Herbert Schultze, sichtete am Mittag des gleichen Tages vor Narvik den britischen Schweren Kreuzer »Cumberland«. U 48 schoß drei Torpedos auf das 10 000 Tonnen große und 180 Meter lange Schiff. Doch nur eines der Geschosse detonierte, und dies weit hinter seinem Ziel. Am Abend dieses 10. April stand plötzlich wieder die Silhouette eines Schiffs der Royal Navy im Periskop von Kapitänleutnant Schultze, wieder ein Schwerer Kreuzer.

Schultze schoß einen Dreier-Fächer: drei Torpedos zur gleichen Zeit auf das gleiche Ziel. Wieder sah er Wassersäulen zum Himmel steigen, doch wieder nicht am Ziel, diesmal detonierten die Torpedos weit vor dem feindlichen Schiff. Kapitänleutnant Schultze funkte am 11. April einen Bericht über den Mißerfolg an Konteradmiral Dönitz.

Am Tag darauf, am 12. April, meldete sich das U-Boot U 51 über Funk in der Befehlsstelle des Befehlshabers der U-Boote: »10. April. 22.50 Uhr. Zwei Fehlschüsse, ein Detonierer nach 300 Meter Laufstrecke, ein Detonierer nach 30 Sekunden, 100 Meter vor großem Zerstörer.«

Am frühen Morgen des 13. April näherte sich ein britischer Flottenverband von gewaltiger Kampfkraft der Zufahrt zum Hafen von Narvik: das britische Schlachtschiff »Warspite«, begleitet von neun Zerstörern.

Der Kampfauftrag der Briten: Vernichtung der deutschen Schiffe, die im Hafen von Narvik und in den Buchten des Vest-Fjords lagen, Artillerie-Angriff auf die Stellungen der deutschen Truppen, die sich in Narvik verschanzt hatten.

Die »Warspite« war 31 000 Tonnen groß. Ihre acht schwersten Geschütze konnten Granaten mit einem Kaliber von 38,1 Zentimetern verschießen – eine wahrhaft vernichtende Gewalt. Die britischen Schiffe dampften den Fjord aufwärts, und unter ihren Feuerschlägen gingen sechs große deutsche Zerstörer zugrunde.

Die deutschen U-Boote an den Einfahrten von Narvik hatten den Angriff der Briten nicht verhindern können. Am 14. April jedoch, beim Rückmarsch der Briten, eröffnete sich plötzlich eine riesengroße Chance. Mit einem Schlag konnte das Rückgrat der englischen Seemacht vor Narvik zerbrochen werden.

Im Vest-Fjord lauerte immer noch U 48 unter Kapitänleutnant Schultze. Und jetzt, als die »Warspite« aus den engen Gewässern der Bucht hinaus der offenen See zulief, war U 48 in idealer Schußposition. Diesmal mußten die Torpedos ihr Ziel erreichen.

U 48 schoß.

Doch nichts geschah.

Am Morgen des 15. April setzte Kapitänleutnant Schultze an den Befehlshaber der U-Boote einen Funkspruch ab, der trotz aller Kürze Enttäuschung und Bitternis verriet: »Am 14. 4. im Vest-Fjord Topedo-Versager auf Warspite und zwei Zerstörer.«

Am gleichen Tag gelangte ein Funkspruch von U 65 auf den Tisch von Dönitz: »Doppelschuß auf Transporter. Kein Erfolg.«

Die Torpedo-Krise der deutschen U-Boote war nun ein halbes Jahr alt,

aber offenbar gab es keine Mittel gegen sie. Sie begann, das Selbstvertrauen der Besatzungen und die Kampfkraft der gesamten Waffe zu untergraben.
Und jetzt sollte eine dramatische Nacht vor Narvik endgültig erweisen, daß die Männer in den U-Booten sich überhaupt nicht mehr auf die Wirksamkeit ihrer Waffe verlassen konnten – egal, welche Zündvorrichtung und welche Tauchtiefe sie einstellten.
Am 15. April steuerte ein von Zerstörern gesicherter Verband britischer Schiffe die norwegische Küste an: Drei riesige Truppen-Transporter, jeder 30 000 Tonnen groß, und drei kleine Transportschiffe. Die Briten hatten zum Landangriff auf die deutschen Gebirgsjäger in Narvik angesetzt. Die englischen Schiffe gingen in einer Bucht nördlich von Narvik vor Anker.
Dies war der Augenblick, da Kapitänleutnant Günther Prien mit U 47 die Briten in der stillen Bucht aufspürte. Durch sein Sehrohr beobachtete Prien, wie britische Soldaten sich von den großen Schiffen in kleine Boote hangelten, um an Land gebracht zu werden. Er sah, wie an den Ladebäumen der Schiffe Fahrzeuge und schwere Waffen in Transportboote herunterschwebten.
Vor Prien erhob sich, wie er später in seinem Bericht für Karl Dönitz schrieb, »eine Wand von Schiffen«.
Die britischen Kreuzer, Zerstörer und Transporter lagen so dicht beieinander in der Bucht, daß zwischen ihnen kaum Raum blieb. Vorder- und Hinterteile der Schiffe überlappten einander über viele hundert Meter hinweg. Es war unmöglich, vorbeizuschießen. Prien hatte Zeit, sich seine Ziele sorgsam auszusuchen. Vier Torpedos wollte er abfeuern: auf zwei Kreuzer und zwei große Transportschiffe.
Um zehn Uhr abends an diesem 15. April 1940 näherte sich U 47 getaucht zum Angriff seinen Zielen. Um 22.42 machte das Boot vier Torpedos los.
In diesem Moment der Ausschiffung von Truppen und Material konnten sie unvorstellbare Verwirrung anrichten, die Landeoperation des Feindes unterbrechen, wenn nicht gar vereiteln und damit den Druck mindern, der auf den deutschen Truppen in Narvik lastete.
Die Besatzung von U 47 wartete. Doch in der Bucht blieb es still. Keine Detonation, kein lautes Geräusch, keiner der Zerstörer ging ankerauf. Es war, als hätte es einen deutschen U-Boot-Angriff mit vier Torpedos nicht gegeben.
Prien ließ U 47 abdrehen, und er ließ sich eineinhalb Stunden Zeit. Er überprüfte noch einmal alle Voraussetzungen für den Torpedo-Schuß: die Entfernung zum Ziele, die Lage des Zieles. Er ließ seine Ergebnisse vom Wachoffizier des Bootes nachrechnen. Er ließ die Torpedos kontrollieren, soweit das an Bord des getaucht fahrenden Bootes möglich war. Dann fauchte Preßluft in die Tanks, U 47 tauchte auf, zur zweiten

Attacke. Zum schulmäßigen nächtlichen Überwasserangriff in der Bucht, in der britische Kampfschiffe gefechtsklar über die Transporter wachten.
Wieder schlich sich U 47 bis auf 750 Meter an den Feind heran, ein schmaler Schatten nur auf der dunklen Wasseroberfläche des Fjords. Wieder machte das Boot vier Torpedos los.
Und wieder nichts.
Dann jedoch eine ferne Explosion. Einer der Torpedos war weit von dem vorgegebenen Kurs abgewichen und tief unter Wasser an einem Felsen detoniert.
Ergebnis des U-Boot-Angriffs: Acht Torpedos geschossen, acht Torpedos hatten versagt. U 47 nahm Kurs auf seinen deutschen Stützpunkt. Und auf diesem Rückmarsch schien Priens Boot wettmachen zu können, was ihm in der Bucht von Narvik entgangen war. Im Sehrohr von U 47 tauchte ein schwerer Schatten auf und wuchs zu furchterregender Größe: das britische Schlachtschiff »Warspite«.
Der Kurs führte die gewaltige Kampfmaschine quer zum Kurs von U 47. Das deutsche Boot war in Angriffsposition und 900 Meter entfernt. Prien schoß zwei Torpedos auf das Ziel, das sich groß und breit in seinem Periskop darbot.
Doch anscheinend waren in diesem deutsch-britischen Krieg um Norwegen die Schiffe der Royal Navy unverwundbar. Einer der Torpedos detonierte vor der »Warspite«, der zweite weit hinter ihr.
Zerstörer der Sicherungsgruppe der »Warspite« schossen mit Höchstgeschwindigkeit heran. Sie orteten den Angreifer unter Wasser. »Schwerste Verfolgung des Bootes«, notierte Günther Prien. Und das bedeutete: Über viele Stunden hinweg Detonationen von Wasserbomben rund um das Boot.
U 47 entkam. Nach seiner Rückkehr meldete sich der über alle Maßen enttäuschte Günther Prien beim Befehlshaber der U-Boote, Karl Dönitz. Prien schilderte in allen Einzelheiten, was geschehen war, und er sagte: »Man kann mir nicht noch einmal zumuten, mit einem Holzgewehr zu kämpfen.«
Das Versagen der Torpedos während der Norwegen-Operation kam einer verlorenen Schlacht gleich.
Karl Dönitz erinnerte sich an das Ausmaß des verlorenen Sieges seiner U-Boote: »Die Funkmeldungen der Boote wurden nach ihrer Rückkehr noch durch mündliche Meldungen weiterer Fälle ergänzt. Es ergab sich daraus, daß die U-Boote in vier Fällen auf die »Warspite«, in vierzehn Fällen auf Zerstörer und in zehn Fällen auf Transportschiffe zum Angriff gekommen waren . . . Eine sehr kritische Auswertung dieser Angriffe stellt fest, daß ohne Torpedo-Versager sichere Treffer hätten erzielt werden müssen: Bei einem der vier Angriffe auf ein Schlachtschiff (die ›Warspite‹), bei sieben von zwölf Angriffen auf Kreuzer, bei sieben von

zehn Angriffen auf Zerstörer, bei fünf von fünf Angriffen auf Transporter.«
»Die Boote«, befand Karl Dönitz, »waren praktisch ohne Waffe.«
In sein Kriegstagebuch schrieb der Befehlshaber der U-Boote in jener Zeit ein vernichtendes Urteil über die Arbeit der Offiziere und Techniker, die für Beschaffenheit und Funktionsfähigkeit der Torpedos verantwortlich waren. Dönitz: »Verbrecherisch.«
»Ich glaube nicht«, notierte Dönitz am 15. Mai 1940, »daß jemals in der Kriegsgeschichte Soldaten mit einer so unbrauchbaren Waffe gegen den Feind geschickt werden mußten.«
Es sei nach allem, so meinte Dönitz in einem Schreiben an die deutsche Seekriegsleitung, angebracht, für die deutschen Torpedos jene Zündvorrichtungen nachzubauen, mit denen die Torpedos eines von den Deutschen erbeuteten britischen U-Boots ausgestattet waren.
Denn: Englische Unterseeboote hatten der deutschen Marine genau zu der Zeit, da die deutschen U-Boote ohne Erfolge geblieben waren, schwere Schläge versetzt.
In der Nacht vom 9. auf den 10. April fuhr das britische Unterseeboot »Truant« vor der norwegischen Südküste einen Torpedo-Angriff gegen den deutschen 6 650 Tonnen großen Kreuzer »Karlsruhe«. Die Torpedos trafen und detonierten. Die »Karlsruhe« schwamm noch drei Stunden, aber sie war unrettbar verloren.
In der Nacht zum 11. April, eine Stunde nach Mitternacht, entdeckte das britische U-Boot »Spearfish« im Skagerrak das deutsche Panzerschiff »Lützow« und schoß einen Torpedo-Fächer.
Einer der Torpedos traf das Achterschiff des Panzerschiffes, riß ein riesiges Leck und zerschmetterte Ruder und Schrauben. Der Besatzung gelang es, den Wassereinbruch zu stoppen. Die »Lützow« wurde nach Kiel geschleppt. Erst viele Monate später war das Schiff wieder gefechtsbereit.
Das britische U-Boot »Sunfish« versenkte während der Norwegen-Operation allein vier deutsche Transportschiffe, die britischen U-Boote »Triad«, »Sealion« und »Snapper« je einen deutschen Frachter. Stephen W. Roskill würdigte ihre Leistung in der offiziellen britischen Geschichte des Seekriegs: »Unsere U-Boote vollbrachten eine hervorragende Leistung und fügten dem Gegner große Verluste zu.«
Während die Briten sich des Kriegsglücks erfreuten, das ihnen während des Seekriegs um Norwegen unablässig zur Seite gestanden hatte, mußte sich der Befehlshaber der U-Boote nur neun Monate nach dem Beginn des Krieges mit der Frage befassen, ob der U-Boot-Krieg nicht schon ein Ende gefunden hatte, bevor er richtig in Gang gekommen war.
Dönitz: »Ich stand vor der Entscheidung, ob die U-Boot-Waffe mit einem derart mangelhaften Torpedo weiterhin zu verwenden sei. Der Chef meiner Operationsabteilung, Korvettenkapitän (und spätere Kon-

teradmiral) Eberhard Godt, war der entschiedenen Ansicht, daß vor einer grundlegenden Verbesserung des Torpedos es nicht zu verantworten sei, die U-Boote wieder in den Kampf zu schicken. Ich empfand jedoch, daß ich zu diesem Zeitpunkt die U-Boote nicht einfach stillegen konnte, ohne damit der Waffe in unübersehbarem Maße zu schaden.«
Noch im April 1940 beauftragte Großadmiral Erich Raeder, Oberbefehlshaber der Kriegsmarine, einen Ausschuß damit, die Ursachen der deutschen Torpedo-Versager herauszufinden. Die Arbeit dieser Torpedo-Kommission legte die Wurzeln der Torpedo-Krise bloß, und sie enthüllte, daß bei der Entwicklung und beim Bau der deutschen Torpedos technische Stümperei, Unzulänglichkeit, Selbstgerechtigkeit und Uneinsichtigkeit geherrscht hatten.
Die verantwortlichen Männer wurden vor das Reichskriegsgericht gestellt. Das Gericht stellte fest: Bereits im Jahre 1936 hatten die Waffentechniker der Torpedo-Versuchsanstalt beim Probeschießen entdeckt, daß die Projektile die eingestellte Tiefe nicht hielten. Die Torpedos rutschten nach unten weg – sie liefen zwei oder drei Meter tiefer, als ihnen vorgegeben worden war. Aber niemand drang auf rasche Änderung.
Das Reichskriegsgericht: »Verhängnisvoll hat sich hier ausgewirkt, daß die Wichtigkeit einer genauen Tiefenhaltung der Torpedos bei der Torpedo-Versuchsanstalt allgemein stark unterschätzt worden ist. Sie wurde sogar vom Leiter der Anstalt (Konteradmiral Wehr) selbst als militärisch gegenstandslos und von absolut sekundärer Bedeutung bezeichnet. Begründet wurde diese Auffassung mit dem Vorhandensein der Magnetzündung. Aber selbstverständlich bedingte auch die Anwendung der Magnetzündung genaue Tiefenhaltung.«
Und ferner: »Falsche Auffassung von der absoluten Zuverlässigkeit der Aufschlagzündung hat dazu geführt, daß die Aufschlagzündung völlig unzureichend erprobt worden ist.«
Karl Dönitz beschrieb, wie leichtfertig die Torpedo-Versuchsanstalt verfuhr: »Die Aufschlagzündung unseres Torpedos wurde im Frieden nach nur zwei und dazu noch nicht einmal einwandfreien Erprobungsschießen von der Torpedo-Versuchsanstalt als frontreif erklärt. Dies ist nicht zu entschuldigen . . . Die Torpedo-Versuchsanstalt entwickelte als Dienststelle der Marine den Torpedo selbst. Sie konstruierte ihn, ließ ihn bauen, erprobte ihn sogar selbst und traf selbst die Entscheidung, daß er frontbrauchbar sei.«
Am 11. Dezember 1941, anderthalb Jahre nach der Norwegen-Operation, fällte das Reichskriegsgericht sein Urteil. Konteradmiral Wehr und zwei seiner Beamten wurden zu Gefängnisstrafen verurteilt. Kurz darauf wurden die Gefängnisstrafen für alle Beteiligten in Festungshaft umgewandelt. Sie verbüßten sechs Monate der Strafe und wurden dann mit Bewährungsauflagen auf freien Fuß gesetzt. Alle drei wurden

wieder in der deutschen Rüstung tätig. Im Jahre 1944 wurden die Reststrafen formal durch einen Gnadenerlaß Hitlers aufgehoben.
Während die von Großadmiral Raeder eingesetzte Torpedo-Kommission noch nach den Fehlerquellen fahndete, ging der Befehlshaber der U-Boote mit aller Macht daran, die Kampfmoral seiner Besatzungen wiederherzustellen.
Dönitz besuchte jede seiner Flottillen und sprach zu den Besatzungen der Boote über die Versäumnisse der Vergangenheit und die Chancen der Zukunft. Er konnte den Männern der U-Boot-Waffe zumindest versprechen, daß die Torpedos jetzt Zündvorrichtungen erhielten, die auch funktionierten.
Karl Dönitz schrieb: »Die Boote gingen mit neuem Mut wieder auf Unternehmungen. Daß die Krise gemeistert wurde, zeigte den im Grunde unerschütterlichen Geist dieser deutschen U-Boot-Besatzungen in seiner ganzen Größe.«
Sechs Jahre später holten die Geschehnisse von Norwegen den Admiral Karl Dönitz wieder ein. Das Internationale Militärtribunal in Nürnberg legte es Dönitz zur Last, daß U-Boote Infanterie- und Flakmunition sowie Flugzeugbomben für die deutschen Truppen in Norwegen transportiert hatten.
Daraus konstruierte das Gericht der Sieger unter anderem für Dönitz den Vorwurf der »Teilnahme an einem Angriffskrieg« und verurteilte ihn zu zehn Jahren Haft.

# 6 Die Rudel greifen an

*Winston Churchill bittet um Hilfe – Das schreckliche Schicksal des Konvois SC 7 – 13 Schiffe in einer Nacht – Die Versäumnisse der britischen Admiralität – »Im Seekrieg muß man totschlagen« – Alle Kraft gegen die U-Boote*

Am 15. Mai 1940 geschahen weit voneinander entfernt zwei Ereignisse, die in der Folge weitreichende Auswirkungen auf den U-Boot-Krieg nahmen: Im deutschen U-Boot-Stützpunkt Wilhelmshaven machte an diesem sonnigen Frühlingstag das Boot U 37 die Leinen zur Feindfahrt los.

In der englischen Hauptstadt London verfaßte Winston Churchill, der fünf Tage zuvor Premierminister von Großbritannien geworden war, einen Brief an den Präsidenten der Vereinigten Staaten von Amerika, Franklin D. Roosevelt.

Von dem Einsatz des Bootes U 37 erwartete der Befehlshaber der U-Boote Karl Dönitz, daß er das Vertrauen der U-Boot-Männer in die Torpedos, das während der Norwegen-Operation zutiefst erschüttert worden war, wiederherstellen würde. Dönitz schrieb: »Wenn ich selbst auch glaubte, daß die Besatzungen mit neuem Mut wagen und kämpfen würden, so legte ich doch Wert darauf, ihnen die Kampffähigkeit der U-Boot-Waffe so schnell wie möglich wieder zu beweisen. Es kam mir also auf einen erfolgreichen ersten Einsatz an.«

Von seinem Brief an Roosevelt erwartete der britische Kriegspremier, daß er amerikanische Hilfe für England auslösen würde – im Kampf gegen die U-Boote.

Churchill schrieb: »Ich glaube, Sie erkennen, Herr Präsident, daß die Stimme und die Macht der Vereinigten Staaten nichts gelten können, wenn sie zu lange zurückgehalten werden. Sehr bald schon kann das europäische Festland unterworfen und nazifiziert sein, und diese Last könnte mehr sein, als wir ertragen. Alles, um was ich Sie jetzt bitte, ist, daß Sie sich zur nichtkriegführenden Partei erklären, was bedeuten würde, daß Sie uns mit Ausnahme von bewaffneten Kräften jede Hilfe geben können. Der sofortige Bedarf sind 40 oder 50 Ihrer älteren Zerstörer als Leihgabe, um die Lücke zwischen dem zu schließen, was wir jetzt haben, und den Neubauten, die wir zu Beginn des Krieges in Angriff genommen haben.«

Am Tag darauf schon hielt Churchill Roosevelts Antwort in den Händen: Sie war ausweichend.

Aber noch fehlten alle Anzeichen, daß die deutschen U-Boote tatsächlich

eine Bedrohung der britischen Handelsschiffahrt darstellen konnten. Vielmehr schienen sich die schlimmsten Befürchtungen des Befehlshabers der U-Boote zu verwirklichen.
Kapitänleutnant Victor Oehrn, Kommandant von U 37, funkte einen Bericht über das Ergebnis seines ersten Angriffs auf ein britisches Handelsschiff unweit von Kap Finisterre an der Westküste Spaniens: Wieder hatten die Torpedos mit Magnetzündung versagt. Dönitz schrieb: »Diese Nachricht war kein angenehmer Auftakt für seine Unternehmung. Die Folge davon war, daß ich die Magnetzündung nun endgültig für nicht kriegsbrauchbar hielt. Ich verbot daher die Anwendung der Magnetzündung völlig. Es wurde nur noch mit Aufschlagzündung geschossen.«
Am Nachmittag des 27. Mai 1940 lauerte U 37 am Westausgang des Ärmelkanals auf Schiffe, die Fracht für England fuhren. Kommandant Oehrn stand am Periskop, als sich aus dem fernen Dunst eine dunkle Masse herausschälte: der britische Dampfer »Sheafmead«, rund 5000 Tonnen groß. Er lief spitz auf U 37 zu.
Oehrn beobachtete, wie der Rumpf immer weiter emporwuchs, er sah die Bugwelle, die das schnell laufende Schiff aufwarf. Auf dem Achterdeck des Dampfers die Umrisse einer Kanone: Schon in jenen frühen Monaten des Krieges gingen britische Handelsschiffe bewaffnet auf Fahrt – zur Abwehr von Flugzeugangriffen oder von U-Booten, die sich aufgetaucht in vermutlicher Überlegenheit unvorsichtig einem Dampfer näherten.
Oehrn ließ sein Boot in Schußposition drehen. Die Torpedos rasten hinaus. Sie trafen und sie detonierten am Ziel – mit Aufschlagzündung.
U 37 tauchte auf. Oehrn schrieb über den Anblick des sterbenden Schiffes auf dem blauen Wasser des Atlantik: »Achterschiff ist unter Wasser. Bug steigt höher. Die Rettungsboote sind jetzt zu Wasser. Ein Bild vollkommener Ordnung. Der Bug richtet sich sehr hoch auf. Zwei Mann erscheinen von irgendwoher im Vorderteil des Schiffes. Sie springen und rennen in großen Sprüngen über das Deck zum Heck. Das Heck verschwindet. Ein Boot kentert. Dann eine Kesselexplosion. Zwei Mann fliegen mit ausgespreizten Gliedern durch die Luft. Brechen und Getöse. Dann ist alles vorbei. Ein großer Haufen von Schiffstrümmern schwimmt umher. Die Mannschaft hat sich auf Schiffstrümmer und Boote gerettet. Ein junger Bursche im Wasser ruft: ›Help, help, please.‹ Die anderen sind alle sehr gefaßt. Sie sehen bedrückt und ziemlich müde aus. Ein Ausdruck kalten Hasses liegt auf ihren Gesichtern.«
Es war jener Haß, den wohl alle Seeleute auf Handelsschiffen gegen den Feind empfanden, der in der Tiefe lauerte, aus der Tiefe tötete und in der Tiefe verschwand.
Die »Sheafmead« war nur eines von neun Schiffen, die U 37 im Mai und Juni 1940 versenkte. Am 9. Juni machte das Boot wieder in Wilhelmshaven fest. Karl Dönitz schrieb: »Es hatte in 26 Seetagen über 43 000 BRT

in seinem Operationsgebiet versenkt. Der Bann war gebrochen. Die Kampfkraft der U-Boot-Waffe war wieder erwiesen. Meine Überzeugung hatte nicht getrogen. Es ist sicher verständlich, daß ich dem Kommandanten von U 37 für seine Leistung besonders dankbar war. Auch er hatte gewußt, wieviel vom Erfolg oder Nichterfolg seiner Unternehmung abhing.«

Jetzt schickte Karl Dönitz alle seine kampffähigen Boote hinaus – eine kleine Streitmacht nur, insgesamt 22 Boote, von denen jeweils nur immer ein Drittel, sechs oder sieben, westlich von England im Kampfgebiet stehen konnten: Ein Drittel der Boote war stets auf dem Rückmarsch, um Brennstoff und Torpedos zu ergänzen, ein Drittel auf dem Anmarsch in den Atlantik.

Und dieser Marsch kostete viel Zeit: Die Boote konnten nicht durch den stark verminten Ärmelkanal fahren, sie mußten den langen Weg durch die Nordsee und weit nördlich um die Britischen Inseln herum nehmen, um in die Seewege zu gelangen, die vom Atlantik nach den britischen Häfen führen.

Gleichwohl: Die kleine Flotte schlug hart zu. Allein im Juni 1940 versenkten deutsche Boote rund 60 Frachtschiffe mit insgesamt nahezu 300 000 Tonnen – Schiffsraum und Fracht, die dem kriegführenden Mutterland jetzt fehlten.

4000 Handelsschiffe fuhren zu Anfang des Krieges Fracht für England. Im Frieden waren jeden Monat rund zwei Millionen Tonnen Güter über See nach England gebracht worden. Lebensmittel, Rohstoffe, Massengüter und industrielle Güter.

Jetzt, im Krieg gegen das Deutsche Reich, brauchte England noch weit größere Einfuhren: Stahl für Panzer und Geschütze, für Granaten und Schiffe, Aluminium für Flugzeuge.

In diesem ersten Jahr des Krieges fuhren noch viele der Frachter für England allein in den Ozean: Sie hatten sich keinem Geleitzug angeschlossen oder anschließen können, oder sie hatten den Konvoi aus irgendeinem Grund verlassen. Etwa weil sie sich auf ihre Geschwindigkeit verließen oder einfach, weil sie auf ihr Glück vertrauten. Einzelfahrer aber wurden zumeist sichere Beute der deutschen U-Boote.

Einer dieser Einzelfahrer war der 12 000 Tonnen große Tanker »Saranac«. Am 25. Mai 1940 lief er in den Weg des U-Bootes U 51. Die Torpedos trafen, aber das Schiff sank nicht. Die Besatzung ging in die Boote und beobachtete, wie U 51 rauschend die Wasseroberfläche durchstieß, um dann aus naher Entfernung mit der Kanone Löcher in den Rumpf des Schiffes zu schießen, insgesamt 50.

Langsam lief das Schiff voll Wasser, sank tiefer und tiefer und ging dann mit einem plötzlichen Ruck über das Heck in die Tiefe.

Die Erfolge wuchsen. Doch dann schlug der U-Boot-Krieg auf die Deutschen zurück: Am 2. Juli 1940 entdeckte Günther Prien in U 47 nordwestlich vor Irland ein großes Schiff, das mit hoher Fahrt nach Westen brauste. Es war die »Arandora Star«, ein ehemaliges Passagierschiff, mit etwa 15 000 Bruttoregistertonnen. Während der Norwegen-Operation hatte die »Arandora Star« britische Truppen transportiert.

U 47 hatte sich auf dieser Feindfahrt bis auf einen einzigen Torpedo verschossen. Mit diesem letzten Geschoß griff Prien die »Arandora Star« an, und der Torpedo traf das Schiff in der Höhe des vorderen Schornsteins. Die »Arandora Star« legte sich auf die Seite und versank so schnell, daß nicht einmal mehr alle Rettungsboote ausgesetzt werden konnten.

Wäre es so zählebig gewesen wie die »Saranac«, so wäre Prien wahrscheinlich zum Kanonenschuß aufgetaucht – und dann hätte sich ihm eine schockierende Tatsache enthüllt: An Bord des torpedierten Schiffes befanden sich Deutsche und Italiener, die bei Kriegsausbruch in Großbritannien interniert worden waren und die jetzt nach Kanada gebracht werden sollten. Hunderte von ihnen ertranken, während das Boot den Schauplatz seiner Attacke verließ.

Prien allein hatte auf dieser Feindfahrt acht Schiffe mit zusammen mehr als 50 000 Bruttoregistertonnen versenkt. Die Erfolgsziffern der deutschen U-Boote stiegen offenbar unaufhaltsam.

Winston Churchill wiederholte seine Bitte an Präsident Roosevelt um die Überlassung amerikanischer Zerstörer: »Herr Präsident«, schrieb er, »mit allem Respekt muß ich Ihnen mitteilen, daß . . . dies eine Sache ist, die sofort geschehen muß.«

Die verzweiflungsvolle Dringlichkeit im Ton des Premiers wurzelte auch in der Entwicklung des Krieges auf dem Kontinent: Das deutsche Heer war dabei, Frankreich zu überrennen, das britische Expeditionskorps mußte über den Kanal zurückflüchten, die Kapitulation der Franzosen war unabwendbar.

Am 22. Juni 1940 schlossen Frankreich und das Deutsche Reich einen Waffenstillstandsvertrag. Am gleichen Tag erklärte Großbritannien die Blockade der Küsten Europas, auf die das Deutsche Reich am 17. August 1940 mit der Erklärung der »totalen Blockade der Britischen Inseln« antwortete.

Der Sieg über Frankreich hatte die Deutschen in eine Lage gebracht, die es ihnen zum ersten Mal in der Geschichte erlaubte, gleichfalls die Blockade des Feindes zu planen und vielleicht sogar durchzusetzen: Die Wehrmacht herrschte jetzt über die Küsten des europäischen Festlandes vom Nordkap bis zu den Pyrenäen, von der russischen Grenze am Eismeer bis zur spanischen Grenze am Golf von Biskaya.

Die seestrategische Lage der Kriegsmarine und insbesondere der U-Boot-Waffe war von Grund auf geändert, der direkte Zugang zum Atlantik geöffnet. Die U-Boote mußten bei dem Marsch in ihr Opera-

tionsgebiet nicht mehr den langen Weg durch das Meer zwischen Großbritannien und Island nehmen.
Der Mann an der Spitze der deutschen U-Boot-Waffe verschenkte keine Zeit. Der Waffenstillstand zwischen Deutschen und Franzosen war noch nicht geschlossen, da durchstreiften Offiziere des Befehlshabers der U-Boote schon die Häfen an der französischen Atlantikküste, um sie auf ihre Brauchbarkeit als U-Boot-Stützpunkte zu untersuchen; da ließ Karl Dönitz schon in Wilhelmshaven einen Eisenbahnzug zusammenstellen, der Torpedos, Material und U-Boot-Facharbeiter am Tag nach dem Waffenstillstand an die französische Westküste beförderte.
Am 2. Juli 1940 wurde das erste deutsche U-Boot im französischen Hafen Lorient mit Brennstoff und Torpedos für eine neue Feindfahrt ausgerüstet, vier Wochen später war in Lorient eine Reparaturwerft für U-Boote voll einsatzbereit.
Karl Dönitz folgte mit einer Befehlsstelle seinen Booten nach Frankreich: »Es kam mir darauf an, meine enge Fühlung mit den U-Boot-Besatzungen, vor allem den Kommandanten, zu behalten, was durch große räumliche Trennung erschwert worden wäre. Ich war der Ansicht, daß ich nach vorn an die U-Boot-Front gehörte.«
Der Admiral war näher an der Front, seine Boote näher am Feind. Dönitz bemerkte über die Vorteile der Stützpunkte am Atlantik: »Jetzt wurde etwa eine Woche Marsch pro Unternehmung gespart. Daher standen die U-Boote jetzt eine längere Zeitspanne ihrer Frontfahrt im Kampfgebiet selbst. Hierdurch erhöhte sich auch die Gesamtzahl der am Feind befindlichen U-Boote.«
Die Bedrohung der britischen Versorgung hatte eine lebensgefährliche Dimension erreicht. Winston Churchill schrieb später über die Gefühle, die ihn zu dieser Zeit beherrschten: »Die einzige Sache, die mir während des Krieges jemals wirklich Furcht einflößte, war die U-Boot-Gefahr. Selbst vor der Luftschlacht um England dachte ich, daß eine Invasion fehlschlagen würde. Nach dem Sieg in jener Schlacht wäre sie ein aussichtsreicher Kampf für uns gewesen. Wir konnten diesen schrecklichen Feind unter für uns günstigen und, wie er hoffentlich einsah, für ihn schlechten Umständen ertränken und vernichten. Es wäre die Art des Kampfes gewesen, mit der man bei den grausamen Bedingungen des Krieges zufrieden sein sollte. Aber nun waren unsere Lebenslinien selbst in der Weite der Ozeane und besonders auf den Zufahrtswegen zu unserer Insel durch U-Boote gefährdet.«
Kein Zweifel, Großbritannien kämpfte mit dem Rücken zur Wand. Es stand allein gegen das Deutsche Reich und gegen Italien, das am 10. Juni 1940 in den Krieg eingetreten war. Englands Alliierte aber waren allesamt geschlagen.
Im Seegebiet westlich der Britischen Inseln versenkten die deutschen U-Boote jetzt jeden Tag etwa zwei Schiffe, stiegen die Detonations-

säulen der Torpedos gegen den Himmel, verbrannten in lodernden Fackeln Tanker voll Öl und Benzin, barsten Frachter mit Stahl, Dampfer mit Nahrungsmitteln.

Das U-Boot U 99, kommandiert von Kapitänleutnant Otto Kretschmer, dem späteren »Tonnagekönig« der deutschen U-Boot-Waffe, versenkte auf einer einzigen Feindfahrt Schiffe mit nahezu 60 000 Bruttoregistertonnen.

Den U-Booten kam ein Umstand zugute, der gleichfalls eine Folge des Sieges über Frankreich war. Jetzt lag der südwestliche Eingang des Kanals im Einsatzbereich der deutschen Luftwaffe, aus Frankreichs Häfen konnten Schnellboote gegen britische Schiffe vorstoßen und sich rasch wieder zurückziehen. Die Briten waren gezwungen, alle ihre Geleitzüge durch das Seegebiet zwischen Nordengland und Nordirland zu leiten, den sogenannten Nordkanal. Dort massierte sich jetzt Britanniens gewaltige Frachterflotte, dort fanden die U-Boote Beute.

Die Briten vermochten in jenen Tagen nur wenig gegen die U-Boote auszurichten: Sie hatten einfach nicht genug Begleitschiffe. Nur wenige der Kriegsschiffe der damals stärksten Seemacht der Erde konnten zum Schutz der Frachter und der Geleitzüge eingesetzt werden. Die Masse der Zerstörer, der Korvetten, der Kreuzer wurde ja zur Abwehr einer Gefahr gebraucht, die England weit stärker und unmittelbarer noch zu bedrohen schien als die Boote: die Invasion der deutschen Wehrmacht in Großbritannien.

Der deutsche Feind stand jetzt, in diesen Sommermonaten des Jahres 1940, mit gewaltigen Land- und Luftstreitkräften an der Südküste des Ärmelkanals, nur wenige Seemeilen entfernt, in Sichtweite.

Britische Aufklärungsflugzeuge hatten festgestellt, daß sich in den Kanalhäfen Frankreichs, Belgiens und der Niederlande immer mehr Binnenschiffe sammelten, offensichtlich bestimmt für den Transport von Soldaten und Kriegsmaterial über den England schützenden Ärmelkanal hinweg.

Die Briten konnten in jenen Monaten nicht wissen, daß die Deutschen nur halbherzige Maßnahmen für eine Invasion Englands trafen; sie konnten vor allem nicht wissen, daß Hitler sich in jener Zeit schon der Vorbereitung des Überfalls auf die Sowjetunion zugewendet hatte, daß ihm das »Unternehmen Barbarossa« weit wichtiger erschien als das »Unternehmen Seelöwe«: Wenn Rußland geschlagen war, würde England ohnehin klein beigeben müssen.

Den Briten erschien die Invasion als eine durchaus reale, dicht bevorstehende Gefahr.

So konzentrierte die britische Admiralität ihre Kriegsschiffe in den Seeräumen, in denen die Landung der Deutschen wahrscheinlich war: an der Ostküste und an der Südküste der Insel. Zwangsläufig mußten die Briten jene Seeräume von Schutz entblößen, in denen eine Landung deutscher Truppen nicht zu erwarten war: den Nordwesten, also genau jenen Raum, durch den die Frachterströme nach England gelangten. Ebensowenig konnte die Admiralität in London den Geleitzügen draußen auf dem Atlantik den Schutz geben, den sie brauchten.

Es war die Zeit, die später – etwas makaber – die »glückliche« oder die »goldene Zeit« der U-Boote heißen würde. Allein im Juli 1940 versenkten die U-Boote Schiffe mit rund 200 000 Tonnen. Und das Schlimmste stand den Briten erst noch bevor: Die deutschen U-Boote setzten zur großen Offensive an.

Der Seestratege Dönitz glaubte nicht daran, daß es gelingen würde, eine deutsche Streitmacht in England zu landen und sie eine lange Kampfzeit hindurch über See zu versorgen.

Er schrieb: »Um England friedensbereit zu machen, blieb so nur der Kampf gegen seine Seeverbindungen. Damit wurde England direkt getroffen. Von ihnen hing das Leben der englischen Nation unmittelbar ab. Auf sie war die gesamte englische Kriegführung unmittelbar und weitgehend angewiesen. Auf ihre ernsthafte Bedrohung mußte die englische Politik unbedingt reagieren.«

Aus einem Schriftwechsel, der Anfang 1940 in der Seekriegsleitung geführt wurde, geht hervor, mit welcher Unbeirrbarkeit Karl Dönitz seine Strategie verfolgte. Damals war vorgeschlagen worden, die U-Boote nicht konzentriert anzusetzen, sondern hier und da angreifen zu lassen, um das britische Geleitsystem durcheinanderzubringen. Dönitz hatte geantwortet: »Mit Manövriertaktik wird kein Krieg gewonnen. Im Krieg muß man totschlagen! Sink and burn! Versenken und verbrennen!«

Anfang September 1940 fing der deutsche Funkbeobachtungsdienst in Berlin, der sogenannte xB-Dienst, verschlüsselte Funksprüche der britischen Admiralität auf. Es gelang ihm, sie zu entziffern. Darin teilten die Briten einem Geleitzug, der aus Nordamerika über den Atlantik lief, den Punkt mit, an dem er auf die Kriegsschiffe stoßen sollte, die die Frachter in die britischen Häfen geleiten würde.

Karl Dönitz setzte vier seiner Boote an. Sie schossen vier Frachter aus dem Konvoi heraus.

Anfang Oktober sammelten sich vor der kanadischen Ostküste die Schiffe des Geleitzuges SC 7 zur gemeinsamen Fahrt über den Atlantik nach Großbritannien. Dann setzte sich die Herde mit östlichem Kurs in Bewegung: insgesamt 35 schwerbeladene Schiffe. Mit einer Geschwindigkeit von sieben bis acht Knoten, etwa 12 bis 14 Stundenkilometer, stampften sie dahin.

Nordwestlich von Irland, unweit eines Seegebietes mit dem Namen »Bloody Foreland« – »Blutiges Vorgebirge« – hatte Dönitz zu jener Zeit fünf seiner Boote aufgestellt, von Norden nach Süden gestaffelt, jedes in einem Abstand von etwa 25 Meilen von seinem Nachbarn. So konnten

die Boote einen Seeraum von nahezu 200 Seemeilen Ausdehnung überwachen.
In der Nacht vom 16. zum 17. Oktober lauschte der Funker im Horchraum des Bootes U 48 angestrengt in sein Horchgerät: ganz fern vernahm er das mahlend-klatschende Geräusch von Schiffsschrauben.
Kapitänleutnant Bleichrodt, Kommandant von U 48, ließ das Boot mit hoher Fahrt auf die Quelle der Schraubengeräusche zudrehen. Dann sichtete er im Dunkel der Nacht die tiefen Schatten der Schiffe, den Gischt ihrer Bugwellen. Kommandant Bleichrodt funkte seine Entdekkung in die Befehlsstelle des Befehlshabers der U-Boote.
Dönitz befahl den Booten, die in der Nähe standen, an den Geleitzug heranzuschließen und anzugreifen. Vier Boote preschten dem Konvoi entgegen: U 46 unter Kapitänleutnant Endraß, der einst als Wachoffizier auf U 47 beim Angriff auf Scapa Flow gefahren war, U 99 unter Kapitänleutnant Kretschmer, U 100 unter Kapitänleutnant Schepke und U 101 unter Kapitänleutnant Frauenheim.
Die Aufgabe des Bootes U 46, das den Geleitzug entdeckt hatte, hieß: »Fühlung halten!« Das bedeutete: Dem Geleitzug folgen, ohne selbst gesehen zu werden, und jede Kursänderung des Konvois an die Boote funken, die jetzt zum Angriff heranschlossen.
Aber dann entglitt die Beute den Deutschen. Kapitänleutnant Bleichrodt fuhr einen Angriff mit drei Torpedos gegen den Geleitzug: Zwei der Geschosse trafen. Ein Tanker explodierte, ein mit Holz beladenes Schiff sank wenig später.
Der Geleitzug setzte seinen Weg durch die Nacht fort. U 48 folgte ihm »an der Grenze der Sicht«. Das hieß: Das Boot hielt so weit Abstand vom Konvoi, daß die Wache auf dem Turm in ihren Gläsern gerade noch die Masten der Frachtschiffe ausmachen konnte. Das U-Boot mit seinem niedrigen Turm konnte dagegen vom Geleitzug aus nicht erspäht werden.
Die Geleitschiffe des Konvois aber hatten – durch den Angriff der vergangenen Nacht gewarnt – über Funk Hilfe herbeigerufen.
Am frühen Morgen des 17. Oktober fegte plötzlich ein britisches »Sunderland«-Flugboot aus dem östlichen Horizont heran, und während U 48 im Alarm wegtauchte, warf die Maschine Bomben. Sie trafen nicht.
Wenig später hörte der Funker im Horchraum von U 48 die unverwechselbaren Schraubengeräusche eines Zerstörers. Bleichrodt befahl, das Boot 180 Meter tief zu bringen.
In die Schußfahrt des wegtauchenden Bootes hinein drangen schon die ersten Explosionen von Wasserbomben. Das Kriegsschiff wiederholte seine Angriffe in regelmäßigen Abständen: Wasserbomben, Wasserbomben. Viele Stunden lang harrten die Deutschen in ihrer Stahlröhre

in der Tiefe aus. Sie konnten nichts tun als warten, bis der Zerstörer die Jagd aufgab.
Der »Fühlungshalter« war »unter Wasser gedrückt« worden, wie der Vorgang in der Sprache der U-Boot-Fahrer hieß.
Die Schiffe des Geleitzuges aber liefen mit voller Kraft voraus davon – schlugen einen Haken und gingen auf neuen Kurs. Unter Wasser konnte das deutsche Boot dem Konvoi nicht folgen: In Tauchfahrt war es langsamer als die meisten Schiffe eines Geleitzuges. Seine Elektromotoren brachten es auf sieben Knoten Höchstgeschwindigkeit und dies auch nur für kurze Zeit; dann waren die Batterien erschöpft.
Über Wasser hingegen konnte ein U-Boot jedes Handelsschiff überholen: Seine 4800 PS starken Dieselmotoren peitschten das Boot mit 16 Knoten voran.
U 48 wartete tief unter der Wasseroberfläche, bis die Schraubengeräusche des Zerstörers verklungen waren.
Dann befahl Kommandant Bleichrodt, auf Sehrohrtiefe zu gehen: Das Meer war leer, er hatte die Spur verloren. Bleichrodt funkte den Mißerfolg an die U-Boot-Befehlsstelle. Dönitz befahl den anderen Booten, mit hoher Fahrt nach Osten zu stoßen und einen neuen Aufklärungsstreifen zu bilden.
Am Nachmittag des 18. Oktober drückte der Mann der vierköpfigen Brückenwache von U 101, der den nordwestlichen Sektor überwachte, sein Glas noch fester an die Augen: weit hinten am Horizont ein feiner Strich, dann schon Masten, dann die Aufbauten, endlich die Rümpfe.
Der SC 7 dampfte heran, diesmal einem schrecklichen Schicksal entgegen. Ein Funkspruch von U 101, die anderen U-Boote schlossen auf.
Das Rudel lauerte, bis Dunkelheit sich über das Meer gelegt hatte. Im schwachen Licht des Mondes konnten die Deutschen ihre Ziele erkennen. Die Boote selbst näherten sich der Beute mit spitzem Kurs, von vorn und von den Flanken des Konvois. So zeigten sie nur ihre schmalen Silhouetten – ein Hauch von Schatten nur auf dem nachtschwarzen Wasser des Atlantik.
Kapitänleutnant Endraß in U 46 machte den ersten Torpedo dieser Geleitzugschlacht los, einer Geleitzugschlacht, die später als »Massaker« in die Seegeschichte eingehen sollte.
Das Geschoß traf den Frachter »Convallaria«, riß ein Loch in den Rumpf, das Schiff reckte den Bug hoch in die Luft und versank. Jetzt waren alle Boote da, und alle Boote schossen. Dumpf dröhnten die Detonationen durch die Nacht.
Überall lag Feuer über dem Meer, Menschen schrien in Todesangst, viele der Seeleute schwammen im Wasser, riefen nach Hilfe, nach Kameraden in Rettungsbooten; die Geleitschiffe fegten durch den

Konvoi hindurch auf der Suche nach dem Feind, der sich in die Dunkelheit gehüllt hatte.
Kapitänleutnant Otto Kretschmer, Kommandant von U 99, hat in seinem Kriegstagebuch aufgeschrieben, was er in jener Nacht auf dem Atlantik nordwestlich von Irland tat und erlebte: »23.30 Uhr am 18. 10. Ich greife nun den rechten Flügel an . . . Torpedo trifft nach einer Laufstrecke von 1740 Metern. Dieses Schiff, etwa 7000 BRT groß, wird in der Höhe des vorderen Mastes getroffen und sinkt mit dem Vorschiff schnell bis zur Wasseroberfläche und dann unter die Wasseroberfläche, da anscheinend zwei Laderäume vollaufen. Um 23.55 Uhr Bugschuß auf großen Frachter, etwa 6000 BRT, Entfernung 750 Meter. Treffer vorderer Mast. Der Torpedo-Detonation folgt unmittelbar eine durch eine hohe Stichflamme begleitete Explosion, die das Vorschiff bis zur Brücke aufreißt und deren Qualmwolke etwa 200 Meter hoch steht. Vorschiff anscheinend gebrochen. Schiff brennt weiter mit grünlicher Flamme.«
Für den 19. Oktober, eine Viertelstunde nach Mitternacht, notierte Kretschmer: »Drei Zerstörer nähern sich dem Schiff und suchen die Umgebung ab. Ich laufe mit äußerster Kraft ab nach Südwest und gewinne bald wieder Anschluß an den Geleitzug. Es sind dauernd Torpedo-Detonationen anderer Boote zu hören. Die Zerstörer wissen sich nicht zu helfen und schießen dauernd zu ihrer Beruhigung Leuchtgranaten. Ich fange nun an, den Geleitzug von achtern abzubauen.«
Um 1.38 Uhr machte Otto Kretschmer wieder einen Torpedo los: »Bugschuß auf großen, tiefbeladenen Frachter von etwa 6000 BRT, Entfernung 945 Meter. Treffer am vorderen Mast. Schiff sinkt in der Detonation.«
»Schiff sinkt in der Detonation« – das hieß, daß der Frachter vom Torpedo in Stücke gesprengt wurde. Da hatte kaum ein Mann der Besatzung eine Chance, davonzukommen.
Eine Viertelstunde später, um 1.55 Uhr an diesem 19. Oktober 1940, hatte sich Otto Kretschmer dem nächsten Dampfer auf sichere Schußentfernung genähert. Wieder klang sein Kommando durch das Boot: »Achtung! Torpedo los!«
Das Geschoß traf einen 7000 Tonnen großen Frachter in der Höhe des vorderen Mastes. Kretschmer notierte: »Schiff sinkt innerhalb von 40 Sekunden.«
Als die Dämmerung sich hob, war das Meer weithin mit Öl aus den Treibstoffbunkern der Schiffe bedeckt. Im trägen Schlag der Wellen die Opfer der Schlacht, tote britische Seeleute, erstickt, ertrunken, an Unterkühlung im kalten Wasser des Nordatlantiks gestorben, über Wasser gehalten nur von ihren Schwimmwesten. Die lange Dünung gab den Toten im grauen Licht des Morgens seltsam lebendige Bewegungen, noch einmal ein Schwenken der Arme, eine Drehung des Kopfes.

Insgesamt kamen nahezu 6000 britische Seeleute im ersten Jahr des Krieges um.
Zwei Tage später lief der Geleitzug SC 7 in die Häfen der britischen Westküste ein. Von den 35 Schiffen, die Kanada verlassen hatten, waren nur 15 übriggeblieben. Es war einer der schrecklichsten Schläge, die England je zur See erlitten hatte, und es war der bis dahin größte Triumph der U-Boote. Die Briten verloren in dieser Nacht 80 000 Tonnen Schiffsraum und ebensoviel Nachschub für den Krieg.
Während die britische Admiralität noch die Verluste des SC 7 errechnete, bereitete sich draußen auf dem Atlantik eine zweite Katastrophe vor. Am 21. Oktober 1940 sichtete Günther Prien in U 47 den Geleitzug HX 79. Es war einer der größten Konvois, die im ersten Jahr des Krieges nach England liefen: 49 Schiffe, darunter viele Tanker, randvoll mit Benzin, Frachter, schwer beladen mit militärischer Ausrüstung: Waffen, Munition, Motoren.
Die britische Admiralität hatte für diesen Konvoi besonders starken Schutz angeordnet: Die Fracht, die da über den Atlantik schwamm, war für die britische Kampfkraft im Krieg gegen Deutschland von besonders hohem Wert.
Ein Zerstörer sicherte an der Spitze des Geleitzugs, zu den Seiten abgesetzt zwei Korvetten und zwei Sloops, Schiffe von der Größe eines Zerstörers, aber nicht so schnell; schließlich vier Fischdampfer, die mit Kanonen und Werfern für Wasserbomben ausgerüstet waren.
Die deutschen Boote liefen dem Geleitzug mit hoher Fahrt entgegen. Sie trafen ihn bei Nacht in einem Seegebiet rund 200 Seemeilen westlich der Stelle, wo der SC 7 zerschlagen worden war.
Die Nacht war dunkel, Regen fiel, die Schiffe zogen stetig dahin. Und dann plötzlich die Schläge, die Detonationen, die Wassersäulen, das Schmatzen und Gurgeln der Wassermassen, die sich in die aufgerissenen Schiffsleiber ergossen, der helle Schein der Leuchtgranaten, die von den Sicherungsschiffen abgefeuert wurden in der Hoffnung, den Feind zu entdecken und vernichten zu können.
In dieses fahle Licht brach unvermittelt eine Feuersäule, die sich bis an die niedrig hängenden Wolken zu recken schien: ein getroffener Tanker lohte weißglühend auf, und dieses Licht der Vernichtung beleuchtete einen Munitionstransporter, der nach einem Torpedotreffer in dumpfen Explosionen auseinanderbrach.
Das Rudel – fünf Boote mit je 50 Mann Besatzung – vernichtete 13 Schiffe des HX 79 in dieser Nacht, Schiffe mit insgesamt 60 000 Bruttoregistertonnen, beladen mit Kriegsmaterial, das ausgereicht hätte, eine Panzerdivision oder ein Bombergeschwader auszurüsten.
In einer Mischung aus Respekt und Entsetzen nannten die Briten die deutschen U-Boote jetzt »Wölfe«, den Angriff einer Gruppe von U-Booten bezeichneten sie als »Überfall durch Wolfsrudel«. Die deut-

schen U-Boot-Fahrer hörten ihren neuen Namen voller Stolz – ohne zu ahnen, daß sie in den Augen des Feindes damit auch zugleich unmenschliche Züge annahmen, daß sie von nun an wie Raubtiere gehetzt und bekämpft werden würden.
In zwei aufeinanderfolgenden Oktobernächten hatten die Briten 35 Schiffe aus ihren Geleitzügen verloren – aber keines der angreifenden deutschen U-Boote vernichten können.
Die Gesamtrechnung für die sechs Monate von Mai bis einschließlich Oktober 1940 war noch eindrucksvoller: Die U-Boote hatten insgesamt 287 Schiffe versenkt, Großbritannien damit 1 450 000 Tonnen Schiffsraum und Fracht verloren.
England war – zum ersten Mal in seiner Geschichte – in Gefahr, von seiner lebenswichtigen Zufuhr abgeschnitten zu werden. Winston Churchill verglich sein Land damals mit einem Taucher, der »tief in der See sieht, wie Haifische an seinem Atemschlauch knabbern«.
Befriedigt notierte der Befehlshaber der U-Boote am 20. Oktober 1940 in sein Kriegstagebuch: »Die Operationen beweisen, daß das seit 1935 der Entwicklung der U-Boot-Taktik und der Ausbildung zugrunde gelegte Prinzip richtig ist, der Konzentration von Frachtern in Geleitzügen eine Konzentration der U-Boot-Angriffe entgegenzusetzen. Diese Konzentration wurde ermöglicht durch die Entwicklung der Nachrichtenmittel (leistungsfähige, weitreichende Funkgeräte) seit dem Ersten Weltkrieg.«
Die von Dönitz entwickelte Angriffstaktik erschütterte in jenen Tagen sogar ein Dogma der britischen Seestrategie, das seit 1917 galt. Damals war das Konvoi-System eingeführt worden, und es hatte sich als höchst wirksam gegen die deutschen U-Boote des Ersten Weltkriegs erwiesen. Jetzt aber, nach den schrecklichen Verlusten der Geleitzüge in den Oktobernächten auf dem Atlantik, gewann eine alte Taktik gegen U-Boote neue Freunde und Fürsprecher: Das Geleitzugsystem sollte aufgegeben werden, die Frachter sollten ungeschützt über den Atlantik fahren.
Kriegsschiffe, die auf diese Weise von Schutzaufgaben frei wurden, sollten dagegen zur direkten U-Boot-Jagd eingesetzt werden. Zerstörer und Korvetten würden dann unausgesetzt die Seeräume, durch die Dampfer nach England fuhren, überwachen und die deutschen U-Boote aufspüren.
Die Flugzeuge, die jetzt noch Patrouille über den westlichen Zufahrtswegen nach England flogen, sollten – diesem Vorschlag zufolge – zum Bombardement deutscher U-Boot-Werften und -Stützpunkte in Frankreich eingesetzt werden.
Von dieser Art des Krieges gegen die U-Boote versprachen sich ihre Befürworter, daß Kriegsschiffe und Flugzeuge weit wirksamer eingesetzt werden konnten als zum Schutz von Konvois.

Aber schließlich gewannen die Anhänger des Konvoisystems: Dabei mußte nicht in den Weiten des Atlantik nach den U-Booten gefahndet werden, man würde sie vielmehr entdecken, wenn sie in die Nähe der Konvois vorstießen, und dann konnten die Geleitschiffe, die Zerstörer und Korvetten, sie vernichten.
Der Krieg gab der Geleitzugtaktik recht: Die Verlustrate der Frachtschiffe, die allein fuhren, war viermal so hoch wie die Verlustrate der Schiffe, die im geschützten Konvoi über den Ozean strebten.
Jetzt, im Herbst 1940, befaßte sich die britische Admiralität vordringlich mit der Frage, weshalb die U-Boot-Abwehr an den Geleitzügen versagt hatte und was geändert werden mußte, um in Zukunft der U-Boot-Gefahr Herr zu werden.
Einer der wesentlichen Gründe für die Schwäche der U-Boot-Abwehr und damit der Erfolg der Deutschen war: Die Briten hatten zu großes Vertrauen in die Wirksamkeit ihres Ortungsgerätes »Asdic« gesetzt. Dieses Gerät, das unter Korvetten und Zerstörern montiert war, sandte einen starken Schallstrahl aus, der vom metallenen Körper eines U-Bootes reflektiert und an Bord des Kriegsschiffs aufgefangen wurde. Das Asdic hatte während seiner Erprobung vor dem Krieg fehlerfrei gearbeitet. Es entdeckte jedes U-Boot in einer Tiefe bis zu 200 Metern und im Umkreis von etwa 1500 Metern – jedoch nur dann, wenn das Boot getaucht fuhr. Gegen U-Boote, die aufgetaucht angriffen, war das Gerät wirkungslos.
Beim nächtlichen Angriff eines U-Bootes über Wasser mußten sich die Besatzungen der Zerstörer und Korvetten also auf ihre Augen verlassen. Sie starrten in die Schwärze der Nacht, die mit der Schwärze des Wassers verschmolz, und sie hatten kaum Chancen, das von der Dunkelheit eingehüllte Boot zu entdecken.
Es war genau so, wie Karl Dönitz es im dritten Abschnitt seines »Handbuches für U-Boot-Kommandanten« (Geheime Marinedruckvorschrift Nr. 906) beschrieben hatte.
Dieses Buch enthielt die taktischen Befehle des Befehlshabers der U-Boote für seine Waffe. Dönitz legte dar: »Der Überwassertorpedoangriff kommt für das U-Boot nur bei Nacht in Frage. Ziel des Überwasserangriffs ist ebenso wie beim Unterwasserangriff der unbemerkte und daher überraschende Schuß aus geringer Entfernung . . . Grundsätzlich soll sich der U-Boot-Kommandant vor Augen halten, daß das U-Boot, wenn nicht ganz besonders ungünstige Beleuchtungsverhältnisse vorliegen, nachts immer schlechter zu sehen ist als jedes Überwasserschiff. Das Vertrauen des Kommandanten in die eigene Unsichtbarkeit bei Nacht wird mit jeder neuen Erfahrung wachsen . . .«
»Die geringe Sichtbarkeit des Bootes bei Nacht über Wasser«, fährt Dönitz fort, »ist durch seine schmale und niedrige Silhouette begründet, da das U-Boot selbst bis auf den Turm fast gänzlich im Wasser

verschwindet. Der Turm ist vom Gegner am leichtesten zu erkennen, wenn er sich von der Augenhöhe des Gegners noch über die Kimm erhebt. Dies ist die Gefahrenzone beim Heranlaufen. Gegen die Wasseroberfläche allein als Hintergrund ist der Turm nur sehr schwach auszumachen.«

Die von Karl Dönitz zur Reife entwickelte Angriffsform des Rudels bei Nacht hatte die größte Seemacht der Erde völlig überraschend getroffen. Die nächtlichen Überwasserattacken standen nicht auf dem taktischen Programm der Briten.

Der englische Marinehistoriker Stephen W. Roskill schrieb: »In der Zeit zwischen den Kriegen befaßte sich die Royal Navy fast ausschließlich mit der Kriegführung von Überwassereinheiten, und auch der Schutz der Handelsschiffe wurde hauptsächlich unter dem Aspekt der Abwehr von Angriffen feindlicher Überwasserstreitkräfte betrachtet ... Zwar hatten auch unsere U-Boote selbstverständlich in Manövern vor dem Kriege Nachtangriffe über Wasser gefahren, und manchmal sogar mit herausragendem Erfolg. Aber Angriffe unter Wasser waren das übliche Verfahren, und die Admiralität ging wohl davon aus, auch der Feind würde sich der gleichen Methode der Kriegführung bedienen.«

Die britische Admiralität hatte überdies eine schlimme Nachlässigkeit begangen. Im Jahr 1939 war in Deutschland ein Buch erschienen, in dem die Taktik des Nachtangriffs von U-Booten geschildert worden war. Darin hieß es unter anderem: »Ein U-Boot, das während der Dunkelheit über Wasser fährt, hat gegenüber Überwasserschiffen den großen Vorteil einer kleineren Silhouette. Wenn ein U-Boot nachts erst einmal in die Nähe des Feindes gelangt ist, ist es ein idealer Torpedoträger ... weil es dann in der Lage ist, einen Überwassertorpedoangriff zu fahren.«

Der Verfasser dieses Buches war das Gehirn der U-Boote, Karl Dönitz. Das Buch konnte in Buchhandlungen gekauft werden. Aber Großbritanniens Admirale hatten eben das versäumt.

Jetzt, nach dem Verlust von nahezu 300 Schiffen, setzten die Briten alles daran, den deutschen Wölfen den Biß zu nehmen.

In einer gewaltigen Anstrengung baute England eine technologische Front gegen die U-Boote auf. Das erste und wichtigste Ziel hieß: Dem U-Boot mußte eine seiner wichtigsten Eigenschaften geraubt werden: seine Unsichtbarkeit beim nächtlichen Angriff über Wasser. Dem Asdic-Gerät, das getauchte U-Boote orten konnte, mußte ein Gerät zur Seite gestellt werden, das ein aufgetaucht fahrendes U-Boot entdecken konnte.

Die Vorrichtung, ein Fahrzeug, ein Schiff oder ein Flugzeug bei Nacht aufzuspüren, war längst erfunden und bei der Royal Navy wie der deutschen Kriegsmarine – übrigens auch der deutschen wie der briti-

schen Luftabwehr – in Gebrauch: von den Deutschen wurde es »Funkmeßgerät«, von den Briten »Radar« (*Ra*dio *d*etecting *a*nd *r*anging, deutsch: Funkortung und -messung) genannt.
Es handelt sich um eine Vorrichtung, die elektromagnetische Wellen von hoher Frequenz erzeugt und stark gebündelt aussendet. Sobald die Wellen auf einen festen Gegenstand treffen, werden sie reflektiert. Auf einem Bildschirm erscheint dann ein Signal.
Das Gerät eignet sich vorzüglich für die Ortung von Flugzeugen und Schiffen. Nur: Die Radargeräte, die zu Anfang des Krieges produktionsreif waren, hatten riesige Ausmaße – brauchbar nur für Bodenstationen oder auf großen Kriegsschiffen.
Nun aber, unter dem schweren Druck der U-Boot-Gefahr, machten sich die Engländer daran, ein Radargerät zu konstruieren, das auch auf kleinen Kriegsschiffen und in Flugzeugen eingesetzt werden konnte. Der Entwicklung dieses Radargerätes maß die britische Admiralität im Winter 1940 allerhöchste Bedeutung bei. Sie erschien ihr weit wichtiger als neue Geschütze und neue Schiffskonstruktionen. So hart hatten die deutschen U-Boote England in diesem ersten Kriegsjahr zugesetzt.
Radar allerdings hatte zwei Schwächen: Es konnte nicht erkennbar machen, was sich in seiner engeren Umgebung befand. Diese Schwäche glichen die Briten durch die Entwicklung einer Leuchtgranate mit besonders starker Lichtkraft und langanhaltender Brenndauer aus: die sogenannte Schneeflocke. Sie konnte über einem Seegebiet die Nacht zum Tag machen.
Die zweite Schwäche des Radars: Seine Reichweite ist auch von der Höhe abhängig, in der die Antenne angebracht ist. Auf kleinen Kriegsschiffen kann die Antenne des Gerätes naturgemäß nicht sehr hoch montiert werden. Der Bereich, der von einem Zerstörer- oder Korvettenradar überwacht werden konnte, war deshalb auf wenige Seemeilen im Umkreis beschränkt. Also mußte ein Gerät entwickelt werden, das in der Lage war, ein U-Boot auch jenseits der Reichweite eines Radargerätes aufzuspüren.
In den ersten Rudelschlachten hatten die »grauen Wölfe« ihre schwache Stelle enthüllt: Das Boot, das den Geleitzug entdeckt hatte, mußte einen Funkspruch absetzen, damit der Befehlshaber der U-Boote weitere Boote zum Angriff auf den Geleitzug in Marsch setzen konnte. Das Rudel konnte nur durch Funk zusammengerufen werden.
Den Standort eines Senders aber kann man mit Hilfe elektronischer Mittel feststellen. Also machten sich britische Wissenschaftler daran, ein Gerät zu entwickeln, mit dem ein funkendes U-Boot von einem Kriegsschiff aus geortet werden konnte: den »High Frequency Direction Finder«, das sogenannte HF/DF-Gerät, von britischen Seeleuten später kurz »Huff-Duff« genannt.

Alle diese Entwicklungen brauchten Zeit, keines der Geräte war schon in diesem Winter 1940 einsatzbereit.
Die Lage begann gleichwohl, sich gegen die deutschen U-Boote zu wenden – an der technologischen Front wie an der Front im Atlantik. Den Briten kam im Herbst 1940 zu Hilfe, daß der unmittelbare Druck der deutschen Wehrmacht auf die Verteidigungskraft der Insel nachließ: Die deutsche Luftwaffe hatte die Luftschlacht um England verloren, die Invasion, wenn denn überhaupt je ernsthaft geplant, war aussichtslos geworden.
Am 17. September 1940 bereits hatte Hitler seinen Generalen mitgeteilt, daß das »Unternehmen Seelöwe« bis zum Frühjahr 1941 »verschoben« werden müsse. Am 20. September 1940 stellten britische Aufklärungsflugzeuge fest, daß die Ansammlung von Binnenschiffen in den Häfen an der Südküste des Kanals sich aufzulösen begann.
Bald meldete auch der britische Geheimdienst seiner Regierung »aus zuverlässiger Quelle«, daß die Deutschen ihre Invasionspläne zumindest im Lauf des Jahres 1940 nicht mehr verwirklichen würden.
Ende Oktober war es endgültig klar, daß die Gefahr, die Großbritannien von Süden bedroht hatte, vorüber war.
Für die deutschen U-Boote aber hatte diese Entwicklung unmittelbar bedrohliche Folgen: Die Briten konnten einen großen Teil der Schiffe, die sie zum Schutz ihrer Süd- und Ostküste gegen eine deutsche Landungsarmee in Nordsee und Kanal stationiert hatten, jetzt im Atlantik einsetzen: zum Schutz der Konvois gegen die deutschen U-Boote.
Die britische Flotte war überdies inzwischen durch jene 50 amerikanischen Zerstörer verstärkt worden, um die Winston Churchill den US-Präsidenten Roosevelt so lange und eindringlich gebeten hatte. Englands Gegengabe: Es räumte den Amerikanern das Recht ein, in Neufundland, auf den Bermudas, in British Guyana und auf fünf Karibikinseln, die damals zum britischen Kolonialbesitz gehörten, Stützpunkte einzurichten.
Die Zerstörer stammten allesamt aus dem Ersten Weltkrieg, es waren schwerfällige Schiffe mit vier Schornsteinen, sie hatten schlechte See-Eigenschaften, aber sie verstärkten Großbritanniens Abwehrkraft gegen die deutschen U-Boote genau in dem Augenblick, da England diese Verstärkung besonders dringend brauchte. Britische Besatzungen übernahmen die Schiffe im Herbst 1940.
Der Zerstörerhandel stand am Beginn der britisch-amerikanischen Zusammenarbeit in diesem Krieg – einer Zusammenarbeit, die sich später auf die deutschen U-Boote vernichtend auswirken sollte.
Der Marinehistoriker Stephen W. Roskill schrieb über die Erleichterung Englands nach Abschluß des Zerstörergeschäfts: »Die Schiffe waren nicht allein von unmittelbarem Wert, sondern gaben unserem schwer bedräng-

ten Land darüber hinaus guten Grund zu der Hoffnung, daß die Hilfe aus den Vereinigten Staaten bald immer stärker anwachsen würde.«
Zugleich glitten in immer größerer Stückzahl kleine Kriegsfahrzeuge von den Helligen britischer Werften ins Wasser: Korvetten, knapp 900 Tonnen große Schiffe mit großer Beweglichkeit. Ihre Geschwindigkeit reichte zwar kaum aus, ein aufgetauchtes U-Boot einzuholen, aber ihre Bewaffnung und Ausrüstung machte sie hervorragend geeignet für die Bekämpfung und Vernichtung getauchter U-Boote, die mit dem Asdic-Gerät geortet worden waren.
Im November 1940 schon konnten die Briten die Zahl der Kriegsschiffe, die auf dem Atlantik Geleitzüge schützten, verdoppeln. Die Geleitschiffe, die Korvetten und Zerstörer, wurden jedoch erst dann in den Ozean hinausgeschickt, nachdem ihre Besatzungen in der U-Boot-Abwehr geschult waren: Sie lernten die Zusammenarbeit von Geleitschiffen zum gemeinsam geführten Angriff auf den unter Wasser georteten Feind, sie lernten, wie ein Rudel, das in der Dunkelheit herangeschlichen war, vom Geleitzug abgedrängt werden konnte.
Die Briten bemühten sich, die Schiffe einer einmal gebildeten Geleitgruppe als Kampfeinheit zu erhalten. »Wir fanden schnell heraus«, schrieb Kapitän Roskill, »daß es besser war, eine schwache Gruppe von Schiffen einzusetzen, deren Kommandanten aufeinander eingespielt waren, als eine größere Zahl von Schiffen, die noch nicht am Geleitzug zusammengearbeitet hatten.«
Überdies konnte das »Coastal Command« der Royal Air Force, das Küstenkommando, das den Krieg aus der Luft gegen die deutschen U-Boote führte, jetzt eine weit größere Zahl von Flugzeugen zur Überwachung der Geleitzugwege in der Nähe der Britischen Inseln einsetzen. Die Reichweite dieser Maschinen war nicht sehr groß, aber sie machten das nähere Seegebiet westlich von Irland zu einem gefährlichen Aufenthaltsort für die deutschen U-Boote.
Kapitänleutnant Otto Kretschmer von U 99, genannt »Otto der Schweigsame«, erzielte am 3. November 1940 einen der letzten großen U-Boot-Erfolge in diesem Seeraum unweit der Britischen Inseln.
Kretschmer war wenige Tage zuvor von Lorient zu seiner fünften Feindfahrt ausgelaufen. Am Abend des 3. November sichtete er drei britische Schiffe mit Ostkurs: zwei große Dampfer und ein kleinerer Frachter. Die großen Schiffe waren die »Laurentic« mit mehr als 18 000 Tonnen und die »Patroclus« mit mehr als 11 000 Tonnen. Beide Dampfer waren von den Briten als Hilfskreuzer ausgerüstet worden – mit schweren Kanonen, Flugabwehrgeschützen und Wasserbombenwerfern. Jetzt kamen sie von einer langen Patrouillenfahrt durch den östlichen Atlantik zurück und wollten dabei den 5000 Tonnen großen Frachter »Casanare« sicher in den Hafen geleiten.
Um 9.30 Uhr an diesem Abend stieß U 99 mit hoher Fahrt über Wasser

auf die Ziele zu und setzte sich zum Torpedoschuß in Position. Um 9.40 Uhr schoß Kretschmer den ersten Torpedo.
Er traf die »Casanare«, der Frachter sank achtern ein. Kretschmer ließ U 99 abdrehen. Jetzt lief das Boot auf den nächsten Gegner zu, den Hilfskreuzer »Laurentic«.
Um 22.50 Uhr, 70 Minuten nach dem Angriff auf die »Casanare«, schoß U 99 einen Torpedo auf den großen Hilfskreuzer: Treffer unter dem achteren Schornstein. Im deutschen Boot wurde wenige Sekunden später der unverschlüsselte Funkspruch des torpedierten Schiffes mitgehört: »Torpedotreffer im Maschinenraum, alle Feuer aus.«
Aber noch sank das Schiff nicht. Vielmehr sah Kretschmer von der Brücke der »Laurentic« rote Signalsterne zum Himmel steigen. Das dritte Schiff, die »Patroclus«, das zunächst weitergelaufen war, fuhr einen Bogen und kehrte zum Ort des Angriffs zurück.
U 99 setzte jetzt zum zweiten Torpedoangriff auf die »Laurentic« an: Fehlschuß. Der dritte Torpedo fegte hinterher, er traf und riß ein zweites großes Leck, aber noch immer sank das Schiff nicht. Vielmehr wurden auf der »Laurentic« jetzt Geschütze gerichtet. Leuchtgranaten fauchten durch die Nacht, sie tauchten das deutsche Boot in helles Licht.
Kretschmer ließ das Boot abdrehen, aber er lief nicht davon, er tauchte nicht weg – U 99 steuerte sein drittes Ziel an: den Hilfskreuzer »Patroclus«, der gestoppt hatte, um Männer aufzunehmen, die sich von der getroffenen »Laurentic« in ein Boot gerettet hatten.
U 99 lief bis auf 1400 Meter an die »Patroclus« heran. Es war jetzt zwei Minuten nach Mitternacht am 4. November 1940. »Torpedo los!« befahl der Kommandant. Das Geschoß traf, aber die »Patroclus« zeigte keine Wirkung. Aus dem riesigen Loch, das der Torpedo in den Rumpf gesprengt hatte, spie das Schiff nun plötzlich rundliche Behälter aus: Die Briten hatten die Laderäume des Hilfskreuzers mit leeren Fässern gefüllt. Sie sorgten für zusätzlichen Auftrieb und sollten das Handelsschiff, das nun Krieg führte, auch nach einem Torpedotreffer schwimmfähig halten. Und es funktionierte.
Im Abstand von 20 Minuten schoß U 99 zwei weitere Torpedos in den Rumpf der »Patroclus«, ohne Wirkung.
Um vier Uhr morgens schwammen die beiden Hilfskreuzer noch immer. Um 4.35 Uhr feuerte Kretschmer einen Torpedo auf die »Laurentic« ab. Sie sank. Um kurz nach fünf zerbarst die »Patroclus« – nach zwei weiteren Torpedotreffern.
Drei Schiffe mit mehr als 35 000 Tonnen in einer Nacht versenkt – Otto Kretschmer wurde mit dem Eichenlaub zum Ritterkreuz ausgezeichnet.
Doch im Laufe des November 1940, an dessen Anfang der glänzende Erfolg von Otto Kretschmer gestanden hatte, mehrten sich die Anzeichen, daß die »goldene Zeit« der U-Boote ihrem Ende entgegenging. Als

erster erkannte Karl Dönitz die veränderte Lage auf dem Schlachtfeld Atlantik. Die Statistiken und Kurven auf den Schautafeln seiner Befehlsstelle unweit des U-Boot-Stützpunktes Lorient wiesen es aus: Die Versenkungsziffern gingen zurück, mehr Dampfer kamen nach England durch.
In dem Gebiet westlich der Britischen Inseln, in dem die Boote des Admirals im September und Oktober viele Dutzend Schiffe torpediert hatten, war die Überwachung durch Flugzeuge und Kriegsschiffe so stark geworden, daß die U-Boote kaum noch wagen konnten, am Tag aufzutauchen. Sie verloren viel von ihrer Beweglichkeit. Sie wurden »stationär«, wie Karl Dönitz diesen Zustand seiner Boote nannte, die unter Wasser ja nur geringe Geschwindigkeiten fahren konnten und deshalb nicht in der Lage waren, mit einem Geleitzug Fühlung zu halten, ihn bei Tag zu überholen und in der Nacht anzugreifen.
Die Boote mußten weiter in den Atlantik hinaus, in Seegebiete, die außerhalb der Reichweite britischer Flugzeuge lagen und in denen überdies die Überwachung durch Kriegsschiffe geringer war.
Der Zug der »grauen Wölfe« hinaus in die Weiten des Atlantiks aber hatte beträchtliche Nachteile: Hier konnten sie nicht, wie nordwestlich von Irland, auf gebündelten Verkehr hoffen; hier, in der Wasserwüste, konnten die Geleitzüge viele unterschiedliche Wege einschlagen. Es war schwerer, sie zu entdecken. Die U-Boote brauchten mehr Augen.
Die Augen gab es: Flugzeuge konnten aus der Höhe ein Gebiet von vielen hundert Quadratmeilen überblicken, während ein U-Boot selbst bei besten Sichtverhältnissen allenfalls eine Fläche von ein paar Dutzend Quadratmeilen kontrollieren konnte. Nur: Die deutsche Kriegsmarine verfügte nicht über geeignete Flugzeuge.
Karl Dönitz klagte: »Als selbstverständliches Mittel hätte den U-Booten eine großräumige Luftaufklärung gegeben werden müssen. Daß die U-Boote, wie überhaupt die ganze deutsche Seekriegführung, ohne diese zu kämpfen hatten, war einer ihrer schwersten Mängel.«
Dieser Zustand war eine Folge zweier Entwicklungen: Einmal hatte der Oberbefehlshaber der Luftwaffe, Hermann Göring, durchgesetzt, daß auch die deutschen Seefliegerverbände seinem Kommando unterstellt blieben; zum anderen hatte die Luftwaffe versäumt, einen Fernaufklärer, also eine Maschine mit großer Reichweite, zu entwickeln.
Für die Fernaufklärung mußte jetzt vielmehr ein Flugzeug eingesetzt werden, das vor dem Krieg als ziviles Verkehrsflugzeug konstruiert worden war: die Focke-Wulf FW 200.
Karl Dönitz berichtete über die Aufklärung der Luftwaffe zugunsten der U-Boot-Waffe im ersten Jahr des Krieges: »Für diese Aufgabe standen nur geringe Kräfte zur Verfügung. Aus Mangel an geeigneten weitreichenden Flugzeugen oder wegen ihrer unzureichenden Zahl – es konnte nur eine Maschine gelegentlich einmal am Tag und nur in den Seeraum

südwestlich Irlands fliegen – kam es jedoch in den Monaten Juli bis Dezember 1940 nicht zu einer Erfolge bringenden Zusammenarbeit.«
Anfang Januar 1941 wurde Karl Dönitz bei General Alfred Jodl, dem Chef des Wehrmacht-Führungstabes beim Oberkommando der Wehrmacht, vorstellig, »um ihm die unhaltbare Lage persönlich zu schildern«, wie Dönitz schrieb. Hitler verfügte wenig später, dem Admiral Dönitz das Kampfgeschwader I KG 40 zu unterstellen, das in Westfrankreich stationiert war.
Doch was bedeutete das? Jetzt konnten regelmäßig zwei Maschinen täglich für die U-Boote nach Geleitzügen suchen. Aber das Ergebnis war enttäuschend: Den zwei Flugzeugen, die für Dönitz flogen, gelang es nur in Ausnahmefällen, die U-Boote an einen aus der Luft entdeckten Geleitzug heranzuführen. Die Navigation der Aufklärer über See war oft unzureichend.
Später wurden die navigatorischen Schwächen der Luftaufklärung durch ein System gefunkter Peilzeichen ausgeglichen – aber der gemeinsame Kampf von Flugzeugen und U-Booten blieb im wesentlichen auf die Seeräume westlich von Frankreich und Spanien begrenzt. Er erstreckte sich nicht auf den großen Atlantik, nicht dorthin, wo die riesigen Geleitzüge aus Kanada und den Vereinigten Staaten fuhren und Millionen Tonnen Kriegsmaterial nach England transportierten.
Dies also war die Lage in den ersten Monaten des Jahres 1941: Großbritannien legte mit Hunderten von Flugzeugen einen Sperrgürtel gegen die U-Boote um den Seeraum nahe der Insel – Karl Dönitz aber konnte nie mehr als zwei Luftaufklärer am Tag einsetzen.
Großbritannien verdoppelte und vervielfachte die Zahl der Kriegsschiffe für den Kampf gegen die deutschen U-Boote – Karl Dönitz aber sah sich mit seiner kleinen Flotte allein gelassen: Die Zahl der U-Boote, die im ersten Kriegsjahr auf deutschen Werften gebaut und in Dienst gestellt wurden, reichte gerade aus, jene Boote zu ersetzen, die auf Feindfahrt verlorengegangen waren.
Großbritanniens Führung hatte in diesem Herbst 1940 erkannt, woher die größte Gefahr drohte. Nicht von der deutschen Luftwaffe, nicht von den großen deutschen Überwasserschiffen: Sie drohte von den U-Booten – die Anstrengungen des Reiches aber blieben auf Heer und Luftwaffe konzentriert.
Voller Bitterkeit urteilte der einsame Admiral über die Rüstungspolitik jener Zeit: »Der Seekrieg wurde nicht verstanden . . . Der Blick war bei uns mehr auf die Landschlachten des Kontinents gerichtet. Dadurch, daß man sie gewann, glaubte man, auch die Seemacht England besiegen zu können. Daß draußen im Atlantik die wenigen deutschen U-Boote den entscheidenden Kampf gegen England zu kämpfen hatten, war der leider immer nur kontinental denkenden deutschen Staats- und Wehrmachtsführung nicht klar.«

# 7 Dönitz verliert 3 Asse

*Die lange Jagd auf U 47 – Unter Wasser ein orangefarbenes Licht – Zerstörer-Radar entdeckt zum erstenmal ein U-Boot – Die Nacht der Vernichtung von U 99 und U 100 – Die sonderbaren Gerüchte um das Schicksal von Günther Prien*

Langsam wälzte sich der Geleitzug OB 293 westwärts, mehr als 30 Dampfer nahe beieinander – Schiffe, so weit das Auge reichte. Anfang März 1941 waren die Frachter des Konvois aus den Häfen Glasgow und Liverpool ausgelaufen, hatten die Irische See durchquert und waren nördlich von Irland auf westlichen Kurs gegangen.
Starker Wind fauchte den Schiffen entgegen, wühlte den Atlantischen Ozean auf, die Seen stiegen an den Wänden der Frachter empor, klatschten über Deck und Aufbauten.
Die Besatzungen der gemächlich dahinstampfenden Frachter empfanden Mitleid mit den Männern auf den Schiffen, die an den Flanken und an der Spitze des Konvois dahinfegten: die Zerstörer »Verity« und »Wolverine« und die Korvetten »Camelia« und »Arbutus«.
Die schlanken, schmalen Kriegsschiffe vollführten im schweren Seegang extreme Rollbewegungen. Sie holten in einem Augenblick weit nach Steuerbord über und legten sich im nächsten Augenblick schon auf die Backbordseite – wie das Pendel einer Uhr.
Auf den Brücken der Kriegsschiffe hielten die Männer der Wache die Gläser an die Augen gepreßt und suchten die schäumende Wasseroberfläche ab: Lugte da ein Sehrohr aus dem Gischt? Verbarg sich in der tief auf das Wasser herabhängenden dunklen Regenwolke an der Kimm die Silhouette eines U-Bootes?
In den Horchräumen der Zerstörer und Korvetten lauschten die Männer auf die Signale der Asdic-Ortungsgeräte, die unausgesetzt ihren Schallstrahl in die Tiefe sandten: Kam das Echo zurück? Wurde es von dem stählernen Körper eines U-Bootes reflektiert?
Der Konvoi OB 293 stand jetzt – zweihundert Meilen südöstlich von Island – in einem Gebiet, in dem die deutsche Unterwasserflotte auf Jagd ging. Die Kommandanten der britischen Geleitschiffe waren durch einen Funkspruch der Admiralität gewarnt worden: »Rechnen Sie mit U-Boot-Angriffen!«
Englische Radiostationen an der Küste hatten festgestellt, daß die Zahl von Funksprüchen in diesem Seegebiet plötzlich zugenommen hatten: Die »grauen Wölfe« sammelten sich zum Angriff.
Das erste Signal über den OB 293 war von U 47 unter Kapitänleutnant

Günther Prien gesendet worden. Das Boot hatte am 20. Februar 1941 mit 46 Mann an Bord den Stützpunkt Lorient an der französischen Atlantikküste verlassen, war erst westlich gelaufen und dann nach Norden gestoßen, in das Gebiet, das die Frachterströme zwischen Großbritannien und Amerika durchquerten.
Er hatte lang gewartet, aber dann waren die schwerfälligen Leiber der Frachter am Horizont emporgestiegen, U 47 hatte eine Sichtmeldung an die Befehlsstelle des Admirals gefunkt, und jetzt, im Laufe des 6. März, liefen die U-Boote auf den Geleitzug zu.
Die Kommandanten der britischen Kriegsschiffe befahlen ihren Männern noch einmal – zum wievielten Male? – erhöhte Wachsamkeit.
Mit wechselnder Geschwindigkeit und schnell wechselnden Kursen preschten die Kriegsschiffe im Zickzack über das Meer dahin: Kein U-Boot sollte Maß nehmen und zum Torpedoschuß kommen können.
Kapitänleutnant James Rowland, Kommandant des Zerstörers »Wolverine« – zu deutsch »Vielfraß« –, blickte von der Brücke auf das Achterdeck seines knapp hundert Meter langen Schiffes. Dort waren die Wasserbomben in ihren Wurfvorrichtungen aufgereiht.
Auf dem Vorderschiff drohten die Türme mit den vier Geschützen vom Kaliber 12 Zentimeter. In der letzten Dämmerung dieses 6. März 1941 umkreiste die »Wolverine« noch einmal mit hoher Fahrt den Geleitzug: Die 27 000 PS seiner Antriebsanlage konnten den Zerstörer in ein brausendes, gischtwerfendes Ungeheuer von 34 Knoten Geschwindigkeit verwandeln – viermal so schnell wie die Frachter, die es schützen, und doppelt so schnell wie die U-Boote, die es vernichten sollte.
In der Dunkelheit dieses Abends griffen die U-Boote an. Dumpfe Detonationen, dann eine auflodernde Fackel – ein Torpedo hatte einen Tanker getroffen, Öl breitete sich aus, über eine weite Fläche brannte plötzlich das Meer.
Inmitten dieser Verwüstung und Verwirrung suchten die britischen Geleitschiffe nach dem Feind: Sie entdeckten U-A unter dem Kommando von Fregattenkapitän Eckermann und beschädigten es durch Wasserbomben. Eckermanns Boot war kampfunfähig. Es lief in den Stützpunkt zurück.
U 70 unter dem Kommando von Kapitänleutnant Joachim Matz wurde in dieser Nacht versenkt, ein Teil der Besatzung konnte sich retten und geriet in britische Gefangenschaft.
Günther Prien und U 47 jedoch ließen sich nicht abschütteln. Das Boot folgte weiter dem nach Westen stampfenden Konvoi.
Am Morgen des 7. März, um 4.54 Uhr, funkte U 47 eine Nachricht an die Leitstelle der U-Boote in Frankreich. Die Meldung enthielt Angaben über den Standort und den Kurs des Geleitzuges. Es sollte die letzte Nachricht von U 47 und Günther Prien sein.

Als sich am Abend dieses 7. März Dunkelheit über den Atlantik legte, griffen die deutschen Boote wieder an. Wieder Detonationen, wieder Feuer über dem Meer, wieder zerberstende Schiffe. Starker Dunst lag über dem Wasser, die Dunkelheit war undurchdringlich geworden.
Der Angriff tobte, aber Kapitänleutnant James Rowland ließ seinen Zerstörer »Wolverine« mit langsamer Fahrt weiterlaufen. Höhere Geschwindigkeit würde ihn vielleicht schneller an eines der U-Boote heranbringen, die er nun in der Dunkelheit suchte, aber seine Schraubengeräusche würden ihn dann auch eher verraten. Er schoß auch keine Leuchtgranaten, wie er das noch in der Nacht des ersten Angriffs der U-Boote getan hatte. »Wolverine« schlich über das Meer.
Es war jetzt kurz nach Mitternacht mittlerer Greenwich-Zeit. In diesem Augenblick meldete der Mann im Horchraum der »Wolverine«, daß er ein Geräusch hörte: »Steuerbord 60 Grad«, also im spitzen Winkel rechts vom Zerstörer.
Einer der Männer auf der Brücke meinte in diesem Augenblick sogar blauen Rauch zu sehen, die Auspuffgase von Dieselmotoren. Und Kommandant Rowland roch plötzlich den Gestank verbrannten Dieselöls in der frischen Luft über dem Meer.
Die »Wolverine« drehte auf die Quelle des Geräusches zu. Einer der Männer auf der Brücke entdeckte plötzlich im nachtschwarzen Wasser des Atlantik einen scharf abgegrenzten weißen Streifen: das Kielwasser eines U-Bootes.
James Rowland wußte noch nicht, daß er die Spur von U 47 entdeckt hatte. Der Kommandant des Zerstörers befahl, auf höhere Geschwindigkeit zu gehen. Das Heck sackte ein, der Bug hob sich, als sich die Schrauben in das Wasser fraßen.
Die »Wolverine« stob gischtend über die See, den immer noch von der Dunkelheit geschützten Feind suchend. Es war jetzt 00.26 Uhr, weniger als zehn Minuten waren vergangen, seit die »Wolverine« die Witterung aufgenommen hatte.
Und dann machten die Männer auf der Brücke der »Wolverine« einen langen grauen Schatten auf dem Wasser aus: Dort fuhr es, das deutsche U-Boot.
Noch einmal erhöhte die »Wolverine« ihre Geschwindigkeit. Ihr scharfer Bug zeigte auf die Breitseite des U-Bootes. Der Zerstörer setzte zum Rammstoß an.
Die Deutschen sahen das graue Ungetüm heranstürmen, und U 47 wich der »Wolverine« mit einem schnellen Manöver aus. Dann tauchte das U-Boot weg. Die Entfernung zur »Wolverine« betrug in diesem Augenblick etwa 1500 Meter.
Die Schrauben der »Wolverine« drehten jetzt langsam: Ihre Geräusche sollten das Asdic-Gerät nicht stören, das mit seinem scharf gebündelten Schallstrahl nach dem getauchten Boot suchte.

Und dann hörte der britische Seemann im Horchraum der »Wolverine« in seinen Kopfhörern die Signale: Die Schallwellen trafen auf einen Körper aus Stahl. Das Gerät verfolgte den Kurs des Bootes unter Wasser. Er änderte sich nicht.
Auch die Männer in den U-Booten erfuhren, daß der Schallstrahl des feindlichen Schiffes sie erfaßt hatte: Wenn er auf das Boot traf, erzeugte er ein eigentümliches helles Geräusch: »Ping, ping, ping!« Der Tod klopfte an.
Auf der Brücke der »Wolverine« befahl Kommandant Rowland, die Wasserbomben zum Wurf vorzubereiten. Wasserbomben waren eigens für den Kampf gegen U-Boote konstruierte Sprengkörper, faßförmige Behälter mit einer Länge von knapp einem Meter und einem Durchmesser von etwa 40 Zentimetern. Ihre Zündung konnte auf verschiedene Wassertiefen eingestellt werden, um da zu explodieren, wo die Männer auf dem Zerstörer das U-Boot vermuteten.
Wasserbomben mußten ihr Ziel nicht treffen, sie mußten nur in seiner Nähe explodieren, um einem U-Boot tödliche Wunden beizubringen: Die Explosion von 150 Kilo Sprengstoff löste unter Wasser eine gewaltige Druckwelle aus, die sich nach allen Seiten ausdehnte.
Im Wasser aber pflanzt sich Druck fünfmal so stark fort wie in der Luft. Das bedeutete für die U-Boote: Eine Wasserbombe, die in 50 Meter Entfernung detonierte, konnte ebensoviel Schaden anrichten wie eine Fliegerbombe, die an Land unmittelbar am Ziel explodierte.
Der Zerstörer »Wolverine« drehte jetzt auf den vermutlichen Standort des getauchten deutschen U-Bootes ein. Immer noch meldete der Horchraum deutlichen Kontakt mit dem Boot. Kommandant Rowland befahl: »Äußerste Kraft voraus!«
Der Zerstörer mußte weit von der Stelle des Wasserbombenwurfs entfernt sein, wenn die Bomben explodierten – sonst konnte der Detonationsdruck der eigenen Bomben ihm den Kiel brechen.
In diesem Augenblick des Anlaufs zum Wurf war das Asdic-Ortungsgerät nutzlos. Die Geräusche der mit höchsten Umdrehungen laufenden Zerstörerschrauben übertönten jedes Ortungssignal.
Und es war zugleich der Augenblick, in dem der Kommandant des verfolgten U-Bootes in Sekundenschnelle Entschlüsse fassen mußte, die über das Schicksal des Bootes, über Leben oder Tod der Besatzung entschieden.
Er konnte das Boot einen Haken schlagen lassen, nach Steuerbord oder nach Backbord. Aber welche Richtung brachte das Boot weiter weg von der Detonation der Wasserbomben?
Das Boot konnte seine Tauchtiefe beibehalten, es konnte versuchen, im Augenblick, da der Zerstörer anlief, auf größere Tiefe zu gehen. Aber in welcher Tiefe würden die Wasserbomben explodieren?
Jeder Befehl konnte falsch sein. Erfahrung und Instinkt des Komman-

danten oder einfach Glück – davon hing es ab, ob ein Boot nach einem Wasserbombenangriff noch einmal auftauchte oder für alle Zeiten in die Tiefe ging.
Tief unter Wasser war ein U-Boot blind und wehrlos. Es konnte aus der Tiefe nicht auf ein Ziel schießen, das nicht zu sehen war.
Nur der Funker im Horchraum des Bootes vernahm die zunächst noch weit entfernten Schraubengeräusche des angreifenden Zerstörers. Dann aber, wenn das Kriegsschiff in die Nähe des Bootes gelaufen war, wenn der Jäger nach der Beute griff, dann hörten alle Männer der U-Boot-Besatzung das Geräusch, mit denen die Schrauben des Zerstörers in das Wasser schlugen.
Und dann blickten sie auf ihren Kommandanten. Hatte er die richtigen Befehle gegeben? Hatte er den Kurs gewählt, der sie aus dem Verderben herausführte? Sie wußten es wenige Sekunden später.
Wenn die Wasserbomben weit ab lagen, hörten die Männer nur dumpfes Dröhnen. Lagen die Detonationen näher, dann zersprangen die Glasscheiben vor den Instrumenten und die Glühbirnen. Noch näher, dann wurde das Boot tief unter Wasser geschüttelt, hochgehoben und fallen gelassen, dann warf die Detonation die Männer übereinander, schleuderte sie gegen die Wände des Bootes, drückte Ventile ein, Wasser fand den Weg ins Boot, Lecks sprangen auf, die nicht mehr zu stopfen waren.
In hundert Meter Tiefe unter dem Meeresspiegel herrscht schon ein Druck von zehn Atmosphären – auf jeden Quadratzentimeter des Bootskörpers drückten dann hundert Kilogramm, auf jeden Quadratmeter eine ganze Tonne.
Detonierten die Wasserbomben dicht beim Boot, dann zerquetschten sie mit Sicherheit die Rohrleitungen, zerstörten die Tauchzellen, zerbrachen die Spanten, zerrissen die Druckkörper das Boot selbst.
Boote mit zerstörten Rohrleitungen oder zerquetschten Tauchzellen sind während des Krieges wieder an die Oberfläche des Meeres gelangt. Aber nie hat jemand berichten können, was in einem Boot geschah, das in großer Tiefe von einer Wasserbombe tödlich getroffen wurde.
Es war 18 Minuten nach Mitternacht am 8. März 1941, als Kommandant Rowland der Mannschaft an den Werfern den Befehl gab: »Wasserbomben los!« Die zehn Fässer taumelten über das Heck des Zerstörers in die schäumende See: zehn Bomben, rund anderthalb Tonnen Sprengstoff.
Die »Wolverine« lief mit hoher Fahrt weiter, bis die Detonationssäulen der Wasserbomben hinter ihr mit gewaltigem Schwall hochstiegen; Berge von Wasser, die donnernd, rumpelnd und rauschend wieder in sich zusammenfielen.
Die »Wolverine« kehrte zurück und suchte auf der Wasseroberfläche nach Spuren eines Erfolgs: Öl oder Wrackstücke. Sie fand nichts.
Mit langsamer Fahrt dampfte das Kriegsschiff gegen die See an. Wieder

lauschte der Mann am Asdic-Gerät in die Stille der Tiefe. Und wieder hörte er, daß der Suchstrahl das Boot erfaßt hatte. U 47 schwamm noch. Wieder lief die »Wolverine« zum Wasserbombenangriff an. Wieder schleuderten die Werfer eine Salve in die See.
Die Jagd auf den unsichtbaren Feind dauerte jetzt schon länger als drei Stunden: Hatten die Deutschen da unten noch Luft genug? Oder atmeten sie schon durch Kalipatronen, die dazu dienten, die ausgeatmete Kohlensäure zu binden? Lagen sie still auf ihren Kojen und geizten mit jeder Bewegung, weil sie größeren Sauerstoffverbrauch bedeutete? Schluchzte einer in Todesangst, wenn die Druckwellen der Detonationen durch das Boot fegten, oder vertrauten sie noch auf ihr Glück?
Wie lange lieferten die Batterien noch genug Energie, um die Elektromotoren anzutreiben, die das Boot bei seiner Tauchfahrt vorantrieben und es damit gleichzeitig in der Waagerechten hielten und ohne deren Leistung es abgesackt wäre wie ein Stein? Würde das Boot auftauchen müssen, weil die Atemluft verbraucht oder die Batterien erschöpft waren oder beides?
Der Zerstörer »Wolverine« lauerte, warf Wasserbomben und lauerte weiter. Und dann meldete der Mann im Horchraum des Kriegsschiffes Signale an der Grenze des Asdic-Bereiches. Sie wurden schwächer. Die Deutschen schienen sich davonstehlen zu können. Vielleicht noch 500 Meter und dann ein Haken – dann waren sie dem unerbittlichen Feind, der über ihnen dahinröhrte, entkommen.
Kommandant James Rowland ließ den Zerstörer drehen. In einem weiten Bogen lief die »Wolverine« auf die Stelle zu, an der der Mann im Horchraum das U-Boot vermutete. Und dann hatten sie es wieder. Wieder stieß der Peilstrahl aus dem Asdic-Gerät auf das Boot. Es war, als sei das Boot an die »Wolverine« gefesselt.
Und dann veränderten sich plötzlich die Geräusche in den Kopfhörern an Bord der »Wolverine«. In das gleichmäßige Echo des Suchstrahls mischte sich ein deutlich vernehmbares Rattern, als schlüge Metall auf Metall. Eine Antriebswelle, die aus ihrem Lager geschlagen worden war? Eine der Schrauben des Bootes, die unter dem Druck der Wasserbomben verbogen worden war?
Die Geräusche waren sehr laut, und Kommandant Rowland wußte jetzt, daß das U-Boot ihm nicht mehr entkommen würde.
Die Uhr zeigte 5.14 Uhr am Morgen des 8. März 1941. Seit fünf Stunden jagte die »Wolverine« nun schon das Wild unter Wasser. Jetzt würde sie es stellen.
Die Männer auf der Brücke der »Wolverine« starrten in die Dunkelheit über dem Ozean, suchten nach Veränderungen in der Schwärze der Nacht, nach Unregelmäßigkeiten im langen Lauf der Wellen.
Da, da war es wieder: eine enge Schaumspur, quirlende Luftbläschen, wie an einer Schnur durchs Wasser gezogen, das Kielwasser des Feindes. Das Boot, das sie über viele Seemeilen hinweg durch den Atlantik

gehetzt hatten, war aufgetaucht – wahrscheinlich, um Luft zu schöpfen, um die Dieselmotoren laufen zu lassen und damit die Batterien für die Unterwasserfahrt wieder aufzuladen.
Die »Wolverine« folgte der Spur. Kommandant Rowland blickte durch das Nachtglas nach vorn, über den hohen Bug seines Schiffes hinweg. Und dann ein dunkler, schnell wachsender Schatten auf dem Wasser: das Boot.
Die Stimme des Kommandanten drang jetzt über die Lautsprecher in alle Räume des Schiffes: »Äußerste Kraft voraus! Klar zum Rammen!«
Das Schiff schüttelte sich, als die Maschinen aufdröhnten, und es war, als setzte es zum Sprung an. Aber wieder schien die »Wolverine« zu spät zu kommen. Wieder tauchte das Boot weg, bevor der Zerstörer heran war.
Die Männer auf dem Zerstörer konnten im Wasser noch die Blasenspur erkennen, die das nach unten stoßende Boot hinter sich herzog. Kommandant Rowland glaubte sogar, wenige Meter unter dem Wasserspiegel noch den Turm des U-Bootes sehen zu können. Er ließ die »Wolverine« in den Kurs des getauchten Bootes eindrehen. Noch immer sprudelte Luft aus der Tiefe. Das Boot verriet seinen Jägern, wo es sich versteckt hielt.
Die »Wolverine« lief wieder an, zum letzten, zum tödlichen Angriff. Um 5.43 Uhr am 8. März 1941 im Seegebiet südlich von Irland schleuderten die Werfer des Zerstörers zehn Wasserbomben auf U 47. Das Boot hatte, so berichtete Kommandant James Rowland später, in diesem Augenblick erst eine Tiefe von 15 bis 20 Metern erreicht.
Wieder wölbte sich die Oberfläche der See unter dem Druck der schweren Explosion zu einer gischtenden, dröhnenden Glocke. Jetzt suchten die Männer auf der »Wolverine« die Stelle der Detonationen ab, nach einem Wrackstück, nach Öl, nach irgendeinem Beweis, daß sie den Feind in der Tiefe vernichtet hatten. Sie fanden zunächst nichts.
Dann aber bemerkte Kommandant James Rowland ein orangefarbenes Leuchten, Flämmchen, die unter der Wasseroberfläche zu brennen schienen. Die Erscheinung erlosch nach zehn Sekunden.
Nie zuvor und nie nachher ist von einem ähnlichen Vorkommnis bei der Vernichtung eines U-Bootes berichtet worden. Das orangefarbene Licht in der See war das letzte Zeichen von U 47, das jetzt in der dunklen Tiefe versank. Der Atlantik ist dort 3000 Meter tief.
So endete Kapitänleutnant Günther Prien, 31 Jahre alt, Träger des Eichenlaubes zum Ritterkreuz, der ein Schlachtschiff und 28 andere Schiffe mit zusammen 161 000 Tonnen versenkt hatte.
Die Leitstelle des Befehlshabers der U-Boote funkte in den Tagen danach immer wieder eine Suchmeldung: »U 47. Standort, Lage, Erfolge melden.«

Die anderen Boote im Atlantik hörten die Meldung, und sie konnten auch feststellen, daß keine Antwort kam. Sie machten sich Hoffnung: Vielleicht war Priens Funkgerät ausgefallen? Vielleicht blieb U 47 trotzdem draußen. Für mindestens vier Wochen hatte es noch Proviant und Brennstoff an Bord. Vielleicht war U 47 schon auf dem Rückmarsch zum Stützpunkt?
Doch wenige Tage später bereits steigerte sich die Betroffenheit über den möglichen Verlust von Prien zu ungläubigem Schrecken.
Am 15. März 1941 näherte sich der britische Konvoi HX 122 dem Seegebiet zwischen Irland und Island. Er bestand aus mehr als 50 schwerbeladenen Schiffen, die Kriegsgüter aus Kanada und den Vereinigten Staaten nach Großbritannien transportierten.
Der Geleitzug erschien den Engländern so wichtig, daß sie ihn unter besonders großen Schutz gestellt hatten: fünf Zerstörer und zwei Korvetten.
Befehlshabender Offizier der Geleitschiffe war Kapitän Donald G. F. Macintyre, zugleich Kommandant des Zerstörers »Walker«. Einer der vier anderen Zerstörer war die »Vanoc« – ein Schiff, das sich während dieser Geleitzugfahrt nach England noch einen besonderen Namen machen sollte. Vom Mast der »Vanoc« reckte sich ein seltsames Drahtgebilde in die Luft. Es war eine Radarantenne.
Am Vormittag des 16. März stand der Geleitzug HX 122 rund 300 Seemeilen nordwestlich von Schottland. In diesem Bereich fuhr an diesem Tag das deutsche U-Boot U 110 unter Kapitänleutnant Fritz-Julius Lemp Aufklärung. Er sichtete den Geleitzug, und auf seine Meldung hin setzte der Befehlshaber der U-Boote weitere Boote auf den großen Konvoi an.
Zu den Booten, die jetzt mit Höchstfahrt zum Standort des Konvois liefen, gehörten auch U 99 unter dem Kommando von Korvettenkapitän Otto Kretschmer und U 100 unter dem Kommando von Kapitänleutnant Joachim Schepke. Kretschmer und Schepke waren beide besonders erfolgreiche Kommandanten, »U-Boot-Asse«, wie die Engländer ihre gefürchteten Feinde nannten.
In der Nacht vom 17. auf den 18. März 1941 griffen die Boote an. U 99 hatte sich in den Geleitzug geschlichen, war aufgetaucht und feuerte kurz vor zehn Uhr den ersten Torpedo. Er traf den Tanker »Ferm«, der in einer schrecklichen Explosion verglühte. Noch stand der Feuerschein des torpedierten Schiffes über dem Meer, da donnerten neue Detonationen auf. Das Rudel wütete im Geleitzug.
Auf der Brücke des Zerstörers »Walker« hörte und sah Kapitän Macintyre die Zeichen der Vernichtung. »Ich war nahe daran zu verzweifeln«, sagte er später, »und ich marterte mein Gehirn, um einen Weg zur Beendigung der Katastrophe zu finden. Unsere einzige Chance war, das verräterische Kielwasser eine Bootes zu finden, es zu jagen, unter

Wasser zu zwingen, mit Asdic zu orten und dann mit Wasserbomben einzudecken.«
Macintyre ließ seinen Zerstörer jetzt in langgestreckten Kurven über das Schlachtfeld ziehen. Unweit der »Walker« nahm auch der Zerstörer »Vanoc« die Jagd auf. Immer noch explodierten Torpedos, versanken Schiffe, schrien Seeleute in ihrer Not.
U 99 allein hatte aus seiner Position mitten im Geleitzug sechs Frachter torpediert und versenkt, in nicht viel mehr als anderthalb Stunden.
Joachim Schepkes U 100 hatte vier Schiffe torpediert und lief gerade zu einem neuen Angriff an, als im Dunkel über der See ein schwerer Schatten über weißlich leuchtendem Schaum auftauchte: Macintyres Zerstörer. Die Briten hatten den Feind gesichtet.
Kommandant Schepke schrie: »Alarm! Tauchen!« Die Männer im Boot stürzten in den Bugraum, um das Boot vorn zu belasten und es schneller zur Tauchfahrt ankippen zu lassen.
Dann waren die Briten über ihnen. Wasserbomben detonierten nahe am Boot, Leitungen platzten, Instrumente fielen aus – diese erste Serie von Bomben hatte dem Boot tiefe Wunden geschlagen.
Aber dann ließen die Zerstörer plötzlich von ihrem Opfer ab. Sie hatten den Horchkontakt verloren. Die »Walker« und die »Vadoc« liefen zu der Stelle, an der ein Tanker gesunken war.
Der Scheinwerfer des Zerstörers strich über die Wasseroberfläche: Wrackteile und dazwischen ölverschmierte Köpfe schwimmender Menschen, die Überlebenden der Tankerbesatzung.
Kapitän Macintyre ließ die »Walker« stoppen und ein Boot aussetzen, um die Schiffbrüchigen zu bergen. Der Zerstörer »Vadoc« fuhr im Kreis um die »Walker« herum, zum Schutz gegen einen U-Boot-Angriff. Aber das Asdic-Ortungsgerät zeigte keinen Kontakt an – ein U-Boot stand offenbar nicht in der Nähe.
Und doch: Es war da, nur knapp tausend Meter entfernt. Kapitänleutnant Schepke hatte sein beim Wasserbombenangriff schwer beschädigtes, kampfunfähiges Boot in der Hoffnung auftauchen lassen, sich über Wasser davonschleichen zu können. Jetzt lag es auf der Wasseroberfläche, und die Maschinenmaate mühten sich ab, die Dieselmotoren in Gang zu bringen.
Es war ein historischer Augenblick. U 100 stand in dieser dunklen Nacht weit außerhalb der Sichtweite der Zerstörer – und doch wurde es entdeckt.
Der Mann am Radargerät des Zerstörers »Vanoc« bemerkte plötzlich auf dem grünleuchtenden Schirm vor sich einen Lichtpunkt, der kurz zuvor noch nicht da gewesen war.
Der Punkt, nicht größer als eine Fliege, zeigte nicht allein, daß da ein Schiff schwamm, er zeigte auch die Richtung und die Entfernung an. Der Kommandant der »Vanoc« ließ den Zerstörer auf das Ziel eindrehen, und dann befahl er: »Äußerste Kraft voraus! Klar zum Rammen!«

Kapitänleutnant Joachim Schepke stand im Turm, und er sah den Zerstörer heranpreschen. Einen Augenblick glaubte er, das britische Schiff werde sein Boot verfehlen, aber in der nächsten Sekunde mußte er erkannt haben, daß U 100 verloren war.
Er befahl der Besatzung, das Boot zu verlassen und ins Wasser zu springen.
Unterdessen sah Kapitänleutnant Schepke, wie der messerscharfe Bug des Zerstörers immer höher aus dem Wasser wuchs: tausend Tonnen Stahl von nahezu 30 000 Pferdestärken zu einer Geschwindigkeit von mehr als 30 Knoten, mehr als 60 Stundenkilometer, hochgepeitscht.
Er hörte das Rauschen und Klatschen der gewaltigen Bugwelle, und dann fraß sich die »Vanoc« schmetternd und kreischend in die Seite des Bootes – genau auf der Höhe des Turms. Der Schlag riß das Boot auf, drückte den Turm ein und zermalmte die Beine des Kommandanten Joachim Schepke. Er lebte noch einen Augenblick.
Der Zerstörer »Vanoc« ging jetzt mit äußerster Kraft achteraus; Kommandant Schepke fiel aus dem Turm in die See und versank. Nur wenige Augenblicke später folgte ihm sein Boot U 100 in die Tiefe des Atlantik.
So endete Kapitänleutnant Joachim Schepke, 29 Jahre alt, Träger des Eichenlaubes zum Ritterkreuz; der Mann, der 39 Schiffe mit mehr als 159 000 Tonnen versenkt hatte.
Die »Vanoc« stoppte, und ihre Matrosen bargen sechs Deutsche aus dem Wasser – die einzigen Überlebenden der 47 Mann starken Besatzung von U 100.
Joachim Schepke und seine Männer waren gefallen, weil ein Radargerät sie entdeckt hatte – es war der erste erfolgreiche Einsatz von Radar auf einem britischen Kriegsschiff gegen ein deutsches U-Boot.
Das Unheil dieser Nacht auf dem Atlantik aber hatte für die Deutschen noch kein Ende genommen. Kapitän Macintyre war mit dem Zerstörer »Walker« in langsamer Fahrt der »Vanoc« gefolgt und umkreiste jetzt das Schiff, während die »Vanoc« gestoppt lag. Ihr Kommandant ließ den Bug auf Schäden untersuchen, die es beim Rammangriff auf U 100 davongetragen hatte.
Und da drang plötzlich die Stimme des Mannes im Horchraum der »Walker« durch den Lautsprecher auf die Brücke. Sein Gerät hatte ein U-Boot aufgespürt. Es schien genau unter der »Vanoc« zu stehen. Kapitän Macintyre hielt die Wahrnehmung seines Mannes am Asdic-Gerät zunächst für einen Irrtum. Es konnte das Echo einer Turbulenz sein, ausgelöst durch das Schraubenwasser der »Vanoc«, es konnte vielleicht das Wrack von U 100 sein, das sich – aus geheimnisvollen Gründen – vielleicht noch in der Schwebe hielt. Aber der Mann im Horchraum wiederholte: »Da fährt ein U-Boot, Sir!«
Blinkzeichen huschten über das Wasser: Kapitän Macintyre ließ zur

»Vanoc« hinübermorsen, ihren Standort zu verlassen. Das Schiff setzte sich in Bewegung.
Und dann ließ Kapitän Macintyre seine »Walker« anlaufen. Sieben Wasserbomben platschten genau an der Stelle in die See, an der der Asdic-Mann das U-Boot vermutete.
Der Mann im Horchraum hatte sich nicht getäuscht. Unter der Wasseroberfläche bewegte sich mit langsamer Fahrt ein deutsches U-Boot: U 99, das Boot von Korvettenkapitän Otto Kretschmer. Die sieben Bomben des Zerstörers »Walker« detonierten in seiner unmittelbaren Nähe. Das Licht verlöschte im Boot, Instrumente zersprangen, unter dem Druck der Detonationen legte sich das Boot unter Wasser weit auf die Seite und richtete sich schwerfällig wieder auf. Sein Bug aber zeigte nach unten.
Dann hörte Kommandant Kretschmer die Meldung, die das Ende des Bootes bedeuten konnte: »Wassereinbruch vorn.« Noch immer sank das Boot tiefer. Der Zeiger des Tiefenmessers rutschte an der 150-Meter-Marke vorbei, verhielt zitternd einen Augenblick bei 160 Metern und rutschte weiter: 180 Meter, 190 Meter, 210 Meter. Das Boot hatte längst die Tiefe überschritten, für die es konstruiert war.
Die Männer von U 99 hörten das Knistern und Knacken des Stahls: zwei Zentimeter, die sie vom Tod in der Tiefe trennten. Der Wassereinbruch ließ sich nicht stoppen.
Öl und Salzwasser vermischten sich im Boot zu einer ekelhaften Brühe. Wenn das Wasser die Batterien überschwemmte, würde Chlorgas entstehen, und die Besatzung würde in kurzer Zeit den Gastod sterben, in einer ätzenden Wolke ersticken.
Immer noch zeigte die Nase des Bootes nach unten, immer noch sank es. Offenbar konnte es nicht mehr abgefangen, nicht dazu gebracht werden, eine waagerechte Lage im Wasser einzunehmen. Die Männer im Boot wußten jetzt auch den Grund. Sie hatten keinen Antrieb mehr, keine Wirkung auf den Tiefenrudern: Die Detonationen der Wasserbomben hatten die Schrauben blockiert.
Dem Kommandanten Kretschmer blieb nur noch eines. Er befahl: »Anblasen!« Preßluft zischte in die Tauchtanks, drückte das Wasser heraus.
Gebannt starrten die Männer in der Zentrale des Bootes auf die Instrumente. Einen Augenblick schien es, als wolle das Boot seinen Kurs in die Tiefe des Atlantik fortsetzen, aber dann hob es den Bug. Der Zeiger des Tiefenmessers drehte zurück, erst langsam, dann schneller, immer schneller.
Nun aber, ohne Propellerwirkung, konnte das Boot nicht mehr abgefangen werden. Mit Macht durchbrach es die Oberfläche der See, schäumend und rauschend, in Kaskaden lief das Wasser von ihm ab. Dann holte das Boot nach Steuerbord über und blieb mit einer starken Neigung

liegen. Kommandant Otto Kretschmer stieg die Leiter im Turm hoch, öffnete das Luk und blickte hinaus in die Nacht. Der Anblick war ein Alptraum.
Dicht vor U 99 lag der Zerstörer »Vanoc«, er hatte dem U-Boot sein Heck zugewandt. Nicht weit entfernt an Backbord von U 99 lauerte Kapitän Macintyres Zerstörer »Walker«. Macintyre gab seinen Kanonieren den Befehl, auf das Boot zu feuern. Geschosse aus den Maschinenkanonen des Zerstörers und Granaten aus seinen Zehn-Zentimeter-Geschützen schlugen auf U 99 ein.
Das Boot war wehrlos. Kommandant Kretschmer befahl seiner Besatzung, das Boot zu verlassen. Die Männer kletterten durch das Turmluk und suchten hinter dem zur Steuerbordseite geneigten Turm Schutz vor den Geschossen des Zerstörers »Walker«.
Dann befahl Kretschmer, alle geheimen Unterlagen für den Funkverkehr über Bord zu werfen. Noch schwamm U 99, und noch konnten die Zerstörer eine Entermannschaft herüberschicken, um das Codebuch und die Maschine, mit der Funksprüche verschlüsselt und entschlüsselt wurden, zu erbeuten.
Und schließlich mußte Kretschmer das Boot sprengen: Ein deutsches U-Boot durfte nicht in die Hand des Feindes fallen.
Dann setzte Otto Kretschmer noch einen Funkspruch ab. Er wurde von Booten, die in der Nähe standen, aufgefangen: »Zwei Zerstörer – Wasserbomben – 50 000 Tonnen versenkt – Gefangenschaft – Kretschmer.«
Kretschmer kletterte wieder auf den Turm und befahl einem seiner Matrosen, mit der Blinklampe eine Botschaft an die »Walker« zu morsen: »Bitte retten Sie meine Mannschaft. Wir sinken.«
Kapitän Macintyre befahl, Boote auszusetzen, um die Deutschen aufzufischen.
Dies war der Augenblick, da die Deutschen, die noch im Boot geblieben waren, eine bestürzende Feststellung machten: Die Sprengladungen, mit denen das Boot versenkt werden sollte, waren in dem schon hoch mit Wasser gefüllten Boot unerreichbar. Es blieb nur eines: Das Boot von Hand zu versenken. Der Leitende Ingenieur des Bootes kroch nach vorn, um Ventile und Flutklappen zu öffnen. Er war noch im Boot, als U 99 plötzlich den Bug in die See neigte, das Heck hob und verschwand.
Der Zerstörer »Walker« näherte sich den deutschen U-Boot-Männern, die im Wasser schwammen, Fäuste griffen nach den Deutschen; als letzter wurde Otto Kretschmer aus dem eisigen Wasser des Atlantik an Bord des Zerstörers »Walker« gezogen. Drei Mann der Besatzung von U 99 blieben auf See, darunter der Leitende Ingenieur, der das U-Boot geflutet hatte.
So endete der U-Boot-Krieg für Korvettenkapitän Otto Kretschmer, damals 29 Jahre alt, Träger des Eichenlaubes zum Ritterkreuz, der 44

Schiffe mit 266 629 Tonnen versenkt hatte, eine Erfolgsziffer, die während des ganzen Krieges von keinem anderen deutschen U-Boot-Kommandanten überboten wurde.
Zwei Tage nach der Vernichtung von U 99 und U 100 trat zum ersten Mal eine Gruppe hoher britischer Politiker und Offiziere zusammen: das »Komitee für die Schlacht im Atlantik«. Kriegspremier Winston Churchill hatte die Direktive erarbeitet: »Wir müssen die Offensive gegen die U-Boote und die Focke-Wulf-Bomber ergreifen, wo immer wir es können und wann immer wir es können. Das U-Boot im Ozean muß gejagt, die Focke-Wulf und andere Bomber müssen angegriffen werden, in der Luft und in ihren Stützpunkten.«
Die Briten betrachteten die Versenkung der U-Boot-Asse als einen ersten großen Sieg in dieser »Schlacht im Atlantik«. Der britische Marinehistoriker Stephen W. Roskill schrieb: »Der Tod von Prien und Schepke und die Gefangennahme von Kretschmer raubte dem Feind die Kampfkraft von dreien seiner fähigsten U-Boot-Kommandanten. Und diese Erfolge waren von Konvoi-Geleitschiffen erzielt worden. Dieser Umstand unterstrich, daß gerade bei der Verteidigung der Geleitzüge durch ihre Eskorten die größten Schläge gegen den Feind geführt werden konnten.«
Winston Churchill urteilte: »Die Ausschaltung dieser drei fähigen Männer hatte eine merkliche Auswirkung auf die Weiterentwicklung des Kampfes. Wenige U-Boot-Kommandanten, die ihnen folgten, waren ihnen in ihrem unbarmherzigen Können und Wagemut gleich.«
In der Befehlsstelle der U-Boote blieb noch einige Zeit die Hoffnung auf eine Rückkehr von Prien und Schepke wach. Nur von U 99, von Kretschmer, war ja ein Funkspruch über den Verlust des Bootes aufgefangen worden. Die Tage vergingen, die Hoffnung schwand.
Dann kam der Zeitpunkt, da feststand, daß die Boote U 47 und U 100 auf keinen Fall mehr in See sein konnten, der Zeitpunkt, an dem ihre Brennstoff- und Lebensmittelvorräte aufgebraucht sein mußten.
Am Freitag, dem 25. April 1941, fünf Wochen nach der unheilvollen Nacht im Atlantik, gab das Oberkommando der Deutschen Wehrmacht bekannt: »Die von Korvettenkapitän Kretschmer und Kapitänleutnant Schepke geführten Unterseeboote sind von Feindfahrt nicht zurückgekehrt. Beide Boote waren an kürzlich unter schwierigen Bedingungen durchgeführten Vernichtungen von feindlichen Geleitzügen maßgeblich beteiligt und haben hierbei ihre Gesamterfolge beträchtlich erhöht . . . Die beiden Kommandanten haben mit ihren tapferen Besatzungen unvergänglichen Lorbeer errungen.«
Der Verlust von U 47, der nun schon sieben Wochen zurücklag, wurde dagegen noch verschwiegen – gegen den Willen von Dönitz. Doch die Führung des Reiches fürchtete offenbar, das Volk könnte die Ereignisse im Nordatlantik als verlorene Schlacht werten.

In einem geheimen Bericht des Sicherheitsdienstes der SS, der damals regelmäßig die Stimmung des deutschen Volkes zu ergründen trachtete, hieß es am 28. April 1941: »Die Meldung vom Verlust der U-Boot-Helden Schepke und Kretschmer, von deren Schicksal die Bevölkerung mit tiefster Anteilnahme spricht, hat die seit einiger Zeit geführten Auseinandersetzungen der Volksgenossen über die U-Boot-Waffe jetzt in den Vordergrund treten lassen. Dies war besonders der Fall, weil vor diesen Mitteilungen über den Verlust der beiden Boote längere Zeit in den Berichten des Oberkommandos der Wehrmacht keine größeren Versenkungsziffern der U-Boote gebracht worden waren. Von OKW-Bericht zu OKW-Bericht wurde die Frage nach Versenkungsziffern durch U-Boote immer häufiger gestellt. Der nunmehr gemeldete Verlust wird als Bestätigung angesehen für die schon länger umlaufenden Gerüchte und Vermutungen, daß die Engländer ein neues, sicheres Mittel zur Vernichtung von U-Booten erfunden hätten.«

Die drängendsten Fragen der Deutschen aber galten Günther Prien. Im Bericht des Sicherheitsdienstes stand: »Die schon wiederholt nach längerer Nichterwähnung Priens im Wehrmachtsbericht geäußerten Besorgnisse der Bevölkerung über dessen Schicksal leben erneut und in verstärktem Maße wieder auf, da es schon lange her sei, daß man zum letzten Mal von ihm gehört habe.«

Am 23. Mai 1941 erst, sechs Wochen nach der Vernichtung von U 47 durch die »Wolverine«, mochte das Oberkommando der Wehrmacht bekanntgeben, daß Deutschland einen Helden verloren hatte: »Das von Günther Prien geführte Unterseeboot ist von seiner letzten Fahrt gegen den Feind nicht zurückgekehrt. Mit dem Verlust des Bootes muß gerechnet werden.«

So dürr und beiläufig aber wollte der Befehlshaber der U-Boote Karl Dönitz nicht von Günther Prien Abschied nehmen. Mit eigener Hand verfaßte er einen Tagesbefehl, der am 24. Mai 1941 an die Männer der deutschen U-Boot-Waffe ausgegeben wurde: »Günther Prien, der Held von Scapa Flow, tat seine letzte Fahrt. Wir U-Boot-Männer neigen uns in stolzer Trauer und grüßen ihn und seine Männer. Auch wenn der weite Ozean ihn deckt, Günther Prien steht doch noch mitten zwischen uns. Kein U-Boot wird nach Westen fahren, das er nicht begleitet, das nicht von seinem Geist mitnimmt. Kein Schlag gegen England wird von uns geschlagen werden, den er nicht, zum Angriff drängend, mitführt. Überschäumend von Jugendkraft und Draufgängertum ist er den U-Boot-Kämpfern ewiges Vorbild. Wir verloren ihn und gewannen ihn wieder, Symbol ist er uns geworden für unseren harten, unerschütterlichen Angriffswillen gegen England. Der Kampf geht weiter in seinem Geiste.«

Wie schmerzlich der Tod seines Kapitäns den Admiral berührt hatte, geht aus einer Äußerung von Karl Dönitz in seinen Erinnerungen hervor, die erstmals 1958 erschienen: »Prien war ein ganzer Mann, charakter- und temperamentvoll, voller Lebenskraft und -freude und voller Hingabe an seinen Beruf, für dessen Erfüllung ihm die Natur alle Gaben mitgegeben hatte. Seinen Männern war er Vorbild. Im Krieg blieb er, auch nachdem er durch die Tat von Scapa Flow schlagartig populär geworden war, der offene, einfache, tapfere Soldat, der nur immer durch neue Leistung sich bewähren wollte. Er stand mir besonders nahe.«

Der Tagesbefehl des Admirals vom 24. Mai 1941 fand in Deutschland jedoch eine seltsame Ausformung: Plötzlich lief das Gerücht um, Günther Prien sei gar nicht tot. Helden können, wenn das Volk sie als Teil von sich erkannt hat, offenbar nicht einfach sterben, nicht einfach fallen, nicht einfach am Feinde bleiben, wie es die Toten eines Krieges tun. Ihre Leistung, wie immer sie bemessen war, verleiht ihnen Eigenschaften, die etwas Natürliches unmöglich erscheinen lassen: daß sie den Tod erleiden von Menschenhand.

Über Prien hieß es bald, mit der Nachricht über den Untergang von U 47 wolle das nationalsozialistische Regime den Umstand vertuschen, daß Prien und auch seine ganze Mannschaft in einem Konzentrationslager verschwunden seien.

Prien im KZ?

Hatte Prien nicht besonders laut gegen die Schlamperei in der Torpedoproduktion protestiert? Hatte er nicht gesagt, er würde nicht mehr »mit einem Holzgewehr kämpfen«? Was immer von Priens Äußerungen nach draußen gedrungen sein mochte, Meuterei ließ sich dahinter vermuten, Wehrkraftzersetzung, vielleicht sogar organisierter politischer Widerstand.

Das Gerücht hielt sich lange Jahre, bis über das Ende des Krieges hinaus. Nach der Kapitulation behaupteten Augenzeugen, Günther Prien noch im Januar und Februar 1945 im Konzentrationslager Torgau an der Elbe begegnet zu sein. Sogar eine »Akte Prien«, die Dokumente eines Kriegsgerichtsverfahrens gegen ihn und die Besatzung seines Bootes enthielt, war angeblich gefunden worden.

Dann verstummten die Gerüchte um Günther Prien, der südöstlich von Island zusammen mit 46 Mann in 3000 Meter Tiefe ruht.

# 8 Der Anfang vom Ende

*Einbruch in den deutschen Funkschlüssel – Ein Geschenk von historischer Tragweite – Ein Vorpostenboot, ein Wetterschiff, ein U-Boot – Das Geheimnis um U 110 – Die Deutschen verlieren eine Schlacht, doch sie erfahren es nicht*

Im Jahre 1941 wandte sich eine von Deutschen entwickelte technische Errungenschaft plötzlich gegen sie selbst – und im besonderen gegen ihre U-Boote. Dies konnte geschehen, weil dem Zielbewußtsein und dem Einfallsreichtum der Briten auf der deutschen Seite Überheblichkeit und Phantasielosigkeit gegenüberstanden.

Den Briten gelang im Sommer 1941 der Einbruch in den Funkverkehr der deutschen Marine. Diese Tatsache aber blieb den Deutschen bis über das Ende des Krieges hinaus verborgen. Führenden Offizieren der Kriegsmarine einschließlich des Großadmirals Karl Dönitz erschien der Durchbruch britischer Entschlüsselungs-Experten noch Jahrzehnte nach dem Ende des Waffengangs völlig unglaubhaft.

In der Tat gründete dieser Erfolg der Briten, der auch über den Ausgang der Schlacht im Atlantik entschied, auf einer Verkettung teils seltsamer, teils abenteuerlicher Umstände. Sie hatten bereits in den zwanziger Jahren ihren Anfang genommen, und zwar in Deutschland.

Damals entwickelte der Berliner Ingenieur Dr. Arthur Scherbius eine Maschine, die in der Lage war, auf elektromechanischem Wege Nachrichten zu verschlüsseln. Er benannte sie nach dem griechischen Wort für Rätsel: »Enigma.«

Die Enigma hatte das Aussehen und die Größe einer Schreibmaschine. Ihr innerer Aufbau allerdings war außerordentlich kompliziert: Das Vorderteil der Maschine bestand aus einer normalen Schreibmaschinentastatur. Auf dem hinteren Teil der Maschine waren die Buchstaben des Alphabets auf einer Glasplatte angeordnet. Innerhalb der Maschine befand sich eine verwirrende Vielfalt von elektrischen Leitungen, die eine Verbindung zwischen der Tastatur und dem Alphabet unter Glas herstellten.

Wenn eine der Tasten auf dem Vorderteil der Maschine gedrückt wurde, löste dies ein elektrisches Signal aus.

Das Signal durchlief nun das Drahtdickicht der Enigma. Und auf diesem Weg wurde der ursprünglich eingegebene Buchstabe des Alphabets in einen anderen Buchstaben verwandelt, aus A wurde beispielsweise K. Dieser auf solche Weise elektrisch verschlüsselte Buchstabe wurde auf dem Glasfeld sichtbar: Unter ihm leuchtete eine kleine Glühlampe auf. Um den Lauf der mit der Tastatur eingegebenen Buchstabensignale noch weiter zu komplizieren, wurden sie durch sogenannte Schlüsselwalzen geleitet, die jeweils 26 Kontaktflächen und 26 Kontaktstifte hatten, deren jeder einem Buchstaben des Alphabets zugeordnet war. Diese Schlüsselwalzen konnten von Hand verstellt werden, aber sie drehten sich während des Verschlüsselungsvorgangs auch automatisch weiter. Das bedeutete: Die Enigma machte zum Beispiel das erste A in einer Nachricht zu einem L. Wenn der Buchstabe A nun ein zweites Mal vorkam und eingetastet wurde, machte sie ihn zum Beispiel zu einem S. So wurde eine im Klartext eingegebene Nachricht von der Enigma in eine scheinbar sinnlose Zusammenstellung von Buchstaben und Ziffern verwandelt. Der Funker notierte diese Buchstaben und alle weiteren der von der Enigma verschlüsselten Nachricht. Die fertige Meldung wurde dann mit Morsezeichen gefunkt. Der Empfänger dieser verschlüsselten Nachricht konnte die Buchstabenreihen nur dann in Klartext zurückverwandeln, wenn er selbst über eine Enigma-Maschine verfügte und überdies wußte, in welcher Ausgangsstellung sich die Schlüsselwalzen befinden mußten.

Der Erfinder Dr. Arthur Scherbius stellte seine Maschine im Jahre 1923 auf dem Kongreß der Internationalen Postunion in Berlin aus. Sein Plan war, das Gerät an Industrieunternehmen zu verkaufen, damit diese ihren Schriftverkehr davor schützen konnten, von Konkurrenten mitgelesen zu werden.

Doch: Privatleute interessierten sich in jenen Jahren nicht für die geheimnisvolle Maschine des Dr. Scherbius.

Statt dessen erkannten Militärs mehrerer Länder auf Anhieb den Wert, den die Enigma-Maschine für die Übermittlung von Nachrichten in einem Krieg haben konnte.

Allen voran befaßte sich die kleine Marine der Weimarer Republik mit der neuen Maschine.

Die Marine war in ganz besonderem Maße auf den Funkverkehr als Mittel zur Übermittlung von Befehlen und Informationen angewiesen. Das Heer konnte sich festinstallierter Leitungen für Telefon und Fernschreiber bedienen, notfalls konnten Befehle auch durch Kuriere übermittelt werden.

Kampfflugzeuge (über die die Reichswehr der Weimarer Zeit nicht verfügte) konnten vor ihrem Start zum meist nicht sehr lange dauernden Feindflug notfalls mit schriftlichen oder mündlichen Befehlen auf ihre Ziele eingewiesen werden.

Schiffe in See aber sind während ihrer gesamten, meist Wochen und Monate währenden Operationsdauer ausschließlich über Funk erreichbar.

Das Problem, das sich dabei ergibt: Funkstrahlen haben die Eigenschaft, daß sie sich über weite Entfernungen hin ausbreiten und also auch vom Gegner empfangen werden können. Das heißt: Auch der Feind ist in der

Lage, mitzuhören oder mitzulesen, welche Befehle Schiffen in See erteilt werden.
Gegen diese Gefahr hatten sich die Kriegsmarinen aller Länder durch die Entwicklung von Code-Büchern zu schützen versucht. Dabei wurden für bestimmte Begriffe des Seekriegs genau festgelegte Gruppen von Buchstaben und Zahlen benutzt. »LDS 1 2« konnte etwa bedeuten: »Feindlicher Flottenverband in Sicht, Kurs Nordwest.« Aber Codereihen waren anfällig für die Ausspähung durch den Feind.
Ein Codebuch, das diese Buchstabengruppen für alle nur möglichen Befehle und Informationen im Verkehr zwischen den Kriegsschiffen und ihren Befehlsstellen an Land enthielt, mußte sich demnach an Bord jedes Kriegsschiffes befinden. Zwangsläufig war ein Code immer der Gefahr ausgesetzt, vom Gegner erkannt und enttarnt zu werden. Dazu brauchte das Codebuch nicht einmal in die Hand des Feindes zu fallen.
Die größere Gefahr lag vielmehr in dem Umstand begründet, daß im Seekrieg bestimmte Signale, Befehle und Informationen in bestimmten Situationen häufiger verwendet werden als andere, und es dem Gegner so möglich war, einen Code Stück für Stück aufzubrechen.
Die Enigma-Verschlüsselungsmaschine aber erlaubte es, denselben Befehl oder dieselbe Information in immer neuen Buchstabenkombinationen zu verbreiten. Sie machte es überdies möglich, auch die Codebuchstabenreihen elektromechanisch zu tarnen, sie zu »überschlüsseln«, wie der Fachausdruck lautete, und ihnen damit einen größeren Grad an Sicherheit gegen das Mitlesen durch den Feind zu geben.
Im Jahre 1926 bereits rüstete die deutsche Kriegsmarine mehrere ihrer Schiffe mit Enigma-Maschinen aus, die jedoch für die Zwecke der Marine umgebaut und verfeinert worden waren.
Zur gleichen Zeit studierten Militärs und Geheimdienstmitarbeiter des westlichen wie des östlichen Auslands bereits die deutsche Maschine. Die Enigma war von ihrem Erfinder Scherbius in mehreren Ländern zum Patent angemeldet worden. Das hieß: Ihre Konstruktionszeichnungen lagen im Ausland vor. Exemplare der Maschine wurden nach Großbritannien, nach Polen, in die Schweiz, nach Schweden und in die Vereinigten Staaten verkauft. Der Militärattaché der amerikanischen Botschaft in Berlin zahlte 1927 für eine Enigma-Maschine 140 Dollar.
Im Jahre 1928 führte die Reichswehr Enigma-Maschinen auf breiter Basis auch für den Funkverkehr ihrer Landstreitkräfte ein.
Als erste stellten die Nachrichtenoffiziere der polnischen Streitkräfte fest, daß die deutschen Truppen sich einer neuen Methode bedienten: Zuvor hatten die Polen bei Manövern der Reichswehr ohne besondere Mühe den Funkverkehr zwischen den Befehlsstellen und den Einheiten entschlüsseln können. Jetzt aber entzogen sich die aufgefangenen Funksprüche jedem Versuch, sie zu entziffern.

Bald war den Polen klar, daß das Rätsel, das die Enigma-Maschine der Deutschen ihnen aufgab, nur mit dem Einsatz wissenschaftlicher Methoden zu lösen war.
Mathematik, so hofften sie, würde ihnen helfen, den Zufällen der Verteilung von Buchstaben und Ziffern durch die Enigma-Maschine auf die Spur zu kommen, um derart den Schlüssel zu finden, der die Funksprüche der Reichswehr lesbar machte.
Den Polen stand für ihre Studien jenes Exemplar der Enigma-Maschine zur Verfügung, das sie von der Firma des Dr. Scherbius gekauft hatten. Doch es war nur wenig hilfreich.
Denn die Verschlüsselungsspezialisten der Reichswehr hatten die Enigma inzwischen zu außerordentlicher Raffinesse weiterentwickelt. Es gab für jede Maschine nicht mehr nur drei Schlüsselwalzen, sondern acht, von denen drei in einer bestimmten Reihenfolge in die Maschine eingesetzt wurden. Die Kontaktfläche dieser Schlüsselwalzen konnte wiederum in sich verändert werden.
Die elektrischen Signale durchliefen jetzt nicht allein die Drähte innerhalb der Maschine und die Kontakte an den Schlüsselwalzen, sondern auch bestimmte Steckerverbindungen auf einem Steckerbrett. Diese Steckerverbindungen waren veränderlich.
Die Handgriffe für die Verschlüsselung wie für die Entschlüsselung mußten in einer ganz bestimmten Ordnung und Reihenfolge vorgenommen werden.
Also: Die Schlüsselwalzen mußten in einer aufeinander abgestimmten Reihenfolge in die Maschine eingesetzt werden. Danach mußte an jeder Schlüsselwalze die Stellung eines drehbaren Rings verändert werden. Dann mußten für jede Walze drei Buchstaben in genau bestimmter Reihenfolge eingestellt werden. Als viertes schließlich mußten die Steckerverbindungen auf dem Steckerbrett in ganz bestimmter Weise gestöpselt werden.
Erst wenn all dies geschehen war, konnte der von der Enigma verschlüsselte und dann gefunkte Text entschlüsselt und gelesen werden. Die Zahl der Möglichkeiten, die Buchstaben-Reihenfolge durch die Enigma zu verändern, war astronomisch hoch, und die Maschine trotzte lange jedem Versuch der Polen, ihren Schlüssel aufzubrechen.
Im Jahre 1932 endlich kam den Polen ein Umstand zur Hilfe, auf den sie vielleicht gehofft hatten, mit dem sie jedoch nicht rechnen konnten: Verrat. Damals bot sich ein deutscher Angestellter der Chiffrierabteilung der Reichswehr dem französischen Geheimdienst an. Er geriet an General Gustave Bertrand, der zu jener Zeit Chef der Dechiffrierabteilung des französischen Geheimdienstes war. Der deutsche Agent der Franzosen lieferte – für Geld – rund 300 Dokumente über die Enigma der Reichswehr. Alle diese Papiere waren als »Geheim« oder »Geheime Kommandosache« eingestuft.

Diese Dokumente nun enthielten, wonach die Polen so lange und so verzweifelt gesucht hatten: Anweisungen für die Einstellungen, die an der Enigma-Maschine vorgenommen werden mußten, um verschlüsselte Texte wieder lesbar zu machen.
Zwar lag die Zeit, in der diese Schlüssel gültig gewesen waren, schon zurück, doch hatten die Polen alle abgefangenen deutschen Funksprüche aufbewahrt.
Plötzlich ergaben die wirren Folgen von Buchstaben und Ziffern auf dem Papier einen Sinn. Und nun konnten die Polen erkennen, nach welchen mathematischen und mechanischen Grundsätzen die Enigma-Maschinen der Reichswehr arbeiteten. Der erste Einbruch in das bestgehütete Geheimnis der Deutschen war gelungen. Jetzt kam es den Polen darauf an, die einmal gewonnene Stellung auszubauen.
Als nächstes setzten sich die Polen die Aufgabe, eine Enigma genau desselben Modells nachzubauen, wie es bei der Reichswehr in Gebrauch war.
An dieser Stelle der immer noch von vielen Geheimnissen umwitterten Geschichte der Enigma-Ausspähung kommt ein junger Pole ins Spiel, der in einer deutschen Enigma-Fabrik beschäftigt war. Er soll – so heißt es wenigstens in einer der Variationen über die frühe Geschichte der Enigma – den Geheimdienst seines Landes mit Originalteilen der Verschlüsselungsmaschine beliefert haben.
Er schmuggelte sie – unter ständiger Gefahr, entdeckt und wegen Spionage zum Tode verurteilt zu werden – aus der Fabrik heraus.
Ob diese Legende vom todesmutigen Agenten in der deutschen Fabrik nun stimmt oder nicht – der polnische Geheimdienst war jedenfalls Mitte der dreißiger Jahre in der Lage, eine Wehrmacht-Enigma nachzubauen und an ihr zu studieren, wie die deutsche Rätselmaschine arbeitete.
Die Polen fanden schnell heraus, daß ein menschliches Gehirn und menschliche mechanische Fähigkeiten niemals in der Lage sein würden, in angemessener Zeit alle mathematischen Kalkulationen zu vollziehen, die zur Entschlüsselung der deutschen Funksprüche nötig waren.
So entwickelten sie eine Art Rechenmaschine, einen frühen Computer, der diese Arbeit bewältigen konnte. Sie nannten ihn »Bomba«, die »Bombe«.
Allerdings: Trotz all ihrer Bemühungen lief den Polen in jenen Jahren die politische und technische Entwicklung davon.
Die politische Lage in Europa verdüsterte sich immer mehr, die Zeichen eines neuen Krieges standen am Horizont; Deutschland nahm eine drohende Haltung gegenüber seinen Nachbarn und insbesondere gegenüber Polen ein.
Jetzt wäre es entscheidend wichtig gewesen, die Funksprüche, die zwischen den Befehlsstellen des Heeres, der Kriegsmarine und der

inzwischen neu aufgebauten Luftwaffe und den Kampfeinheiten gewechselt wurden, lesen zu können.
Aber offenbar konnten die Polen in dieser Phase nur einen sehr kleinen Teil der deutschen Funksprüche, die sie auffingen, entziffern. Denn: Die Deutschen entwickelten ihre Enigma-Maschinen unausgesetzt weiter fort, und sie veränderten den Schlüssel in immer kürzeren Abständen: Zunächst galten die Schlüsselanweisungen für drei Monate, dann nur noch für einen Monat und schließlich nur noch für jeweils 24 Stunden. Das bedeutete: Auch wenn die Mathematiker des polnischen Geheimdienstes einen Enigma-Schlüssel aufgebrochen hatten und bestimmte Funksprüche der Deutschen entziffern konnten, so standen sie am nächsten Tag schon vor einem neuen Rätsel, das die gleichen unerhörten Schwierigkeiten aufgab.
Dennoch behielten die Polen ihr Geheimnis für sich. Sie versuchten nicht, sich das Wissen und die Arbeit am Enigma-Schlüssel mit den Geheimdiensten befreundeter Nationen zu teilen. Die Zusammenarbeit mit den Franzosen blieb locker, eine Zusammenarbeit mit den Briten kam zunächst überhaupt nicht zustande.
Im Januar 1939 aber brachte der französische Geheimdienstgeneral Gustave Bertrand Polen, Franzosen und Männer jener Dienststelle an einen Tisch, die später die Enigma-Entschlüsselung zu einer entscheidenden Waffe des Krieges ausformen sollte: der britischen »Regierungsschule für Code und Chiffrieren«.
In diesem letzten Friedens-Januar trafen sich die Herren in Paris. Doch die Atmosphäre blieb kühl, das Gespräch unverbindlich. Die Polen mochten nicht enthüllen, was sie wußten, sofern die Franzosen und die Engländer nicht zu einer Gegenleistung in der Lage waren. Aber die Erkenntnisse der westlichen Geheimdienste über die Enigma waren zu diesem Zeitpunkt noch nicht sehr weit gediehen.
Am 24. und 25. Juli trafen sich die Entschlüsselungs-Experten der drei Länder erneut – diesmal unter dramatischen Umständen. Der Krieg schien schon unabwendbar, und seine erste Wucht, soviel war erkennbar, würde sich gegen Polen richten.
Großbritannien und Frankreich hatten im März 1939 ihre gemeinsame Garantieerklärung für die Unversehrtheit Polens abgegeben. Diesmal waren die polnischen Geheimdienstoffiziere und Mathematiker bereit, restlos aufzudecken, was sie über Enigma wußten.
Es war allerdings wohl weniger, als Briten und Franzosen gehofft hatten. Die Polen legten dar, daß sie bis zum Frühjahr 1937 häufig Funksprüche der deutschen Kriegsmarine entziffern und mitlesen konnten. Ende April 1937 jedoch hatten die Deutschen den Marineschlüssel geändert und damit den polnischen Geheimdienstleuten die Entzifferung nahezu unmöglich gemacht. Seitdem hatten die Polen den Funkverkehr der Kriegsmarine nur für den Zeitraum vom 30. April bis zum 8. Mai 1937

lesen können, und dies nicht etwa gleichzeitig, also zu dem Zeitpunkt, da die Funksprüche ausgestrahlt und abgefangen worden waren, sondern mit beträchtlicher zeitlicher Verzögerung.
Zu allem hatten die Deutschen am 1. Juli 1939, knapp vier Wochen vor dem Treffen der Geheimdienstexperten in Warschau, neue Walzen für die von der Marine benutzte Enigma eingeführt. So mußten die Polen ihren Freunden gestehen, daß sie im Augenblick hilflos und ergebnislos vor der Aufgabe standen, den deutschen Schlüssel zu brechen.
Auf dem Treffen in Warschau fiel gleichwohl eine Entscheidung von historischer Tragweite. Die polnischen Dechiffrierexperten und der Geheimdienst, die Drohung des Krieges mit Deutschland vor Augen, machten den Engländern und den Franzosen ein Geschenk: Sie erklärten sich bereit, jeweils eine der Enigma-Maschinen, die sie nachgebaut hatten, und auch die Konstruktionszeichnungen für die Rechenmaschine, die die Kombinationen für die Funkschlüssel der Deutschen durchspielen konnte, an Franzosen und Briten zu übergeben.
Der französische Geheimdienstgeneral Gustave Bertrand berichtete, er selbst habe die für die Briten bestimmte Maschine nach London gebracht und sie an der Victoria Station dem Chef des britischen Geheimdienstes persönlich in die Hände gelegt.
Auch dies ein historischer Augenblick: Wohl kaum jemals zuvor in der Geschichte ist von einem Geschenk erfolgreicher Gebrauch gemacht worden als von den Briten im Fall der Enigma.
Vorerst allerdings widerstand die deutsche Verschlüsselungsmaschine noch den gemeinsamen Versuchen der Briten, Polen und Franzosen.
Erst Ende des Jahres 1939, drei Monate nach dem Ausbruch des Krieges, gelang es, einen Schlüssel aufzubrechen. Es war der Schlüssel für einen lange zurückliegenden Tag: den 28. Oktober. Der Erfolg hatte allenfalls theoretische Bedeutung für die weiteren Bemühungen um die Entzifferung der deutschen Funksprüche, jedoch keinerlei militärischen Wert: Die taktische und strategische Lage hatte sich in der abgelaufenen Zeit grundlegend geändert.
Die Briten aber setzten zu dieser Zeit bereits zum Großangriff auf den deutschen Funkschlüssel an. Sie entwickelten eine eigene Maschine für die Kalkulationen der Schlüsselmöglichkeiten. Diese Maschine unterschied sich wesentlich von der polnischen Maschine, und sie arbeitete um ein Vielfaches schneller.
Die Männer und Frauen der »Regierungsschule für Code und Chiffrieren« begannen, sich in den deutschen Funkverkehr hineinzutasten, ihn auszurechnen. In Zehntausenden von Anläufen versuchten sie zu kombinieren, was sich hinter den sinnlosen Buchstaben- und Ziffernreihen verbarg, die von der deutschen Wehrmacht in den Äther gefunkt wurden.

Diese »Regierungsschule«, die sich als eine der wichtigsten Einheiten der Briten im Kampf gegen die Deutschen erweisen sollte, war in der Nähe von London in einem Gebäudekomplex mit dem Namen »Bletchley Park« untergebracht. Hier arbeiteten Mathematiker, Physiker, Dechiffrierexperten und ungezählte weibliche Hilfskräfte an einer einzigen Aufgabe: in die deutschen Funkschlüssel einzudringen und so rechtzeitig in Erfahrung zu bringen, was der deutsche Feind dachte, was er plante, wo er seine Streitkräfte zusammenzog, welches Ziel er für seine Angriffe ausgewählt hatte.

Die Männer und Frauen in Bletchley Park brauchten fünf Monate von der ersten Entzifferung lange zurückliegender Funksprüche bis zum Durchbruch: Tag für Tag untersuchten sie mehrere hundert Funksprüche, brachten die Buchstaben in eine neue Reihenfolge, versuchten ihnen einen Sinn zu geben, suchten nach Wiederholungen, nach Regelmäßigkeiten, nach dem Loch in der Tür, die undurchdringlich schien.

Und dann, im Mai 1940, schwoll die Zahl der aufgefangenen Funksprüche plötzlich an. Der deutsche Angriff auf Frankreich hatte begonnen, die Panzer rollten, deutsche Kampfmaschinen flogen Angriffe auf französische und britische Truppen, auf Flugplätze, auf Schiffe.

Und in dieser Stunde der drohenden französischen und britischen Niederlage auf dem Kontinent, in dieser Stunde des deutschen Sieges im Blitzkrieg offenbarte sich den Briten das deutsche Geheimnis.

Die Zahl der Funksprüche, die jetzt täglich in Bletchley Park untersucht wurden, war auf rund tausend gestiegen.

Und in diesem ungeheuren Wirrwarr entdeckten die Briten eine Spur, im Chaos die Zeichen strenger Ordnung: Am 22. Mai 1940 konnten die Entzifferungskünstler von Bletchley Park die Funksprüche im Klartext lesen, die zwei Tage zuvor zwischen deutschen Flugzeugen und ihren Leitstellen am Boden gewechselt worden waren.

Und nur wenig später lag der Schlüssel, den die deutsche Luftwaffe nutzte, klar vor den Augen der Briten: Von diesem Augenblick an konnten die Briten mitlesen, was die Luftwaffenbefehlsstellen den Piloten der Bomber- und Jägergeschwader mitteilten, welche Informationen die deutschen Flieger austauschten.

Noch verging oft zwischen dem Abfangen eines Funkspruchs und seiner Entzifferung einige Zeit, immer häufiger aber gelang die Entschlüsselung nur wenige Augenblicke später.

Ein ungeheurer Sieg im Nachrichtenkrieg war den Briten gelungen, ein ungeheurer Vorsprung an Informationen über den Gegner, an Feindaufklärung war zugänglich geworden.

Diese Quelle aber würde natürlich nur so lange sprudeln, wie die Deutschen nicht erfuhren, daß den Briten der Einbruch in den Schlüssel gelungen war. Das gebrochene Geheimnis der Deutschen mußte also in ein neues Geheimnis gehüllt werden.

Die Briten verliehen den Nachrichten, die sie aus der Entschlüsselung deutscher Funksprüche gewannen, eine eigene, besonders strenge Geheimhaltungsstufe. Sie erhielt den Namen »Ultra«. Der Kreis der Mitwisser wurde auf wenige hohe Offiziere beschränkt, die ihre Quelle selbst gegenüber Ministern und Generälen tarnten.
Die Funkgeheimnisse der deutschen Luftwaffe hatten sich den Briten wenige Wochen vor dem Beginn der Luftschlacht um England erschlossen, mit der die Luftwaffe die Luftherrschaft über den Kanal und den Süden Großbritanniens erringen wollte. Nur so konnten die Voraussetzungen für die Invasion deutscher Landstreitkräfte auf der britischen Insel geschaffen werden.
Oft erkannten die Briten mit der Hilfe von Ultra im voraus, wo sich die Kampfverbände der Luftwaffe sammelten, wohin sie fliegen würden; und ebenso oft konnten die Briten ihre Abwehr genau an dem Punkt verstärken, an dem sich die deutschen Bomber und Jäger massierten. Die Luftwaffe unterlag der Royal Air Force – dank Radar und dank Ultra.
In der offiziellen »Geschichte des britischen Geheimdienstes im Zweiten Weltkrieg« heißt es: »Es kann nur wenig Zweifel daran geben, daß die Funkaufklärung (also die Entschlüsselung der Enigma) einen bedeutenden Beitrag zur Kampfkraft des Jägerkommandos der Royal Air Force vor allem während der entscheidenden Wochen des August und der ersten Hälfte des September 1940 leistete, als die Zahl der britischen Jagdmaschinen gering war und von der Zahl deutscher Kampfflugzeuge weit übertroffen wurde.«
Nach dem Sieg in der Luftschlacht, der zugleich auch das Ende der Invasionsgefahr bedeutete, wandten sich die Briten wieder mit aller Kraft dem Feind zu, der ihnen immer noch als die größte Bedrohung erschien: den deutschen U-Booten.
Ein Einbruch in den U-Boot-Funkschlüssel – das wäre einem riesengroßen Schritt zum Sieg gleichgekommen.
Doch die Engländer stießen schnell auf zwei unüberwindlich scheinende Schwierigkeiten: Der deutsche Marinefunkschlüssel M war weit besser geschützt als vergleichbare des Heeres, die Enigma-Maschine, die auf deutschen Kriegsschiffen und U-Booten benutzt wurde, weit komplizierter als die Enigma der Luftwaffe.
Und außerdem: Die Marine hielt strenge Funkdisziplin. Schiffe und Boote setzten nur dann, wenn es unumgänglich war, Funksprüche ab; Funksprüche, die zudem noch auf äußerste Kürze beschränkt waren. Das bedeutete: Aus vergleichsweise wenigen und dazu noch sehr kurzen Funksprüchen ließen sich kaum Anhaltspunkte gewinnen, die einen Einblick in das Schlüsselsystem erlaubten.
Dieser Einbruch in den Marineschlüssel, so erschien es den Briten, konnte vielmehr nur gelingen, wenn ihnen Original-Schlüsselmaterial von einem deutschen Schiff, Anweisungen für die Verschlüsselung,

Schlüsselwalzen für die Enigma oder gar eine vollständige Enigma-Maschine, so wie sie auf den Kriegsschiffen der deutschen Marine im Einsatz war, in die Hände fielen.
Aus dieser Lage heraus entwarfen die Briten eine Reihe von Plänen, die nur eines zum Ziel hatten: die Erbeutung der Marine-Enigma und der Unterlagen für diese Maschine.
Am 2. März 1941 lief ein britischer Schiffsverband auf östlichem Kurs mit hoher Fahrt durch die Gewässer zwischen Großbritannien und Norwegen. Fünf Zerstörer hüteten in ihrer Mitte zwei Schiffe, die für den Kriegseinsatz nicht gebaut worden waren: ehemalige Kanalfähren für den Verkehr zwischen England und dem Kontinent. Für den Kampfauftrag des Verbandes aber waren sie hervorragend geeignet: Sie konnten hohe Geschwindigkeit laufen, und sie konnten viele Menschen transportieren.
An Bord der Fähren hatten sich 500 Soldaten britischer Kommando-Einheiten eingeschifft, dazu 50 Soldaten des Königlichen Pionierkorps. Ziel der Operation waren die Lofoteninseln, dicht vor der norwegischen Küste nahe der Hafenstadt Narvik gelegen.
Die englische Home Fleet stand gleichfalls in See. Sie sollte den Verband, der der norwegischen Küste zustrebte, gegen jede Überraschung durch deutsche Überwasser-Einheiten sichern.
Die Royal Navy bezweckte ein Lehrstück in maritimer Strategie. Der britische Marinehistoriker Stephen W. Roskill schrieb dazu: »In vielen unserer verflossenen Kriege mit kontinentalen Nationen hatten wir unsere Seemacht dazu benutzt, kleine Einheiten entschlossener Männer an den Küsten des Feindes zu landen und sie genau berechnete Schläge führen zu lassen, wie zum Beispiel die Zerstörung kleiner, aber wichtiger Hafenanlagen. Obgleich die Erfolge, die auf diese Weise erzielt wurden, nur selten von größerer Bedeutung sein konnten, so zwang doch allein schon die Gefahr solcher Überfälle den Feind dazu, eine größere Zahl von Streitkräften und unverhältnismäßig viel Kriegsmaterial für reine Defensivmaßnahmen bereitzustellen. So waren die offensiven Möglichkeiten des Feindes eingeschränkt, und die Notwendigkeit, eine große Zahl von Männern nutzlos in ihren Baracken herumsitzen zu lassen, führte ein Sinken der Kampfmoral herbei.«
Der Überfall der Briten auf die Lofoten in den frühen Tagen des März 1941 aber sollte ein weit über die Verzettelung deutscher Kräfte hinausgehendes Ergebnis haben: Dort legte die Royal Navy einen Stein zum Fundament ihres Sieges über die deutschen U-Boote.
Um fünf Uhr in der Frühe des 4. März landeten die Briten ihre Kommandotruppen auf den Lofoteninseln. Die Männer stürmten an Land, schwärmten aus und überwältigten in kurzer Zeit die schwache, zudem völlig überraschte deutsche Besatzung.
Detonationen erschütterten die Hafenanlagen; die Tranfabrik, eine der

größten der Welt, stand in Flammen; das nahezu 10 000 Tonnen große Fischereifabrikschiff »Hamburg« sank, von Sprengladungen und Granatfeuer zerrissen.
Unter den britischen Soldaten, die das deutsche Vorpostenboot »Krebs« in der Dunkelheit dieses Märzmorgens in den Gewässern der Lofoten enterten, befand sich eine Handvoll Leute, die nicht auf Zerstörung, sondern auf Beute aus waren.
Sie machten die Mannschaft des deutschen Schiffes nieder und drangen dann in den Raum des Kapitäns ein.
Dort suchten sie im Licht ihrer Taschenlampen nach Büchern und Kladden – und nach der Maschine Enigma.
Eine komplette Maschine fanden die Briten in dieser Nacht nicht – sie war über Bord geworfen worden, bevor die Entermannschaft die Reling überstiegen hatte.
Wohl aber erbeuteten die Briten ein Bündel Unterlagen – ein Verlust, der die Deutschen in der Folge weitaus empfindlicher treffen sollte als aller Schaden, den die britischen Kommandotruppen angerichtet hatten: Das Material setzte die Briten instand, einen Teil des deutschen Marine-Funkverkehrs im April und Mai 1941 zu entschlüsseln, wenn auch noch mit einer Verspätung von drei bis sieben Tagen. Zum ersten Mal waren die Briten in den Funkschlüssel der Marine eingebrochen.
Das Material, das die Briten auf dem Vorpostenboot »Krebs« erbeutet hatten, brachte sie in die Lage, alle deutschen Funksprüche, die im Laufe des Februar aufgezeichnet wurden, zu entschlüsseln.
Und diese Funksprüche enthüllten den Engländern, daß mitten im Atlantik und nordwestlich von Island deutsche Wetterschiffe stationiert waren. Diese Schiffe, ehemalige Fischdampfer, fuhren in einem begrenzten Bereich des Ozeans auf und ab und funkten ihre Wetterbeobachtungen in regelmäßigen Abständen nach Deutschland.
Dies war eine für die Kriegführung sehr wichtige Tätigkeit: Auf dem Atlantik ist zu erkennen, wie das Wetter Tage später in West- und Mitteleuropa beschaffen sein wird, und diese Informationen waren unerläßliche Voraussetzungen für die Taktik im Luftkrieg.
Gegen diese Wetterschiffe zielte der nächste Schlag der Briten im Geheimdienstkrieg. In einem Gutachten der Geheimdienstexperten von Bletchley Park über die Vorteile einer Attacke gegen die Wetterschiffe hieß es: »Die Kaperung eines dieser Wetterschiffe würde
a) den Feind für eine beträchtliche Zeit wertvoller Wetterinformationen berauben,
b) eine Quelle von Informationen über unseren Schiffsverkehr und die Bewegungen unserer Flotte beseitigen und
c) eine Möglichkeit eröffnen, Unterlagen für den Funkschlüssel der deutschen Kriegsmarine einschließlich des von ihr benutzten Kurzsignal-Buchs zu erbeuten.«

Das Material vom Vorpostenboot »Krebs« hatte den Briten nicht allein verraten, daß deutsche Wetterschiffe im Atlantik standen, sondern zugleich ihren mutmaßlichen Standort.
Und so stieß aus dem Morgendunst des 7. Mai 1941 ein britischer Kreuzer auf das deutsche Wetterschiff »München« zu, das südöstlich von Island stand. Eine Salve des Kreuzers hätte genügt, den kleinen, nur 306 Tonnen großen deutschen Trawler in Stücke zu schießen. Die »München« funkte noch: »Werde verfolgt.« Dann gab sie auf.
Ein Enterkommando der Briten kletterte an Bord, drang in die Kammer des Kommandanten der »München« ein und erbeutete wiederum Unterlagen, die den Briten bei ihrem Versuch weiterhalfen, den deutschen Funkverkehr zu entziffern.
Nur zwei Tage später spielte der Zufall einem britischen Zerstörer auf dem Nordatlantik eine Beute zu, wie kein anderes Schiff der Royal Navy sie im Zweiten Weltkrieg heimgebracht hat. An diesem Tag, anderthalb Jahre nach dem Ausbruch der Feindseligkeiten und vier Jahre vor ihrem Ende, lieferten sich südöstlich von Island ein deutsches U-Boot und britische Konvoi-Geleitschiffe ein Seegefecht, eines von der Art, wie sie sich ungezählte Male ereigneten – aber dieser Kampf trug die Vorentscheidung über den Ausgang des U-Boot-Krieges in sich.
An diesem 9. Mai 1941 rauschte das deutsche U-Boot U 110 nahe der Hebrideninseln durch die See. Der Kommandant des Bootes war Kapitänleutnant Fritz-Julius Lemp, jener Mann, der am 3. September 1939 den ersten Torpedoschuß in der Schlacht im Atlantik abgefeuert und den britischen Passagierdampfer »Athenia« versenkt hatte.
Es war gegen Mittag an diesem 9. Mai 1941. Lemp und die Männer der Wache im Turm beobachteten durch ihre Gläser die Kimm im Osten. Dort zeichneten sich feine Spitzen gegen den klaren Himmel ab: Die Masten der Schiffe des Geleitzuges OB 318, der von Westengland nach Nordamerika dampfte.
Lemp ließ die Schiffe näher herankommen, bis er sich über ihren Kurs sicher war. Dann tauchte U 110 weg und wartete, bis der Konvoi über ihm stand – Lemp hatte das Boot »in den Geleitzug hineinsacken« lassen, wie diese Angriffstaktik in der Sprache der U-Boot-Männer hieß.
Am Sehrohr suchte Lemp die Ziele für die Torpedos aus: Dreimal schoß und dreimal traf U 110. Aber dann sah der Kommandant im Periskop ein britisches Geleitschiff mit hoher Geschwindigkeit auf den Standort von U 110 zulaufen: Das Boot war erkannt.
Kommandant Lemp befahl: »Tauchen! 60 Meter!« Männer im Boot liefen in den Bugraum, die E-Motoren trieben das Boot nach vorn. U 110 kippte an, aber noch während der Fahrt in die schutzverheißende Tiefe explodierte die erste Salve von Wasserbomben.
Es war die Korvette »Aubretia«, die U 110 mit diesem ersten Wasserbombenwurf erwischt hatte. Die »Aubretia« signalisierte den Geleit-

zerstörern »Bulldog« und »Broadway«, daß ein deutsches U-Boot im Ortungsstrahl ihres Asdic-Gerätes gefangen war.
Die Zerstörer brausten herbei, und nun jagten drei Kriegsschiffe das deutsche Boot in der Tiefe mit Wasserbomben. Die Druckwellen der Bomben wirbelten durch das Boot; unter ihrer Gewalt zerbarsten Batterien. Chlorgas stieg auf.
Im gleichen Augenblick stellte der Leitende Ingenieur des Bootes fest, daß U 110 manövrierunfähig war: Tiefenruder und Ruder des U-Bootes waren schwer beschädigt. U 110 begann, unkontrollierbar zu sinken. Mit heiserer Stimme befahl Kommandant Lemp: »Anblasen!«
Aus den Preßluftflaschen fauchte Luft in die Tauchtanks, U 110 begann zu steigen. Immer schneller strebte das Boot nach oben, und schoß schließlich wie ein Korken mit einem mächtigen Satz schäumend und rauschend an die Oberfläche.
Da lag es nun, waidwund und wehrlos. Die drei britischen Kriegsschiffe feuerten mit ihren Geschützen auf das Boot, Geschosse krepierten auf Turm und Deck, Fontänen der Einschläge stiegen rund um U 110 hoch.
Commander A. J. Baker-Creswell, Kommandant des Zerstörers »Bulldog« ließ sein Schiff auf U 110 zudrehen und Höchstfahrt aufnehmen: »Bulldog« setzte zum Rammstoß an. Kommandant Fritz-Julius Lemp sah den stahlgrauen, messerscharfen Bug des Zerstörers höher und höher wachsen, und er befahl: »Alle Mann von Bord!«
Nur wenige Augenblicke später schwammen die Männer der Besatzung von U 110 im Wasser, als letzter sprang Kommandant Lemp vom Turm in die Wellen. U 110 schien zu sinken, die Wellen überspülten das Heck. Nur ein Teil des Turms und der Bug ragten noch aus dem Wasser.
Das noch halbwegs schwimmende Boot und die Besatzung daneben im Wasser – dies war der Augenblick, als der britische Zerstörerkommandant erkannte, daß sich ihm eine Chance bot, die vor ihm kein britischer Seeoffizier gehabt hatte: Er konnte ein deutsches U-Boot erbeuten – und mit ihm die Unterlagen für den Funkverkehr zwischen den U-Booten und der Leitstelle des Befehlshabers der U-Boote.
Und was noch wichtiger war: Er konnte dies tun, ohne daß die Deutschen es erfuhren.
Während der Zerstörer weiter auf U 110 zubrauste, befahl Baker-Creswell: »Enterkommando klar! Klar bei Booten!« Die »Bulldog« änderte ihren Kurs, rammte also das deutsche Boot nicht, sondern drehte neben ihm auf.
Im nächsten Augenblick schon klatschten Boote ins Wasser, Matrosen griffen in die Riemen, und nur wenige Augenblicke später war die Besatzung von U 110 aus dem Wasser gefischt, die Boote strebten zurück zur »Bulldog«. Man brachte die deutschen Gefangenen eilends unter Deck.

Unterdessen näherte sich das Boot mit dem Enterkommando an Bord der tief im Wasser liegenden U 110. Es waren speziell ausgebildete Männer, mit den Verhältnissen in einem U-Boot genau vertraut, und sie wußten, worauf es bei diesem Einsatz ankam: die deutschen Funkunterlagen zu erbeuten, auch wenn das Boot ihnen unter den Füßen wegsackte.
An der Spitze des britischen Enterkommandos stand der 21jährige Sublieutenant (Oberfähnrich) David Balme. Das britische Boot näherte sich dem deutschen U-Boot, und in diesem Augenblick sahen die Briten, daß noch ein Mann im Wasser schwamm: Kapitänleutnant Fritz-Julius Lemp, der als letzter vom Turm gesprungen war und offenbar deshalb von den Männern in den Booten, die die deutsche Besatzung aus dem Wasser gezogen hatten, übersehen worden war.
Lemp erkannte wohl in diesem Moment, daß die Jolle des Zerstörers nicht zu seiner Rettung unterwegs war. Voller Schrecken sah er, daß U 110 nicht untergehen würde, bevor die Briten heran waren und es entern konnten.
Lemp machte einen verzweifelten Versuch, den Briten zuvorzukommen und das Boot zu fluten. Mit kräftigen Kraulschlägen schwamm er auf U 110 zu. Die Briten in ihrem Boot erkannten im gleichen Augenblick, daß der Erfolg ihres Unternehmens auf dem Spiele stand.
Einer der Matrosen im Boot hob seine Waffe und drückte ab. Wenige helle, scharfe Geräusche, dann versank Kapitänleutnant Fritz-Julius Lemp neben seinem Boot im Atlantik.
Die Briten machten ihre Jolle an U 110 fest und kletterten die Leiter zum Turm hinauf. In der Bootszentrale und im Horchraum des Funkers fanden sie, was sie suchten: die Satz- und Kenngruppenbücher für den Funkverkehr, das Kurzsignalheft für U-Boote, die Papiere mit den Anweisungen für die Einstellung der Schlüsselmaschine, die Funkkladde – und schließlich die Schlüsselmaschine M selbst, das bestgehütete Geheimnis der deutschen U-Boot-Waffe.
Vorsichtig lösten die Briten die Maschine aus ihren Halterungen und trugen ihre Beute in den Turm. Die Jolle mußte mehrere Male zwischen U 110 und der »Bulldog« hin- und herfahren – so groß war der Umfang des erbeuteten Materials.
Commander Baker-Creswell versuchte, seinen Triumph zu krönen: Die »Bulldog« machte eine Schleppleine an U 110 fest und nahm dann Kurs auf Island. Aber am nächsten Tag sackte das schwer beschädigte Boot weg und versank.
Die deutsche U-Boot-Besatzung blieb im Rumpf der »Bulldog« eingesperrt. Die Männer waren fest überzeugt, daß ihr Boot schon unmittelbar nach ihrer Rettung gesunken und ihren Kommandanten Fritz-Julius Lemp mit sich in die Tiefe genommen hatte.
Davon gingen auch Karl Dönitz und die deutsche Admiralität aus. Es blieb ihnen verborgen, daß sie dort oben im Nordatlantik eine Nieder-

lage erlitten hatten, die schlimmer war als der Verlust einer Seeschlacht, schlimmer als der Verlust eines ganzen Flottenverbandes.
Die offizielle Geschichte des britischen Geheimdienstes urteilt: »Zu diesem kritischen Zeitpunkt im Frühjahr 1941 konnten die deutschen U-Boote mit der Hoffnung auf einen entscheidenden Sieg in den nächsten Abschnitt der Schlacht im Atlantik gehen: Die Zahl der Boote wuchs jetzt ziemlich schnell, und die Kommandanten waren auf die neue Taktik, Geleitzüge zu jagen und im Rudel anzugreifen, eingeschworen. Daß den Deutschen dieser Sieg versagt blieb, war überwiegend, wenn nicht ausschließlich, den Fortschritten britischer Funkaufklärung zuzuschreiben.«

# 9 Ultra trägt Früchte

*Sieben deutsche Schiffe in neun Tagen vernichtet – Commander Winn knüpft das Netz gegen die U-Boote – Der Submarine Tracking Room ist Dönitz auf der Spur – Der Geheimschlüssel Irland versagt – Die Deutschen verkennen die Beweise*

Plötzlich waren die britischen Kreuzer da. Die Mannschaft auf dem deutschen Tankschiff »Belchen« hatte die Masten über der Kimm zwischen Neufundland und Grönland emporwachsen sehen, und dann stand auch schon eine Wand von Feuer und Rauch am Horizont. Die britischen Kriegsschiffe »Aurora« und »Kenya« feuerten aus schweren Geschützen. Die Deutschen verließen ihr sinkendes Schiff und gingen in die Boote. Es war am 3. Juni 1941.

Nur einen Tag später, aber fast 2000 Seemeilen entfernt, nordwestlich der Azoren: Aus dem Dunst über dem Mittelatlantik stieß der britische Kreuzer »Marsdale« auf das deutsche Tankschiff »Gedania« zu. Seine Geschütze drohten herüber, als eine Entermannschaft in die Boote ging und an Bord des deutschen Schiffes kletterte. Ein Prisenkommando übernahm die Gewalt über das deutsche Schiff.

Am gleichen Tag, dem 4. Juni 1941, gleichfalls nördlich der Azoren, schreckte die Besatzung des deutschen Frachters »Gonzenheim« vom Gedröhn vieler Flugzeugmotoren auf. Britische Kampfmaschinen griffen das deutsche Schiff an, Bomben explodierten, Geschosse aus Bordkanonen, Feuer stand über dem Schiff. Und dann am Horizont die Silhouette eines großen britischen Kriegsschiffes. Die Mannschaft der »Gonzenheim« legte Sprengladungen an ihren Frachter und ging in die Rettungsboote. Die Ladungen detonierten, rissen Ventile heraus, die »Gonzenheim« sank.

Immer noch am gleichen Tag, am 4. Juni 1941, aber in einem Seegebiet, das mehr als 2000 Meilen von den Azoren entfernt liegt, knapp nördlich des Äquators: Dort fuhr das deutsche Tankschiff »Esso Hamburg«. Auch vor ihm plötzlich ein britisches Kriegsschiff. Bevor die Briten heran waren, hatten die Deutschen ihr Schiff bereits selbst versenkt.

Einen Tag später, in der Nachbarschaft: Zwei britische Kriegsschiffe überraschten den deutschen Tanker »Egerland« – Granatfeuer, Explosionen, riesige Lecks. Wenig später war die »Egerland« auf den Grund des Atlantiks gesunken.

Nur eine Woche später, diesmal westlich der Biskaya: In der weiten Wasserwüste spürte der britische Kreuzer »Sheffield« das deutsche Tankschiff »Friedrich Breme« auf und versenkte es durch Geschützfeuer.

Drei Tage später, 1500 Meilen weiter südlich: Flugzeuge eines britischen Flugzeugträgers entdeckten das deutsche Tankschiff »Lothringen«, griffen es an und riefen dann ein Kriegsschiff herbei. Die Engländer nahmen die »Lothringen« als Prise.
So waren sieben deutsche Handelsschiffe innerhalb von neun Tagen britischen Angriffen zum Opfer gefallen. Die Schiffe waren weit über den Atlantischen Ozean verteilt gewesen, vom Äquator bis zum Polarkreis, aber trotzdem hatten die Briten sie in diesem Millionen von Quadratmeilen umfassenden Gebiet gefunden – sieben Schiffe in neun Tagen.
Hatten die Engländer ein neues Ortungsgerät, das Schiffe nicht nur – wie über Radar – auf einige Meilen Entfernung sichtbar machte, sondern über Dutzende, vielleicht über Hunderte von Meilen hinweg?
Die sieben deutschen Schiffe hatten eine gemeinsame Aufgabe gehabt: Sie sollten dem deutschen Schlachtschiff »Bismarck«, das am 19. Mai 1941 zusammen mit dem Schweren Kreuzer »Prinz Eugen« die Ostsee verlassen und in den Atlantischen Ozean durchgebrochen war, als Versorger dienen.
Die deutschen Kriegsschiffe sollten aus den Tankern, die im Ozean stationiert waren, Brennstoff ergänzen können, um so ihre eigene Operationsdauer zu verlängern. Die »Bismarck« aber war am 27. Mai 1941 von britischen Streitkräften gestellt und versenkt worden, die »Prinz Eugen« war den Briten entkommen und in einen französischen Hafen gelaufen.
Danach wollte die deutsche Admiralität die Versorgungsschiffe der »Bismarck« als schwimmende Tankstellen für U-Boote einsetzen. Und damit fällte sie über die Schiffe das Vernichtungsurteil.
Denn inzwischen hatten die britischen Entzifferungskünstler in Bletchley Park das Material ausgewertet, das den Männern des Zerstörers »Bulldog« bei der Enterung des U-Bootes U 110 in die Hände gefallen war. Jetzt konnten die Briten einen Teil des Funkverkehrs der deutschen Kriegsmarine entziffern.
Der Einbruch in den Schlüssel war nicht früh genug erfolgt, um der Royal Navy bei der Jagd auf die »Bismarck« hilfreich zu sein, aber die Versorgungsschiffe des deutschen Großkampfschiffs zappelten bald im Netz der Briten.
Dieses Netz hatte eine Abteilung der britischen Admiralität ausgeworfen, die im Verlauf des Krieges immer größere Bedeutung gewinnen sollte: das »Operational Intelligence Centre«, zu deutsch etwa »Zentrum für operative Aufklärung«.
Diese Abteilung sammelte alle Informationen über die deutsche Flotte, über ihre Ankerplätze und ihre Bewegungen, wie sich die Schiffe formierten und wo sie standen.
Zunächst hatte sich »Operational Intelligence« allein auf die klassischen

Mittel der Aufklärung stützen können: Luftaufklärung und Meldungen von britischen Schiffen auf See oder von Agenten in den Häfen und auf die Ergebnisse der Funkpeilung.
Von Peilstationen an den Küsten aus versuchten die Briten, den Standort deutscher U-Boote und Schiffe durch Funkpeilung festzustellen. Dabei wurden an verschiedenen Orten stationierte Richtantennen auf die Quelle einer Funksendung ausgerichtet, die auf diese Weise lokalisiert werden konnte. Diese Funkpeilung hatte mit dem Abfangen und Entziffern gegnerischer Funksprüche nichts zu tun.
Alle ihre Erkenntnisse trugen die Mitarbeiter von »Operational Intelligence« in Karteien und Karten ein, und so versuchten sie, ein Bild von der Lage auf den Meeren zu gewinnen.
Jetzt aber, da sie einen Teil des Funkverkehrs der deutschen Marine mitlesen konnten, erschloß sich ihnen eine Fülle von zusätzlichen Informationen von äußerster Exaktheit, auf die sie nicht zu hoffen gewagt hatten: Ultra.
Der erfolgreiche Schlag der britischen Kriegsschiffe gegen die Versorgungsschiffe der »Bismarck« war die erste maritime Frucht von Ultra. Die Briten hätten viele Tage und viele Schiffe gebraucht, um sie zu finden. Nun aber hatten die Deutschen die Standorte ihrer Tanker und Frachter, die im Atlantik auf U-Boote warteten, selbst verraten.
Im »Operational Intelligence Centre« der britischen Admiralität arbeitete sich unterdessen ein Mann durch den Berg entschlüsselter deutscher Funksprüche, der es wenig später zur Meisterschaft in der Kunst brachte, deutsche U-Boote aufzuspüren, ihre Kurse zu erfassen und ihre Absichten vorauszusagen: Commander Rodger Winn, Gehirn der britischen U-Boot-Abwehr und großer Gegenspieler des deutschen Admirals Dönitz.
Rodger Winn, Jahrgang 1903, war vor dem Krieg Rechtsanwalt gewesen. Seinen Wunschberuf, Offizier der Royal Navy, hatte er nicht ergreifen können: Kinderlähmung hatte ihn geschlagen, sein Rückgrat war verwachsen, und er zog ein Bein nach.
Sein Mitarbeiter Patrick Beesly berichtete, daß Winn oft heftige Schmerzen unterdrücken mußte: »Dank seiner außergewöhnlichen Willenskraft war es ihm gelungen, die körperlichen Mängel zu meistern, aber er litt doch ziemlich darunter, wenn er längere Zeit stehen mußte. Als Hilfsmittel hatte er sich angewöhnt, sich etwas zu entlasten, indem er beide Hände auf einen vor ihm stehenden Tisch oder Stuhl stützte. Er war mittelgroß, stämmig und besaß mächtige Schultern.«
Rodger Winn hatte sich freiwillig zum Kriegsdienst gemeldet, und er war einer Spezialeinheit des »Operational Intelligence Centre« zugeteilt worden: dem sogenannten »Submarine Tracking Room«, zu deutsch etwa »U-Boot-Aufspür-Abteilung«.
Der »Submarine Tracking Room« versuchte, die Bewegungen deutscher

U-Boote in Nordsee und Atlantik zu erkennen und zu verfolgen, die Zahl der Boote in ihren Operationsgebieten zu erfassen, zu erfahren, wo sie sich sammelten und wo sie zuschlagen würden.

Ende 1940 war Rodger Winn Leiter des »Submarine Tracking Rooms« geworden. Die Wände der Arbeitszimmer dieser Einheit der britischen Admiralität waren mit riesigen Seekarten bedeckt. Auf ihnen waren Pflöcke, Fähnchen, Dreiecke und Vierecke befestigt, die immer wieder verschoben wurden: Sie stellten die Kriegsschiffe und Geleitzüge in den Weiten des Atlantik dar und gaben wieder, wo die Briten die deutschen U-Boote vermuteten.

Anderthalb Kriegsjahre lang waren die Briten auf grobe Schätzungen der U-Boot-Standorte im Ozean angewiesen gewesen. Sie stützten sich auf Meldungen von Flugzeugen, die ein Boot gesichtet hatten, auf Funkpeilungen, die aber den Standort eines Bootes nur ungenau eingrenzen konnten, auf Schlußfolgerungen aus der Länge aufgefangener, aber nicht entzifferbarer Funksignale, die von den deutschen U-Booten abgegeben wurden.

Jetzt aber, zu Anfang des Sommers 1941, nachdem das Kriegsglück den Männern im »Submarine Tracking Room« den Schatz von U 110 zugespielt hatte, konnte Rodger Winn beginnen, sich in die Denkweise des Feindes hineinzutasten, zu erfühlen, zu erahnen und schließlich mit Sicherheit zu wissen, was die deutschen U-Boote und ihr Befehlshaber planten.

Rodger Winn erfuhr im Laufe der Zeit exakt, wie viele Boote im Operationsgebiet standen, wie viele auf dem Rückmarsch, wie viele auf dem Anmarsch waren. Er wußte schließlich sogar, wie viele Boote sich in der Ostsee zur Ausbildung aufhielten, er kannte die Namen vieler Kommandanten. Allerdings: Bis ihr Wissen über die deutschen U-Boote diesen Umfang erreichte, mußten die Männer im »Submarine Tracking Room« noch einen langen, mühsamen Weg zurücklegen.

Die Erkenntnisse, die im »Submarine Tracking Room« aus entzifferten deutschen Funksprüchen gewonnen wurden, machten die Kleinarbeit keineswegs überflüssig. Im Gegenteil: Nachrichten aus der Funkaufklärung allein reichten nie aus, um ein gültiges Bild der Lage auf dem Atlantik zu gewinnen.

Nur wenige hundert Kilometer entfernt vom »Submarine Tracking Room« entfernt befand sich sein deutsches Gegenstück: die Lagezimmer des Befehlshabers der U-Boote Karl Dönitz. Auch hier an den Wänden riesige Seekarten. Der Ozean war auf diesen Karten in viele kleine Vierecke unterteilt, die mit jeweils zwei Buchstaben gekennzeichnet waren: die Planquadrate für den U-Boot-Krieg.

Diese Einteilung erlaubte es den U-Boot-Kommandanten, ihre Position und die Position eines von ihnen gesichteten Geleitzuges in eine äußerst kurze Form für den Funk zu kleiden – ohne geographische Länge und

Breite mitteilen zu müssen. Ebenso war die Befehlsstelle der U-Boote in der Lage, die Gebiete für den Rudelangriff in äußerster Kürze zu markieren.
Karl Dönitz hat selbst beschrieben, wie seine Befehlsstelle eingerichtet war: »Die Karten wurden ergänzt durch graphische Darstellungen. Sie betrafen die vom geographischen Ort der Befehlsstelle abweichenden Tag- und Nachtzeiten in den Operationsgebieten, Meeres- und Gezeitenströmungen, die Eis- und Nebelverhältnisse, besonders im Nordwestatlantik, tägliche Wetterlagen, vorhandene Seeausdauer der im Einsatz stehenden sowie Werft- und Auslauftermine der in den Häfen befindlichen U-Boote und derartige Dinge mehr. Ein großer Globus von mehr als einem Meter Durchmesser machte die Raumverhältnisse im Atlantik, wie sie wirklich waren, anschaulich und erleichterte das genaue Abgreifen weiter Entfernungen.
Neben den Lagezimmern befand sich unser sogenanntes ›Museum‹. Hier waren an den Wänden im wesentlichen die graphischen Darstellungen über Versenkungen, U-Boot-Verluste und Geleitzugoperationen aufgehängt. Vor allem war hier die Wirksamkeit unserer Kriegführung zur Kontrolle bildhaft aufgezeichnet. Das Potential der U-Boote, das heißt die durchschnittliche Versenkungsziffer pro Seetag, war in Kurven dargestellt.«
Wie im »Submarine Tracking Room« der britischen Admiralität, so wurden auch im Lagezentrum des Befehlshabers der U-Boote auf den Karten die Standorte und die Kurse von U-Booten und Geleitzügen markiert; bei Dönitz mit Nadeln und Fähnchen. Die Standorte der U-Boote waren im allgemeinen genau bekannt, die Geleitzüge der Briten aber mußten gesucht und gefunden werden.
Eine der wichtigsten Quellen für die Führung der U-Boote zum Angriff im Atlantik waren die Meldungen des deutschen »Beobachtungsdienstes«, kurz xB-Dienst genannt. Er war das deutsche Gegenstück zur britischen »Regierungsschule für Code und Chiffrieren« in Bletchley Park.
Der xB-Dienst fing Funksprüche der britischen Marine auf und versuchte, sie zu entziffern. Dabei waren den Deutschen schon früh bemerkenswerte Einbrüche in britische Funkschlüssel gelungen. So konnten die Kryptologen des xB-Dienstes den Befehlshaber der U-Boote häufig mit genau den Nachrichten beliefern, die er besonders dringend brauchte: Informationen über die großen Frachterherden, die sich vor Nordamerikas Küsten sammelten, und oft auch über den Kurs, den sie auf ihrem Weg nach Europa einschlugen.
Allerdings: Die Zahl der von den Deutschen entschlüsselten Funksprüche blieb weit hinter der Zahl der von den Briten entzifferten Meldungen und Befehle zurück. Denn: Nachdem die Engländer in den Schlüssel der Marine-Enigma eingedrungen waren, konnten sie meist die Funksprü-

che eines ganzen Tages aufrollen. Die Entzifferungsergebnisse der Deutschen blieben dagegen auf einen geringen Teil der britischen Funksprüche beschränkt.
Der Grund: Die Briten verwendeten vorwiegend Verfahren, bei denen die Funksprüche nach Handschlüsselverfahren chiffriert wurden. Dies bedeutete, daß jeder einzelne Spruch für sich entziffert werden mußte. Gerade der Einbruch des xB-Dienstes in britische Funkschlüssel zeigt die Verblendung deutscher Nachrichtenexperten: Sie hielten es geradezu für unmöglich, daß den Briten etwas den deutschen Erfolgen Vergleichbares gelingen konnte.
Nachdem die Briten die Versorgungsschiffe der »Bismarck« vernichtet hatten, ließ die deutsche Seekriegsleitung erforschen, ob irgendwo im weitverzweigten Geäst der deutschen Kriegsmarine gegen die Sicherheitsvorschriften verstoßen worden war. Der Kernsatz des Untersuchungsergebnisses lautete: »Die Möglichkeit, der Feind könne Funksignale durch Entzifferung mitlesen, ist von allen Experten einmütig verneint worden.« Der Erfolg der Briten wurde leichthin mit der Tätigkeit feindlicher Agenten, mit Spionage also, erklärt.
Selbstverständlich hatten die Experten des deutschen Marine-Nachrichtendienstes, die für die Ausrüstung der Kriegsschiffe und U-Boote mit Enigma-Maschinen und Schlüsselunterlagen verantwortlich waren, nicht völlig ausschließen wollen, daß Maschine und Funkmaterial in die Hand des Feindes fielen. So waren die Schlüsselunterlagen für die Enigma auf wasserlöslichem Papier gedruckt. Damit sollte verhindert werden, daß der Feind die Unterlagen aus einem im flachen Wasser versenkten Boot durch Taucher herausholen lassen konnte.
Die Deutschen rechneten auch fest damit, bald zu erfahren, wenn dem Feind durch eine Häufung unglücklicher Umstände tatsächlich eine Enigma und die Schlüsselunterlagen in die Hände fallen sollte.
Als der U-Boot-Krieg begann, wurde die Aufgabe gestellt, eine Geheimschrift auszuarbeiten, die es den in Gefangenschaft geratenen U-Boot-Kommandanten ermöglichen sollte, auf dem Wege über die normale Kriegsgefangenenpost, trotz aller Zensur, Nachrichten an den Befehlshaber der U-Boote gelangen zu lassen oder Geheimnachrichten zu empfangen. Der Befehlshaber der U-Boote wollte etwas darüber erfahren, wo und auf welche Weise der Kommandant in Gefangenschaft geraten war, wie und mit welchen Waffen sein Boot versenkt wurde. Verborgen im offenen Text enthielten die Gefangenenbriefe geheime Nachrichten, über das Morsealphabet in den Anfangsbuchstaben der Textworte versteckt.
Jeder U-Boot-Offizier kannte einen raffinierten Code auswendig: den Geheimnisschlüssel Irland.
Mit ihm hatte es folgende Bewandtnis:
Teilt man die 26 Buchstaben des Alphabets in drei Gruppen auf, zwei

Gruppen mit je neun und eine mit acht Buchstaben, so endet die erste Gruppe bei i, die zweite bei r:
1. Gruppe: a bis i als Anfangsbuchstabe bedeutet: · des Morsealphabets;
2. Gruppe: j bis r als Anfangsbuchstabe bedeutet: – des Morsealphabets;
3. Gruppe: s bis z als Anfangsbuchstabe bedeutet: / nämlich ein Trennungszeichen.

Aus den Buchstaben i und r wurde das Merkwort »Irland« gebildet. Man mußte jetzt nur noch das Morsealphabet (das jeder U-Boot-Kommandant selbstverständlich beherrschte) kennen, um mit der Geheimschrift arbeiten zu können. So war es z. B. dem Satz: »Meine Kameraden und auch ich waren lange in Sorge, denn wir . . .« keineswegs anzusehen, daß er das Wort »Mine« enthielt. Die Lösung war so: Das erste Wort begann mit m, gehörte damit zur zweiten Alphabetgruppe, es stellte somit, wie alle Buchstaben dieser Gruppe, den Strich eines Morsebuchstabens (–) dar. Das zweite Wort, mit k beginnend, gehörte der gleichen Gruppe an, repräsentierte also ebenfalls einen Morsestrich. Es folgt »und«; mit u beginnende Worte gehörten zur dritten Alphabetgruppe, die ein Buchstabentrennungszeichen = (/) ausdrückten. Erkannt war jetzt der Morsebuchstabe — = m. »Auch« und »ich« ergaben, da zur ersten Buchstabengruppe des Alphabets gehörend, je einen Punkt (·) des Morsealphabets, »waren« wieder ein Trennungszeichen. Der zweite Geheimbuchstabe lautete also: ·· = i. So ging es weiter, bis sich der gesamte Geheimtext, hier also das Wort »Mine«, herausgeschält hatte. Um dieses kurze Wort in Geheimschrift auszudrücken, waren allerdings elf Textworte nötig. Lange Romane ließen sich also schlecht mit dem Verfahren übermitteln, dafür wurde aber der Vorteil gewonnen, daß der Absender in der Wahl seiner Textworte einige Freiheit hatte und nicht zu völlig verkrampften Redewendungen gezwungen wurde. Das gleiche Geheimniswort konnte in tausend verschiedenen Texten stehen. Es machte nichts aus, wenn der mißtrauische Zensor nicht den Originalbrief, sondern eine Schreibmaschinenkopie davon beförderte; es störte auch nicht sehr, wenn er einzelne Worte oder Satzteile unleserlich machte.

Mit Hilfe des Schlüssels Irland konnten militärische Mitteilungen in Briefen der Gefangenen an ihre Eltern, Ehefrauen oder Bräute untergebracht werden. Die Angehörigen der U-Boot-Offiziere waren deshalb gehalten, von allen Briefen, deren Inhalt oder Formulierung ihnen seltsam erschien, dem Befehlshaber der U-Boote Kenntnis zu geben.

Aber dieses Sicherungssystem hatte im Falle von U 110 nicht funktionieren können: Der einzige Mann der Besatzung, der wußte, daß die Briten das Boot geentert hatten, war tot.

Die deutschen Nachrichtenexperten waren sich ihres Enigma-Geheimnisses auch deshalb so sicher, weil die Schlüsselunterlagen, die ein

U-Boot auf Feindfahrt mitnahm, jeweils nur für vier bis sechs Wochen gültig waren. Schlimmstenfalls also konnten, so glaubten die Deutschen, englische Dechiffrierer den deutschen Funkverkehr für die Dauer dieses Zeitraums mitlesen. Danach würden sie taub und blind sein wie zuvor.
Die Möglichkeit, der Feind könne mit Hilfe einer erbeuteten Enigma und des dazugehörenden Schlüsselmaterials immer wieder aufs neue in den deutschen Funkverkehr der Kriegsmarine einbrechen, schlossen die deutschen Experten einfach aus.
Die britischen Entzifferungskünstler in Bletchley Park aber schafften es, den Funkverkehr der deutschen U-Boote auch im Sommer und Herbst des Jahres 1941 weiter zu entschlüsseln – lange, nachdem die Enigma-Unterlagen, die auf U 110 erbeutet worden waren, ihre Gültigkeit verloren hatten.
Ein Strom von Material ergoß sich von Bletchley Park in den »Submarine Tracking Room« – Meldungen deutscher U-Boote über ihre Standorte und ihre Kurse, über das Wetter und über Vorkommnisse an Bord, über Maschinenschäden und den Vorrat an Treibstoff und Torpedos; Befehle von Dönitz an die Boote, Kurs zu ändern oder an einen Geleitzug heranzuschließen, weiter in den Atlantik nach Westen vorzustoßen oder näher an die Britischen Inseln heranzupirschen.
So entstand in diesem Sommer 1941 vor den Augen von Rodger Winn und seinen Mitarbeitern ein außerordentlich genaues Bild von Großbritanniens gefährlichstem Feind. Die Pläne der deutschen U-Boot-Waffe waren durchsichtig geworden.
Allerdings lieferte die Entzifferung deutscher Funksprüche nicht das ganze Panorama der deutschen Anstrengungen in der Schlacht im Atlantik. Sie ergab die wertvollsten Informationen, aber diese Informationen mußten verarbeitet und ergänzt werden: mutmaßlicher Kurs und mutmaßliche Geschwindigkeit der marschierenden U-Boote, die wieder abhängig waren von ihren Aufgaben im Operationsgebiet und von den Wetterverhältnissen.
So rückten die kleinen Schiffe auf den Seekarten im »Submarine Tracking Room« stündlich millimeterweise voran. Erkennbar wurde oft, wo der deutsche Admiral Karl Dönitz seine Boote zu sogenannten Aufklärungs- oder Vorpostenstreifen aufgestellt hatte, die den Atlantik nach Geleitzügen »abharken« sollten. Sie bildeten eine Kette von Booten, die viele Quadratmeilen des Ozeans überwachten. Eines von ihnen, so rechnete der Befehlshaber der U-Boote, würde den Geleitzug entdecken, dann konnten die anderen Boote in der Nähe zum Rudelangriff herankommen.
Im »Submarine Tracking Room« beobachtete Rodger Winn, wie sich die Schiffe der Geleitzüge dem Seegebiet näherten, in dem sich die U-Boote ballten.
Und genau an diesem Punkt enthüllte sich der ungeheure Wert ent-

schlüsselter deutscher Funksprüche für die Kriegführung im Atlantischen Ozean. Genau an diesem Punkt zeigte sich, was Ultra-Nachrichten im Kampf gegen die U-Boote leisten konnten – schon wenige Monate nachdem den Briten die Enigma und die Schlüsselunterlagen von U 110 in die Hände gefallen waren.

Denn wenn die Aufstellung der deutschen U-Boote im Atlantik auch nur annähernd bekannt war, dann konnten die Geleitzüge Kurse wählen, die sie an den U-Booten vorüberführten. Dann würden die »grauen Wölfe« ins Leere stoßen, ihre Angriffswucht kein Ziel finden; sie würden warten, Patrouille fahren und wieder warten, bis ihre Brennstoffvorräte aufgebraucht waren und sie enttäuscht in die Stützpunkte zurückkehren mußten.

Immer wieder musterten die Männer im »Submarine Tracking Room« ihre Karten: Wo stand das nördlichste Boot des deutschen Aufklärungsstreifens? Wo war das Boot postiert, das die südlichste Position einnahm? Wohin würden die Boote ihren Kurs ändern? Nach Süden oder nach Norden? Würden sie weiter nach Westen ausgreifen oder nach Osten zurückweichen? Welchen Kurs sollte der Geleitzug einschlagen, um den lauernden Booten zu entgehen? Nach Nordosten, bis unter die Küste von Grönland? Nach Südosten?

Aus allen diesen Informationen zogen die Briten ihre Schlüsse, versuchten sie, sich in die U-Boot-Kommandanten hineinzuversetzen, zu erahnen und zu erfühlen, was die Deutschen und in Sonderheit der Befehlshaber der U-Boote dachte und plante. Und sie hatten Erfolg. In diesem Sommer und Herbst 1941 verrichtete die deutsche Enigma hervorragende Arbeit – im Dienst der Briten.

Immer häufiger funkten die Briten Befehle an die Geleitzüge hinaus, den Kurs zu verlassen und einen neuen Weg über die Weiten des Ozeans einzuschlagen. Sie führten die Konvois, die Kriegsgüter, Flugzeuge, Munition, Stahl, Aluminium und Lebensmittel über den Atlantik nach Großbritannien trugen, immer häufiger um die U-Boote herum.

Die Abweichmanöver gelangen den Briten nicht immer, oft liefen Geleitzüge in die Falle, die die Deutschen mitten im Ozean aufgestellt hatten; doch selbst dann, in letzter Minute, konnten entzifferte Meldungen der Deutschen den Briten noch zu einem beträchtlichen Vorteil verhelfen.

So spürten deutsche Boote am 23. Juni 1941 südlich von Grönland den mit Kurs auf England dampfenden Konvoi HX 133 auf. Zehn Boote standen in der Nähe, und ihnen allen befahl Karl Dönitz, den Geleitzug anzugreifen, der von nur vier Kriegsschiffen geschützt wurde. Ein Rudel von zehn U-Booten gegen ein schwaches Geleit – das konnte ein großer Sieg werden.

Aus den Funksprüchen der Deutschen aber erkannte der »Submarine Tracking Room«, was dem HX 133 drohte.

Die britische Admiralität entschloß sich zu einer dramatischen Maßnahme. Geleitfahrzeuge von zwei anderen Konvois, die von England nach Amerika unterwegs waren, erhielten Befehl, mit Höchstfahrt zu HX 133 aufzuschließen. Damit wurden zwei Konvois zwar vom Schutz entblößt, aber als die U-Boote zum Angriff auf den bedrohten HX 133 ansetzten, stießen sie auf einen Schutzschirm von nicht mehr vier, sondern jetzt 13 Kriegsschiffen.
Die Schlacht dauerte fünf Tage: Die Boote versenkten fünf Frachter, aber die britischen Zerstörer und Korvetten vernichteten in den fünf Tagen die U-Boote U 556 (Kommandant Kapitänleutnant Herbert Wohlfahrt) und U 651 (Kommandant Kapitänleutnant Herbert Lohmeyer). Fünf Frachter und zwei U-Boote; kein Zweifel, in dieser Schlacht waren die Engländer Sieger geblieben.
Admiral Dönitz mußte in der zweiten Hälfte des Jahres 1941 beunruhigende Feststellungen treffen. Seine Kommandanten klagten, daß es immer schwerer würde, Geleitzüge aufzuspüren. Und auf den graphischen Darstellungen in seinen Lagezimmern flachte die Erfolgskurve der Boote immer weiter ab.
Dönitz verglich die Zahlen des Jahres 1941 mit denen des Vorjahres: Welch ein Unterschied!
Von Juni bis Oktober 1940 hatten die U-Boote Monat für Monat durchschnittlich 285 000 Tonnen Schiffsraum versenkt; jedes Boot an jedem Tag, den es in See gestanden hatte, nahezu 1100 Tonnen.
Danach war die Versenkungsrate geschrumpft, und die Gründe waren klar: Nachdem Hitler die Invasion der Britischen Inseln, das Unternehmen Seelöwe, aufgegeben hatte, waren Dutzende von Zerstörern und Hunderte von Flugzeugen für die Überwachung frei geworden; die U-Boote mußten infolgedessen weit nach Westen in den Atlantik ausweichen, um sich der britischen Verfolgung aus der Luft zu entziehen. Ihre Versenkungsziffern waren auf rund 710 Tonnen pro Boot und Seetag gefallen.
Jetzt, im Sommer und Herbst, zeichnete sich eine geradezu dramatische Verschlechterung der Erfolgsbilanz auf den graphischen Darstellungen in der deutschen U-Boot-Befehlsstelle ab: Die monatlichen Versenkungsziffern waren auf 110 000 Tonnen gefallen, auf kaum mehr als ein Drittel der Rate des Vorjahres – und dies, obwohl mehr Boote im Operationsgebiet des Atlantik standen.
An der durchschnittlichen Versenkungsziffer pro Boot und Seetag, dem von Dönitz entwickelten untrüglichen Maßstab für Erfolg und Mißerfolg, ließ sich eine Entwicklung ablesen, die den Befehlshaber der U-Boote bestürzen mußte: Die sogenannte Tagesversenkungsrate war auf 207 Tonnen, auf ein Fünftel des Erfolgs, den Deutschlands U-Boote im Jahr zuvor erzielt hatten, abgesunken.
Mit Hilfe von Ultra hatten Rodger Winn und der »Submarine Tracking

Room« schon im ersten Anlauf eine glänzende Leistung vollbracht. Der deutsche Marinehistoriker Jürgen Rohwer schätzt, daß die Briten dank ihrer Möglichkeit, Geleitzüge um die Aufstellungen der deutschen U-Boote herumzuleiten, allein im Jahre 1941 den Verlust von rund anderthalb Millionen Tonnen Schiffsraum verhindern konnten; anderthalb Millionen Tonnen, etwa 300 Schiffe, die – hätte es Ultra nicht gegeben – wahrscheinlich deutschen Torpedos zum Opfer gefallen wären; anderthalb Millionen Tonnen Stahl, Munition, Waffen, Lebensmittel.
Karl Dönitz und die Offiziere seiner Befehlsstelle vermochten den Grund für den Mißerfolg der Boote im Atlantik nicht zu erkennen. Keinesfalls aber vermuteten sie ihn in der Entzifferung der Funksprüche, die zwischen den U-Booten und ihrer Leitstelle gewechselt wurden.
Sie erklärten die Möglichkeit, die Briten könnten die Aufstellung der U-Boote im Atlantik erkannt haben, ausschließlich mit einer Verbesserung des Funkpeilverfahrens.
Karl Dönitz war sich der Gefahr, die seinen Booten durch Funkpeilung drohte, seit langem bewußt. Er schrieb: »Bereits bei der Friedensausbildung in der Rudeltaktik hatte die Frage des Einpeilens der U-Boot-Funksprüche durch den Gegner eine Rolle gespielt. Seit Kriegsbeginn verfolgte die U-Boot-Führung daher mit großer Sorgfalt jedes Anzeichen gegnerischen Einpeilens unserer Funksprüche und entsprechender Abwehrmaßnahmen des Feindes. In der ersten Kriegszeit gaben die Erfahrungen hinsichtlich der Genauigkeit des englischen Einpeilens keinen Anlaß zu besonderer Beunruhigung.«
Dem Befehlshaber der U-Boote war klar, daß die Briten mit fortschreitendem Krieg nicht ruhen, sondern ihr Peilnetz vergrößern und verbessern würden. Jetzt, im Jahre 1941, wachten rund um den Nordatlantik britische Funker in ihren Peilstationen: an der langen englischen Westküste, in Island, in Grönland und in Kanada.
Die deutschen U-Boote konnten nicht absolute Funkstille bewahren: Spätestens dann, wenn es einen Geleitzug gesichtet hatte, mußte ein Boot die Information an den Befehlshaber der U-Boote per Funk übermitteln.
Karl Dönitz schrieb: »Ein voller Verzicht auf die Funksprüche der U-Boote war nicht möglich. Sie waren die Voraussetzungen für den geführten Ansatz (den Rudelangriff), der allein bei der Zusammenfassung des gegnerischen Verkehrs in Geleitzügen größere Erfolgsmöglichkeiten für die U-Boote bot. Durch Ausbildung und Befehle versuchte die U-Boot-Führung, den schmalen Weg zwischen Vor- und Nachteil des Funkens so gut wie möglich zu gehen. Die größtmögliche Einschränkung war anzustreben.«
Im Sommer 1941 gab der Befehlshaber der U-Boote einen ständigen Befehl heraus, der ein Höchstmaß an Funkdisziplin sicherstellen sollte: »Im Angriffsraum: Funkspruchabgabe nur bei taktisch wichtigen Mel-

dungen oder auf Anordnung der Führung oder wenn die Position ohnehin dem Gegner gerade bekannt geworden war. Auf dem Marsch: Wie vorher. Gelegentliche Funkspruchabgabe von wenigen wichtigen Nachrichten; hierbei zu beachten, daß durch das Senden nicht das Gebiet für folgende oder dort stehende Boote vergrämt wird. Technisch: Häufiger Wellenwechsel, zusätzliche Verkehrskreise, um dem Gegner das Einpeilen zu erschweren.«

Von der Wirksamkeit des britischen Peilsystems aber war Admiral Dönitz nicht überzeugt. Er erinnerte sich: »Ob und wieweit der Gegner auf das Funken der Boote reagierte, war trotz möglichst genauer Auswertung nicht mit Sicherheit zu erkennen. Bei manchen größeren Kursänderungen eines Geleitzuges schien es so. Es kam aber auch vor, daß der Gegner trotz des Funkens der Boote in einem bestimmten Raum, sogar nach dort erfolgten Versenkungen oder Geleitzugschlachten Einzelfahrer oder Geleitzüge unmittelbar hinterher wieder in dasselbe Seegebiet fahren ließ.«

Funkpeilung blieb die einzige Erklärung, die von den Deutschen für die britische Geleitzugtaktik, die sich im Sommer 1941 auf dem Atlantik abzeichnete, akzeptiert wurde.

Sie blieben starr bei dieser Auffassung, auch dann noch, als ein Beweis offen vor ihren Augen lag, daß die Briten in den Marinefunkschlüssel eingebrochen waren:

Anfang September 1941 fing der xB-Dienst der deutschen Seekriegsleitung einen Funkspruch der britischen Admiralität auf. Mit ihm wurde den Geleitzügen und ihren Sicherungsfahrzeugen auf dem Atlantik die sogenannte U-Boot-Lage mitgeteilt – genauso, wie der »Submarine Tracking Room« sie aus entzifferten Funksprüchen und natürlich auch aus den Ergebnissen von Funkpeilung ermittelt hatte.

Dem xB-Dienst gelang es, diesen britischen Funkspruch zu entschlüsseln. Und er enthüllte den Deutschen, daß die Briten die Positionen der U-Boote im Atlantik fast genauso gut kannten wie der Befehlshaber der U-Boote selbst.

Dieser entschlüsselte Funkspruch hätte bei der deutschen Seekriegsleitung und ihren Nachrichtenexperten Alarm auslösen müssen. Denn die Genauigkeit, das umfassende Wissen der Briten über die deutschen U-Boote in den Weiten des Atlantik konnte mit den Ergebnissen von Funkpeilung allein nicht erklärt werden.

Aber genau dies taten die deutschen Experten. Am 19. September 1941 schrieben sie: »Der entzifferte Funkspruch der britischen Admiralität vom 6. September, ein Überblick über die wahrscheinlichen Positionen deutscher U-Boote, ist vollständig richtig. Er kann nur durch Sichtmeldungen und Funkpeilungen gewonnen worden sein. Ein Einbruch in unsere Schlüsselverfahren kommt nicht in Betracht.«

»Ein Einbruch in unsere Schlüsselverfahren kommt nicht in Betracht« –

↑ Grauschwarzer Rauch quillt aus dem Rumpf eines brennenden Tankers, der vor Amerikas Küste von einem deutschen U-Boot torpediert worden ist (US National Archives, Washington).

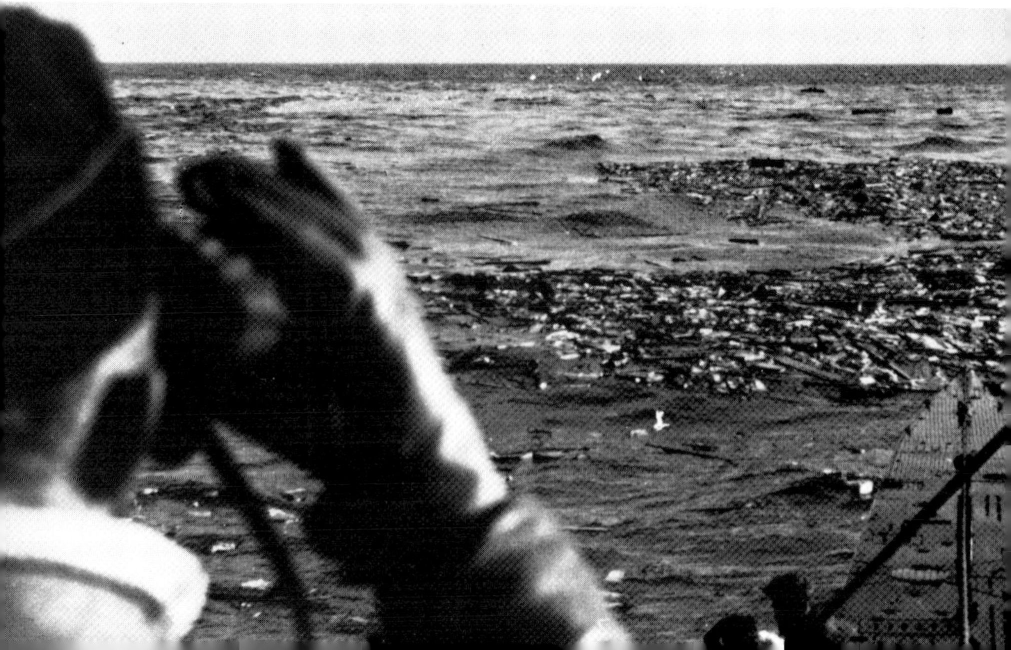

← Das britische Schlachtschiff »Barham« sinkt am 25. November 1941 im Mittelmeer, getroffen von einem Torpedofächer des deutschen U-Bootes U 331. Die »Barham« riß 862 Seeleute mit sich in die Tiefe (John Topham).

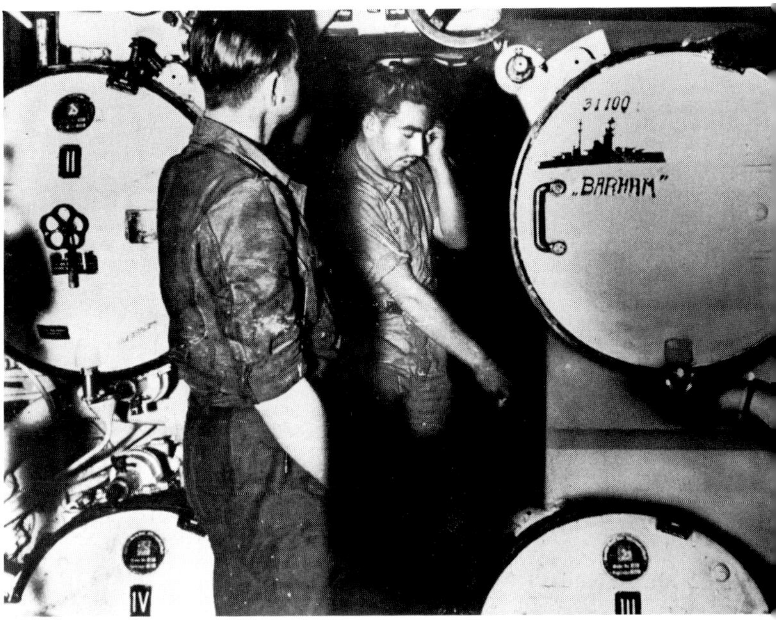


↑ Männer der Besatzung von U 331 haben auf den Verschluß eines Torpedorohres die Silhouette des von ihrem Boot versenkten Schlachtschiffes »Barham« aufgemalt (Bundesarchiv).

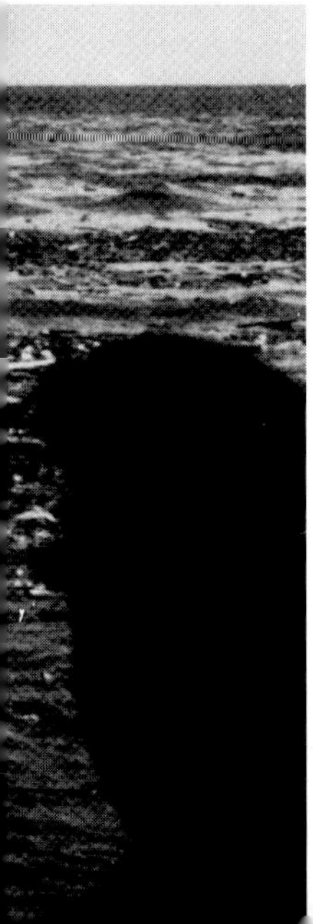

← Männer im Turm eines Bootes mustern Meer und Horizont. Auf dem Wasser sind die Spuren einer Geleitzugschlacht zu erkennen: Wrackteile und Überreste eines versenkten Frachters (Bundesarchiv).

↓ Ein deutsches U-Boot kehrt in seinen Stützpunkt Lorient an der französischen Atlantikküste zurück (Ullstein Bilderdienst).

→ Zwei deutsche U-Boote marschieren im Winter 1941/42 durch den stürmischen Nordatlantik nach Westen (Axel Springer Verlag AG).

→ Feindfahrt in tropischen Gewässern: Die Männer der Wache haben ihre Hemden abgelegt und tragen Tropenhelme (Janusz Piekalkiewicz).

→ Überfüllte Rettungsboote von Schiffen des Geleitzugs PQ 17, der im Sommer 1942 im Nordmeer von deutschen U-Booten und Kampfflugzeugen zerschlagen wurde (Bundesarchiv).

← Ein neues U-Boot während des Baus auf der Germania-Werft in Kiel. Der Blick in den offenen Druckkörper zeigt Antriebsaggregate des Bootes (John Topham).

↓ Deutsche U-Boote haben in einem Betonbunker eines der Stützpunkte an der französischen Atlantikküste festgemacht. Die Decken der Bunker konnten auch von schwersten Fliegerbomben nicht durchschlagen werden (Janusz Piekalkiewicz).

→ Granaten aus der Kanone eines deutschen U-Bootes schlagen auf der Höhe der Wasserlinie in den Rumpf eines alliierten Frachters ein (Ullstein Bilderdienst).

→ Das Wrack eines torpedierten Schiffes. Im Vordergrund ein Mann im Turm des Bootes, das den Angriff gefahren hat (Ullstein Bilderdienst).

↓ Hoch schlagen Flammen und Rauch aus dem Rumpf eines Frachters, den ein deutsches U-Boot im Nordatlantik gestellt und vernichtet hat (Bettmann Archive).

← Ein Öltanker explodiert unmittelbar nachdem ein Torpedo ihn getroffen hat. Kaum ein Mann der Besatzung hatte eine Chance, dem Flammenmeer zu entkommen (Süddeutscher Verlag).

← Matrosen klettern vom torpedierten britischen Flugzeugträger »Ark Royal« auf ein Rettungsschiff. Der Träger wurde am 13. November 1941 von U 81 nahe Gibraltar versenkt (Ullstein Bilderdienst).

↓ Männer eines U-Boots richten die Kanone auf dem Vordeck, um den feindlichen Frachter im Hintergrund zu beschießen (Ullstein Bilderdienst).

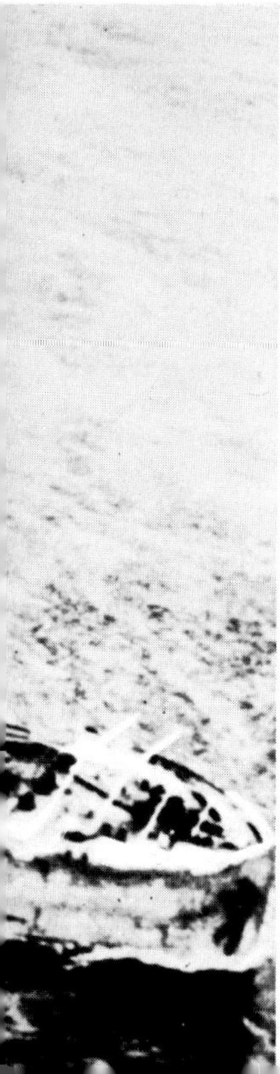

↑ Ein torpediertes Schiff brennt. Die Besatzung des U-Bootes sucht den Horizont nach neuen Zielen ab (Ullstein Bilderdienst).

→ Ein deutsches U-Boot und ein deutscher Fernjäger begegnen sich im Golf von Biskaya.

↓ Ein sinkendes Schiff, davor ein Rettungsfloß, fotografiert durch das Sehrohr des U-Bootes (Süddeutscher Verlag).

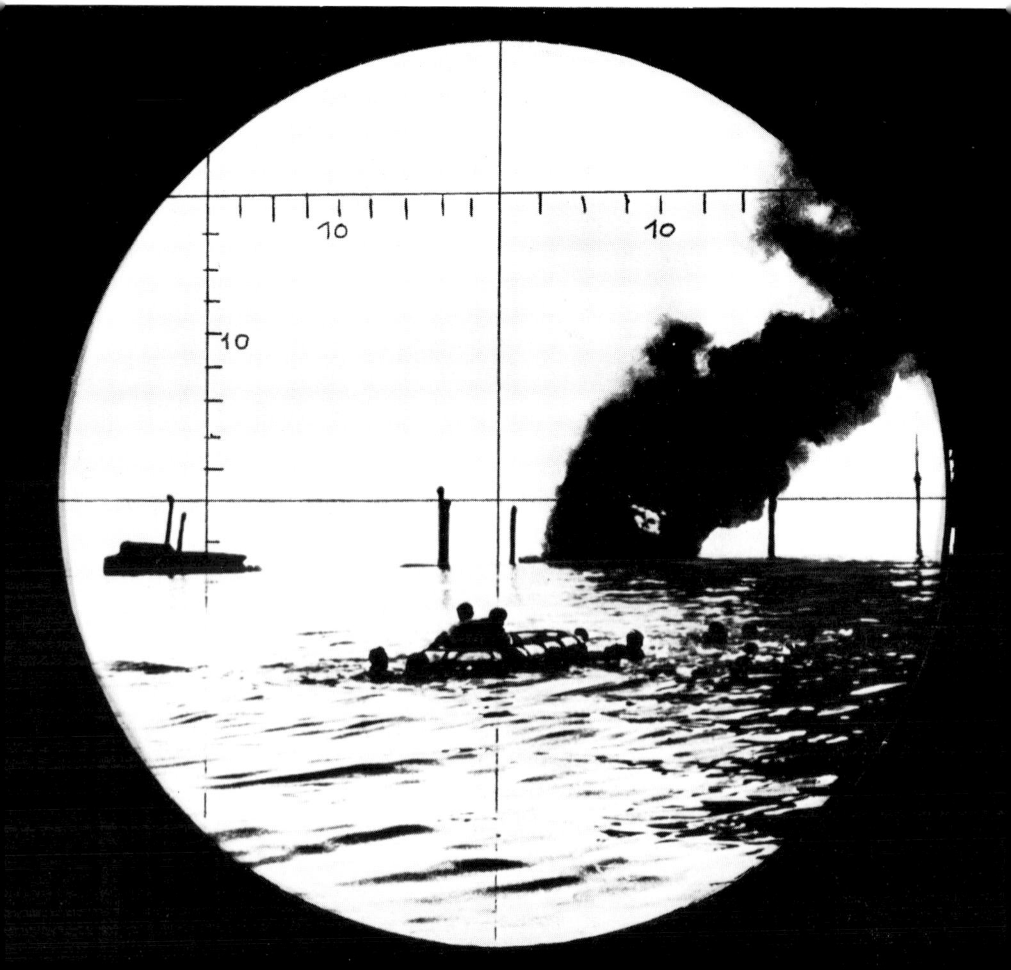

so selbstsicher waren die Deutschen, so überzeugt waren sie von ihrer Verschlüsselungsmaschine und von ihren Sicherheitsmaßnahmen, daß sie nicht einmal die Möglichkeit, dem Feind könne insgeheim ein großer Schlag gelungen sein, in Erwägung zogen.

Mitte November 1941 dampfte der deutsche Hilfskreuzer »Atlantis« mit nördlichem Kurs durch den südlichen Atlantik. Die »Atlantis« war eines jener zu Kriegsschiffen umgebauten Handelsschiffe, mit denen die deutsche Kriegsmarine im Zweiten Weltkrieg in weit entlegenen Seegebieten Englands Handel und Nachschub störte.

Die »Atlantis«, die unter dem Kommando von Kapitän zur See Rogge stand, war nahezu zwei Jahre in See gewesen und hatte während dieser Zeit 22 Schiffe mit mehr als 145 000 Bruttoregistertonnen versenkt oder als Prise genommen. Jetzt war sie auf dem Weg nach Europa.

Vor der afrikanischen Küste stand in jenen Tagen auch das deutsche U-Boot U 126 unter dem Kommando von Kapitänleutnant Bauer. U 126 hatte in wochenlanger Jagd sechs Frachter und einen Tanker versenkt, nun gingen Lebensmittel und Brennstoff zur Neige. Es funkte seine Lage an den Befehlshaber der U-Boote.

Dönitz befahl dem Boot, in seinem Operationsgebiet auszuharren. Er ließ funken: »Hilfskreuzer ›Atlantis‹ übernimmt die Versorgung.« Die Briten fingen den Funkspruch ab, und wenig später hatten sie ihn entschlüsselt. Dann warteten sie auf den nächsten Befehl der U-Boot-Leitstelle. Er kam. Es war der Funkspruch, mit dem man dem deutschen U-Boot mitteilte, was die Briten wissen wollten: das Seegebiet im südlichen Atlantischen Ozean, in dem U 126 den Hilfskreuzer »Atlantis« treffen würde.

Vielleicht schmunzelten die Männer im »Operational Intelligence Centre« und im »Submarine Tracking Room«, als sie den zweiten Teil des Funkspruchs lasen: Darin wurde U 126 aufgetragen, vier Tage lang Funkstille zu halten, um es den Briten unmöglich zu machen, den Standort des Bootes und damit auch des Hilfskreuzers »Atlantis« einzupeilen.

Befehlsgemäß lief U 126 auf den Treffpunkt zu. In jenen Tagen aber machte auch ein britisches Kriegsschiff Dampf auf, das in der Nähe des Treffpunktes stand: der schwere Kreuzer »Devonshire« unter dem Kommando von Captain R. D. Oliver.

Die britische Admiralität hatte dem Kapitän nicht mitgeteilt, was ihn genau erwartete: Zu groß erschien ihr die Gefahr, es könnte enthüllt werden, daß die Briten im Besitz des Enigma-Geheimnisses waren.

Der Befehl für Kapitän Oliver und den Kreuzer »Devonshire« lautete wenig präzise, er sollte in einem bestimmten Seegebiet des Südatlantiks nach deutschen Hilfskreuzern fahnden. Es könne sein, hieß es weiter, daß auch deutsche U-Boote in der Nähe stünden.

Am 22. November 1941 sichtete U 126 den deutschen Hilfskreuzer »Atlantis«. Die Schiffe liefen aufeinander zu, das U-Boot machte an dem großen Schiff fest. Schläuche wurden übergeben, Dieselöl floß in dickem

Strahl aus den Bunkern des Hilfskreuzers in die Tanks des U-Bootes. Kisten mit Proviant schwebten von der »Atlantis« zum U-Boot hinüber. Kommandant Bauer und einige seiner Männer kletterten auf den Hilfskreuzer, zu einem Gespräch unter Kameraden.
In diese Stunde der Entspannung und vermeintlichen Sicherheit dröhnte plötzlich das Motorengeräusch eines Flugzeuges. Aus azurblauem Himmel stieß es heran. Es war das Bordflugzeug der »Devonshire«. Und dann stand auch schon die Silhouette des britischen Kreuzers am Horizont. Eine Morselampe blinkte auf. Der Kreuzer fragte nach dem Namen und der Nationalität des fremden Schiffs. Kapitän Rogge ließ antworten, es handle sich um einen Frachter aus Amerika. Das Fragespiel ging weiter: Kurs, Codewörter. Unterdessen versuchte Kapitän Rogge, die »Atlantis« näher an den Kreuzer heranzubringen, so nahe, daß die hinter den Bordwänden versteckten Geschütze eingesetzt werden konnten.
Aber der britische Kommandant ließ sich auf kein Risiko ein: Er hielt den Kreuzer in sicherer Entfernung. Nach einer Stunde bestätigte das Flottenkommando in Freetown an der afrikanischen Westküste den Verdacht des britischen Kommandanten: Das fremde Schiff hatte eine andere Identität, als es vorgab.
Die Geschütztürme des Kreuzers brüllten auf: Granaten vom Kaliber 20,3 Zentimeter heulten heran, Explosionen, Fontänen. Schon die dritte Salve aus den schweren Geschützen des Kreuzers schlug mit zerschmetternder Wucht auf der »Atlantis« ein. Feuer im Vorschiff, Lecks. Das einseitige Gefecht war bald vorüber, die Deutschen mußten die »Atlantis« aufgeben. Rettungsboote und Flöße klatschten ins Wasser, dann zerrissen Sprengladungen das Schiff.
Die gesamte Besatzung, unter ihnen drei Männer von U 126 – Kommandant Bauer, sein Leitender Ingenieur und der Obermaschinist –, blieb in ihren Booten an der Stelle des Untergangs zurück.
Das U-Boot war im Augenblick des Kreuzerangriffs weggetaucht. Der Kreuzer machte keine Anstalten, die Schiffbrüchigen der »Atlantis« zu retten; ihn trieb die Furcht vor einem Angriff des U-Bootes davon.
Viele Stunden später, zur Mittagszeit dieses 22. November, tauchte U 126 neben den Schiffbrüchigen aus dem Meer. Kapitänleutnant Bauer kletterte an Bord seines Bootes und meldete dem Befehlshaber der U-Boote, was geschehen war. Dönitz versprach, Hilfe zu schicken, U-Boote und Überwasserschiffe.
Inzwischen mußten die Männer der »Atlantis« mit ihrer qualvollen Lage fertig werden. Ein Teil von ihnen hockte sich auf das Deck des U-Bootes, das am Tag unter der Tropensonne unerträglich heiß wurde; ein Teil der Mannschaft blieb in den Booten, die U 126 jetzt in langsamer Fahrt über den Ozean zog. Für jeden gab es eine Tasse voll Wasser am Tag und eine Handvoll Proviant. Und so warteten sie auf das rettende Schiff.

Am fünften Tag nach der Versenkung der »Atlantis« dampfte es über der Kimm herauf: der deutsche Dampfer »Python«, ein Versorgungsschiff der Kriegsmarine. Doch die Hoffnung der Schiffbrüchigen auf eine sichere Reise mit dem großen Schiff trog.
Die Befehlsstelle der deutschen U-Boote in Frankreich wollte die Gelegenheit nutzen, die die Anwesenheit der »Python« im südlichen Atlantischen Ozean bot. So erhielten zwei U-Boote den Befehl, die »Python« anzulaufen und von ihr Vorräte und Brennstoff zu übernehmen. Die Funksprüche wurden von den Briten abgefangen und entschlüsselt.
Die Admiralität befahl dem britischen Schweren Kreuzer »Dorsetshire«, einem Schwesterschiff der »Devonshire«, der die »Atlantis« zum Opfer gefallen war, im Seegebiet südlich und westlich der Napoleon-Insel St. Helena nach einem deutschen Versorgungsschiff zu suchen. Mit hoher Fahrt stieß der Kreuzer in das Planquadrat vor, das die Admiralität ihm bezeichnet hatte – etwa 700 Seemeilen von der Stelle entfernt, an der die »Atlantis« versenkt worden war.
Am 2. Dezember 1941 machte das erste der deutschen U-Boote an der »Python« fest, U 68 unter dem Kommando von Kapitänleutnant Merten. Am nächsten Morgen, dem 3. Dezember, war auch das zweite deutsche U-Boot zur Stelle. U 68 übernahm von der »Python« an diesem Morgen Torpedos, das zweite Boot bunkerte Dieselöl.
Viele Männer, die zur Besatzung der »Atlantis« gehört hatten, standen an der Reling der »Python«, beobachteten die Arbeit der U-Boot-Leute und blickten über das blaue, von leichtem Wind bewegte Meer. Und dann war es, als wiederhole sich ein Alptraum: ein feiner Strich an der Kimm, dann Masten, dann drei Schornsteine, dann die dunkle Silhouette eines mächtigen britischen Kriegsschiffs.
An Bord der »Python« dröhnten die Alarmsirenen auf, scharfe Kommandos, die U-Boote warfen die Leinen los, mit heiseren Befehlen trieben die Offiziere ihre Männer an, die Luken zu schließen, und dann verschwanden die Boote rauschend zur Alarmtauchfahrt in den Wellen.
Die Rettungsboote der »Python« wurden ausgeschwungen, klatschten ins Wasser, die Mannschaft ging in die Boote, dann das Krachen von Explosionen im Schiff, die »Python« war von ihren eigenen Leuten gesprengt worden. Der britische Kreuzer drehte ab und verschwand hinter dem Horizont.
Da schwammen sie nun in ihren Rettungsbooten und Gummiflößen – die Männer der »Atlantis« und der »Python«, die allesamt Opfer von Ultra geworden waren.
An der afrikanischen wie an der südamerikanischen Küste erwartete sie Kriegsgefangenschaft oder Internierung, der nächste Hafen in deutscher Hand aber war 5000 Seemeilen, rund 9000 Kilometer, entfernt.

Und so begann eine der seltsamsten Schleppfahrten in der Geschichte der Seefahrt. Die beiden deutschen U-Boote, die in der Nähe geblieben waren, übernahmen einen Teil der Schiffbrüchigen, die größere Zahl aber blieb in den Rettungsbooten, Schleppleinen wurden von den U-Booten zu den Rettungsbooten ausgebracht, dann brummten die Diesel der U-Boote auf. Mit nördlichem Kurs zogen sie durch das tropische Meer, am Tage sengende Hitze, in der Nacht klappernde Kälte.
Karl Dönitz, von den U-Booten über Funk unterrichtet, schickte ihnen zwei U-Boote entgegen und bat um die Hilfe großer italienischer U-Boote, die im Hafen von Bordeaux festgemacht hatten.
Nach fünftägiger Schleppfahrt trafen die Boote der »Python« auf die U-Boote, die Karl Dönitz zu ihrer Rettung in Marsch gesetzt hatte. Jetzt konnten die Männer aus den Rettungsbooten auf die U-Boote übersteigen, in denen die Enge allerdings kaum weniger qualvoll war.
Kurz darauf waren auch die italienischen Boote zur Stelle, die ebenfalls einen Teil der Schiffbrüchigen übernahmen. Am Heiligen Abend 1941 machten die Boote mit den Geretteten in U-Boot-Stützpunkten an der französischen Atlantikküste fest. In der offiziellen britischen Geschichte des Seekrieges heißt es: »Für diese Rettungsaktion gebührt dem Feind volle Anerkennung.«
Der britische Marinehistoriker Patrick Beesly schrieb über die Bilanz dieses Jahres, in dem die Briten erstmals die Ernte der Enigma-Entschlüsselung einbringen konnten: »Ohne Entzifferung hätten wir (bei der Jagd nach den Versorgungsschiffen) wohl kaum mehr Glück gehabt als zuvor. Vielleicht wäre es gelungen, einige Versorger der ›Bismarck‹ aufzuspüren, aber die meisten wären uns sicherlich entkommen; und weder die ›Devonshire‹ noch die ›Dorsetshire‹ hätten mit so präzisen Ortsangaben in die Weiten des Südatlantik entsandt werden können. Den Kriegsplänen der Deutschen war ein schwerer Schlag zugefügt worden; ihre Kriegführung mit Überwasserschiffen auf den Ozeanen hat sich davon nie mehr ganz erholt.«
Auch den Deutschen war am Ende des Jahres 1941 klar, daß es künftig wenig Sinn haben würde, Versorgungsschiffe in den Atlantik hinauszuschicken. Karl Dönitz schrieb: »Diese Ereignisse (der Verlust der ›Bismarck‹-Tanker, der ›Atlantis‹ und der ›Python‹) hatten gezeigt, daß die Zeiten der Versorgungsmöglichkeiten durch Überwassertanker im Atlantik vorüber waren. Die bei Kriegsbeginn in Bau gegebenen U-Boot-Tanker sollten in Zukunft diese Aufgabe übernehmen.«
Diese U-Boot-Tanker konnten sich dem Zugriff des Feindes durch Tauchfahrt entziehen, sie konnten sich unsichtbar machen. Aber es sollte sich herausstellen, daß die Briten auch diese Versorgungsschiffe in den Weiten des Ozeans fanden – punktgenau, mit katastrophalen Folgen für U-Tanker und U-Boote.

# 10 Boote für Rommel

*Erfolge im Mittelmeer: Flugzeugträger, Schlachtschiff, Kreuzer – Nordatlantik entblößt – Schwere Verluste bei Gibraltar – Dönitz im Zwiespalt – An Johnnie Walkers Geleitzug fünf Boote verloren – Ein Zeichen an der Wand*

Es war am 13. November 1941, einem Freitag. Durch das westliche Mittelmeer stampfte ein Verband britischer Kriegsschiffe mit Kurs auf den britischen Stützpunkt Gibraltar an der südwestlichen Spitze Spaniens: das Schlachtschiff »Malaya«, der Flugzeugträger »Ark Royal«, ein zweiter Flugzeugträger und ein Kreuzer.

Vor den schweren Schiffen und an ihren Flanken hetzten sieben Zerstörer dahin, jagend, sichernd, suchend. Der britische Flottenverband kehrte von einem Schlag gegen die deutsche Streitmacht am Mittelmeer zurück: Die Träger hatten 37 Hurricane-Jäger und sieben Blenheim-Bomber zur Mittelmeerinsel Malta gestartet, jener Insel, die auf dem Weg der Geleitzüge lag, die damals Nachschub für die deutschen und italienischen Armeen in Nordafrika transportierten.

Von der Brücke der »Ark Royal« blickte Captain L. E. H. Maund gegen den westlichen Horizont. Es war früher Nachmittag, der Hafen von Gibraltar nicht mehr weit entfernt. Maund war zufrieden mit der Operation vor Malta – einer von vielen erfolgreichen Einsätzen der »Ark Royal«, die den Träger inzwischen zu einem der berühmtesten Schiffe der Royal Navy hatten werden lassen. Das 22 000-Tonnen-Schiff schien eine Art Erbpacht auf das Kriegsglück zu haben: In den ersten Tagen des Krieges war die »Ark Royal« dem deutschen U-Boot U 39 vor die Torpedorohre gelaufen, das Boot hatte drei Torpedos auf das riesige Ziel losgemacht – alle drei Torpedos waren zu früh detoniert, der Träger war ohne jeden Schaden davongekommen; U 39 aber, das sich durch seine Schüsse verraten hatte, war von den Begleitzerstörern der »Ark Royal« versenkt worden.

Vom Flugdeck der »Ark Royal« waren am 26. Mai 1941 jene Swordfish-Flugzeuge gestartet, die das deutsche Schlachtschiff »Bismarck« auf seiner Fahrt nach Brest entdeckten, angriffen und mit einem Torpedotreffer in die Ruderanlage lähmten, so daß die weit überlegene britische Flotte am nächsten Tag heranschließen und die »Bismarck« versenken konnte.

Jetzt war die »Ark Royal« einer der Pfeiler britischer Seeherrschaft im Mittelmeer: Sie konnte 60 Kampfmaschinen an den Feind befördern. Aus ihrem Rumpf drohte mächtige Feuerkraft: 16 Geschütze vom

Kaliber 11,4 Zentimeter, 32 Flugabwehrkanonen vom Kaliber vier Zentimeter und 32 Maschinengewehre, dazu noch zwei Torpedorohre.
Nun, bei der Fahrt nach Gibraltar, hielt die »Ark Royal« in der Staffel der schweren Schiffe die zweite Position. Vor ihr lief das Schlachtschiff »Malaya«. Doch der Kurs, den die britischen Schiffe an diesem Nachmittag gewählt hatten, sollte sich für die »Ark Royal« verhängnisvoll auswirken.
Es war gegen 14.30 Uhr an diesem 13. November 1941, als unweit des britischen Flottenverbandes ein Oval aus Stahl und Glas die Wasseroberfläche durchbrach: das Sehrohr des deutschen U-Bootes U 81, kommandiert von Kapitänleutnant Fritz Guggenberger.
U 81 lauerte seit vielen Stunden im Seegebiet vor Gibraltar: Der deutsche xB-Dienst hatte einen Funkspruch über den Marsch des britischen Kampfverbandes aufgefangen, entschlüsselt und an den Befehlshaber der U-Boote weitergegeben. Karl Dönitz hatte daraufhin den Booten U 81 und U 205 befohlen, das Seegebiet anzusteuern, das die Briten bei ihrer Fahrt nach Gibraltar wahrscheinlich durchqueren würden.
Allerdings: Auf einen Erfolg konnten die Deutschen nur hoffen, wenn ihnen das Glück zur Seite stand. Der englische Verband mußte genau auf die U-Boote zulaufen, denn die Geschwindigkeit der Boote reichte bei weitem nicht aus, den schweren Überwasserschiffen zu folgen.
Doch jetzt stand U 81 genau im Kurs des britischen Verbandes. Fritz Guggenberger fuhr das Sehrohr wieder aus. Da dampften sie heran, die mächtigen Schiffe, und füllten den ganzen Horizont. Noch zwei Meilen waren sie entfernt, noch eine Meile.
Guggenberger gab das Kommando für die Vorbereitung des Torpedoschusses: »Viererfächer Rohr 1 bis 4.« Näher kamen die Schiffe.
Rückmeldung aus dem Bugraum des U-Bootes: »Fächer ist klar.«
Nun betrug der Abstand noch 1500 Meter, noch 1300 Meter, noch 1200 Meter. Dann füllte der Rumpf der »Ark Royal« das Sehrohr von U 81.
Guggenbergers Kommando kam: »Fächer los!« Die Torpedos glitten kurz nacheinander aus den Rohren. Dann die Rückmeldung aus dem Bugraum des Bootes: »Fächer läuft!«
Um die Last der Torpedos erleichtert, begann U 81 zu steigen. Es drohte durch die Wasseroberfläche zu brechen. Guggenberger befahl seine Männer in den Bugraum, das Boot kippte und fiel.
In die Tauchfahrt dröhnte eine schwere Explosion: U 81 hatte sein Ziel getroffen.
In 120 Meter Tiefe versuchte das Boot, sich davonzustehlen – weg, nur weg von dem Ort, an dem es den Schlag gegen den britischen Flottenverband geführt hatte. Oben liefen die Zerstörer an, Wasserbomben

torkelten in die Tiefe, explodierten erst weitab, dann näher, U 81 schüttelte sich, Glas sprang von den Instrumenten.
U 81 schlug einen neuen Kurs ein, die nächste Wasserbombenserie lag schon nicht mehr so dicht, langsam zog sich das Boot aus dem Ring von Detonationen heraus, den die britischen Zerstörer legten.
Oben aber, auf der blauen, schwachgekräuselten Fläche des Mittelmeeres, lag die »Ark Royal« im Todeskampf. U 81 hatte den Träger mittschiffs getroffen, durch ein riesiges Leck strömte Wasser in den Maschinenraum. Langsam neigte sich der Träger zu schwerer Schlagseite, Maschinen, Pumpen, Licht fielen aus.
Noch schwamm das Schiff, noch konnte es möglicherweise gerettet werden. Von Gibraltar dampften zwei Hochseeschlepper herbei, die um 9 Uhr abends an diesem 13. November 1941 den Flugzeugträger auf den Haken nahmen. Gegen Mitternacht hatte die Besatzung der »Ark Royal« es sogar fertiggebracht, wieder Dampf in einem Kessel zu unterhalten. Doch zwei Stunden später schlugen plötzlich Flammen aus dem Kesselraum, die Schlagseite des Schiffes nahm schnell zu. Im Winkel von 35 Grad neigte sich sein Flugdeck gegen die Wasseroberfläche, die Briten mußten das Schiff aufgeben. Um 6.13 Uhr morgens sank die »Ark Royal« auf den Grund des Mittelmeers, knapp 25 Meilen von Gibraltar entfernt. Nur ein einziger Mann der Besatzung war umgekommen.
Einer der Matrosen, die an diesem Novembermorgen in die Boote sprangen, hatte ein schwarzes Bündel unter dem Arm: einen Kater. Mit diesem Tier verbinden sich einige der seltsamsten Zufälle des Zweiten Weltkriegs:
Am 27. Mai 1941, wenige Stunden nach der Vernichtung des deutschen Schlachtschiffes »Bismarck«, durchfuhr der britische Zerstörer »Cossack« das Seegebiet, in dem die »Bismarck« gesunken war. Die Männer auf der Brücke der »Cossack« musterten das Meer durch ihre Gläser. Sie sahen Trümmer und Leichen. Auf einem Stück Holz jedoch war ein schwarzer Punkt auszumachen, der zunächst nicht zu identifizieren war. Der Zerstörer lief näher heran, und nun zeichnete sich in den Ferngläsern der Umriß einer Katze ab. Sie drehte den Kopf und versuchte, den Wellen auszuweichen, die über das Stück Holz schwappten, auf das sie sich gerettet hatte.
Die Briten setzten ein Boot aus und holten das Tier an Bord. Sie nannten es »Oscar, the Bismarck's Cat« und behielten den Kater als Maskottchen an Bord. Am 24. Oktober 1941 lief die »Cossack« vor die Torpedorohre des deutschen U-Bootes U 563, wurde getroffen, schwamm noch 36 Stunden und versank dann. Der größte Teil der Zerstörerbesatzung wurde gerettet; gerettet wurde auch der Kater Oscar.
Mit einem britischen Zerstörer gelangte das Tier nach Gibraltar und avancierte dort zum Bordkater der »Ark Royal«. Jetzt, nachdem drei

Schiffe, die Oscar an Bord gehabt hatten, versenkt worden waren, verbannte die britische Marine das Tier an Land. Es starb 1955 einen friedlichen Tod im Seemannsheim von Belfast.
Elf Tage nach der Versenkung der »Ark Royal«, am Nachmittag des 24. November, verließ ein beeindruckender britischer Flottenverband den Hafen von Alexandria in Ägypten: die drei Schlachtschiffe »Queen Elizabeth«, »Valiant« und »Barham« zusammen mit acht Zerstörern. Die Kampfgruppe lief an der afrikanischen Küste entlang nach Westen.
Vor der afrikanischen Küste stand seit Tagen das deutsche U-Boot U 331 unter dem Kommando des Oberleutnants zur See Hans Diedrich von Tiesenhausen. Am Morgen des 25. November lief U 331 getaucht mit langsamer Fahrt nach Osten. Gegen neun Uhr meldete der Mann am Horchgerät von U 331: »Schraubengeräusche im Norden, schwach, weit entfernt.«
Der Kommandant ließ das Boot auf Sehrohrtiefe steigen. Doch nichts war zu sehen, das Meer war leer. Tiesenhausen entschloß sich, über Wasser das Seegebiet anzusteuern, aus dem die Geräusche kamen. Doch unmittelbar nachdem das Boot die Wasseroberfläche durchbrochen hatte, gab der Kommandant Befehl: »Alarmtauchen.« Ein Flugzeug brummte, nicht weit entfernt, über das Wasser. Wieder Tauchfahrt. Mit vier Knoten, rund sieben Stundenkilometer, schob sich U 331 weiter nach Norden. Immer noch waren die Geräusche im Horchgerät zu vernehmen, sie schienen sich sogar zu verstärken. Es mußten, soviel war klar, viele Schiffe sein. Ein Geleitzug? Ein Flottenverband?
Trotz der Gefahr, die aus der Luft drohte, ließ Kommandant Tiesenhausen sein Boot auftauchen. Über Wasser lief der »graue Wolf« mit Höchstgeschwindigkeit auf seine mutmaßliche Beute in der Ferne zu. Immer noch war durch das Glas nichts zu erkennen.
Am frühen Nachmittag endlich: im Nordosten eine gelbschwarze Verfärbung des Horizonts und wenig später feine Striche an der Kimm: die Gefechtsaufbauten von Kriegsschiffen. Es konnten nur Briten sein. Dann schälten sich die Silhouetten aus dem Dunst. Immer noch hielt der Kommandant von U 331 sein Boot an der Oberfläche. Er sah, wie die englischen Schiffe plötzlich den Kurs änderten.
Der neue Kurs führte die Schiffe aus der Reichweite von U 331 heraus. Jede Angriffsmöglichkeit schien zu entschwinden. Aber wenig später änderten die britischen Schiffe wieder ihren Kurs, und diesmal liefen sie genau auf U 331 zu. Jetzt konnte U-Boot-Kommandant Tiesenhausen auch erkennen, was heranrauschte: drei britische Großkampfschiffe und sichernde Zerstörer.
U 331 tauchte weg. Befehle gellten durch das Boot, die Männer gingen auf Gefechtsstation. Vorsichtig fuhr der Kommandant das Periskop aus: Da waren die britischen Schiffe schon nahe herangekommen, eines hinter dem anderen, an den Seiten die Zerstörer. In diesem Augenblick bemerkte

Tiesenhausen, daß an den Masten der Schiffe bunte Signalflaggen auswehten. Wieder änderten die Briten den Kurs. Die zwei Zerstörer an der Spitze rauschten in geringer Entfernung an U 331 vorbei. Sie bemerkten das U-Boot nicht. Waren ihre Unterwasserortungsgeräte unbesetzt? Rechneten sie nicht mit einem deutschen U-Boot?
Jetzt stand U 331 plötzlich mitten im Verband des Feindes, zwischen Zerstörersicherung und den Schlachtschiffen. Das erste Schlachtschiff wuchs im Periskop zu voller Größe auf, wälzte sich heran und war schon vorbei. Noch war U 331 nicht in Schußposition.
Kommandant Tiesenhausen ließ sein Boot hart andrehen, noch etwas herum, noch mehr. Dann wieder ein Schlachtschiff im Fadenkreuz, U 331 jetzt in Schußposition.
»Fächer los!« kommandierte Tiesenhausen. Die vier Torpedos schossen aus den Rohren. Um 16.29 Uhr an diesem 25. November 1941 explodierten drei der Geschosse am Rumpf des britischen Schlachtschiffs »Barham«, drei mächtige Säulen aus Feuer und Wasser stiegen in den Himmel.
Die Männer von U 331 versuchten im gleichen Augenblick verzweifelt, ihr Boot in die schützende Tiefe zu zwingen: Das Boot gehorchte nicht dem Tiefenruder, es brach nach oben durch. Die Oberkante des Turms ragte aus dem Wasser heraus. Und da wurde es von Männern des Schlachtschiffs »Valiant«, das die dritte Position in der Linie eingenommen hatte, gesichtet, in nicht viel mehr als dreißig Meter Entfernung. Der Kommandant der »Valiant« befahl, Kurs zu ändern und zum Rammstoß anzusetzen. Aber das riesige Schiff drehte nicht schnell genug ein, und selbst seine Waffen vermochten U 331 nicht zu erreichen: Geschütze und Maschinenkanonen konnten nicht tief genug gesenkt werden. Rund 45 Sekunden blieb ein Teil des Turms von U 331 sichtbar, dann schoß es nach unten.
Das torpedierte britische Schlachtschiff legte sich unterdessen schnell nach Steuerbord über, und wenige Minuten nach der Detonation der Torpedos zerrissen schwere Explosionen das Schiff. Feuer hatte sich in die Munitionskammern gefressen. Die »Barham« zerbarst und versank. Sie riß 862 britische Seeoffiziere und Mannschaften mit sich in die Tiefe.
Die »Barham« war das erste Schlachtschiff, das in diesem Zweiten Weltkrieg durch ein U-Boot auf offener See versenkt wurde. Der britische Marinehistoriker Roskill schrieb: »Es war ein schwerer Verlust.« Die britische Admiralität hielt die Nachricht über die Versenkung der »Barham« mehrere Monate geheim: Offenbar fürchtete sie Auswirkungen auf die Stimmung in Großbritannien und auch auf die Kampfmoral der Streitkräfte.
Nur kurze Zeit später gelang einem deutschen U-Boot der dritte schwere Schlag gegen die Royal Navy im Mittelmeer innerhalb von vier

Wochen: Dreißig Meilen westlich von Alexandria torpedierte und versenkte U 557 unter dem Kommando von Kapitänleutnant Paulsen am 14. Dezember 1941 den britischen Leichten Kreuzer »Galatea«.
Der Einsatz der deutschen U-Boote im Mittelmeer sollte deutschen Truppen Luft verschaffen, die unter schwerem feindlichem Druck standen: dem deutschen Afrikakorps unter Feldmarschall Erwin Rommel, das zusammen mit verbündeten italienischen Verbänden in der Wüste gegen die Engländer kämpfte. Das größte Problem: Es gelangte nicht genug Nachschub an die Front. Von Malta aus stießen britische Kriegsschiffe und Kampfflugzeuge gegen die Geleitzüge vor, die aus italienischen Häfen nach Nordafrika fuhren.
Italienische Konvois erlitten im Jahre 1941 das Schicksal, das die Geleitzüge nach Großbritannien im Atlantik erfuhren: U-Boote torpedierten Frachter mit Panzern und Munition, Flugzeuge griffen in rollenden Einsätzen die Nachschubschiffe an, mancher Geleitzug wurde von britischen Überwasserschiffen regelrecht in Stücke geschlagen. So hatten die Briten in der Zeit vom 8. Februar bis zum 1. Mai 1941 durchschnittlich sechs von zehn Schiffen vernichtet, die Truppen, Panzer, Treibstoff, Waffen, Munition und Proviant nach Nordafrika transportieren sollten.
Im Laufe des Sommers 1941 hatte sich die Lage auf dem Kriegsschauplatz des Mittelmeers für die Deutschen zur Krise verschärft. Die Wehrmacht hatte am 22. Juni 1941 das Unternehmen Barbarossa, den Angriff auf die Sowjetunion, begonnen. Verbände der Luftwaffe, die bis dahin am Mittelmeer stationiert gewesen waren und ein Gegengewicht zu Englands Air Force gebildet hatten, kämpften nun im Osten. Englands strategische Stellung auf dem südlichen Kriegsschauplatz festigte sich immer mehr, das Ziel der Deutschen und Italiener, Großbritannien aus dem Mittelmeer zu vertreiben, war unerreichbar geworden. Vielmehr drohte jetzt sogar der Verlust Nordafrikas. Damit würde die Südflanke der deutschen und italienischen Kriegführung dem Zugriff der Briten preisgegeben sein.
Im Laufe des Sommers verschlimmerte sich die Nachschublage stetig: Jetzt versenkten die Briten schon sieben von zehn Schiffen, die für Rommels Versorgung in der Wüste eingesetzt wurden.
Wer konnte helfen? Wer konnte die Front in Nordafrika entlasten? Wer konnte dazu beitragen, die Nachschubwege zu sichern? Am 25. Juli 1941 ließ Rommel sich in Hitlers Hauptquartier fliegen, legte die Lage dar und schlug vor, deutsche U-Boote im Mittelmeer einzusetzen. Die Boote sollten retten, was schon verloren schien.
Am 19. August 1941 formulierte Großadmiral Erich Raeder, Oberbefehlshaber der deutschen Kriegsmarine, auf einer Besprechung der Seekriegsleitung: »Angesichts des völligen Versagens der Italiener bei allen Aufgaben, die zur Bekämpfung Englands im Mittelmeerraum

anfallen, wird sich auf die Dauer der Einsatz deutscher U-Boote im Mittelmeer nicht vermeiden lassen, so sehr dies auch auf Kosten des Zufuhrkrieges im Atlantik geht. Die Seekriegsleitung bereitet daher diese Frage gedanklich vor und rechnet damit, daß voraussichtlich zunächst etwa sechs bis zehn mittlere Boote . . . zum Einsatz gebracht werden müssen.«

Ende September 1941 drangen die ersten sechs Boote durch die Straße von Gibraltar in das Mittelmeer ein; sechs Boote gegen die mächtige britische Flotte im Mittelmeer – sie konnten eine Veränderung der Gesamtlage nicht erzwingen. Anfang November wurde die deutsche U-Boot-Flotte im Mittelmeer um weitere vier Boote verstärkt. Zur gleichen Zeit wurde die deutsche Luftflotte II auf Flughäfen am Mittelmeer stationiert.

Unmittelbar bevor die Maßnahmen der Deutschen wirksam wurden, führten die Briten noch einen fürchterlichen Schlag: Am Nachmittag des 8. November 1941 sichtete ein britischer Aufklärer einen italienischen Geleitzug, der von Sizilien nach Bengasi in Nordafrika bestimmt war. Der Konvoi bestand aus sieben großen Frachtschiffen. Es war ein sehr wichtiger Konvoi, weshalb ihn die Italiener mit einem dichten, scheinbar undurchdringlichen Schutzschirm von Kriegsschiffen umgeben hatten: zehn Zerstörern und zwei Schwere Kreuzern.

Am Abend dieses 8. November verließ auf die Meldung des Aufklärungsflugzeuges hin die britische »Force K« den Hafen von Malta und stieß auf den Geleitzug zu. »Force K« bestand nur aus zwei Kreuzern und zwei Zerstörern; doch die Kampfgruppe nutzte die Dunkelheit der Nacht zu einem von Radar geleiteten massierten Feuerüberfall, der die italienischen Begleitschiffe überraschte: Alle sieben Frachtschiffe und ein italienischer Zerstörer wurden von Granaten zerrissen und in Brand gesteckt. Die Briten erlitten keine Verluste.

Dann gelang es den deutschen Kampffliegern und U-Booten in einer gewaltigen Anstrengung, die Nachschubwege für die bedrängte deutsche Afrika-Armee zu sichern – die Versenkung der »Ark Royal«, der »Barham« und der »Galatea« trug entscheidend dazu bei.

Die deutschen Boote mußten allerdings bei dem Marsch durch den dichten Sperrgürtel der Briten in der Straße von Gibraltar einen hohen Preis entrichten: Am 4. November 1941 versenkte die britische Korvette »Marigold« das deutsche U-Boot U 433 unter dem Kommando von Kapitänleutnant Hans Ey südlich von Malaga, nur kurze Zeit nachdem dem Boot der Durchbruch in das Mittelmeer gelungen war. Ein Teil der Besatzung von U 433 wurde gerettet.

Am 28. November versenkte das niederländische U-Boot O 21, das im Verband der Royal Navy kämpfte, das deutsche U-Boot U 95 unter dem Kommando von Kapitänleutnant Gerd Schreiber südwestlich von Almeria. Ein Teil der Besatzung von U 95 wurde gerettet.

Am 30. November griff ein britischer Jagdbomber das deutsche U-Boot U 206 unter dem Kommando von Kapitänleutnant Herbert Opitz an, das auf dem Marsch ins Mittelmeer war. U 206 versank mit seiner gesamten Besatzung.
Am 11. Dezember versenkte die britische Korvette »Bluebell« das deutsche U-Boot U 208 unter dem Kommando von Oberleutnant Alfred Schlieper westlich der Straße von Gibraltar. U 208 versank mit seiner gesamten Besatzung.
Am 21. Dezember sichtete der Pilot eines britischen Torpedobombers das deutsche U-Boot U 451 unter dem Kommando von Korvettenkapitän Eberhard Hoffmann auf der Höhe von Tanger. Der Brite versenkte das deutsche Boot. Ein Teil der Besatzung konnte sich retten.
Drei deutsche Boote wurden bei dem Versuch, ins Mittelmeer durchzustoßen, von Wasser- und Fliegerbomben so schwer beschädigt, daß sie den Rückmarsch in ihre Stützpunkte an der französischen Atlantikküste antreten mußten. Karl Dönitz vermerkte über das Ausmaß der Verluste, die seine Flotte westlich und östlich von Gibraltar erlitt: »Das entsprach einem Ausfall von 33 Prozent der angesetzten Boote.«
Karl Dönitz war von der Entsendung der Boote ins Mittelmeer von allem Anfang in einen Zwiespalt gestürzt worden. Er schrieb: »Der Abzug von U-Booten aus dem Atlantik in den Mittelmeerraum schwächte natürlich die Atlantikkriegführung erheblich. Ich hielt ihn jedoch für unvermeidbar, weil die Gefährdung des deutschen Afrikakorps beseitigt werden mußte.«
Der Einsatz von zehn Booten im Mittelmeer gegen eine unmittelbar drohende Gefahr konnte nach Ansicht des U-Boot-Admirals hingenommen werden – aber nicht mehr. Hitler jedoch drängte auf die Entsendung einer noch weit größeren Zahl von Booten an die Seefront im Süden. Sie erschien ihm jetzt, im Herbst 1941, »als der für die Fortführung des Krieges entscheidende Raum, weil die Ausschaltung der Achsenmächte vom Mittelmeer die Sicherheit des Kontinents gefährdet«.
Am 29. Oktober schon erhielt Dönitz den Befehl, die Zahl der U-Boote im Mittelmeer von zehn auf insgesamt 24 zu bringen, zwölf im westlichen und zwölf im östlichen Teil. Die Operationsabteilung der Seekriegsleitung teilte dem Befehlshaber der U-Boote bündig mit: »Ein Einspruch kommt nicht in Frage, zumal der Führer sogar bereit ist, bis zur Bereinigung der Mittelmeerlage den U-Boot-Krieg im Atlantik praktisch aufzugeben.«
Dönitz mußte feststellen, daß ihm die Mittel zur Führung des Seekriegs an jener Front, an der sich nach seiner Ansicht der Krieg entschied, aus der Hand gewunden wurden. Die Entsendung der Boote ins Mittelmeer war zudem nicht die erste Schwächung der U-Boot-Flotte im Atlantik:
Die Luftwaffe hatte zwei Boote angefordert, die ausschließlich für

Meldungen über die Entwicklung des Wetters im Atlantik eingesetzt waren und die dementsprechend für den Geleitzugkampf ausfielen.
Von Juni bis September 1941 waren acht Boote in die östliche Ostsee kommandiert worden, um Seekrieg gegen die russische Flotte zu führen. Dönitz: »Sie fanden kaum irgendwelche Ziele und hatten keine nennenswerten Erfolge, so daß sie mir schließlich zurückgegeben wurden.«
Im Juli 1941 mußte Dönitz sechs Boote aus der Atlantikflotte herausnehmen und sie in das Polarmeer nördlich und östlich von Norwegen entsenden. Für den Schlag gegen Großbritanniens Lebensadern, gegen die Geleitzüge im Nordatlantik, waren so Anfang November 1941 nicht mehr als dreißig U-Boote geblieben. Da jeweils ein Drittel der Boote auf dem Anmarsch oder auf dem Rückmarsch war, führten im Nordatlantik nur jeweils höchstens zehn Boote Geleitzugkrieg.
So kamen die deutschen U-Boote dem Ziel, England von seiner Versorgung über See abzuschneiden, nicht näher. Es rückte im Herbst des Jahres 1941 vielmehr in eine offenbar unerreichbare Ferne: Zwischen 800 000 und einer Million Tonnen Schiffsraum mußten – so hatte die deutsche Seekriegsleitung errechnet – Monat für Monat versenkt werden, um Großbritanniens Versorgung entscheidend zu treffen. Aber jetzt, bei Anbruch des dritten Kriegsjahres, erreichten die U-Boote nicht einmal ein Fünftel dieser Rate.
Am 10. November 1941 formulierte Karl Dönitz in einem Schreiben an die Seekriegsleitung in Berlin seinen Protest gegen den nach seiner Ansicht verfehlten Einsatz der Boote: »Der Befehlshaber der U-Boote ist nach wie vor der entschiedenen Ansicht, daß die Hauptaufgabe des U-Boot-Krieges das Schlagen ist. Ausschließlich durch das Schlagen hat er seine Wirkung gegen England, dem es nur willkommen sein kann, wenn der U-Boot-Krieg für Wochen zum Erliegen kommt. Da bereits aus politisch-strategischen Gründen eine Teilung der U-Boot-Waffe – siehe Mittelmeer – erforderlich wird und unvermeidlich ist, sollte meines Erachtens unbedingt vermieden werden, durch laufende Absplitterung für Nebenaufgaben den U-Boot-Krieg im Atlantik lahmzulegen . . . Die Schwächung des U-Boot-Kriegs beim Abzug von Booten für Sonderaufgaben kann auch nicht etwa nach dem prozentualen Ausfall von Erfolgen der abgestellten Boote im einzelnen gemessen werden; der Ausfall eines Bootes wirkt sich vielmehr in weit größerem Maße aus: In der Aufklärung bedeutet der Ausfall eines Bootes geringeren Aufklärungsbericht für alle und geringere Chancen, etwas zu finden. Das Finden ist aber das schwierigste Problem des U-Boot-Kriegs überhaupt.«
Doch nur elf Tage später nahm ein Befehl der Seekriegsleitung dem Befehlshaber der U-Boote nahezu jegliche Möglichkeit, im Nordatlantik Krieg gegen die Konvois zu führen, die England mit Nachschub aus Nordamerika versorgten. Der Befehl lautete: Die Boote, die zwischen Island und England operierten, seien abzuziehen. Zusammen mit den

Booten, die im Süd- und Mittelatlantik standen, sollten westlich und östlich der Straße von Gibraltar starke U-Boot-Gruppen gebildet werden. Die Folge: Der Nordatlantik war von U-Booten entblößt, der ehemalige Nebenkriegsschauplatz Mittelmeer zum Hauptkriegsschauplatz geworden.

Karl Dönitz sträubte sich: Im Mittelmeer und im mittleren Atlantik konnte der Zufuhrkrieg gegen England nicht gewonnen werden. Während die Boote bei Gibraltar auf den Feind lauerten, zogen oben im Norden die riesigen Geleitzugströme nach England über den Ozean.

Dönitz schrieb: »Ich hielt den befohlenen Einsatz der U-Boote in dieser Stärke im Mittelmeerraum, vor allem die Aufstellung der Boote westlich und ostwärts der Straße von Gibraltar, nicht für richtig. In einer Reihe von mündlichen und schriftlichen Anträgen und Fernschreiben an die Seekriegsleitung versuchte ich immer wieder, meinem Standpunkt Geltung zu verschaffen und die Rückgabe der vor Gibraltar aufgestellten U-Boote für die Atlantikkriegführung zu erreichen . . .«

Doch die Seekriegsleitung hielt daran fest, daß eine große Zahl deutscher U-Boote beiderseits der Straße von Gibraltar aufgestellt bleiben mußte, um eine Landung englischer Truppen im westlichen Nordafrika abzuwehren. Sie blieb auch dann noch bei ihrer Ansicht, als Großbritanniens Seemacht auf einem weit entfernten Kriegsschauplatz in Anspruch genommen wurde: Am 7. Dezember 1941 war Japan in den Krieg eingetreten, die Briten mußten ihre Fernostflotte verstärken – zu Lasten ihrer Streitkräfte im Mittelmeer.

Dönitz: »Meinen Einwänden gegen den Mittelmeer- und Gibraltar-Einsatz der U-Boote gab die Seekriegsleitung nur sehr zögernd nach . . . Dieses Festhalten am massierten Gibraltar-Einsatz der U-Boote sollte sich noch bei dem Anfang 1942 einsetzenden U-Boot-Krieg gegen Amerika ungünstig auswirken.«

Neun Jahre nach dem Ende des Krieges bestätigten die Briten dem deutschen Admiral Dönitz, daß seine seestrategischen Ansichten richtig, die der Seekriegsleitung dagegen falsch gewesen waren. In der offiziellen britischen Seekriegsgeschichte heißt es: ». . . die deutschen U-Boote erlitten nicht allein empfindliche Verluste auf dem neuen Kriegsschauplatz (dem Mittelmeer). Die Überführung der Boote aus dem Atlantik brachte uns überdies eine höchstwillkommene Erleichterung auf diesem lebenswichtigen Kriegsschauplatz. Der deutsche Admiralstab kannte, als er die Boote nach dem Mittelmeer befahl, noch nicht die japanische Absicht, am 7. Dezember anzugreifen. Er konnte daher nicht voraussehen, daß ein neuer Verbündeter erheblich dazu beitragen würde, Italien zu stützen und die Armeen der Achsenmächte in Afrika zu retten. Aber auf lange Sicht gesehen kann bezweifelt werden, ob die Verlagerung der deutschen U-Boot-Waffe dem Feinde irgendeinen Vorteil gebracht hat, besonders, wenn man in Betracht zieht, daß die Verlegung der U-Boote ins Mittelmeer eine Abschwächung der U-Boot-Offensive im Atlantik unvermeidlich machte.«

Die Verminderung des deutschen Drucks im Nordatlantik setzte die Briten überdies in die Lage, Kriegsschiffe zum Schutz der Gibraltar-Geleitzüge zu konzentrieren. Der Konvoi HG 76, der im Dezember 1941 von Gibraltar nach Großbritannien dampfte, wurde von nicht weniger als 13 Kriegsschiffen eskortiert. Diese Schiffe – drei Zerstörer, sieben Korvetten, zwei Sloops und der Hilfsflugzeugträger »Audacity« – schlugen gegen ein Rudel deutscher U-Boote eine der denkwürdigsten Geleitzugschlachten des Zweiten Weltkriegs.

Der Hilfsflugzeugträger »Audacity« war einst als Frachter mit dem Namen »Hannover« unter deutscher Flagge gefahren. Die Briten hatten das Schiff zu Anfang des Krieges in einem karibischen Hafen als Prise genommen. Auf einer Werft in England war der rund zehntausend Tonnen großen »Hannover« ein hölzernes Flugdeck aufgesetzt worden. Nun konnte es sechs einmotorige Kampfflugzeuge vom Typ Martlet ins Seegefecht tragen.

Befehlshabender Offizier der Geleitschiffe des HG 76 war F. J. Walker, »Johnnie« Walker genannt, zugleich Kommandant der Sloop »Stork«, eines Schiffes von der Größe eines Zerstörers, das allerdings nur etwa 20 Knoten laufen konnte.

Kein anderer Offizier der Royal Navy war im Kampf gegen die deutschen U-Boote erfolgreicher als Johnnie Walker, kein anderer entwickelte so viel taktisches Geschick wie er. Von Walker kommandierte Schiffe versenkten allein 22 deutsche U-Boote. Walker starb 1944, nicht im Gefecht, sondern an einem Gehirnschlag.

Im Oktober 1941 erst war Walker Kommandant eines Schiffes geworden. Lieutenant Commander (Korvettenkapitän) Walker hatte eigene Ansichten über die Bekämpfung von U-Booten. Seine Methode nannte er »Operation Buttercup«, nach dem Kosenamen seiner Frau. Diese Taktik beschrieb er so: »Die beste Verteidigung bleibt die Vernichtung des Gegners. ›Buttercup‹ zielt darauf ab, mit so vielen Geleitfahrzeugen wie möglich an die Stelle zu laufen, an der ein U-Boot gesichtet worden ist oder vermutet wird, das Gebiet in der Nähe eines torpedierten Schiffes mit Wasserbomben einzudecken und mit Leuchtraketen das Seegebiet, in dem ein U-Boot nach dem nächtlichen Angriff über Wasser zu entkommen versucht, aufzuhellen. Wenn ein U-Boot erst einmal zum Tauchen gezwungen worden ist, fällt es dem Überwasserschiff erheblich leichter, es zu zerstören.«

Auf der Reede von Gibraltar sammelten sich in den ersten Dezemberwochen die Schiffe des Geleitzuges HG 76 – insgesamt 32 schwerbeladene Frachter.

Der Konvoi HG 76 verließ die Reede von Gibraltar am 14. Dezember

1941, einem Sonntag, um 18 Uhr. Der Geleitzug steuerte zunächst einen südwestlichen Kurs, weit in den Ozean hinaus. Am 15. Dezember sichtete das deutsche U-Boot U 127 unter dem Kommando von Korvettenkapitän Bruno Hansmann den Konvoi. Aber bevor das Boot auch nur in die Nähe der Frachter kommen konnte, wurde es von dem australischen Zerstörer »Nestor« gesichtet und versenkt. Kein Mitglied der Besatzung überlebte.
Am zweiten Tag der Geleitzugfahrt tauchte hoch am Himmel ein deutsches Flugzeug auf, ein Fernaufklärer vom Typ Focke-Wulf 200. Es drehte ab und meldete über Funk den Standort der riesigen Schiffsansammlung, die sich jetzt mit nördlichem Kurs fortbewegte.
Wenig später hörten die britischen Funker in den Peilstationen an den Küsten, wie der Funkverkehr auflebte. Der Befehlshaber der U-Boote setzte ein Rudel auf den HG 76 an: insgesamt neun Boote, die jetzt aus verschiedenen Richtungen mit Höchstfahrt auf den Konvoi zuliefen.
Der britische »Submarine Tracking Room« meldete seine Beobachtungen, und die britische Admiralität informierte Kommandant Walker, daß seinem Geleitzug eine Schlacht bevorstand. Am 17. Dezember stieß als erstes Boot U 131, kommandiert von Korvettenkapitän Arend Baumann, auf den Geleitzug. Baumann folgte dem Geleitzug »an der Grenze der Sicht«, so weit entfernt also, daß vom Turm des Bootes gerade noch die Mastspitzen der Frachter und der Geleitfahrzeuge auszumachen waren.
Gegen 9 Uhr an diesem Morgen des 17. Dezember schwang sich vom Deck des Hilfsflugzeugträgers »Audacity« eine der Martlet-Maschinen in die Luft und umkreiste den Geleitzug. Der Pilot in dem einsitzigen Jäger musterte die Oberfläche des Wassers und suchte den Horizont ab. Und aus der Höhe entdeckte er den grauen Rumpf von U 131. Während der Pilot noch seine Sichtmeldung an Johnnie Walker auf der »Stork« funkte, tauchte U 131 schon weg.
Walker entschied gleichwohl, das rund 22 Seemeilen entfernte Ziel anzulaufen, zu suchen und, wenn möglich, zu vernichten. Fünf der Geleitschiffe stießen mit Höchstfahrt zu der Stelle vor, die der Pilot bezeichnet hatte, und fahndeten mit den Asdic-Ortungsgeräten nach dem deutschen Boot. Sie fanden es. Es war kurz nach 11 Uhr an diesem Morgen des 17. Dezember, als der erste der Zerstörer zum Wasserbombenwurf anlief. Schon die erste Serie der Bomben lag dicht beim Ziel. Meldungen gellten durch das tief unter Wasser fahrende Boot: »Wassereinbruch vorn!«
Zwei Stunden lang versuchte sich U 131 getaucht dem feindlichen Angriff zu entziehen, dann mußte es auftauchen: Die Batterien waren erschöpft. Doch an der Oberfläche wartete der Feind. Der Ausguck auf dem Zerstörer »Stanley« sichtete einen feinen Strich an der Kimm – wieder setzten die Kriegsschiffe zur Jagd an, und zugleich startete eine der Jagdmaschinen vom Deck der »Audacity«.

Wenige Augenblicke später war sie über dem Boot und setzte im Tiefflug zum Angriff an. Schweres Feuer aus Bordkanonen deckte das U-Boot ein. U 131 schoß mit den Flugabwehrkanonen im Turm auf den erneut anfliegenden Gegner, das Feuer lag im Ziel, die »Martlet« bäumte sich auf und schmierte, eine Rauchfahne nach sich ziehend, ab.
Doch inzwischen waren die britischen Kriegsschiffe herangekommen. Aus weittragenden Geschützen eröffneten sie das Feuer auf das immer noch an der Oberfläche schwimmende, tauchunfähige Boot. Die Granaten trafen, zerschlugen Tauchzellen und Rumpf. Der Kampf war aussichtslos geworden. Die deutsche Besatzung verließ ihr Boot. Unmittelbar darauf versank U 131 im Atlantik. Die Zerstörer retteten die Deutschen aus dem Meer.
Bilanz nach drei Tagen Geleitzugfahrt: zwei U-Boote versenkt, aber keines der britischen Schiffe.
Der Geleitzug lief weiter nach Norden, nicht schnell, aber stetig, sieben bis acht Knoten, 13 bis 15 Kilometer in der Stunde, rund 350 Kilometer am Tag. Der 18. Dezember dämmerte herauf, der Konvoi stand jetzt weit westlich von Spanien im Atlantik, und noch hatte das Rudel nicht aufgeschlossen.
Allein U 434, unter dem Kommando von Kapitänleutnant Wolfgang Heyda, stand am Morgen dieses 18. Dezember in der Nähe des Konvois. Lief er zu nahe heran? Verriet ihn ein Radargerät? Oder ein Reflex der Sonne auf einem Stück Metall? Jedenfalls entdeckten die Briten das Boot, und sofort befahl Johnnie Walker dreien seiner Schiffe, die Jagd aufzunehmen.
Heyda im Turm von U 434 sah die Zerstörer auf sein Boot eindrehen, U 434 tauchte im Alarm weg. Aber die Briten fanden das Boot tief unter Wasser, Wasserbomben zerstörten Leitungen und Steuerungsanlagen, Wasser stürzte ins Boot, U 434 war verloren. Heyda ließ anblasen, U 434 schoß nach oben, vor die Rohre zweier Zerstörer.
Heyda befahl, das Boot zu verlassen. Von der Besatzung gezündete Sprengladungen explodierten, U 434 ging in die Tiefe, die Briten kamen heran und zogen die Deutschen aus dem Atlantik. Jetzt waren bereits drei deutsche U-Boote an diesem Geleitzug gescheitert, bevor er noch ein einziges Schiff verloren hatte.
Am Abend des 18. Dezember endlich durchbrach das deutsche Boot U 574 unter dem Kommando von Kapitänleutnant Dietrich Gengelbach die starke Sicherung des Geleitzuges. Einer der Zerstörer entdeckte es im letzten Licht des Tages, aber diesmal schlug der Wasserbombenangriff fehl: U 574 tauchte weg, und die Ortungsgeräte der britischen Kriegsschiffe konnten das Boot nicht finden.
Kommandant Gengelbach ließ sich nicht abschütteln. Nach einer Weile tauchte U 574 wieder auf und folgte dem Konvoi. Am frühen Morgen, um 3.45 Uhr, machte der Ausguck auf dem Zerstörer »Stanley« den

grauen Schatten des Bootes aus. Aber bevor der Zerstörer noch zum Angriff eindrehen konnte, schoß U 574 zwei Torpedos. Beide trafen das britische Kriegsschiff. Eine der Detonationen zerriß die Munitionskammer des Zerstörers. Johnnie Walkers Sloop »Stork« stand in unmittelbarer Nähe.
Der Kommandant berichtete über diesen Augenblick: »Der Zerstörer flog in einer Flammenwand, die weit über fünfzig Meter hoch zum Himmel stieg, buchstäblich in die Luft.«
Unmittelbar nach der Explosion der »Stanley« befahl Walker allen seinen Kriegsschiffen, den Ort anzusteuern, an dem der Zerstörer versunken war.
Das U-Boot, so rechnete Walker, konnte sich noch nicht weit entfernt haben, nicht über Wasser, und unter Wasser erst recht nicht. Dutzende von Wasserbomben torkelten in das Meer, wühlten es auf, brausende Gischt stieg hoch. Leuchtraketen mit besonderer Helligkeit und Brenndauer erhellten die Szenerie über dem Ozean. In ihrem Schein entdeckten die Briten das deutsche Boot. Es lief mit Höchstfahrt ab. Johnnie Walker setzte mit der »Stork« nach.
Das Boot sah den Verfolger näher kommen und tauchte weg. Der Mann am Asdic-Gerät der »Stork« aber ortete mit dem Schallstrahl unmittelbar danach das Boot. Wasserbomben fielen in die Tiefe, Detonationen erschütterten U 574, das Licht im Boot fiel aus, ein Kurzschluß löste einen Brand aus, überall aus dem Boot meldeten Männer Wassereinbrüche. Kommandant Gengelbach befahl: »Anblasen!«
Das Boot sprang an die Oberfläche – nur zweihundert Meter vom Bug der »Stork« entfernt. Walker befahl einen Rammangriff. Noch während des Anlaufs stellte er fest, daß sich das deutsche Boot offenbar nicht mehr manövrieren ließ, sondern mit festem Ruder im Kreis fuhr. So fuhr auch er mit hoher Geschwindigkeit im Kreis. Die »Stork« verfehlte das deutsche Boot beim ersten Versuch, es zu rammen und aufzuschlitzen. Sie setzte nach und vollführte erneut die gleiche Drehbewegung wie U 574. Aber: Der Drehkreis der Sloop war größer als der des Bootes, und so fuhr das Kriegsschiff dicht neben dem U-Boot her, ohne es treffen zu können.
Kommandant Walker berichtete, was in den nächsten Minuten geschah. Seine Schilderung ist zugleich ein bemerkenswertes Zeugnis der Erbitterung und Gnadenlosigkeit, mit der in der Schlacht auf dem Ozean gekämpft wurde: »Vom vorderen Geschütz wurden 10,2-Zentimeter-Granaten auf das U-Boot abgefeuert, bis die Rohre nicht mehr weit genug nach unten gerichtet werden konnten. Die Besatzung drohte dem Feind mit den Fäusten, der mehrere Male nur noch wenige Meter entfernt zu sein schien. Dann schossen wir mit Maschinengewehren zwei Magazine auf das Boot, sobald die Reichweite stimmte. Die besten Schüsse gab mein First Lieutenant (Oberleutnant) ab. Mit einem Maschinengewehr ver-

wandelte er den Kommandoturm des Bootes in eine Leichenhalle. Schließlich gelang es mir, das U-Boot knapp vor dem Turm von Steuerbord achtern zu rammen und zum Kentern zu bringen. Es hing einige Sekunden am Bug und rutschte nach hinten, wo es von einer Serie von zehn Wasserbomben begrüßt wurde, deren Zünder auf geringste Wassertiefe eingestellt waren. Mir wurde gemeldet, daß ein Boche, der mit erhobenen Armen im Wasser schwamm und ›Kamerad‹ schrie, den Inhalt eines Werfers als Antwort ins Gesicht bekam.« U 574 versank, von seiner 48köpfigen Besatzung wurden fünf Mann gerettet.
Es war kurz vor 5 Uhr am Morgen des 19. Dezember. In diesem Augenblick schnellte an der Bordwand des Frachters »Rucking« eine Detonationssäule empor: Die Jagd der Begleitschiffe auf U 574 hatte dem deutschen Boot U 108 unter dem Kommando von Kapitänleutnant Scholtz die Möglichkeit verschafft, in den Geleitzug einzudringen. Die Briten verfolgten das Boot, aber fanden es nicht.
An diesem 19. Dezember hatte sich die Bilanz auf vier versenkte deutsche U-Boote und einen versenkten Frachter sowie einen versenkten Zerstörer der Briten verändert. Kein Zweifel: Bis zu diesem Augenblick hatte Kommandant Walker seine Aufgabe glänzend gelöst. Der Befehlshaber der U-Boote, Karl Dönitz, konnte zu diesem Augenblick die Höhe seiner Verluste nicht kennen, wohl aber konnte er aus der Tatsache, daß Erfolgsmeldungen ausblieben, Schlußfolgerungen ziehen: Dieser Geleitzug wurde ungewöhnlich gut verteidigt. Doch Dönitz wollte ihn nicht davonkommen lassen.
Noch am 19. Dezember setzte er weitere Boote auf den HG 76 an. Zu diesen Booten gehörte auch U 567, kommandiert von Kapitänleutnant Engelbert Endraß, einem der erfahrensten und erfolgreichsten Kommandanten der deutschen Unterseebootwaffe.
Die Funksprüche der deutschen U-Boot-Leitstelle wurden von den Briten abgefangen, die Admiralität informierte Walker über die neue Gefahr. Doch zwei Tage lang geschah nichts. Der Konvoi setzte seinen Weg nach Norden ungehindert fort.
Am Abend des 21. Dezember, kurz nach 20 Uhr, griffen zwei Boote den Geleitzug an. Zuerst Endraß' Boot U 567: Es näherte sich der Backbordseite des Geleitzuges und machte einen Torpedo auf einen der großen Frachter los. Das Geschoß traf das mehr als 8000 Tonnen große Schiff »Annavore«. Detonationen und Feuer, die »Annavore« schwamm noch wenige Augenblicke, dann sank sie.
Einer der Handelsschiffkapitäne ließ – aus welchem Grund auch immer – eine Leuchtkugel schießen, und in ihrem grellen Licht entdeckte das deutsche U-Boot U 751 ganz in seiner Nähe ein mächtiges Schiff: den Flugzeugträger »Audacity«. Kapitänleutnant Gerhard Bigalk, Kommandant von U 751, ließ sein Boot auf das unerwartete Ziel zudrehen.
Seine Stimme klang durch das Boot: »Fächer Rohr 1 bis 3.« Dann,

wenige Augenblicke später: »Fächer los!« Die Torpedos schnitten durch das Wasser, und eine Minute später stiegen Detonationssäulen an der Bordwand des Flugzeugträgers hoch.
Einer der Torpedos traf den Maschinenraum, das Schiff blieb bewegungsunfähig liegen. Aber noch sank es nicht.
Im Bugraum von U 751 schufteten die Torpedomaate. Sie bestückten die leergeschossenen Rohre mit neuen, anderthalb Tonnen schweren Geschossen. Dann die Meldung: »Rohr 1 bis 4 klar.« Kommandant Bigalk ließ sein Boot zu einem neuen Angriff eindrehen. Wieder ein Fächer, wieder Treffer.
Einer der Matrosen der »Audacity« berichtete: »Die Hölle brach los. Flammen und Rauch hüllten alles ein. Ein Boot, das gerade zu Wasser gelassen werden sollte, schoß in den Himmel und nahm die Besatzung mit einem Splitterschauer hoch. Das Schiff ächzte furchtbar, überall lief Wasser herein. Eine riesige Welle lief plötzlich das Oberdeck entlang. Sie riß mich mit. Ich kam wieder an die Oberfläche und griff nach einem Floß. Es gelang mir, mich hineinzuziehen. Dann lag ich da und sah mit Ehrfurcht den Untergang meines Schiffes. Als es versank, kam ein Hochruf als letzter Gruß von den Männern im Wasser. Dann Stille.«
Inzwischen rauschten die britischen Geleitschiffe mit hoher Fahrt heran. Aber U 751 war abgelaufen, und die Engländer konnten das Boot nicht entdecken. Auf der Backbordseite des Konvois näherte sich unterdessen U 567 mit Kommandant Endraß zu einem neuen Angriff über Wasser. Es war Viertel nach zehn.
Auf der Backbordseite des Geleitzuges preschte auch die Sloop »Deptford« dahin. Ihr Kommandant befahl, eine Leuchtrakete abzufeuern. Und im hellen Licht machten die Männer auf der »Deptford« das angreifende U-Boot aus. Die Sloop nahm Kurs auf den Gegner. Das Boot tauchte weg. Aber Sekunden später war es vom Schallstrahl des Asdic-Gerätes erfaßt. Die »Deptford« lud eine Serie von Wasserbomben über dem Boot ab. Sie explodierten in Tiefen zwischen 50 und 100 Meter. Vier Angriffe insgesamt fuhr das britische Kriegsschiff in zwei Stunden zwischen 10 Uhr abends und Mitternacht des 21. Dezember. Vierzig Wasserbomben suchten ihr Ziel. Die Männer der »Deptford« konnten auf dem nachtschwarzen Wasser des Ozeans keinerlei Anzeichen für einen Erfolg erkennen: kein Öl, keine Trümmer. Aber U 567 kehrte vom Angriff auf HG 76 nicht zurück. Kapitänleutnant Engelbert Endraß, Träger des Eichenlaubes zum Ritterkreuz, war zusammen mit seinen Männern auf seiner achten Feindfahrt gefallen.
Der Konvoi HG 76 dampfte weiter nach Norden, immer noch verfolgt von deutschen U-Booten. Am Morgen des 22. Dezember erschien am Himmel über dem Konvoi ein Gegner, gegen den die deutschen U-Boote wehrlos waren: ein viermotoriger Langstreckenbomber der britischen

Luftwaffe vom amerikanischen Typ B 24 Liberator. Er übernahm die Sicherung des Konvois aus der Luft.
Der Befehlshaber der U-Boote, Karl Dönitz, ließ das Gefecht abbrechen. Am 27. Dezember machten die Schiffe des HG 76 in Liverpool fest. Die Briten und ihr Kapitän Johnnie Walker hatten einen großen Sieg errungen, die Deutschen eine schwere Niederlage erlitten.
Eine Woche lang hatte ein Rudel von U-Booten den Konvoi gejagt und angegriffen, wann immer es möglich gewesen war. Aber die Attacken waren abgeschlagen worden. Die Versenkung zweier Frachtschiffe und die Vernichtung eines Zerstörers sowie des Hilfsflugzeugträgers »Audacity« konnten den Verlust von fünf U-Booten nicht aufwiegen.
Karl Dönitz vermerkte in seinen Memoiren: »Das Jahr 1941 ging für die U-Boot-Führung mit Kummer und Sorgen zu Ende.«
In der deutschen U-Boot-Führung brachte das niederdrückende Ergebnis der Schlacht um den HG 76 sogar eine grundsätzliche Debatte in Gang. Karl Dönitz berichtete: »Der Chef meiner Operationsabteilung war der Ansicht, daß wir nicht mehr in der Lage seien, Geleitzüge zu bekämpfen. Ich konnte mich jedoch aufgrund der bisherigen Erfahrungen und angesichts der Tatsache, daß eine Niederlage von so großer Schwere im Geleitzugskampf einmalig war, dieser Meinung nicht anschließen.«
Dönitz erkannte drei Ursachen der Niederlage: 1. die ungewöhnlich große Zahl der britischen Geleitfahrzeuge; 2. die Fähigkeit der Briten, den Konvoi auf seinem ganzen Weg aus der Luft zu schützen – eine Möglichkeit, die sie im Nordatlantik noch nicht hatten –; und 3. die Wetterlage, die sich erheblich von den Bedingungen hoch im Norden des Ozeans unterschied: »Die Wetterlage war für die U-Boote bei dem soeben beendeten Kampf sehr ungünstig gewesen: Windstille oder Windstärke 1 und oft spiegelglatte See. Dadurch war der englischen Abwehr das Sichten, Horchorten und Überwasserorten der U-Boote sehr erleichtert.«
Bei veränderten Kampfbedingungen konnten die deutschen U-Boote also wieder auf große Erfolge hoffen.
Dennoch: Die Schlacht um die Schiffe des HG 76 wies bereits alle Kennzeichen jener Taktik der U-Boot-Abwehr auf, die sich schließlich als siegreich erweisen sollte: der massierte Geleitschutz für die Konvois, die Hetzjagd vieler Kriegsschiffe in gemeinsamer Aktion gegen ein einmal gesichtetes oder geortetes U-Boot und schließlich der Einsatz von schwerbewaffneten Flugzeugen mit großer Reichweite.

# 11 Boote gegen Amerika

*Der unerklärte Krieg – Start zum Paukenschlag – Im Periskop die Lichter von New York – Tanker brennen vor der Küste – Das schreckliche Ende der Männer von U 85 – Ein schwerer Schock für die Briten: Ultra fällt aus*

Die Explosionsflamme schlug hoch in die Luft. Aus der Seite des Schiffes quoll eine riesige schwarze Rauchwolke empor, in die sich Feuer mischte. Das torpedierte Schiff zerbarst und versank. Zerstörer näherten sich, um die Überlebenden aus dem Wasser zu ziehen.

Einer der Retter beschrieb, wie die Menschen aussahen, die auf der Oberfläche des Atlantik schwammen: »Sie waren aufgebläht und an Öl und Wasser erstickt. Sie waren wie kleine, in Sirup gefallene Tiere. Wir befanden uns in einem Kreis von schwarzgefärbtem Wasser, der von einem weiten silbernen Ring von Ölschlick umgeben war. Die Überlebenden trieben auf unser Schiff zu und griffen nach den ölverschmierten Netzen, die an den Seiten unseres Schiffes herunterhingen. Aber dann holte unser Schiff im Seegang über, und viele der Männer verloren den Halt an den schlüpfrigen Tauen des Netzes.«

Es war am 31. Oktober 1941, etwa 600 Seemeilen westlich von Island. Das deutsche U-Boot, das den Torpedo auf das Schiff losgemacht hatte, war U 552, kommandiert von Kapitänleutnant Erich Topp.

Das getroffene und versenkte Schiff jedoch war nicht irgendeines der vielen hundert Schiffe, die im zweiten Jahr des Krieges auf dem Nordatlantik von deutschen U-Booten torpediert wurden: Es war der amerikanische Zerstörer »Reuben James«, das erste Kriegsschiff der Vereinigten Staaten, das im Zweiten Weltkrieg von einem deutschen Schiff versenkt wurde. 115 Offiziere und Mannschaften kamen beim Untergang der »Reuben James« um.

An diesem 31. Oktober 1941 aber befanden sich das Deutsche Reich und die Vereinigten Staaten von Amerika noch nicht miteinander im Krieg. Die Versenkung der »Reuben James« war nur einer von vielen Zwischenfällen in einem politischen Zustand, den die Amerikaner selbst später als »unerklärten Krieg« bezeichneten.

Amerikas Präsident Franklin D. Roosevelt hatte von allem Anfang an kein Hehl daraus gemacht, auf wessen Seite er stand. Am 3. September 1939, dem Tag des Kriegsausbruchs, wandte er sich über den Rundfunk an die amerikanische Nation: »So leidenschaftlich wir es uns auch wünschen mögen, von diesem Konflikt unberührt zu bleiben, so müssen wir uns doch klarmachen, daß jede Erklärung, die über den Äther kommt, jedes Schiff, das über das Meer fährt, jede Schlacht, die geschlagen wird, die Zukunft Amerikas berührt . . . Diese Nation wird eine neutrale Nation bleiben, aber ich kann nicht fordern, daß jeder Amerikaner gleichfalls in seiner Haltung neutral bleibt. Auch ein Neutraler hat das Recht, den Tatsachen Rechnung zu tragen. Auch von einem Neutralen kann nicht gefordert werden, sein Bewußtsein vor dem zu verschließen, was vorgeht.«

Im gleichen Monat noch erwirkte Roosevelt die sogenannte »Deklaration von Panama«, in der die Vereinigten Staaten zusammen mit den mittel- und südamerikanischen Republiken erklärten, das Seegebiet, das sich 300 Meilen weit vor ihrer Küste erstrecke, sei eine neutrale Zone, in der die Schiffe kriegführender Parteien nichts zu suchen hätten.

80 amerikanische Zerstörer wurden in dieses Seegebiet beordert, um dafür zu sorgen, daß die »Deklaration von Panama« beachtet wurde. Diese Deklaration wandte sich naturgemäß nur gegen Deutschland, nicht aber gegen England, dessen Geleitzüge und Kriegsschiffe sich vor der Küste des britischen Dominions Kanada sammelten.

Im November 1939 brachte der Präsident die Neufassung des Neutralitätsgesetzes durch den Kongreß. Es erlaubte kriegführenden Staaten, in den USA Waffen und Rohstoffe einzukaufen, vorausgesetzt, sie bezahlten bar und transportierten die Güter auf eigenen Schiffen.

Von dieser Regelung konnten wiederum ausschließlich die Briten Gebrauch machen: Selbst wenn die Amerikaner den Deutschen Kriegsmaterial verkauft hätten, so wären ihre Schiffe auf dem Weg nach Europa mit Sicherheit von der Royal Navy abgefangen worden.

Im Herbst 1940 übergaben die Amerikaner den Engländern im Austausch gegen Stützpunkte in der Karibik und Kanada 50 Zerstörer, die alsbald im Kampf gegen die deutschen U-Boote eingesetzt wurden.

Im Winter 1940 aber war Großbritannien nicht mehr in der Lage, die amerikanische Hilfsquelle zu nutzen. Es hatte einfach nicht mehr Gold und Devisen genug, um – wie es dem Neutralitätsgesetz zufolge nötig war – bar zu bezahlen.

Großbritannien brauchte, so teilte Churchill Präsident Roosevelt im November 1940 mit, »7000 Kampfflugzeuge und 7000 Ausbildungsflugzeuge, dazu die Bereitstellung von Handelsschiffsraum im Umfang von rund drei Millionen Bruttoregistertonnen.«

Wieder kam der amerikanische Präsident seinem bedrängten Freund jenseits des Ozeans zu Hilfe. Er entschied, daß der Umfang der Lieferungen an Großbritannien nicht mehr in Dollar ausgedrückt werden sollte: »Wir werden zu England sagen: Wir geben euch die Kanonen und die Schiffe, die ihr braucht – vorausgesetzt, daß, sobald der Krieg vorüber ist, ihr uns die Kanonen und die Schiffe, die wir euch geliehen haben, zurückgebt.«

Bei einer Pressekonferenz machte der Präsident der amerikanischen

Öffentlichkeit klar, was er wollte: »Nehmen wir an, meines Nachbarn Haus steht in Flammen, und ich habe einen Gartenschlauch. Dann sage ich doch nicht zu ihm: Nachbar, mein Gartenschlauch hat mich 15 Dollar gekostet, du mußt mir jetzt 15 Dollar dafür bezahlen! Nein, ich will nicht 15 Dollar haben, ich will meinen Gartenschlauch wiederhaben, sobald das Feuer gelöscht ist.«
Am 11. März 1941 verabschiedete der amerikanische Kongreß das Pacht- und Leihgesetz. Es erlaubte den Briten, Kriegsmaterial im Wert von sieben Milliarden Dollar aus Amerika zu beziehen. Großbritanniens Kriegspremier Winston Churchill feierte diesen Augenblick: »Die Worte und die Handlungen des Präsidenten und des Volkes der Vereinigten Staaten wirken auf uns wie ein lebensspendender Atemzug, und sie sagen uns wie mit einer Trompete, die über den Ozean hinwegschallt, daß wir in diesem Kampf nicht länger allein stehen.«
Ende Juli 1941 verließ Winston Churchill an Bord des Schlachtschiffs »Prince of Wales« England. Das Schiff steuerte die Küste vor Kanada an. Am 3. August 1941 begab sich Präsident Roosevelt an Bord des Kreuzers »Augusta«. Das Schiff lief gleichfalls zur kanadischen Küste. Vor Neufundland trafen am 9. August 1941 Winston S. Churchill und Franklin D. Roosevelt zum ersten Mal zusammen.
Das politische Ergebnis dieser Zusammenkunft war die Atlantik-Charta, in der Briten und Amerikaner gemeinsam erklärten, wie die Welt nach Beendigung dieses Krieges beschaffen sein sollte. Briten und Amerikaner verzichteten auf territoriale Gewinne. Alle Völker sollten künftig über ihre Regierungen frei entscheiden. Alle Völker sollten unbehindert freien Handel miteinander treiben können. Und alle Völker sollten künftig Gewalt als Mittel zur Lösung zwischenstaatlicher Gegensätze ablehnen.
Über diesen Text hinaus, der alsbald der Öffentlichkeit bekanntgegeben wurde, verabredeten Roosevelt und Churchill, daß die Marine der Vereinigten Staaten sich künftig in weit stärkerem Maße in den Schutz der Geleitzüge einschalten sollte.
Im Juli 1941 bereits hatten Truppen der Vereinigten Staaten die englischen Streitkräfte ersetzt, die seit dem 8. Mai 1940 auf der Atlantikinsel Island stationiert waren.
Die Amerikaner bauten Häfen in Island für ihre Kriegsschiffe aus, und sie errichteten eine Zahl von Flugplätzen, die den Einsatz von Langstrekkenflugzeugen ermöglichten.
Island liegt in einer für den gesamten Schiffsverkehr im Nordatlantik wichtigen geographischen Position. Auch die Deutschen hatten in den ersten Monaten des Krieges die Überlegung angestellt, Truppen und Luftstreitkräfte auf der Insel im Nordatlantik zu landen. Sie hatten den Plan fallengelassen, weil eine Versorgung der Truppen nur über Seegebiete hätte erfolgen können, in denen die Royal Navy herrschte.

Die deutsche Seekriegsleitung hatte das wachsende Engagement der Vereinigten Staaten im Atlantik mit Erbitterung verfolgt. Großadmiral Raeder, Oberbefehlshaber der Kriegsmarine, drängte Hitler wiederholt, den deutschen Kriegsschiffen und in Besonderheit den U-Booten den Kampf gegen amerikanische Kriegsschiffe freizugeben.
Hitler jedoch versuchte, die Vereinigten Staaten aus einem Krieg gegen Deutschland herauszuhalten. Ihm kam es darauf an, zunächst die Sowjetunion zu zerschlagen, bevor Deutschland sich auch gegen die Amerikaner wandte.
Hitler verbot den U-Booten jegliche Aktion gegen die Amerikaner. Am 21. Juni 1941 übermittelte Admiral Dönitz dem Kommandanten seiner U-Boote diesen Befehl: »Führer hat Vermeidung jeden Zwischenfalls mit USA für die nächsten Wochen befohlen. In allen denkbaren Fällen in diesem Sinne handeln. Darüber hinaus sind bis auf weiteres Angriffe nur auf Kreuzer, Schlachtschiffe und nur, wenn diese einwandfrei als feindlich erkannt, freigegeben. Abgeblendet zu fahren gilt bei Kriegsschiffen nicht als Beweis feindlichen Charakters.«
Dönitz kommentierte: »Dieser Befehl bedeutete für die U-Boote, daß sie ihre schlimmsten Feinde, die Zerstörer, Fregatten und Korvetten, also auch die englischen, nicht mehr angreifen durften. Infolge der Vermischung amerikanischer Seestreitkräfte mit englischen war nun für die deutsche U-Boot-Kriegführung ein Zustand erreicht, der in einem Krieg einmalig war.«
Am 4. September 1941 geschah, was angesichts der Lage im Nordatlantik irgendwann geschehen mußte: Ein deutsches U-Boot hielt einen amerikanischen Zerstörer für ein britisches Kriegsschiff. Das erste Seegefecht zwischen Deutschen und Amerikanern begann.
An diesem Tage stand U 652, kommandiert von Oberleutnant zur See Fraatz, rund 125 Meilen vor Island, also weit ab von jenen Gewässern, die von den USA als ihre Sicherheitszone beansprucht wurden.
Um 8.45 Uhr entdeckte ein Flugzeug des britischen »Coastal Command« U 652 auf der Wasseroberfläche. Die Männer im Boot hörten die Maschine vom Typ »Hudson« heranbrummen und gingen in Alarmtauchfahrt auf Tiefe. Das Boot schien entkommen zu sein.
Dann jedoch sichteten die Briten den amerikanischen Zerstörer »Greer«. Sie morsten der Besatzung des befreundeten Schiffs die Nachricht herunter, daß ein deutsches U-Boot in einer Entfernung von zehn Seemeilen auf Tauchfahrt war.
Der amerikanische Zerstörer steuerte den von der britischen Maschine bezeichneten Punkt an. Wenig später hatte das Horchgerät das deutsche Boot erfaßt. Der amerikanische Zerstörer griff nicht an, aber er meldete die Tatsache, daß ein deutsches U-Boot im Ortungsnetz gefangen war, über Funk weiter. Um 10.32 Uhr erschien ein englisches Kampfflugzeug. Es löste über der von der »Greer« bezeichneten Stelle vier Wasserbomben aus.

Für Oberleutnant Fraatz gab es unter Wasser nur eine Schlußfolgerung: Der Zerstörer hatte ihn angegriffen. Er ließ das Boot auf Sehrohrtiefe steigen und feuerte zwei Torpedos ab. Beide verfehlten ihr Ziel. Jetzt lief der amerikanische Zerstörer zu einem Wasserbombenangriff an, aber U 652 war längst in sichere Tiefe weggetaucht.
Die deutsche Seekriegsleitung unterrichtete Hitler von diesem Zwischenfall. Hitlers Antwort: »Angriffshandlungen werden auch in Zukunft gebilligt und gedeckt werden, wenn der Gegner durch Bekämpfen der U-Boote mit seinen Angriffswaffen . . . Kampfhandlungen einwandfrei begonnen hat und die Lage den Waffeneinsatz des U-Bootes als Notwehr zur Abschüttelung der laufenden Verfolgung notwendig macht.«
Doch Hitler gab den deutschen U-Booten immer noch nicht freie Hand beim Kampf gegen amerikanische Schiffe.
Gleichwohl bildete das ergebnislose Gefecht zwischen U 652 und dem Zerstörer »Greer« eine wichtige Station auf dem Weg zum Krieg zwischen Amerika und Deutschland. Präsident Roosevelt wertete den Torpedoangriff des U-Bootes als einen »Akt von Piraterie«.
Im Rundfunk hielt er am 11. Dezember 1941 eine Rede, die dem Inhalt nach eine Kriegserklärung war: »Die Zeit ist nun gekommen, da wir alle die kalte, unerbittliche Notwendigkeit erkennen müssen, diesen unmenschlichen, hemmungslosen Abenteurern der Welteroberung, die eine dauernde Weltherrschaft zu errichten suchen, zu sagen: Ihr geht darauf aus, unsere Kinder und Kindeskinder eurer Schreckensherrschaft und Sklaverei zu unterwerfen. Ihr habt jetzt unsere eigene Sicherheit angegriffen. Bis hierher und nicht weiter! Wenn man eine Klapperschlange sieht, die sich aufrichtet, dann wartet man nicht, bis sie zugebissen hat, sondern man zerschmettert sie vorher. Die Nazi-U-Boote . . . sind die Klapperschlangen des Atlantik, sie sind eine Bedrohung für die freien Wege der Meere. Sie sind eine Herausforderung an unsere Souveränität. In Gewässern, die uns für unsere Verteidigung notwendig erscheinen, werden amerikanische Kriegsschiffe und Flugzeuge nicht länger darauf warten, bis die unter Wasser lauernden U-Boote der Achsenmächte oder ihre Piratenschiffe auf hoher See zuerst zum tödlichen Schlag ausholen.«
Nur vier Tage später machte der amerikanische Marineminister Knox bekannt, den Schiffen der US-Flotte sei der Befehl erteilt worden, »alle Handelsstörer der Achsenmächte, gleichviel, ob sie als Überwasser- oder Unterwasserpiraten auftreten, mit allen verfügbaren Mitteln aufzubringen oder zu zerstören«.
Auf diesen »Schießbefehl« reagierte die deutsche Seekriegsleitung mit der Forderung an Hitler: »Militärisch besteht die einzig mögliche Konsequenz darin, jede offene Kriegshandlung nach Maßgabe der militärischen Notwendigkeit mit Waffengewalt zu beantworten.«

Doch Hitler verlangte wieder, die U-Boote müßten jede Art von Zwischenfällen vermeiden – wenigstens noch vier Wochen lang, bis Mitte Oktober 1941. Bis dahin nämlich, so glaubte Hitler, sei »die große Entscheidung im Russenfeldzug« gefallen.
Doch Mitte Oktober waren die deutschen Armeen in Rußland einer Entscheidung oder gar einem Sieg nicht näher gekommen. Im Atlantik häuften sich die Zwischenfälle. Am 16. Oktober griff ein Rudel von U-Booten den nach England bestimmten Geleitzug SC 48 an, zu dessen Schutz auch fünf amerikanische Zerstörer gehörten. U 568, unter dem Kommando von Kapitänleutnant Preuß, machte in der Nacht zum 17. Oktober 1941 drei Torpedos los.
Eines der Geschosse detonierte im Steuerbordmaschinenraum des amerikanischen Zerstörers »Kearney«. Dort starben sieben amerikanische Matrosen. Die Explosion sprengte einen Teil des Decks und der Brücke weg. Dort starben vier amerikanische Matrosen. Dennoch gelang es dem Kommandanten des Zerstörers, sein Schiff in einen isländischen Hafen zu bringen.
Wieder meldete sich US-Präsident Roosevelt über den Rundfunk: »Wir haben versucht, Gefechte zu vermeiden. Aber der Schießkrieg hat begonnen, und die Geschichte verzeichnet, wer den ersten Schuß abgab.«
Die Versenkung der »Reuben James« am 31. Oktober 1941 war der Höhepunkt in diesem »unerklärten Krieg«.
Am 2. Dezember 1941 formulierte das Oberkommando der deutschen Kriegsmarine: »Nach Ansicht der Seekriegsleitung haben die neutralitätswidrigen Maßnahmen der USA zur Unterstützung Englands einen solchen Grad erreicht, daß eine Kriegserklärung nichts Wesentliches mehr ändern kann.«
Wieder forderte die Marine, die deutschen Kriegsschiffe von den Fesseln zu befreien, die Hitler ihnen bei Operationen gegen amerikanische Schiffe auferlegt hatte: »Da aber der Kampf gegen die Zufuhr nach England zur Zeit als das einzig erfolgversprechende Mittel anzusehen ist, England zum Frieden zu bringen, hält die Seekriegsleitung die Beibehaltung der bisherigen Weisungen nicht mehr für tragbar.«
Nur eine Woche später war die weltpolitische Lage von Grund auf verändert: Am 7. Dezember 1941 hatten japanische Flugzeuge die amerikanische Pazifikflotte im Hafen von Pearl Harbor angegriffen, am 9. Dezember hob Hitler die einschränkenden Weisungen für den U-Boot-Krieg gegen Schiffe der Vereinigten Staaten auf, am 11. Dezember erklärte das Großdeutsche Reich den Vereinigten Staaten von Amerika den Krieg.
Die Stunde des Admirals Karl Dönitz war gekommen.
Der Befehlshaber der U-Boote verlangte von der Seekriegsleitung die Genehmigung, sofort zwölf U-Boote in den Krieg an der amerikanischen

Ostküste zu schicken. Dönitz schrieb: »Die U-Boot-Führung erwartet viel von diesem Einsatz. Die amerikanischen Gewässer waren bisher vom Kriege unberührt geblieben. Die Handelsschiffe fuhren dort einzeln . . . Eine U-Boot-Abwehr in den Küstengewässern der Vereinigten Staaten war bei der engen Zusammenarbeit und dem Erfahrungsaustausch zwischen der amerikanischen und englischen Marine allerdings zu erwarten. Aber sie war voraussichtlich wenig erfahren und daher nicht hoch einzuschätzen. Alles in allem glaubten wir, dort für die U-Boot-Kriegführung zumindest noch so gute Verhältnisse anzutreffen, wie sie sich vor ein bis zwei Jahren in den englischen Gewässern ergeben hatten.«

Für den Einsatz an der amerikanischen Ostküste erschienen Dönitz vor allem Boote vom Typ IX geeignet. Boote dieses Typs konnten hinreichend Treibstoff mitnehmen, um die weit entfernten Seegebiete vor Amerika erreichen, dort längere Zeit im Kampfgebiet operieren und nach dem Einsatz zurückkehren zu können.

So betrug die Distanz zwischen den deutschen Stützpunkten an der Biskayaküste und New York 3000 Seemeilen, bis Key West in Florida 4000 Seemeilen, bis zur Karibikinsel Trinidad 3800 Seemeilen.

Die Seekriegsleitung aber schlug die Forderung von Dönitz ab. Nicht zwölf, sondern sechs Boote, so entschied sie, sollten den Angriff gegen Amerika führen. Von diesen sechs war eines nicht einsatzbereit. So verließen in den letzten Tagen des Jahres 1941 fünf Boote die Stützpunkte an der Atlantikküste zum Unternehmen »Paukenschlag«, wie Karl Dönitz die Operation gegen Amerika getauft hatte: U 66 unter dem Kommando von Kapitänleutnant Zapp, U 109 unter Kapitänleutnant Bleichrodt, U 123 unter Kapitänleutnant Hardegen, U 125 unter Kapitänleutnant Folkers und U 130 unter Kapitänleutnant Kals.

Je überraschender der Schlag die Amerikaner traf, so rechnete der Befehlshaber der U-Boote, desto größer würden die Erfolge der Boote sein. Deshalb befahl er seinen Kommandanten, »beim Anmarsch von der Neufundlandbank bis zur Ostküste Amerikas unsichtbar zu bleiben. Sie durften auf dem Wege dorthin nur wertvolle Ziele, Schiffe über 10 000 Bruttoregistertonnen, angreifen . . . Ich behielt mir«, so Dönitz, »außerdem vor, den Zeitpunkt für die Freigabe des gleichzeitigen Angriffs aller fünf Boote unter der amerikanischen Küste durch Funkbefehl zu bestimmen.«

Doch die Boote waren kaum ausgelaufen, da erkannte Commander Rodger Winn im britischen »Submarine Tracking Room«, was den Amerikanern bevorstand. Am 29. Dezember 1941 warnte er: »Es gibt vage Hinweise, daß mehrere U-Boote eventuell in den Westatlantik verlegt werden, möglicherweise, um in der Karibik oder vor Halifax zu operieren.«

In den ersten Tagen des Januar setzte Karl Dönitz sieben Boote vom Typ VII zur Küste von Neufundland in Marsch – ein Gebiet, in dem sich die

Geleitzüge nach England sammelten und das von diesen mittelgroßen Booten erreicht werden konnte.
Am 9. Januar 1942 ließ er einen Funkspruch an die größeren Boote absetzen, die sich durch den von Winterstürmen gepeitschten Atlantik zur amerikanischen Küste vorkämpften. Der Funkspruch bestand nur aus zwei Wörtern: »Paukenschlag 13.« Im Klartext bedeutete dies: Um 0.00 Uhr am 13. Januar 1942 war der Angriff auf die Schiffahrt vor Amerikas Ostküste freigegeben.
Wieder war Rodger Winn über die Pläne der Deutschen im Bilde. An dem Tag, den Dönitz für den Angriff bestimmt hatte, brachte Winn die Erkenntnisse des »Submarine Tracking Room« aus Funkaufklärung und anderen Informationsquellen zu Papier: »Die allgemeine Lage ist jetzt wesentlich klarer. Das auffallendste Ereignis ist die starke Konzentration von U-Booten zwischen New York und Cape Race (Neufundland). Bis jetzt sind zwei Gruppen gebildet. Eine Gruppe in Stärke von sechs Booten steht bereits vor Cape Race und St. Johns, eine zweite in Stärke von fünf Booten nähert sich der amerikanischen Küste zwischen New York und Portland. Bekannt ist, daß diese fünf Boote ihre Angriffsräume bis zum 13. Januar erreichen werden.«
Dieser Überblick über Standorte und Absichten der deutschen U-Boote entsprach bis auf wenige Details der Wirklichkeit – ein weiterer Beleg dafür, welche Bedeutung die Funkaufklärung im U-Boot-Krieg inzwischen erlangt hatte.
Die britische Admiralität übermittelte die Berichte des »Submarine Tracking Room« den Amerikanern. Allerdings hatte bereits am 11. Januar ein U-Boot mit einem Donnerschlag angekündigt, daß die Deutschen nach Amerika unterwegs waren:
An diesem Tag stand U 123 rund 160 Meilen südlich von Neuschottland, rund 300 Meilen westlich von Cape Cod im amerikanischen Bundesstaat Massachussetts. Im fahlen Licht der Abenddämmerung hatte der Ausguck im Turm des Bootes am Horizont eine dünne Rauchfahne entdeckt. Kapitänleutnant Reinhard Hardegen ließ sein Boot auf das Gebiet zulaufen, über dem der Rauch stand.
Dann entdeckte er im Glas Masten und Aufbauten eines großen Schiffes: Es war die »Cyclops«, ein nach New York bestimmter Frachter. Kommandant Hardegen mußte eine schnelle Entscheidung treffen: Noch war der Zeitpunkt für den Beginn von »Paukenschlag« nicht da, andererseits war das Schiff, dessen Umrisse sich im Fernglas des Deutschen abzeichneten, ungewöhnlich groß.
Hardegen entschloß sich anzugreifen. Um 7.40 Uhr abends am 11. Januar 1942 feuerte U 123 auf das Ziel. Der Torpedo traf die »Cyclops« im Maschinenraum. Sie schwamm noch zwanzig Minuten, dann sank sie. 87 Menschen kamen um.

Unmittelbar nach der Detonation des Torpedos hatte der Frachter begonnen, Funksignale auszusenden: »SOS. Ich bin torpediert worden. Sinke rasch. Brauche dringend Hilfe.«
Jetzt spätestens wußten die Amerikaner, daß deutsche U-Boote dabei waren, den Krieg vor ihren Kontinent zu tragen. Dennoch ging in den nächsten Wochen in Erfüllung, was Karl Dönitz vorausgesagt hatte: Die Handelsschiffkapitäne waren arglos, Amerika in diesen ersten Wochen des Waffengangs noch nicht auf Krieg eingestellt, die amerikanische U-Boot-Abwehr schwach und unerfahren.
Die amerikanische Marine und die amerikanische Luftwaffe waren den Anforderungen nicht gewachsen, die an sie gestellt wurden: Im Pazifik mußten sie den Kampf gegen die vorwärts stürmenden Japaner aufnehmen, der Schutz der großen Geleitzüge, die mit Kriegsmaterial und Lebensmitteln beladen durch den Nordatlantik nach England dampften, durfte nicht geschmälert werden. So verfügten die Amerikaner für den Schutz der Schiffahrt an der Ostküste über nur wenige Zerstörer und Flugzeuge, und deren Besatzungen waren für den Krieg gegen U-Boote kaum ausgebildet.
Nach der Versenkung des Frachters »Cyclops« setzte U 123 seinen Weg zur amerikanischen Küste mit südlichem Kurs fort. Am Abend des 13. Januar stand U 123 in der Zufahrt zum Hafen von New York. Die Lichter der Millionenstadt warfen ihren Widerschein an den nachtschwarzen Himmel. Niemand in Amerika dachte daran, die Vorschrift einzuführen, die im kriegführenden Europa galt: zu verdunkeln, um es dem Feind in der Luft und zu Wasser zu erschweren, sein Ziel zu finden.
Kurz nach Mitternacht am 14. Januar 1942 stand das deutsche U-Boot U 123 unweit des östlichsten Punktes von Long Island. Kommandant Hardegen sah, wie sich ein schwerer Schatten heranschob, und dann hörten die Männer im Turm das Rumpeln der Maschine eines Frachters. Es war die »Norness«, ein unter der Flagge Panamas fahrendes, mehr als 9000 Tonnen großes Schiff. Der von U 123 abgefeuerte Torpedo traf, die »Norness« begann zu sinken; der Kapitän ließ SOS funken und teilte gleichzeitig mit, er sei auf eine Mine gelaufen. An einen Torpedotreffer mochte er nicht glauben.
Vizeadmiral Adolph Andrews, Chef der Streitkräfte zum Schutz der Küstengewässer an der amerikanischen Ostküste, wußte es besser. Andrews mobilisierte seine gesamte Streitmacht zur Jagd nach dem U-Boot. Sie bestand in jenen ersten Monaten des Krieges aus einem Zerstörer, einem Kutter, einem Minensucher, einigen wenigen Flugzeugen und einem kleinen Luftschiff.
Die Verfolgung blieb ergebnislos. In der Befehlsstelle des amerikanischen Ostküstenkommandos aber häuften sich in den nächsten Tagen die Meldungen über die Schläge deutscher U-Boote.
Die deutschen Boote hatten schnell herausgefunden, welche Methode

den größten Erfolg versprach. Während des Tages lagen sie im flachen Wasser vor der Küste, das dort nur 50 bis 150 Meter tief war, auf Grund. Die Besatzungen ruhten.
Wenn die Dunkelheit gekommen war, tauchten die Boote auf und legten sich in der Nähe der Dampferwege auf die Lauer. Oft fuhren die Frachter und Tanker noch mit voller Positionsbeleuchtung, und sie waren so auf viele Meilen Entfernung zu erkennen. Und selbst die Schiffe, die abgedunkelt dahinstampften, wurden vom Licht verraten. Die Amerikaner schalteten die Beleuchtung der Uferstraßen und der Städte nicht ab. So hoben sich auch in dunklen Nächten die Umrisse der Frachter und Tanker deutlich vom hellen Hintergrund der Küste ab.
In den Nächten konnten die Menschen vom Ufer aus oft hellauflodernde Fackeln weit draußen auf dem Meer zum Himmel steigen sehen: Tanker voll Benzin und Öl, die von detonierenden Torpedos in Brand gesteckt worden waren.
Schwarzes Öl aus zerschmetterten Schiffen schwappte auf die gleißenden Sandstrände der amerikanischen Ostküste, und oft wurden Leichen angeschwemmt; Besatzungsmitglieder der Frachter und Tanker, die von deutschen Booten torpediert worden waren.
Aus Rettungsbooten und Rettungsschiffen wankten die überlebenden Opfer der Katastrophen vor der Küste an Land, oft schwer verwundet, mit verbrannter Haut, den Schrecken des Todes noch im Gesicht, so wie die Männer des amerikanischen Tankers »Allan Jackson«.
Das Schiff hatte in Kolumbien rund 8000 Tonnen Rohöl geladen und war auf dem Wege nach New York. Am späten Abend des 17. Januar 1942 stand der Tanker vor Kap Hatteras, dort, wo sich die amerikanische Ostküste in den Ozean vorschiebt.
An dieser Stelle, an der sich der Schiffsverkehr enger zusammendrängte, lauerte in dieser Nacht U 123. Kommandant Hardegen sah den Tanker herankommen, und um 1.33 Uhr am 18. Januar machte er zwei Torpedos los. Beide trafen.
Stichflammen und Feuer; die ungeheuere Hitze, die bei der Explosion frei wurde, setzte das Öl in Brand. Aus zwei riesigen Lecks floß Öl in breitem Strom in die See, und dieses Öl brannte auch.
Zwei Männer der »Allan Jackson« waren schon von der Explosion getötet, zwei von ihrer Gewalt über Bord geschleudert worden. Zwei der vier Rettungsboote des Schiffes waren zerschmettert, eines brannte, nur das vierte war noch intakt.
Die Überlebenden ließen es zu Wasser und ruderten um ihr Leben durch die See, auf der jetzt weithin das Öl brannte. Hinter ihnen brach der Tanker in Stücke.
In der Morgendämmerung wurden die Schiffbrüchigen von einem amerikanischen Kriegsschiff aufgefischt: 13 Männer der »Allan Jackson« waren davongekommen, 22 getötet worden, verbrannt, ertrunken.

Zwei Wochen nach seinem ersten Angriff in amerikanischen Gewässern hatte U 123 alle seine 14 Torpedos verschossen, das Boot mußte den Rückmarsch zum Stützpunkt in Europa antreten. Aber selbst bei dieser Fahrt machte es noch Beute. Am 25. Januar 1942 stieß U 123 auf der Höhe der Bermudas auf einen allein fahrenden Frachter.
Kommandant Hardegen schrieb in sein Kriegstagebuch: »14.31 Uhr . . . An Steuerbord ein Dampfer. Unser Sonntagsbraten. Auf ihn mit Gebrüll.«
Es dauerte allerdings noch zweieinhalb Stunden, bis das Boot den Frachter eingeholt hatte.
Hardegens Kriegstagebuch: »17.02 Uhr. Es ist ein kleiner Dampfer, und vorn hat er einen Bügel um den Bug, zum Fahren von Minenräumgerät. Tief geladen, dazu Decksladungen in Verschlägen. Auf der Brücke Maschinengewehre, achtern auf einer runden Plattform ein Geschütz mit Schutzschild.«
Um 17.57 Uhr eröffnete U 123 mit seiner 10,5-Zentimeter-Kanone das Feuer auf das Handelsschiff. Hardegen: »Die ersten Schüsse sitzen achtern gut, dann je einer unter die Brücke und in den Maschinenraum.«
Aber die Besatzung des Dampfers setzte sich gegen das U-Boot zur Wehr: »Dampfer besetzt Geschütz und schießt. Also mit der Kanone auf sein Geschütz gehalten. Mehrere Treffer unterhalb. Er schießt weiter, bis endlich ein Volltreffer trifft. Wir selbst erhielten fünf Treffer, die jedoch den Druckkörper nicht durchschlugen. Die meisten Geschosse gingen genau zwischen Turm und Geschütz hindurch, man hörte es munter pfeifen . . . Dampfer bläst jetzt ab, Brücke brennt, Leute in die Boote . . . Der Dampfer konnte nur noch ein Notsignal funken ohne Namen und Standort. Wir fahren an die Boote heran. Boote sind voll Wasser, und die Leute haben nur eine durch Splitter durchlöcherte Pütz. Wir geben ihnen mehrere Pützen und Proviant für einige Tage in Form von Brot, Fett und Wurst. Dazu Bordmesser zum Öffnen der Konserven. Wasser haben sie an Bord. Dann genaues Besteck und Kurs nach den Bermudas. Die Leute waren alle noch sehr dankbar und winkten uns nach. Mehrere schwammen noch im Wasser und werden wohl noch aufgenommen werden. Auf dem Dampfer ging nun auf der Brücke und achtern Bereitschaftsmunition hoch, dazu Signalmunition. Ein lustiges Feuerwerk, auch Raketen mit Fallschirm, Brücke stürzt ein. Wir schießen ihm noch achtern Löcher in die Wasserlinie. Als das Heck eintaucht, löst sich die Decksladung, und wir erkennen plötzlich Flugzeuge. Tragflächen mit blauweißroter Kokarde mit gelbem Ring darum, Rümpfe und Leitwerke . . . Noch einige Entlüftungen in die Back geschossen. Heck sinkt weg, Bug steil nach oben.«
In den ersten Wochen des Jahres 1942 versenkten deutsche U-Boote vor den Küsten Amerikas Schiffe mit insgesamt mehr als 150 000

Bruttoregistertonnen – im Durchschnitt also 30 000 Tonnen pro Boot. Und: Kein Boot war verlorengegangen. Befriedigt notierte Karl Dönitz: »Die Erfolge der fünf Boote des ersten ›Paukenschlags‹ waren groß.«
Amerikanische Experten rechneten später aus, welch ungeheueren Schaden die Boote den Alliierten schon bei ihren ersten Schlägen vor der amerikanischen Küste zugefügt hatten. Sie entsprachen dem Verlust von 400 Panzern, 60 Haubitzen, 880 großen Kanonen, 400 kleinen Kanonen, 240 Schützenpanzerwagen, 500 Lastwagen, 52 100 Tonnen Munition, 6000 Gewehren, 4280 Tonnen Ersatzteilen für Panzer, 20 000 Tonnen Vorräten aller Art.
Die Ansicht des deutschen Admirals über die Erfolge seiner Boote wurde von seinem Gegenspieler im »Submarine Tracking Room« geteilt. Unter dem Datum des 9. Februar 1942 urteilte Commander Rodger Winn über die neue Lage: »Soweit es beurteilt werden kann, wird der Feind mindestens einen weiteren Monat lang etwa fünfzehn U-Boote in den Küstengebieten von Neuschottland und den USA einsetzen und die gegenwärtige Angriffsintensität beibehalten, während die Abwehrvorbereitungen erst im Anlaufen sind. Noch ist nichts unternommen worden, den U-Booten im fernen Westen ihre Tätigkeit zu erschweren. Die meisten Boote der ersten Welle sind inzwischen in ihre Stützpunkte zurückgekehrt, zweifellos mit gestärktem Selbstvertrauen und größerer Leistungsbereitschaft. Die Schiffsverluste sind weiterhin empfindlich hoch, und die U-Boot-Kommandanten waren darauf bedacht, Tanker und große Schiffe als Ziele auszuwählen. Konvois mit Geleitsicherung haben sie aus wohlerwogenen Gründen in Ruhe gelassen.«
Die Sorgen der Briten wurden jetzt durch einen Umstand verstärkt, den sie nicht vorausgesehen hatten und der im Krieg gegen die deutschen U-Boote entscheidende Folgen haben konnte.
Am 1. Februar 1942 hatten die britischen Dechiffrierexperten in Bletchley Park eine bestürzende Feststellung gemacht: Die Funksprüche, die zwischen der U-Boot-Leitstelle in Frankreich und den U-Booten im Atlantik gewechselt wurden, entzogen sich plötzlich jedem Versuch, sie zu entziffern. Die Buchstabengruppen waren wieder so rätselhaft, wie sie es vor der Erbeutung des U-Bootes U 110 im Mai 1941 gewesen waren.
Der Grund: Am 1. Februar 1942 war für die Atlantik-Boote ein neuer Schlüsselbereich eingeführt worden. Er erhielt den Namen »Triton«. Die U-Boote hatten eine um viele Raffinessen verbesserte Ausführung der Schlüsselmaschine Enigma erhalten: Sie arbeitete jetzt mit vier Schlüsselwalzen – drei waren mit römischen Ziffern bezeichnet und eine mit einem griechischen Buchstaben, die sogenannte Griechenwalze. Die vier Walzen, die in die Maschine eingesetzt wurden, konnten aus einer Gesamtzahl von zwölf Walzen ausgewählt werden.

Patrick Beesly, Mitarbeiter von Rodger Winn im »Submarine Tracking Room«, schrieb über die Auswirkungen dieser Änderung: »Damit war uns der Vorteil, den wir genossen hatten, abrupt weggenommen. Das war ein schwerer Rückschlag, und fast waren wir wieder in der Lage wie vor dem Juni 1941. Fast – nicht ganz. Zunächst einmal: Unsere herkömmlichen Nachrichtenquellen, Funkpeilung, Luftbildaufklärung, Berichte der See- und Luftstreitkräfte, waren viel leistungsfähiger geworden und lieferten häufiger Material.«
Einige Informationen, die für den Krieg gegen die U-Boote wichtig waren, konnten die Briten auch weiterhin aus der Funkaufklärung beziehen: Der Funkschlüssel, der für die Ausbildungsboote in der Ostsee galt, war nicht geändert worden. So konnten die Männer im »Submarine Tracking Room« den Booten bei ihren Manövern in der Ostsee und bei ihren anschließenden Fahrten in norwegische oder französische Häfen nachspüren.
Doch bei der Fahndung nach den Booten im Atlantik waren die Briten im »Submarine Tracking Room« auf Mutmaßungen, Intuition und Glück angewiesen. Patrick Beesly berichtete: »Trotz aller Irrtümer und Mängel war die so geschaffene Lagekarte gar nicht so weit von der Wirklichkeit entfernt, sie zeigte eine annähernd richtige Zahl von U-Booten im Operationsgebiet beziehungsweise auf der Aus- oder Rückreise.«
Eines jedoch vermochten die Briten nun nicht mehr: Sie konnten nicht mehr rechtzeitig feststellen, gegen welches Ziel sich der nächste Schlag der deutschen Boote richten würde, sie konnten nicht mehr mitlesen, welche Befehle der deutsche Befehlshaber seinen U-Booten gab, sie konnten nicht erkennen, ob sich die Boote zum Rudel sammelten. Beim Kampf gegen die deutschen U-Boote vor Amerika hätte Ultra den Alliierten auch nicht helfen können: Dort griffen die Wölfe einzeln an, es gab kaum Funkbefehle.
Die ersten Boote der Operation »Paukenschlag« waren noch nicht zurückgekehrt, da hatte Karl Dönitz schon eine zweite Gruppe von Booten mit Kurs auf die amerikanische Ostküste in Marsch gesetzt. Diese drei Boote versenkten innerhalb weniger Tage elf Schiffe mit nahezu 80 000 Bruttoregistertonnen.
Doch bevor Karl Dönitz zu weiteren großen Schlägen gegen die Schiffahrt der Amerikaner und der Briten ausholen konnte, fielen ihm Hitler und auch die Seekriegsleitung in den Arm. Hitler befürchtete plötzlich ein Landungsunternehmen der Anglo-Amerikaner in Norwegen. In einer Notiz über die Ausführungen Hitlers am 22. Januar 1942 heißt es: »Norwegen sei die Schicksalszone des Krieges. Verstärkungen durch Überwasser- und Unterwasserstreitkräfte müßten gegebenenfalls rücksichtslos durchgeführt werden . . . Alle U-Boote müßten nach Norwegen zur ausreichenden Aufklärung anmarschierender Gegner und wirksamer Abwehr.«

Am 6. Februar erteilte die Seekriegsleitung Karl Dönitz den Befehl, bis zum 15. Februar 1942 insgesamt 20 Boote im Seegebiet um Norwegen aufzustellen. Dönitz: »Damit hörte der Nachschub von U-Booten für die Atlantikkriegführung zunächst wiederum auf.«
Der Befehlshaber der U-Boote wehrte sich vergebens gegen die Anordnung. Mit seinen Argumenten, daß jedes im Atlantik versenkte Schiff zugleich die Fähigkeit der Briten und Amerikaner mindere, ein Landungsunternehmen zu starten, drang er nicht durch.
Dönitz schrieb in seinen Memoiren: »Ich glaubte und glaube auch heute noch, daß der Gesamtkriegführung bei der außerordentlichen Gunst der Verhältnisse im amerikanischen Seeraum am besten gedient gewesen wäre, wenn wir damals alle Kräfte unserer U-Boot-Waffe im Handelskrieg eingesetzt hätten.«
Die wenigen Boote, die im Frühjahr 1942 Handelskrieg an Amerikas Ostküste führten, erzielten erstaunliche, für Engländer und Amerikaner bedrohliche Erfolge. Die Versenkungsziffern kletterten weiter, und eine große Zahl der versenkten Schiffe waren Tanker. Deutsche U-Boote führten ihre Schläge vor der Küste des Ölstaates Venezuela, bei den Antillen, im Golf von Mexiko – überall da, wo Schiffe Rohöl, Benzin und Heizöl transportierten.
Die Nächte in der Karibik und vor der Ostküste Nordamerikas waren von den Flammen brennender Schiffe erhellt, mancher der torpedierten Tanker schwamm mit weißglühendem Rumpf noch viele Stunden lang, bis er zischend versank.
Korvettenkapitän Poske, Kommandant von U 504, berichtete im Februar 1942 per Funk dem Befehlshaber der U-Boote über seine Erfolge: »21. 2. Eingetroffen im Operationsgebiet. Tanker in Ballast auf Südkurs. Doppelschuß. Treffer vorn und achtern. Schiff sackt über Heck ab. Nächsten Abend Frachter gejagt. In Regenbö verloren. Halbe Stunde später im Nachtangriff Viermastfrachter versenkt. Dampfer kentert. Südlich gelaufen. Großen Tanker getroffen. Angriff und ungeheuere Detonation. Schiff steht sofort in Flammen. Ladung 12 000 Tonnen Benzin. Anschließend Zerstörergeräusche bei hellem Mondschein. Gesehen und getaucht. Wasserbomben, dann drei Stunden Verfolgung durch Horchgerät des Zerstörers. Keine weiteren Wasserbomben, obwohl Zerstörer mehrere Male genau über das getauchte Boot hinwegläuft. Zerstörer läuft ab. Wenig später bei Tageslicht Unterwasserangriff auf 7000-Tonnen-Benzintanker, der explodierte . . .«
Immer noch also konnten die »grauen Wölfe« nahezu unbehelligt von der amerikanischen U-Boot-Abwehr auf Jagd gehen: Sie war schwach, weil ihr Schiffe fehlten, und die wenigen Einheiten, die sie einsetzen konnte, blieben wirkungslos, weil sie unerfahren in der U-Boot-Bekämpfung waren.
Großbritanniens Premier Winston Churchill schickte im März 1942 ein

Telegramm an Präsident Roosevelt, in dem er seine »tiefe Betroffenheit« wegen des Desasters vor der amerikanischen Ostküste ausdrückte. Die britische Admiralität drängte bei den Amerikanern auf die Einführung des Geleitzugsystems, aber die Amerikaner wollten den Krieg gegen die U-Boote zunächst einmal auf ihre Weise führen.
Sie versuchten, die Deutschen mit einer Taktik zu bezwingen, die von den Briten längst als fruchtlos aufgegeben worden war: mit der Jagd auf einzeln fahrende U-Boote. Die britische Admiralität urteilte: »Dies ist eine der härtesten Lektionen, die man in diesem Krieg schlucken muß. In See zu gehen, den Feind zu jagen und ihn schließlich zu vernichten, übt auf jeden Marineoffizier einen außerordentlich großen Reiz aus. Dabei hat man das Gefühl, in der Offensive zu stehen, ein Gefühl, das in dem langweiligeren Geschäft des Konvoischutzes nicht aufkommt. Aber in diesem U-Boot-Krieg sind die Grenzen, die den Jagdstreitkräften gesetzt sind, bereits sehr klar geworden.«
Die Amerikaner aber frischten sogar eine Methode auf, die sich schon im Ersten Weltkrieg als wenig wirksam gegen U-Boote erwiesen hatte: die sogenannten Q-Ships. Dies waren Fischdampfer oder Frachter, die mit Geschützen und Kanonen ausgerüstet waren. Ihre Bewaffnung aber war hinter Fischernetzen, Persenningen oder Blechverkleidung versteckt. Sie fuhren in Gebieten, in denen U-Boote vermutet wurden, auf und ab und gaben sich dabei den Anschein eines dahintrödelnden zivilen Fahrzeugs; in der Hoffnung, das U-Boot werde die Beute nicht mit einem seiner wertvollen Torpedos, sondern aufgetaucht mit Geschützfeuer zu versenken suchen. Dann aber würde das Q-Ship seine Tarnung fallenlassen und mit seiner schweren Bewaffnung das U-Boot erledigen.
Drei dieser Schiffe wurden vom Ostküstenkommando der amerikanischen Marine Mitte März 1942 in Dienst gestellt. Am Abend des 26. März stand eines von ihnen, die »Atik«, rund 300 Meilen östlich von Norfolk/Virginia. Im ersten Licht des Mondes näherte sich dem langsam dahinfahrenden Schiff ein deutsches U-Boot: U 123 unter Kapitänleutnant Hardegen. Das Boot war zu einem neuen Einsatz in das Seegebiet zurückgekehrt, in dem es schon einmal so schwere Schläge ausgeteilt hatte.
Kommandant Hardegen musterte die Umrisse des Dampfers, der mit geradem Kurs dahinzog. Kanone? Torpedo? Hardegen entschloß sich zum Torpedoschuß. Um 8.53 Uhr an diesem Abend schlug die Detonationssäule an der Bordwand der »Atik« hoch.
Unmittelbar darauf konnten die Deutschen hören, wie der Dampfer funkte: »SSS!« Im Klartext: »Ich werde von einem U-Boot gejagt.« Dann: »SOS.« Im Klartext: »Gefahr für Schiff und Besatzung.«
Hardegen beobachtete, wie Männer auf dem torpedierten Dampfer ein Rettungsboot zu Wasser ließen. Einige von ihnen kletterten hinein.

Auch dies gehörte zum Plan, ein U-Boot in die Falle zu locken: Das Rettungsboot im Wasser sollte die Deutschen glauben machen, das Schiff werde aufgegeben, sie in Sicherheit wiegen.
Genauso geschah es: U 123 näherte sich dem immer noch auf ebenem Kiel schwimmenden Schiff, um es mit Schüssen aus der Kanone zum Sinken zu bringen. Plötzlich wurden auf der »Atik« Netze und Persenninge zur Seite gerissen, Geschütze zeigten auf das deutsche Boot, und dann eröffnete die »Atik« schweres Feuer.
Granaten schlugen rund um U 123 ein, Geschosse aus Maschinenkanonen fegten durch den Turm, einer der Männer im Turm wurde tödlich getroffen.
Hardegen ließ das Boot abdrehen, U 123 lief mit hoher Fahrt ab. Der Dampfer folgte ihm nicht. U 123 tauchte und näherte sich unter Wasser wieder dem Schiff. Wieder machte U 123 einen Torpedo los. Er traf den Maschinenraum der »Atik«. Der Funker morste in die Nacht hinaus: »Torpedotreffer. Vorderschiff brennt. Brauche Hilfe.«
Es war das letzte, was von der »Atik« und ihrer Besatzung je gehört wurde. Das Schiff zeigte mit dem Bug nach vorn in die Tiefe, Heck und Schraube ragten hoch heraus. Dann sank es. Keiner der 148 Mann starken Besatzung der »Atik« überlebte. Das U-Boot drehte ab und fuhr langsam davon.
Das Gefecht zwischen der »Atik« und U 123 blieb die einzige Auseinandersetzung zwischen einem Q-Ship und einem U-Boot im Zweiten Weltkrieg. Keinem der anderen amerikanischen Q-Schiffe gelang es, auch nur in die Nähe eines deutschen Bootes zu kommen.
In diesem März 1942 steigerten die U-Boote ihre Versenkungserfolge vor der amerikanischen Küste noch einmal. Wieder befand sich eine große Zahl von Tankern unter den vernichteten Schiffen, darunter viele Tanker, deren Ladung für England bestimmt war. Die U-Boote waren dabei, die Versorgung der Alliierten mit Öl und Benzin in eine bedrohliche Lage zu bringen. An der Ostküste der Vereinigten Staaten mußte Benzin rationiert werden – auf 15 Liter je Woche und Auto.
In dieser Situation entschlossen sich die Briten zu zwei Sofortmaßnahmen: Sie schickten 24 bewaffnete Fischdampfer über den Atlantik, obwohl sie die Schiffe für den Schutz der Geleitzüge selbst dringend brauchten. Die Schiffe waren mit Asdic-Ortungsgeräten ausgerüstet, ihre Besatzungen in der Bekämpfung von U-Booten hervorragend ausgebildet.
Und zweitens sandten die Briten ihren besten Spezialisten für die U-Boot-Jagd nach Amerika: Commander Rodger Winn, den Chef des »Submarine Tracking Room«. Er sollte die Amerikaner dazu bringen, selbst eine Einheit aufzubauen, die alle Nachrichten über U-Boote sammelte, ihre Standorte und Kurse zu erfassen versuchte und erkennen konnte, wo die »grauen Wölfe« zum Sprung ansetzen würden.

Winn brachte es fertig, den Oberkommandierenden der amerikanischen Kriegsmarine, Admiral Ernest J. King, von der Nützlichkeit einer Stabsstelle zu überzeugen, die Informationen zum operativen Gebrauch in der Bekämpfung der U-Boote sammelte.
Es dauerte zwar noch einige Monate, bis das amerikanische Gegenstück zum britischen »Submarine Tracking Room« voll arbeitsfähig war, doch hatte Winn bei diesem Besuch in Washington eine weitere Masche zu dem Netz geknüpft, in dem die deutschen U-Boote sich schließlich fangen sollten.
Anfang April 1942 dampften die ersten der britischen Trawler die Fahrrinnen zu den Häfen an der amerikanischen Ostküste herauf – nicht mehr lange, dann konnten die Amerikaner ein Konvoisystem einrichten.
Die Amerikaner schöpften Hoffnung. Sie wurde durch den ersten Sieg eines amerikanischen Schiffes über ein deutsches U-Boot vermehrt.
Am 13. April, fünf Monate nach dem Beginn des Krieges zwischen dem Großdeutschen Reich und den Vereinigten Staaten, vier Monate nachdem die ersten Angriffe des »Paukenschlags« Brand und Zerstörung an die Küsten der Neuen Welt getragen hatten, stand das deutsche U-Boot U 85 vor der amerikanischen Ostküste, südlich der Chesapeake Bay.
Nachdem die Dunkelheit gekommen war, hatte Kommandant Eberhard Greger das Boot auftauchen lassen. Jetzt hielten die Männer im Turm Ausguck nach Beute. Von Norden näherte sich ihnen zu dieser Zeit tatsächlich ein Schiff. Aber: Es entdeckte die Deutschen eher, als es von den Deutschen ausgemacht wurde.
Es war der amerikanische Zerstörer »Roper«. Der Mann am Radargerät des Kriegsschiffs hatte kurz nach Mitternacht auf dem grünen Schirm vor ihm ein Echo gesehen: nicht viel mehr als anderthalb Seemeilen entfernt. Im gleichen Augenblick meldete der Mann am Sonargerät des Zerstörers, daß er die Geräusche eines Propellers wahrgenommen hatte.
Der Kommandant des Zerstörers, Kapitänleutnant H. W. Howe, befahl: »Geschwindigkeit 20 Knoten! Klarschiff zum Gefecht!« Die Männer besetzten die Kanonen, die Werfermannschaft rannte zu den Wasserbomben. Die »Roper« stürmte auf ihr Ziel los.
Plötzlich der Schrei eines Ausgucks: »Torpedo!« Quirlend raste das Geschoß wenige Meter an der »Roper« vorbei. Dann war der Zerstörer am U-Boot.
U 85 schlug einen Haken und fuhr dann einen Kreis – immer in der Hoffnung, es könnte das Kriegsschiff ausmanövrieren und die Sekunden gewinnen, die es brauchte, um wegzutauchen. Die Hoffnung erfüllte sich nicht.
Die Maschinenkanonen des Zerstörers begannen zu feuern, gleichzeitig seine Geschütze. Der Turm des Bootes wurde getroffen, und dann

offenbar auch der Druckkörper; Wasser drang in das Boot ein, U 85 begann langsam zu sinken – langsam genug, um den meisten Männern seiner Besatzung Zeit zu lassen, aus dem Boot herauszukommen und ins Wasser zu springen. Dann sackte U 85 weg und etwa 40 Mann seiner Besatzung schwammen an der Stelle, wo ihr Boot gesunken war.
Was dann geschah, ist in dem in Amerika erschienenen Buch »U-Boats Offshore. When Hitler Struck America«, das sich auf Akten der amerikanischen Marine stützt, wiedergegeben: »Jetzt mußte Kommandant Howe eine schwere Entscheidung treffen. Sollte er sein Schiff stoppen und die Überlebenden auffischen? Da konnte noch ein anderes U-Boot in diesem Seegebiet stehen und nur darauf warten, daß er beidrehte. Dies war eine taktische Überlegung.
Eine andere Sache, an die die Männer der ›Roper‹ dachten, waren Berichte, die sie über den U-Boot-Krieg im Atlantik gehört hatten; Geschichten von Seeleuten torpedierter Frachter, die in ihren Rettungsbooten mit Maschinengewehren zusammengeschossen worden waren.
Die ›Roper‹ stampfte durch die Männer hindurch, die im Wasser kämpften. Sie hielt nicht an. Sie verlangsamte ihre Fahrt nicht. Sie schleuderte elf Wasserbomben an die Stelle, an der die Trümmer und der Fleck von dem Öl des versunkenen Bootes zu sehen waren. Es gab keine Überlebenden.«
U 85 blieb das einzige Boot, das in den ersten vier Monaten des U-Boot-Krieges vor der amerikanischen Ostküste verlorenging. »In dieser Zeit«, rechnete Karl Dönitz, »wurden allein in den amerikanischen Gewässern von den U-Booten mit Sicherheit 198 Schiffe mit 1 150 675 Bruttoregistertonnen versenkt. Dies ist sogar eine Mindestzahl.«
Im April steigerte Karl Dönitz seine Anstrengungen in den Jagdgründen vor der Neuen Welt, die sich als so unerhört ergiebig erwiesen hatten, noch weiter. Er plante einen »frontalen U-Boot-Angriff auf die Amerikaner«.
Dabei kam ihm zustatten, daß der erste U-Boot-Tanker vom Typ XIV im April 1942 in Dienst gestellt worden war. Der U-Tanker, ein großes Unterseeboot, konnte 700 Tonnen Treibstoff mitführen und davon bis zu 600 Tonnen an Kampf-U-Boote weitergeben.
Dönitz: »Diese Menge reichte zum Beispiel aus, um zwölf mittlere Boote nach Übernahme von je 50 Tonnen Treiböl in den entferntesten Gebieten der Karibischen See einsetzen zu können oder um fünf große Boote mit je 90 Tonnen für eine Kriegführung etwa am Kap der Guten Hoffnung zu versorgen.«
Am 23. April 1942 stand der U-Tanker U 459 unter dem Kommando von Korvettenkapitän von Wilamowitz-Möllendorf nordöstlich der Bermudas. U 108 war das erste Boot, das von ihm mit Öl versorgt wurde. Karl Dönitz führte mit Funkbefehlen weitere Boote an die »Milchkuh« heran, wie die Tanker in der Sprache der U-Boot-Fahrer hießen. Anfang Mai

hatten sich zwölf mittlere Boote vom Typ VII und zwei große Boote vom Typ IX aus dem Tanker vollgesogen.
Wenig später war der Aufmarsch der Boote zum »Frontalangriff« beendet. Zwischen Kap Sable an der Küste von Neuschottland im Norden und Trinidad vor der Küste von Venezuela im Süden standen jetzt insgesamt 25 deutsche U-Boote.
Alle Voraussetzungen für einen großen Schlag schienen gegeben.
Doch an der amerikanischen Ostküste stießen die Boote ins Leere. Sie warteten oft viele Tage lang auf Beute. In den Nächten, der von den U-Booten bevorzugten Angriffszeit, blieb der Ozean leer.
Die Deutschen erkannten bald den Grund: Die Amerikaner hatten das Geleitzugsystem eingeführt. Sie handhabten es außerordentlich geschickt: Die Konvois fuhren nur so lange, wie es hell war. Nachts wurden sie an sichere Ankerplätze auf flachem Wasser geleitet. Dorthin konnten die U-Boote ihnen nicht folgen.
Funksprüchen seiner U-Boot-Kommandanten mußte Karl Dönitz entnehmen, wie sehr sich die Lage an der Küste Amerikas verändert hatte. So berichtete Kapitänleutnant Rolf Mützelburg, Kommandant von U 203: »Starker Verkehr bei Kap Hatteras, größtenteils Buchten aussteuernd (die Schiffe fuhren nicht geraden Kurs, sondern folgten den Krümmungen der Küstenlinie) hinter der 25-Meter-Linie . . . Bewachung zahlenmäßig stark . . . Flugzeuge bei Tag und Nacht, Zerstörer, Fischdampfer (die bewaffneten Trawler der Briten), U-Jäger . . .«
In diesen ersten Tagen des verstärkten Schutzes vernichtete die amerikanische Marine ein zweites U-Boot. Am 9. Mai 1942 stand U 352 unter dem Kommando von Kapitänleutnant Hellmut Rathke querab von Kap Hatteras. Am Abend dieses Tages sichtete Rathke ein Schiff. Es war nicht sehr groß, aber U 352 hatte lange keine Beute gemacht. Rathke entschloß sich, das Schiff mit einem Torpedo anzugreifen.
Zu diesem Zeitpunkt aber war er schon entdeckt. Das Schiff, dessen Umrisse sich im Periskop von U 352 abhoben, war die »Icarus«, ein Kutter der US-Küstenwache. Der Mann am Sonargerät der »Icarus« hatte die Schraubengeräusche des Bootes wahrgenommen, und nun lief der Kutter auf U 352 zu.
Um 4.47 Uhr am Morgen des 10. Mai 1942 feuerte U 352 einen Torpedo auf den heranstürmenden Feind. Aber das Geschoß explodierte 200 Meter vor der »Icarus« – Frühzünder.
Zwei Minuten später war der Kutter über dem U-Boot, und die erste Serie von Wasserbomben torkelte in die Tiefe. Sie beschädigten das U-Boot. Aber noch blieb es tauchfähig, noch konnte es entkommen.
Der Suchstrahl des Ortungsgeräts der »Icarus« aber hielt U 352 fest. Der Kutter lief zu einem neuen Angriff an, und diesmal lagen die Bomben dicht beim Boot. Nur wenig später durchbrach U 352 die Wasseroberfläche.

Die »Icarus« schoß mit ihrer 8-Zentimeter-Kanone aus einer Entfernung von 1000 Metern. Die Granaten schlugen im Turm und im Druckkörper des Bootes ein, U 352 begann zu sinken.
Es nahm zwölf Mann seiner Besatzung mit in die Tiefe. Rund 40 Mann schwammen im Wasser, einige von ihnen durch Splitter schwer verletzt.
Die »Icarus« umkreiste die Überlebenden.
Über die Geschehnisse der nächsten Minuten heißt es in dem amerikanischen Buch »U-Boats Offshore«: »Lieutenant Commander Maurice Jester, der Kommandant der ›Icarus‹, sandte einen Funkspruch an die Marinebasis in Norfolk: ›Habe U-Boot versenkt. 30 bis 40 Mann im Wasser. Soll ›Icarus‹ irgendwelche von ihnen retten?‹
Es kam keine Antwort.
Zwei Minuten später funkte Jester die gleiche Nachricht an die Marinebefehlsstelle in Charleston.
Keine Antwort.
Sechs Minuten später fragte Jester in Charleston nach, ob irgendeine Nachricht für ihn vorliege.
Die Antwort war: ›Nein!‹
Wieder acht Minuten später funkte Jester seine Frage an das Hauptquartier des Sechsten Marinedistrikts.
Wieder sieben Minuten später wiederholte er seine Frage in einem Funkspruch an das Hauptquartier des Sechsten Marinebezirks.
Schließlich, 35 Minuten nachdem das U-Boot versenkt worden war, befahl das Hauptquartier des Sechsten Marinebezirks, die Überlebenden aufzufischen und nach Charleston zu bringen.«
Karl Dönitz änderte angesichts der neuen Lage vor der amerikanischen Ostküste – Geleitzugsystem und verstärkte Patrouillen – seine Taktik. Er befahl sechs Booten, die zwischen Neuschottland und Kap Hatteras gestanden hatten, nach Süden zu laufen und in der Karibischen See und im Golf von Mexiko auf Jagd zu gehen.
Zwei weitere U-Tanker waren in Dienst gestellt worden – so war es möglich, eine noch größere Zahl der Boote vom Typ VII mit Öl zu versorgen und sie in diesen Seegebieten, die 4000 Seemeilen von der französischen Atlantikküste entfernt sind, viele Tage lang gegen Frachter und Tanker operieren zu lassen.
Dönitz notierte befriedigt: »Die Verluste des Gegners in der Karibischen See waren außerordentlich. Jedes dort eingesetzte Boot versenkte zwischen sechs und zehn Schiffen. Anscheinend hatten die Amerikaner mit dem Erscheinen von U-Booten in den entferntesten Gebieten des Karibischen Meeres wie des Golfs von Mexiko nicht gerechnet. Wir hatten sie wieder einmal an einer ›weichen Stelle‹ gepackt.«
Am 19. Juni 1942 schickte General George Marshall, Oberkommandierender der amerikanischen Streitkräfte, einen Brief an Admiral King,

den Oberbefehlshaber der amerikanischen Marine, in dem der General seine tiefe Sorge wegen der Entwicklung vor Amerikas Küsten aussprach: »Die Verluste durch U-Boote vor unserer Atlantikküste und in der Karibik bedrohen nun unsere gesamten Kriegsanstrengungen.«
Jetzt waren auch die Amerikaner vollends überzeugt, daß die U-Boot-Drohung nur mit dem Konvoi gebrochen werden konnte. Zusammen mit den Briten machten sie sich daran, das Geleitsystem vor der Küste des amerikanischen Kontinents immer weiter auszubauen und auszudehnen. Zu diesem Zweck wurden Geleitfahrzeuge aus dem Nordatlantik abgezogen und britische U-Boot-Jagdflugzeuge auf die Karibikinsel Trinidad verlegt.
Die Boote hatten es schwerer, ihre Ziele zu finden, und – wenn sie einen Konvoi entdeckten – an ihn heranzukommen.
Mitte des Jahres 1942 neigte sich die Zeit der großen Schläge einzeln operierender U-Boote vor Amerika ihrem Ende zu.
Gleichwohl konnte sich Karl Dönitz von den Ergebnissen, die seine Boote erzielt hatten, bestätigt fühlen. Rückschauend schrieb er: »Die hochgespannten Erwartungen, welche die U-Boot-Führung Mitte Januar 1942, zur Zeit des Beginns der Operationen in den amerikanischen Gewässern, gehegt hatte, wurden noch bei weitem übertroffen . . . Die mit den wenigen Booten errungenen Erfolge waren außerordentlich. Es wurden in den ersten sechs Monaten des Jahres 1942 von U-Booten der Achsenmächte 585 Schiffe mit 3 080 934 Bruttoregistertonnen versenkt, hiervon bei weitem der größte Teil in den amerikanischen Gewässern durch deutsche U-Boote. Diesen Erfolgen stand der verhältnismäßig geringe Verlust von 21 deutschen U-Booten gegenüber. Es waren durchschnittlich monatlich 3,9 Prozent aller in See befindlichen Boote.«
So schien sich Mitte des Jahres 1942, nahezu drei Jahre nach dem Beginn des Krieges, die Waage wieder einmal zugunsten der Deutschen zu neigen.
Doch in England wie in den Vereinigten Staaten arbeiteten unterdessen Tausende von Wissenschaftlern und Technikern in einem mächtigen Einsatz daran, bessere Waffen gegen den deutschen Feind in der Tiefe zu bauen; neue Geräte zu entwickeln, mit denen die U-Boote auch bei dunkler Nacht gefunden werden konnten; Flugzeuge zu konstruieren, die mit Bomben beladen weit draußen im Atlantik nach den »grauen Wölfen« zu fahnden und sie zu vernichten vermochten.
Die entscheidenden Schlachten standen den U-Booten und ihren Feinden noch bevor.

# 12 Vernichtung aus der Luft

*Plötzlich am Himmel ein tödliches Licht – Die Schwäche der Boote – Der letzte Mann von U 512 – Eine Armee von Wissenschaftlern arbeitet gegen die Boote – Von Seevögeln lernen – Huff-Duff und neues Radar – Alliierte zwischen Furcht und Hoffnung*

In den ersten Tagen des Juni 1942 marschierte das deutsche U-Boot U 105 unter dem Kommando von Korvettenkapitän Heinrich Schuch durch die Biskaya. Sein Ziel war ein Operationsgebiet im Nordatlantik. Während der hellen Stunden des Tages fuhr das Boot stets getaucht: Überwasserfahrt hätte seine rasche Vernichtung bedeuten können. Denn seit vielen Monaten schon hatten die Briten zu einer Operation angesetzt, die sie »Offensive im Golf von Biskaya« getauft hatten: Dutzende von Wellington- und Whitley-Bomber suchten den Ozean vor der französischen Atlantikküste unausgesetzt nach deutschen U-Booten ab, die diesen Raum auf ihrer Fahrt zu den Stützpunkten Lorient, Saint Nazaire, La Pallice, La Rochelle und Brest passieren mußten.
Die Briten beherrschten den Luftraum über der Biskaya: Er war von den Maschinen, die im Süden von Großbritannien starteten, leicht zu erreichen. Sie konnten dort viele Stunden lang Patrouille fliegen, bevor sie zu ihren Flugplätzen zurückkehren mußten. Die deutsche Luftwaffe in Westfrankreich verfügte über nur wenige Flugzeuge. Die Masse der deutschen Bomber und Jäger kämpfte in Rußland.
Unter Wasser lief U 105 mit einer Geschwindigkeit von vier Meilen, etwa sieben Kilometer in der Stunde, nach Westen; nachts tauchte es auf, um seine Batterien zu laden.
Und in einer dieser Nächte widerfuhr dem deutschen U-Boot etwas Unheimliches, zunächst Unbegreifliches.
Die Wache im Turm des Bootes hatte die Motorengeräusche eines Flugzeuges vernommen, das Dröhnen einer großen Kampfmaschine. Kommandant Schuch hatte die Männer auf ihre Gefechtsstationen befohlen, aber er hatte keinen Grund gesehen, wegzutauchen. Die Nacht war dunkel, und er war sicher, daß die Besatzung des feindlichen Flugzeugs den grauen Punkt, den der Turm von U 105 auf der schwarzen Oberfläche des Meeres bildete, nicht entdecken konnte.
Die Männer von U 105 hörten, wie das Dröhnen der Flugzeugmotoren immer mehr anschwoll. Die Maschine hielt offenbar Kurs auf das Boot. Nun gut, unter den vielen Kursen, die die Maschine hoch oben in der Luft fliegen konnte, hatte sie offenbar zufällig jene Richtung gewählt, die sie genau über das Boot hinwegführte.

Das Dröhnen wurde stärker, und die Männer glaubten, die Umrisse der Maschine zu erkennen.
Doch dann stand plötzlich ein grellweißes Licht am Himmel. Ein starker Scheinwerfer tauchte U 105 in einen blendenden Strahl.
Kommandant Schuch befahl: »Äußerste Kraft voraus!« U 105 schoß jetzt mit 17 Knoten, mehr als 30 Stundenkilometer, dahin, fuhr in Schlangenlinien über das Wasser, änderte den Kurs nach Backbord und Steuerbord, aber das Licht am Himmel folgte jedem Manöver des Bootes und hielt es unerbittlich fest.
Wenig später fegte das leuchtende Ungetüm in niedriger Höhe über das deutsche U-Boot dahin, dann sprangen die Detonationssäulen schwerer Bomben am Rumpf von U 105 hoch.
Das Licht erlosch, dröhnend verschwand die Maschine am Himmel. Im deutschen U-Boot überstürzten sich die Meldungen über die Wunden, die das britische Flugzeug dem deutschen U-Boot geschlagen hatte: »Wassereinbruch vorn, Tauchzellen vorn beschädigt, Tauchzellen achtern beschädigt.«
U 105 war tauchunklar und humpelte langsam zu seinem Stützpunkt an der französischen Atlantikküste zurück – auf der gesamten Fahrt ständig in Gefahr, noch einmal von einem britischen Flugzeug überrascht und diesmal vernichtet zu werden.
Der Luftangriff auf U 105 bei dunkler Nacht blieb kein Einzelfall: Über zwei weitere deutsche U-Boote, die in den ersten Tagen des Juni 1942 durch den Golf von Biskaya fuhren, hatte sich in dunkler Nacht plötzlich kalkweißes Scheinwerferlicht ergossen; Sekunden später hatte ein feindliches Flugzeug seine Bomben ausgeklinkt. Auch diese Boote waren tauchunklar; sie mußten in ihre Stützpunkte zurückkehren.
Die Berichte seiner Kommandanten überzeugten Admiral Dönitz davon, daß die Briten bei ihrem Kampf gegen die Boote ein Mittel gefunden hatten, das von entscheidender Wirkung sein konnte: Sie hatten es offensichtlich fertiggebracht, ein Radargerät von so geringen Ausmaßen zu konstruieren, daß es in Flugzeuge eingebaut werden konnte. Und dieses Radar war zudem so leistungsfähig, daß es selbst kleine Massen von Metall anzeigen konnte.
Nach den Angriffen in der Nacht wußte der Befehlshaber der U-Boote nun auch, daß die Auskunft, die er noch im Frühjahr 1942, drei Monate zuvor, erhalten hatte, falsch war. Damals hatte er bei den »technischen Fachstellen des Oberkommandos der Kriegsmarine für Ortungsfragen« angefragt, ob es möglich sei, daß ein Flugzeug ein U-Boot orte, bevor es noch in Sichtweite war.
Dönitz: »Die technischen Stellen antworteten zweifelnd oder ablehnend. Ein so kleines Objekt wie ein U-Boot gegen die Wasseroberfläche zu orten, sei schwierig und besonders bei Seegang könne dies nur auf geringe Entfernung geschehen.«

Zu dieser Ansicht gelangten die technischen Stellen der Kriegsmarine für Ortungsfragen zu einem Zeitpunkt, da bereits ein Jahr vergangen war, seit der britische Zerstörer »Vanoc« Kapitänleutnant Schepkes U 100 mit Hilfe eines Radargerätes in dunkler Nacht aufgespürt und versenkt hatte.
Die Briten hatten ihre Radargeräte zum Kampf gegen die U-Boote immer weiter verbessert und verkleinert. Von den Kanzeln und den Tragflächen vieler Maschinen, die vor der französischen Atlantikküste nach deutschen Booten jagten, starrte ein Netzwerk von Antennen in die Luft, und ein Mann der Besatzung beobachtete wärend des Flugs über die See stets den runden Schirm seines Gerätes.
Über den Schirm lief unausgesetzt eine grüne Linie. Das Gerät tastete mit elektromagnetischen Wellen das Gebiet ab, das von der Maschine überflogen wurde. Und wenn der Suchstrahl auf Metall traf, formte sich ein Teil der grünen Linie zum Zacken: Da war ein Schiff. Die Richtung der Antenne zeigte zugleich an, welchen Kurs der Pilot fliegen mußte, um sein Ziel zu finden.
Die frühen Radargeräte in den britischen Flugzeugen hatten allerdings eine Schwäche, die sich besonders bei nächtlichen Anflügen der Kampfmaschinen auf vom Radar bereits geortete U-Boote auswirkte: Sobald sich die Maschine dem Ziel bis auf etwa 2000 Meter genähert hatte, erlosch plötzlich die Anzeige auf dem Schirm des Radargerätes. Das Flugzeug verlor die Spur des U-Bootes – im Augenblick unmittelbar vor dem Angriff. So konnten Bomber den vernichtenden Schlag gegen die Boote in der Nacht nicht führen.
Doch ein britischer Offizier löste das Problem auf verblüffend einfache Weise. Er hieß Humphrey de Verde Leigh. Leigh, der im Ersten Weltkrieg als Flugzeugpilot gegen die Deutschen gekämpft hatte, entwickelte innerhalb kurzer Zeit einen starken Scheinwerfer, der unter ein Flugzeug montiert werden konnte. Dieser Scheinwerfer wurde von einem Elektromotor bewegt. Der Mann am Radargerät des Bombers richtete ihn auf die Stelle, die das Radarecho auf dem grünen Schirm anzeigte. Und unmittelbar, bevor das Radarsignal erlosch, schaltete er den Scheinwerfer ein.
Mit Hilfe des »Leigh-Light«, wie das Gerät getauft wurde, überwanden die Piloten der englischen Kampfmaschinen die letzte Distanz zum entdeckten U-Boot. So konnten sie jetzt bei dunkler Nacht einen Angriff nach Sicht fliegen – fast wie am hellichten Tag.
Manchmal stellten die Piloten auch in einiger Entfernung vom entdeckten U-Boot die Motoren ab und schwebten lautlos zum Angriff heran. Der Schlag aus der Luft traf dann das U-Boot ohne jede Warnung – plötzlich war das Licht am Himmel, blendete die Männer im Turm, und dann fielen auch schon die Bomben.
In diesen ersten Monaten des Jahres 1942 entpuppten sich mit Radargeräten ausgerüstete Flugzeuge endgültig als tödliche Bedrohung der

deutschen U-Boote – ein noch ärgerer und gefährlicherer Feind als die U-Boot-Jäger zu Wasser.
Eine britische Korvette konnte nur um weniges schneller fahren als ein U-Boot über Wasser, ein Zerstörer allenfalls doppelt so schnell. Die Geschwindigkeit eines Flugzeugs jedoch übertraf die Geschwindigkeit eines U-Bootes um das Zehn- bis Fünfzehnfache.
Flugzeuge konnten die Schwäche der U-Boote jener Jahre besonders gut ausnutzen: Die Boote konnten nicht unbegrenzt lange Zeit getaucht fahren. Auch bei langsamer Fahrt unter Wasser waren spätestens nach 24 Stunden die Batterien erschöpft. Der Zeitpunkt, da die Atemluft knapp wurde, war meist schon früher erreicht. Dann mußte das U-Boot um jeden Preis zur Wasseroberfläche auftauchen, um mit den Dieselmotoren die Batterien nachzuladen und um mit Ventilatoren frische Atemluft in den Druckkörper zu wirbeln.
Karl Dönitz schrieb: »Die landläufige Meinung ist, daß die Unterseeboote, wie man sie aus den beiden Weltkriegen kennt, meistens unter Wasser gefahren und nur gelegentlich an die Oberfläche gekommen sind, daß sie also im wahren Sinne des Wortes *Unter*-Seeboote waren. Diese Meinung ist nicht richtig. Die Unterseeboote der Typen, die bei den fremden Nationen und auch bei uns bis zum Jahre 1944 vorhanden waren, tauchten nur, wenn es zu ihrem Schutz oder bei Helligkeit zum Angriff notwendig war. Im allgemeinen befanden sie sich also über Wasser. Sie waren daher eigentlich nur Tauchboote, das heißt Über-Wasser-Fahrzeuge, die fähig waren, sich der Sicht durch Tauchen zu entziehen.«
Die englischen Kampfflugzeuge jedoch waren jetzt dabei, dem U-Boot eben diese Eigenschaft zu rauben, nämlich die Fähigkeit, sich unsichtbar zu machen. Diese Unsichtbarkeit aber war die zugleich einzige wirkliche Verteidigungsmöglichkeit, die ein U-Boot hatte. Es war langsam. Der Sichtkreis von seinem Turm aus war geringer als der aller Überwasser-Kriegsschiffe. Sein Druckkörper, von dessen Unversehrtheit seine Fähigkeit abhing, tauchen zu können, war ungepanzert und deshalb außerordentlich verletzlich.
Am 11. Juni 1942 notierte Karl Dönitz in sein Kriegstagebuch: »Da keinerlei Abwehr gegen britische Sunderland-Flugboote und schwere Kampfflugzeuge besteht, ist die Biskaya der Tummelplatz der englischen Luftwaffe geworden. Mit der Weiterentwicklung des englischen Ortungsgerätes wird die Gefährdung der U-Boote immer stärker werden; Beschädigungen in größerem Ausmaße, Totalverluste von Booten werden die Folge sein. Traurig und für die U-Boot-Besatzungen von deprimierender Wirkung ist es, daß keinerlei Kräfte vorhanden sind, um ein durch Flugzeugbomben tauchunklar und damit wehrlos gewordenes U-Boot vor weiteren Luftangriffen zu schützen.«
Der Befehlshaber der U-Boote ergriff in diesem Juni 1942 drei Maßnah-

men gegen die Gefahr aus der Luft. Er forderte, daß Flugzeuge der deutschen Luftwaffe in Frankreich zum Schutz der U-Boot-Wege durch die Biskaya stationiert würden. Tatsächlich wurden 24 Kampfmaschinen vom Typ U Ju 88 C 6 nach Westfrankreich verlegt.
Zweitens befahl Dönitz den Booten, bei ihrem Weg durch die Biskaya Tag und Nacht getaucht zu fahren und nur dann an die Wasseroberfläche zu kommen, wenn dies zum Laden der Batterien unbedingt notwendig war. Damit verlängerte sich die Marschzeit der Boote durch dieses Seegebiet um das Drei- bis Vierfache.
Und drittens verlangte der Befehlshaber der U-Boote die Entwicklung eines Gerätes, das den U-Boot-Besatzungen anzeigte, wenn sie in den Bereich eines feindlichen Radargerätes geraten waren: das sogenannte Funkmeß-Beobachtungsgerät.
Zur gleichen Zeit, da englische Bomber mit Radar und Leigh-Light deutsche U-Boote jagten, mehrten sich die Verluste von Booten, die an Geleitzügen kämpften. Bedeutete dies, daß auch die Zerstörer und Korvetten der Briten mit Hilfe von Radargeräten die U-Boote früher entdeckten, als sie von den Männern in den Türmen der Boote gesichtet wurden?
Besorgt ließ der Befehlshaber der U-Boote am 17. Juni 1942 einen Funkspruch an einen seiner Kommandanten, Kapitänleutnant Mohr, absetzen, der mit seinem Boot im Atlantik stand. Der Funkspruch lautete: »15.07 Uhr. BdU: Haben Sie persönlich durch die Abwehr (an Geleitzügen) Kenntnis von Überwasser-Ortungsmitteln erhalten?«
Drei Minuten später, um 15.10 Uhr, lag die Antwort des Kapitänleutnants Mohr in der Befehlsstelle des Admirals Dönitz vor: »Ich mußte gestern im ganzen siebenmal mit äußerster Kraft von Zerstörern ablaufen. Die Geleitzugsicherung kam in allen Fällen in spitzer Lage aus der Kimm heraus (das hieß: Der Kurs des britischen Kriegsschiffes führte auf den Standort des U-Bootes zu). Zweimal ist das Boot getaucht, Zerstörer sind wieder verschwunden. In den anderen Fällen glaube ich, nicht gesehen worden zu sein. Ich halte Zacks (die wechselnden Kurse der Zerstörer) für normale starke Schläge, weil Lage nie genau Null war und die Zerstörer bei meinem Ausweichmanöver nie nachdrehten.«
»Kapitänleutnant Mohr«, schrieb Dönitz, »war also der Ansicht, daß die englischen Zerstörer ihn nicht vorher über Wasser geortet hatten, als sie auf ihn zuliefen, weil sie nicht unmittelbar auf sein Boot zuhielten.«
In den folgenden Wochen äußerten sich alle Kommandanten, die aus dem Atlantik in die französischen Stützpunkte zurückkehrten, zu der drängenden Frage des U-Boot-Admirals nach neuen Ortungsgeräten auf den Schiffen des Feindes.
Die meisten Kommandanten sagten: Nein, ihnen sei nichts aufgefallen, was auf neue Geräte hindeute.
Andere Kommandanten berichteten allerdings, daß britische Zerstörer

oder Korvetten bei schlechten Sichtverhältnissen – also bei starkem Regen, diesigem Wetter und anbrechender Dämmerung – plötzlich mit Kurs auf das U-Boot in Sicht gekommen seien: Sie liefen mit »Lage Null«, wie der Fachausdruck hieß, auf das U-Boot zu, das heißt, der Bug des Kriegsschiffes zeigte genau auf das Boot.
Admiral Dönitz resümierte: »Hierbei ergaben sich im ganzen mehr Anhaltspunkte gegen als für ein neues Ortungsmittel. Wir kamen zu dem Schluß, daß bei dem Schutz dieser Geleitzüge jedenfalls noch keine neuen Ortungsmittel angewandt worden waren, zum mindesten nicht solche mit großer Reichweite.«
Diese Schlußfolgerungen des Admirals, seines Stabes und seiner Kommandanten waren falsch. Auch viele Kriegsschiffe, die zum Schutz von Geleitzügen eingesetzt wurden, waren bereits mit Radargeräten ausgerüstet. Allerdings war ihre Wirksamkeit nicht sehr groß. Der deutsche Marinehistoriker Jürgen Rohwer schrieb: »Mit ihnen konnte man U-Boote bei normaler Sicht und schon geringem Seegang nur auf Entfernungen erfassen, die deutlich unterhalb der optischen Sichtweite vom U-Boot-Turm aus zu den Mastspitzen oder Schornsteinen der Geleit-Kriegsschiffe lagen, so daß die U-Boote unter solchen Bedingungen den Gegner eher sahen, als dieser das U-Boot orten konnte. Nur wenn das U-Boot bei schlechter Sicht oder gar Nebel blind war, konnte das Geleitfahrzeug ›sehen‹, dann allerdings oft mit verhängnisvollen Folgen für das U-Boot.«
Doch britische Wissenschaftler, die an der elektronischen Front gegen die deutschen U-Boote kämpften, hatten längst das Gerät entwickelt, das U-Boote auf weite Entfernung erfassen konnte: das »High Frequency Direction Finding«-Gerät, das von den britischen Matrosen Huff-Duff genannt wurde.
Es war dies jenes Kurzwellen-Sichtpeilgerät, das die Funksignale eines Schiffes auffing und auf einer Sichtscheibe anzeigte, wo sich dieses Schiff befand.
Das Verfahren, durch das Einpeilen von Funksignalen den Standort eines Schiffes festzustellen, war seit langem bekannt, und es wurde von allen kriegführenden Staaten genutzt. Dazu waren – meist an den Küsten – Peilstationen aufgebaut worden, deren Antennenanlagen beträchtliche Ausmaße hatten.
Die Briten aber schafften es binnen kurzer Zeit, Peilanlagen so weit zu verkleinern, daß sie an Bord von Zerstörern und Korvetten installiert werden konnten.
Huff-Duff erfaßte ein U-Boot schon in viel größerer Entfernung, als ein Radargerät dies konnte: auf 20 bis 25 Seemeilen. Oft peilten die Briten mit diesen Geräten bereits das sogenannte Fühlungshalter-Signal ein, jenen Funkspruch, mit dem das U-Boot, das einen Geleitzug gesichtet hatte, die U-Boot-Befehlsstelle in Frankreich und die U-Boote in der Nähe von seiner Beobachtung unterrichtete.

Wenn es einem britischen Schiff gelang, dieses Fühlungshalter-Boot zum Tauchen zu zwingen und vom Konvoi abzudrängen oder gar zu vernichten, konnte der Geleitzug die Gelegenheit nutzen, seinen Kurs zu ändern und abzulaufen: Die nachdrängenden Boote würden die Beute nicht mehr finden.
Also: Sobald Huff-Duff den Briten verriet, daß irgendwo in der Nähe ein U-Boot funkte und zugleich die Richtung anzeigte, in der das Boot zu suchen war, löste sich das Kriegsschiff vom Geleitzug und stieß mit Höchstfahrt auf das U-Boot zu. Zwar war die Huff-Duff-Peilung vielfach nicht ganz exakt, doch in der Nähe des Bootes konnte das Kriegsschiff sein Radargerät in Betrieb setzen und den genauen Standort des Feindes ausfindig machen.
War das Boot vor dem heranstürmenden feindlichen Schiff weggetaucht, konnte der Zerstörer den »grauen Wolf« unter Wasser mit den Schall-Ortungsstrahlen seines Asdic-Gerätes verfolgen und mit Wasserbomben angreifen.
So warfen die Briten erst ein elektronisches Netz über das U-Boot, um es dann um so sicherer vernichten zu können.
Huff-Duff und Radar beraubten das U-Boot seiner geheimen Stärke, die Karl Dönitz im »Handbuch für U-Boot-Kommandanten« beschrieben hatte: »Das U-Boot darf vor und während des Angriffs nicht gesehen, nicht gehört und nicht geortet werden. Wenn das U-Boot geortet wird, verliert es nahezu alle Aussichten auf den Erfolg.«
Bis zum Ende des Krieges erfuhr die deutsche U-Boot-Führung nichts von der Wirkungsweise und der Existenz der Sicht-Funkpeilgeräte. Sie richtete ihre Abwehrmaßnahmen auf die Gefahr, die erkennbar geworden war: die Radargeräte in britischen Flugzeugen.
Die Zahl der Boote, die von alliierten Flugzeugen vernichtet wurden, stieg schnell an. So vernichtete eine amerikanische Maschine am 30. Juni 1942 westlich der Bermudas mit einem Bombenangriff U 158 unter dem Kommando von Korvettenkapitän Erwin Rostin. Das Boot sank mit seiner gesamten Besatzung.
Am 5. Juli 1942 vernichtete eine britische Maschine im Golf von Biskaya U 502 unter dem Kommando von Kapitänleutnant Jürgen von Rosenstiel. Das Boot versank mit seiner gesamten Besatzung.
Einen Tag später, am 6. Juli, vernichtete ein amerikanischer Bomber in der Karibik U 153 unter dem Kommando von Korvettenkapitän Wilfried Reichmann. Das Boot versank mit seiner gesamten Besatzung.
Berichte von U-Boot-Fahrern, die es überlebten, schildern, wie überraschend die Vernichtung aus der Luft die Boote traf.
Anfang Juli 1942 spürte das deutsche U-Boot U 701 unter dem Kommando von Kapitänleutnant Horst Degen vor der amerikanischen Ostküste nach Beute. Während der Tagesstunden war es unmöglich geworden, aufgetaucht zu fahren: Das Seegebiet vor der Küste wurde

von amerikanischen Flugzeugen unausgesetzt überwacht. So lag U 701 während des Tages meist auf Grund, so auch am 7. Juli im flachen Wasser vor Kap Hatteras.
Kommandant Degen berichtete über diesen Tag: »Die Hitze im Boot war bedrückend. Ich sah, daß meine von den vorausgegangenen Kämpfen müden Männer die Augen nicht mehr offenhalten konnten. Die Atmosphäre war sehr stickig. Ich beschloß, kurz aufzutauchen, um die Luft im Boot zu erneuern und einmal richtig Atem schöpfen zu können.«
Als Kommandant Degen diese Entscheidung traf, näherte sich ein Bomber vom Typ Lockheed Hudson dem Seegebiet, in dem U 701 stand. Dieses Flugzeug war mit sieben Maschinenkanonen bewaffnet, und es konnte eine Bombenlast von mehr als einer Tonne ins Ziel tragen.
Die Besatzung der Hudson entdeckte das U-Boot im gleichen Augenblick, in dem U 701 die Wasseroberfläche durchbrach. Horst Degen berichtete: »Sobald das Turmluk offen war, stieg ich als erster hinaus und vier meiner Männer folgten mir. Einige Sekunden vergingen.«
Es waren die Sekunden, die das amerikanische Flugzeug brauchte, um sein Ziel anzufliegen.
Degen: »Plötzlich war ein Flugzeug über uns, das uns zweifellos mit einem Ortungsgerät gefunden hatte, und schon fielen die ersten Bomben. Ich sah nur noch Wasserfontänen. Das Boot sank so rasch, daß es nicht mehr möglich war, das Luk zu schließen. Wir alle wurden durch den Wasserdruck in die Zentrale hinuntergeschleudert. Das Meer war dort nicht sehr tief, und ich hatte den Eindruck, daß das Boot auf Grund stieß.«
17 Mann der Besatzung von U 701 entkamen in diesen Sekunden aus den Räumen des Bootes, die sich schnell mit Wasser füllten.
Der amerikanische Bomber kreiste wenig später über der Stelle, an der U 701 gesunken war. Die Besatzung der Maschine zählte im blauen Wasser des Atlantiks die Köpfe von 17 Schwimmern. Die Amerikaner warfen vier Flöße und ein Schlauchboot ab und flogen dann davon.
Die Flöße und das Schlauchboot aber wurden von der Strömung davongetragen, bevor die Deutschen sie erreichen konnten.
Der Bomber sprach über Funk ein Frachtschiff an und forderte es auf, die Überlebenden aufzunehmen. Aber der Frachter setzte seinen Weg fort.
Die Bomberbesatzung unterrichtete einen Kutter der amerikanischen Küstenwache über den Standort, an dem das U-Boot gesunken war und in dessen Nähe die Überlebenden im Wasser trieben.
Aber bei der Übermittlung dieser Information geschah ein Fehler. Der Kutter dampfte in ein anderes Seegebiet und konnte die Deutschen deshalb nicht finden.
Horst Degen berichtete: »Die Küste war nahe, wir versuchten, sie zu erreichen, aber eine Strömung riß uns in die offene See hinaus. Meine Kameraden gingen einer nach dem anderen unter.«

Innerhalb von zwei Tagen trug die Strömung die Deutschen 60 Meilen weit nach Süden. Am Morgen des 9. Juli sichtete ein Luftschiff der amerikanischen Marine die Überlebenden von U 701. Es waren noch sieben Mann. Am Nachmittag wasserte ein Seeflugzeug der amerikanischen Küstenwache neben den deutschen U-Boot-Fahrern und nahm sie auf.

Am 7. August wurde das deutsche U-Boot U 94, kommandiert von Kapitänleutnant Otto Ites, Opfer einer Taktik der Kriegführung gegen U-Boote, die von Engländern und Amerikanern immer weiter verfeinert wurde: der gemeinsamen Aktion von Flugzeugen und Kriegsschiffen. U 94 war eines der besonders erfolgreichen deutschen U-Boote: Es hatte neun Feindfahrten hinter sich gebracht, und allein bei einem dieser Einsätze vor der amerikanischen Küste vier Schiffe mit insgesamt 40 000 Bruttoregistertonnen versenkt.

Am Abend des 7. August tauchte U 94 im Seegebiet zwischen der Karibikinsel Kuba und Florida auf. Es pirschte auf einen Geleitzug, der von Süden nach Norden dampfte. In dieser dunklen Nacht wurde U 94 von der Besatzung eines Catalina-Flugbootes der amerikanischen Marine entdeckt. U 94 tauchte vor dem angreifenden Bomber im Alarm weg. Schon in die Schußfahrt des Bootes hinein explodierten drei Wasserbomben.

Briten und Amerikaner hatten aus Mißerfolgen gelernt: Sie stellten die Zünder der Wasserbomben, die von Flugzeugen geworfen wurden, jetzt stets auf geringste Tiefe ein. Sie sollten das U-Boot im Augenblick seiner vollständigen Wehrlosigkeit treffen: Wenn das Boot gerade wegtauchte, also der Bug sich unter Wasser schob, Turm und Heck aber noch herausragten.

Die Druckwellen der drei Bomben erschütterten U 94, als es erst wenige Meter tief getaucht war. Die Gewalt der Detonation war so groß, daß U 94 an die Wasseroberfläche zurückgedrückt wurde.

Das amerikanische Flugboot warf einen Schwimmkörper ab, der in dichter Folge Blitze abstrahlte. Nun raste die Catalina dicht über der Oberfläche des Meeres dahin. Und dann signalisierte sie einem in der Nähe stehenden britischen Kriegsschiff, der Korvette »Oakville«, mit einer Mörserlampe den Kurs, der zum Standort des U-Bootes führte.

Das blitzende Licht im Wasser war für die Korvette ein exakter Wegweiser zum Ziel. Die »Oakville« nahm Anlauf zum Rammstoß, ihr Bug schmetterte in das Boot, sie setzte zurück, rammte das Boot noch einmal und dann ein drittes Mal. Wenig später war U 94 versunken 26 Männer seiner Besatzung wurden aus dem Wasser gerettet.

Jedoch: Nachdem die Quelle der Gefahr, die den deutschen Booten aus der Luft drohte, einmal erkannt war, verschafften Radartechniker den Booten einen Schutz. Sie entwickelten innerhalb erstaunlich kurzer Zeit das von Karl Dönitz geforderte Funkmeß-Beobachtungsgerät. Es

bestand aus einer Antenne außerhalb und einem Empfänger, dem »Metox«, innerhalb des Bootes.
Die Antenne war eine höchst einfache Konstruktion: ein Holzrahmen, der mit Draht umspannt war. Die U-Boot-Fahrer nannten die Vorrichtung »Biskaya-Kreuz«. Dieser Holzrahmen war an einer Stange befestigt, und diese Stange war durch ein Kabel mit dem Empfänger verbunden. Ein Mann auf dem Turm des Bootes mußte die Antenne im Kreis herumdrehen, so daß alle Himmelsrichtungen nach Radarstrahlen abgetastet werden konnten.
Sobald Radar-Ortungsstrahlen von einem Flugzeug ausgesandt und von der Antenne aufgefangen wurden, ertönte im Empfänger ein piependes Geräusch. Meist schwoll es zunächst auf und ab – abhängig davon, ob sich die feindliche Maschine dem U-Boot auf geradem Kurs näherte oder davon abwich.
Aber sobald sich das Geräusch, das aus dem Empfänger drang, in einen Dauerton verwandelte, wußten die U-Boot-Fahrer, daß der Feind in der Luft sie erfaßt hatte und zum Angriff anflog.
Doch bevor die Männer vom Turm ins Boot rutschen konnten, bevor das Boot zur Alarm-Tauchfahrt ankippen konnte, mußte zunächst die Antenne des Radarwarngerätes durch das Turmluk nach unten gereicht werden: Das Drahtgespinst war wasserempfindlich.
Der Metox-Empfänger verriet die Annäherung eines angreifenden Flugzeuges, wenn dieses etwa noch sechs bis sieben Meilen, rund 12 Kilometer, entfernt war. Das heißt, das U-Boot hatte knapp eine Minute Zeit, um vor dem mit hoher Geschwindigkeit anfliegenden Feind in der schützenden Tiefe zu verschwinden.
Trotz aller Schwächen und seiner primitiven Struktur verminderte das Metox-Gerät im Herbst 1942 das Ausmaß der Luftgefahr für die deutschen U-Boote: Die Zahl der Boote, die durch Flugzeuge versenkt wurden, ging rasch zurück, der Marsch durch die Biskaya und der Einsatz der Boote in Gewässern, die von landgestützten Flugzeugen aus erreicht werden konnten, waren sicherer geworden.
In der offiziellen britischen Geschichte des Seekriegs heißt es: »Im Oktober war die Luftoffensive gegen die U-Boote in der Bucht von Biskaya, die kurz zuvor noch sehr vielversprechend verlaufen war, zu einem Stillstand gekommen.«
Das Funkmeß-Beobachtungsgerät vermochte die U-Boote jedoch nicht vor der plötzlichen Drohung aus der Luft bei strahlendem Himmel zu warnen, wenn die Flugzeuge wegen der guten Sicht ihr Radargerät nicht brauchten.
Immer wieder entdeckten alliierte Maschinen aus größerer Höhe U-Boote, die gerade aufgetaucht waren. Dann fegten sie im steilen Flug zum Angriff herab und waren über dem Boot, bevor die Besatzung es recht wahrnahm. So traf die jähe Vernichtung aus blauem Himmel am

2. Oktober 1942 das deutsche U-Boot U 512 unter dem Kommando von Kapitänleutnant Wolfgang Schultze.
An diesem Tag stand das Boot in den Gewässern vor Venezuela und lauerte auf Tanker, die Erdöl nach Amerika und Großbritannien bringen sollten. Was zur Mittagsstunde dieses 2. Oktober geschah, berichtete ein Besatzungsmitglied von U 512.
Seine Schilderung ist zugleich ein einzigartiges Zeugnis über die letzten Augenblicke an Bord eines tödlich getroffenen U-Bootes: »Gegen Mittag war ich wachfrei und rauchte im Turm eine Zigarette. Plötzlich raste knapp über dem Wasser eine große viermotorige amerikanische Maschine auf uns zu. Ich sprang in die Zentrale hinunter und lief auf meine Gefechtsstation im Bugtorpedo-Raum . . . Dann erschütterten vier Detonationen das Boot. Wir hatten, glaube ich, zwei Treffer achtern erhalten. Ich hörte Wasser ins Boot stürzen, und wir sanken schnell. Es war dort nicht tief, und unser Boot stieß auf Grund. Im schwachen Schein einer Glühbirne konnte ich 13 oder 14 meiner Kameraden erkennen. Viele waren verwundet oder hatten einen Schock . . . Aus den beschädigten Batterien strömten Säuredämpfe aus. Ein Mann stand auf und schleppte sich nach achtern. Ich nahm an, daß er mit dem nächsten Raum des Bootes Verbindung aufnehmen wollte. Aber ich hörte nur einen erstickten Schrei. Er stürzte bewußtlos zu Boden. Dann war es still. Noch nie hatte ich eine solche Stille erlebt. Um mich her lehnten die Männer erschöpft an den Wänden und bluteten aus dem Mund und aus den Ohren. Einer der Maate zeigte auf den Verschluß eines Torpedorohres und machte mir ein Zeichen hineinzukriechen. Wasser strömte herein. Ich weiß nicht mehr, was dann geschah. Ich sah eine helle Öffnung, ich schwamm und gelangte nach oben. Oben begann ich dann zu schwimmen. Das amerikanische Flugzeug warf mir ein Schlauchboot herunter. Es enthielt einige Lebensmittel und Wasser. Ich teilte mir die Vorräte ein. Die Zeit verging. Mehrere Male sah ich Schiffe, aber sie fuhren weiter. Ich war durch ein Metallstück am Kopf verwundet worden, das durch den Raum flog, als die Bomben des Amerikaners explodierten. Meine Wunde eiterte. Es war sengend heiß. Bald hatte ich nichts mehr zu essen, und, was noch schlimmer war, nichts mehr zu trinken. Dann lag ich halb ohnmächtig auf dem Boden des Gummibootes und hörte die Vögel. Sie hackten nach meiner Schulter. Einen konnte ich packen, die anderen flohen. Ich drehte dem Vogel den Hals um, rupfte ihn und aß ihn roh . . .«
Zehn Tage nach der Versenkung, am 12. Oktober 1942, entdeckte der Ausguck eines vorbeifahrenden Schiffes den Überlebenden von U 512 in seinem Schlauchboot.
Die Überfälle alliierter Flugzeuge auf deutsche U-Boote am hellichten Tag brachten Admiral Dönitz zu der Überzeugung, daß die Abwehr der Boote gegen Flugzeuge verstärkt werden mußte. Auf die Türme der Boote wurden vier zusätzliche Maschinengewehre montiert, die aller-

dings nur ein kleines Kaliber hatten. Zugleich ordnete Dönitz an, die Türme umzubauen, so daß auf ihnen Flugabwehrkanonen mit großem Kaliber untergebracht werden konnten.
Das Radarwarngerät wurde weiter verbessert: So trat an die Stelle des Biskaya-Kreuzes eine fest eingebaute Antenne, die vor der Tauchfahrt nicht mehr demontiert werden mußte; und die Tonanzeige wurde durch ein Lichtsignal, ein magisches Auge, ersetzt.
Doch während deutsche Wissenschaftler und Techniker noch damit befaßt waren, Abwehrmittel gegen eine offenkundige Gefahr zu entwikkeln, bereiteten Briten und Amerikaner schon die nächste elektronische Offensive gegen die deutschen U-Boote vor. Sie sollte wenig später die Flotte des Admirals Dönitz mit vernichtender Gewalt treffen.
Im Herbst 1942 wurde eine neue Generation von Ortungsgeräten frontreif: das Neun-Zentimeter-Radar. Es war eine wahrhaft revolutionäre Entwicklung. Dieses Gerät sandte elektromagnetische Strahlen mit ganz kurzer Wellenlänge und zugleich sehr hoher Energie aus.
Es hatte den Apparaten, wie sie von Briten, Amerikanern und auch den Deutschen in den ersten Jahren des Krieges eingesetzt worden waren, einen entscheidenden Vorteil voraus: Auf dem Schirm des Kurzwellen-Radars zeichnete sich ein Schiff oder ein Flugzeug nicht als Zacken in einer Leuchtlinie ab, auf seinem Schirm wurden vielmehr Umrisse sichtbar. Für den Kampf gegen die U-Boote bedeutete dies: Nun konnten Kriegsschiffe und Flugzeuge der Alliierten die Boote auch bei bewegter See, unter Verhältnissen, unter denen die herkömmlichen Radargeräte versagten, entdecken.
Die Entwicklung eines Gerätes mit den Fähigkeiten dieses Kurzwellen-Radars galt in den Jahren vor dem Krieg unter Wissenschaftlern international als ein Ziel, das allenfalls innerhalb eines Jahrzehnts angestrengter Forschung zu erreichen war. Damals war nicht zu erkennen, wie eine Röhre beschaffen sein mußte, die kurze Wellen mit sehr hoher Energie aussenden konnte.
Zwei britische Wissenschaftler, Dr. John Randall und Dr. Harry Boot, machten sich wenige Wochen vor dem Ausbruch des Krieges an die Arbeit, eine Röhre mit diesen Eigenschaften zu konstruieren. Schon am 21. Februar 1940 arbeitete ihre Versuchsanlage zum ersten Mal mit Erfolg.
Die Briten betrachteten das Kurzwellen-Radar als eines ihrer wichtigsten Geheimnisse – als ein Gerät, das den Ausgang des Krieges entscheidend beeinflussen konnte. Sie wollten sicherstellen, daß dieses Gerät auch dann im Kampf gegen Deutschland eingesetzt werden konnte, wenn England unterlag.
Im August 1940, wenige Wochen nach der Niederlage Frankreichs, mußten die Briten fürchten, daß die deutsche Armee zum Sprung über den Kanal, zur Invasion Großbritanniens, ansetzen würde. In diesem August 1940 wurde die Röhre der Doktoren Randall und Boot zusam-

men mit den Konstruktionszeichnungen von britischen Wissenschaftlern in die Vereinigten Staaten gebracht. Briten und Amerikaner entwickelten in zweieinhalb Jahre währender Arbeit aus der Röhre mit der Bezeichnung »Hohlraum-Magnetron« eines der machtvollsten Geräte des Zweiten Weltkrieges.
Im späten Herbst des Jahres 1942 waren die ersten Kurzwellen-Radargeräte einsatzbereit – allerdings zunächst nur in geringer Stückzahl. Zwischen dem britischen Küstenkommando, dessen Flugzeuge gegen die deutschen U-Boote eingesetzt wurden, und dem britischen Bomberkommando, dessen Maschinen Angriffe gegen Ziele in Deutschland flogen, entstand eine heftige Auseinandersetzung darüber, wer die ersten der neuen Geräte erhalten sollte.
In der offiziellen britischen Geschichte des Seekriegs wird geschildert, wie der Streit entschieden wurde: »Der Zusammenbruch unserer Luftoffensive gegen die Boote, die durch den Golf von Biskaya marschierten, wurde als so schwerwiegend betrachtet, daß das Luftfahrtministerium anordnete, mit den ersten 40 neuen Radargeräten seien die Wellington-Bomber des Küstenkommandos auszurüsten, die bereits über ein Leigh-Light verfügten.«
Karl Dönitz bemerkte in seinen Memoiren zu dieser Entscheidung seiner Gegner: »Wie in vielen anderen Fällen gab die englische Führung hier also bei konkurrierenden Ansprüchen zwischen der Bomberoffensive gegen Deutschland und der Abwehr der deutschen U-Boote der U-Boot-Bekämpfung den Vorrang. Man betrachtete eben drüben mit Selbstverständlichkeit das U-Boot als die größte Gefahr.«
Tatsächlich mobilisierten Briten und Amerikaner gegen die deutschen U-Boote jetzt ein Maß an wissenschaftlichen, taktischen und technischen Anstrengungen, wie es wohl gegen keine andere Waffengattung während des Zweiten Weltkriegs in Gang gebracht worden ist.
Eine Gruppe englischer Forscher der Abteilung »Operational Research«, zu deutsch etwa »Operationsforschung«, übertrug eine Erkenntnis aus der Vogelforschung auf den Kampf gegen die U-Boote. Seevögel können ihre Beutetiere deshalb überraschen, weil ihr Gefieder am Bauch und an den Unterseiten der Schwingen weiß ist. Also, folgerten die Forscher, sollte auch die Unterseite von Flugzeugen, die über See eingesetzt wurden, weiß lackiert sein. Tatsächlich waren die so getarnten Flugzeuge am Himmel weitaus schwerer zu entdecken.
Andere Forscher von »Operational Research« gewannen durch eine sorgfältige Analyse von Geleitzugschlachten eine überraschende Erkenntnis: Die Höhe der Verluste an Frachtschiffen war zum einen abhängig von der Zahl der angreifenden U-Boote und zum andern von der Zahl der Geleitkriegsschiffe. Sie war jedoch nicht abhängig von der Zahl der Schiffe im Geleitzug überhaupt.
Die Schlußfolgerung: Die einzelnen Geleitzüge konnten mehr Schiffe

umfassen, ohne daß dadurch die Gefahr größerer Verluste heraufbeschworen wurde. Vielmehr konnten den vergrößerten Konvois mehr Zerstörer und Korvetten als Schutz mit auf die Reise über den Ozean gegeben werden.
Die Geleitzüge der Briten waren nach einem strengen Schema geordnet: Vorn, an den Seiten und am Ende des Konvois fuhren Schiffe, die mit Rohmaterial beladen waren, also Schiffe, deren Verlust weniger schmerzhaft war. Diese Frachtschiffe bildeten einen schwimmenden Wall um den Kern des Konvois, in dessen Mitte Tanker, Frachter mit Panzern, Flugzeugen und Munition sowie Truppentransporter dahindampften.
In der unmittelbaren Nähe des Geleitzugs fuhren die Kriegsschiffe der sogenannten Innensicherung: sechs oder mehr Korvetten und Zerstörer. In einer Entfernung von einigen Seemeilen fegten die Schiffe der sogenannten Außensicherung auf und ab. Sie suchten unablässig mit Radar, Huff-Duff und Asdic-Geräten nach U-Booten, die sich zum Angriff näherten. Ein Boot mußte also zunächst die Außensicherung und schließlich auch die Innensicherung durchdringen, wenn es zum Schuß auf eines der Frachtschiffe kommen wollte.
Zugleich entwickelten die Briten ein neues taktisches Konzept zur Bekämpfung der deutschen U-Boote. Es paarte die Notwendigkeit, die Geleitzüge besser zu schützen, jetzt mit der überkommenen und zu Anfang der Atlantikschlacht verworfenen Vorstellung, die deutschen U-Boote abseits der Geleitzüge zu jagen und zu vernichten.
Die Kommandanten von Kriegsschiffen, die Konvois über den Ozean geleiteten, hatten immer wieder berichtet, daß sie die Jagd auf ein entdecktes U-Boot abbrechen mußten. Denn bei dieser Verfolgungsjagd entfernte sich das Schiff zwangsläufig vom Geleitzug, und so war der Konvoi über lange Zeit ohne ausreichenden Schutz. Dieser Umstand aber konnte von anderen U-Booten zu Angriffen auf den Konvoi genutzt werden.
Die Briten beschlossen nun, sogenannte »Support Groups«, zu deutsch »Unterstützungsgruppen«, zu bilden. Sie bestanden zunächst aus einer größeren Zahl von schnellen Kriegsschiffen und einem Tanker. Diese Gruppen sollten in einiger Entfernung dem Kurs des Konvois folgen. Sie konnten Boote bereits bei der Annäherung an den Konvoi abfangen. Sie konnten heranbrausen, sobald der Geleitzug von U-Booten bedroht wurde, und die Abwehr verstärken, sie konnten die Jagd auf ein bereits geortetes Boot bis zu dessen Vernichtung fortsetzen.
Die erste dieser neuen britischen U-Boot-Jagdgruppen wurde unter den Befehl von Commander F. J. Johnnie Walker gestellt, des hervorragendsten britischen U-Boot-Jägers zur See.
Auf britischen wie auf amerikanischen Werften wuchsen die Rümpfe neuer Flugzeugträger – diese Schiffe sollten später in die U-Boot-Jagdgruppen eingegliedert werden zum gemeinsamen Schlag von See- und Luftstreitkräften gegen die deutschen U-Boote.

Die Amerikaner griffen die britische Konzeption der U-Boot-Jagd auf. Sie legten sich bei der Bezeichnung ihrer Kampfeinheiten allerdings weniger Zurückhaltung auf als die Briten: Die Amerikaner nannten sie »Hunter and Killer Groups«, zu deutsch »Jagd- und Vernichtungsgruppen«.
Viele der alliierten Geleitkriegsschiffe wurden in diesem dritten Jahr des U-Boot-Krieges mit einer weiteren vernichtenden Waffe ausgerüstet: einem Werfer, der 24 Geschosse gleichzeitig gegen ein U-Boot abfeuern konnte. Die Briten nannten die Waffe »Hedgehog«, zu deutsch »Igel«.
Die Hedgehog-Lafette war auf dem Vorderteil von Korvetten und Zerstörern montiert. Der Werfer schleuderte seine 24 Bomben rund 200 Meter weit. Das Schiff mußte nicht – wie bei herkömmlichen Wasserbomben – erst über sein Ziel hinweglaufen, um es mit der Serie von Bomben eindecken zu können. So gewann der Jäger auf der Jagd nach dem Boot möglicherweise entscheidende Sekunden. Die Hedgehog-Geschosse explodierten allerdings nur, wenn sie das Ziel unter Wasser direkt trafen. Die zerstörerische Gewalt der 30 Kilogramm schweren Sprengkörper war so groß, daß ein Treffer meist auch den Untergang des Bootes bedeutete.
Britische Waffentechniker hatten zudem eine Super-Wasserbombe entwickelt. Sie wog mehr als eine Tonne. Sie wurde nicht von einem Werfer ins Wasser geschleudert, sondern durch ein Torpedorohr ausgestoßen. Die Detonation von 1000 Kilo Sprengstoff in der Nähe eines getauchten Bootes bedeutete die sichere Vernichtung von Boot und Besatzung.
Hand in Hand mit der unausgesetzten Verstärkung der Seestreitkräfte zur Bekämpfung der U-Boote gingen in der zweiten Hälfte des Jahres 1942 die Anstrengungen der Amerikaner und Briten, die ganze Weite des Nordatlantik aus der Luft zu überwachen, die Boote nirgendwo im Ozean zu Atem kommen zu lassen, sie immer wieder unter Wasser zu drücken, zu jagen und schließlich zu vernichten.
Als einer der ersten beobachtete Kapitänleutnant Suhren, Kommandant von U 564, die bedrohlichen Zeichen am Himmel. Unter dem Datum des 17. Juli 1942 notierte er in sein Kriegstagebuch: »0014 Uhr. Alarmtauchen vor viermotoriger Landmaschine. Diese ist anscheinend mit Ortungsgerät ausgerüstet, denn sie fliegt alle am Geleitzug stehenden Boote der Reihe nach an, scheint aber wegen der zu großen Entfernung von Land keine Bomben zu haben . . . 0230 Uhr. Bei 1000 Metern Entfernung Rohr I bis IV los. Alle Torpedos laufen. Ich drehe dann hart nach Backbord ab, um noch mit dem Heckrohr zum Schuß zu kommen. Da, zwei Stichflammen und eine hohe dunkle Sprengwolke, darauf ein dritter, ohrenbetäubender Knall, eine riesige Stichflamme, ein ganzer Dampfer fliegt in die Luft. Er hatte Munition geladen. Gleich darauf eine vierte Stichflamme und Sprengwolken, Treffer Mitte auf dem vierten Dampfer. Wrackteile flogen um uns herum ins Wasser. Ich befehle der Brückenbesatzung, die Brücke zu verlassen, um sie vor herabfallenden Wrackteilen in Sicherheit zu bringen.«

So sehr der Erfolg des Bootes U 564 und der anderen Boote an diesem Geleitzug den Admiral Dönitz auch freuen mochte – die Mitteilung über das große Flugzeug am Konvoi beunruhigte ihn zutiefst.
Denn U 564 stand zum Zeitpunkt des Angriffs in einem Seeraum, der rund 800 Seemeilen, etwa 1500 Kilometer, vom nächsten alliierten Flugplatz entfernt war, in einem Gebiet also, das nach Ansicht der Deutschen von landgestützten Maschinen nicht erreichbar war. Dönitz schrieb: »Für die U-Boot-Führung war diese erstmalige Feststellung von Luftsicherung durch Landmaschinen auf so große Entfernung eine unangenehme Überraschung.«
Das Flugzeug, das Kapitänleutnant Suhren beobachtet hatte, war eine amerikanische Maschine vom Typ B 24 Liberator, des mächtigsten Feindes der deutschen U-Boote in der Luft. Die Maschine hatte eine Spannweite von 33 Meter und eine Länge von 21 Meter. Sie war mit zehn Maschinengewehren vom Kaliber 1,27 Zentimeter bewaffnet und konnte rund zwei Tonnen Bomben schleppen.
Auf dieses Flugzeug richteten die Briten auch alle ihre Erwartungen, die »Luftlücken« im Atlantischen Ozean schließen zu können. So nannten sie jene Seeräume, die nicht von schweren Flugzeugen überwacht werden konnten, weil sie zu weit von Flugplätzen entfernt waren: der Seeraum südlich von Grönland, der zugleich das wichtigste dieser Gebiete war, der Seeraum östlich der Azoren und schließlich der Seeraum in der Nähe der Kanarischen Inseln.
Angesichts der Luftsicherung in den küstennahen Gebieten stellte Karl Dönitz U-Boote an den Grenzen der Bereiche, die mit Flugzeugen erreicht werden konnten, auf. Dort spähten sie nach Geleitzügen. Innerhalb des Luftlücken-Seeraums griffen die Rudel an, und sie zogen sich zurück, sobald der Konvoi in das Gebiet hineinfuhr, das wieder von Flugzeugen gesichert wurde.
Aber dieser Seeraum, in dem U-Boote keine Angriffe aus der Luft fürchten mußten, schrumpfte: Der Aktionsradius der alliierten Flugzeuge wurde größer. Jetzt machten sich amerikanische Ingenieure an die Arbeit, um den Liberator aus einem Flugzeug »mit großer Reichweite« zu einem Flugzeug mit »sehr großer Reichweite« weiterzuentwickeln.
Alle diese Kampfmittel gegen die U-Boote, die weitfliegenden Bomber, die neue U-Boot-Jagd-Taktik, die neuen Radargeräte, waren in der zweiten Hälfte des Jahres 1942 im Stadium der Entstehung. Noch wirkte sich erst ein Teil der ungeheuren Anstrengungen von Briten und Amerikanern an der Front im Atlantik aus.
Doch die Szene war bereitet, die Vorbereitungen für die endgültige Schlacht wurden getroffen.
Vorerst aber errangen die deutschen U-Boote noch einmal Erfolge – Siege, die vor allem eines vermochten: Sie erweckten Furcht bei den Alliierten und Hoffnung bei den Deutschen.

# 13 Die Zeit ohne Ultra

*Große Erfolge der Boote in den Geleitzug-Schlachten – Im britischen U-Boot-Lagezentrum nur ein unscharfes Bild – Rätselraten und Ratlosigkeit – Das denkwürdige Gefecht von U 333 – Schwere Schläge vor Kapstadt – Nur die deutschen U-Boote sind noch in der Offensive*

Am 7. Juli 1942 erklang über die deutschen Rundfunksender die Siegesfanfare einer Sondermeldung. Das Oberkommando der Wehrmacht gab bekannt: »Seit dem 2. Juli wurde in den Gewässern zwischen dem Nordkap und Spitzbergen, 300 bis 400 Seemeilen von der nordnorwegischen Küste entfernt, eine große Operation von Luft- und Seestreitkräften gegen den feindlichen Geleitzugverkehr nach der Sowjetunion durchgeführt. Kampffliegerverbände und deutsche Unterseeboote haben einen englisch-amerikanischen Großgeleitzug im nördlichen Eismeer angegriffen und zum größten Teil vernichtet.«

Die Sondermeldung galt dem Schicksal des Geleitzuges PQ 17, der auf seinem Weg von Island nach dem sowjetischen Hafen Archangelsk von deutschen Flugzeugen und U-Booten angegriffen worden war.

Es wurde die erfolgreichste gemeinsame Operation deutscher Kampfflieger und deutscher U-Boote im gesamten Zweiten Weltkrieg. Der Konvoi PQ 17 hatte 24 seiner 35 Schiffe verloren. Mit den Schiffen waren 430 Panzer, 210 Flugzeuge und nahezu 100 000 Tonnen Versorgungsgüter auf den Grund des Nordmeeres gesunken; Material, das die Rote Armee in ihrem Kampf gegen die deutschen Truppen brauchte.

Der Erfolg im Nordmeer beeindruckte die Deutschen offenbar tief. Im Bericht des Sicherheitsdienstes der SS über die Stimmung in der Bevölkerung vom 9. Juli 1942 hieß es: »Unter den militärischen Ereignissen löste vor allem die Sondermeldung von der Zersprengung und Vernichtung des englisch-amerikanischen Großgeleitzuges im Eismeer größte Freude aus. In der Tatsache, daß die Alliierten mit Tanks, Flugzeugen, Munition und Lebensmitteln beladene Transportschiffe unter besonders starkem Geleit nach Archangelsk zu bringen versuchten, sah man vielfach die ersten Anzeichen dafür, daß die Sowjets in ihren Möglichkeiten, den Kampf fortzusetzen, doch schon weit mehr ›angeschlagen‹ seien, als man bisher annehmen konnte . . . In den Erörterungen der Volksgenossen über die Vernichtung des Geleitzuges im Eismeer kam abschließend vielfach zum Ausdruck, daß dieser neue Erfolg in überzeugender Weise die kriegsentscheidenden Auswirkungen des Kampfes der deutschen U-Boote und Luftwaffe gegen die feindlichen Versorgungsschiffe unter Beweis stelle.«

Es war der U-Boot-Admiral Karl Dönitz, der die hochgespannten Erwartungen der Deutschen dämpfte. Am 27. Juli 1942, zwei Wochen nach der Zerschlagung des PQ 17, erschien in deutschen Zeitungen ein Interview. In ihm sagte der Befehlshaber der U-Boote, seine Männer befänden sich in einem »harten Kampf«. Im U-Boot-Krieg stünden »sicherlich noch schwierigere Zeiten bevor«.
In seinen Erinnerungen nannte Dönitz die Gründe für diese öffentliche Äußerung: »Ich hielt diese Warnung für notwendig, um die überschwenglichen Hoffnungen, die dem deutschen Volk wegen der großen U-Boot-Erfolge in den letzten Monaten in Reden, Presse und Rundfunk gemacht worden waren, auf das richtige Maß zurückzuführen.«
In diesen Sommertagen des Jahres 1942 war die Zeit der leichten Siege endgültig dahin. Die amerikanische Marine hatte die Schiffahrt an der Ostküste des Kontinents in ein strenges, scharf gesichertes Konvoi-System eingebunden, die Überwachung aus der Luft reichte weit in den Ozean hinein.
Dönitz entschloß sich, seine Streitmacht wieder im Nordatlantik zu konzentrieren, zum Kampf gegen die großen Konvois, zum direkten Angriff auf Englands Lebensadern. In den atlantischen Weiten, die nicht von britischen oder amerikanischen Flugzeugen erreicht werden konnten, war, so schrieb Dönitz über die Gründe seiner Entscheidungen, »die Bewegungsmöglichkeit der U-Boote am größten, in solchen Gebieten die Rudeltaktik in allen ihren Phasen des Überwasseroperierens und -angreifens am wenigsten behindert und daher noch erfolgversprechend«.
Im Nordatlantik allerdings stießen die deutschen U-Boote auf Gegner, die ebenso gefährlich waren wie die U-Boot-Jäger in der Luft: mit Ortungsgeräten bestückte britische und kanadische Kriegsschiffe, deren Besatzungen in drei Jahren Krieg alle Raffinessen der U-Boot-Bekämpfung gelernt hatten.
Schon wenige Tage nachdem der Befehlshaber der U-Boote öffentlich von »schwierigen Zeiten« gesprochen hatte, offenbarte sich auf dem Nordatlantik, wie hart der Kampf am Geleitzug geworden war, welchen Einsatz die U-Boot-Fahrer bringen mußten, um Erfolg zu erzielen.
Am 29. Juli sichtete U 210 unter dem Kommando von Kapitänleutnant Rudolf Lemcke den von England nach Amerika laufenden Konvoi ON 115. Der Geleitzug bestand aus 41 Schiffen, die von drei Zerstörern und drei Korvetten gesichert wurden.
Lemcke funkte sein Fühlungshaltersignal hinaus, und daraufhin schlossen mit Höchstfahrt sechs U-Boote heran. Aber bevor sie noch in die Nähe der Frachter gelangen konnten, wurden sie allesamt von den Kriegsschiffen geortet. Immer wieder stießen Korvetten und Zerstörer auf den Standort der entdeckten Boote zu: Alarm, Tauchfahrt in große Tiefe, Wasserbomben – einige Dutzend Mal wiederholte sich diese Jagd,

einmal mit tödlichem Ausgang: Am 31. Juli erfaßten zwei der Geleit-Kriegsschiffe das deutsche U-Boot U 588 unter dem Kommando von Kapitänleutnant Victor Vogel, und sie vernichteten es in gemeinsamem Angriff. U 588 versank mit seiner gesamten Besatzung.
Während Zerstörer und Korvetten die U-Boote abdrängten und unter Wasser drückten, dampfte der Geleitzug ON 115 weiter nach Westen. Dönitz funkte seinen Kommandanten neue Befehle hinaus auf den Atlantik: Die Boote sollten mit großer Geschwindigkeit nach Westen stoßen, bis sie den langsamer fahrenden Geleitzug überholt hatten, und dann auf Gegenkurs gehen, dem Geleitzug entgegen.
Diese von Karl Dönitz oft angewandte Taktik hatte Erfolg. Am 2. August nahm der Ausguck im Turm von U 552 unter dem Kommando von Korvettenkapitän Erich Topp Masten und Rümpfe wahr.
Topp funkte sein Fühlungshaltersignal. Fünf weitere U-Boote stießen heran. Das Fühlungshalterboot U 552 machte auch die erstenTorpedos los und versenkte zwei Schiffe.
U 553 unter dem Kommando von Korvettenkapitän Thurman, eines der Boote, die zum Geleitzug aufgeschlossen hatten, versenkte das dritte Schiff. Doch die Geleitzugschlacht kam nicht richtig in Gang. Wieder brachten es die Briten fertig, die deutschen U-Boote vom Konvoi abzudrängen. Am 3. 8. schließlich verschluckte dichter Nebel die Herde der Schiffe. Die Boote konnten ihre Opfer nicht mehr finden.
Ergebnis dieser Geleitzugoperation: Drei versenkte Schiffe, ein vernichtetes U-Boot. Damit konnte Karl Dönitz nicht zufrieden sein.
Fünf der Boote, die den Konvoi ON 115 verfolgt hatten, blieben im Seegebiet östlich der Neufundlandbank stehen. Zwei weitere Boote verstärkten das Rudel. Der Nebel, in dem der Konvoi ON 115 verschwunden war, lag immer noch über dem Ozean.
In diesem dichten grauweißen Dunst machte der Ausguck im Turm von U 593, das unter dem Kommando von Kapitänleutnant Gerd Kelbing stand, am Nachmittag des 5. August einen dunklen Schatten aus. Nicht weit davon einen zweiten, dann einen dritten und vierten.
Es waren Handelsschiffe, die zum Geleitzug SC 94 gehörten, der aus insgesamt 36 Frachtern bestand, die von sechs Kriegsschiffen geleitet wurden. Eine Kolonne des Geleitzuges war im Nebel vom Generalkurs des Konvois abgewichen und genau in den Weg von U 593 gelaufen. Kapitänleutnant Kelbing meldete seine Beobachtung dem Befehlshaber der U-Boote, und dann griff U 593 an. Am frühen Abend feuerte es einen Torpedo. Der Geleitzug SC 94 verlor sein erstes Schiff.
Am nächsten Morgen hatte die versprengte Gruppe der Frachtschiffe wieder zum Geleitzug zurückgefunden. Im Laufe dieses Tages aber stieß das von Kapitänleutnant Kelbing alarmierte Rudel heran.
Immer noch lag Nebel über dem Meer. Die See war glatt – hervorragende Bedingungen für die Ortungsgeräte der Geleitschiffe.

Am frühen Nachmittag des 6. August alarmierte der Ausguck auf der Brücke des kanadischen Zerstörers »Assiniboine« seinen Kommandanten, den Commander J. H. Stubbs: »U-Boot sechs Seemeilen steuerbord voraus.« Mit äußerster Kraft voraus ließ Kommandant Stubbs seinen Zerstörer auf das etwa zehn Fahrtminuten entfernte Ziel zulaufen.
Es war das deutsche U-Boot U 210 unter dem Kommando von Kapitänleutnant Lemcke, das acht Tage zuvor den ON 115 entdeckt hatte. U 210 schoß im Alarm nach unten und versuchte, sich davonzustehlen.
Aber dann waren im U-Boot plötzlich die Geräusche der Ortungsstrahlen zu hören, mit denen die »Assiniboine« nach dem Feind in der Tiefe suchte. Der Zerstörer lief zum Wasserbombenangriff an. Nachdem der Donner der Detonationen verhallt war, suchte der Mann im Horchraum des Zerstörers weiter nach dem Boot. Doch das Asdic-Gerät faßte kein Ziel mehr auf.
An der Oberfläche des Wassers war jedoch auch keine Ölspur zu entdecken, die anzeigte, daß das Boot vernichtet war. Zerstörerkommandant Stubbs nahm an, daß der Feind in der Tiefe davongekommen war.
Doch die Wasserbombendetonationen hatten dicht beim Boot gelegen. Es war so schwer beschädigt, daß Kapitänleutnant Lemcke befahl, die Tauchzellen auszublasen. Im gleichen Augenblick, da Kommandant Stubbs den Befehl gab, zum Geleitzug zurückzufahren, durchbrach der Turm von U 210 die Wasseroberfläche, einige Meilen von der »Assiniboine« entfernt.
Doch die Männer auf dem Zerstörer sichteten den Feind in der gleichen Sekunde. Wieder sprangen die mächtigen Maschinen des Zerstörers an. Kommandant Stubbs sah, daß U 210 mit hoher Geschwindigkeit davonrauschte. Das deutsche Boot versuchte, über Wasser zu entkommen. Doch es war ein Rennen, dessen Ergebnis feststand. Der Zerstörer, an Geschwindigkeit dem Boot weit überlegen, holte auf, kam näher und näher, bis seine Geschütze das U-Boot erreichen konnten.
Der Donner der Salve rollte über das Wasser, doch die Deutschen in ihrem Boot wollten sich noch nicht geschlagen geben. Männer auf dem Vorderdeck des U-Bootes richteten die Kanone auf den Zerstörer, Granaten wurden aus dem Bootsinneren durch den Turm gemannt, eine der von dem Zerstörer abgefeuerten Granaten durchschlug den Turm des Bootes; aber dann traf ein Geschoß aus der 8,8-Zentimeter-Kanone des U-Bootes den Zerstörer: ein Mann wurde getötet, zwölf verletzt.
Doch es blieb ein ungleiches Gefecht. Stubbs ließ die »Assiniboine« zum Rammstoß eindrehen, der Zerstörer schüttelte sich unter der plötzlichen Gewalt seiner Maschinen, und dann schmetterte der Bug der »Assiniboine« in den Körper von U 210.
Knirschend und kreischend zerriß der Stahl. Unter der Gewalt des

Rammstoßes kam der gesamte lange Rumpf des U-Bootes einen Augenblick lang aus dem Wasser. Der Zerstörer lief noch einmal an, dann endlich sank mit weitaufgeschlitztem Leib U 210 in die Tiefe. Ein Teil der U-Boot-Besatzung kam davon. Die Kanadier zogen sie aus dem Wasser. Die »Assiniboine« war bei dem Rammstoß so schwer beschädigt worden, daß sie nicht mehr seetauglich erschien. Sie fuhr zu ihrem Stützpunkt an der kanadischen Ostküste zurück.
Andere U-Boote hatten unterdessen versucht, auf Torpedoschußweite an die Frachtschiffe des Konvois heranzukommen, aber immer wieder hatten Korvetten und Zerstörer die Boote von ihren Zielen abgedrängt. Zwei Boote waren durch Wasserbomben so schwer beschädigt worden, daß sie die Schlacht nicht fortsetzen konnten.
Der Konvoi SC 94 setzte mit gleichbleibender Geschwindigkeit seinen Kurs nach Osten, nach Großbritannien fort. Am 7. August schien der Angriff der deutschen U-Boote endgültig abgeschlagen zu sein. Keiner der »grauen Wölfe« kam dem Konvoi nahe.
Doch das Rudel biß sich fest. Am Nachmittag des 8. August, kurz nach drei Uhr, waren U 176 unter Kapitänleutnant Reiner Dierksen und U 379 unter dem Kommando von Kapitänleutnant Paul-Hugo Kettner an den Geleitfahrzeugen vorbeigestoßen und feuerten ihre Torpedos auf die Frachtschiffe ab. An fünf Schiffen schlugen die Detonationssäulen hoch, sie sanken sofort.
Der Angriff der U-Boote traf den Konvoi so unerwartet, das Getöse der Detonationen war so groß, der Anblick der brennenden und sinkenden Schiffe so schrecklich, daß die Besatzungen von drei unbeschädigten Frachtern glaubten, ihre Schiffe seien gleichfalls torpediert worden. Panik ergriff sie, sie setzten die Rettungsboote aus und gingen von Bord.
Korvetten schlossen auf, deren Matrosen beruhigend und beschwichtigend auf die Zivilisten in den Booten einredeten.
Die Besatzungen von zwei Frachtschiffen entschlossen sich, an Bord ihrer Schiffe zurückzukehren. Die Besatzung eines dritten aber weigerte sich. Die Männer blieben in den Rettungsbooten hocken – der festen Überzeugung, ihr Schiff werde in Kürze sinken.
Kapitän S. W. Roskill, Verfasser der offiziellen britischen Geschichte des Seekriegs, schrieb: »Es war sehr ungewöhnlich, daß britische Handelsschiffsseeleute sich in dieser Weise verhielten.« Wenig später versenkte U 176 das herrenlose Schiff mit einem Torpedoschuß.
Jetzt hatte der Konvoi SC 94 sieben Schiffe verloren, ein U-Boot war vernichtet worden. Am Abend dieses 8. August entdeckte die Besatzung der Korvette »Dianthus« im Nebel das deutsche Boot U 379 auf der Oberfläche des Meeres. Die Korvette eröffnete das Feuer. U 379 tauchte und wurde von der »Dianthus« in einer zwei Stunden währenden Jagd mit Wasserbomben verfolgt.

Es wiederholte sich, was zwei Tage zuvor mit U 210 geschehen war: U 379 tauchte auf – in Sichtweite des Kriegsschiffs. Die Korvette lief zum Rammstoß an: Dreimal schmetterte ihr Bug in den Rumpf des Bootes. U 379 sank – nur fünf Mitglieder der Besatzung wurden gerettet.
Wie der Zerstörer »Assiniboine« beim Rammangriff auf U 210, so hatte sich auch die »Dianthus« bei der Versenkung von U 379 den Bug aufgerissen. Sie war nicht mehr gefechtsfähig.
Der Geleitzug war inzwischen 450 Meilen weiter nach Osten vorgedrungen. Die britische Admiralität befahl zwei Zerstörern, zum Geleitzug zu stoßen und die geschwächte Sicherung zu verstärken. Die Korvetten und Zerstörer erfüllten ihre Aufgabe vorbildlich: In der Nacht hielten sie die nachdrängenden deutschen U-Boote von den Schiffen des Konvois fern.
Am Nachmittag des 9. August plötzlich Gedröhn am Himmel. Der Konvoi war in den Bereich der Luftsicherung gelangt: Jetzt suchten viermotorige Bomber vom Typ Liberator das Meer im weiten Umkreis um den SC 94 nach U-Booten ab.
Dennoch gelang es dem Rudel, auf der Spur der Frachterherde zu bleiben. Am Morgen des 10. August ergab sich eine ungewöhnliche Situation. Einige der Geleitschiffe verließen die unmittelbare Nähe des Konvois, um U-Boote zu jagen, die geortet worden waren. Zugleich war der Himmel leer: Liberator-Bomber waren zum Auftanken zurückgeflogen, die Ablösung befand sich erst im Anmarsch auf das Seegebiet, in dem der Konvoi stand. Diesen Augenblick nutzten zwei deutsche U-Boote zum Schlag: Innerhalb weniger Minuten versenkten sie vier Schiffe.
Die Bilanz der sechstägigen Schlacht: elf versenkte Frachter mit mehr als 52 000 Bruttoregistertonnen, zwei vernichtete und drei beschädigte U-Boote.
Karl Dönitz schöpfte aus dem Ergebnis besonders deshalb Zuversicht, weil mit einer Ausnahme an dieser Geleitzugschlacht Kommandanten beteiligt gewesen waren, die im Kampf am Konvoi vorher noch keine Erfahrungen hatten sammeln können.
In sein Kriegstagebuch notierte der Admiral: »Die Tatsache, daß die Boote trotz starker Sicherung zum Angriff gelangten, ist maßgeblich für die Beurteilung der weiteren Geleitzugbekämpfung.«
Doch auch die Briten zogen aus dem Ergebnis der Schlacht um den SC 94 ermutigende Schlußfolgerungen. Kapitän Roskill schrieb: »Wenn man in Betracht zieht, daß alle bis auf eins der achtzehn U-Boote, die an dieser Operation teilnahmen, zu irgendeinem Zeitpunkt Fühlung zum Konvoi aufgenommen hatten, waren die Ergebnisse der fünftägigen Schlacht für die alliierte Sache nicht ungünstig.«
Aber schon vier Wochen später schlugen deutsche Boote im Atlantik eine Schlacht, die diesmal eindeutig zuungunsten der Briten ausging:

Am östlichen Rande der Luftlücke südlich von Grönland hatte der Befehlshaber der U-Boote insgesamt dreizehn U-Boote aufgestellt. Ein Teil von ihnen war frisch ausgerüstet aus den Stützpunkten an der französischen Atlantikküste gekommen, ein Teil des Rudels gehörte zu den Booten, die gegen den SC 94 gekämpft hatten. Sie waren von U-Tankern mit Treibstoff, Torpedos und Proviant versorgt worden.
Eines dieser Boote entdeckte in der beginnenden Dunkelheit des 9. September die Frachtschiffe des Konvois ON 127, der aus 32 Frachtern bestand. Sie wurden von sechs Kriegsschiffen geschützt.
Am Nachmittag des 10. September hatte das Rudel aufgeschlossen. U 96 unter dem Kommando von Oberleutnant zur See Hellriegel griff als erstes Boot an und versenkte bei diesem Schlag zwei Schiffe. Ein drittes getroffenes Schiff wurde schwer beschädigt.
In der Dunkelheit der Nacht vom 10. zum 11. September standen sieben Boote am Geleitzug: Ein Schiff wurde versenkt, zwei wurden torpediert. Während der Tagesstunden folgten die Boote dem Konvoi. In der Nacht griffen sie wieder an. Resultat: Zwei versenkte, drei durch Torpedotreffer schwer beschädigte Dampfer.
Am 13. September torpedierte U 594 ein Schiff, das außerhalb der Konvoisicherung mit weitem Abstand hinter dem Geleitzug herdampfte, und in der Nacht zum 14. September fuhr das Boot U 91 unter dem Kommando von Kapitänleutnant Walterling zwei Angriffe gegen den Geleitzerstörer »Ottawa«. Das Kriegsschiff der kanadischen Marine versank.
Karl Dönitz notierte: »Sieben Schiffe mit 50 205 Bruttoregistertonnen versenkt, sowie vier Schiffe mit 36 141 Bruttoregistertonnen torpediert. Kein U-Boot geriet in Verlust. Dies war ein ausgezeichnetes Ergebnis.«
Die deutschen Boote im Nordatlantik wurden in diesem Abschnitt der Schlacht gegen Englands Nachschub durch drei Umstände in besonderer Weise begünstigt: Einmal nötigte arger Mangel an Treibstoff die britische Admiralität dazu, die Geleitzüge auf dem kürzesten Weg, auf der sogenannten Großkreis-Route, zwischen Großbritannien und dem amerikanischen Kontinent verkehren zu lassen. Die Konvois fuhren keine weitabführenden Umwege mehr. Die Mehrzahl der Geleitzüge mußte also von den U-Booten, die Dönitz gestaffelt quer zur Großkreis-Route aufstellte, gesichtet werden.
Zum zweiten konnte Dönitz innerhalb dieser Seeräume noch eine Feinabstimmung vornehmen. Denn dem deutschen xB-Dienst, der Funkaufklärung, gelang es immer häufiger, Funksprüche zu entziffern, in denen die britische Konvoi-Leitstelle Anweisungen an die Geleitzüge funkte. Der xB-Dienst erfuhr Abfahrts- und Ankunftszeiten vieler Konvois, er fand den Rhythmus des Geleitzugverkehrs heraus, und er entzifferte oft auch die Befehle, mit denen den Geleitzügen der genaue Kurs angegeben wurde, den sie über den

Ozean zu steuern hatten. So konnte der deutsche Admiral häufig U-Boote schon im voraus an einer Stelle konzentrieren, die vom Konvoi angesteuert wurde.
Zum dritten aber fehlten Rodger Winn und seinen Mitarbeitern im »Submarine Tracking Room« immer noch genaue Informationen über die deutschen Boote. Seit sechs Monaten bereits versuchten die Dechiffrierer in Bletchley Park, den neuen Funkschlüssel zu entziffern, der am 1. Februar 1942 für die Atlantik-U-Boote eingeführt worden war – bislang vergebens. Die exakten Standorte der Boote im Ozean, die nördlichen und südlichen Positionen der Boote im Aufklärungsstreifen blieben den Briten verborgen.
Also: Treibstoffknappheit oder nicht – die Briten waren in dieser Zeit gar nicht in der Lage, Konvois um die U-Boot-Aufstellungen herumzuleiten, wie ihnen dies im zweiten Halbjahr 1941 mit so großem Erfolg gelungen war.
U-Boot-Admiral Dönitz notierte: »So war im Nordatlantik in den Monaten Juli bis September mit wechselndem Glück, aber im ganzen erfolgreich gekämpft worden.«
Seine Gesamtbilanz für diese drei Monate: »Die Feindmächte verloren in den Monaten Juli bis September 1942 durch U-Boot-Angriffe der Achsenmächte 302 Schiffe mit 1 505 888 Bruttoregistertonnen. Hiervon wurden 1 298 000 Bruttoregistertonnen von den deutschen U-Booten versenkt . . . In denselben drei Monaten gingen 32 deutsche U-Boote verloren. Dies waren im Juli fünfzehn Prozent, im August neun Prozent und im September sechs Prozent der in See befindlichen U-Boote.«
Viele Wochen lang rätselten die Offiziere des »Submarine Tracking Room« am Zielgebiet einer Gruppe von fünf U-Booten herum, die Mitte August 1942 die Stützpunkte an der französischen Atlantikküste verlassen hatten: Vier große Boote vom Typ IX und ein U-Tanker. Karl Dönitz hatte sie an die Südspitze Afrikas, in den Seeraum von Kapstadt, befohlen.
Der britische Marinehistoriker Patrick Beesly, Mitarbeiter von Rodger Winn, schrieb: »Natürlich wurde das Auslaufen der vier Boote und der Milchkuh vom Tracking Room festgestellt. Es war nicht schwer zu folgern, daß die Boote in weit entfernten Gewässern operieren sollten, aber handelte es sich dabei nun um die Karibik, Brasilien, Freetown (an der Westküste Afrikas) oder um die Kongo-Mündung? . . . Der von den Booten eingeschlagene Weg konnte natürlich nur vermutet werden, aber fast genau einen Monat nach ihrem Auslaufen zeigte sich, daß wir zwar ihre Absichten im großen und ganzen richtig eingeschätzt hatten, aber unsere Prognose ihrer genauen Positionen völlig falsch war.«
So unscharf also war das Lagebild im »Tracking Room«, als Ultra-Nachrichten nicht zur Verfügung standen.

Dennoch erhielten die Briten Gewißheit über den Standort dieser deutschen Boote – durch ein Ereignis, das wie kaum ein anderes die Unerbittlichkeit und die Gnadenlosigkeit des U-Boot-Kriegs und des Kriegs gegen die U-Boote gleichermaßen zeigte.
Um 11.37 Uhr am 12. September 1942 sichtete der Ausguck im Turm von U 156, einem der Boote, die Karl Dönitz auf Feindfahrt in den Raum Kapstadt geschickt hatte, an Steuerbord voraus eine Rauchfahne. Korvettenkapitän Werner Hartenstein, Kommandant von U 156, befahl, den schwarzen Fleck am Horizont anzusteuern. Wenig später konnten die Männer im Turm durch ihre Gläser erkennen, daß in einer Entfernung von 15 Seemeilen ein großer Dampfer fuhr. Wie groß er war, wurde ihnen erst später klar.
U 156 brauchte viele Stunden, um das fremde große Schiff einzuholen. Am Abend endlich, um 21 Uhr, befand sich U 156 in einer Position, die den Torpedoangriff auf den Dampfer erlaubte.
Um 22.07 Uhr schoß Hartenstein aus den Rohren I und III zwei Torpedos auf das Schiff. Nach drei Minuten rollte der Donner der Detonationen über das Meer. An der Bordwand sprangen die Säulen aus Feuer und Wasser in die Höhe.
Umittelbar darauf vernahm der Funker von U 156 die Funkrufe, die das torpedierte Schiff ausstieß – zuerst den Standort: »04 Grad 34 Minuten südlicher Breite, 11 Grad 25 Minuten westlicher Länge«, und dann den Schiffsnamen: »Laconia«. Und dann die Ursache für den Notruf: »Torpediert!«
Die »Laconia« war ein Passagierdampfer der »Cunard White Star Line«, und sie war mit 19 695 Bruttoregistertonnen ein wirklich großes Schiff. Die »Laconia« hatte am 11. September den Hafen von Freetown verlassen. An Bord waren 286 Urlauber der britischen Marine, der Armee und der Luftwaffe, 80 Frauen und Kinder sowie 1 800 italienische Kriegsgefangene, die in Nordafrika in britische Gewalt geraten waren, und die jetzt auf der »Laconia« unter der Bewachung von 160 Polen standen.
Unmittelbar nach den Torpedotreffern sackte die »Laconia« mit dem Bug tiefer ein. Rettungsboote wurden ausgesetzt, die italienischen Gefangenen brachen aus den Räumen, in die sie eingesperrt gewesen waren, heraus, liefen an Deck, und viele von ihnen sprangen in panischer Angst in die nachtdunkle See.
Die Besatzung von U 156 zog Schiffbrüchige aus der See und vernahm von ihnen, wer alles an Bord der torpedierten »Laconia« gewesen war. Korvettenkapitän Hartenstein funkte die Lage an den Befehlshaber der U-Boote: »Versenkt Brite ›Laconia‹. Leider mit 1 500 italienischen Kriegsgefangenen. Bisher 90 gefischt, 157 Kubikmeter (das war der Vorrat an Dieselöl), 19 Torpedos, Passat 3 (das war die Wetterlage), erbitte Befehle.«

Um 4 Uhr morgens am 13. September ließ Dönitz an seinen Kommandanten funken: »Hat Schiff gefunkt? Sind Schiffbrüchige überwiegend in Booten oder treibend? Nähere Umstände auf Versenkungsplatz.« Zur gleichen Zeit befahl Dönitz den Booten der Gruppe, die sich auf dem Marsch in den Seeraum von Kapstadt befanden, mit hoher Fahrt zu Hartenstein zu stoßen. Zugleich leitete der Admiral eine diplomatische Aktion ein. Er ließ die französische Marine in Westafrika bitten, Schiffe in das Seegebiet der »Laconia«-Katastrophe zu schicken.
Um 4.37 Uhr am 13. September antwortete Hartenstein seinem Admiral: »Schiff hat genauen Standort gefunkt. Habe an Bord 193 Mann, darunter 21 Briten. Hunderte von Schiffbrüchigen treiben nur mit Schwimmweste. Vorschlage diplomatische Neutralisierung der Untergangsstelle. Nach Funkbeobachtung stand unbekannter Dampfer in der Nähe. Hartenstein.«
Im Licht des anbrechenden Tages erblickte Kommandant Hartenstein auf dem Meer nahe von U 156 eine chaotische Szene. Holz, das sich von der versenkten »Laconia« losgerissen hatte, Leichen, die vom schwachen Seegang gewiegt wurden, Rettungsboote, die über ihr Fassungsvermögen hinaus mit Menschen gefüllt waren.
Um 6 Uhr morgens an diesem 13. September 1942 entschloß sich Korvettenkapitän Werner Hartenstein zu einer außergewöhnlichen Maßnahme. Er setzte auf der internationalen Notrufwelle einen unverschlüsselten Funkspruch in englischer Sprache ab. Der Funkspruch lautete: »Wenn irgendein Schiff der schiffbrüchigen Besatzung der ›Laconia‹ beistehen will, werde ich es nicht angreifen, vorausgesetzt, daß ich nicht von einem Schiff oder einem Flugzeug angegriffen werde. Ich habe 193 Mann gerettet.« Dann folgte die Standortangabe: »4 Grad 52 Minuten Süd, 11 Grad 26 Minuten West.« Und dann der Absender: »Deutsches U-Boot.«
Der Funkspruch wurde auch in Freetown, dem britischen Marinestützpunkt an der afrikanischen Westküste, abgehört. Die Briten setzten zwei Schiffe in Marsch. Abgefangen wurde der Funkspruch auch von Amerikanern in ihrem Luftstützpunkt auf der Atlantikinsel Ascension – aber dort kam der Spruch nur verstümmelt an.
An diesem 13. September geschah nichts. Die Männer von U 156 versorgten die Schiffbrüchigen an Bord von U 156 und in den Rettungsbooten mit Nahrung und Kaffee. Am 15. September kam das erste der Boote, die Dönitz zum Standort von U 156 beordert hatte, heran. 132 der Italiener stiegen auf das zweite Boot. An Bord von U 156 blieben 131 Schiffbrüchige, unter ihnen eine große Zahl von Engländern. Am Nachmittag war das nächste Boot da. Es nahm 153 Menschen auf. Ein italienisches U-Boot erschien und übernahm gleichfalls italienische und englische Schiffbrüchige der »Laconia«.
Die französischen Schiffe, so unterrichtete Dönitz seine Kommandanten, würden vermutlich am 17. September zur Stelle sein.

Am Morgen des 16. September bewegte sich U 156 mit vier Rettungsbooten im Schlepp langsam über das Meer. Um 11.25 Uhr machte der Ausguck auf U 156 hoch am Himmel einen dunklen Punkt aus, der mit dumpfem Dröhnen sich schnell dem Boot näherte. Kommandant Hartenstein erkannte ihn rasch als einen viermotorigen amerikanischen Bomber, eine Liberator.
Hartenstein befahl: »Die Rot-Kreuz-Flagge heraus.« Männer von U 156 breiteten auf dem Turm des Bootes das Tuch aus, das zweimal zwei Meter groß war und das internationale Zeichen des Roten Kreuzes auf weißem Grund zeigte.
Die amerikanische Maschine kreiste über dem Boot. Sie war jetzt nur noch 80 Meter hoch. Kommandant Hartenstein befahl einem seiner Männer, mit der Morselampe eine Frage an die Besatzung des Bombers hinaufzugeben. »Ist Schiff in Sicht, das Hilfe bringt?«
Vom Bomber kam keine Antwort. Einer der englischen Schiffbrüchigen, ein Offizier der Royal Air Force, bat in diesem Moment den Kommandanten, den Bomber anmorsen zu dürfen. Hartenstein stimmte zu. Der Engländer blinkte zu den Amerikanern hinauf: »Wir sind Schiffbrüchige der ›Laconia‹, Soldaten, Zivilpersonen, Frauen und Kinder.«
Vom Bomber kam keine Antwort. Immer noch drehte das große Flugzeug Kreise über dem Boot. Dann flog es nach Südwesten davon. Es war der Augenblick, da der Pilot des Flugzeuges, Leutnant James D. Harden, den Kommandanten des amerikanischen Stützpunktes auf Ascension, US-Oberst James A. Ronin, um einen Befehl bat. Ronin wiederum erbat Maßregeln von seiner vorgesetzten Dienststelle in Washington. Die Zeit verging.
Dann jedoch vernahm der Bomberpilot in seinem Kopfhörer den Befehl: »Sink sub« – »Versenken Sie das U-Boot.«
Um 12.32 Uhr flog die Liberator U 156 erneut an – diesmal zum Angriff. Aus niedriger Höhe zielte der Bombenschütze auf das deutsche Boot. Die beiden ersten Bomben schlugen dicht neben U 156 ein. Hartenstein befahl, die Schleppleine, die U 156 mit den vier Rettungsbooten verband, loszuwerfen.
Wieder flog der amerikanische Bomber an, wieder ein Bombenwurf. Doch die Bombe traf nicht das Boot, sie durchschlug eines der Rettungsboote, brachte es zum Sinken, explodierte, und der Druck der Detonation warf ein zweites Rettungsboot um.
Wieder drehte die schwere Maschine zum Anflug auf das Boot ein. Hartenstein befahl: »Schiffbrüchige von Bord. Alle. Engländer und Italiener!« Die Schiffbrüchigen kletterten in Rettungsboote, und dann tauchte U 156 weg.
Am Abend desselben Tages setzte Kommandant Werner Hartenstein einen Funkspruch an den Befehlshaber der U-Boote ab: »Von Hartenstein. Amerikanischer Liberator beim Schleppen von vier vollen Booten

trotz vier Quadratmeter großer Rot-Kreuz-Flagge auf Brücke bei guter Sicht im Tiefflug fünfmal gebombt. Beide Sehrohre vorläufig unklar. Breche Hilfe ab. Alles von Bord. Absetze nach West. Repariere. Hartenstein.«
19 Minuten nach Mitternacht am 17. September funkte Dönitz: »Sicherheit des Bootes darf unter keinen Umständen gefährdet werden. Alle Maßnahmen, auch Abbrechen der Bergungstätigkeit, rücksichtslos ergreifen. Annahme irgendwelcher Schonung durch den Gegner ist völlig abwegig.«
Am Mittag des 17. September griff eine Kampfmaschine auch U 506 an, das 142 Schiffbrüchige an Bord hatte, darunter viele Frauen und Kinder. U 506 entkam mit einer Alarm-Tauchfahrt der Vernichtung.
Im Laufe dieses 17. September trafen die deutschen Boote endlich mit drei französischen Kriegsschiffen zusammen und übergaben ihnen die Schiffbrüchigen. Rund 1100 Menschen der »Laconia« wurden gerettet, eine mindestens ebenso große Zahl war umgekommen.
Am gleichen Tag, dem 17. September 1942, verfaßte Dönitz einen ständigen Befehl für alle seine U-Boot-Kommandanten, in dem es hieß: »Jegliche Rettungsversuche von Angehörigen versenkter Schiffe, also auch Auffischen von Schwimmenden und Anbordgabe auf Rettungsboote, Abgabe von Nahrungsmitteln und Wasser haben zu unterbleiben. Rettung widerspricht den primitivsten Forderungen der Kriegführung nach Vernichtung feindlicher Schiffe und Besatzungen.«
Vier Jahre später erhoben sich die Schatten der »Laconia«-Tragödie noch einmal über den U-Boot-Admiral Dönitz. Im Nürnberger Prozeß legte der englische Vertreter der Anklage dar, die Anordnung von Dönitz vom 17. September 1942 sei ein Mordbefehl gewesen. Mit ihm seien die Kommandanten aufgefordert worden, Schiffbrüchige vorsätzlich zu töten. Dem Gericht lag jedoch auch eine schriftliche Aussage des amerikanischen Flottenadmirals Chester W. Nimitz vor, der während des Zweiten Weltkriegs Oberbefehlshaber der amerikanischen Seestreitkräfte im Pazifik gewesen war. Nimitz erklärte: »Nach allgemeinem Grundsatz retteten die U-Boote der Vereinigten Staaten feindliche Überlebende nicht, wenn unnötige und zusätzliche Gefahr für das U-Boot daraus entstand oder das U-Boot dadurch gehindert wurde, einen weiteren Auftrag durchzuführen.«
Das Internationale Militärtribunal verschloß sich der Auffassung des britischen Anklägers. Dönitz: »In Nürnberg wurden demgemäß weder die U-Boot-Waffe noch meine Person wegen der Führung des Seekrieges verurteilt.«
Auch nach der Versenkung der »Laconia« wußten die britischen Offiziere im »Submarine Tracking Room« immer noch nicht, wohin der Stoß der deutschen Boote zielte. Südamerika? Südafrika?
Wie unsicher die Briten in diesen Monaten ohne Ultra-Nachrichten über

Standorte und Pläne der deutschen U-Boote waren, erschließt sich aus einer Lagebeurteilung von Commander Rodger Winn am 28. September 1942: »Über den Verbleib des halben Dutzends Boote, die vor zehn Tagen bei Ascension standen, gibt es immer noch keinen Hinweis, aber möglicherweise befinden sie sich im Südatlantik.«

Die deutschen U-Boote stießen unterdessen weiter nach Süden vor. Am 5. Oktober 1942, dem gleichen Tag, an dem U 68 unter dem Kommando von Korvettenkapitän Merten und U 172 unter dem Kommando von Korvettenkapitän Emmermann in den Seeraum vor der südafrikanischen Küste einliefen, schrieb Rodger Winn: »Aus dem Südatlantik liegen keine weiteren Berichte vor. Auch fehlt ein wirklicher Hinweis auf den Verbleib der Boote, die Ende September südlich des Äquators vermutet wurden.«

Rodger Winn erriet jedoch, daß die deutschen U-Boote einen Angriff auf die Schiffahrt vor dem Kap der Guten Hoffnung planten. Über seine Vermutung informierte er den britischen Oberbefehlshaber Südatlantik in Kapstadt. Daraufhin wurden die Frachtschiffe, die vor Kapstadt auf Reede lagen, in den Hafen hineingezogen, die Überwachung des Seegebietes vor Kapstadt und dem Kap selbst durch Kriegsschiffe und Flugzeuge verstärkt.

Eine erste Nachricht über die Punkte, an denen die deutschen U-Boote im Oktober 1942 vor Afrika ansetzen wollten, kam allerdings nicht vom Kap der Guten Hoffnung, sondern aus Freetown in Sierra Leone an der afrikanischen Westküste, dem Hafen, vor dem sich die Geleitzüge sammelten, die Rohstoffe und Nachschub aus Afrika und dem Fernen Osten nach England schleppten.

Vor Freetown lieferten sich am 6. Oktober 1941 ein deutsches U-Boot und ein britisches Kriegsschiff ein einzigartiges Gefecht. Um vier Uhr morgens an diesem Tag näherte sich das deutsche U-Boot U 333 unter dem Kommando von Kapitänleutnant Ali Cremer der Flachwasserzone vor Freetown, dem Gebiet, in dem der Meeresgrund auf 100 Meter ansteigt. Es war dunkle Tropennacht.

Kurz vor fünf Uhr verließ Kommandant Cremer den Turm, um im Innern des Bootes Navigation und Standort zu überprüfen. Dann kam plötzlich von der Wache auf dem Turm der Ruf: »Kommandant auf die Brücke.«

Cremer enterte die Leiter im Turm und sah aus einer Regenwand einen dunklen Schatten herauswachsen, der eine weißschäumende Bugwelle vor sich herschob: ein Schiff, das mit Höchstfahrt auf das deutsche U-Boot zustieß und jetzt nur noch hundert Meter entfernt war. Es war die britische Korvette »Crocus«, an Geschwindigkeit dem deutschen U-Boot kaum überlegen, aber viel stärker bewaffnet.

Jetzt lohte von der Korvette das Mündungsfeuer von Geschützen und Schnellfeuerkanonen in die Nacht. Die Schüsse lagen gut. Sie deckten den Turm des Bootes mit pfeifendem, heulendem Stahl ein.

Alle Männer auf dem Turm des Bootes wurden schon in diesen ersten Sekunden des Gefechts getroffen: Kommandant Cremer mehrfach in den Arm, der 1. Wachoffizier des Bootes in den Hals. Wieder heulten Granaten heran, eine so nahe, daß ihr Luftdruck den Kommandanten und den 1. Offizier vom Turm herunter in das Boot schleuderte. Beide Offiziere enterten wieder auf.

Näher kam die Korvette. In dieser Sekunde mußte der verwundete Kommandant die Entscheidungen treffen, die über Entkommen oder Vernichtung, Leben oder Tod bestimmten. Es war unmöglich, sich dem heranbrausenden Gegner durch ein Tauchmanöver zu entziehen. Cremer: »Die Korvette hätte das Boot beim Wegtauchen gerammt.« Der Kommandant befahl: »Dreimal äußerste Kraft voraus! Hart Steuerbord!«

Während das Boot seinen Haken schlug und die immer noch feuernde Korvette sich näher schob, zerrte Cremer die verwundeten Männer seiner Brückenwache vom Turm und reichte sie Helfern im Boot durch das Turmluk nach unten.

Dann war die Korvette am Boot. Sie traf U 333 am Bug und spießte es auf. Lange Sekunden hingen Korvette und Boot aneinander fest. Dann lösten sie sich – U 333 war beschädigt, und auch das Kriegsschiff hatte sich bei dem Rammangriff ein Leck geschlagen.

Weiter ging die Jagd. Wieder schlugen Geschosse in den Turm des Bootes ein. Heißer Stahl wirbelte durch die Luft, Kommandant Cremer wurde am Kopf getroffen. Wieder schleuderte der Luftdruck einer Granate ihn in das Turmluk. Er enterte wieder auf.

Die britische Korvette fuhr jetzt in geringer Entfernung von dem deutschen Boot, sie folgte seinen Manövern und versuchte, wieder zum Rammstoß anzusetzen. Ihre Maschinenkanonen spien unterdessen weiter einen Hagel vom Geschossen auf den Turm von U 333. Ein Splitter drang in die Brust des Kommandanten.

Der schwerverwundete Kapitänleutnant erkannte, daß nur ein Tauchmanöver Boot und Besatzung vor der sicheren Vernichtung bewahren konnte. Aber dazu mußte er Zeit gewinnen. Wenn er jetzt einfach wegtauchte, würde das britische Kriegsschiff Augenblicke später über dem Boot sein.

Cremer ließ sein Boot auf den Kurs einscheren, den die Korvette steuerte. Nun fuhr das Boot mit allen Kräften, die seine Maschinen hergaben, vor dem Verfolger einher. Langsam holte die Korvette auf und setzte wieder zum Rammstoß an.

Kommandant Cremer beobachtete, wie der Bug der »Crocus« näher kam, noch näher. Jetzt hob die Bugwelle des Kriegsschiffes das Heck des deutschen Bootes an. Jetzt mußte sich der messerscharfe Vorsteven in den Leib von U 333 bohren.

In diesem Augenblick gellte die Stimme des Kommandanten durch das Boot: »Hart Steuerbord!« Das Boot drehte im engen Kreisbogen ab, und

in dieses Manöver hinein kam das knirschende Geräusch von Stahl, der sich in Stahl frißt. Aber der Stoß der Korvette traf dank des Ausweichmanövers nur das Heck des U-Bootes, und er traf nicht mit tödlicher Gewalt.
Die Briten auf der Korvette waren von dem Manöver des deutschen Bootes überrascht worden, das Schiff lief mit hoher Geschwindigkeit einige Zeit weiter geradeaus. Und bevor die »Crocus« zu einem neuen Angriff eindrehen konnte, stand U 333 schon weit ab. Kapitänleutnant Cremer hatte die Zeit gewonnen, die er für eine sichere Tauchfahrt brauchte.
Doch als das Boot in die Tiefe schoß, meldeten die Männer ihrem Kommandanten: »Wassereinbruch.« Das Boot sank mit großer Geschwindigkeit weiter ab. Dann ein Scharren und Kratzen, Schürfen und Schaben, in hundert Meter Tiefe kam U 333 auf dem Grunde des Meeres zur Ruhe.
Die Männer von U 333 brachten es fertig, den Wassereinbruch abzudämmen. Dann ließ Kommandant Cremer anblasen, und das Boot durchbrach die Wasseroberfläche. In einiger Entfernung stand die britische Korvette. Leuchtgranaten erhellten die Nacht. Doch U 333 kam davon.
Es war das dritte Mal innerhalb von sechs Monaten, daß U 333 knapp der Vernichtung entgangen war. Ende April war das Boot vor der amerikanischen Ostküste von einem Tanker gerammt und schwer beschädigt worden.
Kommandant Cremer, der von Admiral Dönitz als »besonders befähigt« gerühmt wurde, fuhr mit seinem von der Besatzung auf See reparierten Boot weiter Angriffe. Dabei wurde U 333 am 6. Mai von amerikanischen Zerstörern geortet. Das Wasser war an der Tauchstelle des Bootes nur 30 Meter tief. Die amerikanischen Zerstörer warfen in Stunden währenden Angriffen Dutzende von Wasserbomben auf das Boot. Doch U 333 überstand auch diese Tortur.
Nur einen Tag nach dem Kampf, den U 333 mit der Korvette »Crocus« ausgefochten hatte, waren die Briten endlich genau darüber im Bilde, wohin der Schlag der deutschen U-Boote im südlichen Ozean zielte. Am 7. Oktober erreichten die deutschen Boote den Seeraum von Kapstadt. Und dann rollte der Donner der Vernichtung über den südlichen Atlantik. Binnen weniger Wochen versenkten fünf deutsche Boote 28 Schiffe mit nahezu 190 000 Bruttoregistertonnen, darunter drei Schiffe mit jeweils mehr als 20 000 Tonnen. In der offiziellen britischen Seekriegsgeschichte heißt es: »Dies waren schwere Verluste, denn solche Schiffe konnten während des Krieges nicht ersetzt werden.«
Die deutschen Boote hatten ihre Erfolge trotz der Warnungen des »Submarine Tracking Room« erzielen können – die Kenntnisse der Offiziere im U-Boot-Jagd-Zimmer über Positionen und Kurse der deutschen Boote waren einfach nicht präzise genug gewesen.

Wie ungenau die Kenntnisse der Briten waren, solange ihnen keine Ultra-Nachrichten zur Verfügung standen, geht aus einem Bericht von Commander Rodger Winn vom 12. Oktober 1942 hervor: »Von den etwas über 100 deutschen Booten, die gegenwärtig im Atlantik verteilt sind, befinden sich zwischen einem und zwei Dritteln im Nordatlantik, und zwar der geographischen Breite nach zwischen den Azoren und Island, der Länge nach zwischen dem 25. und 45. Grad. Es ist bemerkenswert, daß überhaupt ein Konvoi dieses Gebiet durchlaufen kann, ohne abgefangen zu werden.«

Dies bedeutete: Die Briten wußten nur, daß eine große Zahl von U-Booten im Atlantik verteilt war und die Masse von ihnen sich im Nordatlantik befand. Aber ob etwa nördlich des Äquators dreißig oder sechzig Boote standen, entzog sich ihrer Kenntnis.

Der deutsche xB-Dienst hingegen wußte in diesen Tagen des Krieges weit mehr über die Geleitzüge als der »Submarine Tracking Room« über die U-Boote. So entzifferten Anfang November die deutschen Entschlüsselungsexperten die Kursanweisung für den SC 104, der aus 42 Frachtern bestand. Sie wurden von einem Zerstörer und fünf Korvetten gesichert. Noch am selben Tage stießen die ersten drei deutschen Boote, von ihrem Befehlshaber durch Funkspruch alarmiert, auf den Konvoi zu. Doch die britischen Geleitschiffe peilten die Funksignale der Deutschen ein und zwangen die Boote unter Wasser, bevor sie noch auf Schußweite herangekommen waren.

Nachdem Dunkelheit über das Meer gefallen war, kamen die Boote jedoch wieder heran. Dem gleichzeitigen Angriff der Boote in der Nacht war die Sicherung nicht gewachsen: Acht Schiffe fielen den Torpedos der deutschen Boote innerhalb weniger Stunden zum Opfer.

Auch am folgenden Tage hielten die Boote Fühlung am Konvoi. Unter Wasser näherte sich an diesem 2. November U 522 unter dem Kommando von Kapitänleutnant Schneider auf Schußweite. Er traf ein Schiff. Es sank.

Dann jedoch vergingen 24 Stunden, bis ein anderes U-Boot Gelegenheit fand, gegen den Konvoi zu schlagen: Im Tagesangriff unter Wasser versenkte U 521 unter dem Kommando von Kapitänleutnant Bargsten einen Tanker.

In der dritten Nacht der Schlacht standen die U-Boote wieder dicht am Konvoi: Noch einmal versenkten sie vier Schiffe, am Tag darauf, wieder im Unterwasserangriff, ein Schiff. Am sechsten Tag des Kampfes um den SC 104 standen sieben Boote im weiteren Umfeld des Geleitzuges. Aber keines von ihnen gelangte mehr in eine Schußposition.

Der Konvoi war jetzt im Bereich der Luftsicherung. Unablässig zogen schwere Liberator-Bomber über dem Konvoi ihre Kreise. Die Boote konnten immer nur wenige Augenblicke an der Oberfläche bleiben,

dann waren sie schon entdeckt, die Kampfmaschinen im Anflug, die Boote mußten wieder hinab in die Tiefe. Am 6. November zogen sich die Angreifer vom Konvoi zurück.
Karl Dönitz notierte das Ergebnis: »In zwei aufeinanderfolgenden Nächten wurden aus dem SC 107 15 Schiffe mit 87 818 Bruttoregistertonnen versenkt, ein erfreuliches Ergebnis, das allerdings mit dem Verlust von zwei U-Booten bezahlt werden mußte.« Diese beiden U-Boote, U 520 unter dem Kommando von Kapitänleutnant Schwarzkopf und U 132 unter dem Kommando von Kapitänleutnant Vogelsang, versanken mit allen Männern an Bord.
Während die U-Boote im Nordatlantik und im Mittelatlantik Geleitzüge jagten, vollzogen Briten und Amerikaner ungestört ihre Vorbereitungen für die erste der großen Landungsoperationen, mit denen die deutsche Wehrmacht schließlich in die Knie gezwungen wurde: die Operation »Torch«, zu deutsch »Fackel«, die Landung in Nordafrika.
Rund 250 Handelsschiffe, beladen mit Truppen und Proviant, mit Panzern und Kanonen, mit Lastfahrzeugen und Munition, dampften im Oktober von England nach Gibraltar. Hier, am Eingang des Mittelmeeres, vereinigten sie sich mit Militärtransportern aus den Vereinigten Staaten zu einer gewaltigen Transporterflotte, die von einer ebenso gewaltigen Flotte von Kriegsschiffen gesichert wurde.
Am 26. Oktober 1942 sichtete ein deutsches U-Boot das britische Schlachtschiff »Rodney« auf seinem Weg nach Gibraltar und meldete seine Beobachtung, Fernaufklärer der deutschen Luftwaffe sichteten am 31. Oktober eine Gruppe britischer Flugzeugträger, Kreuzer und Zerstörer westlich der spanischen Küste, und am 2. November machten deutsche U-Boote wiederum westlich von Spanien zwei der Truppenkonvois aus: Der eine bestand aus 52 Schiffen, die von 14 Kriegsschiffen geleitet wurden, der andere aus 39 Frachtern mit 12 Geleit-Kriegsschiffen – Konvois ungewöhnlicher Größe mit ungewöhnlich starkem Geleitschutz.
Aber die deutsche Seekriegsleitung sah nicht die Zeichen an der Wand oder mißdeutete sie. Sie erfuhr von dem Plan der Alliierten, in Nordafrika zu landen und dort mit dem Aufbau einer »Zweiten Front« gegen Deutschland – nach der Ostfront – zu beginnen, erst in dem Augenblick, als dieser Plan bereits vollzogen wurde.
In den frühen Morgenstunden des 8. November 1942 stießen Landungsboote auf die nordafrikanische Küste zu, Soldaten sprangen an Land, Panzer rollten über den Strand, britische Zerstörer fegten in die Häfen hinein.
U-Boot-Admiral Karl Dönitz wurde am 8. November 1942 um 6.30 Uhr morgens telefonisch von der Seekriegsleitung über die Geschehnisse an der nordafrikanischen Küste informiert. Unmittelbar danach befahl Karl Dönitz alle U-Boote im mittleren Atlantik, die noch über genügend Brennstoff verfügten, in den Seeraum von Gibraltar.

U-Boote, die im Nordatlantik standen, begaben sich wenig später ebenfalls auf den langen Marsch zum Mittelmeer. In sein Kriegstagebuch notierte der U-Boot-Admiral an diesem 8. November: »Jeder Angriff auf dem flachen Wasser bedeutet vollen Einsatz. Trotzdem erfordert die Wichtigkeit der Bekämpfung des Nachschubs (für das Landungsunternehmen) rücksichtslosen U-Boot-Einsatz ... Die Erfolgsaussichten dürfen nicht zu hoch angesehen werden.«
In der Tat: Briten und Amerikaner hatten für die Operation »Torch« rund 200 Kriegsschiffe eingesetzt, darunter fünf Flugzeugträger und mehr als 80 Zerstörer. Diese gefährlichsten Feinde des U-Bootes schlossen einen undurchdringlich scheinenden Ring um Truppentransporter, Frachter und Landungsschiffe. Durch diesen Ring aus Asdic-Strahlen und Radarwellen aber mußten die U-Boote stoßen, um ihren Befehl zu erfüllen.
Am 11. November 1942, drei Tage nach dem Beginn der Invasion, erreichte U 150 unter dem Kommando von Korvettenkapitän Kals die marokkanische Küste. In der Nacht lief das Boot über Wasser in sein Zielgebiet hinein. Aber die Briten entdeckten den Feind auch in der Dunkelheit. Zerstörer orteten U 150 mit Radargeräten. Die Männer im Turm von U 150 entdeckten die heranschnaubenden Feinde jedoch stets rechtzeitig. Das Boot konnte wegtauchen.
Kals legte das Boot im flachen Wasser auf Grund. Und dann entschloß er sich, zu einem Zeitpunkt anzugreifen, da Briten und Amerikaner am wenigsten mit dem Schlag eines U-Bootes rechneten: am hellichten Tag.
Am frühen Nachmittag des 12. November schlich U 150 in 30 Meter Tiefe auf die Reede des marokkanischen Hafens Fedala zu. Um 16 Uhr ließ Kommandant Kals das Boot auf Sehrohrtiefe steigen. Dann ein kurzer Blick durch das Periskop: Die See war spiegelglatt, die Gefahr, geortet und vernichtet zu werden, groß.
Im Blick rundherum zählte Kals etwa 20 Fahrzeuge: Kreuzer, Flugzeugträger, Tanker, Transporter und selbstverständlich Zerstörer. Doch noch war keines der Ziele in Schußweite. In zweistündiger langsamer Unterwasserfahrt, bei der die Elektromotoren kaum Geräusche machten, kroch U 150 näher heran. Dann lagen die Ziele breit im Sehrohr.
Um 18.30 Uhr feuerte U 150 innerhalb von fünf Minuten vier Torpedos auf die Schiffe vor Marokkos Küste. Die Männer im Boot zählten die Sekunden. Und dann das wummernde Geräusch schwerer Explosionen, deren Druckwellen das Boot unter Wasser hin- und herschwingen ließen. Kommandant Kals blickte noch einmal durch das Periskop, und er sah die Zeichen der Vernichtung: »Schwarze Qualmwolken über dem Verband«, schrieb er in sein Kriegstagebuch. Die Torpedos von U 150 hatten drei amerikanische Transportschiffe getroffen, alle drei sanken.
Dann schlich U 150 wieder davon, wieder auf flachem Wasser, immer hart an der 30-Meter-Linie entlangschnürend. Die Zerstörer suchten

unterdessen das Boot, das ihrer Frachterflotte in so kurzer Zeit so schwere Verluste zugefügt hatte, im tiefen Wasser – vergebens.
Doch insgesamt blieben die Erfolge der Deutschen spärlich. Das Häuflein der Boote konnte wenig ausrichten gegen die gewaltige Ballung von Kriegsschiffen. Sie konnten den Nachschub für die alliierten Truppen kaum behindern und die Invasion selbst nicht beeinträchtigen.
Karl Dönitz schrieb: »Die Geleitzüge waren von Bewachungsfahrzeugen und Flugzeugsicherung so stark abgeschirmt, daß sich für die U-Boote keine Lücken zum Angriff boten. Im Gegenteil: Sie waren ständig gezwungen, auf Tiefe zu gehen, und hatten innerhalb von 24 Stunden kaum genügend Zeit, um ungestört ihre Batterien aufzuladen.«
Wieder kam über die Boote beim Kampf im Seeraum von Gibraltar binnen weniger Tage vielfache Vernichtung.
Am 12. November wurde das deutsche Boot U 660 unter dem Kommando von Kapitänleutnant Götz Baur Opfer eines gemeinsamen Angriffs zweier britischer Geleitschiffe. Ein Teil der Besatzung von U 660 wurde gerettet.
Einen Tag später, am 13. November, spürten zwei britische Geleitschiffe das deutsche Boot U 605 unter dem Kommando von Kapitänleutnant Herbert-Victor Schütze im Seeraum vor Algier auf und vernichteten es mit Wasserbomben. U 605 versank mit seiner gesamten Besatzung.
Wieder einen Tag später, am 14. November 1942, entdeckte eine britische Kampfmaschine der 500. Staffel im westlichen Mittelmeer das deutsche Boot U 595 unter dem Kommando von Kapitänleutnant Jürgen Quaet-Faslem. Das Flugzeug fegte zum Angriff in niedriger Höhe über das Wasser, vier Bomben fielen, drei detonierten in unmittelbarer Nähe des Bootes, Instrumente fielen aus, Lichter im Boot erloschen.
Doch noch war U 595 nicht geschlagen. Männer sprangen an die Flugabwehrkanonen. Die britische Maschine flog wieder an, aber jetzt schlug ihr dichtes Feuer entgegen, Treffer in Rumpf und Kanzel, das Flugzeug drehte ab.
Doch der Pilot hatte seine Gefechtsmeldung längst gefunkt. Unmittelbar darauf neues Dröhnen am Himmel, jetzt zwei britische Flugzeuge im Anflug auf das Boot, eines löste aus einer Höhe von zehn Metern Wasserbomben, sie schlugen dicht neben dem Bug des Bootes ein, Detonationssäulen, die Tauchzellen wurden zerquetscht, die Männer im Turm feuerten weiter auf die Angreifer, beide Maschinen brachen das Gefecht ab.
Kommandant Quaet-Faslem ließ die Beschädigungen feststellen. Meldungen des Leitenden Ingenieurs: »Boot ist tauchunklar.« Auf der Wasseroberfläche setzte das angeschlagene Boot seine Fahrt fort. Die Hoffnung auf Entrinnen war gering.
Und tatsächlich war wenig später wieder eine britische Kampfmaschine über dem Boot. Das Abwehrfeuer konnte den Angreifer nicht zurück-

schlagen. Die Bomben rauschten aus ihren Schächten, und sie saßen im Ziel. Noch schwamm U 595, aber jetzt waren die Schäden so schwer, daß die Besatzung das Boot aufgeben mußten. Kommandant Quaet-Faslem gab Befehl, die nahe tunesische Küste anzusteuern. Dort schwammen die Überlebenden von U 595 an Land.
Am Tag darauf, dem 15. November 1942, orteten Maschinen der 500. Staffel das deutsche U-Boot 259 unter dem Kommando von Kapitänleutnant Klaus Köpke im Seeraum nördlich von Algier. Sie griffen das Boot an und vernichteten es. U 259 versank mit seiner gesamten Besatzung.
Am gleichen Tag ortete das Geleit-Kriegsschiff westlich von Gibraltar das deutsche U-Boot U 411 unter dem Kommando von Kapitänleutnant Johann Spindlegger und versenkte es mit Wasserbomben. U 411 versank mit seiner gesamten Besatzung.
Zwei Tage später, am 17. November, entdeckten Kampfmaschinen derselben Staffel das U-Boot U 331 unter dem Kommando von Freiherr Hans Diedrich von Tiesenhausen, der ein Jahr zuvor das britische Schlachtschiff »Barham« versenkt hatte, im Seeraum nordwestlich von Algier. Die Maschinen beschädigten schon im ersten Angriff das deutsche Boot schwer, ein zweiter Angriff vernichtete es. Nur ein Teil der Besatzung von U 331 wurde gerettet.
Zwei Tage später vernichteten britische Flugzeuge das deutsche U-Boot U 98 unter dem Kommando von Oberleutnant zur See Karl Erichmann, das südwestlich von Kap St. Vincent im Seeraum westlich von Gibraltar stand. U 98 versank mit seiner gesamten Besatzung.
So waren innerhalb einer Woche bei Gibraltar sieben deutsche U-Boote verlorengegangen, vier von ihnen waren aus der Luft vernichtet worden, nahezu dreihundert deutsche U-Bootfahrer waren dabei umgekommen – Verluste, die in keinem vernünftigen Verhältnis zu den Erfolgen der Boote standen.
Am 18. November bereits, zehn Tage nach der Landung der Briten und Amerikaner in Nordafrika, trug Karl Dönitz der Seekriegsleitung in Berlin vor: »Der Befehlshaber der U-Boote sieht für den weiteren Einsatz gegen die Zufuhren nach Afrika bei denkbar hoher Verlustwahrscheinlichkeit nur geringste Erfolgsaussichten . . .«
Der deutsche U-Boot-Admiral, der stets gesagt hatte, »die Feindschiffahrt ist ein Ganzes«, drang darauf, die Macht der U-Boote wieder dort anzusetzen, wo die Sicherung der Geleitzüge schwächer war, dort, wo nicht Schwärme feindlicher Flugzeuge Tag und Nacht am Himmel hingen und jede Quadratmeile Seeraum mit Radargeräten überwachen konnten.
Die Zahlen gaben dem deutschen Admiral recht: In diesem November 1942, in dem deutsche Boote bei Gibraltar an der ungeheuren feindlichen Übermacht zugrundegingen und doch den Schwung des alliierten

Angriffs nicht bremsen konnten, häuften sich die Erfolge von U-Booten in anderen Seeräumen zu einem neuen Rekord: Insgesamt versenkten U-Boote der Achsenmächte im November 1942 119 alliierte Schiffe mit mehr als 700 000 Bruttoregistertonnen. Dönitz: »An diesen Zahlen hatten die deutschen U-Boote bei weitem den größten Anteil.«

Die Bilanz für das gesamte Jahr 1942 zeigte, daß die U-Boote ungeheure Stücke aus dem alliierten Nachschub herausgerissen hatten: Insgesamt 1160 Schiffe mit mehr als sechs Millionen Bruttoregistertonnen.

Die »grauen Wölfe« hatten Großbritannien am Ende des dritten Kriegsjahres in eine bedrohliche Situation gebracht. In der britischen Seekriegsgeschichte heißt es: »Während der letzten Tage des Jahres 1942 faßte die Admiralität noch einmal die Probleme und Aussichten der Atlantikschlacht zusammen. Unsere Transportsituation, so trug ein Mitglied der Admiralität vor, ist niemals schwieriger gewesen als 1942 ... Besonders die Ölvorräte sind auf eine sehr geringe Menge gesunken, Mitte Dezember befanden sich nur noch 300 000 Tonnen (für den privaten Verbrauch) in England, und der monatliche Verbrauch belief sich auf 130 000 Tonnen ... Die britische Einfuhr war unter 34 Millionen Tonnen gefallen, ein Drittel weniger als im Jahre 1939. Es war der britischen Admiralität klar, daß die Schlacht auf den Geleitzugwegen noch nicht entschieden war, daß der Feind größere Kräfte besaß als je zuvor, und daß die Krise in diesem sich lang hinziehenden Kampf nahe bevorstand.«

»Das sieht überhaupt nicht gut aus«, schrieb Kriegspremier Winston Churchill an den Rand des Papiers, mit dem die Admiralität ihn über die Treibstofflage der Insel unterrichtete.

Doch: In diesem Augenblick der argen Not, der äußersten Bedrohung Großbritanniens, bescherten Kriegsglück und Hartnäckigkeit den Briten wiederum eine entscheidende Waffe gegen die »grauen Wölfe«: Ultra kehrte zurück.

# 14 Ultra kehrt zurück

*Die Kaperung von U 559 – Erneuter Einbruch in den U-Boot-Schlüssel – Die Details der deutschen Funkführung: Standort und Kurs, Treibstoff und Krankheiten – Ein Tanker-Konvoi wird zerschlagen – Dönitz wird Oberbefehlshaber – Vor der entscheidenden Schlacht*

An einem Nachmittag in der zweiten Woche des Dezember 1942 erhielt Patrick Beesly, stellvertretender Leiter des »Submarine Tracking Room«, jene Nachricht, auf die Großbritanniens U-Boot-Jäger in der Admiralität seit mehr als zehn Monaten gewartet hatten: Den englischen Entschlüsselungs-Experten in Bletchley Park war es endlich gelungen, in den Schlüsselbereich »Triton« einzudringen – ein Durchbruch mit noch völlig unabsehbaren Folgen.

»Triton« war der Funkschlüssel, der von den deutschen U-Booten im Atlantik verwandt wurde, jener Schlüssel, mit dem die Befehle von Karl Dönitz an die Boote in See chiffriert wurden, und zugleich der Schlüssel, den die Boote verwandten, wenn sie ihre Meldungen über die Lage auf dem Ozean an ihren Befehlshaber funkten.

Patrick Beesly meldete dem erkrankten Leiter des »Submarine Tracking Room« Rodger Winn triumphierend am Telefon: »Das Orakel kann wieder befragt werden.«

Es war ein wirklich großer Sieg.

Doch auch heute ist immer noch von einem Geheimnis umgeben, wie die Wissenschaftler in Bletchley Park es schließlich fertigbrachten, »Triton« aufzubrechen. Seit Anfang Februar 1942, seit die Deutschen den neuen Funkschlüssel verwandten, hatten die Männer und Frauen im britischen Entschlüsselungszentrum stets aufs neue die chiffrierten Funksprüche der deutschen U-Boote und ihres Befehlshabers in die Computer gegeben.

Tag und Nacht hatten sich die Räder dieser großen Rechenmaschinen, der »Bomben«, mit monotonem Klicken gedreht. Doch die Geräte hatten lange Zeit den Weg in das Innere von »Triton« nicht weisen können. Und dann doch der Erfolg.

Und wieder hatte offenbar die Kaperung eines U-Bootes durch die Briten den Einbruch in den Funkschlüssel der U-Boote erleichtert, wenn nicht überhaupt erst ermöglicht – ganz so wie schon im Mai 1941 die Enterung von U 110. Jetzt, im Herbst 1942, war es das deutsche U-Boot U 559. Das Boot, das unter dem Kommando von Kapitänleutnant Hans Heidtmann stand, wurde am 30. Oktober 1942 im östlichen Mittelmeer von fünf britischen Kriegsschiffen und einem Bomber gejagt – von einer so

großen Streitmacht, wie sie gegen kein anderes einzelnes deutsches U-Boot eingesetzt worden ist. Die Kriegsschiffe verfolgten das getauchte Boot neun Stunden lang, und sie warfen die ganze Zeit hindurch Wasserbomben. Gleichwohl wurde das Boot in der Tiefe nicht tödlich getroffen, sondern nur beschädigt. Schließlich zwangen die Detonationen U 559 an die Wasseroberfläche.
Der britische Zerstörer »Petard« setzte ein Boot mit einem Enterkommando aus, die Briten gelangten an Bord, und sie erbeuteten Schlüsselunterlagen. In dem Augenblick, in dem die Briten versuchten, auch die Schlüsselmaschine aus dem Boot herauszuholen, sackte das Boot weg und riß zwei Männer des Enterkommandos mit sich in die Tiefe. 42 Männer der Besatzung von U 559 hingegen kamen mit dem Leben davon.
Die britischen Entschlüsselungs-Experten in Bletchley Park, die neun Monate lang vergebens versucht hatten, den »Triton«-Schlüssel aufzubrechen, waren wenige Wochen nach der Versenkung von U 559 am Ziel: Sie drangen wieder in die Funkgeheimnisse der deutschen U-Boote ein.
Dieser Schlag gegen ihre gefährlichsten Feinde gelang den Briten in einem entscheidenden Augenblick des Zweiten Weltkriegs. Der Machtbereich der deutschen Wehrmacht hatte seine größte Ausdehnung erreicht: von der Wolga bis zum Atlantik, vom Polarkreis bis in die afrikanische Wüste. Doch jetzt rückten im Osten wie im Westen die Alliierten in Positionen ein, aus denen heraus sie die deutschen Fronten durchstoßen und schließlich aufrollen konnten.
Allein auf den Ozeanen befanden sich die Deutschen noch in der Offensive. Unablässig trugen deutsche U-Boote ihre Angriffe gegen die Geleitzüge vor, mit denen Soldaten und Kriegsmaterial nach Europa und Nordafrika geschafft wurden.
Eine gewaltige Anhäufung von Truppen und Panzern, Kanonen und Munition, Treibstoff und Lebensmitteln in Europa war Voraussetzung für alle Unternehmungen der Briten und Amerikaner gegen den deutschen Feind. Dieses gesamte Material mußte über See von Amerika nach Europa gebracht werden. Deshalb mußten die Alliierten erst über die U-Boote siegen, bevor sie Deutschland besiegen konnten. Der Kampf, der über den Ausgang des Krieges entschied, mußte zur See geschlagen werden.
Und in dieser Schlacht hatten die Alliierten jetzt, nach dem Einbruch in »Triton«, einen strategischen und taktischen Vorteil gewonnen. der gerade dann den Ausschlag geben konnte, wenn der Kampf auf des Messers Schneide stand: Aus den Befehlen ihres gefährlichsten Gegners Karl Dönitz und den Berichten seiner Kommandanten formte sich ein breiter Strom von Informationen für den Feind.
Admiral Dönitz führte seine Kommandanten mit Funkbefehlen an einer kurzen Leine. Meist wurden den U-Booten erst dann, wenn sie

ausgelaufen waren, Operationsgebiete und Operationspläne mitgeteilt.
Die U-Boote selbst mußten sich über Funk melden, sobald sie den Golf von Biskaya verlassen hatten oder, falls sie aus Häfen an der Ostsee oder in Norwegen ausliefen, den 60. Grad nördlicher Breite überschritten hatten.
Der Befehlshaber der U-Boote sagte seinen Kommandanten über Funk, zu welchem Zeitpunkt sie das Seegebiet, das er für ihre Operationen vorgesehen hatte, erreichen mußten.
Die Boote sollten ihre Positionen im Aufklärungsstreifen auf die Stunde genau einnehmen. Diese Position wiederum wurde auf die geographische Minute genau bestimmt.
Dann entschied die U-Boot-Befehlsstelle, welchen Kurs die Boote laufen sollten. Währenddessen forderte sie von jedem Boot eine ausführliche Schilderung der Situation auf dem Ozean.
Kein U-Boot-Kommandant durfte von seinen Befehlen abweichen, ohne daß er per Funk die Erlaubnis der Befehlsstelle eingeholt hatte.
U-Boote durften die Rückreise zum Stützpunkt nur dann antreten, wenn ihnen der Befehl dazu erteilt wurde, oder aber, wenn sie über Funk die Gründe genannt hatten und ihre Rückkehr gebilligt wurde.
Selbst U-Boote, die bei Angriffen durch Schiffe oder Flugzeuge Beschädigungen erlitten hatten, mußten ihre Absicht, zurückzukommen, melden und die Schäden im einzelnen schildern.
Die Luftherrschaft britischer und amerikanischer Kampfflugzeuge über dem Golf von Biskaya machte es nötig, den U-Booten auf den letzten Meilen zum Hafen Flakschutz durch Überwasser-Schiffe zu geben. So mußten die U-Boote per Funk auch mitteilen, wann sie an einem bestimmten Punkt in der Biskaya eintreffen würden.
Die U-Boot-Kommandanten waren gehalten, regelmäßig genaue Angaben über ihre Treibstoffvorräte zu machen. Anhand dieser Angaben konnte der Befehlshaber der U-Boote entscheiden, wie lange sich das Boot noch im Operationsgebiet aufhalten konnte und wann es zu einem Treffen mit einem U-Tanker befohlen werden mußte.
Die U-Tanker wiederum berichteten über Funk, welche U-Boote sie versorgt hatten, wie viele Kubikmeter Treiböl noch in den Tanks waren, wieviel Proviant und wie viele Torpedos sich an Bord befanden.
Da die U-Boote oft lange in See standen, teilte ihnen der Befehlhaber über Funk auch seine allgemeinen, die sogenannten ständigen Befehle und sein Urteil über die militärische Lage mit.
Die Kommandanten berichteten ihrem Admiral über Funk schließlich sogar über Gesundheitszustand und Krankheiten ihrer Besatzungsmitglieder; über Funk wurden Ferntrauungen zwischen U-Boot-Fahrern in See und Frauen in Deutschland vorgenommen.
Zu den Gewohnheiten des Befehlshabers der U-Boote gehörte es, seine

Kommandanten auf Feindfahrt im Funkspruch stets mit Namen anzureden und sich nicht etwa auf die Bennung der Nummer des Bootes zu beschränken.
So enthüllten sich aus der gewaltigen Zahl von Funksprüchen, die zwischen der U-Boot-Führung und den Booten in See gewechselt wurden, den Briten und auch den Amerikanern nicht allein Positionen und Absichten der deutschen Boote, nicht nur die Einschätzung der Gefechtslage und der Erfolgsaussichten durch die Bootskommandanten und ihren Admiral.
Vielmehr gewannen sie auch Einblicke in die seelische Verfassung der U-Boot-Kommandanten. Vor den Augen britischer und amerikanischer U-Boot-Jäger formten sich Bilder von der Persönlichkeit ihrer Feinde, von ihrem Temperament, ihrem Charakter, ihrer Gefechtsmoral.
Alles in allem: Die deutsche U-Boot-Waffe war in eine Lage geraten, für die es in der gesamten Geschichte des Seekriegs keine Parallele gibt.
Die vernichtenden Auswirkungen des Einbruchs in den deutschen U-Boot-Funkschlüssel wurden nur dadurch gemildert, daß sich die Entzifferung häufig verzögerte, also zwischen dem Auffangen eines deutschen Funkspruchs und seiner Übertragung in Klartext für den britischen »Submarine Tracking Room« oft einige Zeit verging.
Die Schlüsseleinstellung an den Verschlüsselungsmaschinen der U-Boote wurde täglich geändert. Dies bedeutete, daß die Briten jeden Tag aufs neue erst den gültigen Schlüssel herausfinden mußten, bevor sie die deutschen Funksprüche lesen konnten.
Oft gelang ihnen dies sehr schnell, oft ergaben sich aber auch Verzögerungen von Stunden, manchmal sogar von mehreren Tagen. In diesen Zeitspannen aber konnten die U-Boote neue Befehle erhalten haben, konnte sich die Lage auf dem Ozean in vielfältiger Weise ändern.
So brauchten die Entschlüsselungs-Experten in Bletchley Park Anfang 1943 ungewöhnlich viel Zeit, um die Funksprüche, die zwischen Admiral Dönitz und seinen Booten gewechselt wurden, zu entziffern. Dieser Verzögerung entsprang einer der größten Einzelerfolge deutscher U-Boote. Er war zugleich ein persönlicher Triumph ihres Befehlhabers.
In den Weihnachtstagen 1942 wurden in den westindischen Häfen von Curaçao und Aruba neun große Tankschiffe mit Benzin und Dieselöl vollgepumpt. Diese neun Tanker sollten ihre Fracht nach Nordafrika bringen. Dort ging der Treibstoffvorrat der alliierten Truppen an der Wüstenfront zur Neige.
Der Mangel an Nachschub war so groß, daß die Alliierten das Risiko auf sich nahmen, alle neun Tanker in einem einzigen Geleitzug über das Meer zu schicken, obwohl an seiner Route U-Boote lauern konnten. Der Geleitzug wurde von vier Kriegsschiffen, einem Zerstörer und drei Korvetten gesichert.
Dieser Tankerkonvoi mit der Bezeichnung TM 1 verließ die Häfen am

28. Dezember 1942 und dampfte mit hoher Geschwindigkeit nach Osten. In jenen Tagen stieß auch ein Rudel von U-Booten aus dem Golf von Biskaya heraus in den Atlantik vor. Dönitz hatte der Gruppe den Namen »Delphin« gegeben und ihr befohlen, auf der Route Position zu beziehen, die von New York nach Nordafrika führt.
Zu diesem Zeitpunkt kannte der britische »Submarine Tracking Room« aus entschlüsselten Funksprüchen die Zahl der Boote und das Operationsgebiet der Gruppe »Delphin«. Am 2. Januar lasen die Briten auch den Funkspruch, mit dem Dönitz diesem Rudel befahl, weiter nach Westen in den Mittelatlantik zu marschieren. Noch konnten die Engländer keine Gefahr für einen ihrer Konvois erkennen.
Am Tag darauf, dem 3. Januar, aber ereigneten sich zwei Vorfälle, die über das Schicksal des Tanker-Geleitzuges TM 1 entschieden. Die Deutschen wechselten – wie jeden Tag – den Funkschlüssel. Die britischen Experten in Bletchley Park bemühten sich, ihn zu lösen. Aber zufällig stellte gerade diese Schlüsseleinstellung an den deutschen Maschinen die englischen Dechiffrierer vor eine ungewöhnlich schwere Aufgabe. Sie brachten es vorerst nicht zustande, die Funksprüche zu entziffern.
An diesem 3. Januar 1943 stand das deutsche U-Boot U 514 unter dem Kommando von Kapitänleutnant Hans Jürgen Auffermann, das nicht zur Gruppe »Delphin« gehörte, im Seegebiet östlich der Insel Trinidad im mittleren Atlantik.
Der Ausguck im Turm von U 514 sichtete in der Morgendämmerung die Rauchwolken aus den Schornsteinen der Tanker des Konvois TM 1. Das Boot lief näher heran, und dann funkte Auffermann den Bericht über seine Beobachtung an die U-Boot-Leitstelle in Frankreich: »Tanker-Geleit mit nordöstlichem Kurs.«
Die Meldung wurde Dönitz während seiner täglichen Lagebesprechung mit seinen Offizieren vorgelegt. Der Admiral zog seine Schlüsse: »Es schien mir sicher zu sein, daß dieser Geleitzug nach Gibraltar steuerte und eine große Menge Treibstoff für die amerikanische Invasionsarmee nach Nordafrika brachte. Das Eintreffen dieser Vorräte konnte für Beginn und Ablauf der feindlichen Offensive in den nächsten Wochen und Monaten entscheidend sein.«
Das Operationsziel war demnach klar. Dieser Konvoi mußte abgefangen werden. Doch das einzige U-Boot-Rudel, das nahe genug stand, um auf die Tanker angesetzt werden zu können, war die Gruppe »Delphin«, und selbst sie war etwa 900 Seemeilen, rund 1600 Kilometer, weit entfernt. Der Kurs der feindlichen Tanker war dem U-Boot-Admiral nicht bekannt. Doch er folgerte, daß dieser Geleitzug auf dem kürzesten Weg nach Nordafrika laufen würde.
So suchte Dönitz aus Entfernungen und Marschgeschwindigkeiten jenen Seeraum im Atlantik zu erkennen, in dem die Gruppe »Delphin« auf die Tanker treffen konnte.

Dönitz: »Das bedeutete, wenn man die Situation in Landbegriffe umsetzt, daß U-Boote, die sich etwa in Hamburg befanden, den Befehl bekamen, nach Südosten zu laufen, um einen etwa in Mailand gesichteten und vermutlich nach Nordost steuernden Geleitzug abzufangen. Die U-Boote machten sich nun mit der Geschwindigkeit eines Radfahrers auf den Marsch zu einem von der U-Boot-Führung angenommenen Punkt.«
Die Briten hatten das Signal, mit dem Kommandant Auffermanns Boot U 514 den Geleitzug gemeldet hatte, gleichfalls aufgefangen. Auch wenn sie es nicht entziffern konnten, so erkannten sie doch, daß es eine Sichtmeldung war. Die Mitarbeiter des »Submarine Tracking Room« hielten die Gefahr für den Tankerkonvoi TM 1 jedoch nicht für sehr groß. Sie kannten den Standort der Gruppe »Delphin« am Tag vorher, und da waren Rudel und Konvoi noch 900 Seemeilem voneinander entfernt gewesen.
U 514, das den Konvoi am Morgen des 3. Januar gesichtet hatte, folgte den Schiffen während des gesamten Tages. Kapitänleutnant Auffermann wartete auf die Dunkelheit. Gegen zehn Uhr abends griff das Boot an. Es drang in die Kolonne des Geleitzugs ein, und einer seiner Torpedos traf den 8000 Tonnen großen Tanker »British Vigilance«. Das Schiff lohte in einer gewaltigen Wand von Flammen auf. Männer starben in diesen Sekunden in der ungeheuren Glut, andere sprangen über Bord, 28 Mitglieder der Besatzung des Tankers kamen um, 26 wurden gerettet.
Geleitschiffe stießen heran und suchten den Feind, U 514 wurde unter Wasser gedrückt und verlor die Fühlung zum Konvoi, der weiter durch die Nacht nach Osten zog. Hinter ihm zurück blieb das brennende, glühende Wrack der »British Vigilance«.
Auch am 4. Januar hatten es die Briten noch nicht fertiggebracht, die Funkbefehle für die Gruppe »Delphin« zu entschlüsseln. Sie hatten aus dem Seegebiet, in dem sich der Konvoi TM 1 befand, jedoch kein U-Boot-Signal mehr aufgefangen und vermuteten zu Recht, daß das U-Boot, das in der Nacht zuvor angegriffen hatte, nun nicht mehr wußte, wo der Konvoi stand. Das »Delphin«-Rudel stieß unterdessen weiter nach Süden vor, der Konvoi setzte seinen Weg mit dem einmal eingeschlagenen Kurs fort.
Am 5. Januar geriet Karl Dönitz jedoch in einen Zwiespalt. Eines der Boote der Gruppe »Delphin« sichtete einen Geleitzug, der mit hoher Geschwindigkeit nach Westen lief, von Afrika nach Amerika.
Sollten die Boote, dieses Ziel in Reichweite, auf den Konvoi eindrehen und den Tanker-Geleitzug davonkommen lassen, dessen Kurs und Standort den Deutschen nicht bekannt war?
Dönitz hielt an seinem ursprünglichen Plan fest. Er erinnerte sich: »Als ich in meinem Stab nach einer nächtlichen Diskussion meinen Entschluß bekanntgab, wurde mir entgegengehalten, ich hätte immer gepredigt,

daß der Spatz in der Hand besser sei als die Taube auf dem Dach. Und daß es daher jetzt doch richtiger sei, den gesichteten, nach Westen laufenden Konvoi zu bekämpfen, als über Tage und Hunderte von Seemeilen hinweg auf das völlig unsichere Ziel des Tanker-Geleitzuges zu operieren.« Doch der Admiral ließ sich nicht umstimmen.
An diesem 5. Januar rätselten die Briten immer noch an den Funkbefehlen für die Gruppe »Delphin« herum. Sie wähnten das Rudel, das nach Südosten marschierte, immer noch auf westlichem Kurs.
Am 6. Januar geschah nichts, die Schiffe des Konvois TM 1 stampften durch eine unruhige See nach Nordosten, die Boote des Rudels »Delphin« rauschten mit großer Bugwelle nach Südosten.
Am 7. Januar erreichten die Boote den Seeraum westlich der Kanarischen Inseln. Jetzt befahl Dönitz ihnen, die Positionen in einem Aufklärungsstreifen einzunehmen. Die Boote stellten sich aufgereiht von Norden nach Süden auf und liefen dann mit westlichem Kurs dem Geleitzug entgegen, dessen genauen Standort die deutsche U-Boot-Führung immer noch nicht kannte. Bei dieser Aufstellung konnten die Boote einen sich über etwa 120 Meilen erstreckenden Seeraum kontrollieren.
Der U-Boot-Admiral spann – wie stets – das Netz auch diesmal besonders fein: »Während der Nachtstunden hatte der U-Boot-Streifen nach Monduntergang mit neun Seemeilen Geschwindigkeit Gegenkurs, also den gleichen Kurs, wie der erwartete Geleitzug, gelaufen, damit dieser ihn in der Dunkelheit nicht ungesehen passieren konnte.«
Am frühen Morgen des 8. Januar 1943 wurde Karl Dönitz von einem seiner Adjutanten geweckt. Der Offizier überreichte dem Admiral ein Stück Papier. Es war eine Meldung von U 381 unter dem Kommando von Kapitänleutnant Wilhelm Heinrich Graf von Pichler, eines der Boote des »Delphin«-Rudels. U 381 hatte den Tanker-Geleitzug TM 1 gesichtet – genau in dem Seegebiet, das Karl Dönitz als Treffpunkt von Rudel und Konvoi vorausgesagt hatte. Dönitz schrieb später: »Das Glück war uns hold.«
Kurz darauf sichtete auch das »Delphin«-Boot U 571 unter dem Kommando von Kapitänleutnat Mehlmann den Konvoi, und dann funkte auch U 575 unter dem Kommando von Kapitänleutnant Günther Heydemann eine Sichtmeldung. Der Konvoi stand mitten im Rudel.
Die Boote folgten den Schiffen während der Tagesstunden mit weitem Abstand. Als es dunkel geworden war, stießen sie auf die schweren Schatten der acht Tanker zu, die in vier Gruppen zu jeweils zwei Schiffen dahindampften. Um kurz vor 10 Uhr fuhr das Boot U 436 unter dem Kommando von Kapitänleutnant Günther Seibicke einen Überwasser-Angriff. Es lief im spitzen Winkel auf den Geleitzug zu, und dann ließ Kommandant Seibicke sein Boot in Schußposition drehen. Die ersten Torpedos trafen den mehr als 8000 Tonnen großen Tanker »Albert L.

Ellsworth«. Flammen schlugen hoch aus dem Schiff, und in ihrem Schein konnte Seibicke den Tanker »Oltenia II« ausmachen, mehr als 6000 Tonnen groß.
Wieder schallten Seibickes Befehle durch das Boot: »Steuerbord! Recht so!« und dann der Feuerbefehl: »Rohr II und IV los!«
Eines der Geschosse von U 475 traf die »Oltenia II« mittschiffs. Die Detonation zerriß offenbar den Kiel des Tankers. Im lodernden Licht der brennenden »Albert L. Ellsworth« konnten die Deutschen im Turm des Bootes und die Briten auf den Kriegsschiffen und den Handelsschiffen sehen, wie die »Oltenia II« in zwei Teile zerbrach und innerhalb kurzer Zeit rauschend versank.
Die britischen Kriegsschiffe preschten jetzt mit hoher Geschwindigkeit die Flanken des Geleitzuges auf und ab, um den Feind zu suchen. Sie entdeckten ihn nicht. U 436 war nach seinem Angriff bereits abgelaufen. Allerdings drängten die britischen Schiffe andere deutsche Boote vom Konvoi ab.
Während die Kriegsschiffe sich vom Konvoi entfernten, ergriffen Verwirrung und Angst von den Besatzungen der Handelsschiffe Besitz. Der Tanker »Vanja«, mit einer Kanone auf dem Achterdeck bewaffnet, feuerte auf die Korvette »Pimpernel«: Die Tankerbesatzung hatte die Silhouette des britischen Geleitschiffs mit der eines deutschen U-Bootes verwechselt.
Die übriggebliebenen sechs Tanker dampften weiter. Zwei der Geleitschiffe suchten das Meer nach Überlebenden ab. Matrosen zogen die Schiffbrüchigen an Deck, legten ihnen Decken um die Schultern, banden blutende Wunden ab, schienten gebrochene Gliedmaßen. Viele der aus dem Wasser geretteten Seeleute aber waren von schrecklichen Brandwunden gezeichnet, ihnen konnte niemand mehr helfen.
Doch der Schrecken dieser Nacht hatte noch kein Ende genommen. Gegen fünf Uhr morgens stand U 575 unter dem Kommando von Kapitänleutnant Günther Heydemann nahe der Steuerbordflanke des Konvois. Die Torpedos des Bootes trafen den mehr als 6000 Tonnen großen Tanker »Minister Wedel« und unmittelbar darauf die 10 000 Tonnen große »Norvik«.
Wieder schossen die Flammen mit donnerndem Getöse in den Himmel, wieder ergoß sich Feuer auf die Oberfläche des Meeres. Wieder suchten die Kriegsschiffe nach den Angreifern und, als sie nichts fanden, nach Überlebenden im Wasser.
Die restlichen vier Tanker des Konvois, der einst aus neun Schiffen bestanden hatte, dampften ohne Aufenthalt weiter nach Osten. Doch kurz bevor die Dämmerung sich hob, war das deutsche U-Boot U 442 unter dem Kommando von Kapitänlautnant Hans Joachim Hesse herangekommen. Seine Torpedos schmetterten in die knapp 10 000 Tonnen große »Empire Lytton«.

Die Helligkeit des Tages kam, die U-Boote zogen sich aus der Nähe des Geleitzuges zurück. Doch sie blieben den drei Tankern, die noch übrig waren, auf der Spur. Die britischen Korvetten suchten während der Tagesstunden unablässig die Umgebung des Geleitzuges ab, aber es gelang ihnen nicht, auch nur eines der Boote zu finden.
Wieder kam die Nacht herauf, der Geleitzug stampfte jetzt im Zick-zack-Kurs über das dunkle Meer. Das deutsche Boot U 552 unter dem Kommando von Kapitänleutnant Herbert Schneider war unmittelbar nach Einbruch der Dunkelheit aufgetaucht und pirschte sich an die dunklen Schatten heran. Kurz vor Mitternacht war das Boot in Angriffsposition.
U 552 machte einen Fächer los, drei Torpedos zerfetzten die Bordwand des rund 7000 Tonnen großen Tankers »British Dominion«, und im nächsten Augenblick stand wieder eine riesige Lohe über dem nacht-dunklen Meer. Eines der britischen Kriegsschiffe rettete Männer der Tankerbesatzung, und dann rückten der Zerstörer und die Korvetten nahe an die zwei restlichen Tanker heran, zu einem Ring, den die U-Boote nicht mehr durchdringen konnten.
Am Morgen des 11. Januar kreisten Flugzeuge über dem Geleitzug – er war in den Bereich der britischen Luftsicherung gelangt. Die britische Admiralität verstärkte am gleichen Tag den Geleitschutz mit drei Kriegsschiffen, die dem Konvoi entgegenliefen, für den diese Bezeichnung allerdings kaum noch zutraf. Am 14. Januar ließen die beiden verbliebenen Tanker auf der Reede von Gibraltar Anker fallen – zwei von ursprünglich neun.
Die Alliierten hatten in dieser mehr als drei Tage währenden Schlacht Schiffe von über 55 000 Bruttoregistertonnen verloren, die rund 100 000 Tonnen Dieselöl und Benzin geladen hatten. 77 Prozent der Schiffe des Konvois waren vernichtet worden – nie zuvor hatte ein Geleitzug vergleichbare Verluste erlitten. Die deutschen Boote hatten den Konvoi »in Stücke geschlagen«, wie es in der britischen Seekriegsgeschichte heißt.
Admiral Dönitz schrieb über die Schlacht um den TM 1: »Kein Boot ging verloren. Das war ein außerordentlicher Erfolg. Der deutsche Oberbefehlshaber in Nordafrika, Generaloberst von Arnim, der Nachfolger Rommels, schickte mir ein Danktelegramm. Er wußte, was der Verlust des erwarteten Brennstoffs für seinen Gegner bedeutete.«
Rodger Winn schrieb über die Vernichtung des Konvois TM 1, die ja auch eine Niederlage des »Submarine Tracking Room« war: »Die Möglichkeit der Aufstellung eines U-Boot-Aufklärungsstreifens ist durchaus gesehen worden . . . Aber wir haben nicht erwartet, daß dieser so weit vor den Konvoi, das heißt nach Osten, vorverlegt werden würde . . . Hinweise auf den Standort der Gruppe ›Delphin‹ hatten gefehlt. Die Boote befanden sich nach den letzten Erkenntnissen der Funkentziffe-

rung auf dem Marsch nach Westen mit dem Befehl, nach Erreichen des 34. Längengrades nach Süden vorzustoßen.«

Also: Ohne Ultra-Nachrichten herrschte tiefe Ungewißheit im »Submarine Tracking Room«.

Die Vernichtung der sieben Tanker hinterließ auch bei zwei Politikern tiefen Eindruck, die sich wenige Tage nach der Schlacht um den TM 1 im nordafrikanischen Casablanca trafen: Großbritanniens Kriegspremier Winston Churchill und Amerikas Präsident Franklin D. Roosevelt.

Sie waren zusammengekommen, um die Lage auf den Kriegsschauplätzen im Atlantik, in Afrika, in Rußland und im Fernen Osten zu erörtern und sich zugleich über die gemeinsame Strategie gegen die Achsenmächte zu verständigen. Churchill und Roosevelt beschlossen, endgültiges Ziel in diesem Krieg sei die »bedingungslose Kapitulation« ihrer Feinde.

Als größtes Hindernis auf dem Weg dahin aber erschien den Alliierten die deutsche U-Boot-Waffe. Erst mußten die »grauen Wölfe« vernichtet werden, bevor die Briten und Amerikaner in die von der deutschen Wehrmacht verteidigte »Festung Europa« eindringen konnten. So rückte der Krieg gegen die U-Boote auf der Konferenz von Casablanca an die Spitze der zukünftigen militärischen Anstrengungen von Briten und Amerikanern – Krieg gegen die Boote in den Werften, auf denen sie gebaut wurden, in den Stützpunkten, in denen sie versorgt und repariert wurden, im Golf von Biskaya, den sie durchqueren mußten und auf allen Ozeanen, in denen sie kämpften.

Im Januar 1943 schon, während die Konferenz von Casablanca noch tagte, luden alliierte Bomber mehr als tausend Tonnen Sprengstoff-Bomben über den U-Boot-Stützpunkten an der Atlantikküste und über deutschen Häfen ab – erste Stufe einer gigantischen Luftoffensive, in der bis zum Mai 1943 insgesamt 11 000 Tonnen Sprengbomben und nahezu 8000 Tonnen Brandbomben auf U-Boot-Basen und Werften geworfen wurden. Doch: Den militärischen Anlagen und den Booten selbst fügten diese wütenden Angriffe kaum Schaden zu, wohl aber verloren viele französische und deutsche Zivilisten Wohnung, Hab und Gut und oft das Leben.

Flächenbombardements von Häfen und Werften konnten den Ausgang der Schlacht im Atlantik nicht beeinflussen. Die Entscheidung in diesem Kampf mußte weitab von allen Küsten fallen, draußen auf dem offenen Ozean.

Im Nordatlantik jedoch zeichnete sich im Januar 1943 eine Entwicklung ab, die die Freude der deutschen U-Boot-Führung über den Sieg gegen den Tankerkonvoi TM 1 trübte: Die U-Boote blieben bei der Suche nach Geleitzügen nahezu erfolglos.

Im Januar 1943 schien der gesamte Nordatlantik in Aufruhr geraten zu sein; über ihm tobte das schlechteste Wetter seit Menschengedenken.

Ein unaufhörlicher schwerer Weststurm fegte über den Ozean hinweg. Orkane türmten die Wogen zu steilen Bergen, aus tiefhängenden Wolken prasselte Eisregen, wirbelte Schnee. Durch diese chaotische See mußten sich die deutschen Boote gegen Wind und Wellen nach Westen kämpfen.

Die Seen nahmen die kleinen Boote auf ihre gewaltigen Rücken und ließen sie dann plötzlich mit donnerndem Geräusch ins Wellental fallen, und der nächste Wasserberg deckte sie oft für bange Sekunden zu.

Brecher schlugen donnernd gegen den Stahl, stiegen am Turm hoch, überschütteten die Männer der Brückenwache mit Tonnen eiskalten Wassers. Oft waren Teile der Boote, die aus dem Wasser ragten, von Eis überzogen, Eis auf dem Vorderdeck, Eis auf dem Achterdeck, die Kanone in einen Eisblock eingefroren, Eis am Turm und im Turm der Boote.

Die Kette der schweren Stürme riß in diesem Januar 1943 nicht ab. Stunde um Stunde, Tag um Tag, Woche um Woche heulte der Wind oft mit Orkanstärke über den nördlichen Ozean hinweg, erfüllte die Luft mit Gekreisch, schmetterte ohne Unterlaß Tonnen von Wasser gegen die Schiffe.

Leutnant zur See Herbert Werner, der in jenen Tagen auf U 230 fuhr, berichtete: »Das Wasser rauschte durch das Turmluk, prasselte auf die Flurplatten in der Zentrale und klatschte um unsere Füße. Die hohe Luftfeuchtigkeit in der stählernen Röhre ließ den Proviant verfaulen, die Haut runzlig werden und unsere Seekarten verschimmeln. Der Gestank war brutal. Das zusätzliche Treiböl, das wir in den Bilgen mit uns führten, verbreitete einen penetranten Geruch. Unsere Kleidung stank nach Öl, auch die Verpflegung nahm den Geschmack von Treibstoff an. Das fortwährende Schwingen, Schaukeln und Rollen des Bootes war zuviel für alle, die keine Atlantikerfahrung und keinen gußeisernen Magen hatten . . . In der tanzenden Stahlröhre schleuderten uns die wilden, stampfenden, schlagenden Bewegungen des Bootes auf die Flurplatten oder gegen die Schotten, warfen uns die starken Schlagseiten wie Puppen durcheinander.«

Der amerikanische Seeoffizier John Waters, der damals auf einem Geleitkriegsschiff Dienst tat, erinnerte sich, wie der von seinem Schiff geschützte Konvoi westlich von Island in einen Orkan geriet: »Es war ein Killer-Hurrikan von einer Sorte, der selbst die ältesten Salzbuckel selten zuvor begegnet waren. Die Wellenberge waren 18 Meter hoch. Ihre Spitzen wurden vom heulenden Wind davongerissen, der Gischt stieg 40, 50 Meter hoch in die Luft. Die Sicht war so auf nahezu Null beschränkt.«

Die U-Boote konnten der entfesselten Wut des Atlantik widerstehen – ihr schwerer Ballastkiel zog sie auch aus extremen Schräglagen wieder in die Waagerechte zurück. Kämpfen allerdings konnten sie unter solchen Bedingungen nicht. Selbst wenn sie ein feindliches Schiff gesichtet

hätten – die stampfenden, rollenden und schwingenden Bewegungen des Bootes in der schweren See machten es unmöglich, einen Torpedo gezielt abzufeuern.
Im mittleren Nordatlantik stand in den ersten Tagen des Januar ein U-Boot-Rudel mit dem Namen »Falke«. Es war 22 Boote stark. Die Boote suchten drei Wochen lang nach Beute; ihr magerer Erfolg: drei britische Frachter.
Nordöstlich von Neufundland stand Mitte Januar die neun Boote starke U-Boot-Gruppe »Jaguar«. Ihr Erfolg: ein Schiff.
In der dritten Woche des Januar stellte Dönitz ein Rudel von 20 Booten im Seeraum westlich von Irland auf. Sie allesamt blieben ohne Treffer.
Die deutsche U-Boot-Führung kam in diesen Tagen zu dem Schluß, die Erfolglosigkeit der Boote könne nicht allein mit dem schweren Wetter im Nordatlantik erklärt werden. Karl Dönitz schrieb: »Wir bekamen im Januar den Eindruck, daß sich in der bisher recht konservativen englischen Geleitzugführung etwas geändert hatte. Die Engländer schienen ihre Konvois wieder mit großen Ausweichkursen über die Weite des Atlantiks gestreut laufen zu lassen. Sie waren offenbar wieder wendiger geworden.« Es war genau jene Elastizität in der Geleitzugführung, zu der Ultra den Briten verholfen hatte.
Karl Dönitz schrieb die neue Taktik der Engländer zunächst einer personellen Veränderung in der britischen Admiralität zu: Dem deutschen Admiral stand seit kurzem ein neuer Gegenspieler gegenüber. Im November 1942 hatte Premier Winston Churchill den Admiral Sir Max Horton zum Oberbefehlshaber der »Western Approaches« ernannt, also jener Streitkräfte, die den Seeweg zu Englands Häfen sichern und den Krieg gegen die deutschen U-Boote führen sollten.
Horton war zuvor Oberbefehlshaber der englischen U-Boote gewesen. Dönitz lobte seinen Feind: »Horton konnte sich als hervorragender U-Boot-Kommandant des Ersten Weltkrieges und U-Boot-Führer im Zweiten Weltkrieg am besten in die deutsche U-Boot-Kriegführung hineindenken und daher diejenigen Maßnahmen treffen, die unseren Kampf erschweren mußten.«
Der britische Seeoffizier Max Horton und der deutsche Seeoffizier Karl Dönitz waren sich in vielem ähnlich: Beide waren ungewöhnlich starke Persönlichkeiten mit ungewöhnlicher Ausstrahlungskraft, beide besaßen das Vertrauen der Männer, die sie in den erbarmungslosen Kampf auf dem Ozean schickten, beide griffen in den Verlauf der Seegefechte, die sich unaufhörlich aneinanderreihten, unmittelbar ein.
Karl Dönitz durchwachte die Nächte, wenn eine Geleitzugschlacht tobte; von Max Horton wird berichtet, daß er mitten in der Nacht im Schlafanzug in das Lagezimmer platzte, eine Reihe von Fragen nach den Ereignissen auf dem Ozean stellte und dann seine Befehle gab.
Einer seiner Mitarbeiter schrieb später: »Er hatte mehr persönliche

Ausstrahlung als irgendein anderer Mann, den ich getroffen habe, aber er konnte unglaublich grausam gegen Menschen sein, die versagten.«
Doch Admiral Max Horton hätte vermutlich nicht sehr viel mehr als sein Vorgänger im Kommando der »Western Approaches«, Sir Percy Noble, gegen die deutschen U-Boote ausrichten können, wenn ihm und den Offizieren im »Submarine Tracking Room« nicht die Erkenntnisse von Ultra zur Verfügung gestanden hätten.
Die von Karl Dönitz beklagte Erfolglosigkeit deutscher Nordatlantik-Boote im Januar war nicht eine Frucht origineller Einfälle, sie wurzelte in der Entzifferung deutscher Funksprüche.
So hatten die Briten aus den Funkbefehlen der deutschen U-Boot-Führung zum Beispiel exakt erkennen können, welche Positionen die 22 Boote der Gruppe »Falke« im Aufkärungsstreifen auf dem Ozean eingenommen hatten. Und so konnten sie Konvois nördlich wie südlich der äußeren Vorposten dieses großen Rudels vorbeiführen.
Sobald diese Sperre überwunden war, hatten die Frachter und Tanker die gesamte Weite des Ozeans für sich. Die Boote fuhren unterdessen in ihrem Operationsgebiet auf und ab: hundert Meilen nach Westen, dann wieder hundert Meilen nach Osten – doch sie fanden nichts.
Die sogenannte Tagesversenkungsquote, der Maßstab, mit dem Karl Dönitz Erfolg und Mißerfolg der deutschen U-Boote maß, sackte im Januar 1943 dramatisch ab: auf 51 Tonnen je Boot und Seetag. Im Dezember 1942, einen Monat zuvor, hatte sie dagegen noch 221 Tonnen betragen, ein Vierfaches.
Daraus ließ sich jedoch nicht schließen, wie der Kampf ausgehen würde. Denn die Zahl der deutschen U-Boote wuchs, die Rudel wurden größer und zahlreicher. Die Entscheidung in der Schlacht war nur aufgeschoben.
In der Reichshauptstadt Berlin war in diesem Januar zudem eine Entwicklung in Gang gekommen, die sich binnen kurzem auf Stärke und Bedeutung der deutschen U-Boot-Waffe auswirken mußte.
In den letzten Tagen des Dezember 1942 waren die deutschen Schweren Kreuzer »Admiral Hipper« und »Lützow« von ihren norwegischen Stützpunkten aus in das Eismeer vorgestoßen. Ihr Ziel: Vernichtung des Konvois JW 51 B, der britisches und amerikanisches Rüstungsmaterial in den sowjetischen Hafen Murmansk transportierte. Die deutsche Seekriegsleitung rechnete zunächst mit einem großen Erfolg. Doch der Angriff der schweren Überwasserschiffe auf den Geleitzug war erfolglos geblieben. Die deutschen Kreuzer waren vor britischen Zerstörern zurückgewichen. Die Seekriegsleitung glaubte, einem Wunsche Hitlers zu gehorchen, wenn sie die Schiffe nicht der Gefahr eines Verlustes aussetzte.
Hitler jedoch urteilte nach dieser Schlappe im Eismeer: Die schweren Überwasserschiffe seien nutzlos und von keinerlei militärischem Wert. Er befahl Großadmiral Erich Raeder, den Chef des Oberkommandos der

Kriegsmarine, zu sich und hielt ihm am 6. Januar 1943 im Hauptquartier »Wolfsschanze« einen neunzig Minuten langen Vortrag über die deutsche Marine, ihre Vergangenheit, ihre Gegenwart und ihre Zukunft. »Geradezu gehässig« nannte Raeder später Hitlers Ton und Argumentation.

Der Diktator wies Erich Raeder an, ihm Vorschläge zu unterbreiten, wie die großen Schiffe schnell außer Dienst gestellt werden könnten. Der Stahl ihrer Rümpfe sollte für die Rüstungsindustrie eingeschmolzen, ihre Waffen an Land als Batterien für den Küstenschutz aufgestellt werden.

Raeder entschloß sich, um seinen Abschied aus dem Amt einzukommen. Neun Tage später legte der Oberbefehlshaber der Kriegsmarine Hitler ein Papier vor, in dem er den Diktator beschwor, den Plan, die großen Schiffe zu verschrotten, fallenzulassen. »Die Abwrackung der deutschen Kernflotte«, schrieb Raeder, »bedeutet für den Feind einen Erfolg, der ihm kampflos in den Schoß geworfen wird«. Wenn Deutschland seine Schiffe zerstöre, schrieb Raeder, werde dies als ein Zeichen der Schwäche und der völligen Verständnislosigkeit gegenüber der überragenden Bedeutung der Seekriegführung betrachtet werden: »Für den Feind aber bedeutet das Verschwinden der deutschen Kampfschiffe einen politischen und propagandistischen Triumph.«

Hitler blieb bei seiner Entscheidung über die Zukunft der großen Schiffe.

Mitte Januar 1943 rief Großadmiral Raeder den U-Boot-Admiral Karl Dönitz in Paris an. Er teilte seine Absicht mit, den Dienst zu quittieren. In diesem Telefongespräch sagte Raeder zugleich, er beabsichtige, Hitler zwei Admirale zu nennen, die als Nachfolger für das Amt des Oberbefehlshabers der Kriegsmarine infrage kämen: Generaladmiral Rolf Carls, Befehlshaber des Marinegruppenkommandos Nord, und Karl Dönitz.

Raeder forderte Dönitz auf, ihm am nächsten Tag mitzuteilen, ob er sich »gesund genug fühle, diese Dienststellung zu übernehmen«. Dönitz: »24 Stunden nach dem Anruf teilte ich Raeder mit, daß ich mich gesundheitlich in der Lage fühlte, den Oberbefehl über die Kriegsmarine zu übernehmen.« Karl Dönitz war damals fünfzig Jahre alt.

Am Tage darauf nannte Raeder Hitler die beiden Namen seiner möglichen Nachfolger. Hitler entschied sich für Karl Dönitz.

Der Amtswechsel fand am 30. Januar 1943 statt, dem 10. Jahrestag der nationalsozialistischen Machtergreifung, dem Tag auch, an dem fern von Berlin in Stalingrad der letzte Widerstand der eingekesselten 6. Armee gegen die anstürmenden Sowjets zusammenbrach.

Drei Tage später, am 2. Februar, sprach der neue Oberbefehlshaber der Kriegsmarine und zum Großadmiral ernannte Karl Dönitz vor einer Versammlung der Amts- und Abteilungschefs seines Oberkommandos.

Er sagte: »Die Seekriegführung ist der U-Boot-Krieg. Den Forderungen, die dieser stellt, ist rücksichtslos alles andere nachzuordnen. Es handelt sich darum, für U-Boot-Bau und -Reparaturen Werft- und Arbeiterkapazität zu schaffen, den U-Booten immer bessere Waffen und die besten Besatzungen zu geben. Mit der U-Boot-Waffe allein wird die Marine ihren entscheidenden Beitrag zum Siege beisteuern können. Diesem Ziele muß jedes Opfer gebracht werden.«
Wieder drei Tage später verfaßte Dönitz einen Erlaß, dessen erster Satz hieß: »Es handelt sich darum, diesen Krieg zu gewinnen.«
Der neue Oberbefehlshaber der Kriegsmarine blieb Chef der U-Boote. Jetzt leitete er die Rudel der »grauen Wölfe« von Berlin aus. Dönitz schrieb: »Diese Verbindung (der beiden Funktionen) schien mir richtig zu sein, weil Offiziere und Mannschaften der U-Boot-Waffe auf mich eingestellt waren und es für die Dienststellung des Befehlshabers der U-Boote in der Marine keinen höheren Offizier gab, der die erforderlichen Kenntnisse und Erfahrungen in der U-Boot-Kriegführung in gleichem Maße besaß wie ich.«
Der britische Marinehistoriker S.W. Roskill legte dar, welche Auswirkungen die Briten von der Ernennung des Admirals Dönitz zum Oberbefehlshaber der Kriegsmarine erwarteten: »So war es klar, daß Deutschland alle nur möglichen Kräfte in die Atlantikschlacht werfen würde, geführt von jenem Mann, der von Beginn des Krieges an Befehlshaber der U-Boote und stets ihr Vorkämpfer gewesen war. Es war für beide Seiten klar, daß die U-Boote und die Geleitschiffe binnen kurzer Zeit in ein tödliches, erbarmungsloses Gefecht verwickelt sein würden, in dem keine Seite Gnade erwartete und in dem wenig Gnade gezeigt werden würde. Nicht eine einzelne Schlacht oder der Kampf einer Woche oder der eines Monats würde die Entscheidung bringen. Über den Ausgang der Schlacht würde vielmehr entscheiden, welche Seite länger durchhalten konnte.«
Der Kampf mußte nun von den Männern draußen auf dem Ozean ausgefochten werden, im Donner der Explosionen, im Hagel der Granaten, in Sturm und Wellen, mit Tapferkeit, Zähigkeit und Beharrlichkeit. In diesen Tugenden standen die deutschen U-Boot-Fahrer den Besatzungen der Zerstörer, Korvetten und Flugzeuge gewiß nicht nach. Ihre Ausdauer und ihre Kühnheit mußte sogar – so zeigte es sich – größer sein als die ihrer Gegner: Sie hatten kein Radar auf ihrer Seite, und kein Huff-Duff und kein Ultra.
Es gehört zu den Seltsamkeiten des Zweiten Weltkrieges, daß die alliierten U-Boot-Jäger genau zu jenem Zeitpunkt in den Besitz überlegener Kampfmittel gegen die U-Boote gelangten, als die Entscheidung in der Schlacht im Atlantik bevorstand.

# 15 Auf dem Gipfel des Erfolgs

*Dönitz schöpft Verdacht – Nachrichten-Admiral Maertens dicht vor der Wahrheit – Die größte Konvoi-Schlacht – »Angriff! Angriff!« – Jeder fünfte Frachter versinkt – Ultra schweigt drei Wochen lang – Entsetzen in der Admiralität*

In der Morgendämmerung des 4. Februar 1943 hantierte ein Matrose auf dem norwegischen Frachtschiff »Vannik« an der Abschußvorrichtung für die »Snowflakes«, jener Leuchtraketen, mit denen Schiffe beim nächtlichen Angriff von U-Booten die See um sich herum aufhellten. Bei einem jähen Überholen des Schiffes im Seegang löste der Matrose die Zündvorrichtung aus. Zischend stieg die Leuchtrakete in den grauen Himmel und schwebte langsam wieder herab. Der ungewollte Raketenschuß hatte verhängnisvolle Auswirkungen. Ihm folgte eine der großen Geleitzugschlachten des Frühjahrs 1943, in denen die deutschen U-Boote den Gipfel ihrer Erfolge in diesem Zweiten Weltkrieg erreichten.

Der Frachter »Vannik« war eines von 61 Schiffen des Konvois SC 118, der Ende Januar die amerikanischen Gewässer verlassen hatte und nun auf dem Weg nach Großbritannien war. Die tiefabgeladenen Handelsschiffe des Geleitzugs wurden von acht Kriegsschiffen geschützt: drei Zerstörern, vier Korvetten und einem Vorpostenboot.

Abfahrt und Kurs des Geleitzuges waren der deutschen U-Boot-Führung bekannt geworden: Die deutsche Funkaufklärung, der xB-Dienst, hatte Funkbefehle der britischen Admiralität, die an den Konvoi SC 118 gerichtet waren, aufgefangen und entschlüsselt. Seit dem 2. Februar lauerte im Nordatlantik ein U-Boot-Rudel mit dem Namen »Pfeil« auf den SC 118: insgesamt 13 Boote.

Die Kette der Boote bildete im Nordatlantik südwestlich von Grönland einen sich über viele Seemeilen erstreckenden Aufklärungsstreifen. Das deutsche U-Boot U 187 unter dem Kommando von Kapitänleutnant Ralph Münnich hatte in dieser Postenkette eine der mittleren Positionen eingenommen. Die Brückenwache von U 187 sah im fahlen Schein des frühen Morgens am 4. Februar ein Licht in den Himmel steigen – viele Seemeilen entfernt. Es war die versehentlich ausgelöste Leuchtrakete der »Vannik«.

U 187 lief jetzt mit hoher Geschwindigkeit auf das Seegebiet zu, über dem der Himmel sich für Sekunden erhellt hatte. Eine halbe Stunde später erblickte der Kommandant im Turm des Bootes die dunklen Leiber der Frachter, die nach Osten dampften.

Der Funker von U 187 jagte die Sichtmeldung hinaus. Es war 10.48 Uhr am 4. Februar. Das Funksignal des U-Bootes, das den sehr großen Konvoi auf 50 Grad 09 Minuten nördlicher Breite und 37 Grad 05 Minuten westlicher Länge meldete, wurde jedoch nicht nur von der Befehlsstelle der deutschen U-Boot-Führung aufgefangen.
Das Funksignal zeichnete sich auch auf den Sichtschirmen der HF/DF-Geräte zweier Kriegsschiffe ab, die den Konvoi SC 118 geleiteten.
Der Kommandant der Geleitschiffe befahl im gleichen Augenblick zwei Zerstörern, den Punkt anzusteuern, an dem das funkende U-Boot sich befand. Mit mehr als 20 Knoten Fahrt stießen die Zerstörer »Beverley« und »Vimy« vor. Sie entdeckten das U-Boot noch über Wasser.
U 187 tauchte im Alarm weg, aber die Zerstörer waren nur wenig später über der Stelle, an der das Boot in die Tiefe entwichen war. Nach dem zweiten Wasserbomben-Angriff bereits war das Boot zerschlagen; es mußte an die Wasseroberfläche zurück. Männer kletterten aus dem Turm, andere drängten nach, aber U 187 versank nur wenige Sekunden nachdem es noch einmal aufgetaucht war. Nur ein Teil der Besatzung von U 187 wurde gerettet. Kommandant Münnich versank mit seinem Boot.
Inzwischen liefen die anderen Boote des Rudels mit Höchstfahrt auf den Standort des Konvois SC 118 zu.
Die U-Boot-Befehlsstelle forderte neue Fühlungshalter-Meldungen an und versicherte den U-Booten zugleich, sie brauchten auf ihre Treibstofflage keine Rücksicht zu nehmen: Sie könnten sich nach dem Ende der Schlacht aus einem U-Tanker versorgen.
Um 23.23 Uhr an diesem 4. Februar sichtete der Ausguck im Turm von U 609 unter dem Kommando von Kapitänleutnant Klaus Rudloff Leuchtkugeln über dem Meer. Er berichtete seine Beobachtung der U-Boot-Führungsstelle. Sie befahl dem Kommandanten, Fühlung zu halten, weil, wie sie glaubte, »Leuchtkugeln ohne Frage über dem Konvoi« abgeschossen worden seien.
Doch diese Leuchtsignale waren abgefeuert worden, um eine Kolonne des Geleitzuges, die auf einen falschen Kurs geraten war, wieder zur Herde zurückzuführen. Auch die Funksignale von U 609 wurden von den Geleit-Kriegsschiffen eingepeilt. Eine der Korvetten schoß heran. Doch U 609 konnte in die Tiefe entweichen.
Das Boot blieb auf der Spur des Konvois, und am Nachmittag des folgenden Tages, des 5. Februar, stand das Boot wieder unmittelbar am Geleitzug. Die U-Boot-Führung munterte die Männer in den Booten mit einem Funkspruch auf: »Das Ergebnis der ersten Nacht sagt gar nichts. Die Erfahrung zeigt, daß der große Schlag erst später kommt, wenn der Feind durch unausgesetzte Angriffe weich geworden ist, wenn er keine Wasserbomben mehr hat und wenn er der großen Zahl von U-Booten nicht mehr gewachsen ist. Deshalb: Dranbleiben und angreifen!«
Zu diesem Zeitpunkt hatte der Geleitzug erst eines seiner Schiffe

↑ Ein deutsches U-Boot sinkt im Nordatlantik, zerschossen von Bordkanonen und zerrissen von Wasserbomben eines britischen Kampfflugzeugs. Im Turm drängen sich Männer der Besatzung, um das Boot zu verlassen (dpa).

↓ Ein deutsches U-Boot im Hagel von Bomben und Geschossen beim Angriff eines britischen Kampfflugzeugs (Imperial War Museum).

→ Hoch steigt die Säule der Wasserbombendetonation zum Himmel. Ist das U-Boot getroffen? Die nächsten Minuten werden es erweisen.

→ 4. Mai 1943, Nordatlantik: U 465 hat einen britischen Bomber gesichtet und versucht, in die Tiefe zu entkommen. In das Tauchmanöver setzt die Maschine ihre Wasserbomben. Sie explodieren dicht am Boot und schlagen tödliche Wunden. Die letzte Spur von U 465 sind Wrackteile und ein riesiger Ölfleck auf der Oberfläche des Meeres. Kein Mann der Besatzung von U 465 überlebte.

↓ Ein U-Boot versucht, den Angriff eines amerikanischen Bombers abzuwehren, der, schneller als die Flakgeschütze sich drehen können, das Ziel bereits überflogen hat (Axel Springer Verlag AG).

↓↓ Die Besatzung eines sinkenden U-Bootes ist dabei, sich in kleine Schlauchboote zu retten (Imperial War Museum).

↓ Ein deutsches U-Boot im Golf von Biskaya. Rings um das Boot und in seinen Rumpf schlagen die Geschosse aus den Bordkanonen eines britischen Sunderland-Flugbootes ein (Imperial War Museum).

→ Ein deutsches U-Boot versucht im Nordatlantik, mit raschen Kursänderungen bei hoher Fahrt einem Flugzeugangriff zu entkommen. Doch Bomben und Feuer aus Maschinenwaffen liegen im Ziel (Imperial War Museum).

← Bomben schlagen an der Stelle ein, an der ein deutsches U-Boot weggetaucht ist. Die britische Sunderland-Maschine hat den Angriff aus niedriger Höhe geflogen (Imperial War Museum).

↓ Eine gewaltige Wasserglocke schäumt aus der Oberfläche des Ozeans – eine Wasserbombe ist explodiert. Es war eine der Bomben, die U 175 (links) so schwer beschädigten, daß es tauchunfähig wurde (US Navy, Washington).

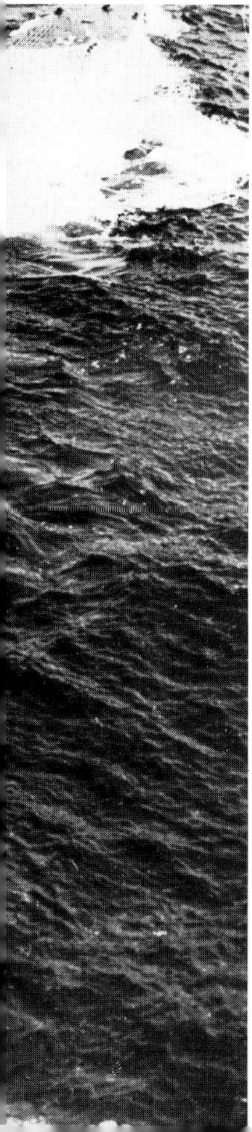

← Nordatlantik, 31. Mai 1943: Das deutsche U-Boot U 175 taucht, von Wasserbomben zerschlagen, an die Oberfläche. Wenig später sinkt es (Bettmann Archive).

→ Das Leigh-Light, ein starker Scheinwerfer, ermöglichte es alliierten Piloten, in Verbindung mit Radar deutsche U-Boote nachts anzugreifen (Public Records Office, London).

→ Captain Johnnie Walker war der erfolgreichste U-Boot-Jäger der Royal Navy. Von ihm kommandierte Schiffe versenkten 22 deutsche U-Boote.

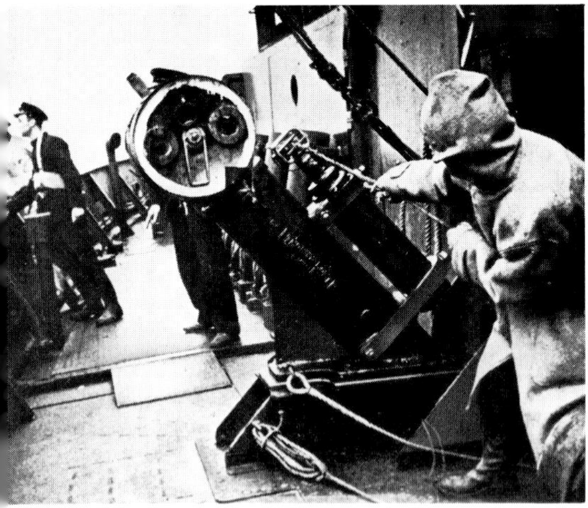

↑ Ein britischer Matrose reißt den Abzug eines Wasserbombenwerfers durch. Die beiden Offiziere links beobachten das Geschehen auf dem Wasser.

→ Überlebender eines versenkten deutschen U-Bootes unmittelbar nach seiner Rettung aus dem Nordatlantik durch Männer eines alliierten Kriegsschiffs (Keystone).

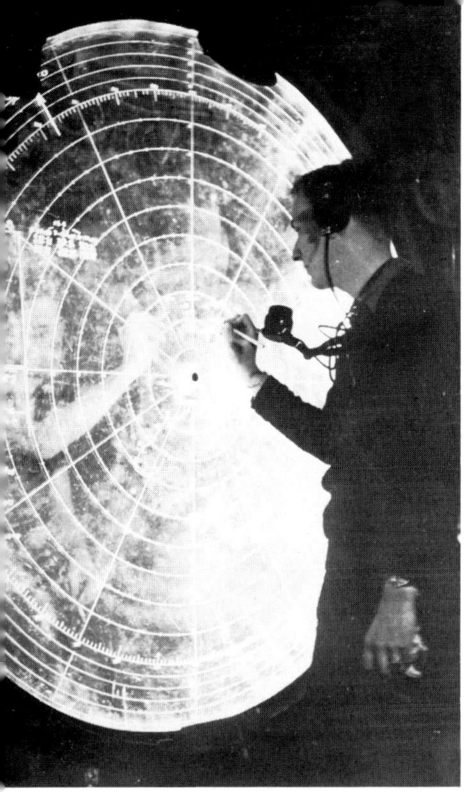

← Ein Seemann überträgt im Radarraum eines amerikanischen Flugzeugträgers die Informationen, die das elektronische Auge geliefert hat, auf eine Spezialkarte (John Topham).

↓ Britische Seeleute werden von einem Offizier (links) am Asdic-Gerät ausgebildet, einem Schallgerät, mit dem getauchte U-Boote geortet werden konnten (Camera Press).

→ Einer der mit Radar ausgerüsteten britischen Wellington-Bomber, die im Golf von Biskaya deutsche U-Boote jagten (Public Records Office, London).

↓ Das Metox-Gerät sollte die U-Boot-Besatzung warnen, sobald ihr Boot von Radarstrahlen erfaßt war (Public Records Office, London).

↓↓ Ein Hedgehog-Salvenwerfer auf einem britischen Kriegsschiff. Er schleuderte 24 Geschosse (John Topham).

→ Ein britischer Pilot im Cockpit eines Wellington-Bombers (Public Records Office, London).

verloren, die Deutschen ein U-Boot. Am Nachmittag kam U 413 unter dem Kommando von Kapitänleutnant Poel in die Nähe des Geleitzuges. Er feuerte einen Torpedo auf einen Frachter ab, der den Anschluß an den Konvoi verloren hatte und deshalb nicht von Kriegsschiffen geschützt werden konnte. Der Frachter versank.

Am späten Abend funkte die U-Boot-Führung an die Boote, die in der Nähe des Geleitzugs standen: »Mit allen Mitteln versuchen, Fühlung aufzunehmen. Der Konvoi darf nicht wieder verloren werden. Günstige Wetterlage. Die Geleitzugverteidigung ist bei diesem Wetter machtlos. Ortungsgeräte sind über und unter Wasser stark behindert.«

Zu dieser Zeit waren drei der U-Boote des Rudels in einer Position, aus der heraus sie angreifen konnten. Doch die Zerstörer und die Korvetten verteidigten die ihnen anvertraute Herde von Schiffen in dieser Nacht mit großer Hartnäckigkeit.

Der Geleitzug dampfte während des 6. Februar unbehelligt weiter nach Osten. Eines der deutschen U-Boote aber folgte ihm immer noch dichtauf: U 609. Mit Geschick und Zähigkeit hatte Kommandant Rudloff sein Boot in der Nähe des Konvois gehalten, war allen Kursänderungen des Geleitzuges gefolgt und funkte wiederholt Sichtmeldungen heraus.

Vier weitere U-Boote des Rudels schlossen heran. Doch es gelang ihnen nicht, so nahe an den Konvoi heranzukommen, daß sie erfolgversprechende Angriffe hätten fahren können. Über dem SC 118 kreisten nun Fernbomber: Der Konvoi war in den Bereich der Luftsicherung gelangt, die von isländischen Flugplätzen aus gestartet war. Die Maschinen griffen mit Bomben und Bordwaffen an und beschädigten zwei U-Boote schwer. Die Boote am Konvoi meldeten ihrer Befehlsstelle über Funk, daß es unmöglich geworden war, anzugreifen: »Landluft . . . Dauerluft!« Das hieß: landgestützte Maschinen, die unausgesetzt Sicherung flogen.

Die Meldungen über die Flugzeuge häuften sich so sehr, daß die U-Boot-Führung am Nachmittag des 6. Februar ungehalten an die U-Boote funkte: »Weitere Berichte über Flugzeuge sind überflüssig.«

Am Abend dieses 6. Februar aber funkte auch U 609, es werde von einem Flugzeug angegriffen und müsse tauchen. Diese Meldung war die letzte Nachricht von Kapitänleutnant Klaus Rudloff und seinen Männern. Das Boot versank, von Bomben zerrissen, mit seiner gesamten Besatzung.

Als die Nacht zum 7. Februar anbrach, schien der Geleitzug SC 118 die größten Gefahren überstanden zu haben. Seit mehr als 48 Stunden hatten die Geleitfahrzeuge angreifende U-Boote stets frühzeitig entdeckt und unter Wasser gedrückt. Flugzeuge sicherten den Konvoi schon weit in seinem Vorfeld ab.

Doch in der Dunkelheit dieses Abends näherten sich zwei deutsche Boote dem Geleitzug. Kurz vor Mitternacht fanden sie eine Lücke in der

Geleitsicherung. Sie stießen in den Konvoi hinein vor: U 402 unter dem Kommando von Kapitänleutnant Siegfried Freiherr von Forstner und U 262 unter dem Kommando von Kapitänleutnant Franke.
Kommandant Forstner näherte sich den Frachtern, die in der dunklen Nacht kaum auszumachen waren, bis auf 1500 Meter, und dann befahl er: »Rohr I bis IV los!« Minuten später donnerten die Explosionen der Geschosse durch die Dunkelheit über den Atlantik. Drei Torpedos hatten ihre Ziele erreicht. Drei Schiffe sanken.
Wenig später eine vierte Explosion: Ein Torpedo von U 262 zerschmetterte die Bordwand eines der Frachter. Auch dieses Schiff sank sofort.
Der Geleitzug lief ohne Aufenthalt weiter nach Osten, die Kriegsschiffe suchten in der Nacht nach dem Feind. Doch Kommandant Forstner ließ sich von seinen Zielen nicht abdrängen. In den frühen Morgenstunden stand U 402 wieder innerhalb des Konvois, wieder schoß das Boot vier Torpedos. Wieder zerfetzten die Geschosse die Rümpfe von drei Schiffen. Eines dieser Schiffe war der Truppentransporter »Henry Mallory«. An Bord des Schiffes befanden sich 384 amerikanische Soldaten. Die »Henry Mallory« versank sehr rasch. Im Licht ihrer Scheinwerfer suchten die Kriegsschiffe den Ozean nach Überlebenden ab. Sie setzten Boote aus, um die Männer, die im Wasser schwammen, zu retten. Doch sie kamen nicht schnell genug.
Die Wassertemperatur des Atlantik betrug in diesem Wintermonat Februar nur wenige Grad über Null. Die meisten Männer im Wasser starben innerhalb kurzer Zeit an Unterkühlung. Einer der Offiziere in den Rettungsbooten berichtete: »Ich sah einen Körper voraus und befahl ›Schneller!‹. Als wir uns näherten, ließ ich das Boot wenden. Ich drehte mich um und sah einen Sergeanten. Sein Mund war offen, seine Augen waren starr. Er bewegte sich mit dem Wasser auf und ab. Die Leichenstarre hatte bereits eingesetzt. Um uns herum war ungefähr ein halbes Dutzend Leichen. Wir begannen, die Leute längsseits zu ziehen. Bald wurde die Besatzung des Bootes von den Leichen beim Rudern behindert. Voraus sahen wir weitere Tote. Aber es war nur wenig Platz in dem Boot übrig. Ich sah jedem Mann genau in die Augen. Meine Hände waren zu klamm, um nach dem Puls zu fühlen. Wenn ihre Augen und das Gesicht tot aussahen, nahmen wir ihnen ihre Erkennungsmarken ab und stießen ihre Körper wieder ins Wasser.«
Während zwei der Geleit-Kriegsschiffe noch Überlebende des Truppentransporters zu retten versuchten, donnerte wieder die Detonation eines Torpedos über das Meer. U 614 unter dem Kommando von Kapitänleutnant Wolfgang Sträter versenkte einen Dampfer, der wenige Seemeilen hinter den Konvoi zurückgefallen war.
Im Laufe des 7. Februar verfolgten die Boote weiter den Geleitzug. Dönitz forderte über Funk: »Dranbleiben und versenken!«
Am Nachmittag dieses 7. Februar gab Dönitz den Sieg der Nacht allen

U-Boot-Kommandanten, die in See standen, bekannt: »Während bis zum Abend des 6. Februar nur ein Tanker und zwei Nachzügler versenkt wurden, sind während der vergangenen Nacht insgesamt neun Schiffe mit fast 70 000 Tonnen vernichtet worden. Während dieser Operation haben sich folgende Kommandanten besonders ausgezeichnet: Forstner, Franke, Rudloff. Die Operation wird fortgesetzt.«
Doch an diesem 7. Februar dröhnten wieder schwere Kampfflugzeuge zur Sicherung des Konvois heran: viermotorige Liberator der in Island stationierten 220. Staffel des britischen Küstenkommandos. Sie hielten die Boote unter Wasser. Sie waren innerhalb weniger Augenblicke da, wenn der Turm eines Bootes die Oberfläche der See durchbrach: Feuer aus Maschinenkanonen, Bomben. Immer wieder mußten die grauen Wölfe, die jetzt noch dem SC 118 folgten und auf die Chance zum Angriff lauerten, in Alarmfahrt in die schützende Tiefe hinab.
Eines der Flugzeuge überraschte das deutsche U-Boot U 624 unter dem Kommando von Kapitänleutnant Ulrich Graf von Soden-Fraunhofen in dem Augenblick, da es tauchen wollte. Der Kommandant der britischen Maschine trug in sein Bordbuch ein, was am Nachmittag des 7. Februar auf dem Atlantik geschah: »Drei Wasserbomben schlugen unmittelbar neben der Backbordseite des U-Bootes ein. Die Maschine flog genau über den Kommandoturm hinweg, und wir sahen ein Besatzungsmitglied. Dann hüllte das von der Explosion hochgerissene Wasser das U-Boot ein. Als der Gischt sich legte, sah man den Bug aus dem Wasser ragen.«
Das britische Flugzeug drehte einen Kreis. Der Pilot beobachtete: »Das U-Boot schoß nach vorn, und das Heck kam an die Oberfläche. Danach sank es auf mehr oder weniger ebenem Kiel unter Wasser. Der Schaum von den Wasserbomben und die Explosionswirbel verschwanden. An ihre Stelle trat ein Fleck, der von Luftblasen gebildet wurde. Dann sahen wir unter Wasser Strudel, die allmählich an Stärke zunahmen.«
40 Minuten später überflog die Liberator noch einmal die Stelle, an der U 624 mit seiner gesamten Besatzung versunken war. Schon von weitem sah die Bomberbesatzung eine Ansammlung von Seevögeln. Die Explosionen der Wasserbomben hatten Fische getötet, die jetzt auf der Oberfläche schwammen. Immer noch drehte sich ein Strudel. Holzplanken schwammen umher und Gegenstände, die von der Liberator-Besatzung als »hellbraune Zylinder« bezeichnet wurden.
Die Boote folgten weiter dem Geleitzug. Aber nur eines von ihnen kam noch einmal auf Schußweite heran: U 402 unter dem Kommando von Kapitänleutnant von Forstner torpedierte ein Schiff. Es war der letzte Frachter, den der SC 118 an die »grauen Wölfe« verlor.
Am Morgen des 9. Februar ließ Karl Dönitz die Schlacht abbrechen. Die Boote zogen sich zurück, U 402 lief seinen französischen Stützpunkt an: Baron von Forstner erhielt für die Versenkung von sieben Schiffen, davon sechs in einer einzigen Nacht, das Ritterkreuz.

Die U-Boot-Befehlsstelle machte unterdessen die Rechnung auf: Aus dem Konvoi SC 118 waren elf Schiffe mit rund 55 000 Bruttoregistertonnen versenkt worden; drei Boote waren verlorengegangen, vier weitere U-Boote schwer beschädigt. Die Deutschen hatten für ihren Erfolg einen hohen Preis gezahlt.
Karl Dönitz schrieb: »Es war die vielleicht härteste Geleitzugschlacht dieses Krieges. Ehre den Besatzungen und Kommandanten der U-Boote, die diese schweren, tagelangen Geleitzugkämpfe in dem rauhen Winterwetter des Atlantik schlugen. In den vier Nächten des unaufhörlichen Kampfes konnten die Kommandanten die Brücke ihrer U-Boote nicht verlassen. Von ihren blitzschnellen Entschlüssen hing oft das Schicksal ihrer Besatzungen ab . . . Was die Kommandanten in diesen Geleitkämpfen leisteten, war das Höchste in der Geschichte der U-Boot-Kämpfe in zwei Weltkriegen.«
Während der SC 118 nun unbehelligt den britischen Häfen entgegenzog, rückten nordöstlich von Neufundland dreizehn U-Boote in ihre Positionen. Sie warteten auf die Konvois HX 225 und SC 119. Sie warteten vergebens. Denn die Aufstellung dieses Rudels war vom britischen »Submarine Tracking Room« erkannt worden.
In Karl Dönitz wandelte sich in diesen Tagen ein Verdacht, den er lange gehegt hatte, in Gewißheit: Der Feind kannte die Aufstellung der deutschen U-Boote im weiten Ozean.
Aber woher? Ein neues Ortungsgerät, dessen Natur den Deutschen unbekannt war, konnte im Spiel sein – oder aber Verrat.
In seinen Memoiren schrieb der Großadmiral: »Wir mußten feststellen, daß es wiederholt nicht geglückt war, mit unseren U-Boot-Streifen die erwarteten Geleitzüge zu finden. Selbstverständlich gingen wir nach diesen Fehlschlägen wieder einmal von Grund auf der Frage nach, was der Gegner von unserer U-Boot-Aufstellung wissen könnte; denn die besten taktischen Überlegungen und Maßnahmen mußten nutzlos bleiben, wenn uns der Feind dabei ohne unser Wissen in die Karten sah, die Aufstellung der Boote kannte und sie durch Umfahren wirkungslos machte. Immer wieder kontrollierten wir unsere Geheimhaltungsbestimmungen, um Verrat soweit irgend möglich auszuschließen.«
Anfang Februar 1943, unmittelbar nach seiner Ernennung zum Oberbefehlshaber der Kriegsmarine, beauftragte Karl Dönitz den Vizeadmiral Erhard Maertens, Chef des Marine-Nachrichtendienstes, mit allem Nachdruck zu überprüfen, ob ein Spion den Briten die U-Boot-Aufstellungen verriet oder aber ob dem Feind ein Einbruch in die Funkschlüssel der U-Boote gelungen war.
Maertens machte sich an die Arbeit. Die Überprüfung des Verdachts nahm einen schicksalhaften Verlauf. Denn nie wieder kam die deutsche Marineführung der Wahrheit über die Informationsquelle des Feindes so nahe.

Die vielfältigen Nachrichten im englischen Rundfunk über die deutschen U-Boote zogen die Aufmerksamkeit des Vizeadmirals Maertens auf sich. Am 8. Februar 1943 schrieb er: »Es taucht deshalb die Frage auf, ob sich hinter diesem Feldzug eine damit zu tarnende, wesentliche Entwicklung beim Gegner verbirgt. Dieser fast zum Rummel entwikkelte Propagandafeldzug, sich beklagend über die Gefährlichkeit des U-Boot-Krieges, wäre unter Umständen schon ein höchst wirksames Täuschungsmittel dem Feind gegenüber, wenn man zum Beispiel auf der feindlichen Seite damit vertuschen will, daß man nunmehr endlich in den Genuß vollständigen Mitlesens des feindlichen Funkverkehrs getreten ist.«
Genauso war es. Doch der Vizeadmiral beließ es bei diesem Gedankenspiel. In sein Gutachten für den Oberbefehlshaber der Kriegsmarine und Befehlshaber der U-Boote Karl Dönitz kam er zu dem entgegengesetzten Urteil: Die Briten seien nicht in der Lage, in den Funkverkehr der U-Boote einzudringen.
Karl Dönitz erinnerte sich: »Immer wieder wurde überprüft, ob die U-Boot-Funksprüche schlüsselsicher waren, aber ebensooft blieb der Chef des Marine-Nachrichtendienstes beim Oberkommando bei der Ansicht, daß es für den Gegner unmöglich sei, sie zu entziffern.«
Doch wie erfuhren die Briten die Aufstellung der U-Boote im weiten Ozean, wenn nicht durch die Entzifferung von Funkbefehlen? Ein Zufall lockte die Deutschen auf eine falsche Spur.
Ausgerechnet zu jener Zeit, da sich die Indizien dafür häuften, daß die Briten in den Funkverkehr der Deutschen eingebrochen waren, setzten die Briten zum ersten Mal ihr neues Kurzwellen-Radargerät in Bombern ein, die Angriffe gegen deutsche Städte flogen.
Einer dieser Bomber zerschellte in der Nacht vom 2. auf den 3. Februar 1943 in der Nähe der holländischen Stadt Rotterdam. Aus dem zertrümmerten Rumpf der Maschine bargen deutsche Soldaten einen geborstenen Kasten, eine zersplitterte Sichtröhre und schließlich einen Metallklotz, der in einem großen Magneten steckte: Englands streng gehütetes Geheimnis, das Hohlraum-Magnetron, wichtigster Bestandteil des Zentimeter-Radargerätes.
Die deutschen Experten erkannten sehr rasch, daß die Briten ein neues Radargerät einsetzten; verborgen blieb ihnen allerdings noch einige Zeit, auf welcher Wellenlänge das Gerät tatsächlich arbeitete.
Ein neues Radargerät mit überlegener Leistungskraft in den Flugzeugen des Feindes – dies schien die Antwort auf die drängende Frage zu sein, wie die Briten die U-Boote fanden und ihre Positionen in der Wasserwüste zwischen Europa und Amerika feststellten.
Im Kriegstagebuch des Befehlshabers der U-Boote heißt es über die Erkenntnisse des Vizeadmirals Maertens: »Als wichtigstes Ergebnis hat sich als so gut wie sicher herausgestellt, daß es dem Gegner mit Hilfe der

Flugzeug-Funkmeßortung möglich war, U-Boot-Aufstellungen mit einer Genauigkeit zu erfassen, die für erfolgreiche Ausweichbewegungen seiner Geleitzüge ausreichend waren.«
In seinen Memoiren schrieb Karl Dönitz: »Da wir selbst über keine irgendwie geordnete Luftaufklärung verfügten, sah mir mein Gegenspieler, Admiral Horton, tief in meine Karten, ohne daß ich ein Gleiches tun konnte. Deutschland führte seinen Seekrieg im Zweiten Weltkrieg ohne Luftwaffe; das war eines seiner am wenigsten zeitgemäßen und zugleich eines seiner am meisten ausschlaggebenden Kennzeichen.«
So blieben Karl Dönitz und seine Offiziere in der deutschen U-Boot-Führung auf das Radar des Feindes fixiert: Ihm schrieben sie sowohl die taktische Überlegenheit der feindlichen Schiffe und Flugzeuge bei der Schlacht am Geleitzug, wie auch die überlegene operative Planung zu, die die Konvois weit an den U-Boot-Streifen im Atlantik vorbeiführte.
Seit Anfang Februar 1943 war die Zeit, die das Entschlüsselungszentrum in Bletchley Park brauchte, um den U-Boot-Funkverkehr zu entziffern, auf wenig mehr als einen einzigen Tag geschrumpft. Diese Geschwindigkeit der Entzifferung ermöglichte es, die Kurse der Geleitzüge auf die Positionen und Kurse der deutschen U-Boote abzustimmen.
So suchte nach der Schlacht um den SC 118 ein Rudel von U-Booten mit dem Namen »Haudegen« viele Tage lang nach Beute. Die Boote fuhren hundert Meilen nach Westen und dann wieder hundert Meilen nach Osten, und wieder nach Westen.
Nicht weniger als siebenmal hatte die U-Boot-Befehlsstelle Erkenntnisse des deutschen xB-Dienstes an die U-Boote in See weitergegeben: jedesmal Nachrichten über einen Konvoi, der die amerikanischen Gewässer verlassen hatte und auf dem Weg nach Großbritannien war. Doch siebenmal waren die Erwartungen zerronnen: Die Boote des Rudels hatten die Konvois nicht erfassen können. Die Dampfer zogen weit entfernt von den Positionen der »grauen Wölfe« dahin und brachten ihre Fracht sicher nach England.
Die britische Funkaufklärung und Rodger Winns »Submarine Tracking Room« verbuchten Siege über die Deutschen, bei denen kein einziger Schuß abgefeuert worden war: Jede vermiedene Konvoischlacht galt den Briten als eine gewonnene Konvoischlacht.
In den Bunkern der Boote des Rudels »Haudegen« ging nach den vielen Tagen der Patrouille im Nordatlantik der Treibstoff zur Neige. Die U-Boot-Führung befahl ihnen, Kurs auf eine »Milchkuh«, den U-Tanker U 460, zu nehmen, der im Nordatlantik postiert war. Die Boote machten sich auf den Marsch – und dabei verlor der »Submarine Tracking Room« sie aus den Augen.
Da geschah es. Auf der Fahrt zum U-Tanker machte der Ausguck im Turm des deutschen U-Bootes U 69, das unter dem Kommando von

Kapitänleutnant Ulrich Gräf stand, Rauchwolken, Masten und Schornsteine eines Konvois aus. Es war der Geleitzug ON 165, auf dem Weg von Großbritannien nach Halifax in Kanada. U 69 funkte seine Sichtmeldung heraus – und verurteilte sich selbst damit zum Untergang. Die Kriegsschiffe am Geleitzug peilten das Signal des Bootes ein. Auf dem Peilstrahl entlang rauschte der Zerstörer »Viscount« auf das U-Boot zu. Er war am Boot, bevor es noch wegtauchen konnte, so überraschend und schnell kam der Angriff. Der Bug des Zerstörers bohrte sich in den Druckkörper. U 69 versank mit seiner gesamten Besatzung.

Wenig später erreichte U 201 unter dem Kommando von Oberleutnant zur See Günther Rosenberg das Vorfeld des ON 165 – Sichtmeldung – Einpeilung durch die HF/DF-Geräte auf den britischen Kriegsschiffen. Diesmal fegte der Zerstörer »Fame« schäumend mit hochgerecktem Bug über die See. Rammstoß – U 201 versank mit seiner gesamten Besatzung.

Die deutsche U-Boot-Führung befahl weitere Boote zum Angriff auf den Konvoi. Am 18. Februar funkte die Befehlsstelle: »In Anbetracht des schlechten Wetters können Sie auf geringere Marschgeschwindigkeit des Feindes und auf Schiffe rechnen, die den Anschluß an den Geleitzug verloren haben. Torpedos funktionieren auch bei sehr schlechtem Wetter.«

Am Abend des 18. Februar aber erst stand wieder ein deutsches U-Boot am Konvoi ON 165: U 402 unter dem Kommando von Kapitänleutnant Clausen. Wieder ein Funkspruch der U-Boot-Führung: »Torpedos funktionieren auch in schlechtem Wetter. Zerstörer sind machtlos.« Clausen griff in der Nacht an und versenkte ein Schiff. Andere Boote gelangten nicht in die Nähe des Konvois.

Am Morgen des 19. Februar wieder ein Funkspruch der U-Boot-Führung: »Angriff! Angriff!« Aber nur ein weiteres Schiff des 32 Frachter starken Konvois fiel deutschen Torpedos zum Opfer. Ergebnis der Schlacht: zwei versenkte Frachter, zwei versenkte U-Boote – schlimm für die Deutschen. Allerdings: Die Zahl der angreifenden Boote war gering gewesen, sie hatte zu keinem Zeitpunkt der Schlacht die Zahl der Geleit-Kriegsschiffe übertroffen.

Noch während einige Boote dem Geleitzug ON 165 bis in die kanadischen Gewässer hinein nachjagten, entschlüsselte der deutsche xB-Dienst britische Funksprüche, die für den von England nach Kanada dampfenden Konvoi ON 166 bestimmt waren: Kurs und Marschgeschwindigkeit.

Karl Dönitz stellte im mittleren Nordatlantik zwei Rudel zur Jagd auf den ON 166 auf. Der britische »Submarine Tracking Room« aber erkannte aus den deutschen Funksprüchen die Positionen der Boote. Der Konvoi erhielt den Befehl, nach Süden zu schwenken, um so den Booten zu entgehen. Die 49 Frachter des Geleitzugs und die sieben Geleit-

Kriegsschiffe drehten gehorsam etwa auf dem 30. Grad westlicher Länge in einer scharfen Bewegung nach Süden ab.
Doch nicht weit genug: Am 20. Februar meldete der Funker im Horchraum des deutschen U-Bootes U 604 seinem Kommandanten, dem Kapitänleutnant Horst Höltring, was er im Kopfhörer vernahm: »Möglicherweise Geräusche von Schiffsschrauben, weit auseinandergezogen.«
U 604 nahm die südliche Position im Rudel ein. Kommandant Höltring ließ sein Boot auf die Geräusche zulaufen, und in den Mittagsstunden des 20. Februar machte der Ausguck im Turm von U 604 die Masten und die Aufbauten der großen Masse von Schiffen aus, die mit südwestlichem Kurs dahindampften.
Da war er, der ON 166.
Höltring funkte seine Sichtmeldung, und Dönitz befahl den Rudeln »Ritter« und »Knappen«, zum Angriff heranzustoßen.
Das erste Gefecht gewannen die Briten. U 225 unter dem Kommando von Oberleutnant zur See Wolfgang Leimkühler näherte sich über Wasser dem Konvoi, wurde mit Radar geortet, gejagt, tauchte weg, wurde mit den Asdic-Geräten unter Wasser wieder aufgespürt und mit Wasserbomben vernichtet. U 225 versank mit seiner gesamten Besatzung.
24 Stunden später kam das erste der Boote, die sich am ON 166 festbeißen wollten, zum Schuß. Der Konvoi verlor sein erstes Schiff, einen Nachzügler, der weit hinter der Herde einherzockelte. Wieder vergingen zwölf Stunden.
In der Nacht zum 22. Februar erst drang ein Boot in den Konvoi ein: Torpedoschüsse, Treffer, zwei Schiffe versanken.
Im Tageslicht des 22. Februar umlauerten acht Boote den Konvoi. Im britischen »Submarine Tracking Room« notierte Rodger Winn zu dieser Zeit besorgt: »Entschlüsselte Funksprüche lassen erkennen . . ., daß Angriffe mittlerer Schwere vorbereitet werden. Die Zahl der beteiligten Boote ist noch nicht bekannt. Mindestens zehn Boote sind nach Süden zum Angriff auf den ON 166 verlegt worden . . . Im Nordwesten von ON 166 befindet sich eine Gruppe von acht U-Booten, die zur Zeit von einem U-Tanker aufgetankt werden, nachdem sie im Nordosten Neufundlands eine Patrouille durchgeführt haben. Es ist möglich, daß im Laufe der Zeit einige dieser Boote die Angriffsgruppe verstärken.«
So exakt waren die Erkenntnisse der Briten über die deutschen U-Boote, die jetzt zum Stoß auf den ON 166 ansetzten.
Dem bedrohten Geleitzug allerdings konnten die Informationen des »Submarine Tracking Room« nicht mehr helfen: Er war aufgespürt, und die Boote hielten Fühlung.
Am Abend dieses 22. Februar stieß U 606, kommandiert von Oberleutnant zur See Hans Döhler, durch eine Lücke zwischen den Geleitfahr-

zeugen. Die Torpedos des Bootes trafen drei Frachter. Weitere Boote stießen heran. Die Männer an den Funkgeräten der Kriegsschiffe hörten jetzt aus allen Richtungen die Funksignale von U-Booten. Die Herde war von den Wölfen umstellt. Doch die Wächter schlugen zurück: Zwei der Eskortschiffe suchten in der Nähe der torpedierten Frachter nach dem Feind, und sie orteten U 606, das Boot, das kurz zuvor so erfolgreich gewesen war.
Einer der Männer von U 606 berichtete, was seinem Boot widerfuhr: »Erst als er auf wenige hundert Meter heran war, erkannten wir den Zerstörer. Da kam der Befehl zum Alarmtauchen, aber noch ehe das Turmluk richtig dicht war, kriegten wir schon die ersten Wasserbomben. Sie verursachten erhebliche Schäden und Lecks. Wir versuchten zu entkommen und gingen immer tiefer hinunter. Die ganze Zeit strömte Wasser ins Boot. Dann versuchten wir, wieder zu steigen und drückten die ganze Luft in die Preßlufttanks. Aber das Boot sank weiter hinunter. Sein Bug zeigte im Winkel von 45 Grad zum Meeresgrund. In der Zentrale starrten alle gebannt auf den Tiefenmesser. Als er 220 Meter anzeigte, dachte ich: ›Das ist das Ende.‹ Es herrschte beklommenes Schweigen, und jeder fragte sich: ›Was passiert jetzt?‹ Würde das ganze Boot zerquetscht werden und Wasser von allen Seiten hereinstürzen? Oder würde ein kleines Loch irgendwo sein, aus dem sich das Boot wie eine Badewanne auffüllte? Dann jedoch begannen wir plötzlich zu steigen.«
Das Boot durchbrach die Wasseroberfläche – und nur wenige Augenblicke später zeichnete sich auf dem Radargerät eines der Schiffe ein Echo ab. Das Kriegsschiff lief mit äußerster Kraft voraus auf das U-Boot zu und eröffnete unterdessen aus seiner Kanone auf dem Vorderdeck das Feuer. Dann krachte der Bug des Schiffes in den Rumpf des U-Bootes. U 606 jedoch versank noch nicht. Wieder schoß das Kriegsschiff mit der Kanone auf das Ziel, das nur wenige Meter entfernt war. Mündungsfeuer lohte in der Dunkelheit. Die Granaten zerfetzten den Turm, durchschlugen den Druckkörper. Aus vielen Lecks strömte jetzt Wasser in das Boot. Und jetzt sank es gurgelnd und rauschend. Zwölf Mann der fünfzigköpfigen Besatzung wurden aus dem Wasser gezogen, die anderen versanken mit ihrem Boot.
Der Geleitzug ON 166 verlor unterdessen ein weiteres Schiff, das sechste.
Dann, in den frühen Stunden des 23. Februar, pirschten sich zwei Boote zwischen die schweren Schatten der Frachter: Explosionen, Feuer, Lecks, hereinströmendes Wasser – binnen kurzer Zeit büßte der Konvoi wieder vier Schiffe ein. Jetzt waren schon zehn von 49 Frachtern versenkt worden.
Die Wölfe folgten der Herde durch den ganzen Tag, aber sie kamen nicht zum Angriff heran. Als Dunkelheit sich über das Meer gesenkt hatte,

schien die Beute ihnen entkommen zu sein. Der Konvoi hatte einen abrupten Kurswechsel vorgenommen, die U-Boote konnten den Konvoi in der Schwärze der Nacht nicht finden. Der Befehlshaber funkte um 20.21 Uhr am 23. Februar: »Dranbleiben! Wir müssen auch die übrigen kriegen!«

Zwei Frachter, die den Anschluß an den Geleitzug verloren hatten, liefen vor die Rohre deutscher Boote: Die Zahl der versenkten Schiffe war auf zwölf gestiegen. Und im Laufe des 24. Februar nahmen die Boote die Spur des Konvois wieder auf: U 600 unter dem Kommando von Kapitänleutnant Bernhard Zurmühlen entdeckte die Rauchfahnen und funkte das Rudel herbei. Aber jetzt war der Konvoi ON 166 bereits in ein Seegebiet gelangt, das von Flugzeugen erreicht werden konnte, die in Neufundland starteten. Zugleich beorderten die Briten zwei Zerstörer aus kanadischen Häfen zum Konvoi. Gleichwohl versenkte U 628 noch ein Schiff: das dreizehnte aus dem Verband der Konvois ON 166.

Die Schlacht hatte von der ersten Sichtmeldung bis zum Abbruch der Operation sechs Tage gedauert, und sie hatte über eine Strecke von 1100 Seemeilen, über rund 2000 Kilometer, geführt. So zäh und so entschlossen war das Gefecht von den U-Booten geschlagen worden. Der Versenkung von 14 Frachtern stand der Verlust von zwei U-Booten gegenüber. Dönitz urteilte: »Der Erfolg des Kampfes lag also diesmal durchaus auf unserer Seite.«

Im U-Boot-Bericht der britischen Admiralität hieß es Ende Februar 1943, wenige Tage nach der Schlacht um den ON 166: »Nie zuvor hat der Feind eine solche Zielstrebigkeit beim Einsatz seiner Macht gezeigt – seine Angriffe richteten sich konsequent auf die Störung der Nachschublieferungen von Amerika nach Großbritannien. Demzufolge waren die Kämpfe erbittert . . .«

Und in diesem Augenblick der unablässig tobenden Schlacht auf dem Atlantik, da die Erfolge der Boote sich häuften, und Großadmiral Karl Dönitz mehr Boote als je zuvor in den Kampf gegen Englands Versorgung schicken konnte – in diesem Augenblick trat ein Ereignis ein, das die Besorgnis der britischen Admiralität zur Betroffenheit steigerte.

Plötzlich schwieg Ultra.

Wenn die Experten des deutschen Marine-Nachrichtendienstes auch immer wieder versichert hatten, das deutsche Schlüsselsystem sei einbruchsicher, so wollte die U-Boot-Führung doch die Sicherheit des Systems noch weiter erhöhen: Die U-Boote führten jetzt eine weitere Walze für die Enigma mit sich. Sie trug die Bezeichnung »Beta«. Am 1. März teilte die Befehlsstelle den Booten in See mit, daß ab Mitternacht diese Walze in die Schlüsselmaschine einzusetzen sei.

Wieder geschah, was 13 Monate zuvor, bei der Einführung der Walze »Alpha« am 1. Februar 1942, geschehen war: Die britischen Dechiffrier-Experten in Bletchley Park konnten die Funksprüche, die zwischen dem

Befehlshaber der U-Boote und den Booten draußen im Atlantik gewechselt wurden, nicht mehr entziffern.
Gleichzeitig verloren Rodger Winn und seine Mitarbeiter im »Submarine Tracking Room« den Überblick über die Positionen und Kurse der deutschen U-Boote. Die Kursanweisungen für die Konvois, die zwischen Amerika und Großbritannien liefen, wurden wieder zum Glücksspiel. Diese Befehle konnten die Frachter an den U-Booten vorbeiführen, sie konnten die Herde aber auch in die Fänge der Wölfe treiben.
Die Briten reagierten auf den Ausfall von Ultra mit einer gewaltigen Anstrengung – ganz so, als entschiede sich in den nächsten Wochen im Nordatlantik der Verlauf des Zweiten Weltkriegs: Sie setzten sofort die gesamte Kapazität des Entzifferungszentrums Bletchley Park ein, um wieder in den U-Boot-Funkschlüssel einzudringen. Auch jene »Bombs«, die Computer, die bis dahin für die Entschlüsselung von Funksprüchen des deutschen Heeres und der Luftwaffe gebraucht wurden, suchten nun die Funkmeldungen der U-Boote und ihres Befehlshabers auf Stellen ab, in die eingebrochen werden konnte.
Während die Maschinen in Bletchley Park sich ergebnislos drehten, entflammten draußen auf dem Atlantik die schwersten und größten U-Boot-Schlachten des gesamten Krieges.
Der Befehlshaber der U-Boote, Karl Dönitz, konnte jetzt mehr als hundert Boote im Atlantik einsetzen. Verteilt in Aufklärungsstreifen und geballt zum Rudel stellten diese U-Boote ein Maximum an Aufklärung bei der Fahndung und an Schlagkraft beim Angriff dar.
Eine so große Zahl von U-Booten erlaubte es dem deutschen Großadmiral, riesige Seeräume zu kontrollieren, so daß es der Konvoiführung ohne Ultra nahezu unmöglich war, Ausweichkurse zu finden.
Gleichzeitig gelangte der xB-Dienst in diesen ersten Monaten des Jahres 1943 auf einen Höhepunkt seiner Leistungskraft: Er war tief in den Funkschlüssel eingedrungen, mit dem die Befehle an die Geleitzüge chiffriert wurden. Allerdings reichte der xB-Dienst auch zu diesem Zeitpunkt nicht an die Bedeutung und den Umfang von Ultra heran. Der deutsche Marinehistoriker Jürgen Rohwer ermittelte: »Im März 1943 entzifferte der xB-Dienst an insgesamt 20 Tagen 175 alliierte Funksprüche an Konvois im Nordatlantik, aber nur zehn erreichten Dönitz so rechtzeitig, daß er sie operativ auswerten konnte.«
In den ersten Tagen des März 1943 hatte der xB-Dienst gemeldet, daß sich vor der kanadischen Küste die Schiffe des Geleitzuges SC 121 sammelten. Die Kursanweisungen für diesen Konvoi jedoch konnten nicht ermittelt werden.
Im Nordatlantik nordöstlich von Neufundland hatte Karl Dönitz zwei U-Boot-Rudel zu langen Aufklärungsstreifen aufgereiht. Sie lauerten auf den SC 121, der nach den Berechnungen der Deutschen am Nachmittag des 4. März in Sicht kommen mußte.

Die britische Admiralität konnte dem SC 121 keine Ausweichkurse geben: Da der »Submarine Tracking Room« im dunkeln tappte, war die Aufstellung der deutschen Boote nicht einmal annähernd bekannt.
Dennoch wäre der SC 121 den deutschen Booten beinahe entkommen. Wie schon im Januar und Februar, tobten auch Anfang März schwere Stürme über dem Nordatlantik. Die Sicht war schlecht, die Boote hatten ihre Positionen im Aufklärungsraum nicht immer genau einhalten können.
Doch auch der Konvoi SC 121 hatte unter der Wucht von Wind und See seine Formation nicht beibehalten können. Viele seiner insgesamt 59 Frachter zogen mit großem Abstand hinter der Masse der Schiffe, die von fünf Kriegsschiffen geschützt wurden, einher.
Am Morgen des 6. März stampfte der Konvoi tausend Meilen südlich von Grönland dahin – mit einem Kurs, der ihn zufällig durch eine Lücke zwischen zwei U-Boot-Streifen führte. Er war dabei, den Booten zu entwischen.
Doch dann machte ein Ausguck im Turm von U 405 in Dunst und Regen schwere Schatten aus. Korvettenkapitän Rolf-Heinrich Hopmann ließ die Sichtmeldung funken. Es war das Startsignal für ein vernichtendes Ereignis: eine Kesselschlacht zur See.
Karl Dönitz befahl den U-Booten in den benachbarten Seeräumen, an den Konvoi SC 121 heranzuschließen. Die Rudel näherten sich mit Höchstfahrt von allen Seiten dem Geleitzug, von vorn, von hinten und von den Seiten.
An das Boot U 405 ließ der U-Boot-Admiral um 13.35 Uhr an diesem 6. März 1943 folgenden Funkspruch absetzen: »Fühlunghalten ist von größter Bedeutung wegen der Disposition anderer Boote.«
Zehn Stunden lang blieb Kommandant Hopmanns Boot am Konvoi und funkte in regelmäßigen Abständen seine Positions- und Kursmeldungen hinaus. Immer noch herrschte schweres Wetter, der Sturm heulte, die See ging hoch.
Kurz vor Mitternacht wurde U 405 von den Geleitschiffen geortet. Das Boot mußte wegtauchen und verlor die Fühlung.
Jetzt aber waren schon andere Boote an den Geleitzug herangestoßen. Die Wetterbedingungen begünstigten den Angriff. Der Seegang schränkte die Wirkung der Ortungsgeräte auf den Kriegsschiffen am Konvoi ein, die Wucht überkommender Brecher beschädigte und zerstörte Antennen.
Kurz nach Mitternacht am 7. März war U 230 auf 1200 Meter an die Schiffe des SC 121 herangekommen. Torpedoschuß, Treffer, der Konvoi verlor das erste seiner Schiffe. In der Frühe des 7. März torpedierte U 591 das zweite Schiff aus dem SC 121 heraus.
Als der Tag sich erhob, wütete immer noch der Orkan, sechs Boote

standen am 7. März in der Nähe des Geleitzuges, aber keines gelangte zum sicheren Schuß. Der Tag und die Nacht vergingen. Der Konvoi zog weiter nach Osten, und mit ihm zogen die Boote.
Am Morgen des 8. März machte U 526 ein einsames Schiff auf dem Atlantik aus, einen Nachzügler. Er wurde torpediert, und er versank – das dritte Schiff des SC 121. Die Boote folgten dem Konvoi über den sturmgepeitschten Ozean.
Am Abend des 8. März griff die Vernichtung nach vier Schiffen, die einige Meilen hinter dem SC 121 zurückhingen. Die deutschen Boote U 527, U 591, U 190 und U 642 machten Torpedos los. Jetzt hatte der SC 121 bereits sieben Schiffe verloren.
Die britische Admiralität hatte längst die Gefahr erkannt, in der sich der SC 121 befand. Sie schickte ihm drei Kriegsschiffe von Island aus entgegen, und von isländischen Flugplätzen aus starteten Liberator-Bomber.
Im Laufe des 9. März meldeten die Boote am Geleitzug über Funk ihrem Befehlshaber, daß die Geleitzugverteidigung verstärkt worden war und es nahezu unmöglich geworden sei, an die Frachter heranzukommen. Tatsächlich verloren die Boote den Konvoi an diesem 9. März für einige Stunden aus den Augen. Dönitz funkte: »Mit östlichem Kurs weitersuchen. Es gibt noch mehr Gelegenheiten.«
U 530 stieß in der anbrechenden Dunkelheit des 9. März auf einen Nachzügler – der SC 121 verlor sein achtes Schiff. In der Nacht zum 10. März hatten zwei der Boote den Geleitzug in der Weite des dunklen Ozeans wiedergefunden. U 409 versenkte das neunte und das zehnte Schiff des SC 121.
Korvettenkapitän Hopmann in U 405 meldete der U-Boot-Führung, daß sein Treibstoffvorrat zur Neige gehe. Die U-Boot-Führung antwortete: »Angreifen und versenken. Keine Rücksicht auf Brennstofflage nehmen!«
Um 22.40 Uhr am 9. März funkte U 405: »Befehl ausgeführt.« Das Boot hatte gerade einen Frachter versenkt, das elfte Schiff, das der SC 121 verlor.
Wenige Stunden später donnerten wieder Detonationssäulen hoch: U 229 hatte einen Fächer geschossen und zwei Frachter getroffen. Eines der Schiffe sank sofort, das andere war schwer beschädigt.
Einen Tag lang verfolgten die Boote noch den Konvoi, kamen aber nicht mehr zum Schuß. Karl Dönitz zog die Rudel vom Geleitzug zurück.
Mitte März liefen die Frachter, die der Vernichtung im Atlantik entgangen waren, in die westenglischen Häfen ein: noch 46 von 59 Schiffen, die Amerika verlassen hatten. Der Konvoi SC 121 hatte mehr als 20 Prozent seiner Schiffe eingebüßt, aber kein U-Boot war während des Kampfes um diesen Geleitzug verlorengegangen. Alles in allem ein großer Sieg für die »grauen Wölfe«.

Während ein Dutzend deutscher U-Boote noch im Osten des mittleren Nordatlantik den Schiffen des Konvois SC 121 nachjagte, bereitete sich im Westen bereits die nächste Geleitzugschlacht vor: Am 9. März gelang es dem xB-Dienst, einen Funkbefehl zu entziffern, den die britische Admiralität dem Geleitzug HX 228 vor der kanadischen Küste am 7. März erteilt hatte. Der Funkbefehl enthielt Standort und Kursanweisungen.
Doch jetzt wurde Karl Dönitz ein Opfer seiner eigenen List. Er erinnerte sich: »Nach den bisherigen Erfahrungen mußten wir annehmen, daß dem Gegner der seit Tagen nach Westen laufende U-Boot-Streifen durch Ortung bekannt geworden sei und daß der Geleitzug ihm also ausweichen würde.«
Aber genau dies war nicht der Fall. In einem Bericht des U-Boot-Lagezentrums der amerikanischen Admiralität heißt es über den Stand der alliierten U-Boot-Aufklärung in jenen Tagen ohne Ultra: »Es war unmöglich, die exakten Positionen der U-Boot-Gruppen festzustellen. Die Erfahrung hatte gezeigt, daß zu dieser Zeit keine Konvoi-Route nördlich des 50. Breitengrades als sicher angesehen werden durfte, sofern nicht die Bewegung jedes einzelnen U-Bootes Tag für Tag verfolgt werden konnte und sofern nicht die Positionen der U-Boot-Gruppen einschließlich der Geschwindigkeit, mit der sie fuhren, bis auf die letzte Einzelheit genau bekannt war.«
Karl Dönitz ließ den U-Boot-Streifen östlich von Neufundland nach Norden schwenken, um damit dem von ihm vermuteten Ausweichmanöver des HX 228 begegnen zu können. Aber der Geleitzug zog im Süden dahin, die Masse der Boote stand weit nördlich von seinem Kurs. Doch eines der Boote am südlichen Ende des Streifens, U 336 unter dem Kommando von Kapitänleutnant Hans Hunger, sichtete am 10. März den HX 228: 60 Dampfer, geschützt von neun Kriegsschiffen. Jetzt hetzte das Rudel heran.
In der Nacht zum 11. März, 24 Stunden nach der ersten Sichtmeldung, stieß U 221 unter dem Kommando von Oberleutnant zur See Hans Trojer in den Konvoi hinein. Sein erster Torpedoangriff schlug fehl, der zweite aber hatte ein Inferno der Vernichtung zur Folge.
Vor sich sah Kommandant Trojer die Schatten zweier Dampfer, die dicht nebeneinander liefen. Um 21.31 Uhr befahl Trojer: »Zweierfächer los!« Und dann beobachtete der Kommandant die Auswirkungen seines Angriffs: »Treffer mit völliger Auflösung des Dampfers, riesiges Feuerwerk und Wolken, Eisenplatten fliegen zu Hunderten wie Papier durch die Gegend, Munition fliegt in die Luft. Kurz darauf Treffer auf anderen Frachter, ebenfalls Explosion. Vorschiff bis Brücke unter Wasser. Schwere Trümmer fliegen gegen das Sehrohr, das sich nunmehr schwer drehen läßt. Im ganzen Boot kracht und donnert es . . . Es poltern immer noch schwere Brocken herunter. Der Lärm im Boot ist ungeheu-

erlich, als würde das Boot dauernd von Schüssen getroffen. Ich versuche, das Sehrohr einzufahren, es geht nur anderthalb Meter, ist also verbogen.«

Während die zerfetzten Dampfer in der Tiefe des Ozeans versanken, rauschte einer der Geleitzerstörer heran, um in der Nähe des Angriffspunktes nach dem Boot zu suchen. Kommandant Trojers Stimme schallte durch das Boot: »Runter und beide äußerste Kraft voraus!« Der Zerstörer warf im gleichen Moment zwei Serien von je vier Wasserbomben. Trojer berichtete: »Das Turmluk atmet und läßt eine Menge Wasser eindringen. Das Boot bockt und hüpft, gewinnt aber Tiefe.«

Der Verfolger ließ von seinem Opfer in der Tiefe ab. Über das Wasser schallte der Donner einer neuen Torpedo-Detonation. Das deutsche U-Boot U 444 unter dem Kommando von Oberleutnant zur See Albert Langfeld hatte einen 7000 Tonnen großen Frachter getroffen.

Der Zerstörer »Harvester« suchte in der Dunkelheit nach dem »grauen Wolf«. Er ortete ihn. Es war kurz nach 1 Uhr in der Frühe des 11. März. U 444 tauchte weg, aber nicht schnell genug; die ersten Wasserbomben schon zwangen das Boot an die Oberfläche zurück. Die Männer auf der »Harvester« sichteten das in kurzer Entfernung liegende Boot, und Zerstörerkommandant A. A. Tait ließ sein Schiff zum Rammstoß anlaufen.

Krachend bohrte sich der Bug des mehr als tausend Tonnen schweren Schiffes in den Körper des Bootes, doch es sank nicht. Der Zerstörer drückte das Boot unter Wasser und glitt dabei über den Rumpf von U 444 hinweg – bis sich das Boot schließlich in der Backbordschraube des Zerstörers verfing.

Da hing es nun, unerreichbar für die Waffen des Zerstörers. Ein Wasserbombenwurf hätte das Boot vernichten können, aber auch das Ende für den Zerstörer bedeutet.

Kommandant Tait ließ Hilfe herbeifunken. Die Korvette »Aconit« machte sich auf den Weg.

Dann, bei einer jähen Bewegung der Wellen, löste sich das U-Boot aus der Vereinigung mit seinem gefährlichsten Feind. Die »Harvester« war außerstande, ihm zu folgen. Ihr Bug war schwer beschädigt, die Backbordschraube drehte sich nicht.

U 444, das auch schwere Schäden davongetragen hatte und tauchunklar war, schleppte sich über Wasser mit langsamer Fahrt davon. Inzwischen näherte sich die Korvette »Aconit«, und ihr Radargerät erfaßte U 444 auf der Oberfläche des Meeres. Die »Aconit« lief auf das Ziel zu, ihr Scheinwerfer flammte auf und tauchte den Rumpf des Bootes in kalkigweißes Licht. Die Schrauben der Korvette peitschten das Wasser zu Schaum. Ihr Rammstoß traf das Boot vernichtend. Es versank unter den Füßen der Männer, die in seinem Turm standen. Sie wurden gerettet, die meisten Mitglieder der Besatzung versanken mit ihrem Boot.

Mitten im Geleitzug lohte wenig später plötzlich eine riesige Stichflamme auf: U 757 hatte sich in die Herde geschlichen und den 5000 Bruttoregistertonnen großen Dampfer »Brant County« torpediert. Einer der Männer auf den Schiffen des Geleitzuges beschrieb den Anblick in der Dunkelheit über dem Ozean: »Das Feuer erhellte alles taghell. Ich konnte den gesamten Geleitzug und die Geleitfahrzeuge voraus auf beiden Flügeln sehen. Das Schiff zerbarst um 4.15 Uhr mit einer gewaltigen Explosion, die die Trümmer viele Dutzend Meter hoch in die Luft warf – die Szene war unbeschreiblich.«
Es war der letzte Schlag, den die Boote in dieser Nacht führten. Im Tageslicht des 11. März folgten sie dem Geleitzug im weiten Abstand, und während dieser Verfolgungsfahrt entdeckte U 432 unter dem Kommando von Kapitänleutnant Hermann Eckhardt ein manövrierunfähig auf dem Ozean treibendes Schiff: Es war der Zerstörer »Harvester«, der beim Rammangriff auf U 444 seine Backbordschraube verloren hatte. Dann war die Welle der Steuerbordschraube heiß gelaufen und gebrochen.
U 432 fuhr einen Torpedoangriff auf das bewegungslose Ziel. Der Schuß schmetterte in das Schiff hinein und riß ein riesiges Leck. Doch noch sank die »Harvester« nicht. U 432 schoß einen zweiten Torpedo. Einer der Männer der »Harvester« berichtete über die Wirkung der Detonation: »Dieser Schlag hob den hinteren Teil des Schiffes über uns hoch, und als er herabstürzte, drückte er viele von uns unter Wasser. Als ich wieder an die Oberfläche kam, sah ich, daß das Schiff in der Mitte durchgebrochen war. Der vordere und der hintere Teil waren völlig voneinander getrennt. Der vordere Teil ragte etwa 15 Meter hoch aus dem Wasser und schwamm noch einige Minuten. Schließlich sank er, dann folgte ihm das Heck.«
Die Freude über diesen Erfolg an Bord von U 432 dauerte nur kurze Zeit. Bald schon suchte die Korvette »Aconit« den Seeraum um den versenkten Zerstörer mit dem Asdic-Gerät ab. Die Männer im getauchten Boot hörten, wie die Ortungsstrahlen das Boot erfaßten, dann die schweren, rüttelnden und schüttelnden Schläge von Wasserbomben, die bei jedem Anlauf der Korvette näher kamen. Dann rissen Leitungen, Wassereinbruch, U 432 mußte an die Oberfläche zurück, und im Moment des Auftauchens schlugen Geschosse aus den Maschinenkanonen und den Geschützen der Korvette in Turm und Rumpf des Bootes ein: Das Kriegsschiff war nur wenig mehr als tausend Meter entfernt. Dann lief es zum zweiten Rammangriff innerhalb von zwölf Stunden an. U 432 versank, 21 Mann seiner Besatzung wurden aus dem Wasser gezogen.
Die Versenkung von U 432 war die letzte Kampfhandlung am Konvoi HX 228. Die deutsche U-Boot-Führung konnte das Ergebnis der Schlacht als Erfolg betrachten: Ein nicht sehr starkes Rudel hatte aus einem schwer gesicherten Geleitzug vier Frachter, zehn Prozent seiner

Schiffe, heraustorpediert und einen Zerstörer vernichtet. Der Preis allerdings, der Verlust von U 444 und U 432, war hoch gewesen.
In der britischen Admiralität wuchs in diesen Tagen die Sorge. Die U-Boote erwiesen sich in jeder Geleitzugschlacht als gefährliche, wagemutige und zähe Gegner. Und immer noch konnten die Briten von Ultra keine Hilfe im Kampf gegen den Feind auf dem Ozean erhalten.
Am 15. März 1943 notierte Commander Rodger Winn im britischen »Submarine Tracking Room«: »Es gibt keine Nachrichten aus Funkentzifferung für den Zeitraum seit dem 11. März, und deshalb ist nicht mit Sicherheit bekannt, wo die U-Boote aufgestellt sind.«
Das Unvermögen, Positionen, Kurse und Pläne der deutschen U-Boote auszukundschaften, hatte für die Briten in den folgenden Tagen verheerende Folgen. Denn an diesem 15. März marschierten die Streitkräfte des Großadmirals Karl Dönitz im Atlantik zur größten Geleitzugschlacht des Zweiten Weltkrieges auf.
Östlich von Neufundland hatte Dönitz eine U-Boot-Gruppe aufgestellt, der er den Namen »Raubgraf« gegeben hatte. Viele hundert Seemeilen östlich von dieser Gruppe lauerten zwei weitere kampfstarke U-Boot-Gruppen mit den Namen »Stürmer« und »Dränger«.
Zu Beginn der zweiten Märzwoche verließ der Konvoi SC 122 die amerikanischen Gewässer. Er bestand aus 51 Frachtern. Sie wurden von neun Kriegsschiffen eskortiert.
Wenig später folgte ihm der Konvoi HX 229. Er umfaßte 38 Frachter. Sie wurden von fünf Kriegsschiffen geleitet.
Die Schiffe des HX 229 verfügten über eine höhere Durchschnittsgeschwindigkeit als die des SC 122. Sie würden den langsameren Konvoi im Laufe der langen Reise über den Ozean überholen.
Die Briten kannten aus Funkpeilungen den Seeraum, den die Boote der Gruppe »Raubgraf« besetzt hatten. Deshalb befahlen sie den beiden Konvois, die im Abstand von einigen hundert Meilen hintereinander herdampften, die »Raubgraf«-Boote südlich zu umgehen.
Der deutsche xB-Dienst jedoch entzifferte die Kursanweisung binnen kurzer Zeit, und Karl Dönitz konnte diese Information nutzen, um dem Konvoi den Weg zu verlegen.
Von Norden stießen die Boote der Gruppe »Raubgraf« an den HX 229 heran. In der Nacht zum 17. März 1943 entbrannte die Schlacht um HX 229. Die Boote griffen über Wasser an, schossen Torpedofächer in die dichtgedrängte Masse der schwarzen Schatten, und dann war die Dunkelheit erfüllt von Donner und Feuer, von Vernichtung und Tod.
Binnen weniger Stunden versenkten die Boote acht Schiffe des Konvois.
Die Oberfläche des Meeres war im weiten Umkreis bedeckt von Öl, Trümmern, Planken, Kisten; dazwischen die Leichen ertrunkener oder von den Explosionen getöteter Seeleute. Auf den Wellen Rettungsboote, manche voller Menschen, viele leer.

In der gleichen Nacht stürzte sich ein Rudel von Booten auch auf den SC 122, der viel stärker bewacht war als der HX 229. Die meisten der angreifenden Boote wurden früh geortet, und sie mußten vor den heranstoßenden Eskortschiffen wegtauchen. Nur eines der Boote drang in den Konvoi ein. Es fuhr zwei Angriffe, versenkte drei Schiffe und beschädigte eines schwer.

Zwölf Frachter in einer Nacht – der Erfolg war dem Umstand zu verdanken, daß viele U-Boote zur Stelle und den Geleit-Kriegsschiffen an Zahl überlegen waren. Die U-Boote waren zur richtigen Zeit am richtigen Platz. Wenn ein Rudel einen Angriff gefahren hatte und sich zum Nachladen der Torpedorohre zurückzog, war schon das nächste Rudel in Schußposition eingerückt.

Am Morgen des 17. März berichteten zwei U-Boote, daß sie sich in dieser ersten Nacht des Angriffs schon leergeschossen hätten: »Keine Torpedos mehr.«

Karl Dönitz ließ am Morgen dieses 17. März einen Funkspruch an alle Boote in der Schlacht absetzen: »Der Anfang war erstklassig. Fühlung darf nicht verlorengehen. Sofort berichten. Berichte über Zusammensetzung und Größe des Geleitzuges.«

Zu diesem Zeitpunkt hatte die deutsche U-Boot-Führung kein genaues Bild von der Entwicklung auf dem Ozean. Der schnellere HX 229 hatte den SC 122 eingeholt, und auf kleinem Seeraum drängte sich eine gewaltige Masse von Frachtern – immer noch mehr als 80 Schiffe. Der Befehlshaber der U-Boote setzte weitere U-Boote gegen diese größte Herde von Schiffen, die je über den Ozean gezogen war, in Marsch.

Doch die Jäger der Nacht wurden im Licht des Tages selbst gejagt. Am 17. März dröhnte ein Liberator-Bomber heran und kreiste über den Frachtern. Die U-Boote stießen in die schützende Tiefe hinab.

Doch noch während der Tagesstunden dieses 17. März rissen die »grauen Wölfe« drei Schiffe aus den beiden Konvois heraus. Die Schlacht dauerte noch nicht 24 Stunden, und doch hatten die Geleitzüge schon 15 ihrer Schiffe verloren. In der Dunkelheit der Nacht zum 18. März gelangte nur eines der deutschen Boote in Schußposition: Es versenkte zwei Schiffe.

Jetzt, nach der schrecklichen ersten Nacht, ließen sich die Besatzungen der Geleitfahrzeuge nicht mehr überraschen. Sie drückten in immer neuen Anläufen die Boote unter Wasser, und schließlich verloren die Deutschen die Fühlung.

Am frühen Morgen des 18. März fragte die U-Boot-Führung ungeduldig über Funk: »Was ist los mit den Fühlungshaltermeldungen? Bei einer so großen Zahl von Booten darf die Fühlung nicht verlorengehen! Weitersuchen mit Höchstfahrt!«

An diesem 18. März standen noch 30 U-Boote in der Nähe der Konvois. Aber nur eines kam auf Schußweite heran: U 221 unter dem Kommando

von Kapitänleutnant Trojer. Unterwasserangriff, Treffer auf zwei Schiffen – das 18. und das 19. Oper der Schlacht.
Am frühen Abend des 18. März forderte die U-Boot-Führung: »Von jedem U-Boot wird erwartet, daß es mit Höchstgeschwindigkeit den Konvoi verfolgt . . . Wir müssen diesem Geleitzug noch eine Tracht Prügel verpassen.«
Zur gleichen Zeit, da die U-Boote erneut zum Schlag ansetzen wollten, wurde der schützende Ring um die Frachter dichter: Die britische Admiralität hatte den bedrohten Geleitzügen drei weitere Kriegsschiffe zu Hilfe geschickt.
Und jetzt wandten sich plötzlich auch die Bedingungen auf dem Meer gegen die Deutschen. Das Wetter besserte sich, ein hellglänzender Mond stand am Himmel, die Besatzungen der Geleitfahrzeuge konnten den Ozean auf viele Meilen überblicken, die meisten Boote konnten sich den Konvois über Wasser nicht auf Schußweite nähern. Einziger deutscher Erfolg in dieser Nacht: ein Frachter.
Am Morgen des 19. März blickten die Männer auf den Frachtern und den Geleitfahrzeugen erleichtert zum Himmel: Schwere Flugzeuge dröhnten heran und machten jeden Versuch der Boote zunichte, am Konvoi zu bleiben. An diesem 19. März torpedierte eines der Boote ein Schiff, das den Anschluß an die Herde verloren hatte. Es war der 21. Frachter, den die Geleitzüge HX 229 und SC 122 verloren.
Noch einmal versuchte die Befehlsstelle, die Rudel zum Angriff zu führen: »Trotz Luftsicherung auf jeden Fall versuchen, nach vorn zu gelangen, um nahe am Geleitzug zu stehen, wenn es dunkel wird.«
Doch die U-Boote meldeten an diesem Tage immer wieder »Dauerluft«. Letztes Opfer der Schlacht wurde an diesem 19. März 1943 nicht ein alliierter Frachter, sondern ein deutsches U-Boot. Am Nachmittag überraschte ein britisches Flugboot vom Typ Sunderland U 384 unter dem Kommando von Oberleutnant zur See Hans-Achim von Rosenberg-Gruszcynski im Augenblick des Wegtauchens. Die Bomben, aus niedriger Höhe ausgeklinkt, lagen genau im Ziel. U 384 versank mit seiner gesamten Besatzung.
Am 20. März in der Frühe, nach einer ereignislosen Nacht, befahl Karl Dönitz den Booten, die Operation gegen die beiden Konvois abzubrechen: Die Geleitzugschlacht, an der mehr Frachter und mehr U-Boote beteiligt gewesen waren als jemals zuvor, war vorüber.
Am 21. März ließ der deutsche Großadmiral einen Funkspruch an alle Boote absetzen, die in dieser Schlacht gekämpft hatten: »Dank und Anerkennung für den größten Erfolg, der je gegen einen Geleitzug erzielt worden ist. Nach dem außergewöhnlich erfolgreichen Überraschungsschlag in der ersten Nacht brachte zähe und energische Verfolgung trotz starker Verteidigung glänzenden Erfolg für die U-Boote bei ihren Angriffen bei Tag und bei Nacht.«

In der dreitägigen Schlacht um die beiden Konvois SC 122 und HX 229 hatten die Alliierten insgesamt 141 000 Bruttoregistertonnen verloren. Aus vier Konvois mit zusammen 202 Schiffen, die in den ersten zwanzig Tagen des März 1943 von Amerika nach Europa dampften, hatten die U-Boote 42 Schiffe versenkt. Das entsprach einer Verlustrate von rund 20 Prozent.
In der britischen Admiralität wuchs die Besorgnis in diesen Tagen zur Furcht. »Nie wieder«, so urteilte die britische Seekriegsleitung später, »waren die Deutschen näher daran, die Verbindung zwischen der Neuen und der Alten Welt zu zerreißen als in den ersten 20 Tagen des März 1943«.
Der Marinehistoriker S. W. Roskill schrieb in der offiziellen britischen Geschichte des Seekriegs über die Gefühle und Überlegungen, die damals die Briten beherrschten: »Man kann auf diesen Monat nicht zurückblicken, ohne etwas wie Entsetzen zu empfinden über die Verluste, die wir erlitten. In den ersten zehn Tagen dieses Monats verloren wir in allen Seegebieten (also im Nord-, Mittel- und Südatlantik, im Mittelmeer und im Indischen Ozean) 41 Schiffe, in den zweiten zehn Tagen 56. Mehr als eine halbe Million Bruttoregistertonnen wurden in diesen zwanzig Tagen versenkt; und was diese Verluste so viel ernster machte, als die bloße Zahl anzeigen kann, war der Umstand, daß nahezu zwei Drittel dieser Schiffe, die während dieses Monats verlorengingen, aus Geleitzügen versenkt wurden. ›Es schien daher‹, schrieb die Admiralität, nachdem die Krise vorüber war, ›daß wir das Geleitzugsystem nicht mehr als wirksamen Schutz würden ansehen können.‹ Dabei war das Geleitzugsystem während dreieinhalb Jahren Krieg allmählich zum Angelpunkt unserer Seestrategie geworden. Wohin sollte die Admiralität sich wenden, wenn dieses System seine Wirksamkeit verloren hatte? Sie wußte es nicht. Aber sie muß gefühlt haben, auch wenn es niemand zugab, daß die Niederlage ihr ins Gesicht starrte.«
Großbritannien war vor allem auch deshalb in diese bedrohliche Situation geraten, weil der »Submarine Tracking Room« die deutschen Funkbefehle nicht rechtzeitig lesen, nicht rechtzeitig die Bewegung der Boote erfassen konnte.
Doch während die Frachter der vernichtend geschlagenen Konvois HX 229 und SC 122 in die englischen Häfen krochen und die Briten noch an ihren Verlustlisten arbeiteten, änderte sich die Lage – blitzartig. Die niedergedrückte Stimmung in der britischen Admiralität schlug jäh um in Zuversicht.
Der massive und konzentrierte Einsatz aller Spezialisten und aller Maschinen im britischen Entschlüsselungszentrum hatte nach knapp drei Wochen einer einzigartigen Bemühung zum Erfolg geführt. Der Strom der Nachrichten über die deutschen U-Boote begann wieder zu fließen – geliefert von den U-Booten und ihrem Admiral selbst.

# 16 Der Sturz in die Niederlage

*Der Vorbote des Unheils – Stets mit geballter Kraft an der richtigen Stelle – Ultra und Flugzeugträger, Radar und Bomber brechen die Macht des Rudels – Dönitz verliert 2000 Mann und räumt den Nordatlantik – Ein Wendepunkt des Krieges*

Am 26. März 1943 stand das deutsche U-Boot U 663 unter dem Kommando von Kapitänleutnant Heinrich Schmid auf 47 Grad 45 Minuten nördlicher Breite und 40 Grad westlicher Länge - etwa tausend Meilen südwestlich von Grönland. Der Funker im Horchraum des Bootes hatte Schraubengeräusche gemeldet, die sich rasch näherten.

Kommandant Schmid fuhr das Sehrohr aus – und dann erblickte er auf dem Atlantischen Ozean den Vorboten des Unheils, das in Kürze über die deutschen Boote kommen sollte: den mächtigen Rumpf des amerikanischen Geleit-Flugzeugträgers »Bogue«.

Dieser Träger war das erste einer Reihe von Spezialschiffen, die von Amerikanern und Briten eigens zu dem Zweck gebaut worden waren, die Konvois auf ihrem Weg über den Ozean zu schützen.

Die »Bogue« verdrängte 10 000 Tonnen, und sie konnte auf ihrem Flugdeck etwa zwanzig Flugzeuge transportieren. Es waren Kampfmaschinen vom Typ »Martlet« – auch »Wildcat« genannt – und vom Typ »Avenger«.

Die »Wildcat« war mit vier Maschinenkanonen bewaffnet. Die Bombenlast, die sie tragen konnte, war nur klein. Die »Avenger« jedoch, bewaffnet mit fünf Maschinenkanonen, konnte nahezu eine Tonne Bomben ins Ziel schleppen.

Gestaffelt an den Flanken des Geleitträgers furchten zwei Zerstörer schäumend durch die See.

Kommandant Schmid hatte an diesem 26. März eine »Support Group« – »Unterstützungsgruppe« – gesichtet, einen der Flottenverbände, die der Schlacht im Atlantik binnen weniger Wochen ihren Stempel aufdrücken und die Niederlage der U-Boote herbeiführen sollten.

Räumlich abgesetzt von den Geleitzügen gingen die Schiffe und Flugzeuge dieser Gruppen auf U-Boot-Jagd, und sie gaben nicht auf, bevor das Wild zu Tode gehetzt war.

Die Geschwindigkeit dieser Schiffe erlaubte es der britischen Admiralität, die Unterstützungsgruppen schnell über den Ozean zu verschieben und sie dort in die Schlacht zu schicken, wo die Bedrohung der Konvois durch die U-Boote besonders groß war.

Fünf dieser Unterstützungsgruppen stießen jetzt, im Frühjahr 1943, im Abstand von wenigen Tagen an die Front im Ozean. Drei von ihnen verfügten als stärkste Waffe über Flugzeugträger.
Am Abend des 26. März meldete Kommandant Schmid seine Beobachtung an die U-Boot-Befehlsstelle in Berlin. Sie antwortete eine Stunde später: »Die Versenkung des Flugzeugträgers ist besonders wichtig für den Fortgang der Operation gegen den Geleitzug. Laßt euch deshalb jedoch nicht andere Gelegenheiten entgehen.«
Aber: Es ergaben sich keine anderen Gelegenheiten. Der Angriff auf den Geleitzug SC 123, in dessen Sicherungsverband die »Bogue« fuhr, scheiterte an eben diesem Flugzeugträger. Von seinem Deck stiegen in rascher Folge Kampfmaschinen auf. Sie umflogen in einem weiten Kreis immer wieder die Schiffe des Konvois, die Boote mußten vor dem Feind am Himmel wegtauchen. Der Konvoi setzte seinen Weg fort. Die Boote verloren die Fühlung.
Am Tag darauf, dem 28. März 1943, sichtete U 305 unter dem Kommando von Kapitänleutnant Rudolf Bahr den Konvoi HX 230, der mit 45 Frachtern nach Großbritannien zog. Der Befehlshaber der U-Boote ließ die ergebnislose Operation gegen den SC 123 abbrechen und befahl den Booten, mit Höchstgeschwindigkeit den HX 230 anzusteuern.
Aber die Erwartungen der deutschen U-Boot-Führung wurden enttäuscht. Die Boote funkten nicht Erfolgsmeldungen; in ihren Funksprüchen berichteten sie vielmehr: »Zerstörer in Lage Null . . . mußte tauchen . . . Wasserbomben für drei Stunden . . . Wasserbomben für sechs Stunden!«
Der Angriff der Boote scheiterte an Ultra. Die Briten, die die Funkbefehle wieder entziffern konnten, wußten, welche Gefahr dem Konvoi drohte und hatten deshalb die Geleit-Sicherung des HX 230, die anfänglich aus acht Kriegsschiffen bestand, um sechs Zerstörer verstärkt: die gesamte Streitmacht einer Unterstützungsgruppe.
Aus den entschlüsselten Funksprüchen der deutschen U-Boote und der U-Boot-Befehlsstelle erschloß sich den Briten ein klares und detailliertes Bild der Lage im Ozean. Das Entschlüsselungszentrum in Bletchley Park brauchte zu jener Zeit durchschnittlich nur zwei Tage, um die deutschen Funksprüche zu dechiffrieren und in Klartext für den operativen Gebrauch durch die britische Admiralität zu verwandeln. Die Aufstellung der deutschen Boote im Ozean war jetzt stets so rechtzeitig bekannt, daß die Briten zu gezielten Aktionen ansetzen konnten.
Commander Rodger Winn, Leiter des »Submarine Tracking Room«, schrieb am 29. März 1943: »Im Gebiet südöstlich von Grönland sichteten U-Boote drei Konvois. Den Booten gelang es aber weder gegen den SC 123 noch gegen den ON 174 zum Schuß zu kommen. Inzwischen halten seit dem Nachmittag, dem 27. März, U-Boote Fühlung an HX 230;

elf U-Boote sind unmittelbar am Geleitzug in der Nähe erfaßt worden. Nach den bisherigen Feststellungen scheint das Durchbringen dieser Konvois mit Hilfe einer zeitlich geschickt eingesetzten Support Group erfolgreich zu verlaufen.«
Admiral Max Horton, Oberbefehlshaber der britischen Streitkräfte im Kampf gegen die deutschen U-Boote, war dank Ultra und der Arbeit des »Submarine Tracking Room« jetzt in einer einzigartigen Lage: Er wußte im voraus, wo der Feind seine Streitkräfte geballt zum Angriff führen wollte. Und er konnte deshalb seine Verteidigung an eben dieser Stelle massieren und so stets Überlegenheit herstellen. Ultra erlaubte es den Briten, immer mit den richtigen Mitteln am richtigen Ort zu sein.
Während inzwischen 14 Kriegsschiffe den Konvoi HX 230 vor den »grauen Wölfen« in der Tiefe schützten, hoffte die deutsche U-Boot-Führung immer noch auf einen Sieg. Schiffe und Konvoi waren in einen Hurrikan geraten. Die deutsche Befehlsstelle vermutete, daß sich der Konvoi unter der Wucht des wütenden Sturms aufgelöst hatte und deshalb viele Schiffe unabhängig voneinander als Einzelfahrer die westenglischen Häfen zu erreichen suchten.
Sie funkte an die Boote: »Wenn sich das Wetter bessert, müssen alle Boote vor diesen Schiffen stehen, so daß sie nicht durch diese große Gruppe von Booten nach Osten gelangen können. Nutzt auch in schwerer See alle Gelegenheiten zum Angriff!«
Doch die Zahl der Geleit-Kriegsschiffe war so groß, daß die Briten auch abgesprengte Gruppen von Frachtern sichern konnten. Kapitänleutnant Zetsche, Kommandant von U 591, berichtete am Mittag des 29. März seine Beobachtung: »Sieben Schiffe, von fünf Zerstörern umgeben. Dahinter großer Einzelfahrer. Getaucht wegen eines angreifenden Flugbootes. Kontakt verloren«.
Am Abend dieses 29. März torpedierte U 610, kommandiert von Kapitänleutnant Walter Freiherr von Freyberg, ein einzeln weit hinter dem Konvoi einherfahrendes Schiff.
Die übrigen Boote des Rudels hetzten dem Konvoi nach. Doch am 30. März schwebten schwere Bomber am Himmel über dem Konvoi. Karl Dönitz ließ die Operation abbrechen.
Weit mehr als 20 Boote waren versammelt gewesen, um den Konvoi HX 230 zu zerschlagen. Ergebnis: ein versenkter Frachter. Dies war nach den gewaltigen Erfolgen der ersten zwanzig Tage des März ein entmutigendes Resultat.
In den ersten Tagen des April fingen die Briten eine Reihe von Funksprüchen auf, aus denen hervorging, daß sich südlich von Grönland ein großes Rudel von Booten zum nächsten Angriff sammelte. Viele dieser Boote hatten bereits am HX 230 gekämpft, andere waren von dem U-Tanker U 463, der unter dem Kommando von Korvettenkapitän Wolfbauer stand, mit Torpedos, Treibstoff und Proviant versorgt worden.

Am 4. April näherte sich der Konvoi HX 230 dem Seegebiet, in dem das Rudel stand. Möglicherweise wären die 61 Schiffe des Geleitzuges unentdeckt geblieben. Doch am Morgen dieses Tages hatte U 530 unter dem Kommando von Kapitänleutnant Lange seine Position verlassen, um den Rückmarsch zum Stützpunkt anzutreten. Die Wache im Turm von U 530 sichtete zur Mittagszeit des 4. April die Rauchfahnen, die über dem Konvoi hingen. Seine Fühlungshaltersignale lockten die anderen Boote des Rudels zum Konvoi, der zu diesem Zeitpunkt von sechs Kriegsschiffen geschützt wurde. Noch waren die Boote in der Überzahl. Doch die Geleit-Kriegsschiffe verteidigten ihre Schützlinge mit großem Geschick. Die erste Meldung für die U-Boot-Befehlsstelle war wieder kein Erfolgsbericht, sondern die Nachricht über einen Verlust. U 572 unter dem Kommando von Oberleutnant zur See Heinz Kummetat funkte: »Getaucht vor Zerstörer. Gerammt während des Angriffs.«
In der Nacht schließlich drangen die Boote in den Konvoi ein. U 635 unter dem Kommando von Oberleutnant zur See Heinz Eckelmann machte einen Fächer los, einer der Torpedos traf den Frachter »Shillong«.
Über den Untergang dieses Schiffes berichtete der Befehlshaber der Eskortschiffe, der britische Commander Peter Gretton: »Das unglückliche Schiff hatte Eisen geladen und sank in weniger als zwei Minuten. Während der Suche nach dem U-Boot sahen wir Schiffbrüchige, die im eisigen Wasser um ihr Leben kämpften. Alle hatten die roten Lampen an ihren Schwimmwesten eingeschaltet. Manche befanden sich auf Flößen, andere waren allein, aber man hatte keine Rettungsboote aussetzen können. Es ist meine quälendste Kriegserinnerung, daß ich diesen Männern keine aufmunternden Worte zurufen konnte, da ich sehr wohl wußte, daß ihre Rettung unwahrscheinlich war. Ich hatte eine furchtbare Entscheidung zu treffen: Stoppen oder Weiterfahren. Durch die Rettung dieser Männer hätten wir jedoch eine Lücke offen gelassen, durch die weitere Angriffe erfolgen konnten, so daß noch mehr Männer ertrunken wären. Wir mußten weiter.« Kommandant Gretton beauftragte schließlich eine der Korvetten, nach den Schiffbrüchigen zu suchen, die er ihrem Schicksal im Ozean hatte überlassen müssen. Die Boote torpedierten noch zwei Frachter in dieser Nacht aus dem HX 231 heraus.
Im Tageslicht des 5. April versuchten die Boote, dem Konvoi nachzusetzen, aber jetzt schon tauchten der U-Boote bösartigste Feinde am Himmel auf: schwere viermotorige Liberator-Bomber, die dröhnend über den Schiffen dahinflogen.
Einer der Bomber entdeckte U 635, das in der Nacht das Erzschiff versenkt hatte, auf der Wasseroberfläche und vernichtete es im Tiefangriff mit Wasserbomben. U 635 versank mit seiner gesamten Besatzung. Weiter hinter dem Geleitzug spürte U 563 unter dem Kommando von

Kapitänleutnant von Hartmann ein alleinfahrendes Schiff auf und torpedierte es. Am Nachmittag drang U 706 unter dem Kommando von Kapitänleutnant Alexander von Zitzewitz in den Konvoi ein und versenkte im Unterwasserangriff ein Schiff.

Als der Abend des 5. April gekommen war, verlor der Geleitzug seinen sechsten Frachter. Doch wenig später vernichtete eines der britischen Geleit-Kriegsschiffe U 632, das unter dem Kommando von Kapitänleutnant Hans Karpf stand. U 632 versank mit seiner gesamten Besatzung. Unterdessen hatte Admiral Max Horton dem Geleitzug, dessen Bedrohung durch U-Boote von den Briten lange zuvor erkannt worden war, eine Unterstützungsgruppe mit vier Zerstörern zu Hilfe geschickt. Sie umkreisten den Konvoi und zwangen die U-Boote, sich weit vom Konvoi zu entfernen. Bis zu diesem Zeitpunkt waren zwei U-Boote vernichtet, eins schwer beschädigt worden; der HX 231 hatte sechs seiner 61 Frachter verloren.

Die U-Boot-Führung in Berlin verhehlte ihre Enttäuschung nicht; sie funkte: »Trotz günstiger Wetterbedingungen sind die Ergebnisse bisher völlig unbefriedigend . . . Nutzt mit mehr Energie und Zähigkeit die Gelegenheiten, den Konvoi anzugreifen.« Doch die Geleit-Kriegsschiffe und die Flugzeuge erwiesen sich stärker als das Rudel. Kein Torpedo mehr wurde auf die Schiffe des HX 231 losgemacht.

Am frühen Morgen des 7. April lasen die Offiziere im britischen »Submarine Tracking Room« einen Funkbefehl, den die U-Boot-Führung der U-Boot-Gruppe »Adler« 36 Stunden zuvor, am Abend des 5. April, erteilt hatte. Er lautete: »Positionen von 54 Grad 51 Minuten Nord bis 44 Grad 35 Minuten West und 52 Grad 57 Minuten Nord bis 39 Grad 55 Minuten West bis 8 Uhr am 7. April einnehmen gegen nordostlaufenden Konvoi, der für den 7. April erwartet wird.«

Diese Präzision, mit der Ultra die Aufstellung des Rudels enthüllte, erlaubte es den Briten, ein weiteres Mal den gefährdeten Konvoi weit um die Lauerstellung der Wölfe herumzuleiten. Die Gruppe »Adler« fand den zu erwartenden Konvoi nicht.

Erst Mitte April machte sich die deutsche U-Boot-Führung wieder Hoffnung auf einen großen Erfolg: Der deutsche xB-Dienst hatte Kurzanweisungen der britischen Admiralität für den Konvoi HX 234 entziffert – rechtzeitig genug, um Dönitz zu erlauben, eine große Gruppe von U-Booten auf den Konvoi anzusetzen. Die Bewegungen auch dieser Gruppen waren dem »Submarine Tracking Room« aus Ultra-Meldungen bekannt geworden. Doch die Dechiffrier-Arbeit deutscher Experten durchkreuzte die Pläne der Briten, den aus 42 Frachtern und acht Kriegsschiffen bestehenden Konvoi umzuleiten.

Am Morgen des 21. April sichtete U 306 unter dem Kommando des Kapitänleutnants Claus von Trotha den Konvoi HX 234.

Zu diesem Zeitpunkt stand das Rudel schon zehn Tage in See und war vollständig erfolglos gewesen. Die U-Boot-Führung funkte: »Jetzt ran! Seht rot!« Am Abend desselben Tages noch griff U 306 den Geleitzug an: Ein mehr als 10 000 Tonnen großes Schiff versank. Am nächsten Tag röhrten schwere Catalina-Flugboote über den Ozean dahin. Sie drängten alle Boote, die an den HX 234 herangestoßen waren, ab – bis auf eines: Kapitänleutnant Trothas U 306. Am 23. April fuhr Trotha einen Unterwasserangriff und versenkte ein Schiff von mehr als 7 000 Tonnen.

Am Mittag dieses Tages rüffelte die U-Boot-Führung die anderen Boote in der Umgebung des Konvois: »Trothas gute Fühlungshalterarbeit darf nicht ohne Erfolge bleiben. Dieser Konvoi muß gerupft werden.«

U 954 unter dem Kommando von Kapitänleutnant Udo Löwe stieß heran und torpedierte das dritte Schiff aus dem Geleitzug HX 234 heraus. Zugleich aber verlor das Rudel eines seiner Boote: Ein Liberator-Bomber vernichtete U 189 unter dem Kommando von Korvettenkapitän Helmut Kurrer. Das Boot versank mit seiner gesamten Besatzung.

Auch am Tag darauf, dem 24. April, hielt sich Trothas U 306 in der Nähe des Konvois und funkte Sichtmeldungen. Doch keines der anderen Boote gelangte in die Nähe des Geleitzuges. Vielmehr verlor das Rudel das dritte Boot: Eine Fliegende Festung B-17 bombardierte U 710 unter dem Kommando von Oberleutnant zur See von Carlowitz. Das Boot versank mit seiner gesamten Besatzung. Der Konvoi HX 234 hatte von seinen 42 Schiffen nur zwei verloren, doch drei U-Boote waren vernichtet worden.

Von Kapitänleutnant Trotha, der dem Konvoi über vier Tage hinweg gefolgt war und sich nicht hatte abdrängen lassen, versuchte die deutsche U-Boot-Führung eine Antwort auf die Frage zu bekommen, die sie nun überaus beunruhigte: Weshalb schlugen die Angriffe deutscher Boote, die noch wenige Wochen zuvor so erfolgreich und vernichtend gewesen waren, nun fehl? Was hatte sich auf dem Ozean verändert?

An alle U-Boote ging dieser Funkspruch hinaus: »Die beste Fühlungshaltung ist ohne Angriffserfolge wertlos.«

Kapitänleutnant Trotha aber wurde aufgefordert, einen kurzen Bericht über folgende Punkte zu geben: 1. Vergangene Nacht: Wetterbedingungen, Lage beim Angriff, Geleitsicherung. 2. Bedingungen für Unterwasser-Angriffe während des Tages. Die Flugzeuglage ist hier bekannt. Erklärung, warum es zum Mißerfolg kam, obwohl zwölf U-Boote auf den Geleitzug operierten.«

Kapitänleutnant Trotha antwortete: »Zu 1: Hagel, Nebel, Regen, Schneeschauer, sehr unterschiedliche Sicht. Nach meiner Ansicht hat der Feind diese Verhältnisse mit mindestens drei scharfen Kursänderungen in idealer Weise für sich ausgenutzt. Die Marschsäulen des Geleitzuges umfaßten rund jeweils zehn Dampfer. In den Lücken Zerstörer oder andere Geleitfahrzeuge.

Zu 2: Nach meiner Meinung gut. Zum zweiten Teil der Frage habe ich keine Meinung.«

Commander Rodger Winn jedoch glaubte in jenen Tagen, eine Erklärung für den Mißerfolg der deutschen Boote gefunden zu haben. Am 19. April 1943 schrieb er nach der Auswertung deutscher Funksprüche: »Die ängstliche Sorge um die Verwundbarkeit der U-Boote durch Luftangriffe läßt auf jeden Fall bei einigen U-Boot-Besatzungen ein Nachlassen der Kampfmoral vermuten.«
Die Aktion der U-Boote gegen den Konvoi HX 234, dem Kapitänleutnant Trotha so zäh gefolgt war, nannte Winn »eine außergewöhnlich energielose Operation«. Er notierte: »Die eingesetzten U-Boote beklagten sich wiederholt und mit bitteren Worten über die dauernde Präsenz und Leistungsfähigkeit der Flugzeuge, die am 24. April ständig den Konvoi abschirmten . . . Bei der Lektüre des U-Boot-Funkverkehrs in jüngster Zeit gewinnt man sehr stark den Eindruck, daß der Kampfwille der gegenwärtig im Atlantikeinsatz stehenden Besatzungen abgesunken und allgemein die Moral der Truppe erschüttert ist. Es besteht kaum ein Zweifel, daß der Befehlshaber der U-Boote diesen Eindruck teilt, obwohl er seine – nichtsdestoweniger deutlich spürbare – Enttäuschung verhältnismäßig zurückhaltend äußert.«
Dem Leiter des britischen »Submarine Tracking Room« lag zu diesem Zeitpunkt ein entschlüsselter Funkspruch des deutschen Großadmirals vom 11. April vor. Dönitz hatte ihn an alle Boote in See gerichtet: »Wir haben Grund zu der Annahme, daß der Feind nach seinem ersten Wasserbomben-Angriff auf das Boot eine oder mehrere Bojen legt, die mit einer Zeitzündervorrichtung versehen sind. Sie lösen nach einer Spanne von einer halben Stunde oder einer Stunde noch mehr Wasserbomben aus. Damit will der Feind erreichen, daß das getauchte Boot glaubt, die U-Boot-Jagdgruppen seien noch gegenwärtig. Mit anderen Worten: Bluff! Denkt immer daran, daß das Krachen allein keine unmittelbare Gefahr anzeigt. Der Feind hat seine Anstrengungen in einem großen Ausmaß gegen unsere Moral gerichtet. Ein Mann, der seine Krieger- und Jägerinstinkte verwirren läßt, taugt nicht viel angesichts der augenblicklichen Abwehrmaßnahmen des Feindes, noch ist ein solcher Mann zum Angriff fähig. Vielmehr fühlt er sich verfolgt und gejagt, wo immer er ist. Diese Absicht steht hinter den Abwehrmaßnahmen des Feindes und seiner Propaganda im U-Boot-Krieg.«
In den zwei Jahren Krieg, die noch folgten, erwies sich, daß Rodger Winn sich irrte und die Sorge des Großadmirals Dönitz unbegründet war. Der Geist der Truppe blieb ungebrochen.
Die Funksprüche, auf die Rodger Winn seine Vermutungen stützte, entsprangen der Ratlosigkeit und der Verwirrung der U-Boot-Kommandanten angesichts der neuen Lage auf dem Schlachtfeld Nordatlantik. Sie hatte sich binnen weniger Wochen von Grund auf geändert und sich gegen die Deutschen gewandt.
Denn zu diesem Zeitpunkt schlugen die Maßnahmen, die Briten und

Amerikaner gegen die U-Boote vor längerer Zeit schon in Gang gesetzt hatten, durch – und zwar alle zusammen in einem sehr kurzen Zeitraum: die Geleit-Flugzeugträger, die Unterstützungsgruppen aus schnell laufenden, kampfstarken Kriegsschiffen, die um das Doppelte vermehrte Zahl der schweren Bomber mit sehr großer Reichweite und auch die des Kurzwellen-Radargerätes in Geleitschiffen und Flugzeugen.

Am 7. März 1943 hatte Korvettenkapitän Werner Hartenstein, Kommandant von U 156, das die »Laconia« versenkt hatte, in einem Funkspruch der U-Boot-Führung eine beunruhigende Beobachtung gemeldet: »Eine neue Art von Radar. Metox (der Warnempfänger) ist nutzlos. Sehr genaue Angriffe von Flugzeug ohne Suchlicht.«

Seit dem 8. März meldete sich U 156 nicht mehr. Es war von eienem Flugzeug gebombt und mit seiner gesamten Besatzung vernichtet worden.

Die neuen Radargeräte der Briten und Amerikaner arbeiteten auf einer Wellenlänge von weniger als zehn Zentimeter, die Radarwarngeräte an Bord der deutschen Boote aber sprachen nur auf elektromagnetische Wellen im Bereich von mehr als 60 Zentimeter an. Dies bedeutete: Kommandanten, die sich bei Nacht und Nebel auf ihre Warngeräte verließen, wurden mit umso größerer Sicherheit überrascht und vernichtet.

Jetzt, im späten Frühjahr des Jahres 1943, konnten die U-Boote nicht mehr die Bedingungen bestimmen, unter denen sie angriffen. Voraussetzung der Rudeltaktik, die den Booten in den ersten Jahren des Krieges so große Erfolge gebracht hatte, war, daß die Boote während der hellen Stunden des Tages dem Konvoi folgten, um dann in der Nacht in die Herde einzudringen.

Nur über Wasser entwickelten die U-Boote eine hinreichende Geschwindigkeit, um mit einem Konvoi Schritt zu halten. Doch jetzt, da alliierte Flugzeuge in großer Zahl durch den Himmel über dem Atlantik streiften, waren die U-Boote bei ihrer Überwasser-Fahrt ständig in Gefahr, aus der Luft überrascht zu werden.

Ungezählte Male mußten die Boote bei der Verfolgung eines Geleitzuges vor angreifenden Flugzeugen in die schützende Tiefe hinabtauchen und dann mühsam die Suche nach dem Geleitzug wiederaufnehmen.

Die totale Luftherrschaft der Briten und Amerikaner reduzierte die Angriffsmöglichkeiten der Boote so auf schnelle, überraschende Schläge – also etwa, wenn ein Geleitzug genau in einen der U-Boot-Streifen, die Großadmiral Dönitz im Atlantik postiert hatte, hineinlief.

Doch diese Gelegenheiten zur plötzlichen Attacke mußten umso seltener werden, je genauer die Briten durch abgefangene und entzifferte Funksprüche über die Aufstellung der U-Boote im Atlantik informiert waren. Die deutschen U-Boote waren in diesem Frühjahr 1943 den

Alliierten materiell und technisch unterlegen – doch Ultra gab ihnen den Rest.
Im April versenkten die U-Boote Schiffe mit insgesamt 277 000 Bruttoregistertonnen – weniger als die Hälfte des Ergebnisses, das sie im März erzielt hatten.
In diesem April verlor Karl Dönitz 15 seiner Boote, so viele wie im Monat zuvor.
Unbemerkt von den Deutschen öffnete sich unterdessen die Schere zwischen Versenkungen durch U-Boote und Neubauten an Frachtern immer weiter zugunsten der Alliierten. In diesem April 1943 liefen allein von amerikanischen Werften neue Frachtschiffe mit zusammen mehr als einer Million Bruttoregistertonnen vom Stapel – rund 140 Schiffe.
Doch noch mochte die deutsche U-Boot-Führung an eine Niederlage in der Atlantikschlacht nicht glauben. Sie konnte immer noch eine gewaltige Streitmacht in die Schlacht um Großbritanniens Nachschub schikken. Ende April 1943 standen wieder vier Gruppen von U-Booten im Nordatlantik. Auf eine dieser Gruppen, der Dönitz die Bezeichnung »Fink« gegeben hatte, lief am 4. Mai der Geleitzug ONS 5 zu, der von Westengland nach Halifax in Kanada bestimmt war. Der ONS 5 traf auf die Mitte des U-Boot-Streifens. Dönitz schrieb: »So entstand für die Angriffe der U-Boote eine sehr günstige taktische Lage.«
Am 4. Mai 1945 abends kurz nach 10 Uhr feuerte der Befehlshaber seine Boote mit diesem Funkspruch an: »Ich bin sicher, daß ihr zäh kämpfen werdet. Überschätzt nicht die Stärke des Feindes. Schlagt ihn tot.«
Noch bevor das Rudel an den Geleitzug herangekommen war, verlor die Gruppe »Fink« ihr erstes Boot: Ein Flugboot der kanadischen Luftwaffe versenkte U 630 unter dem Kommando von Oberleutnant zur See Werner Winkler. Das Boot versank mit seiner gesamten Besatzung.
In der Nacht jedoch drangen die Boote in die Kolonnen des 42 Schiffe starken und von neun Kriegsschiffen gesicherten Konvois ein. Noch einmal schien sich die Lage so zu entwickeln, wie in den großen Zeiten der deutschen U-Boote. Das Rudel griff an. Die Boote huschten über den Atlantik, marschierten in Schußposition, Torpedos durchschnitten das Wasser, Detonationen, sinkende Schiffe, Verwirrung im Konvoi. Der Geleitzug ONS 5 verlor bis in die Morgenstunden des 5. Mai sechs seiner Schiffe, und keines der U-Boote war in dieser Nacht verlorengegangen.
In der U-Boot-Führung flammte noch einmal die Hoffnung auf einen großen Sieg auf. Am Morgen des 5. Mai funkte sie den Befehl für die kommende Nacht: »Unmittelbar nach Einbruch der Dunkelheit muß der Paukenschlag beginnen. Beeilt euch!«
Etwa zur gleichen Zeit näherte sich das deutsche U-Boot U 192 unter dem Kommando von Oberleutnant zur See Werner Happe einer im Sturm abgesprengten Gruppe von Frachtern, die hinter dem Konvoi

ONS 5 einherdampften. Die Handelsschiffe wurden von der Korvette »Pink« unter dem Kommando von Leutnant zu See Atkinson geschützt. Der Matrose am Asdic-Gerät der Korvette ortete das heranschleichende Boot lange, bevor es auf Torpedoschußweite heran war.
Leutnant Atkinson ließ die Korvette Kurs auf das Ziel unter Wasser nehmen, doch er lief nicht zum Wasserbomben-Angriff über das U-Boot hinweg. 200 Meter vor dem Standort des Bootes unter Wasser kommandierte er: »Salvenwerfer los!«
Aus der Abschußvorrichtung im Bug der Korvette lösten sich knallend und zischend die 24 Geschosse des Hedgehog-Salvenwerfers, stiegen in die Luft, beschrieben einen Bogen und tauchten dann mit 24 Fontänen in die See ein.
Die Männer auf der »Pink« beobachteten die Kreise von weißem Schaum, die sich jetzt auf der Oberfläche bildeten.
Dann vernahmen sie das dumpfe Poltern einer Explosion tief unter Wasser. Eines der Geschosse hatte das U-Boot getroffen. 30 Kilo Sprengstoff waren unmittelbar am Rumpf des U-Bootes detoniert. Das Geschoß riß ein Leck in den Druckkörper von U 192. Das Boot versank mit seiner gesamten Besatzung.
Im Tageslicht des 5. Mai gelangten immer mehr Boote in die Nähe des Geleitzuges. In Unterwasser-Angriffen torpedierten sie fünf Schiffe aus dem ONS 5 heraus.
In der Nähe des ONS 5 standen am späten Nachmittag dieses 5. Mai 1943 rund 49 U-Boote. Ein Massaker unter den Frachtern schien sich anzubahnen.
Die U-Boot-Führung befahl in einem Funkspruch: »Die Gelegenheit der kommenden Nacht darf auf keinen Fall von Flugzeugen vereitelt werden. U-Boote, deren Flak klar ist, bleiben beim Angriff von Flugzeugen an der Oberfläche und Schießen. Dann wird das Flugzeug seinen Angriff schnell abbrechen.«
Doch die Hoffnungen der Deutschen wurden binnen kurzer Zeit zunichte. Das Wetter stand den Briten bei. Der Geleitzug lief jetzt in das Gebiet der Neufundlandbänke vor der kanadischen Küste ein, wo sich kaltes mit warmem Wasser mischt. Plötzlich hüllte dichter Nebel den Geleitzug und die Boote ein.
Und jetzt kämpften die deutschen Boote und die Kriegsschiffe der Alliierten plötzlich mit ungleichen Waffen. Die technische Überlegeneheit der Briten hatte vernichtende Folgen: Im Nebel waren die deutschen U-Boote blind. Die Geleitfahrzeuge aber erkannten auf den Sichtschirmen ihrer Radargeräte die Boote auf weite Entfernung.
Die Boote mußten sich über das Wasser tasten. Die Zerstörer, Korvetten und Fregatten jedoch konnten ihre Feinde zielsicher anlaufen. Der Tod kam über die Boote.

Am späten Nachmittag dieses 5. Mai 1943 auf den Neufundlandbänken ortete die Korvette »Loosestrife« das deutsche Boot U 638 unter dem Kommando von Kapitänleutnant Oskar Staudinger, das sich dem Konvoi näherte. Die Korvette war über dem Boot, bevor es noch recht weggetaucht war. Die Wasserbomben lagen dicht beim Ziel. U 638 versank mit seiner gesamten Besatzung.
Wenig später ortete die Korvette »Snowflake« das Boot U 531 unter dem Kommando von Kapitänleutnant Herbert Neckel. Wieder war das angreifende Kriegsschiff so schnell am Tauchort des Bootes, daß schon die ersten Wasserbomben im Ziel lagen. U 531 mußte schwer beschädigt auftauchen. Die Umrisse des Bootes zeichneten sich wenig später auf dem Radarschirm des Zerstörers »Vidette« ab. Das Kriegsschiff lief an, die Männer im Turm von U 531 erkannten das Schiff erst, als es schon auf wenige hundert Meter heran war: »Alarm!« U 531 tauchte weg, und in den Strudel hinein schoß die »Vidette« eine Hedgehog-Salve. U 531 versank mit seiner gesamten Besatzung.
Etwa zur gleichen Zeit meldete der Radarbeobachter des Zerstörers »Oribi« seinem Kommandanten ein U-Boot, dessen Kurs quer zum Kurs des Zerstörers lag. Die »Oribi« lief zum Angriff an und rammte das Boot. Es war U 125 unter dem Kommando von Kapitänleutnant Ulrich Folkers. Aber noch einmal war dem deutschen Boot eine kurze Überlebensfrist vergönnt: Der Zerstörer hatte es nicht vernichtend getroffen, und im nächsten Augenblick wurde es von dichtem Nebel eingehüllt. Es lief davon.
Doch wenig später ortete die Korvette »Snowflake« das Boot und zerschoß es auf nahe Entfernung mit ihren Geschützen. U 125 versank mit seiner gesamten Besatzung.
Dann war die Nacht, in der das Radar über die deutschen Boote siegte, vorbei. Der Konvoi wurde jetzt von fünf weiteren Kriegsschiffen gehütet, die Admiral Max Horton ihm entgegengeschickt hatte.
Eines der zum Konvoi stoßenden Kriegsschiffe entdeckte U 438 unter dem Kommando von Kapitänleutnant Heinrich Heinsohn und vernichtete es. Das Boot versank mit seiner gesamten Besatzung.
So hatte am Anfang und am Ende der Schlacht um den ONS 5 die Vernichtung eines deutschen Bootes gestanden.
Karl Dönitz rechnete: »Der Gegner verlor 12 Schiffe mit 55 761 Bruttoregistertonnen. Aber wir hatten den Verlust von sieben Booten zu beklagen. So hohe Verluste waren nicht tragbar. Trotz der Versenkung von 12 Schiffen sah ich diesen Geleitzugkampf als eine Niederlage an.«
Gleichwohl versuchte Großadmiral Dönitz, den Druck gegen die alliierten Konvois im Nordatlantik aufrechtzuerhalten. Unmittelbar nach dem Ende der Operation gegen den Konvoi ONS 5 entzifferte der deutsche xB-Dienst Befehle der britischen Admiralität für die Geleitzüge HX 237 und SC 129, die beide Anfang Mai 1943 von Amerika nach Großbritan-

nien zogen. Diese Funksprüche der Briten ließen Karl Dönitz erneut stutzen. Im Kriegstagebuch heißt es: »Die starke Ausweichbewegung der beiden Geleitzüge ist auffallend und so klar, daß angenommen werden muß, daß der Gegner von dem aufgestellten Vorpostenstreifen Kenntnis hat.« Wieder ließ der Großadmiral prüfen, ob sich in seiner Umgebung ein Verräter befand. Der Kreis der Admiralstabsoffiziere, die Kenntnis von den Positionen der U-Boote erhielten, wurde weiter eingeschränkt.

Die regelmäßigen Meldungen des xB-Dienstes setzten Dönitz in die Lage, seine Boote auf die Spur der ausweichenden Geleitzüge zu hetzen. Wieder herrschten Bedingungen, die einen Angriff der U-Boote zu begünstigen schienen. Rund 30 U-Boote standen südöstlich von Grönland. Die Situation erschien der deutschen U-Boot-Führung so vorteilhaft, daß sie mehrere Boote, die vor Spanien standen, nach Norden in Marsch setzte.

Am 9. Mai meldete U 359 unter dem Kommando von Oberleutnant zur See Heinz Förster, daß es den HX 237 gesichtet hatte: 56 Schiffe, acht Geleit-Kriegsschiffe und ein Rettungsschlepper. Am Mittag des 9. Mai befahl die U-Boot-Führung den Booten, die in der Nähe des Konvois standen: »Ran wie Blücher!«

Doch zu diesem Zeitpunkt war U 359 schon von den Sichtpeilgeräten britischer Kriegsschiffe erfaßt worden. Sie rauschten heran und drückten das Boot unter Wasser.

Wenig später mußte U 454 unter dem Kommando von Kapitänleutnant Burkhard Hackländer vor einem unscheinbaren Flugzeug wegtauchen: einem Doppeldecker vom Typ »Swordfish«. Die »Swordfish«-Maschinen waren langsame Flugzeuge, doch sie konnten rund 700 Kilo Bomben mit sich führen.

Die »Swordfish«, vor der U 454 in die Tiefe flüchtete, hatte kurz zuvor vom Flugdeck des britischen Geleit-Flugzeugträgers »Biter« abgehoben.

Am Abend dieses 9. Mai war sich die deutsche U-Boot-Führung offensichtlich noch nicht darüber im klaren, daß die Admiralität zum Schutz des Konvois HX 237 den Flugzeugträger ins Gefecht geschickt hatte. Sie funkte: »Ihr müßt den Konvoi so schnell wie möglich in dem Gebiet abfangen und angreifen, wo nur schwache Luftsicherung ihn erreichen kann. In den nächsten Tagen wird es schwerer und schwerer.«

Es wurde bereits an diesem Tag schwer: Flugzeuge und Geleitschiffe hielten die Boote unter Wasser, der Konvoi zog davon, die Boote hetzten hinterher. Erst zwei Tage später fanden sie ihn wieder: Der xB-Dienst hatte erneut eine Kursanweisung für diesen Konvoi ermitteln können.

Am Abend des 11. Mai versenkten zwei deutsche Boote in gemeinsamem Angriff einen Frachter. Dies war der einzige Erfolg der Nacht.

In den Tagesstunden des 12. Mai war der Luftraum über dem Konvoi erfüllt vom Dröhnen der »Swordfish«-Maschinen, die nach U-Booten auf der Oberfläche des Meeres suchten und sie wieder in die Tiefe zwingen wollten.
Einige der Boote aber tauchten nicht weg, sie nahmen mit ihren Maschinenwaffen den Kampf gegen die Flugzeuge auf.
Das deutsche U-Boot U 230 unter dem Kommando von Kapitänleutnant Siegmann schoß eine der im Tiefflug heranrasenden Maschinen ab. Oberleutnant zur See Herbert Werner, damals Wachoffizier auf U 230, berichtete: »Plötzlich begann der Motor der Maschine zu spucken. Sie schwankte, berührte mit einem Flügel den Kamm einer Welle, krachte dann mit voller Wucht in die nächste, schmetterte das Ende eines Flügels gegen unsere Aufbauten und brach im Schaum der Wellen entzwei. Ich sah, wie der Pilot aus der Maschine geschleudert wurde, sah noch im Vorbeirauschen, wie er den Arm hob und um Hilfe winkte, und sah dann, wie er von den Explosionen seiner vier Bomben, die für uns bestimmt waren, zerrisen wurde.«
Der Sieg gegen ein einmotoriges Flugzeug blieb der einzige Erfolg der Boote an diesem Tag. Über die Boote selbst donnerte die Vernichtung hinweg.
U 89 unter dem Kommando von Korvettenkapitän Dietrich Lohmann wurde Opfer eingespielter Zusammenarbeit zwischen Flugzeugen und Geleitschiffen. Eine der »Swordfish«-Maschinen entdeckte es und signalisierte einem Zerstörer und einer Fregatte den Tauchpunkt des Bootes. Die Kriegsschiffe schossen heran, jagten das Boot mit Asdic-Strahlen, fanden es tief unter Wasser und vernichteten es. U 89 versank mit seiner gesamten Besatzung.
Zur Mittagsstunde des 13. Mai dröhnte eine Liberator heran. Sie entdeckte U 456, das unter dem Kommando von Kapitänleutnant Max-Martin Teichert fuhr. Das Boot tauchte im Alarm vor dem heranbrausenden Ungetüm weg.
In diesem Augenblick setzte der Bomber eine neue Waffe ein: Von seinem Rumpf löste sich ein Torpedo. Das Geschoß war mit einer Horchvorrichtung versehen, die den Schraubengeräuschen des U-Bootes bis in eine Wassertiefe von 50 Metern folgen konnte.
Der Torpedo jagte mit einer Geschwindigkeit von rund 25 Knoten hinter dem Boot her, das mit weniger als zehn Knoten Geschwindigkeit in die Tiefe sank. Das Geschoß fand sein Ziel und schmetterte in das Heck von U 456. Das Boot versank zwar nicht, doch es war schwer beschädigt. Kommandant Teichert ließ anblasen. Preßluft zischte in die Tanks, das Boot tauchte zur Oberfläche zurück und dümpelte hilflos in der atlantischen Dünung. Der Bomber war abgeflogen, aber eine »Swordfish« entdeckte das lahmende Boot. Es führte einen Zerstörer heran. Es war das Ende von U 456. Das Boot versank mit seiner gesamten Besatzung.

Doch immer noch hielten die Boote am Konvoi HX 237 Fühlung. Keinem von ihnen gelang es, in die Marschkolonnen der Frachter einzudringen. Zwei Schiffe, die hinter den Geleitzug zurückgefallen waren, wurden allerdings von den Booten versenkt.
Am 13. Mai vernichteten zwei der Geleitschiffe das Boot U 753 unter dem Kommando von Korvettenkapitän Alfred Manhardt von Mannstein. Das Boot versank mit seiner gesamten Besatzung. Es war die letzte Aktion des Gefechts um den HX 237. Der Konvoi hatte drei Frachter verloren, Großadmiral Dönitz drei seiner Boote.
Wenige hundert Meilen weiter westlich kämpfte in diesen Tagen eine Gruppe von Booten gegen den SC 129, der aus 26 Frachtern bestand. Sie wurden von neun Eskortschiffen geschützt. Im ersten Angriff, noch während der Tagesstunden, versenkte U 402 unter dem Kommando von Korvettenkapitän Siegfried Freiherr von Forstner zwei der Frachter.
Es blieb der einzige Erfolg der Boote. Und für diesen Erfolg zahlten sie einen hohen Preis. Zwei Boote gingen am Geleitzug SC 129 verloren: U 186 unter dem Kommando von Korvettenkapitän Siegfried Hesemann, versenkt von Geleitschiffen, und U 266 unter dem Kommando von Kapitänleutnant Ralf von Jessen, versenkt von Liberator-Bombern.
Das Resultat der doppelten Operation gegen die Geleitzüge HX 237 und SC 129 war für die Deutschen niederdrückend: sieben versenkte Frachter – fünf vernichtete U-Boote.
Auf dem Atlantik bahnte sich offenbar eine schwere Niederlage der U-Boote an – genau zu jenem Zeitpunkt, da die Wehrmacht auch an anderen Fronten schwere Schläge einstecken mußte. In Nordafrika kapitulierte am 10. Mai 1943 die deutsche Heeresgruppe Afrika vor Amerikanern und Briten – 150 000 Mann gingen in Gefangenschaft. In Rußland hatte die Rote Armee den deutschen Vormarsch längst gestoppt und war zum Gegenangriff übergegangen. Die Bomberoffensive der Westalliierten gegen deutsche Städte schwoll an. Alle diese Entwicklungen steigerten noch einmal die Bedeutung des Krieges auf dem Ozean.
Am 10. Mai 1943 erklärte der Oberbefehlshaber der Kriegsmarine Karl Dönitz vor Offizieren der Seekriegsleitung: »An ein Niederringen Rußlands zu glauben, ist eine Utopie. Stalin kann auf das Land nicht verzichten, das wir ihm abgenommen haben, und wird hierzu seine Anstrengungen immer wiederholen.«
Dönitz wiederholte sein strategisches Glaubensbekenntnis: »Es geht darum, die Atlantikschlacht zu gewinnen. Der U-Boot-Krieg kann den Ausschlag geben, weil alle Kraftanstrengungen des Gegners vom Tonnage-Problem abhängig sind.«
Doch den Geleitzügen, die Millionen von Tonnen Öl und Benzin, Lebensmittel und Kriegsmaterial nach Großbritannien brachten, war zumindest im Augenblick nicht mehr beizukommen. Jetzt, in den ersten Wochen des Mai 1943, mehrten sich Meldungen, die Dönitz ebenso

beunruhigen mußten wie die Verluste an Booten: Wieder und wieder umfuhren die Konvois die Boote, die im Ozean in Position gegangen waren.
Unter dem Datum des 16. Mai 1943 wurde in das Kriegstagebuch der Seekriegsleitung eingetragen: »Es bleibt vorläufig rätselhaft, wie unsere U-Boot-Aufstellungen vom Gegner so klar erfaßt werden. Verrat, Schlüsseleinbruch oder weit überlegene Ortung müssen dem Feind die Unterlagen geben.«
Doch wieder traute die deutsche Seekriegsleitung dem Radar des Feindes alles, seiner Funkentzifferung wenig zu: »Wahrscheinlich ist die Ortung vom Flugzeug aus das Mittel, das den Gegner die Vorpostenstreifen der U-Boote erkennen läßt.«
Zwei Tage später ließ Karl Dönitz diese Auffassung allen seinen U-Boot-Kommandanten mitteilen. In diesem Funkspruch, der am Abend des 18. Mai gesendet wurde, versprach er zugleich Abhilfe: »Durch den Einsatz seines Radars ist der Feind jetzt wieder einmal in seiner Anstrengung vorangekommen, dem U-Boot seine wesentlichste Eigenschaft – die Nichtfeststellbarkeit – zu nehmen. Ich bin mir völlig bewußt, was dies für euch in dem schweren Kampf mit den Geleitfahrzeugen des Gegners bedeutet. Ihr könnt sicher sein, daß ich mit all meiner Kraft als Oberbefehlshaber alles nur Mögliche unternommen habe und unternehmen werde, um diese Lage so schnell wie möglich zu ändern . . . Ich erwarte von euch, daß ihr euren entschlossenen Kampf gegen den Feind fortsetzt und daß ihr gegen seine Tücken und seine technischen Neuerungen eure Geschicklichkeit, eure Fähigkeit und euren unbeugsamen Willen setzt, ihn zu erledigen . . . Ich bin überzeugt, daß ich bald in der Lage bin, euch bessere Waffen für euren schweren Kampf zu geben.«
In diesen Tagen lief im Atlantik ein U-Boot-Rudel gegen den Konvoi SC 130 in Position. Karl Dönitz kannte aus Meldungen des xB-Dienstes den Kurs der 38 Schiffe starken, von acht Kriegsschiffen geschützten Geleitzuges.
Viele der Boote, die nun im Nordatlantik auf den Feind warteten, wurden von jungen, noch unerfahrenen Kommandanten geführt. Die U-Boot-Führung funkte deshalb am 19. Mai: »Da Beobachtungen über die Art der Verteidigung und die Umstände für einen Angriff von besonderer Bedeutung für die anderen Boote sind, müssen die erfahrenen älteren Kommandanten sofort jede neue Entwicklung melden, so daß die U-Boot-Führung den Booten Hinweise geben kann.«
Am Abend desselben Tages funkte die U-Boot-Führung: »Da Fühlungshalterberichte fehlen, wird hier angenommen, daß es unmöglich ist, wegen der Luftsicherung Kontakt am Konvoi zu halten. Deshalb: Außerhalb der engen Luftsicherung mit Höchstgeschwindigkeit nach vorn fahren und dann für einen Angriff bei Tageslicht tauchen.«

Doch die Boote kamen nicht dazu, über Wasser einen Bogen um den Konvoi herum zu schlagen. So berichtete Kapitänleutnant Gretschel, Kommandant von U 707, über Funk: »Ständig unter Wasser gedrückt.«
An diesem 19. Mai kreisten unausgesetzt schwere Bomber über dem SC 120.
Eine Liberator der 120. Staffel der Royal Air Force entdeckte an diesem 19. Mai das deutsche U-Boot U 954, das unter dem Kommando von Kapitänleutnant Udo Löwe stand.
Als Wachoffizier auf U 954 fuhr der 20jährige Leutnant zur See Peter Dönitz, der jüngere Sohn des Großadmirals.
U 954 tauchte vor der heranbrausenden Maschine weg. Der Bombenschütze an Bord der Liberator machte zwei der neuen, selbsttätig ihr Ziel suchenden Torpedos los. Sie zischten an der Stelle in das Wasser, an der U 954 weggetaucht war, huschten hinter dem Boot her, und noch im Abflug sahen die Männer an Bord der Liberator Detonationssäulen aus der See steigen.
U 954 versank mit seiner gesamten Besatzung.
Das Boot, in dem der Sohn des Oberbefehlshabers der Kriegsmarine den Tod fand, war das erste Opfer einer Schlacht, in der sich die deutschen Boote mehr und mehr in einer hoffnungslosen Lage befanden.
An diesem 19. Mai versank U 381 unter dem Kommando von Kapitänleutnant Wilhelm Heinrich Graf von Pückler und Limburg mit seiner gesamten Besatzung, vernichtet von Wasserbomben zweier Geleitfahrzeuge.
Es versank U 209 unter dem Kommando von Kapitänleutnant Heinrich Brodda mit seiner gesamten Besatzung, vernichtet von einer Hedgehog-Salve.
Am 20. Mai in der Frühe vernichtete eine Liberator das Boot U 258 unter dem Kommando von Kapitänleutnant Wilhelm von Märzenhausen mit seiner gesamten Besatzung.
Ergebnis der Schlacht: Kein Frachter versenkt, jedoch vier U-Boote mit allen Männern verloren und wenigstens vier Boote schwer beschädigt.
Dies war die Niederlage, der Zusammenbruch der deutschen Offensive im Ozean. Britische und amerikanische Schiffe und Flugzeuge, Geräte, Waffen und nicht zuletzt Ultra führten ein Vernichtungspotential in die Schlacht, dem die U-Boote nichts entgegenzusetzen hatten. Dennoch machte Karl Dönitz noch einen Versuch – den vorerst letzten.
Noch während die Boote das verlustreiche Gefecht gegen den SC 130 schlugen, meldete der xB-Dienst einen neuen Konvoi, der von Amerika nach Großbritannien lief: den 42 Schiffe umfassenden HX 239, geschützt von acht Geleitfahrzeugen. Wieder marschierten die Rudel gegen den Konvoi auf.
Der »Submarine Tracking Room« erkannte zwar aus deutschen Funksprüchen die Bewegung der Boote, doch der Ausweichbefehl für den HX

239 wurde im Gegenzug von den Deutschen entschlüsselt. So blieben die Boote dem Konvoi auf der Spur.

Karl Dönitz forderte am Abend des 21. Mai seine Kommandanten in einem Funkspruch zum todesmutigen Einsatz auf: »Mit den letzten beiden Nordatlantik-Geleitzügen haben wir nichts erreicht . . . Doch wenn jemand glaubt, daß es unmöglich geworden ist, gegen Geleitzüge zu kämpfen, dann ist er ein Schwächling und kein echter U-Boot-Kommandant. Die Schlacht im Atlantik wird immer schwerer. Aber sie ist das entscheidende Element der Führung dieses Krieges . . . Tut euer Bestes mit diesem Konvoi. Wir müssen ihn in Stücke schlagen. Wenn die Umstände es erlauben, dann taucht nicht weg vor Flugzeugen. Schießt! Wehrt sie ab! Versucht, den Zerstörern in Überwasser-Fahrt zu entkommen, wann immer es möglich ist. Seid zäh! Geht ran und greift an! Ich glaube an euch!«

Am 22. Mai liefen die Meldungen der Boote, die gegen den HX 239 vorstießen, in der U-Boot-Befehlsstelle in Berlin ein. Unter den vielen Funksprüchen war nicht ein einziger, der über einen Erfolg berichtete.

U 305 meldete Angriff mit Fliegerbomben und schwere Schäden.

U 569 meldete, daß es ständig von Flugzeugen unter Wasser gezwungen wurde.

U 218 meldete Verfolgung mit Asdic-Ortungsgeräten.

U 468 meldete Angriff mit Fliegerbomben und Verfolgung durch Geleitschiffe mit Wasserbomben.

Die deutschen Boote konnten die schwere Sicherung, die den HX 239 umgab, nicht durchstoßen: Auf seiner Fahrt durch den mittleren Atlantik wurde der Konvoi von den Flugzeugen eines Geleitträgers, der »Archer«, geschützt. Admiral Max Horton hatte die Sicherung zudem um vier Zerstörer verstärkt. Angriffe auf die Frachter hätten unter diesen Bedingungen eine Massenvernichtung der Boote zur Folge gehabt.

Um 10.43 Uhr am 23. Mai 1943 befahl Großadmiral Karl Dönitz den Booten, die Operation auf den Geleitzug HX 239 abzubrechen.

Aus den Konvois SC 130 und HX 239 war kein einziger Frachter versenkt worden.

In diesen Tagen erfaßte die deutsche U-Boot-Führung das ganze Ausmaß der Katastrophe, die draußen auf dem Ozean über die Boote gekommen war.

Immer wieder hämmerten die Funker in der Befehlsstelle die Morsezeichen hinaus: »U-Brodda . . . Standort und Lage melden! U-Löwe . . . Standort und Lage melden! U-Pückler . . . Standort und Lage melden!« Und so fort. Und so fort. Immer wieder und immer wieder. Doch aus der Weite des Atlantiks kam keine Antwort.

Karl Dönitz schrieb in seinen Memoiren: »Über die Verluste, die wir an den beiden Geleitzügen SC 130 und HX 239 sowie auf den Märschen in allen anderen Seeräumen, besonders in der Biskaya, der Island-Passage und den Aufmarschräumen des Nordatlantik erlitten hatten, bekam ich erst allmählich Gewißheit. Wir hatten bis zum 22. Mai bereits 31 U-Boote verloren. Eine erschreckend hohe Zahl, die uns unerwartet traf.«

Am Abend des 23. Mai 1943 erläuterte der Befehlshaber der U-Boote allen seinen Kommandanten in einem Funkspruch die Lage: »Unsere schweren Verluste sind vorwiegend auf die gegenwärtige Überlegenheit der Ortungsmittel des Gegners und die Überraschungsangriffe aus der Luft zurückzuführen, die dadurch möglich geworden sind. Mehr als die Hälfte aller Verluste haben sich durch solche Überraschungsangriffe ereignet . . .«

In einem Tagesbefehl wandte sich Karl Dönitz tags darauf an alle Männer der U-Boot-Waffe: »Das immer härter und erbitterter werdende Ringen um unseren Sieg veranlaßt micht dazu, euch in aller Deutlichkeit den Ernst unserer augenblicklichen Lage und unserer Zukunft vor Augen zu führen . . . Den Gegner offensiv bekämpfen und ihn schlagen, könnt augenblicklich allein ihr . . . Das deutsche Volk fühlt schon lange, daß unsere Waffe die schärfste und entscheidendste ist und daß von dem Gelingen oder Mißlingen der Atlantikschlacht der Ausgang des Krieges abhängt.«

Am gleichen Tag, dem 24. Mai 1943, befahl Karl Dönitz seinen U-Booten, den Nordatlantik zu verlassen und in den Mittelatlantik zu marschieren, wo, wie er glaubte, die Abwehrkräfte seiner Gegner schwächer waren als zwischen Kanada und Großbritannien.

Diese Tage markierten einen der Wendepunkte des gesamten Krieges. Die Niederlage im Nordatlantik bedeutete weit mehr als nur eine verlorene Schlacht. Die deutschen U-Boote vermochten von nun an den weiteren Verlauf des Zweiten Weltkriegs nicht mehr entscheidend zu beeinflussen. Flugzeuge, Schiffe, Peilgeräte, Radar und Ultra hatten die Macht des Rudels endgültig gebrochen.

Damals, Ende Mai 1943, allerdings hoffte der Befehlshaber der U-Boote noch, die Schlacht bald erfolgreich wiederaufnehmen zu können: mit neuen Torpedos, besseren Flugzeugabwehrkanonen, zuverlässigen Radarwarngeräten – und vor allem auch neuen U-Booten, die schneller und kampfkräftiger waren als jene Boote, die bislang die Gefechte auf dem Ozean geschlagen hatten.

Doch im Frühsommer 1943 war keine der neuen Waffen, auf die Dönitz seine Erwartungen setzte, wirklich frontreif. Die U-Boot-Verluste aber stiegen weiter an. In den letzten Tagen des Mai vernichteten die Alliierten noch einmal zehn Boote, in diesem Monat allein also 41 mit insgesamt 2 000 Mann Besatzung. 24 der 41 Boote waren von Flugzeugen versenkt worden, also etwa 60 Prozent.

Der Befehlshaber der U-Boote mußte einen Entschluß fassen. In seinen Memoiren nannte er ihn »die schwerste Entscheidung des ganzen Krieges«.
Dönitz: »Es ging um die Frage, ob ich die U-Boote aus allen Seegebieten zurückrufen und den U-Boot-Krieg einstellen oder sie trotz der Unterlegenheit in einer den Verhältnissen angepaßten Form weiterkämpfen lassen sollte . . . Stellten wir den U-Boot-Krieg ein, so mußten die Kräfte (die bisher gegen die U-Boote eingesetzt waren) für den Gegner frei werden und konnten an anderer Stelle gegen uns eingesetzt werden. Um ein Beispiel zu nennen: Die Frage war, ob wir zulassen sollten, daß die Bomberflotten, die der U-Boot-Abwehr gedient hatten, von jetzt ab nach Deutschland flogen und dort zusätzlich nicht abschätzbare Verluste unter der deutschen Zivilbevölkerung verursachten. Sollte der U-Boot-Mann dem zusehen und Frauen und Kindern erklären, sie müßten das ertragen? Den soldatischen Einsatz, der nötig sei, um diese Kräfte fernzuhalten, wolle er nicht mehr auf sich nehmen? Die Frage stellen, hieß sie beantwortet haben.«
Über die Folgen seiner Entscheidung für die Besatzungen der U-Boote schrieb Karl Dönitz: »Es war kein Zweifel möglich, die Fortführung des Kampfes würde ein wirklicher Opfergang sein.«

# 17 Der Tod der Milchkühe

*Amerikaner jagen U-Tanker – Ultra verrät die Treffpunkte – Mitten im Atlantik eine gigantische Falle – Das Rückgrat der U-Boot-Versorgung auf See wird zerschmettert – Tod und Verderben im Golf von Biskaya*

Mehr als drei Kriegsjahre lang waren erst Briten und dann Briten und Amerikaner gemeinsam damit befaßt gewesen, die Angriffe der deutschen U-Boote gegen ihre Frachter und Kriegsschiffe abzuwehren.
Jetzt, nach dem Sieg im Nordatlantik und dem Rückzug der Deutschen aus diesem Gebiet, gingen die Alliierten aus der Verteidigung zur Offensive gegen die U-Boote über: im Golf von Biskaya wie in den Weiten des mittleren Atlantik, vor der afrikanischen wie vor der südamerikanischen Küste.
Die Briten setzten viele Dutzend Bomber und Schiffe, die bislang zum Schutz der Konvois im Nordatlantik gedient hatten, auf die Marschwege der deutschen U-Boote zu ihren Stützpunkten an der französischen Atlantikküste an.
Die Amerikaner ließen ihre von Trägern gestarteten Flugzeuge über den Seegebieten des mittleren Atlantik schwärmen. Plötzlich gab es keinen Winkel mehr in den Weiten des Ozeans, in dem die Boote sicher waren.
Die dreimonatige Treibjagd im Sommer 1943 brachte Tod oder Gefangenschaft über nahezu 4 000 deutsche U-Boot-Fahrer. Briten und Amerikaner konnten die U-Boote aber oft nur deshalb so zielsicher aufspüren und vernichten, weil Ultra ihnen den Weg wies.
Patrick Beesly, stellvertretender Leiter des britischen »Submarine Tracking Room«, schrieb über die Offensive der Engländer im Sommer 1943 gegen die deutschen U-Boote, die den Golf von Biskaya durchquerten: auch in diesem Fall stützte sich das Unternehmen auf die vom Tracking Room erarbeiteten Positionsangaben für ein- und ausmarschierende U-Boote. Tag für Tag und Nacht für Nacht wurden die Standorte der U-Jagd-Patrouillen je nach den Positionen, die die U-Boote auf ihrem Marsch inzwischen erreicht hatten, geändert. Und es wurde darauf geachtet, daß sie die Kenntnis der jüngsten, vom Befehlshaber der U-Boote befohlenen taktischen Maßnahmen zu ihrem Vorteil nutzten.«
In der Analyse der amerikanischen Admiralität über diesen Abschnitt des U-Boot-Krieges heißt es: »Der Einfluß der Funkaufklärung hatte direkt und indirekt entscheidende Wirkung bei der großen Mehrzahl der Operationen.«

Funkaufklärung war es auch, die das erfolgreiche Gefecht eines deutschen U-Bootes gegen amerikanische Flugzeuge in einem Desaster für die Deutschen enden ließ. Am späten Nachmittag des 8. Juni 1943 hob vom Flugdeck des amerikanischen Geleit-Flugzeugträgers »Bogue« eine einmotorige Kampfmaschine ab. Das Flugzeug gewann schnell an Höhe, und wenig später entdeckte der Pilot tief unter sich einen dunklen Schatten auf der blauschimmernden Oberfläche des Atlantik östlich von Trinidad.
Es war das deutsche Boot U 758, kommandiert von Kapitänleutnant Helmut Manseck. Der Pilot der amerikanischen Maschine drückte den Steuerknüppel nach vorn durch. Das Flugzeug heulte auf das U-Boot zu. Über der Wasseroberfläche fing der Pilot die Maschine ab. Nun huschte sie im Tiefflug dahin, bereit zum Bombenwurf.
Aber dann schlug dem Flugzeug schweres Abwehrfeuer entgegen, Geschosse aus Maschinenkanonen schlugen in Rumpf und Tragflächen ein. Der Pilot wagte nicht, den Angriff fortzusetzen. Er zog sein Flugzeug vor dem U-Boot hoch, löste im Abfliegen vier Bomben, die weitab vom Boot ins Meer schlugen, und flog davon.
Die Abwehr des Feindes in der Luft war dem deutschen Boot mit einer Waffe gelungen, die es als erstes Kampf-U-Boot in die Schlacht auf dem Ozean führte: Es war mit einem Vierlingsgeschütz vom Kaliber zwei Zentimeter ausgerüstet, das auf einer Plattform hinter dem Turm montiert war.
Doch U 758 war der Bedrohung noch nicht entkommen: Wenige Minuten später dröhnte eine zweite Maschine heran, wieder im Tiefflug. Geschosse aus Bordwaffen schlugen auf U 758 ein. Wieder hämmerte das Vierlingsgeschütz des Bootes los.
Kommandant Manseck berichtete: »Ich erziele zahlreiche Treffer, Maschine dreht hart am Heck nach achtern ab und wirft vier Bomben. Diese liegen etwa 25 Meter hinter dem Heck. Flugzeug zieht breiten schwarzen Rauchschwaden hinter sich her und stürzt im flachen Bogen ab . . . Mehrere weitere Maschinen, die zum Anflug ansetzen, drehen auf 2 000 bis 3 000 Meter Entfernung ab. Dann greifen zwei Jäger im Tiefflug mit Bordwaffen an. Auf beiden Maschinen werden mehrere Treffer beobachtet, eine beschädigte Maschine fliegt zurück und wird durch neuen Jäger abgelöst.«
Am Morgen nach dem Gefecht setzte Kommandant Manseck einen Funkspruch an den Befehlshaber der U-Boote ab: »Träger-Flugzeuge abgewehrt; eins abgeschossen, vier beschädigt.« Großadmiral Dönitz antwortete wenige Stunden später: »Gut gemacht. Heil euren Vierlingen!«
U 758 war den Flugzeugen entgangen. Gleichwohl hatte der Kampf für die Deutschen schlimme Folgen – infolge von Ultra. Denn dieses Gefecht war der Beginn einer Reihe von Kampfhandlungen, an deren Ende der

Zusammenbruch des Nachschub-Systems für die deutschen U-Boote im Atlantik stand.
Kommandant Mansecks Boot U 758 war bei dem Kampf gegen die amerikanischen Maschinen beschädigt worden. Die U-Boot-Führung befahl zwei Booten, die in der Nähe standen, dem havarierten U 758 zu Hilfe zu kommen. Es waren U 118 unter dem Kommando von Korvettenkapitän Werner Czygan und U 460 unter dem Kommando von Kapitänleutnant Heinrich Schnoor. Beide Boote waren U-Tanker, unterwegs im Atlantik, um Kampf-U-Boote mit Dieselöl, Proviant, Torpedos und Ersatzteilen für Motoren zu versorgen.
Die U-Tanker bildeten das Rückgrat der deutschen U-Boot-Strategie in Seegebieten, die weit von Europa entfernt waren. Denn die große Mehrzahl der Kampf-U-Boote gehörte zum Typ VII c. Sie waren für den Einsatz in den Gewässern des Nordatlantiks konstruiert; sie konnten nur vergleichsweise geringe Mengen Treibstoff bunkern; ihre Reichweite war dementsprechend begrenzt. Sie konnten nur dann auf Feindfahrt in die Karibik oder in die Gewässer der südamerikanischen oder mittelafrikanischen Küste vorstoßen, wenn sie auf der Mitte des Wegs von einem U-Tanker versorgt wurden.
Anfang Juni 1943 verfügte der Befehlshaber der U-Boote über zehn U-Tanker. Der Verlust auch nur eines dieser Boote mußte schwerwiegende Folgen für die Kriegführung mit U-Booten haben.
Der Funkspruch der deutschen U-Boot-Führung, der den Tankern U 118 und U 460 befahl, zu U 758 zu stoßen, wurde von den Alliierten bereits zwei Tage später, am 11. Juni 1943, entziffert. Der deutsche Funkbefehl nannte auch den Seeraum, in dem die Kommandanten Schnoor und Czygan nach U 758 Ausschau halten sollten. Diese präzise Information erlaubte der amerikanischen »Zehnten Flotte« einen gezielten Schlag.
»Zehnte Flotte« war die Bezeichnung, die Admiral Ernest J. King, Oberbefehlshaber der amerikanischen Marine im Zweiten Weltkrieg, einer Befehlsstelle gegeben hatte, die seit Anfang Mai 1943 den Krieg amerikanischer Schiffe und amerikanischer Flugzeuge gegen die deutschen U-Boote zentral lenkte.
Die Offiziere dieser »Zehnten Flotte« entschieden, welchen Weg die Geleitzüge im mittleren Atlantik einzuschlagen hatten. Bei ihnen liefen alle Informationen über die Bewegungen der deutschen Boote zusammen. Die »Zehnte Flotte« verfügte wie die britische Admiralität über einen »Submarine Tracking Room«. Er stützte sich auch auf englische Erkenntnisse. Die Briten hatten das Ultra-Geheimnis waffenbrüderlich mit den Amerikanern geteilt.
Am 9. und 10. Juni liefen die beiden U-Tanker U 118 und U 460 in den Seeraum ein, in dem sie Kommandant Mansecks Boot U 758 zu finden hofften. Sie entdeckten es nicht sofort. Funksprüche wurden gewech-

selt. Sie konnten von den Amerikanern zwar nicht sofort dechiffriert werden. Doch die Positionen, von denen aus die Morsezeichen gesendet wurden, konnten von den Amerikanern mit Peilgeräten festgestellt werden. Das Gebiet, in dem nach den deutschen Booten gesucht werden mußte, war auf diese Weise eng begrenzt.
Am Nachmittag des 9. Juni trafen sich Czygans U 118 und Mansecks U 758; am nächsten Morgen, dem 10. Juni, stieß Kommandant Schnoors U 460 zu den beiden Booten. Der Tanker U 118 übernahm vom Tanker U 460 zusätzlich Treibstoff. Dann trennten sich die Boote: U 460 lief gemeinsam mit U 758 nach Nordosten, zum französischen Stützpunkt.
U 118 steuerte einen Treffpunkt mitten im Atlantik an, an dem es vier Kampf-U-Boote – U 530 unter dem Kommando von Kapitänleutnant Lange, U 172 unter dem Kommando von Kapitänleutnant Carl Emmermann, U 572 unter dem Kommando von Oberleutnant zur See Heinz Kummetat und U 759 unter dem Kommando von Kapitänleutnant Rudolf Friedrich mit Dieselöl versorgen sollte.
Der Treffpunkt für U-Tanker und Kampf-U-Boote war von der deutschen U-Boot-Führung mit besonderer Sorgfalt ausgesucht worden: Er lag weitab von allen Küsten, außerhalb der Reichweite landgestützter Bomber mit sehr großem Aktionsradius. Zudem lag er abseits der Konvoi-Routen, die über den Atlantik führten: So sollte ausgeschlossen werden, daß Kriegsschiffe, die einen Geleitzug begleiteten, zufällig auf die Ansammlung von U-Tankern und U-Booten stießen.
Doch die deutsche U-Boot-Führung stellte einen Umstand offenbar nicht in Rechnung: die offensive Wucht der alliierten Geleitflugzeugträger. Bisher hatten diese Schiffe vor allem als überaus starke Sicherung für Konvois gedient. Jetzt aber erwiesen sie sich als Angriffswaffe mit vernichtender Wirkung.
Während der U-Tanker U 118 und die vier Kampf-U-Boote auf den Treffpunkt, den die deutsche U-Boot-Führung ihnen bezeichnet hatte, zuliefen, näherte sich mit großer Fahrt von Osten die amerikanische »Kampfgruppe 21.12«: der Träger »Bogue« und drei Zerstörer.
Am 12. Juni 1943 langte U 118 in dem Seegebiet an, in dem es die Kampf-U-Boote versorgen sollte. Am gleichen Tag war auch die »Bogue« zur Stelle.
Der Träger drehte in den Wind. Dann starteten von seinem Flugdeck knatternd und donnernd die Kampfmaschinen. Um 13.47 Uhr sichteten die amerikanischen Piloten U 118 auf der Wasseroberfläche. Neun der Jagdbomber griffen das Boot an: Bordkanonen, Wasserbomben. Die Männer von U 118 versuchten, sich mit der Flak zu wehren. Aber nach 25 Minuten war das Gefecht, über dessen Ausgang von allem Anfang an kein Zweifel bestehen konnte, beendet. Fünf Bomben der amerikanischen Maschinen lagen genau im Ziel. U 118 explodierte.

Der Mann im Horchraum des deutschen Bootes U 172, das sich zur Mittagszeit des 12. Juni dem Treffpunkt näherte, hörte in seinen Kopfhörern das entfernte Grollen von Detonationen. Es waren die Bomben, die den Tanker U 118 zerrissen. Am Abend dieses 12. Juni setzte U-172-Kommandant Carl Emmermann einen Funkspruch ab, in dem er über Trägerflugzeuge berichtete, die unablässig über dem Seegebiet in der Luft hingen, das als Treffpunkt bestimmt worden war. Die Amerikaner lauerten auf die Boote, die zu U 118 stoßen sollten.
Kommandant Emmermann suchte tags darauf, am 13. Juni, noch nach U 118. Am Nachmittag funkte er, daß der U-Tanker vermutlich vernichtet worden sei. Die U-Boot-Führung befahl ihm, weitere 24 Stunden nach dem Tanker zu suchen.
Am Abend des 14. Juni setzte der Funker von U 172 einen Funkspruch ab, der aus einem einzigen Wort bestand: »Negativ.« Nun wußte auch Großadmiral Dönitz, daß er den ersten von zehn vorhandenen Tankern verloren hatte.
Zwölf Tage nach dem Untergang von U 118, am 24. Juni 1943, befand sich eines seiner Schwesterboote, der U-Tanker U 119 unter dem Kommando von Korvettenkapitän Horst-Jessen von Kamecke, auf dem Marsch durch die Biskaya. Das Boot wurde von einem britischen Flugzeug gesichtet. Der Pilot verständigte über Sprechfunk den Kommandanten einer Gruppe von britischen Schiffen, die in der Nähe stand: Es war Kapitän Johnnie Walker, der erfolgreichste U-Boot-Jäger der Royal Navy. Die britischen Kriegsschiffe stießen mit hoher Fahrt in das Seegebiet vor, das der Pilot bezeichnet hatte. U 119 war weggetaucht.
Walkers Schiffe aber orteten binnen kurzer Zeit den Feind unter Wasser mit Asdic-Strahlen. Den Wasserbomben-Angriffen der vier britischen Kriegsschiffe konnte der U-Tanker nicht entkommen: Die Detonationen lagen dicht am Boot. Sie zwangen es zurück an die Oberfläche. Kapitän Johnnie Walker ließ sein Schiff, die Sloop »Starling«, zum Rammstoß anlaufen. U 119 versank mit seiner gesamten Besatzung. Der zweite von zehn U-Tankern war verlorengegangen.
In den letzten Tagen des Juni und den ersten Tagen des Juli 1943 verließen zehn große Kampf-U-Boote ihre Stützpunkte an der französischen Atlantikküste, die Karl Dönitz auf einen langen Marsch geschickt hatte: Es waren die Boote der Gruppe »Monsun«, die in den Fernen Osten zu der von den Japanern besetzten Basis Penang auf der malaiischen Halbinsel vorstoßen und auf ihrer Fahrt im Indischen Ozean Jagd auf alliierte Frachter machen sollten.
Doch selbst die Bunker dieser großen Boote konnten nicht genug Treibstoff für die lange Reise aufnehmen. Sie mußten ihre Vorräte unterwegs ergänzen. Aus entzifferten deutschen Funksprüchen erfuhren die Amerikaner zunächst den Plan der Deutschen, in den Fernen

Osten vorzustoßen. Dann erhielten sie Kenntnis vom Marsch eines U-Tankers in ein Seegebiet südwestlich der Azoren. Es war U 487 unter dem Kommando von Oberleutnant zur See Constantin Metz.
Zwar vergingen zwischen der Ausstrahlung der Funkbefehle durch die deutsche U-Boot-Führung und seiner Entzifferung durch Briten und Amerikaner oft immer noch mehrere Tage, aber die Deutschen machten den Seeraum, in dem sich U-Tanker und Kampfboote begegnen sollten, meist lange im voraus bekannt, manchmal bis zu zwei Wochen.
Anfang Juli stellte die »Zehnte Flotte« in Washington im mittleren Atlantik eine gigantische Falle auf, die über den Booten der Gruppe »Monsun« zuklappen sollte: Vier Flugzeugträger – die »Core«, die »Santee«, die »Bogue« und die »Card« –, geleitet von insgesamt zwölf Zerstörern, lauerten in der Nähe des Treffpunkts auf dem 27. Grad nördlicher Breite und dem 37. Grad westlicher Länge.
Kampfmaschinen der »Core« entdeckten den deutschen U-Tanker U 487 am 13. Juli 1943 kurz vor Sonnenuntergang. Die See war spiegelglatt. Die Besatzung des Bootes wähnte sich an dieser einsamen Stelle des Atlantiks fern jeder Küste und jeder Konvoiroute sicher. Viele der Männer, die wachfrei hatten, saßen auf dem langgestreckten Deck des Bootes.
Doch dann fegten die Maschinen des Trägers heran. »Alarm!« Die Flugabwehrkanonen des Bootes belferten los. Aber die Bomben der Amerikaner lagen exakt im Ziel. Riesige Fontänen von Wasser begruben U 487 unter sich. Unter der Gewalt der Explosionen zerbarst der Druckkörper. Das Boot versank – der dritte Tanker, den die deutsche U-Boot-Flotte innerhalb eines Monats verloren hatte.
Es waren Verluste, die kaum zu ersetzen waren. Der Bau von U-Tankern dauerte weitaus länger als die Konstruktion von Kampf-U-Booten. Die deutschen U-Boot-Werften aber waren damals seit langem schon das Ziel heftiger Bombenangriffe von Amerikanern und Engländern.
Am 24. Juli 1943 durchquerte der U-Tanker U 459 unter dem Kommando von Korvettenkapitän Georg von Wilamowitz-Möllendorf die Biskaya. Das Boot war im November 1941 in Dienst gestellt worden – einer der ersten U-Tanker der deutschen Flotte. Hoch am Himmel näherte sich ein Wellington-Bomber der 172. Staffel der Royal Air Force. Der Kommandant des Bombers, W.T.H. Jennings, machte die deutsche U-Boot-Milchkuh auf dem Wasser aus, und im nächsten Augenblick ließ er seine Maschine zum Angriff auf das Boot einschwenken. Die Besatzung des deutschen Bootes legte Sperrfeuer in den Kurs der Maschine und erzielte schon mit den ersten Schüssen schwere Treffer.
Doch die Maschine drehte nicht ab. Sie behielt ihren Kurs bei und schmetterte im Absturz auf das Boot. Benzin explodierte, Flammen schlugen hoch. Die Trümmer der Wellington glitten ins Wasser, doch an

Deck des Bootes blieben zwei Wasserbomben liegen, die der Bomber mit sich geführt hatte.
Männer der Besatzung von U 459 rollten die Wasserbomben über Bord. Doch die Zündung der Sprengkörper war auf niedrige Tiefen eingestellt. Sie detonierten schon, bevor das beim Absturz der Maschine beschädigte U-Boot U 459 sich weit genug entfernt hatte.
Die Wucht ihrer Druckwellen zerstörten Tauchzellen und Rudermechanismen. U 459 war verloren. Kommandant von Wilamowitz-Möllendorf ließ Sprengpatronen in seinem Boot anschlagen. Der Kommandant blieb an Bord, als sein Boot versank. Er starb mit ihm. 41 Männer von U 459 und ein Mann der Besatzung des Wellington-Bombers wurden von einem britischen Zerstörer, der in der Nähe stand, aus dem Wasser gefischt.
Die deutsche U-Boot-Waffe hatte innerhalb von sechs Wochen ihren vierten U-Tanker eingebüßt, und drei von ihnen waren durch Flugzeuge versenkt worden. Insgesamt verlor die deutsche U-Boot-Waffe von Anfang Juni bis Ende Juli 54 Boote – 44 von ihnen durch Flugzeuge. Zwar schossen die Boote über der Biskaya einige der angreifenden Flugzeuge ab, doch dies waren magere Erfolge angesichts der deutschen Verluste.
Mitte Juni 1943 hatte Großadmiral Dönitz zu dem Versuch angesetzt, die vernichtende Wucht feindlicher Luftstreitkräfte mit einer neuen Taktik zu brechen: mit dem gemeinsamen Marsch. Dönitz schrieb: »Schon früher war die Erfahrung gemacht worden, daß zusammen durch die Biskaya fahrende U-Boote durch die doppelte Feuerkraft und einheitliche Feuerverteilung ihrer Flakwaffen angreifende Flugzeuge zum Abdrehen gezwungen, mindestens jedoch daran gehindert hatten, ihre Bomben genau gezielt abzuwerfen.«
Doch diese Methode, sich gegen einen überlegenen Feind zur Wehr zu setzen, hatte nur kurze Zeit Erfolg: Nun griffen britische Flugzeuge nicht mehr einzeln die Boote an, sondern kreisten nach der Entdeckung einer Gruppe von Booten so lange, bis weitere Kampfmaschinen herangekommen waren. Dann stürzten sich die Bomber in gemeinsamer Aktion auf die Boote.
Am 11. Juli griffen drei britische Jagdbomber der 248. Staffel in der Biskaya ein deutsches U-Boot an, auf das Karl Dönitz im Kampf gegen die englischen Maschinen große Hoffnungen gesetzt hatte: Es war das zur Flugzeugfalle umgebaute U 441, das unter dem Kommando von Kapitänleutnant Götz von Hartmann stand. Das Boot verfügte über eine ungewöhnlich hohe Feuerkraft: Zwei Vierlingsgeschütze vom Kaliber zwei Zentimeter und eine halbautomatische Schnellfeuerkanone vom Kaliber 3,7 Zentimeter. Kein anderes deutsches U-Boot war so gut für das Gefecht mit Flugzeugen ausgerüstet wie U 441. Die drei britischen Jagdbomber jedoch setzten trotz des schweren Sperrfeuers ihren Angriff auf das Boot fort.

Sie umkreisten es, schossen im Tiefflug heran und feuerten aus Bordkanonen. Die Kanoniere des Bootes wurden vom Feuer der Briten von den Geschützen gefegt. Das Deck des Bootes rötete sich vom Blut der Getöteten und Verletzten. Binnen kurzer Zeit fielen zehn Mann der Besatzung, dreizehn, darunter Kommandant Götz von Hartmann, wurden schwer verwundet. Die Deutschen waren außerstande, den Kampf fortzusetzen. Das Boot tauchte weg, als die drei feindlichen Maschinen zu einem neuen Angriff eindrehten.
Dönitz kommentierte: »Für die U-Boot-Führung war nach diesem Gefecht erwiesen, daß ein U-Boot im Kampf gegen Flugzeuge ein schlechter Untersatz ist.«
Die deutsche U-Boot-Führung konnte den Booten in ihrem aussichtslosen Kampf gegen feindliche Flugzeuge keine wirklich schlagenden Waffen in die Hand geben. Sie mußten sich mit Ratschlägen begnügen, deren Nutzen begrenzt war. In einem Funkspruch vom 20. Juli an die U-Boot-Kommandanten hieß es: »Während eines überraschenden Flugzeugangriffs auf eine Gruppe von drei Booten machte ein Boot den Fehler zu tauchen. Es wurde gebombt, während es wegtauchte. Sein Verlust muß befürchtet werden. Die Abwehr der anderen auf der Oberfläche war erfolgreich. Moral: Wenn ihr überrascht werdet, bleibt oben und schießt. Tauchen ist tödlich.«
Doch: Die Vernichtung aus der Luft traf gleichermaßen die wegtauchenden wie die Boote, die sich gegen Flugzeuge zur Wehr setzten. Ende Juli veranlaßte eine Katastrophe die deutsche U-Boot-Führung dazu, den Marsch der Boote durch die Biskaya vollständig einzustellen.
An diesem 30. Juli fuhren U 461 unter dem Kommando von Korvettenkapitän Wolf-Harro Stiebler und U 462 unter dem Kommando von Kapitänleutnant Bruno Vowe gemeinsam durch den südlichen Teil des Golfes von Biskaya. Beide Boote waren U-Tanker. Die U-Boot-Führung hatte den Tankern – es waren zwei von sieben, über die sie noch verfügte – das Kampf-U-Boot U 504 unter dem Kommando von Kapitänleutnant Wilhelm Luis zur Verstärkung der Abwehr von Luftangriffen mitgegeben. Ziel der beiden Milchkühe war das Seegebiet vor Mittelamerika. Dort sollten sie U-Boote versorgen, die in der Karibik und vor der südamerikanischen Küste im Einsatz waren.
In der Frühe dieses 30. Juli sichtete ein Liberator-Bomber die Gruppe der marschierenden Boote. Doch er griff nicht an, sondern meldete seine Beobachtung. Bei der Übermittlung der Position jedoch machte er einen Fehler. Eine Weile noch konnten die deutschen Boote ihren Weg nach Südwesten unbehelligt fortsetzen. Entkommen jedoch konnten sie den dichten Schwärmen alliierter Kampfmaschinen, die über der Biskaya Patrouille flogen, nicht.
Wenig später machte die Besatzung eines britischen Sunderland-Flug-

bootes die Gruppe der Boote auf dem Wasser des Atlantik erneut aus, und dann wurde sie auch von einem Catalina-Flugboot gesichtet. Mehr Bomber dröhnten heran. Jetzt waren sieben Flugzeuge am Himmel über den Booten. Die Männer an den Abwehrgeschützen der deutschen Boote blickten zu den silbern glänzenden Rümpfen hinauf, in denen sich die Sonne des Sommertages spiegelte.

Die Bomber ließen sich Zeit: Die Boote dort unten konnten der Vernichtung kaum noch entgehen. Einer der Bomber hatte eine in der Nähe stehende U-Jagd-Gruppe von der Beute auf dem Wasser unterrichtet. Es war die Jagdgruppe von Kapitän Johnnie Walker. Die Schiffe jagten mit Höchstfahrt heran. Die Männer in den Booten ahnten nichts von der neuen Gefahr: Die britischen Kriegsschiffe waren noch hinter der Kimm.

Dann dröhnte die erste der Maschinen zum Angriff auf die Boote herunter, ihre Bordkanonen feuerten, ihre Bombenschächte öffneten sich, torkelnd fielen Wasserbomben herab. Die drei Boote schossen Sperrfeuer. Doch schon dieser erste Angriff schlug dem U-Tanker U 462 schwere Wunden. Dann brauste der zweite Bomber heran. Das Abwehrfeuer der Deutschen lag im Ziel, die Maschine mußte abdrehen und in Portugal notlanden.

Dann der dritte Angriff. Ein Sunderland-Flugboot der 461. Staffel der Royal Air Force durchbrach das Flakfeuer der Deutschen, fegte über die Boote hinweg und setzte seine Wasserbomben dicht neben den U-Tanker U 461. Fontänen zischten, Detonationen, Stahl wirbelte durch die Luft, durch viele Lecks strömte Wasser in das Boot. U 461 versank unmittelbar nach dem Angriff.

U 462, obwohl schwer beschädigt, schlug mit heftigem Flakfeuer einen erneuten Angriff ab. Dann war die Luft plötzlich von heulenden Geräuschen erfüllt. Granaten schlugen in der Nähe der Boote ein: Johnnie Walkers vier Schiffe waren herangekommen, und sie hatten auf weite Entfernung das Feuer eröffnet. Jetzt hatten die Boote keine Chance mehr davonzukommen. U 504, das dritte, bisher noch nicht angegriffene Boot, tauchte im Alarm weg. Die Mannschaft von U 462 versenkte unterdessen mit Sprengpatronen ihr zerschlagenes Boot.

Johnnie Walkers Schiffe, insgesamt vier, suchten jetzt nach dem getauchten Boot U 504. Kapitän Walker wollte den Feind in der Tiefe in einer »creeping attack«, im Schleichangriff, erledigen, einer Taktik, die er selbst erdacht hatte. Ihr Ziel war es, das getauchte Boot über den Augenblick des Wasserbombenangriffs im unklaren zu lassen, so daß es keinen Haken schlug und auch nicht die Tauchtiefe wechselte.

Eines seiner Schiffe folgte den Bewegungen des Bootes tief unter Wasser mit dem Asdic-Ortungsgerät und informierte ein zweites Schiff über Standort und Kurs des Gegners. Das angreifende Schiff schlich in langsamer Fahrt zu der Stelle, der sich das Boot näherte, und schleuderte

Wasserbomben in das Meer, deren Zünder auf große Tiefen eingestellt waren. Wenn Kapitän Walkers Rechnung aufging, steuerte das Boot genau in die tödlichen Explosionen hinein.

Johnnie Walker verfolgte die Deutschen im Ozean zwei Stunden lang. Dann mischte sich in das aufwallende Wasser der Bombenexplosionen buntschillerndes Öl. U 504 war vernichtet. Kein Mann der Besatzung des Bootes überlebte.

An diesem 30. Juli, nach der Vernichtung von U 461 und U 462, war die Zahl der deutschen U-Tanker auf fünf zusammengeschmolzen. An diesem 30. Juli verlor Großadmiral Dönitz insgesamt sechs Boote – durchschnittlich alle vier Stunden eines. Vier der sechs fielen Flugzeugen zum Opfer.

Am 1. August versenkten britische Flugzeuge wieder zwei Boote im Golf von Biskaya, und am 2. August funkten vier Boote aus dem Golf, daß sie in schwere Gefechte mit feindlichen Flugzeugen verwickelt waren. Die deutsche U-Boot-Führung schickte dem Boot U 106, das nach einem Bombenangriff schwer beschädigt war, aus einem französischen Hafen Torpedoboote zu Hilfe.

Das Boot lief auf die herankommenden Retter zu und wurde im gleichen Augenblick von britischen Sunderland-Flugbooten gesichtet. Oberleutnant zur See Wolfdietrich Damerow, Kommandant von U 106, berichtete über den letzten Kampf seines Bootes: »19.25 Uhr recht achteraus eine Sunderland im Anflug. Entfernung 800 Meter, mittlere Höhe. Wir schießen ihr sofort eine Ladung entgegen, worauf sie nach steuerbord abdreht und außerhalb der Reichweite unserer Flakwaffen um das Boot schleicht . . . Zwei Minuten später stößt eine zweite Sunderland aus den Wolken hervor und kreist ebenfalls um das Boot . . . Anflug beider Maschinen . . . starker Bordwaffenbeschuß. Eine Maschine dreht im gutliegenden Feuer unserer Vierlingsgeschütze etwas ab und wirft etwa 50 Meter achteraus mindestens 6 Bomben ins Kielwasser, die das Boot stark erschüttern. Die Bomben der anderen Maschine detonieren fast zur gleichen Zeit backbord querab . . . In der E-Maschine ist die Backbord-Schalttafel aus ihren Fundamenten gerissen und in Brand geraten. Der Steuerborddiesel stoppt. Starke Rauchentwicklung im Boot. Starker Wassereinbruch. Boot krängt nach Backbord. Fünf Minuten später zweiter Angriff beider Maschinen von Steuerbord und Backbord querab. Gleiche Feuerverteilung wie beim ersten Angriff . . . Beide Maschinen überfliegen das Boot und werfen mehrere Bomben, die in unmittelbarer Nähe detonieren und weitere schwere Schäden verursachen. Der Backborddiesel stoppt ebenfalls. Das Boot ist manövrierunfähig, da auch beide E-Maschinen nicht mehr laufen. Starke Gasentwicklung beider Batterien. Das Boot sackt achtern merklich tiefer, da die Lenzpumpen das einbrechende Wasser nicht mehr lenzen. Um 20.08 Uhr fliegt eine Maschine ab. Zwei Minuten später ein dritter Angriff der zurückgebliebenen Sunderland ... die Maschine schießt mit allen Bordwaffen, überfliegt das Boot und wirft vier Bomben, die steuerbord achtern, etwa zehn Meter neben dem Boot detonieren. Dieses sackt beständig tiefer. Alle Mann aus dem Boot. Sämtliche Flöße werden aufgeblasen. Die Besatzung springt damit über Bord bis auf fünf Mann, die an den Flakwaffen bleiben. 20.15 Uhr der vierte Angriff. Durch heftigen Bordwaffenbeschuß werden noch mehrere Soldaten im Wasser verwundet, viele Flöße zerschossen. Die Maschine hat auch noch auf die im Wasser schwimmende Besatzung gezielt. Das Achterdeck des Bootes wird bereits vom Wasser überspült. Das Vorschiff ragt heraus. Die Maschine überfliegt noch mehrmals, aus ihren Bordwaffen schießend, das Boot. Munition für Abwehr ist nicht mehr an Deck. Mit den letzten fünf Mann springe ich über Bord. Kurz danach eine starke Detonation im Boot, welches dann sehr schnell über den Achtersteven unter den Hurra-Rufen der schwimmenden Besatzung versinkt.«

Einige Zeit später näherten sich die drei deutschen Torpedoboote den Überlebenden von U 106 und zogen sie aus dem Wasser.

An diesem 2. August ordnete Großadmiral Dönitz an, daß bis auf weiteres kein deutsches U-Boot die Stützpunkte an der französischen Atlantikküste verlassen sollte: »Es war nicht mehr möglich, den Weg durch die Biskaya mit der U-Boot-Flak freizukämpfen.«

In den entfernten Gebieten des Atlantischen Ozeans zogen unterdessen die Amerikaner das Netz aus Stahl und Elektronik, das sie über die Boote geworfen hatten, immer enger zusammen. 8 000 Kilometer von der Biskaya, nahe der südbrasilianischen Küste, pirschte im Juli 1943 Kapitänleutnant Fritz Guggenberger, der im November 1941 im Mittelmeer mit U 81 den Flugzeugträger »Ark Royal« versenkt hatte und jetzt Kommandant von U 513 war.

Auf dieser Feindfahrt hatte U 513 vier Dampfer versenkt. In einem Funkspruch unterrichtete Guggenberger die U-Boot-Führung über seine Erfolge und seine Einschätzung der Lage. Dieses Signal von U 513 genügte den Amerikanern, die Position des Bootes annähernd festzustellen.

Von einem US-Stützpunkt an der brasilianischen Küste stieg ein zweimotoriger Bomber auf, um Guggenbergers Boot zu suchen. Er fand es und näherte sich zum Angriff aus der tiefstehenden Sonne heraus. Guggenberger tauchte nicht, er hoffte, das Flugzeug mit seiner eingeübten Mannschaft abschießen zu können. Doch der Pilot der Maschine, Leutnant R.S. Whitcomb, durchstieß das Flakfeuer und löste zwei Bomben. Sie explodierten unmittelbar neben dem Boot. Mit dem Bug voran ging U 513 in die Tiefe. Pilot Whitcomb sah, wie das Heck mit in der Luft wirbelnden Schrauben versank.

Nur sieben Mann – Geschützmannschaft und Turmbesatzung – konnten sich retten. Einer von ihnen war Kommandant Fritz Guggenberger. Er berichtete über den Augenblick, in dem der Sog des sinkenden Bootes ihn mit sich zu reißen drohte: »Dunkelheit des Wassers um mich. Der Kopf zum Platzen ohne Luft. An mir vorbei schossen riesige Blasen nach oben. Ich krabbelte wie ein Dackel. Alles rauschte. Dann endlich konnte ich frei atmen. War an der Wasseroberfläche, schwamm in einem zischenden Teppich aus weißem Schaum.«

Die sieben von U 513 schwammen im Atlantik um ihr Leben. Die amerikanische Maschine flog wieder an – und warf ein Schlauchboot ab. Die sieben Deutschen zogen sich in das Gummifloß. Am nächsten Morgen stampfte ein amerikanischer Kreuzer heran. Er nahm die Deutschen an Bord.

Das Boot U 572 unter dem Kommando von Oberleutnant zur See Heinz Kummetat, das seit Anfang Juni in See stand, war in jenen Tagen in den Seeraum vor Trinidad vorgestoßen. Die Amerikaner verfolgten den Weg des Bootes mit Hilfe der Funksprüche, die es aussandte und die sie entzifferten.

Funkpeilgeräte stellten schließlich den genauen Standort von U 572 fest, und am 3. August 1943 steuerte ein amerikanischer Bomber den Punkt an, an dem sich U 572 vermutlich befand. Das Boot war tatsächlich dort, und es war an der Oberfläche. Die Bomben der amerikanischen Maschine vernichteten U 572. Es versank mit seiner gesamten Besatzung.

Tags darauf, am 4. August, entdeckte ein Bomber der kanadischen Luftwaffe, der von einem britischen Flugplatz gestartet war, westlich der Färöer-Inseln im Nordatlantik das Boot U 489 unter dem Kommando von Oberleutnant zur See Schmandt. U 489 war einer der fünf verbliebenen U-Tanker. Das Boot war erst wenige Wochen zuvor fertiggestellt worden. Bomben zerquetschten es – vierzehn Tage nachdem es den Hafen von Kiel zu seiner ersten Feindfahrt verlassen hatte.

Großadmiral Dönitz hatte den siebten seiner Tanker verloren – innerhalb von sieben Wochen. Jetzt verfügte die deutsche U-Boot-Waffe noch über drei Tanker,von denen sich überdies zwei zur Überholung in der Werft befanden.

Im mittleren und südlichen Atlantik standen Anfang August 1943 jedoch noch viele Kampfboote, deren Treibstoffvorrat zur Neige ging. Für ihre Versorgung stand nun nur noch ein einziger U-Tanker zur Verfügung: U 117 unter dem Kommando von Korvettenkapitän Hans-Werner Neumann. Und auch dieses Boot wurde ein Opfer von Ultra – in einem geradezu klassischen Ablauf der Ereignisse.

Am späten Abend des 30. Juli fingen die Amerikaner einen Funkbefehl auf, der für Korvettenkapitän Neumann bestimmt war. Zwei Tage später, am 1. August, entzifferten sie ihn. In der Order hieß es, U 117 solle den Seeraum auf 38 Grad 50 Minuten nördlicher Breite und 37 Grad 20 Minuten westlicher Länge ansteuern und innerhalb eines Umkreises von hundert Meilen in Wartestellung gehen.

Am 1. August erhielt U 117 über Funk geographische Breite und Länge des genauen Treffpunktes mit den anderen U-Booten. Die Amerikaner lasen den Klartext dieses Funkbefehls noch am gleichen Tag.
An diesem 1. August später am Tage teilte die U-Boot-Führung Kommandant Neumann mit, daß ihn an diesem Treffpunkt das Kampf-U-Boot U 66 unter dem Kommando von Kapitänleutnant Markworth erwarten werde. Beim ersten Versuch, sich zu treffen, liefen die Boote jedoch aneinander vorbei. Die U-Boot-Führung teilte den Kommandanten Neumann und Markworth eine neue Position mit. Diesen Funkspruch vermochten die Amerikaner nicht sofort zu entschlüsseln. Aber sie wußten bereits genug, um zum vernichtenden Schlag ansetzen zu können.
In den Akten der amerikanischen Admiralität heißt es: »Die Informationen ließen es als sicher erscheinen, daß ein Rendezvous zwischen einem Tanker und einem Kampf-U-Boot innerhalb eines Gebietes stattfinden würde, das mit hinreichender Deutlichkeit eingegrenzt werden konnte. So war eine erfolgreiche Suche mit Flugzeugen möglich.«
Die »Zehnte Flotte« in Washington beorderte den Geleit-Flugzeugträger »Card« in das Seegebiet, in dem das Treffen der Wölfe vor sich gehen sollte. Die Jagdbomber des Trägers entdeckten ihr Ziel in den Morgenstunden des 7. August – in einem für die Deutschen höchst unglücklichen Augenblick: Neben U 117 dümpelte U 66 auf den Wellen des Atlantik. Schläuche waren ausgebracht. Dieselöl floß aus den Bunkern des Tankers in die des Kampfbootes.
Die beiden Boote waren gegen den Schwarm angreifender Bomber, die aus allen Richtungen herabstießen, hilflos. Dicht neben den deutschen Booten detonierten die Bomben. Zielsuchtorpedos huschten durch das Wasser. U 66 entkam mit einer Alarmtauchfahrt in schützende Tiefen. U 117 aber versank mit seiner gesamten Besatzung. Die deutsche U-Boot-Waffe hatte ihren achten und zu dieser Zeit letzten einsatzfähigen Tanker verloren – innerhalb von acht Wochen.
Die Befehlsstelle der U-Boote in Berlin war auch drei Tage später nicht im Bilde, was im fernen Atlantik geschehen war. Am Morgen des 10. August funkte sie: »Neumann wird dringend für weitere Versorgung gebraucht.« Dann, als die Vernichtung von U 117 als sicher erschien, ergriff die U-Boot-Führung eine Reihe von Notmaßnahmen: Zwei große Kampfboote, U 525 unter dem Kommando von Kapitänleutnant Hans-Joachim Drewitz und U 129 unter dem Kommando von Oberleutnant zur See Richard von Harpe, wurden beauftragt, aus ihrem Dieselvorrat andere Kampfboote aufzutanken. Kommandant Harpe erledigte seinen Auftrag.
U 525 jedoch wurde am 11. August von Flugzeugen des Trägers »Card«, der das Seegebiet noch nicht verlassen hatte, entdeckt. Sie versenkten das Boot. Damit war die Absicht der deutschen U-Boot-Führung,

weiteren Kampfbooten im Atlantik wenigstens so viel Dieselöl zukommen zu lassen, daß sie in »normalem Marschtempo« zurück in ihre Stützpunkte gelangen konnten, zunichte gemacht.
Nun befand sich nur noch ein einziges großes Boot in der Nähe: Es war U 847 unter dem Kommando von Kapitänleutnant Herbert Kuppisch. Das Boot hatte seinen französischen Stützpunkt mit dem Ziel Penang verlassen, um die deutsche U-Boot-Flottille im Indischen Ozean zu verstärken; Kapitänleutnant Kuppisch sollte zugleich kommandierender Offizier der deutschen Fernost-Boote werden. Dieses weitreichende Vorhaben stand in Frage, wenn U 847 gezwungen war, seinen Vorrat an Dieselöl mit anderen Booten zu teilen.
Doch am 19. August 1943 befahl die U-Boot-Führung dem Kapitänleutnant Kuppisch, an die Stelle von Drewitz zu treten und U-Boote im Atlantik mit Treibstoff zu versorgen. In diesem Funkbefehl, der Kuppisch weit von seinem Weg ablenkte, hieß es: »Es gibt keine andere Lösung.«
Am 18. August 1943 teilte die U-Boot-Befehlsstelle Kommandant Kuppisch das Seegebiet mit, in dem er im Laufe des 23. August vier U-Boote treffen würde: 39 Grad 50 Minuten Nord, 38 Grad 30 Minuten West. Die Amerikaner entzifferten diesen deutschen Funkbefehl am 21. August und am gleichen Tag lasen sie auch die Befehle für sieben U-Boote, die auf der Fahrt zu ihren Stützpunkten waren, sich mit U 847 zu treffen.
Die Amerikaner beorderten zur gleichen Zeit zwei ihrer Jagd- und Vernichtungsgruppen in das Seegebiet, in dem die deutschen U-Boote sich sammelten: die Träger »Core« und »Card«, jeder begleitet von drei Zerstörern.
Am 23. August übernahmen die ersten Boote Treibstoff von U 847 – die Amerikaner waren noch nicht da. Aber am 24. August entdeckten Flugzeuge des Trägers »Core« das Boot U 634 unter dem Kommando von Oberleutnant zur See Eberhard Dahlhaus und versenkten es. Am gleichen Tag auch machten zwei Maschinen der »Core« die dunkle Silhouette des deutschen U-Bootes U 185 unter dem Kommando von Kapitänleutnant August Maus auf dem blauschimmernden, von weißen Wellenkämmen gesprenkelten Wasser des Atlantiks aus.
Im Kampfbericht des Flugzeugträgers wird geschildert, was nun folgte: »Die Maschinen suchten Deckung in den Wolken und drehten nach Steuerbord, um in Angriffsposition zu gelangen. Sie stießen aus den Wolken, als das Heck des U-Bootes vor ihnen lag. Die erste Maschine begann sofort mit dem Feuer aus Bordkanonen. Unmittelbar darauf näherte sich die zweite Maschine vom Typ TBF (Torpedo-Bomber-Fighter) dem Boot von Steuerbord in einem Winkel von 15 Grad (zur Mittelachse des U-Boots gerechnet, also im spitzen Winkel von hinten rechts). Aus einer Höhe von 75 Meter wurden zwei Wasserbomben

vom Typ Mark 47 abgeworfen. Sie deckten das U-Boot voll ein. Eine Bombe explodierte unterhalb des Rumpfes in der Nähe des Turms, die zweite backbord vom Bug. Das Wasser, das von den Explosionen hochgerissen wurde, hüllte das Boot fast vollständig ein. Es drehte 90 Grad nach Backbord. Schlug einen Haken. Zog dichten, schwarzen, niedrighängenden Rauch hinter sich her. Das Heck begann abzusacken. Die Maschine machte eine leichte Drehung nach links und beschoß das Boot ein zweites Mal mit Bordkanonen. Zu diesem Zeitpunkt schon sah der Pilot, daß das Boot schwere Schlagseite nach Backbord hatte und in der Höhe des Turmes beschädigt war. Das Boot machte keine Ausweichmanöver mehr und erwiderte das Feuer nicht.«

Nach dem Bericht des Kommandanten Maus hatten die Explosionen den Druckkörper in der Höhe des Batterieraumes beschädigt. Im Boot stieg Chlorgas auf, im Dieselraum brannte es. Dann begann das Boot abzusacken – es sank mit hocherhobenem Bug über den Achtersteven bei voller Fahrt. Kapitänleutnant Maus befahl: »Alle Mann von Bord.« Sie kamen in letzter Sekunde aus dem sinkenden Boot. Drei Stunden später fischte ein amerikanischer Zerstörer den Kapitänleutnant Maus und 33 seiner Kameraden aus dem Atlantik.

Drei Tage später, am 27. August, suchten Flugzeuge des Trägers »Card« nach U 847, das Boot, das seine Reise nach dem Fernen Osten unterbrochen hatte, um die Boote im Atlantik mit Treibstoff zu versorgen. Sie fanden es in geringer Entfernung von dem Punkt, den die deutsche U-Boot-Führung in ihrem Funkspruch vom 18. August, neun Tage zuvor, angegeben hatte. Sie bombten es in Stücke. Vernichtung hatte sich an Vernichtung gereiht – von U 117 bis U 847. Am Anfang und am Ende hatte die Entschlüsselung deutscher Funksprüche gestanden. Ultra hatte Tod und Verderben über die Boote gebracht.

In den drei Monaten nach dem Rückzug der Deutschen aus dem Nordatlantik, im Juni, Juli und August, hatte Großadmiral Karl Dönitz, Befehlshaber der U-Boote, 75 Boote verloren – darunter acht von zehn überhaupt vorhandenen U-Tankern. Das Rückgrat des U-Boot-Kriegs in fernen Gewässern war zerschlagen.

In seinen Erinnerungen klagte Dönitz: »Auch die Versorgung aus U-Boot-Tankern in See war mittlerweile so gefahrvoll, daß künftig darauf verzichtet werden mußte und die U-Boote ihre Operationen entsprechend früher abzubrechen hatten. Auch in den entfernten Operationsgebieten waren die Verluste, die wir erlitten, soweit wir es erkennen konnten, nur durch Flugzeuge herbeigeführt worden. Unsere Absicht, durch Operieren in den entfernten Seegebieten unsere Verluste einzuschränken, hatten wir nicht erreicht.«

Commander Rodger Winn mutmaßte in jenen Wochen in einer Analyse für die britische Admiralität: »Tag für Tag, Rudel für Rudel, wurde ein U-Boot nach dem anderen, wurden die Kommandanten und Besatzungen unaufhörlich gejagt, angegriffen und in die Enge getrieben in einem Ausmaß, wie es Menschen aus Fleisch und Blut, deren Moral durch keinerlei Siege des eigenen Volkes aufgerichtet wird, schlechterdings nicht ertragen können.«

Wieder, wie schon drei Monate zuvor, irrte sich der Brite, der so viel über die deutschen U-Boote wußte, über die Standfestigkeit der deutschen U-Boot-Fahrer. Sie ertrugen es. Sie standen den Kampf noch zwei weitere Jahre durch.

Mit einer Voraussage behielt der Chef des »Submarine Tracking Room« allerdings recht: Er kündigte im Sommer 1943 an, daß die Streitmacht des deutschen Großadmirals wieder im Nordatlantik gegen die Konvois von Amerika und England aufmarschieren würde.

Wenig später war es soweit.

# 18 »Wunderwaffe« T5

*Die U-Boot-Führung feiert einen Sieg, der keiner ist – Ultra enthüllt das Geheimnis des »Zaunkönigs« – Die deutschen Radar-Irrtümer – Die 38-Stunden-Jagd auf U 358 – U 505 wird gekapert – Ein Nahkampf auf See*

Im September 1943 kehrte die Streitmacht des Großadmirals Karl Dönitz in das Gebiet zurück, das sie vier Monate zuvor geräumt hatte: den Nordatlantik. Dort sollte sie den Krieg wieder gegen Englands wichtigste Lebenslinie vortragen – diesmal mit größeren Aussichten auf einen durchschlagenden Erfolg und zugleich geringeren Gefahren für die U-Boote als im Frühjahr.

Vor Offizieren der Kriegsleitung erklärte Großadmiral Dönitz in jenen Tagen, weshalb er die Boote wieder in das schwere Gefecht im Nordatlantik schickte: »Defensive Kriegführung kann nicht zum Siege führen. Die Bedeutung des Tonnage-Krieges war niemals klarer als jetzt. Für den Gegner ist der Schiffsraum die Grundlage und Voraussetzung seiner operativen Freiheit. Der U-Boot-Krieg muß unter allen Umständen wieder in Gang gesetzt werden.«

Selten zuvor war der Vorstoß deutscher U-Boote von so großen Erwartungen begleitet worden wie jetzt im Herbst 1943. Denn die schwachen Punkte der Boote, die Dönitz gezwungen hatten, sie aus der Geleitzugschlacht zurückzuziehen, schienen ausgemerzt zu sein.

Die Boote verfügten nun über eine verstärkte Armierung gegen Flugzeugangriffe. Sie hatten zudem ein neues Gerät an Bord, von dem die deutsche U-Boot-Führung glaubte, daß es die Boote mit Sicherheit warnte, sobald sie von den Radar-Ortungsstrahlen eines feindlichen Flugzeuges oder eines feindlichen Schiffes erfaßt wurden.

Vor allem aber: Die Boote, die jetzt, im September 1943, in das Operationsgebiet marschierten, waren allesamt mit Geschossen ausgerüstet, die von den Deutschen als eine Art »Wunderwaffe« angesehen wurden: Es waren Torpedos vom Typ T 5 mit dem Tarnnamen »Zaunkönig«.

Dieser Torpedo war fähig, nach dem Abschuß sein Ziel selbst zu suchen. Der »Zaunkönig« war ein akustischer Torpedo. Er folgte mit einer Geschwindigkeit von 24 Knoten, etwa 45 Stundenkilometer, den Schraubengeräuschen eines Schiffes und explodierte unter dem Heck des Ziels. Der »Zaunkönig« war die erste Waffe, mit der U-Boote Geleitschiffe an Konvois, Zerstörer, Korvetten und Fregatten, mit sicherer Aussicht auf Erfolg bekämpfen konnten.

Diese Schiffe hatten einen so geringen Tiefgang, daß ein auf sie abgefeuerter Standardtorpedo zumeist unter ihrem Kiel hindurchging. Zudem fuhren die Kriegsschiffe am Geleit mit häufig wechselnder Geschwindigkeit – ein Umstand, der den U-Boot-Kommandanten sicheres Zielen noch weiter erschwerte.

Der »Zaunkönig« aber konnte mehrere Seemeilen weit hinter einem Kriegsschiff einherhecheln, um es schließlich zu vernichten. Beim »Zaunkönig«-Schuß mußte das U-Boot auch nicht auf Sehrohrtiefe oder gar über Wasser sein: noch aus einer Tiefe von 30 Meter konnte der Torpedo blind auf ein feindliches Kriegsschiff, das sich über Wasser zum Angriff näherte, abgefeuert werden.

Die deutsche U-Boot-Führung jedoch trug dazu bei, die Wirkung des neuen Torpedos zu beeinträchtigen.

Alle Kommandanten der Boote, die jetzt in den Nordatlantik ausliefen und »Zaunkönige« an Bord hatten, waren eingehend in den Gebrauch der neuen Waffe eingewiesen worden.

Gleichwohl mochte die deutsche U-Boot-Befehlsstelle nicht darauf verzichten, den Kommandanten der »Zaunkönig«-Boote auch während ihrer Fahrt in den Nordatlantik Ratschläge und Ermahnungen über Funk zu erteilen.

Zur Mittagszeit des 2. September funkte sie: »Macht Gebrauch von jeder Gelegenheit, eure scharfe Waffe ins Spiel zu bringen. Seid in der Biskaya auf dem Weg in euer Operationsgebiet jederzeit gefechtsbereit für einen Schuß gegen Zerstörer oder Korvetten. Wenn der Feind auf euch zuläuft, dann macht euch nicht selbst blind, indem ihr in große Tiefe wegtaucht, ihr habt auch nach dem Schuß genug Zeit zum Tauchen. Das gleiche gilt für die Nacht: erst feuern, dann tauchen, Angriff ist die beste Verteidigung. Handelt entsprechend!«

Am 13. September – die Boote liefen im Nordatlantik in ihre Positionen – teilte Karl Dönitz den Kommandanten wieder in einem Funkspruch mit, was ihnen schon bekannt war: »Nach einer Pause von Monaten werdet ihr den U-Boot-Krieg auf dem Kriegsschauplatz Nordatlantik wiederaufnehmen. Neue Waffen und neue Ausrüstung stehen euch zu diesem Zweck zur Verfügung . . . Die Voraussetzungen für einen erfolgreichen Kampf sind gegeben. Ich bin sicher, daß ihr diesen Kampf, der über die Zukunft unserer Rasse mit entscheidet, mit dem alten Kampfgeist der Männer der U-Boot-Waffe aufnehmen werdet . . . Angriff! Ran! Versenken! Der Oberbefehlshaber der Kriegsmarine und Befehlshaber der U-Boote.«

Tags darauf, am 14. September, instruierte Karl Dönitz die Kommandanten der »Zaunkönig«-Boote noch einmal über Funk: »Das Hauptziel ist, den Geleitschutz zu dezimieren. Die Vernichtung auch nur weniger Zerstörer wird beträchtliche Auswirkungen auf die Moral des Feindes haben und wird darüber hinaus den Angriff auf Frachter in hohem Maße erleichtern. Ich erwarte von allen Kommandanten, daß sie jede Gelegenheit für Schüsse auf Zerstörer nutzen. Jetzt ist das U-Boot der Angreifer. Erst schießen, dann tauchen!«

Doch nicht nur die Kommandanten der »Zaunkönig«-Boote nahmen die Anweisungen des Befehlshabers der U-Boote zur Kenntnis. Ultra las mit. So war es unvermeidlich, daß auch die britische und die amerikanische Admiralität erfuhren, welch große Hoffnung Dönitz in die »neue scharfe Waffe« setzte.

Allerdings war ihnen die genaue Funktionsweise des Torpedos nicht sofort ersichtlich. Sie erkannten jedoch, daß den Geleitzügen, die in der zweiten Hälfte des September den Nordatlantik überquerten, eine neue große Gefahr drohte.

Die britische Admiralität handelte schnell und zielbewußt: Sie verstärkte die Zahl der Kriegsschiffe, die Geleitschutz fuhren, und sie erhöhte die Zahl der Bomber, die den Seeraum, in dem die U-Boote mutmaßlich standen, aus der Luft kontrollierten.

Am 20. September 1943 waren die Boote in ihre Angriffspositionen gelangt. Am frühen Morgen dieses 20. September sichtete Kapitänleutnant Paul Friedrich Otto, Kommandant von U 270, die britische Fregatte »Lagan«, die zum Geleitschutz des Konvois ON 202 gehörte. Etwa gleichzeitig entdeckte das Kriegsschiff das deutsche U-Boot.

U 270 tauchte weg, Kapitänleutnant Otto befahl, das Boot auf Sehrohrtiefe abzufangen. Die Fregatte näherte sich. Ihr Asdic-Gerät sandte Schallstrahlen in die Tiefe, um den deutschen Feind zu orten. Näher noch kam die Fregatte. Dann befahl Kommandant Otto: »Torpedo los!« Und unmittelbar danach der Befehl: »Tiefer gehen!«

Denn: Der »Zaunkönig« wurde von den Schraubengeräuschen eines U-Bootes in der gleichen Weise angezogen wie von den Schrauben eines Überwasser-Kriegsschiffes. Wenn das Boot nicht vor dem eigenen Torpedo floh, konnte es von ihm vernichtet werden.

In die steile Tauchfahrt von U 270 hinein dröhnte eine Detonation. Der »Zaunkönig« hatte sein Ziel gefunden, er war unter dem Heck der Fregatte explodiert. Die Wunderwaffe hatte sich bei ihrem ersten Einsatz als wirksam erwiesen.

Die getroffene Fregatte »Lagan« sank zwar nicht in die Tiefe, aber sie war gefechtsunfähig und mußte abgeschleppt werden. Wenige Stunden später drang das deutsche U-Boot U 283 unter dem Kommando von Oberleutnant zur See Hepp in den Konvoi ein. Seine Torpedos trafen zwei große Frachter.

Weitere U-Boote marschierten heran. Aber gleichzeitig brummten von der britischen Admiralität alarmierte Liberator-Bomber der 120. Staffel über den Geleitzug dahin. Die Deutschen glaubten sich auf den Angriff aus der Luft vorbereitet: Diesmal wollten sie vor dem fliegenden Feind nicht wegtauchen, sie wollten mit ihren verbesserten Flakwaffen in

gemeinsamer Abwehr die Flugzeuge ausschalten, um dann ungehindert zum Konvoi vorstoßen zu können.
Die Männer von U 338 sahen an diesem Morgen, wie ein Liberator-Bomber zum Angriff eindrehte. Kommandant Kapitänleutnant Manfred Kinzel befahl, das Signal zu senden, das mit den anderen Booten in der Nähe des Geleitzugs vereinbart war: »Bleibe zur Abwehr oben!«
Aber U 338 mußte seinen letzten Kampf gegen den mächtigen Feind in der Höhe allein kämpfen. Vom Rumpf der Liberator löste sich ein Torpedo vom Typ »Fido« – wie der deutsche »Zaunkönig« ausgestattet mit einem Suchkopf, der Schraubengeräusche ansteuerte. Eine mächtige Detonation zerriß das Boot. U 338 versank mit seiner gesamten Besatzung.
Am Abend dieses Tages erzielte U 305 unter dem Kommando von Kapitänleutnant Rudolf Bahr den zweiten Erfolg mit einem »Zaunkönig«: Sein Torpedo lähmte den kanadischen Zerstörer »St. Croix«, und wenig später versenkte Kommandant Bahr das feindliche Kriegsschiff mit einem Fangschuß. Dann versank die britische Korvette »Polyanthus«, getroffen von einem »Zaunkönig«, den U 952 unter dem Kommando von Oberleutnant zur See Oscar Curio losgemacht hatte. Die kanadische Fregatte »Itchen« kam herbei und suchte das Meer nach Überlebenden der »St. Croix« und der »Polyanthus« ab.
Die Nacht war erfüllt vom Toben der Schlacht. Auf der Wasseroberfläche fegten Zerstörer und Korvetten dahin, unablässig auf der Jagd nach U-Booten. Leuchtraketen erhellten die Dunkelheit. Wasserbomben ließen das Meer aufkochen. In kurzen Abständen schossen die deutschen U-Boote ihre »Zaunkönige« auf die heranpreschenden feindlichen Schiffe ab.
Doch in dieser Nacht zeigte sich, daß der »Zaunkönig« nicht so zuverlässig war, wie die deutschen Techniker ihn ausgegeben hatten. Es erwies sich, daß die Wunderwaffe mindestens ebenso häufig versagte, wie sie ihr Ziel erreichte. Viele der Torpedos gingen fehl, sie gehorchten nicht den Kommandos des Zielsuchgerätes. Andere folgten zwar den Kriegsschiffen, aber detonierten nicht erst unter deren Heck, sondern fernab im Kielwasser.
Den deutschen Kommandanten aber blieb das Unheil noch verborgen: Sie waren ja gezwungen, nach dem Schuß mit dem »Zaunkönig« wegzutauchen, und konnten deshalb nicht am Sehrohr verfolgen, was sich ereignete. Sie hielten Detonationen der »Zaunkönige« oder auch Detonationen von Wasserbomben für Treffer.
Die Kommandanten der U-Boote wurden in ihrer Ansicht, der »Zaunkönig« sei eine durchschlagende Waffe gegen die hartnäckigsten Feinde des U-Bootes, die Zerstörer und Korvetten, durch einen Erfolg am Abend des 22. September bestärkt. Wieder griff das Rudel den Geleitzug an, und um 21.55 Uhr in der Dunkelheit des Abends machte U 666 unter

dem Kommando von Kapitänleutnant Engel zwei »Zaunkönige« los. Einer explodierte im Kielwasser der kanadischen Korvette »Morden«, der zweite aber fand sein Ziel. Er schlug im Heck der Fregatte »Itchen« ein, des Schiffes, das die Überlebenden der von »Zaunkönigen« torpedierten »St. Croix« und »Polyanthus« aufgenommen hatte.
Die Detonation unter dem Heck der »Itchen« schlug durch bis in die Munitionskammer des Kriegsschiffes. Es explodierte in einer Wand von blauen, gelben und roten Flammen, die in die Dunkelheit über dem Meer schossen und zügelten.
Die »Itchen« versank binnen weniger Sekunden. Nur drei Mann der Besatzungen von »St. Croix«, »Polyanthus« und »Itchen« wurden gerettet.
Jetzt hatten die U-Boote eine Bresche in den Sicherungsring geschlagen, der den Geleitzug umgab. U 283 unter dem Kommando von Oberleutnant zur See Hepp nutzte die Gelegenheit und drang durch die Lücke in den Konvoi ein. Vor sich sah Kommandant Hepp die Wand der dahindampfenden Frachter. »Fächer los!« kommandierte er. Drei Torpedos trafen, drei Frachter versanken. Am nächsten Morgen endete die Schlacht.
In Berlin, in der Befehlsstelle der U-Boote, häuften sich die Erfolgsmeldungen. Die Boote berichteten über einen großen Sieg: Zwölf Geleitschiffe mit Sicherheit versenkt, drei weitere wahrscheinlich versenkt. Die Kommandanten und ihr Befehlshaber wurden Opfer verständlicher Selbsttäuschung. Sie hatten lange auf Erfolge warten müssen. Um so mehr mußten sie dazu neigen, alle Detonationen der »Zaunkönige« die sie nicht hatten beobachten können, für Treffer zu halten.
In das Kriegstagebuch der deutschen Seekriegsleitung wurde eingetragen: »Es bedarf keines besonderen Hinweises, welche Bedeutung dem . . . gemeldeten Erfolg gegen die Zerstörersicherung (am Geleitzug) beizumessen ist. Tatsachen . . . sprechen für sich und rechtfertigen zuversichtliche Erwartung, daß die Pause in der U-Boot-Kriegführung gegen Geleitzüge im Nordatlantik beendet ist. Was diese Wiedergewinnung der Offensive wenigstens auf einem Kriegsschauplatz gerade im gegenwärtigen Zeitpunkt im Hinblick auf die Gesamtkriegslage bedeutet, liegt auf der Hand.«
Zur gleichen Zeit, da die Deutschen ihre vermeintlichen Siege feierten, waren die Briten schon dabei, den »Zaunkönig« zu entschärfen. Im britischen »Submarine Tracking Room« werteten Rodger Winn und seine Mitarbeiter die abgefangenen und entzifferten Funksprüche der U-Boote, in denen ihre Kommandanten über ihre Angriffe mit dem »Zaunkönig« berichteten, aus.
Aus diesen Funksprüchen erfuhren die Briten, in welcher Position sich das U-Boot zur Zeit des Schusses befunden hatte, aus welchem Rohr der Torpedo abgefeuert worden war. Sie erfuhren Einzelheiten über den

Schußwinkel, über die Entfernung zum Ziel, über die Laufzeit der Torpedos und natürlich über die Mutmaßungen der Kommandanten hinsichtlich der Wirksamkeit der neuen Waffe.
Die Briten nutzten die Erkenntnisse, die sie von den Deutschen selbst gewonnen hatten, dazu, ein Gerät zu verbessern, mit dessen Entwicklung sie bereits begonnen hatten: den sogenannten »Foxer«.
Dieses Gerät sollte den »Zaunkönig« an der Nase herumführen: Kriegsschiffe schleppten es an einer Trosse in ihrem Kielwasser mit. Dabei entwickelte der »Foxer« ein Geräusch, das dem einer Schiffsschraube ähnlich war – jedoch viel stärker als das der Schraube selbst. Der »Foxer« zog den »Zaunkönig« auf sich, der Torpedo detonierte weit ab vom Schiff, ohne irgendeinen Schaden anzurichten.
Der »Foxer« hatte allerding zwei Nachteile: Er konnte nur bei Geschwindigkeiten unter 15 Knoten geschleppt werden. Bei der Jagd auf gesichtete oder geortete U-Boote mußten Zerstörer und Korvetten jedoch höhere Geschwindigkeiten laufen. Außerdem störte der »Foxer« die Funktion der Asdic-Ortungsgeräte der Kriegsschiffe. Aber selbst dieses unvollkommene Gerät erfüllte seinen Zweck.
Die Zahl der von den deutschen U-Booten abgeschossenen »Zaunkönige«, die wirkungslos im Kielwasser der feindlichen Schiffe detonierten, schnellte in die Höhe. Erfolge gegen Zerstörer und Korvetten hingegen stellten sich kaum noch ein. Doch immer noch täuschten sich die Deutschen über die Lage hinweg, immer noch hielten sie Detonationen für Treffer.
Am 12. Oktober 1943 berichtete die deutsche U-Boot-Führung in einem Funkspruch, daß allein in den acht Tagen zwischen dem 2. und 10. Oktober »fünf Zerstörer mit Sicherheit versenkt und ein Zerstörer vermutlich versenkt« worden seien. Tatsächlich aber hatten die Boote in diesem Zeitraum nur einen Zerstörer vernichten können.
Die deutsche Führung verbreitete ihre vermeintlichen Erfolge gegen feindliche Kriegsschiffe über Rundfunk und in Zeitungen. Die Briten ärgerten sich, und sie waren versucht, die deutsche Propaganda mit einer Rundfunksendung, in der die Wahrheit über den »Zaunkönig« dargelegt wurde, zum Schweigen zu bringen. Der stellvertretende Chef der britischen Aufklärung entschied dagegen: »Das Versagen dieser Waffe, auf die der Feind so große Hoffnungen setzt, ist ihm offenbar nicht bekannt. Es wäre höchst unklug, ihn aufzuklären, indem man die Erfolge, an die er glaubt, als Mißerfolge enthüllt.«
Die Boote fuhren weiter hinaus an die Front im Ozean im Glauben an die Möglichkeit eines Sieges und waren doch schon verloren. In diesen Wochen, in denen Karl Dönitz die Schlacht im Nordatlantik wiederaufgenommen hatte, mußten seine Kommandanten eine bestürzende Feststellung machen. Das neue Radar-Warngerät versagte oft. Wieder

wurden die Boote von Flugzeugen überraschend aus der Luft angegriffen und vernichtet.
So versenkten alliierte Bomber Anfang Oktober 1943 binnen kurzer Zeit drei U-Boote der Gruppe »Roßbach«, die Dönitz südwestlich von Island aufgestellt hatte.
Aus entschlüsselten Funksprüchen hatten die Alliierten erkannt, in welchem Seegebiet das Rudel postiert war; mit Radar ausgerüstete Bomber starteten zur »geplanten Suche«, wie Briten und Amerikaner das Verfahren nannten. Eines der Boote, das in jener Zeit einem Überraschungsangriff zum Opfer fiel, war U 335 unter dem Kommando von Kapitänleutnant Hans Hunger.
Zur Mittagszeit des 4. Oktober startete von einem isländischen Flugplatz ein amerikanischer Ventura-Bomber. Kommandant der schweren Maschine war Commander Charles L. Westhofen. Nach einer knappen Stunde Flugzeit hatte die Bomber-Besatzung Radar-Kontakt, und wenig später entdeckte sie aus der Höhe den dunklen Umriß von U 335 auf dem mit weißen Schaumkämmen bedeckten Meer. Die Männer im Turm des Bootes sichteten die Maschine, und U 335 tauchte im Alarm weg. Commander Westhofen erkannte, daß sein Angriff zu spät kommen und deshalb erfolglos sein würde. So flog er nicht an, der Bomber setzte seinen Weg fort. Dann ließ Westhofen die Maschine sinken und drehte in niedriger Höhe einen Kreis: Er rechnete darauf, daß das deutsche U-Boot nach einer Weile wieder auftauchen würde. So war es. Der Bomber fegte dicht über dem Wasser heran – U 335 hatte keine Chance, noch wegzutauchen. Kommandant Hunger befahl, das Gefecht aufzunehmen. Flakgranaten schlugen dem Bomber entgegen. Aber Westhofen setzte drei Wasserbomben genau neben das Boot. Es versank mit seiner gesamten Besatzung.
In diesem Herbst 1943 enthüllte sich die deutsche Forschung, die auf das feindliche Radar gerichtet war, als eine Kette von Irrtümern und falschen Schlußfolgerungen. Die Versenkung ungezählter Boote und der Tod ungezählter U-Boot-Fahrer waren das Ergebnis.
Seitdem die Amerikaner und Briten im Frühjahr 1943 Flugzeuge und Schiffe mit dem Zentimeter-Radar ausgerüstet hatten, suchte die deutsche U-Boot-Führung zu erkennen, welche Art von Ortungsmitteln den Alliierten jetzt zur Verfügung standen. Bald glaubten die Deutschen, die Antwort gefunden zu haben.
Im Sommer 1943 geriet der Pilot eines Flugzeuges des britischen Küstenkommandos nach dem Absturz seiner Maschine in deutsche Gefangenschaft. Die Deutschen und insbesondere die U-Boot-Führung hielten dieses Ereignis wenig später für einen ganz besonderen Glücksfall: Der Brite erklärte den deutschen Offizieren, die ihn vernahmen, die Boote würden von ihrem eigenen Metox verraten. Dieses Radar-Warngerät habe eine starke Eigenstrahlung, die den alliierten Flugzeugen zur Ortung der Boote diene.

Tatsächlich gab der Warnempfänger Metox über seine Antenne eine starke Strahlung ab. Aber sie konnte keineswegs an Bord eines Flugzeuges dazu benutzt werden, den Weg zum Ziel auf dem Wasser zu finden.

Die Deutschen aber glaubten jetzt, die Luftgefahr endgültig gebannt zu haben, wenn sie nur ein Warngerät entwickelten, das keine Eigenstrahlung abgab. Sie nahmen die Aussage des britischen Piloten als »Evangelium«, wie es spöttisch in der offiziellen britischen Seekriegsgeschichte heißt.

Im Spätsommer 1943 erhielten die Boote ein Gerät mit dem Namen »Hagenuk«, dessen Eigenstrahlung tatsächlich sehr viel geringer war als die des Metox. Aber auch der Hagenuk reagierte wie die Metox nur auf elektromagnetische Wellen mit einer Länge von mehr als 50 Zentimeter. Es konnte deshalb die U-Boot-Besatzungen nicht warnen, wenn sie vom Neun-Zentimeter-Radar an Bord feindlicher Flugzeuge geortet worden waren.

Weiter zerschlugen alliierte Flugzeuge aus der Luft in Überraschungsangriffen deutsche Boote mit Bomben und Maschinenkanonen. Allein in den sechs Wochen vom 20. September bis zum 5. November verlor Karl Dönitz durch Luftangriffe 23 Boote.

Gegen Ende des Jahres 1943 erst erhielten die U-Boote ein Radar-Warngerät, das anzeigte, wenn sie von Zentimeter-Wellen feindlicher Radargeräte erfaßt wurden: das »Naxos«. Es war anfällig gegen Störungen und versagte oft, aber es half den Booten aus dem Zustand völliger Ahnungslosigkeit heraus, in dem sie sich ohne Naxos befanden.

Zunächst jedoch sah sich die U-Boot-Führung gezwungen, den U-Boot-Kommandanten die Benutzung aller vorhandenen Radar-Warngeräte zu untersagen. Begründung: Es sei nicht sicher, ob sie nicht doch eine starke Eigenstrahlung abgäben, die vom Feind zur Erfassung des Ziels genutzt werde.

Am 6. November sagte Dönitz vor Offizieren der Seekriegsleitung, »unter den augenblicklichen Umständen« sei es fast ausgeschlossen, die U-Boote weiterkämpfen zu lassen. Doch er ließ sie weiterkämpfen.

Am 13. November erklärte der Großadmiral seinen U-Boot-Kommandanten in einem Funkspruch: »Der Feind verfügt über Ortungsmethoden, deren Arbeitsweise wir zum Teil noch nicht erkennen können.« Zugleich legte er ihnen dar, weshalb sie in einer ausweglosen Lage dennoch durchhalten mußten. Es war das gleiche Argument, das er schon im Mai, nach der schweren Niederlage im Nordatlantik, gebraucht hatte: »Feindliche Streitkräfte, die von den U-Booten gebunden werden, können nicht gegen das Vaterland eingesetzt werden. Deshalb schützt ihr eure Heimat auch in Gefechten, die euch zur Zeit als erfolglos erscheinen.«

Am 16. November 1943 schließlich befahl Karl Dönitz den U-Booten, sich aus dem westlichen Teil des Nordatlantik zurückzuziehen. Der Nordatlantik wurde jetzt auf seiner ganzen Weite von alliierten Bombern überwacht. Die britische Admiralität leitete, wie schon im Frühjahr, die Konvois um die U-Boot-Aufstellungen herum, die ihr durch Ultra bekanntgeworden waren. Und selbst wenn die U-Boote einen Konvoi entdeckten, so konnten sie nicht mehr zum Angriff an ihn heranstoßen. Der Marsch über Wasser zur Verfolgung der Frachter war angesichts der feindlichen Flugzeuge, die Tag und Nacht Sicherung flogen, unmöglich geworden.

Die Offensive war gescheitert, die U-Boote waren geschlagen, die Erwartungen des Großadmirals und seiner Kommandanten enttäuscht, ihre Hoffnungen zerbrochen. Diese Atlantik-Gefechte des Herbstes 1943 hatten endgültig erwiesen, daß die deutschen U-Boote den Waffen und Geräten der Briten und Amerikaner nicht gewachsen waren, daß sie nichts Gleichwertiges in die Schlacht führen konnten.

Diese Boote hatten einfach keine Chance mehr. Ortungs- und Vernichtungstechniken der Alliierten hatten gewaltige Fortschritte gemacht. Die technische Entwicklung der Boote aber war stehengeblieben.

In den ersten Jahren des Krieges hatten sie zu den modernsten und wirksamsten Waffen der Deutschen gezählt, jetzt waren sie veraltet. Gemeinsame Angriffe im Rudel hatten Großbritannien erschüttert, aber jetzt waren die Boote kaum noch in der Lage, sich zum Rudel zusammenzuschließen.

Karl Dönitz hatte diese Entwicklung zwar nicht in aller Schärfe und ihrer gesamten Tragweite vorausgesehen, wohl aber erahnt. Im Sommer 1942, ein Jahr vor dieser Niederlage im Herbst 1943, die das Siegel des Endgültigen trug, schrieb er nieder: »Das deutsche U-Boot ist in seiner Gesamtplanung schiffbaulich und maschinenbaulich die beste Leistung, die in der Entwicklungslinie dieses U-Boot-Grundtyps erreicht werden konnte, der auf zwei Antriebsarten für Überwasser- und Unterwasser-Fahrt angewiesen ist . . . Der Bauplan für weitere U-Boote ist festgelegt. Es ist daran, schon aus Fertigungsgründen, nichts mehr zu ändern. Ich glaube auch, daß wesentliche Verbesserungen schiffbaulicher und maschinenbaulicher Art an diesem Grundtyp nicht mehr erreichbar sind.«

Dann zählte Dönitz die Möglichkeiten des Gegners auf, diesen U-Boot-Typ auszuschalten: Frachter mit so hoher Fahrtgeschwindigkeit, daß es den Booten nicht mehr möglich war, in Angriffsposition zu gelangen. Und: Erfassung der Boote durch Ortungsgeräte zu einem so frühen Zeitpunkt, daß die Boote nicht mehr in der Lage waren, überhaupt an den Geleitzug heranzukommen.

Der Admiral folgerte damals: »Dieser Gefahr würde radikal begegnet werden können, wenn das U-Boot eine so große Unterwasser-Geschwindigkeit besäße, daß es sich nicht mehr über Wasser vorzusetzen

brauchte, sondern jeden gesichteten Gegner unter Wasser anlaufen und in Angriffsposition gelangen könnte.«
Boote mit diesen Eigenschaften waren im Herbst 1943 bereits konstruiert. Deutsche Werften hatten mit der Produktion begonnen.
Doch noch waren die »totalen Unterwasserboote«, wie Dönitz sie nannte und auf die er neue Hoffnung gründete, nicht fertig.
Und solange Boote der neuen Typen nicht einsatzfähig waren, mußten die deutschen U-Boot-Männer mit den veralteten Booten weiterkämpfen. Sie fuhren hinaus an die Front im Ozean, oft ohne Hoffnung, aber ohne Zagen.
In diesen Monaten, da die Überlegenheit des Feindes zu vernichtender Gewalt anschwoll, da die Chancen eines U-Bootes, heil zurückzukehren, immer geringer wurden, da die Möglichkeit eines Sieges endgültig schwand, entfalteten die deutschen U-Boot-Fahrer die soldatischen Tugenden Tapferkeit und Todesmut in einem Ausmaß, das dem Feind höchsten Respekt abnötigte.
In der Analyse der amerikanischen Admiralität heißt es über jene Monate: »Die U-Boote gaben nicht auf. Den ganzen Winter hindurch kämpften sie ihren Kampf, unter Wasser, allein, schweigend.«
Voller Staunen notierten Briten und Amerikaner Vorgänge wie diesen auf dem Ozean: U-Boote boten sich den Kriegsschiffen an Konvois aufgetaucht als Köder an, um sie auf sich zu ziehen und so anderen Booten Gelegenheit zu verschaffen, in den Geleitzug einzudringen und zum Torpedoschuß auf die Frachter zu kommen.
Karl Dönitz setzte die Boote jetzt in Seeräumen ein, die von den französischen Stützpunkten aus schnell erreichbar waren und die zugleich von Aufklärungsflugzeugen der deutschen Luftwaffe und deutschen Bombern erreicht werden konnten: Westlich von Spanien gegen Konvois, die von Gibraltar und dem afrikanischen Sierra Leone nach Großbritannien liefen, und in den Western Approaches, den Zufahrtswegen zu den englischen Häfen. Dort hatten die U-Boote den Seekrieg gegen die Versorgung Großbritanniens vier Jahre zuvor mit großem Erfolg begonnen, bis sie immer weiter auf das Meer hinausgedrängt worden waren. Jetzt kehrten sie zurück – gegen eine vielfache Übermacht.
Gejagt von Flugzeugen und Zerstörern, genarrt mit Hilfe von Ultra, mit dem niederdrückenden Gefühl des Mißerfolgs, suchten die Wölfe nach Beute.
Anfang Dezember 1943 begann eine U-Boot-Gruppe in den westlichen Zufahrtswegen mit der Fahndung nach britischen Geleitzügen. Die Boote suchten ein Seegebiet in einer Größe von 50 000 Quadratmeilen ab. Sie fuhren von Osten nach Westen, von Westen nach Osten, von Norden nach Süden und von Süden nach Norden, immer hin und her. Sie suchten 17 Tage lang. Sie fanden nichts.

In dieser Zeit durchquerten sieben alliierte Geleitzüge mit nahezu 400 Schiffen die westlichen Zufahrtswege. Die U-Boote sichteten zwei der Konvois, aber es gelang ihnen nicht, auch nur einmal zum Angriff zu kommen.

Dieses Geschick widerfuhr nahezu allen Rudeln, die Karl Dönitz in den ersten Monaten des Jahres 1944 gegen die feindlichen Konvois im Atlantik aufstellte. Die Boote warteten, fuhren Streife, klärten auf und wurden dennoch umgangen. Selbst der Einsatz deutscher Luftaufklärer konnte diese Lage nicht grundsätzlich ändern. Und wenn die Boote tatsächlich in Angriffsposition gelangten, waren ihre Verluste stets größer als die Alliierten. Doch in immer neuen Versuchen rannten die Boote gegen die Konvois und gegen ihre starke Sicherung an.

Mitte Februar 1944 stellte Dönitz 21 Boote westlich von Irland gegen einen Konvoi auf. Ein Funkspruch der U-Boot-Führung vom 17. Februar 1944 läßt erkennen, wie verzweifelt die U-Boot-Führung einen Sieg erhoffte: »Bei der bevorstehenden Operation müssen alle verfügbaren Kräfte eingesetzt werden, um eine Geleitzugschlacht alten Stils zu kämpfen. Die erste Nacht muß den Hauptschlag aller Boote bringen, da weitere Angriffe während des Tages wegen der Trägerflugzeuge fraglich sind. Diese lange vorbereitete Aktion muß ein Erfolg werden. Tut euer Bestes!«

Doch wie es jetzt schon selbstverständlich war, wurde die Aufstellung der Gruppen vom »Submarine Tracking Room« erkannt. Die Geleitzüge, auf die das Rudel lauerte, wurden umgeleitet. Die Boote setzten nach, doch wieder mißlang der Schlag, den Karl Dönitz gefordert hatte. Die Frachter waren entwichen. U 764 unter dem Kommando von Oberleutnant zu See Hanskurt von Bremen traf zwar mit einem »Zaunkönig« die britische Sloop »Woodpecker«, doch drei U-Boote gingen verloren.

Ende Februar formierten sich 16 Boote westlich von Irland zur Gruppe »Preußen«. Es war ein historischer Augenblick. Dieser Gruppe war es bestimmt, das letzte große Wolfsrudel im Nordatlantik zu sein.

Das Gefecht begann mit einer denkwürdigen Jagd. Am Morgen des 29. Februar vernahm ein britischer Matrose im Horchraum der Sloop »Garlies« jene Geräusche, auf die er voller Spannung gewartet hatte. Sie zeigten an, daß die Ortungsstrahlen des Gerätes auf den Rumpf eines U-Bootes tief unter Wasser getroffen waren. Der Kommandant der »Garlies« signalisierte zwei Kriegsschiffen in seiner Nähe, daß in großer Tiefe ein Feind dahinschlich.

Die drei Schiffe liefen, einander ablösend, zum Angriff an. Wasserbomben torkelten in die Tiefe, Hedgehog-Geschosse zischten in das Wasser. Aber keine der Bomben und Granaten fügte dem Boot Schaden zu. Die Männer an den Asdic-Geräten der Kriegsschiffe vernahmen immer noch das Echo der Schallstrahlen, die auf das Boot prallten.

Die britischen Kommandanten vermuteten jetzt, daß das U-Boot nach dem Untergang des Mondes, um zwei Uhr nachts, auftauchen und versuchen würde, mit hoher Fahrt auf der Oberfläche zu entkommen. Sie warteten. Radarstrahlen durchdrangen die Nacht, Männer auf den Brücken der Kriegsschiffe hielten die Nachtgläser an die Augen gepreßt und durchsuchten die Schwärze über dem Meer. Die Schiffe liefen geringe Fahrt, sie hoben und senkten sich in den langen Rollern des Atlantik. Da! Ein Schatten? Nein, kein Schatten!
Das Wild, das die Briten erlegen wollten, blieb in der schützenden Tiefe versteckt. Als der Morgen graute, hielten die Jäger das Boot wieder in einem Netz von Asdic-Strahlen gefangen. Ein viertes Kriegsschiff war zu den drei Verfolgern gestoßen, und jetzt im ersten Licht des Tages liefen die Schiffe zu einem vernichtenden Angriff an. Binnen kurzer Zeit detonierten 104 Wasserbomben. Sie verwandelten das Meer in eine aufkochende brodelnde, schäumende, gischtende Masse.
Aber immer noch blieb das Boot tief unter Wasser in Fahrt – nach 29 Stunden einer gnadenlosen Jagd.
Am Nachmittag des 1. März 1943 verließen zwei der Verfolger den Kampfplatz, zwei, die »Affleck« und die »Gould«, aber setzten die Verfolgung fort.
Dann wurden die Signale in den Asdic-Geräten plötzlich deutlich und klar, das U-Boot kam näher, es tauchte zur Oberfläche zurück – aber nicht, um sich zu ergeben. Die Deutschen nahmen den Kampf auf. Unter dem Heck der »Gould« stand plötzlich eine Detonationssäule, ein schwerer Schlag erschütterte das Kriegsschiff: Das U-Boot hatte »Zaunkönige« abgefeuert, und einer hatte sein Ziel getroffen. Die Entfernung zwischen Boot und Kriegsschiffen hatte kaum 1 500 Meter betragen. So nahe hatte sich das Boot an die überlegenen Feinde herangeschlichen, bevor es schoß.
Unmittelbar nach der Detonation des Torpedos entdeckten die Männer der »Affleck« das deutsche Boot. Schweres Geschützfeuer deckte es ein, das Kriegsschiff preschte auf den wegtauchenden Feind zu und schleuderte Wasserbomben gegen das Boot, das noch nicht ganz von der Oberfläche verschwunden war. Sie zerrissen den Bootskörper, das Boot versank. Es war U 358 unter dem Kommando von Kapitänleutnant Rolf Manke. Nur ein Mann seiner Besatzung wurde gerettet.
In der offiziellen britischen Seekriegsgeschichte heißt es: »Die Jagd hatte 38 Stunden gedauert, und sie war die längste unausgesetzte Jagd des ganzen Krieges gewesen. Anerkennung muß dem Gegner für seine Standfestigkeit gezollt werden und für die Tatsache, daß er lieber bis zum Ende kämpfte, als aufzutauchen und sich zu ergeben.«
Die Versenkung des Begleitzerstörers »Gould« blieb der vorerst einzige Erfolg des letzten Nordatlantik-Rudels. Der Konvoi, auf den es lauerte,

wurde von der britischen Admiralität weit im Süden vorbeigeführt. Am 9. März versenkte U 575 unter dem Kommando von Oberleutnant zur See Wolfgang Broehmer die Korvette »Asphodel«. Am Tag darauf aber gingen zwei U-Boote verloren.
Es war nun endgültig: Es war sinnlos geworden, im Nordatlantik weiterzukämpfen. Am 22. März 1944 ließ Karl Dönitz einen Funkspruch absetzen, mit dem er den Booten befahl, sich aus dem Kampfgebiet zurückzuziehen. Es war das Eingeständnis der völligen Niederlage in der Geleitzugschlacht.
Die Ergebnisse der letzten Monate mußten die deutsche U-Boot-Führung zutiefst entmutigen: Die U-Boote hatten 19 Schiffe versenkt, doch 52 U-Boote waren vernichtet worden.
Die Monate April und Mai 1944 waren eine Zeit des Wartens. Die Alliierten brachten weiterhin ungeheure Mengen von Kriegsmaterial über den Atlantik: für die Invasion auf dem europäischen Kontinent. Alliierte Schiffe und Flugzeuge nahmen ihre Ausgangsstellungen für den Tag des Großangriffs auf die Festung Europa ein. Die Deutschen sahen der Invasion entgegen, doch sie wußten nicht, wo der Feind die Masse seiner Panzer und Truppen an Land bringen würde.
Großadmiral Karl Dönitz zog das Gros der U-Boote näher an das europäische Festland heran. In entfernten Gewässern pirschten im April und Mai 1944 nur noch wenige deutsche Boote.
Die letzten Wochen vor der Invasion aber gebaren noch ein Drama im U-Boot-Krieg, einen deutschen Triumph, eine persönliche Tragödie für den Großadmiral Karl Dönitz, und sie brachten der amerikanischen Marine eine Trophäe von seltenem Glanz.
Über den deutschen Booten fern im Atlantik zog sich das Netz aus Ultra-Erkenntnissen und HF/DF-Peilungen immer enger zusammen.
Mitte April 1944 stand U 66 unter dem Kommando von Oberleutnant zur See Gerhard Seehausen westlich der Kapverdischen Inseln im mittleren Atlantik. Das Boot war vor der afrikanischen Küste auf Jagd gewesen. Doch Erfolge, auf die Kommandant und U-Boot-Führung gehofft hatten, waren ausgeblieben. Nun gingen Dieselöl und auch die Lebensmittel zur Neige.
In der Nacht zum 20. April setzte Kommandant Seehausen einen Funkspruch ab, in dem er die U-Boot-Führung über die Lage an Bord informierte. Die Befehlsstelle funkte zurück, U 66 könne sich aus der Milchkuh U 488 unter dem Kommando von Oberleutnant zur See B. Studt versorgen, und sie nannte ihm Zeit und Ort des Rendezvous: in der Nacht vom 25. auf den 26. April, 720 Seemeilen westlich der Kapverdischen Inseln. Die Funksprüche der Deutschen wurden von den Alliierten abgefangen und entziffert. Sie enthielten zwar keine ganz genaue Positionsangabe, gleichwohl setzte die »Zehnte Flotte« in Washington eine U-Boot-Jagd-Gruppe in Marsch: den Flugzeugträger

»Croatan«, begleitet von fünf Zerstörern. Die Amerikaner suchten zunächst vergeblich nach den Booten. Doch zur Festlegung des endgültigen Treffpunktes wechselten U 488 und U 66 eine Reihe weiterer Funksprüche. Bald wußten die Jäger, wo sie ihre Beute finden würden. U 66 marschierte in der Nacht vom 25. auf den 26. April aufgetaucht auf den Treffpunkt zu. Die Milchkuh U 488 war gleichfalls zur Stelle. Dann blinkte vom Turm des Versorgungsbootes ein Lichtsignal durch die Nacht. Es sollte U 66 heranführen.

Doch aus der Schwärze der Tropennacht wuchsen plötzlich schwere Schatten heraus: Amerikanische Zerstörer schäumten heran. Kommandant Studt ließ seine Milchkuh in Alarmtauchfahrt in die schützende Tiefe fallen, aber im gemeinsamen Wasserbomben-Angriff von vier Kriegsschiffen zerbarst das Boot unter dem Druck der Detonationen tief unter Wasser und versank mit seiner ganzen Besatzung.

Kommandant Seehausen hatte U 66 im gleichen Augenblick, in dem er die amerikanischen Kriegsschiffe sichtete, zur Tauchfahrt ansetzen lassen. Er blieb zunächst unauffindbar. Doch die amerikanische Kampfgruppe gelangte wieder auf seine Spur.

Seehausen war gezwungen, neue Funksprüche mit der U-Boot-Führung zu wechseln. Die Notwendigkeit, Dieselöl zu tanken und frische Lebensmittel zu übernehmen, wurde von Tag zu Tag dringlicher. Die U-Boot-Führung versprach dem Kommandanten, er werde in Kürze von U 188 unter dem Kommando von Kapitänleutnant Siegfried Lüdden, das bereits auf dem Marsch in den mittleren Atlantik war, mit allem versorgt werden, was Boot und Besatzung brauchten.

Die Amerikaner kreisten den Standort des Bootes ein, und diesmal machte sich eine zweite amerikanische Kampfgruppe, zu der der Flugzeugträger »Block Island« und vier Zerstörer gehörten, auf, um U 66 abzufangen. Flugzeuge, die vom Deck des Trägers starteten, suchten das Seegebiet westlich der Kapverdischen Inseln nach dem Boot ab.

In der Nacht zum 6. Mai setzte Kommandant Seehausen wieder einen Funkspruch ab: »Tanken unmöglich wegen ständiger Überwachung.« Der Funkspruch wurde von den Amerikanern eingepeilt. Nun erkannten die Offiziere auf den Schiffen, die seit Tagen U 66 jagten, daß das Boot nicht mehr weit entfernt war.

Der Zerstörer »Buckley« setzte sich in Marsch, um auf die Stelle zuzulaufen, an der sich das Boot bei seinem Funkspruch befunden hatte. Zugleich starteten vom Flugdeck der »Block Island« Avenger-Jagdbomber zur Suche. Eines der Flugzeuge entdeckte U 66 in der Dunkelheit auf dem Atlantik. Es meldete seine Beobachtung. Der Zerstörer »Buckley« schloß heran.

Die Männer an Bord des Zerstörers sahen plötzlich drei rote Leuchtkugeln zum Himmel steigen. Sie waren vom Turm des U-Bootes abgeschossen worden, und sie sollten als Erkennungssignal dienen. Kommandant Seehausen hatte den dunklen Schatten des Zerstörers gesichtet und offenbar angenommen, es sei U 118, das Boot, das ihn versorgen sollte.

Nur fünf Minuten später war der Zerstörer auf Schußweite heran. Seine Geschütze brüllten auf. Die Männer auf U 66 schossen zurück. Dann ließ Commander Abel, Kommandant der »Buckley«, sein Schiff zum Rammstoß anlaufen. Und nun entwickelte sich ein Gefecht, das in der gesamten Atlantikschlacht einzigartig dasteht: Ein Nahkampf zur See, von Mann zu Mann.

Der Bug des Zerstörers schmetterte in den Rumpf des Bootes. Der Zusammenprall brachte Boot und Zerstörer zum Stillstand. Und dann versuchten Männer der U-Boot-Besatzung, die sich auf dem Vordeck des Bootes an der Kanone befunden hatten, den Zerstörer zu erklimmen. Zerstörer-Commander Abel schrie den Befehl: »Klar zur Abwehr von Enterern!« Die Amerikaner begriffen offenbar nicht, daß die Deutschen keineswegs die Absicht hatten, den amerikanischen Zerstörer zu entern und zu erobern, sondern sich nur von ihrem zerschossenen und bereits sinkenden Boot auf das Kriegsschiff retten wollten.

Männer der »Buckley« schlugen mit allem, was gerade zur Hand war, auf die Deutschen ein: mit schweren Kaffeebehältern und Granathülsen. Einer der Deutschen, die an Bord zu kommen versuchten, wurde mit einem Revolver erschossen. Dann feuerte einer der amerikanischen Matrosen mit einer Maschinenpistole auf das Boot.

Wenig später löste sich der aufgeschlitzte Rumpf des Bootes vom Bug des Zerstörers. Eingehüllt in Flammen fuhr das Boot noch wenige hundert Meter über das Meer. Dann versank es mit zischenden und gurgelnden Geräuschen. 36 Mann seiner Besatzung wurden von den Amerikanern aus dem Wasser gezogen.

Acht Tage später, am 14. Mai 1944, verlor Großadmiral Karl Dönitz seinen zweiten Sohn an diesen Krieg. Es war ein Sonntag. Von der nordfranzösischen Küste aus stießen die Boote der deutschen 5. Schnellbootflottille gegen die englische Küste vor. Ihr Kampfziel: Versenkung von Landungsschiffen, die vor der Insel Wight ankerten.

An Bord des Schnellbootes S 141 fuhr der Leutnant zur See Klaus Dönitz. Die Boote wurden in ein Gefecht mit überlegenen Einheiten des Feindes verwickelt. Granaten des französischen Zerstörers »La Combattante« schlugen auf S 141 ein. Es versank. Klaus Dönitz starb – knapp ein Jahr, nachdem sein jüngerer Bruder Peter mit U 954 am 19. Mai 1943 im Nordatlantik untergegangen war.

Nach der Versenkung von U 66 war die Kampfgruppe des Trägers »Block Island« nach Norden marschiert. In der Nähe der Azoren wollten die Schiffe und Flugzeuge deutsche Boote jagen.

Am 28. Mai entdeckte eines der Flugzeuge der »Block Island« das deutsche Boot U 549 unter dem Kommando von Kapitänleutnant Detlev

Krankenhagen, das sich auf dem Marsch zur brasilianischen Küste befand. Das Flugzeug rief fünf Zerstörer herbei. Doch das deutsche Boot entkam den Verfolgern.
Die Kampfgruppe setzte nach. Am Morgen des 29. Mai stand sie wieder in der Nähe des Bootes. Aber Kommandant Krankenhagen versuchte nicht davonzufahren, er nahm den Kampf gegen fünf feindliche Schiffe auf.
U 549 feuerte fünf Torpedos, und dann stiegen an der hochaufragenden Bordwand des Flugzeugträgers »Block Island« drei Detonationssäulen hoch. In ungeheurem Schwall drängte das Wasser des Ozeans in das Schiff, Schotten zerbarsten, und der Träger, dessen Flugzeugen und Begleitschiffen viele deutsche U-Boote zum Opfer gefallen waren, versank knirschend und brausend im Ozean.
Der vierte Torpedo von U 549 schmetterte in den Zerstörer »Barr«. Der fünfte Torpedo von U 549 rauschte an seinem Ziel vorbei.
Einer der amerikanischen Zerstörer lief zu der Stelle, an der die »Block Island« versunken war. Seine Männer zogen die Überlebenden aus dem Wasser. Zwei Zerstörer hetzten unterdessen über das Meer und suchten nach dem Boot, das den Träger torpediert hatte. Sie fanden und sie versenkten es wenig später. Kein Mann der Besatzung von U 549 überlebte.
Die Vernichtung des nahezu 9 000 Tonnen großen Geleit-Flugzeugträgers »Block Island« war der letzte große Triumph eines deutschen U-Bootes gegen ein weit überlegenes feindliches Schiff in diesem Krieg.
Wenig später wurden die restlichen Schiffe der von U 549 zerschlagenen amerikanischen Kampfgruppe im Seegebiet nahe der Azoren abgelöst: Der Flugzeugträger »Guadalcanal« stampfte heran, begleitet von fünf Zerstörern.
Kommandant der »Guadalcanal«-Gruppe war Captain Daniel V. Gallery, ein Mann von besonderem Ehrgeiz: Gallery wollte der erste amerikanische Marineoffizier sein, der ein deutsches U-Boot kaperte. Wenn seine Absicht gelang, mußte sich Ruhm an seinen Namen heften: Seit 1812, seit dem letzten Krieg der Amerikaner gegen die Briten, hatte die US-Navy auf hoher See kein feindliches Schiff mehr erbeutet.
Gallery suchte unter der Besatzung der von ihm kommandierten Kampfgruppe Männer aus, die ihm für den Enterangriff auf ein deutsches U-Boot geeignet erschienen, und er ließ sie immer wieder die notwendigen Abläufe und Handgriffe üben.
Jetzt, Ende Mai 1944, stand die »Guadalcanal«-Gruppe in ihrem Jagdgebiet. Zur gleichen Zeit erkannten die Offiziere im amerikanischen »Submarine Tracking Room«, daß sich ein U-Boot diesem Seeraum näherte. Noch lagen viele hundert Meilen zwischen dem deutschen Boot und den amerikanischen Kriegsschiffen, aber die Lücke schloß sich schnell.
Die Offiziere der »Zehnten Flotte« hatten den Weg dieses Bootes schon

mehrere Wochen lang verfolgt. HF/DF-Peilungen und entschlüsselte Funksprüche verrieten seine Standorte, seine Bewegungen und seine Nummer: Es war U 505 unter dem Kommando von Oberleutnant zur See Harald Lange.

U 505 war ein großes, 1 120 Tonnen verdrängendes Boot vom Typ IX c. Mitte März hatte es seinen französischen Stützpunkt verlassen, um im mittleren Atlantik, vor der afrikanischen Küste, zu pirschen.

Die Nadel auf der Atlantik-Karte im »Submarine Tracking Room« der »Zehnten Flotte«, die den mutmaßlichen Standort von U 505 markierte, war zunächst immer weiter nach Süden gesteckt worden: U 505 stieß in die Gewässer vor der Elfenbeinküste und in das Seegebiet vor Freetown vor. Die Amerikaner vermerkten mit steigender Spannung, daß U 505 sich längere Zeit im gleichen Seeraum aufhielt. Versenkungsmeldungen aber blieben aus. Kein alliierter Frachter kreuzte den Kurs des Bootes.

Alliierte Flugzeuge suchten nach U 505, aber das neue Radar-Warngerät Naxos an Bord des Bootes signalisierte stets ihre Annäherung. Das Boot konnte so rechtzeitig wegtauchen, daß die Kampfmaschinen kein Ziel für ihre Bomben fanden.

Die Amerikaner warteten. Sie wußten, daß U 505 schließlich wieder nach Norden laufen mußte, entweder zurück zum Stützpunkt oder um sich mit einem Versorger zu treffen.

Ende Mai erkannte die »Zehnte Flotte«, daß U 505 den 20. Grad westlicher Länge entlangmarschierte – mit genau nördlichem Kurs.

Die »Zehnte Flotte« informierte Captain Gallery, und am 2. Juni nahmen die »Guadalcanal« und ihre fünf Zerstörer die Jagd auf. Bald waren die Kriegsschiffe dem Boot nahe gekommen. Vom Flugdeck der »Guadalcanal« schwangen sich Avenger- und Wildcat-Maschinen in die Luft und schwärmten über das Meer.

Kommandant Harald Lange stellte schnell fest, daß die Treibjagd auf U 505 eröffnet war. In immer kürzeren Abständen zeigte sein Radar-Warngerät an, daß das Boot von Suchstrahlen erfaßt wurde. »Alarm!« und immer wieder »Alarm!« Die Männer im Turm ließen sich in das Boot herunterfallen, und dann schoß es in die Tiefe.

Jetzt konnte U 505 schon nicht mehr lange genug auf der Oberfläche bleiben, um mit den Dieselmotoren die Batterien für die Elektro-Maschinen aufzuladen. Wenn die Jagd kein Ende nahm, war das Ende von U 505 nahe.

Kommandant Lange befahl, das Boot auf östlichen Kurs zu legen. Unter der afrikanischen Küste hoffte er, seinen Verfolgern zu entkommen. U 505 schlich unter Wasser davon. Die amerikanische Jagdgruppe verlor in diesem Augenblick die Spur des Bootes – aber nur für wenige Stunden.

Am Morgen des 4. Juni krächzte aus dem Lautsprecher auf der Brücke der »Guadalcanal« die Stimme von Lieutenant Commander Dudley S.

Knox, Kommandant des Zerstörers »Chatelain«: »Ich habe möglicherweise einen Sonarkontakt.« Zwölf Minuten später meldete sich Dudley erneut: »Kontakt ist ein U-Boot. Ich greife an!«
Captain Gallery befahl zwei weiteren Zerstörern, die »Chatelain« bei ihrer Attacke zu unterstützen. Gallery rief zwei seiner Flugzeugpiloten zu sich: »Geht hoch! Aber werft keine schweren Sachen, wenn das Boot auftaucht. Jagt die Besatzung mit Maschinengewehrfeuer über Bord!«
Die Piloten rannten zu ihren Maschinen, und die Flugzeuge schwebten wenig später über dem Schlachtfeld im Ozean. Einer der Piloten entdeckte das dicht unter der Oberfläche fahrende Boot und leitete den Zerstörer »Chatelain« heran.
Der Zerstörer lief an, und seine Wasserbomben detonierten in der Nähe des Bootes. Männer im Boot wurden von ihren Füßen gerissen, Tauchzellen waren zerstört, Wasser drang ein.
Kommandant Langes Stimme schallte durch das Boot: »Anblasen!«
U 505 schoß nach oben, durchbrach rauschend und schäumend die Wasseroberfläche – kaum eine halbe Seemeile von den lauernden amerikanischen Zerstörern entfernt.
Über dem Boot kreisten die amerikanischen Kampfmaschinen. Sie schossen mit leichten Bordkanonen auf das Boot, und dann eröffneten auch die Kriegsschiffe das Feuer mit kleinen Kalibern. Männer im Turm des Bootes brachen im Feuerhagel zusammen, Kommandant Lange wurde schwer verwundet, der Funkobergefreite Fischer starb in einer MG-Garbe.
Die Amerikaner auf den Kriegsschiffen und in den Flugzeugen beobachteten, wie die ersten Männer von U 505 über Bord sprangen, sie sahen, wie ihnen immer mehr Männer folgten.
Genau die Situation, die Captain Gallery herbeiführen wollte, war eingetreten. Es war der Augenblick, da Commander Frederick S. Hall, Kommandant des Zerstörers »Pillsbury«, den Befehl schrie: »Feuer einstellen! Enterkommando los!«
Von der Bordwand der »Pillsbury« legte ein Motorboot ab, besetzt mit einer Gruppe von Matrosen unter dem Kommando von Lieutenant Albert L. David. Die Barkasse lief auf das deutsche U-Boot zu. Die Zerstörer »Chatelain« und »Jenks« näherten sich den schwimmenden Deutschen und zogen sie aus dem Wasser. Alle wurden gerettet. Einziges Opfer blieb der Funkobergefreite Fischer.
Die Barkasse machte an U 505 fest, Lieutenant David und zwei seiner Männer kletterten die Leiter zum Turm hoch und stiegen dann durch das Luk hinab. Ihre ersten Griffe galten den Schlüsselunterlagen, Codebüchern und den anderen Papieren des Kommandanten. Einer der Männer brachte sie zur Barkasse.
Dann suchten die Amerikaner nach den Lecks, durch die Wasser in das Boot strömte. Das meiste Wasser drang durch ein zwanzig Zentimeter

weites Rohr herein, das die Deutschen geöffnet hatten, bevor sie das Boot verließen. Die Amerikaner drehten das dazugehörende Ventil zu. Sie entschärften die Sprengpatronen, die von den Deutschen angebracht, aber nicht gezündet worden waren. Lieutenant David stieg auf den Turm zurück.

Die »Guadalcanal« näherte sich und setzte eine Barkasse aus. Amerikanische Matrosen befestigten eine schwere Schlepptrosse an U 505, und dann nahm der Flugzeugträger Fahrt auf. Der Bug von U 505 hob sich aus dem Wasser. Die »Guadalcanal« nahm Kurs nach Westen. Ein Schlepper lief ihr entgegen. Er nahm das Boot auf den Haken und brachte es in einen Hafen auf den Bermudas.

Heute steht Captain Daniel V. Gallerys Beute in Chicago vor dem Museum für Wissenschaft und Industrie – als einzigartige Trophäe des amerikanischen Sieges im Seekrieg.

Die Papiere und Unterlagen, die auf U 505 erbeutet worden waren, sandte Captain Gallery nach Washington.

Die Offiziere der »Zehnten Flotte« nutzten den Fund zur Überprüfung der Erkenntnisse, die sie aus der Entschlüsselung deutscher Funksprüche bereits gewonnen hatten. Das Ergebnis: Ultra hatte vorzüglich gearbeitet, die Amerikaner waren voll im Bild über den Feind, ja, sie waren sogar besser über Änderungen der deutschen U-Boot-Taktik informiert als mancher deutsche U-Boot-Kommandant.

In der Analyse der amerikanischen Admiralität heißt es: »Als U 505 gekapert wurde, waren die ständigen Befehle der deutschen U-Boot-Führung, die an Bord dieses Bootes gefunden wurden, allesamt schon in den Akten der amerikanischen Befehlsstelle für die Führung des Seekriegs im Atlantik vorhanden. Tatsächlich war die Liste der ständigen Befehle an Bord von U 505 veraltet. Die U-Boot-Führung hatte über Funk Zusätze und Korrekturen gegeben, die das Boot aber nicht erreicht hatten.«

Der deutschen U-Boot-Führung blieb verborgen, was U 505 widerfahren war. Ihre ganze Aufmerksamkeit und alle der U-Boot-Waffe noch verbliebene Kraft wurden in diesen Tagen von einem Ereignis in Anspruch genommen, das den endgültigen Untergang des Dritten Reiches einleitete: Am 6. Juni 1944, zwei Tage, nachdem U 505 in die Hände der Amerikaner gefallen war, landeten die Alliierten in der Normandie.

Karl Dönitz urteilte: »Es folgten nun die Wochen des härtesten Kampfes der U-Boot-Waffe überhaupt.«

Die schreckliche Schlacht wurde von Booten geschlagen, deren Besatzungen oft über viele Wochen hinweg nicht das Licht des Tages erblickten; von Booten, die den Krieg noch einmal zurücktrugen dicht vor Englands Küsten und die wenige Monate vor dem Ende des Krieges die U-Boot-Furcht der britischen Admiralität noch einmal anschwellen ließen: die Schnorchel-Boote.

# 19 Neues Leben für die Boote

*Der Einfall des Professors Walter – Schnorchelboote gegen die Invasionsflotte – Erfolge unter Englands Küsten – Ein gänzlich anderer U-Boot-Krieg – Flugzeuge verlieren ihre Macht – Neue Sorgen in der Admiralität*

Im Januar 1944 erhielt die deutsche Führung einen Bericht, der sie in Alarm versetzte. Er stammte von einem Agenten in England, der als besonders glaubwürdig galt. Aus dieser Meldung ging hervor, daß Briten und Amerikaner den Zeitraum Ende Januar/Anfang Februar 1944 als möglichen Termin für eine Invasion ihrer Streitkräfte in Frankreich ins Auge gefaßt hatten. Nervosität bemächtigte sich der Deutschen. Den Soldaten im Westen wurde besondere Wachsamkeit eingeschärft.

Am 29. Januar 1944 machte der Pilot eines deutschen Aufklärungsflugzeuges, das in großer Höhe über dem Golf von Biskaya patrouillierte, auf dem Meer eine größere Zahl von Schiffen aus. Er meldete an seine Bodenstation: »Zweihundert bis dreihundert Landungsfahrzeuge mit Kurs auf die Küste!«

Großadmiral Karl Dönitz reagierte als erster und sofort: Er befahl den U-Booten, die in der Nähe standen, auf die von dem Piloten gemeldete heranmarschierende Flotte vorzustoßen.

Er ordnete zugleich an, die Boote sollten feindlichen Flugzeugen keinerlei Beachtung schenken: »Aufgetaucht marschieren mit Höchstgeschwindigkeit!« Seine Befehle erstreckten sich auf alle Boote, die überhaupt in den Kampf eingreifen konnten – auf Boote, die zur Feindfahrt ausliefen, ebenso wie auf Boote, die zurückkehrten.

Wenige Stunden später an diesem 29. Januar wurde der Alarm abgeblasen. Es stellte sich heraus, daß die vermeintliche Landungsflotte aus 18 Fischkuttern bestand, die im Golf von Biskaya auf Thunfische jagten. Gleichwohl erkannten Briten und Amerikaner bei dieser Gelegenheit, welche Bedeutung Karl Dönitz seinen U-Booten bei der Abwehr einer Invasion in Nordfrankreich zumaß.

Die britische Aufklärung, die entschlüsselten Funksprüchen der Deutschen den Ablauf der Ereignisse entnahm, urteilte: »Die Reaktion des Befehlshabers der U-Boote war energisch, schnell und deutete auf einen im voraus festgelegten Plan hin. Der Vorrang dieses Einsatzes vor allen anderen Aufgaben lag offen zutage, ebenso wie die eindeutige Konzentration auf das Ziel. Die ausdrückliche Weisung, die Gefährdung aus der Luft und durch Minensperren nicht zu beachten, läßt die Auffassung

erkennen, daß im Falle einer militärischen Großoperation U-Boote geopfert werden können.«
Tatsächlich hatte Karl Dönitz schon im Dezember 1943 vor den Befehlshabern der Marine-Teilstreitkräfte dargelegt, daß das Deutsche Reich mit der Verhinderung der Invasion in Frankreich stand oder fiel: »Ein Einbruch im Westen bringt unsere Kriegswirtschaft am Rhein, an der Ruhr der deutschen Grenze (der Front) sehr nahe. Unter allen Umständen muß ein solcher Einbruch im Westen verhindert werden. Die Kriegsmarine, im Vorfeld der Küste und an der Küste sitzend, wird in einem solchen Fall eine Aufgabe bekommen, der sie sich im fanatischsten und vollsten Einsatz zu unterziehen haben wird, wo es kein Weichen gibt, nicht einen Meter.«
In einer Reihe von Äußerungen und Befehlen wiederholte der Großadmiral später, was er im Falle einer feindlichen Landung von den Männern der Kriegsmarine erwartete. Am 19. Februar 1944 formulierte er: »Über das sonst übliche Maß hinausgehende Beanspruchungen und Wagnisse sind in Kauf zu nehmen. Gedanken an die Erhaltung von Schiff und Besatzung sind nicht am Platze.«
Am 10. April 1944 richtete er einen Erlaß an die Truppe: »Ich fordere, daß sich jeder Soldat der Kriegsmarine der schicksalhaften Größe der Aufgabe bewußt ist, daß er sich als Soldat, Krieger und Mann in jeder Lage rücksichtslos einsetzt, sei es an Land, wo kein einziger Meter Boden aufgegeben werden darf, sei es an Bord, wo nur härtester Einsatz ohne Rücksicht auf die Erhaltung des Schiffes ohne Hemmung auch bei ungünstigem Kräfteverhältnis zum Erfolg führen kann.«
Für die U-Boote verfaßte ihr Befehlshaber zwei Sonderbefehle. Am 27. März 1944 teilte Dönitz mit: »Jeder Kommandant muß sich darüber klar sein, daß im Falle der Invasion von ihm mehr als zu irgendeiner anderen Zeit die Zukunft unseres deutschen Volkes abhängt, und ich verlange, daß er ohne Rücksicht auf sonst geltende Vorsichtsmaßnahmen nur ein Ziel vor Augen und im Herzen hat: Angriff – ran – versenken!«
Am 11. April erließ der Oberbefehlshaber der Kriegsmarine und Befehlshaber der U-Boote den »Befehl Kanal«. In ihm präzisierte Karl Dönitz, was »rücksichtslosester Einsatz« bedeutete: »Jedes feindliche Fahrzeug, das der Landung dient, auch wenn es nur etwa ein halbes hundert Soldaten oder einen Panzer an Land bringt, ist ein Ziel, das den vollen Einsatz des U-Bootes verlangt. Es ist anzugreifen, auch unter Gefahr des Verlustes des eigenen Bootes. Wenn es gilt, an die feindliche Landungsflotte heranzukommen, gibt es keine Rücksicht auf Gefährdung durch flaches Wasser oder mögliche Minensperren oder irgendwelche Bedenken. Jeder Mann und jede Waffe des Feindes, die vor der Landung vernichtet werden, verringern die Aussicht des Feindes auf Erfolg. Das U-Boot aber, das dem Feinde bei der Landung Verluste beibringt, hat seine höchste Aufgabe erfüllt, auch wenn es dabei bleibt.«

Kaum zwei Monate später war es dann soweit: In der Nacht vom 5. auf den 6. Juni 1944 war der Himmel über dem Ärmelkanal erfüllt vom Geräusch vieler tausend Flugzeugmotoren. Über der französischen Küste flammte das Abwehrfeuer deutscher Flakgeschütze auf.
Aber nichts konnte aufhalten, was sich da heranwälzte: 1 056 schwere Bomber der Royal Air Force. Ihr Ziel waren die Befestigungen und Geschützstellungen an der Küste der Normandie, der sogenannte Atlantik-Wall der Deutschen. Binnen kurzer Zeit lud der Bomberstrom mehr als 5 000 Tonnen Bomben ab.
Die britischen Bomber zogen durch die Dunkelheit davon, der Morgen des 6. Juni dämmerte herauf. Und wieder erdröhnte der Himmel. Jetzt flogen 1 630 amerikanische Bomber die nordfranzösische Küste an. Ihr Ziel waren die gleichen Punkte, gegen die auch die britischen Bomber ihren Angriff gerichtet hatten: Deutsche Befestigungen und Batterien zwischen Cherbourg und Le Havre.
Im ersten Licht des Tages blickten deutsche Soldaten aus den Schießscharten ihrer Bunker über das Meer. Seine schaumbekränzte Oberfläche war von Horizont zu Horizont gefüllt mit Schiffen, die sich stetig der französischen Küste näherten. Die Invasion der Briten und Amerikaner in Frankreich hatte begonnen.
Der Augenblick des Krieges, für den Karl Dönitz den »Befehl Kanal« formuliert hatte, war da, die Stunde des »rücksichtslosesten Einsatzes« gekommen.
Die Alliierten setzten in diesen Tagen ihres entscheidenden Angriffs auf die »Festung Europa« sieben Schlachtschiffe, 23 Kreuzer, 105 Zerstörer, 1 073 kleinere Kriegsschiffe sowie rund 10 000 Kampfflugzeuge ein.
Die Deutschen konnten dieser gewaltigsten Ballung von Feuerkraft in der Luft und zur See, die die Geschichte je gesehen hatte, als stärkste Einheiten fünf Zerstörer entgegenstellen, dazu rund 400 kleinere Kriegsschiffe – und die U-Boote.
Zudem waren die schwachen deutschen Kräfte über die gesamte Länge der französischen Küste verteilt. Nur ein kleinerer Teil stand im Kanal, nahe dem Kampfgebiet. Eine große Zahl der Boote lag in den Stützpunkten an der französischen Atlantikküste, in Alarm versetzt, bereit zum Auslaufen.
Jetzt sollten sie unter den Küsten des europäischen Kontinents jene Schiffe und Soldaten aufhalten, die sie auf dem Weg über den Ozean nicht hatten abfangen können.
Doch die Deutschen waren ohne Chance.
Denn zu der ungeheuren materiellen Überlegenheit der Briten und Amerikaner gesellte sich in jenen Tagen besonders üppiges Ultra-Material. Die Alliierten waren besser als je zuvor über Absichten, Pläne und die Lage ihrer deutschen Feinde informiert. Nie waren Ultra-Nachrichten so reichlich geflossen wie zur Zeit der Invasion.

Denn die flächendeckenden Bombenteppiche, die von britischen und amerikanischen Maschinen über die nordfranzösische Küste gelegt worden waren, hatte den größten Teil der Fernschreib- und Telefonverbindungen zwischen den Befehlsstellen in Deutschland und der Front zerstört.

Am 8. Juni informierte der Befehlshaber des deutschen Marinegruppenkommandos West die U-Boot-Führung, daß alle Leitungen zwischen Berlin, Kiel, Wilhelmshaven, Paris, Brest, Aix und La Rochelle ausgefallen waren. Jetzt mußten alle Nachrichten zwischen der U-Boot-Führung und der U-Boot-Organisation in den französischen Häfen per Funk übermittelt werden.

Im U-Boot-Report der amerikanischen Admiralität werden die Folgen beschrieben: »Die Zahl deutscher Funksprüche, die entziffert und ausgewertet wurden, verdreifachte sich. Das innere Gefüge der Verwaltungs-, Nachschub- und Befehlsstruktur der deutschen U-Bootwaffe öffnete sich dem direkten und ständigen Einblick durch Briten und Amerikaner. Es wurde möglich, den Lauf von Operationsbefehlen, Berichten, Auseinandersetzungen, Verwirrungen und Schwierigkeiten aller Art innerhalb der Hierarchie der Kriegsmarine von ihrem einen Ende bis zum anderen und auch zurück zu verfolgen.«

Nie waren die taktischen Umstände für die alliierten U-Boot-Jäger günstiger gewesen. Die U-Boote aber, die in den Tagen nach der Invasion ihre Stützpunkte verließen, um gegen die Invasionsstreitkräfte vorzustoßen, kämpften unter den schlechtesten Bedingungen, die U-Boote überhaupt vorfinden konnten.

Sie fuhren in eine Schlacht auf flachem Wasser, so daß es ihnen unmöglich war, zum Schutz vor feindlichen Angriffen in große Tiefen wegzutauchen.

Und sie mußten gegen eine U-Boot-Abwehr anrennen, die stärker war als je zuvor in diesem Krieg. Zwischen Portsmouth und Cherbourg, am westlichen Zugang zum Kanal, hatten die Alliierten drei Geleit-Flugzeugträger sowie 57 Zerstörer, Fregatten, Sloops und Korvetten postiert, deren einzige Aufgabe es war, den Durchbruch der Boote in das Seegebiet vor dem Invasionsraum zu verhindern.

Über diesem Seegebiet schwebten zugleich Hunderte von alliierten Flugzeugen. Jede Quadratmeile wurde von Bombern und Kampfmaschinen nahezu unausgesetzt überwacht. Die Beute, auf die sie lauerten, war ihnen sicher. Denn irgendwann mußten die Boote auf ihrem Marsch in den Kanal an die Oberfläche kommen, um mit den Dieselmotoren die Batterien für die Unterwasserfahrt nachzuladen.

Am 7. Juni setzte U 963 unter dem Kommando von Kapitänleutnant Boddenberg innerhalb von zwei Stunden drei Funksprüche an die U-Boot-Führung ab. Jedesmal berichtete der Kommandant, daß das Boot von Flugzeugen angegriffen worden sei.

Beim Marsch durch den Golf von Biskaya nach Nordosten wurden am 7. Juni, dem Tag nach der Invasion, zwei U-Boote von britischen Bombern vernichtet: U 955 unter dem Kommando von Oberleutnant zur See Baden, das mit seiner gesamten Besatzung versank, und U 970 unter dem Kommando von Kapitänleutnant Hans Heinrich Ketels, von dessen Besatzung einige Männer gerettet wurden. Fünf weitere Boote wurden an diesem Tag gebombt und so schwer beschädigt, daß sie zurück in ihre Stützpunkte laufen mußten, darunter auch Boddenbergs U 963. Tags darauf, am 8. Juni, vernichtete ein britischer Liberator-Bomber innerhalb einer halben Stunde zwei U-Boote: U 629 unter dem Kommando von Oberleutnant zur See Hans Helmuth Bugs mit seiner gesamten Besatzung und U 373 unter dem Kommando von Oberleutnant zur See Detlef von Lehsten.

Am dritten Tag nach der Invasion fand Karl Dönitz zu der Einsicht, daß die Masse seiner Boote den Vorhang aus Schiffen und Flugzeugen, der von Briten und Amerikanern vor den Kanal gelegt worden war, nicht zu durchdringen vermochte. Es stellte sich heraus, daß der Großadmiral den »Befehl Kanal«, in dem er »rücksichtslosesten Einsatz« gefordert hatte, gleichwohl nicht als Selbstmordbefehl verstanden wissen wollte. Jeder Einsatz von U-Booten, die bei ihrem Marsch in den Kanal zum Nachladen der Batterien auftauchen mußten, kam einer sinnlosen Aufopferung gleich. Am 9. Juni verbot Dönitz den Booten in See weitere Versuche, in das Invasionsgebiet vorzudringen.

Einige wenige Boote jedoch waren von diesem Befehl ausgenommen. Von diesen Booten glaubte der Oberbefehlshaber der Kriegsmarine, sie könnten mehr vollbringen als alle anderen – kämpfen, wo andere Boote machtlos waren, davonkommen, wo andere Boote verloren waren. Es waren jene Boote, die mit einem Schnorchel ausgerüstet waren.

Der Schnorchel war eine Vorrichtung von großer Einfachheit: Durch den Turm des U-Bootes führten zwei Rohre, die mit dem Dieselantrieb des Bootes verbunden waren. Die Rohre befanden sich in einem sogenannten Mast, der mit Seilzügen oder hydraulisch aufgerichtet und gelegt werden konnte. Durch eines der Rohre saugte der Motor die Luft an, die er zur Verbrennung des Treibstoffs brauchte, durch das zweite Rohr wurden die Auspuffgase abgeleitet.

Der Schnorchel erlaubte es den Booten, in Unterwasserfahrt ihre Batterien aufzuladen. Sie mußten nicht mehr regelmäßig an die Oberfläche zurückkehren. Zwar ragte der Schnorchelkopf um etwa 50 Zentimeter über die Wasseroberfläche hinaus, aber er war nur ein kleiner Punkt in der Wüste des Meeres und von Flugzeugen wie von Schiffen aus weit schwerer zu entdecken als ein aufgetaucht fahrendes U-Boot, das seinen Turm und einen beträchtlichen Teil des Rumpfes den feindlichen Augen und dem feindlichen Radar darbot.

Das Prinzip des Schnorchels war bei seiner Anwendung durch die

Deutschen schon seit mehr als zwei Jahrtausenden bekannt. Bereits Alexander der Große hatte Krieger unter Wasser schwimmend gegen den Feind geschickt. Sie atmeten dabei durch ein Schilfrohr, das zur Oberfläche reichte.
Die holländische Marine rüstete während der Jahre vor dem Zweiten Weltkrieg einige ihrer U-Boote versuchsweise mit verschließbaren Luftrohren aus, die mit den Antriebsmaschinen gekoppelt waren. Es waren Vorläufer des Schnorchels.
Diese Vorrichtungen fielen den Deutschen nach dem Einmarsch der Wehrmacht in die Niederlande 1940 in die Hände.
Doch jahrelang blieb der Fund unbeachtet – im wesentlichen deshalb, weil das Gerät nicht ausgereift war und sein Einsatz sowohl die Kampffähigkeit des Bootes wie auch die Gesundheit der Besatzung beeinträchtigen konnte.
Im November 1942 aber gewann die alte Erfindung plötzlich neuen Wert. Damals hatte Admiral Dönitz mehrere U-Boot-Bau-Spezialisten in seine Pariser Befehlsstelle geladen. Wichtigster Punkt der Tagesordnung war die Konstruktion neuer U-Boote mit hoher Unterwasser-Geschwindigkeit.
Unter den Gästen des Admirals befand sich Professor Helmuth Walter, ein von Dönitz als »genial« bezeichneter Wissenschaftler. Professor Walter hatte bereits vor dem Ausbruch des Krieges einen neuen Antrieb für U-Boote erdacht. Er sollte mit Wasserstoffsuperoxyd arbeiten und den Booten eine geradezu explosive Unterwassergeschwindigkeit verleihen. Tatsächlich erreichten Versuchsboote mit dem Walter-Antrieb später bei Tauchfahrten das fabelhafte Tempo von 25 Knoten.
Jedoch: Auch jetzt, zu Beginn des vierten Kriegsjahres, war dieser Antrieb noch nicht serienreif. Dönitz war vom Ergebnis der Sitzung enttäuscht.
Zwei seiner Ingenieure schlugen dem Admiral vor, wenigstens einen Teil des Walterschen Konzepts sofort zu nutzen: nämlich den Rumpf. Er war für hohe Unterwassergeschwindigkeit ausgelegt. Wenn man in ihn eine sehr große Batterieanlage als Antrieb einbaute, konnte dieses U-Boot unter Wasser eine beträchtlich höhere Geschwindigkeit erreichen als die herkömmlichen Boote. Doch auch diese Boote mußten erst konstruiert, gebaut und in langwierigen Versuchsfahrten erprobt werden.
Professor Walter regte an, die Zeit bis zur Frontreife der neuen Boote mit dem Schnorchel zu überbrücken. Dönitz schrieb: »Ich begrüßte diese Vorschläge sehr.«
Die deutschen U-Boot-Ingenieure brauchten ein Jahr, um die neue Vorrichtung, die den alten Booten ihre Unsichtbarkeit zurückgeben sollte, zu konstruieren und zu erproben.
Nur kurze Zeit jedoch konnte die deutsche U-Boot-Führung dem Feind

verbergen, daß sie ihre Boote mit einer neuen Vorrichtung zum Schutz vor Entdeckung und Vernichtung ausstattete.
Im Januar 1944 bereits entzifferten die Briten einen Funkspruch, in dem vom »Schnorchel« die Rede war. Die Bedeutung des neuen Wortes erschloß sich den alliierten Marineoffizieren nicht sofort. Sie erkannten nur, daß es sich um eine mechanische Vorrichtung handelte, die in irgendeiner Verbindung zum Diesel-Antrieb der Boote stand. Doch die Kenntnisse der Briten und Amerikaner mehrten sich rasch.
Anfang 1944 war U 264 unter dem Kommando von Kapitänleutnant Hartwig Looks zur Feindfahrt ausgelaufen. Es war das erste mit einem Schnorchel ausgerüstete Boot, das in den Nordatlantik vorstieß. Das neue Gerät half dem Boot, sich vor Flugzeugen zu verbergen, aber es nutzte ihm nichts, als es in die Fänge der U-Boot-Jagd-Gruppe von Captain Johnnie Walker geriet.
Die britischen Kriegsschiffe stellten das Boot nach siebenstündiger Jagd, die Wasserbomben lagen dicht beim Ziel, U 264 mußte mit schweren Schäden an Tauchzellen und Druckkörper auftauchen, Männer der Besatzung sprangen in das Meer und wurden von den Briten gerettet, U 264 sank auf ebenem Kiel in die Tiefe.
Der Leiter des »Submarine Tracking Room«, Rodger Winn, wegen seiner Tüchtigkeit bei der Verfolgung deutscher U-Boote inzwischen vom Commander zum diensttuenden Captain befördert, meldete unter dem 21. Februar, zwei Tage nach der Versenkung von U 264, bereits der Admiralität: »Der Kommandant dieses Bootes, der das Doppelte der durchschnittlichen Fronterfahrung besitzt und im Laufe des Krieges sehr erfolgreich operierte, hatte Befehl, über seine Erfahrungen mit dem neuen Gerät zu berichten, insbesondere darüber, ob es gleichzeitig mit dem Sehrohr benutzt werden könne und wo, je nach Seegang, die Einsatzgrenzen lägen.«
Die Briten entlockten gefangenen U-Boot-Fahrern weitere Einzelheiten, und sie werteten die sich im Frühjahr 1944 häufenden Funksprüche deutscher Boote, in denen vom Schnorchel die Rede war, systematisch aus.
So erfuhren Briten und Amerikaner von den Schwierigkeiten und auch den Qualen, die der Schnorchel den Booten und ihren Besatzungen bereitete. Der Luftmast entpuppte sich oft als ein hinterhältiges Gerät.
Beim Schnorcheln fuhr das Boot dicht unter der Oberfläche. Bei vom Wind stärker bewegten Wasser war es unausbleiblich, daß in kurzen Abständen die Seen über den Schnorchelkopf hinwegwuschen, der Schnorchel sich also unter Wasser befand. Im gleichen Augenblick reagierte das Schwimmerventil im Kopf des Schnorchels. Es verschloß das Rohr, durch das der Dieselmotor seine Verbrennungsluft ansaugte. Der Motor aber lief weiter und schlürfte im nächsten Moment gierig die

Luft, die er brauchte, aus dem Boot selbst. Auf diese Weise erzeugte er blitzschnell einen unerhörten Unterdruck.
Im Boot wurde die Atemluft knapp, die Augen quollen den Männern aus den Höhlen, ihre Trommelfelle drohten zu platzen – eine Tortur, die andauerte, bis entweder die Dieselmotoren abgestellt waren oder das Schwimmerventil im Schnorchelkopf den Luftstrom wieder freigab.
Schlimmer noch war es, wenn das Boot während der Schnorchelfahrt zu tief unter die Wasseroberfläche geriet, etwa weil die Rudergänger einen Augenblick unaufmerksam waren. Dann konnte der Druck der Abgase, die der Dieselmotor ausstieß, den Wasserdruck, der auf dem Ventil lastete, nicht mehr überwinden. Die Abgase bahnten sich ihren Weg in das Boot. Blauschwarzer Auspuffqualm durchzog den Maschinenraum, gesättigt mit hochgiftigem Kohlenmonoxyd, Ammoniak, Nitrit, Formaldehyd. Dann wälzten sich die Männer im Maschinenraum der Maschine, die es stets zuerst traf, zuckend und nach Luft schnappend am Boden, bis einer von ihnen mit letzter Kraft den Motor abgestellt hatte.
Doch die deutschen U-Boot-Fahrer wurden auch dieser Schwierigkeiten Herr. Schließlich handhabten sie das neue Gerät mit außerordentlicher Präzision. Die Abläufe spielten sich ein, die notwendigen Handgriffe kamen im richtigen Augenblick. Schnorchel-Virtuosen unter den Kommandanten hielten ihre Boote viele Wochen lang unter Wasser – ohne auch nur ein einziges Mal aufzutauchen.
Der Schnorchel hauchte den U-Booten neues Leben ein – buchstäblich. Mit ihm gewann die U-Boot-Drohung gegen Geleitzüge und Kriegsschiffe der Alliierten neue Gestalt. Der Schnorchel stellte sich als wirksamstes Mittel der Deutschen gegen die alliierten U-Boot-Jäger heraus – weit nützlicher als raffinierte Radar-Warngeräte voller Elektronik und tauglicher als automatische Flugabwehrkanonen. Die Entwicklung des Schnorchels bedeutete einen großen Schritt zu jenem »totalen Unterwasserboot«, das Karl Dönitz ersehnte.
Zwei Nachteile des Schnorchels aber konnten nicht mit Geschicklichkeit und Übung abgestellt werden: Die Schnorchelfahrt machte das Boot nahezu blind und vollständig taub. Die Lage auf dem Meer konnte nur durch das Sehrohr kontrolliert werden. Sein Gesichtsfeld aber war sehr begrenzt.
Der hämmernde Lärm der bei der Schnorchelfahrt laufenden Dieselmaschine übertönte jedes Geräusch, das von den Schrauben eines feindlichen Kriegsschiffs verursacht wurde. Das Hydrophon, das Unterwasser-Horchgerät an Bord der U-Boote, war nutzlos, solange der Diesel lief. Er mußte während der Schnorchelfahrt also häufig abgestellt werden, damit der Mann am Hydrophon des Bootes in die Runde horchen konnte. Näherten sich Schraubengeräusche? Stand dem Boot ein überraschender Überfall bevor?
Äußerste Wachsamkeit war geboten: Davonlaufen konnte ein schnor-

chelndes U-Boot einem feindlichen Kriegsschiff kaum. Schnorchelfahrt bedeutete Schleichfahrt. Denn auch der Schnorchel hatte die alte Schwäche der herkömmlichen U-Boote nicht beseitigen können: Sie blieben unter Wasser langsam.
In den Funkberichten der Boote über den Schnorchel häuften sich die Schilderungen von Widrigkeiten und Problemen. Die Vorteile, die der Schnorchel bot, blieben zumeist unerwähnt.
So führte Ultra die Alliierten in die Irre – ein einziges Mal.
Briten und Amerikaner gewannen aus entzifferten Funksprüchen den Eindruck, daß diese neue Vorrichtung der deutschen Boote nicht besonders nützlich war. Sie unterschätzten die Drohung, die mit dem Schnorchel verbunden war.
Am 12. Juni 1944, sechs Tage nach dem Beginn der alliierten Landung in Frankreich, krochen Schnorchel-Boote in den Kanal hinein – langsam unter Wasser marschierend, witternd und lauernd.
Sie machten Meile um Meile zum Ziel gut. Sie blieben unentdeckt in einem Seegebiet, das zu jeder Minute von Hunderten von Flugzeugen überwacht wurde.
Immer, wenn die Dieselmaschinen abgestellt wurden, hörte der Mann am Horchgerät die Schraubengeräusche der feindlichen Kriegsschiffe, aus allen Richtungen, nah und fern, sich vielfach überlagernd.
Die Boote schlichen weiter kanalaufwärts, Stunde um Stunde, Tag um Tag. Ihre Tagesleistung betrug durchschnittlich dreißig Meilen, bei günstigen Verhältnissen vielleicht vierzig. Die Innenwände der schlecht durchlüfteten Boote waren mit Schwitzwasser überzogen, dumpfe Feuchtigkeit erschwerte das Atmen.
Sie krochen dahin und mußten in jeder Sekunde mit einem Überfall rechnen. Die Kriegsschiffe, die den Weg in den Kanal gegen die deutschen U-Boote absichern sollten, waren mit Asdic-Horchgeräten ausgestattet, und ihnen konnte eigentlich kein U-Boot entgehen.
Aber: Hier auf dem flachen Wasser, das die U-Boot-Fahrer verabscheuten, weil es ihnen die Sicherheit der großen Tiefe versagte, war die Wirksamkeit der Schall-Ortungsgeräte beeinträchtigt. Sie gaben viele falsche, verwirrende Echos wieder. Der Gezeitenstrom im Kanal, der die Boote jeweils sechs von zwölf Stunden lang aufhielt, und damit ihren Vormarsch ins Operationsgebiet behinderte, verwirbelte die Wasserschichten des Meeres und schränkte die Funktion der feindlichen Schall-Ortungsgeräte noch weiter ein.
Am 15. Juni hatte sich das Schnorchel-Boot U 767 unter dem Kommando von Oberleutnant zur See Dankleff bis zur südwestlichen Ecke Großbritanniens, in das Seegebiet vor Land's End, geschlichen. Kommandant Dankleff erblickte durch das Sehrohr eine Gruppe von Kriegsschiffen, die vorüberpatrouillierten: Zerstörer und Fregatten einer britischen Unterstützungsgruppe.

Im Angesicht des mächtigen Gegners machte U 767 seine Torpedos los. Einer von ihnen schmetterte in die britische Fregatte »Mourne« und versenkte das Schiff.
U 764 unter dem Kommando von Oberleutnant zu See Hanskurt von Bremen torpedierte vor dem französischen Cape de la Hague die britische Fregatte »Blackwood«, U 621 unter dem Kommando von Oberleutnant zur See Hermann Stuckmann ein amerikanisches Landungsboot.
Seit dem Beginn der Invasion bis zum ersten Angriff deutscher Boote im Landungsraum waren neun Tage vergangen.
Am 21. Juni lasen die Briten in entzifferten deutschen Funksprüchen, daß drei Boote den langen Weg bis zur Kanalinsel Guernsey geschafft hatten – knapp westlich des Gebietes, durch das der gewaltige Nachschub über See für die amerikanischen und britischen Truppen in Frankreich lief.
Diese Leistung nötigte dem Leiter des britischen »Submarine Tracking Room« Respekt für die deutschen U-Boot-Fahrer ab. Rodger Winn schrieb: »Man muß zugeben, daß ein so weites Vordringen angesichts der überwältigenden Kräftekonzentration von See- und Luftstreitkräften, die ununterbrochen den westlichen Kanal absuchen, ein einzigartiges Bravourstück ist.«
Am 29. Juni verließ ein Geleitzug mit Nachschub für die alliierten Truppen in Frankreich seinen englischen Hafen. Der Konvoi passierte, gesichert von Kriegsschiffen und Flugzeugen, Selsey Bill, eine Landzunge an der Südküste Englands, nicht weit östlich von Portsmouth. Es war der Augenblick, da U 984 unter dem Kommando von Oberleutnant zur See Heinz Sieder an diese Stelle der feindlichen Küste herangeschnorchelt war. Die Frachter des Konvois liefen genau vor die Rohre des Bootes. In rascher Folge machte U 984 seine Torpedos los, und viermal donnerte die Detonation eines Treffers über das sommerliche Meer. An vier Frachtern stiegen die Säulen aus Wasser und Explosionsdämpfen hoch, drei der Dampfer nahmen Kurs auf den Strand und wurden aufgesetzt. Gleichwohl waren die Schiffe verloren. Das vierte nur erreichte den Hafen.
Die Geleit-Schiffe suchten unterdessen das Meer nach dem U-Boot ab, das es fertiggebracht hatte, in Sichtweite der britischen Küste vier Schiffe aus einem Konvoi herauszuschlagen. Sie horchten mit ihren Asdic-Geräten in die Tiefe, sie warfen aufs Geratewohl Wasserbomben, aber U 984 kam davon.
Die Briten waren entsetzt. In der offiziellen britischen Seekriegsgeschichte heißt es über den erfolgreichen Angriff von U 984: »Solche Ergebnisse, die von einem einzelnen U-Boot erreicht wurden, zeigten sehr deutlich, was hätte geschehen können, wenn eine größere Anzahl der Boote, die in den Kanal befohlen waren, es geschafft hätte, in dieses Gebiet mit seinem dichten Verkehr vorzudringen.«

Am 5. Juli 1944 begann im Englischen Kanal eine abenteuerliche U-Boot-Fahrt, die die Engländer Jahre später noch vor den Möglichkeiten des »totalen Unterwasserbootes« erschrecken ließ.
An diesem 5. Juli pirschte U 763 unter dem Kommando von Kapitänleutnant Ernst Cordes vor Selsey Bill – an der Stelle, an der sich die Konvois, die zwischen England und Frankreich verkehrten, vorüberwälzten. Am Nachmittag des 5. Juli kam ein Konvoi heran, U 763 feuerte fünf Torpedos, und dann ließ Kommandant Cordes das Boot nach unten fallen. Unmittelbar darauf das Geräusch der Schrauben von Zerstörern und Korvetten, dann die schweren Schläge der Wasserbomben-Detonationen, erst weitab, dann näher, dann wieder weiter weg.
Offensichtlich hatten die Briten oben auf den Geleitschiffen keinen klaren Asdic-Kontakt zum Boot. Aber sie gaben die Jagd nicht auf. Immer wieder platschten Wasserbomben in das Meer, mal wenige, mal große Serien.
Das Bombardement hielt an, über Stunden, über Tage. 296 Detonationen zählten die Männer unten in U 763, aber keine war tödlich.
U 763 versuchte, dicht über Grund fahrend, seinen Häschern zu entkommen. Das Boot änderte oft den Kurs, mal ein paar Meilen nach Westen, dann nach Osten, nach Süden.
Kommandant Cordes koppelte den Weg des Bootes auf der Karte mit, so gut es eben ging. Er stellte die Gezeitenströmung in Rechnung, aber tief unter Wasser konnte er nicht herausfinden, mit welcher Gewalt Ebbe und Flut das Boot mit sich führten.
Am Morgen des 7. Juli stellte Cordes einen mutmaßlichen Standort seines Bootes fest: in der Nähe der Kanalinsel Alderney, westlich der Halbinsel Cotentin an der nordfranzösischen Küste. Er befahl, das Boot auf einen nördlichen Kurs zu legen. Mit zwei Knoten schlich U 763 weiter. Am Abend schurrte der Kiel des Bootes plötzlich über Grund: Das Wasser war weit flacher, als es nach der Seekarte sein durfte – vorausgesetzt, der Standort von U 763 stimmte zumindest ungefähr.
Kommandant Cordes befahl, das Boot auf Sehrohrtiefe nach oben zu bringen. Er blickte durch das Periskop – und er sah Lichter in der Dunkelheit leuchten, Lichter von Schiffen oder Lichter von Häusern an Land. Das Boot drehte auf einen anderen Kurs: wieder Lichter voraus. Lichter an Steuerbord, an Backbord und in einiger Entfernung vor dem Bug des Bootes. Dies war nicht das offene Gewässer des Kanals, soviel war klar.
Cordes ließ das Boot tauchen und legte es auf Grund. Bewegungslos verbrachte U 763 die Nacht. Im ersten Licht des Tages schwebte das Boot wieder auf Sehrohrtiefe zurück. Und jetzt sah Cordes, daß er sich in einer Bucht befand, die auf drei Seiten von Land umschlossen war. Schiffe schwojten vor Anker, fern an Land konnte Cordes die Anlagen einer Werft ausmachen.

Der Kommandant fuhr das Sehrohr ein und setzte sich an seinen Tisch. Er blätterte in den Büchern, in denen Leuchttürme und andere Seezeichen verzeichnet waren. Er verglich die Silhouetten mit dem Bild, das er gerade vor Augen gehabt hatte. Und dann wußte er es: Das deutsche U-Boot U 763 war nach Spithead gelangt, auf die Reede des britischen Kriegshafens Portsmouth.
Cordes legte das Boot wieder auf Grund. Am Abend schnorchelte U 763 im Kielwasser eines Geleitzuges, der nach Frankreich auslief, aus dem Hafen der Briten heraus. Am 14. Juli gelangte U 763 in seinem Stützpunkt Brest an.
In der offiziellen britischen Seekriegsgeschichte heißt es: »Man muß dem Kommandanten und der Besatzung des Bootes volle Anerkennung für die Zähigkeit und die Fähigkeiten zollen, die sie während dieser Fahrt bewiesen, die für sie ein qualvolles Erlebnis gewesen sein muß. Ihr unbeabsichtigtes und unentdecktes Eindringen in ein Gewässer, das vielleicht stärker bewacht war als jedes andere in der Welt, erfuhren wir erst aus deutschen Dokumenten, die wir nach dem Ende des Krieges auswerteten.«
Doch auch in die Reihe der Schnorchel-Boote schlugen die Briten im Kanal breite Lücken: So wurde U 971 unter dem Kommando von Oberleutnant Walter Zeplin am 24. Juni von einem Wellington-Bomber entdeckt, angegriffen und schwer beschädigt. Wenig später wurde das Boot leichte Beute für zwei britische Zerstörer.
Einen Tag später entdeckten zwei Fregatten U 1191 unter dem Kommando von Oberleutnant zur See Peter Grau dicht unter der englischen Küste westlich der Insel Wight. Sie vernichteten es im gemeinsamen Angriff. Das Boot versank mit seiner gesamten Besatzung.
An eben diesem 25. Juni 1944 blühte auf den schlachtumtosten Gewässern des Kanals nach einem Gefecht zwischen einer britischen Fregatte und einem deutschen U-Boot Kameradschaftlichkeit zwischen den Feinden auf – auch in diesem härtesten aller Seekriege hatte Menschlichkeit zuweilen eine Chance.
Am Morgen dieses Tages ortete die britische Fregatte »Bickerton« das deutsche U-Boot U 269 unter dem Kommando von Oberleutnant zur See Georg Uhl im Seeraum vor Cherbourg. Die Fregatte lief zum Angriff an.
Nach der ersten Serie von Wasserbomben fiel an Bord von U 269 das Licht aus.
Die Detonationen des zweiten Angriffs drückten die Dichtungen der Antriebswellen weg. Wasser brach ein.
Die Detonationen des dritten Angriffs lagen unmittelbar am Boot. Sie zerstörten Leitungen, Ventile und elektrische Verbindungen.
Das Ende des Bootes schien gekommen. Kommandant Uhl ließ anblasen, rauschend tauchte U 269 zur Oberfläche – auf Kernschußweite entfernt von der britischen Fregatte, die den Feind noch unter Wasser vermutete und eine vierte Serie von Wasserbomben in das Meer schüttete.

Kommandant Uhl befahl: »Alle Mann von Bord.«
U 269 begann zu sinken, viele seiner Männer schwammen im Wasser, einige hatten sich schon auf Flöße gerettet. Die Fregatte näherte sich den Schwimmenden. Britische Matrosen hängten Netze aus Tauwerk über die Bordwände. Die Überlebenden von U 269 zogen sich an ihnen hoch. Kommandant Georg Uhl war nicht unter ihnen. Er war in die Schrauben der Fregatte geraten und erschlagen worden.
Aus den Uniformen der deutschen U-Boot-Fahrer troff eine Mischung von Öl und Seewasser auf das Deck des Zerstörers. Die Leiber der Männer waren von dem Öl bedeckt, das aus den aufgeplatzten Tanks ihres Bootes herausgespritzt war.
Britische Matrosen, die wenige Minuten zuvor diese Männer noch mit Wasserbomben und Geschützfeuer gejagt hatten, kamen mit Seife und Handtüchern herbei und geleiteten die Deutschen in einen Baderaum, in dem warmes Wasser aus der Dusche schoß. Die nackten Deutschen wurden von den Briten neu eingekleidet: mit frischer Unterwäsche, Flanellhosen, Pullovern, Socken und Schuhen aus Segeltuch.
Die Schlacht nahm indessen ihren Fortgang. Aber Tapferkeit, Zähigkeit und ungebrochener Kampfgeist der U-Boot-Fahrer konnten den ungeheuren Strom von Nachschub, der sich aus England über See nach Frankreich ergoß, in keinem Augenblick dieser letzten Schlacht im Ärmelkanal wirklich beeinträchtigen, geschweige denn aufhalten.
Sie waren zu wenige, die Feinde zu viele. Erst ein kleiner Teil der Front-U-Boote war zum Zeitpunkt der Invasion mit einem Schnorchel ausgerüstet gewesen. Jetzt, nach der Landung der alliierten Truppen und ihrem raschen Vormarsch in Frankreich, wurde es von Tag zu Tag schwieriger, die für die Ausrüstung weiterer Boote mit einem Schnorchel nötigen Teile in die deutschen Stützpunkte an der französischen Atlantikküste zu schaffen.
In entzifferten deutschen Funksprüchen lasen britische und amerikanische Marineoffiziere die Details über den Fortgang der Einbauarbeiten an einzelnen Booten, sie erfuhren, wie die Kommandanten bei den Werftoffizieren auf Tempo drängten, und sie vermerkten – vermutlich mit einer gewissen Genugtuung –, in welchem Maße die Invasion die deutsche Marineorganisation durcheinandergebracht hatte.
Am 11. Juli setzte der Führer der U-Boote West einen Funkspruch an Admiral von Friedeburg in Kiel ab, in dem er klagte: »Die sture Haltung der Marinebauabteilung im Hinblick auf die Forderungen der Front ist in der augenblicklichen Situation untragbar.«
Der Chef der 9. U-Boot-Flottille wiederum beschwerte sich beim Führer der U-Boote West, die »dickköpfige Haltung« der Werft mache »böses Blut«. Die Werft hatte sich geweigert, ohne ausdrücklichen Befehl des Oberkommandos der Kriegsmarine ein Boot mit einem Schnorchel auszustatten.

»Sogar der Einbau eines Preßluft-Klos auf einem Schnorchel-Boot konnte ein bedeutsames Problem zwischen verschiedenen U-Boot-Kommandostellen werden«, heißt es spöttisch im U-Boot-Report der amerikanischen Admiralität.
In welchem Zustand sich die deutsche Marineorganisation in Westfrankreich befand, erkannten Briten und Amerikaner in einem Funkspruch, dessen Absender Karl Dönitz war. Selbst der Oberbefehlshaber der Kriegsmarine und Befehlshaber der U-Boote glaubte, seinen Wünschen besonderen Nachdruck verleihen zu müssen.
Er berief sich am 8. August 1944 auf einen »Führerbefehl«, als er von den U-Boot-Werften in Westfrankreich verlangte: Alle U-Boot-Reparaturen und insbesondere die Ausstattung der U-Boote mit Schnorcheln sollten unter allen Umständen durchgeführt werden – auch wenn im Vorfeld der Stützpunkte deutsche und alliierte Truppen schon in Gefechte verwickelt waren.
Zwei Monate nach der Invasion war abzusehen, daß Westfrankreich von der Wehrmacht nicht gegen Briten und Amerikaner gehalten werden konnte. Karl Dönitz bereitete den Marsch der im Westen verbliebenen Boote nach Norwegen vor. Aus den Fjorden heraus sollten sie den Kampf gegen Großbritannien noch einmal aufnehmen. Doch die Boote hatten nur dann Aussicht, auf dem langen Marsch von Frankreich nach Norwegen ihren Jägern zu Wasser und in der Luft zu entkommen, wenn sie sich durchschnorcheln konnten.
In diesen Tagen mußte Karl Dönitz die Endabrechnung über den Einsatz der Boote im Kanal aufmachen. Es war eine düstere Gegenüberstellung. In den ersten Monaten nach Beginn der Invasion hatten die Boote fünf Kriegsschiffe, zwölf Frachter und vier Landungsfahrzeuge versenkt sowie ein Kriegsschiff, fünf Frachter und ein Landungsfahrzeug beschädigt.
Doch Briten und Amerikaner hatten in der gleichen Zeit zwanzig der mit Schnorcheln ausgerüsteten U-Boote vernichtet. Dönitz schrieb: »Wir hatten annähernd 1 000 Mann verloren, von denen 238 gerettet worden waren.«
Für die Alliierten bedeutete dieses Kampfresultat einen Sieg. In die Genugtuung der Briten über den Erfolg gegen die U-Boote mischte sich jedoch auch Sorge. Denn die Auswertung der Vernichtungsstatistik zeigte an, daß draußen auf dem Meer eine sonderbare Veränderung vor sich gegangen war: Die meisten der deutschen U-Boote waren von Kriegsschiffen versenkt worden, nur ein kleiner Teil von Flugzeugen. Flugzeuge aber waren zuvor die erfolgreichsten U-Boot-Jäger gewesen. In der offiziellen britischen Seekriegsgeschichte heißt es: »Solange die U-Boote aufgetaucht fahren mußten, konnten die Kampfmaschinen des Küstenkommandos tödliche Schläge gegen sie führen; aber nachdem der Schnorchel eingeführt worden war, verloren die Flugzeuge, die die Seeräume überwachten, einen beträchtlichen Teil ihrer Effektivität. Die

gefahrvolle Bedeutung dieser Entwicklung, durch die der Feind die Initiative zurückzugewinnen drohte, die er im Frühjahr 1943 verloren hatte, wurde von den britischen Führungsstellen sofort erkannt.«
Zunächst jedoch wichen die U-Boote aus der Nachbarschaft der britischen Inseln zurück. Ende August befahl Karl Dönitz seinen Booten, die Stützpunkte an der französischen Atlantikküste zu räumen. Die U-Boote machten sich auf die nahezu 2 000 Meilen lange Fahrt nach Norwegen. Ihr Kurs führte sie zuerst nach Norden, durch das Seegebiet vor der irischen Westküste, und dann nach Osten unter die norwegische Küste nach Drontheim, wo riesige Betonbunker zum Schutz der Boote vor Luftangriffen errichtet worden waren.
Die Boote schnorchelten dahin, Stunde um Stunde, Tag um Tag, Woche um Woche unter Wasser – und immer noch bereit, wieder in den Kampf zu gehen. Im U-Boot-Report der amerikanischen Admiralität heißt es anerkennend: »Trotz der hohen Verluste, der geringen Erfolge, der verzweiflungsvollen Umstände in Frankreich wie in Deutschland verlor die U-Boot-Waffe ihr Ziel nicht aus den Augen. Das letzte der Biskaya-Boote hatte kaum Norwegen erreicht, da gab die U-Boot-Führung schon ausführliche Befehle für den ›totalen Unterwasser-Krieg‹ in den britischen Küstengewässern heraus.«
Der britische »Submarine Tracking Room« sah voraus, was den Engländern drohte. Ende August schrieb Captain Rodger Winn: »Die nächste Phase der U-Boot-Schlacht wird einen völlig anderen Charakter haben . . . Ein Zug der kommenden Entwicklung, wahrscheinlich der beherrschende, wird der Einsatz von U-Booten in den Küstengewässern Englands und Schottlands an Brennpunkten des Schiffsverkehrs sein. Die Entwicklung der Schnorchel-U-Boote hat das Kräfteverhältnis zwischen Jägern und Gejagten nachhaltig beeinflußt. Das mit Schnorchel versehene U-Boot wird nur aus unmittelbarer Nähe geortet oder gesichtet werden können.«
Genau in diesen Tagen schon wurden die Befürchtungen der Briten düstere Wirklichkeit.
Am 30. August 1944 hatte sich U 482 unter dem Kommando von Kapitänleutnant Hartmut Graf von Matuschka nach mehr als tausend Seemeilen langer Schnorchelfahrt an den Eingang des Nordkanals, des Seeraums zwischen Nordirland und Schottland, herangetastet. Jetzt stand das Boot in dem Gebiet, in dem vier Jahre zuvor die Asse der deutschen U-Boot-Waffe, wie Günther Prien, Joachim Schepke, Otto Kretschmer, auf Tonnagejagd gegangen waren.
An diesem 30. August durchlief der Konvoi CU 36 den Nordkanal. Sein Kurs führte ihn an dem unter Wasser auf seine Chance lauernden U 482 vorbei. Kommandant Matuschka sah im Periskop die schweren Dampfer heranstampfen. Er wartete, bis ein besonders großes Schiff in das Fadenkreuz lief.

Dann befahl er »Torpedos los!« Die Geschosse zerschlugen den mehr als 10 000 Tonnen großen amerikanischen Tanker »Jacksonville«. Feuer stand plötzlich über dem Meer, pechschwarzer Qualm hüllte das Schiff ein. Und dann hörten die Männer im Boot die Sinkgeräusche: ein fernes Knistern, Ächzen und Krachen. Unter der Gewalt des Wasserdrucks zerbrachen und zersprangen die stählernen Zwischenwände des torpedierten Schiffes.

Durch das Periskop sah Kommandant Matuschka die britische Korvette »Hurst Castle« heranbrausen. Er feuerte einen »Zaunkönig« auf das Kriegsschiff ab. Das Geschoß riß ein riesiges Leck in das Heck der »Hurst Castle«, und sie versank.

U 482 pirschte weiter in diesem Jagdgebiet, in das so lange kein deutsches U-Boot mehr vorgestoßen war. Innerhalb der nächsten Tage erzielte es drei weitere Erfolge: Es schoß zwei Frachter und einen Tanker aus Konvois heraus – insgesamt mehr als 30 000 Bruttoregistertonnen. Dann trat das Boot, das seine Torpedos verschossen hatte, den Rückmarsch zu seinem norwegischen Stützpunkt an.

In seinem Kriegstagebuch vermerkte Kommandant Matuschka, daß diese Feindfahrt über 2 729 Seemeilen geführt hatte. Davon hatte das Boot nahezu 2 500 Seemeilen unter Wasser zurückgelegt. Der Schnorchel hatte es ermöglicht.

Nach dem ersten Angriff von U 482 schon hatte das britische Küstenkommando Flugzeuge zur Jagd nach dem Boot geschickt, das sich in der Nähe des wichtigsten britischen Dampferwegs versteckt hielt: Doch die Piloten und Beobachter fanden es nicht. Aus der Höhe konnten sie den Schnorchelkopf von U 482 nicht entdecken, und auf ihren Radargeräten zeichnete sich kein brauchbares Echo ab.

In der britischen Admiralität wuchsen die Sorgen. Der Marinehistoriker Stephen W. Roskill schrieb in der offiziellen britischen Seekriegsgeschichte: »Der Verlust dieser großen Schiffe durch ein einzelnes U-Boot beinahe auf unserer Türschwelle und an unserer empfindlichsten Stelle war für uns ein um so größerer Schock, als alle diese Opfer im Konvoi gefahren waren.«

In rascher Folge stießen jetzt weitere Schnorchelboote zur englischen Küste vor, begleitet von anfeuernden Funksprüchen ihres Großadmirals: »Die Erfahrungen vieler Kommandanten zeigen, daß der Schnorchel es erlaubt, das Operationsgebiet ohne große Umwege anzusteuern. Der Schnorchel ermöglicht dem U-Boot, sich trotz starker feindlicher Sicherung in Seegebieten dicht unter der Küste aufzuhalten und dort Erfolge zu erzielen. Ich fordere die Kommandanten auf, daß sie von dieser einzigartigen Möglichkeit, die der Schnorchel bietet, energischsten Gebrauch machen und sich der feindlichen Abwehr überlegen zeigen. Geht direkt in die Brennpunkte des feindlichen Seeverkehrs und greift dort an.«

Tatsächlich waren die Boote vor Angriffen aus der Luft nahezu sicher. Immer noch fahndeten Hunderte von Flugzeugen nach ihnen, zumeist jedoch ohne Erfolg. Oft setzten die Kampfmaschinen ihre Bomben in Wellenkämme, von denen Wasserdampf abwehte, oder sie griffen Wale und Tümmler an, deren Atemausstoß sie für die Auspuffgase eines schnorchelnden U-Bootes hielten.

Über den Kampf im September schrieb Stephen W. Roskill: »Vom Standpunkt des Küstenkommandos war es ein entmutigender Monat, denn alle überhaupt gegen die U-Boote erzielten Erfolge gingen auf das Konto von Kriegsschiffen: zwei Feinde versenkt, zwei beschädigt.«

Und selbst die britischen Kriegsschiffe gelangten zumeist erst dann auf die Spur eines Bootes, wenn es durch einen Torpedotreffer seine Anwesenheit verraten hatte.

Allerdings blieben auch die Erfolge der deutschen U-Boote in engen Grenzen. Sie mußten auf das Kriegsglück lauern, das ihnen die Beute zutrieb. Ihre geringe Unterwasser-Geschwindigkeit machte es unmöglich, Frachtern, die in der Ferne vorüberfuhren, nachzusetzen.

Der Schnorchel, so groß sein Nutzen für die Sicherheit des U-Bootes auch war, vermochte den Booten nicht die vernichtende Gewalt zurückzugeben, die sie einst im gemeinsamen Angriff bei Nacht über Wasser gehabt hatten, wenn unter den Schlägen des Rudels die Verteidigung der Konvois zerbrach, die Boote in den Geleitzug einbrachen und im vielfachen Donner der Torpedo-Detonationen Entsetzen nach den Besatzungen der Handelsschiffe griff.

Doch auch die Operationen einer Handvoll von Schnorchelbooten zwangen die Briten dazu, ihre Frachter weiterhin im Konvoi fahren zu lassen. Die Boote zogen beträchtliche See- und Luftstreitkräfte auf sich. Ihr Angriffsgeist blieb ungebrochen.

Einem Funkspruch von U 1199, das unter dem Kommando von Oberleutnant zur See R. Stollmann stand, entnahmen die Alliierten Anfang November 1944, wie die U-Boote die Möglichkeiten nutzten, die ihnen der Schnorchel verschafft hatte: »Wir sind 50 Tage ohne Unterbrechnung getaucht gefahren. Ich habe das Gefühl der vollständigen Überlegenheit eines Schnorchel-U-Bootes. Stimmung der Besatzung ist gut. Sie ist davon überzeugt, daß die U-Boot-Waffe dem Feind wieder überlegen ist.«

In den letzten Monaten des Jahres stießen Boote wieder in den Kanal vor, in das Gebiet, in dem mehr feindliche Kriegsschiffe auf U-Boote lauerten als irgendwo sonst auf der Welt.

Im November 1944 war U 978 unter dem Kommando von Kapitänleutnant Günther Pulst in die Gewässer zwischen England und Frankreich gekrochen. Er versenkte drei Frachter von jeweils mehr als 7000 Tonnen und funkte an die U-Boot-Führung: »Sehr lohnendes Operationsgebiet mit guten Aussichten auf Erfolg.« Kommandant Pulst erhielt über Funk das Ritterkreuz für »hervorragende Durchführung einer Feindfahrt im Kanal.«

Am 16. Dezember funkte Dönitz an die Boote im Kanal: »Versenkungen sind gerade jetzt von größter militärischer Bedeutung.« In den Ardennen hatte das deutsche Heer seine letzte Offensive dieses Krieges begonnen. Am 18. Dezember griff U 486 unter dem Kommando von Oberleutnant zur See Gerhard Meyer im Kanal eine Transportgruppe an. Seine Torpedos versenkten ein 6 000 Tonnen großes Schiff.

Am 24. Dezember, Heiligabend 1944, legte in Portsmouth das mehr als 11 000 Tonnen große Schiff »Leopoldville« ab. Es sollte Truppen nach Frankreich transportieren. Der Dampfer war besonders stark gesichert: zwei Zerstörer und drei kleinere Geleitschiffe hatten ihn in ihre Mitte genommen. Am späten Nachmittag näherte sich die Transportgruppe dem Hafen von Cherbourg.

Doch im Kurs der Schiffe lag ein tödliches Hindernis: U 486. Kommandant Meyer sah durch das Periskop die Schiffe herandampfen. Er ließ das Boot in Schußposition drehen. Schnell kamen die Schiffe auf, näher an U 486 heran. Die Männer an den Horchgeräten der Kriegsschiffe bemerkten das Boot nicht. Die Zerstörer rauschten vorbei.

Und in die Lücke zwischen zwei der Geleitschiffe setzte Kommandant Meyer seine Torpedos. Sie trafen mit Blitz und Donner die »Leopoldville«. Schreie gellten über das Meer. Der Truppentransporter sank schnell. Er riß Hunderte von amerikanischen Soldaten mit sich in die Tiefe. Viele Soldaten, die in das Meer gesprungen waren, starben in dem eiskalten Wasser innerhalb kurzer Zeit an Unterkühlung und Erschöpfung – dies, obwohl die Geleitschiffe im Augenblick des Untergangs der »Leopoldville« zur Rettung heranpreschten. 819 amerikanische Soldaten kamen um.

U 486 blieb im Kanal. Zwei Tage später griff das Boot zwei britische Geleit-Zerstörer an: Einer versank, einer wurde schwer beschädigt.

Natürlich konnten die einzelnen Erfolge deutscher U-Boote die Wucht des alliierten Vormarsches im Westen des Kontinents nicht beeinträchtigen. Die britische Seekriegsgeschichte stellte fest: »Von Anfang September bis Ende Dezember versenkten U-Boote in unseren Küstengewässern vierzehn Schiffe, und zwei im Atlantik. In dieser Zeit wurden jedoch 12 168 Frachter sicher durch die Kampfzone geleitet.«

Dennoch meinten Briten und Amerikaner, sie seien der U-Boot-Gefahr noch nicht Herr geworden. Die Mehrzahl der verlorenen Frachter war in den letzten beiden Monaten versenkt worden – und genau in diesem Zeitraum waren nur wenige Boote ausgeschaltet worden: Im Dezember 1944 vernichteten Briten und Amerikaner weniger Boote als je in einem einzelnen Monat seit April 1942.

Dieses Ergebnis war ein Sieg des Schnorchels.

Gleichzeitig mußten die Briten feststellen, daß sich die Boote auch dem Netz entzogen, das Ultra über sie geworfen hatte. Im Dezember 1944 legte Captain Rodger Winn der Admiralität dar, daß der »Submarine Tracking Room« plötzlich große Schwierigkeiten hatte, den Kurs der deutschen Boote zu verfolgen und ihre Absichten zu erkennen: »Es ist bekanntgeworden, daß der Feind dazu übergegangen ist, ausmarschierenden U-Booten im Einsatzbefehl alle notwendigen Instruktionen mitzugeben, die dann lediglich, falls unbedingt notwendig, auf dem Funkwege ergänzt oder geändert werden. Im Vergleich zu den Tagen, da die einzelnen operativen Weisungen fast ausschließlich nach Auslaufen eines U-Bootes durch Funk übermittelt wurden, ist der Wert der entschlüsselten Funksprüche beträchtlich gesunken. Ganz allgemein hat der Nachrichtenverkehr mit in See stehenden U-Booten zusehends in dem Maße abgenommen, in dem die Boote länger getaucht fahren.«
Die britische Admiralität schwankte zu Beginn des Jahres 1945 zwischen Zuversicht und Sorge. Auf dem Kontinent stießen die alliierten Armeen im Osten wie im Westen rasch vor. Der Tag des Sieges in diesem Krieg, den Großbritannien nun seit mehr als fünf Jahren kämpfte, schien nahe. Aus den U-Boot-Bunkern an der deutschen wie an der norwegischen Küste aber, fürchteten die Briten, könnte noch einmal die Drohung gegen Englands Lebenslinien hervorbrechen und den Lauf der Geschichte aufhalten.
Anfang Januar 1945 brachte der Erste Lord der Admiralität, Albert V. Alexander, seine Befürchtungen zu Papier: »Wir machen in diesem Augenblick mit den U-Booten eine schwierige Periode durch. Zweifellos hat ihnen der Schnorchel einen größeren Vorteil verschafft, als wir ursprünglich angenommen hatten . . . Es ist mit einer neuen Offensive zu rechnen, die von U-Booten eines neuen Typs in großem Umfang sowohl in britischen Gewässern als auch auf den Atlantikrouten vorgetragen wird. Verluste in der Höhe, wir wir sie im Frühjahr 1943 erlitten haben, sind vorauszusehen.«
Briten und Amerikaner kannten die Eigenschaften der neuen deutschen Boote, lange bevor sie vom Stapel liefen. Denn: Die Alliierten hatten die deutschen Pläne, das »totale Unterwasserboot« zu schaffen, seit vielen Monaten verfolgen können.
Sie erlangten den wichtigsten Teil ihres Wissens in diesem Fall jedoch nicht aus deutschen Funksprüchen. Es stammte vielmehr aus einer exotischen Quelle.

# 20 Die letzte Hoffnung

*Die »totalen Unterwasserboote« – Funksprüche aus Berlin verraten Briten und Amerikanern alle Details der neuen Waffe – Bomben auf die Werften – Revolution des U-Boot-Krieges – Die erstaunliche Fahrt von U 2511 – »Die U-Boote wurden nicht zur See besiegt«*

Die Geschichte der neuen deutschen U-Boote, der »totalen Unterwasser-Boote«, ist gekennzeichnet von einem verzweifelten Wettlauf mit der Zeit, den die Deutschen nur um wenige Monate verloren, von enttäuschten Hoffnungen und dennoch erfüllten Erwartungen.

Es ist zugleich die Geschichte eines großen Erfolges der amerikanischen Funkentzifferung. Sie brachte es fertig, die alliierte Führung über die Anstrengungen der Deutschen in nahezu jeder Phase zu unterrichten. Das Netz, in dem sich die herkömmlichen Boote gefangen hatten, zog sich bald auch über die neuen, technisch überlegenen Boote – bevor sie noch an die Front gestoßen waren.

Am 8. Juli 1943, knapp zwei Monate nach der schrecklichen Niederlage der U-Boote im Nordatlantik, hielt Großadmiral Karl Dönitz in der Reichskanzlei Hitler Vortrag über die Möglichkeiten deutscher U-Boot-Rüstung: Das Walter-U-Boot, das unter Wasser 25 Knoten laufen konnte, war in absehbarer Zeit nicht frontreif zu machen.

Doch es zeichnete sich eine Antwort auf die Frage ab, wie die deutsche U-Boot-Waffe bald wieder ihre alte Schlag- und Vernichtungskraft zurückgewinnen konnte: mit den sogenannten »Elektro-Booten«, Booten, die zu jenem Zeitpunkt bereits durchkonstruiert waren.

Sie arbeiteten mit den konventionellen, erprobten Antrieben, also mit Diesel- und Elektromotoren. Doch ihre Batteriekapazität war stark vergrößert worden, so daß sie unter Wasser hohe Geschwindigkeit laufen konnten.

Das eine dieser Boote mit der Typenbezeichnung XXIII verdrängte getaucht nur etwa 250 Tonnen: Es sollte gegen die Schiffahrt vor den nahen Küsten des Feindes eingesetzt werden.

Das andere der neuen Boote vom Typ XXI jedoch war eine Kampfmaschine von beeindruckender Größe: Es verdrängte getaucht etwa 1 800 Tonnen, und es war zugleich eines der modernsten und wirksamsten Waffensysteme jener Jahre.

Das Boot war knapp 77 Meter lang. Getaucht konnte es eine Geschwindigkeit von mehr als 17 Knoten erreichen – und war damit in der Lage, den Korvetten, Fregatten und den Geleit-Zerstörern des Feindes unter Wasser davonzulaufen.

Das Boot sollte in Tiefen von mehr als 300 Meter hinabtauchen können – Tiefen, in denen der Wasserdruck den Wirkungsgrad von Wasserbomben stark beeinträchtigte.
Dieses Boot konnte so viel Treibstoff bunkern, daß es eine Reichweite von mehr als 16 000 Seemeilen hatte. Es konnte – notfalls – in den Fernen Osten gelangen, ohne auch nur einmal aufzutauchen.
Es verfügte über eine Horchanlage, die Schiffe bis zu einer Entfernung von zehn bis elf Seemeilen, Geleitzüge in einer Entfernung von fünfzig bis sechzig Seemeilen hörbar machte.
Zur Ausrüstung des Bootes gehörte eine weitere akustische Anlage, die Richtung, Entfernung und ungefähre Geschwindigkeit eines sich nähernden Schiffes ermittelte.
Sie sollte das Boot in die Lage versetzen, aus einer Tiefe bis zu 50 Meter Torpedos auf den Feind an der Oberfläche des Wassers zu schießen. Das Boot mußte also nicht auf Sehrohrtiefe steigen, um das Ziel anzuvisieren.
Die Boote vom Typ XXI waren mit sechs Torpedorohren ausgerüstet, die sich allesamt im Bugraum befanden. In diesen Booten mußten die Torpedorohre auch nicht mehr von Hand in mühseliger und schweißtreibender Arbeit nachgeladen werden. Die Rohre wurden von einer Schnelladevorrichtung wieder schußfertig gemacht. Boot XXI konnte zwanzig Torpedos mit auf die Fahrt an den Feind nehmen.
Noch Jahre nach dem Krieg geriet Großadmiral Karl Dönitz bei der Erinnerung an die neuen Boote ins Schwärmen: »Durch diese Typen war die Überlegenheit, die die Abwehr dem U-Boot gegenüber seit 1943 gewonnen hatte und die im wesentlichen auf der Überwasserortung mit Hilfe kürzester Wellen beruhte, ausgeschaltet. Das U-Boot blieb, für Ortung nicht feststellbar, unter Wasser, operierte in schützender Tiefe und griff auch nur aus ihr heraus an. Neue Möglichkeiten für den Einsatz der U-Boot-Waffe waren eröffnet, neue Erfolge in greifbare Nähe gerückt.«
In der Besprechung vom 8. Juli 1943 bei Hitler führte Dönitz aus, wichtig sei vor allem, daß sobald wie möglich mit dem Bau der neuen Boote begonnen werde. Es war der Augenblick, da Hitlers Rüstungsminister Albert Speer in das Zimmer kam, in dem Hitler und Dönitz miteinander sprachen.
Hitler wandte sich zu Speer: »Das Wichtigste ist, daß dieses neue Boot gebaut wird.«
Speer: »Darüber sind wir uns im klaren. Wir haben schon für das neue Boot befohlen, daß es allen anderen Waffen vorgeht.«
Dönitz und Speer waren sich in der Ansicht einig, daß nur dann rasch genug eine hinlänglich große Zahl der neuen Boote gebaut werden konnte, wenn man von den bisherigen Fertigungsmethoden abwich: Die Boote wurden nicht, wie es bis dahin beim Bau der herkömmlichen Boote

üblich gewesen war, als Einzelstücke auf einer Werft gefertigt. Vielmehr bauten verschiedene Betriebsstätten gleichzeitig an verschiedenen Sektionen der Boote, die dann auf Binnenschiffahrtsstraßen zu einer Werft befördert und erst dort zum fertigen Boot zusammengefügt wurden. Dieser Sektionsbau ermöglichte in der Tat überraschende Fertigungszahlen.
Selbstverständlich wurden Konstruktion und Bau der neuen Boote mit einem dichten Schleier der Geheimhaltung umgeben: Nicht einmal bewährten Kommandanten der alten Boote war es erlaubt, einen Blick in das Innere der neuen Boote zu werfen.
Dennoch wußten Briten und Amerikaner bald, was die Deutschen planten. Ein Teil ihrer Kenntnisse stammte von Agenten, die besten und detailliertesten Informationen aber lieferten ihnen der Feind selbst.
Am Morgen des 6. März 1944 setzte sich der Funker in der japanischen Botschaft in Berlin an sein Morsegerät. Vor ihm lag ein Text, den der Marineattaché der Botschaft verfaßt hatte. Die Nachricht war für das Kriegsministerium in Tokio bestimmt.
Der Funker verschlüsselte den Text und drückte dann auf die Taste. Der Text lautete: »Obgleich deutsche U-Boote anfänglich erstaunlich effektiv waren, hat der Feind jetzt neue Abwehrwaffen erfunden und darüber hinaus umfangreiche Gegenmaßnahmen in Gang gesetzt. Dies alles zusammen hat die Erfolge, die von U-Booten erzielt worden sind, kontinuierlich absinken lassen. Infolgedessen hat die deutsche Marine beschlossen, das U-Boot zu verbessern. Wir nehmen an, daß die deutsche Marine Pläne für die Zukunft macht, aber wir erwarten nicht, daß die U-Boote des neuen Typs vor dem Herbst dieses Jahres größere Aktivität entfalten werden.«
Dieser Funkbericht des japanischen Marineattachés in Berlin wurde jedoch nicht allein von den Beamten der Regierung des deutschen Achsenpartners Japan in Tokio gelesen.
Auch Amerikaner und Briten nahmen ihn zur Kenntnis. Denn den Amerikanern war es schon im Herbst 1940 gelungen, in den Schlüssel einzudringen, mit dem die Japaner die Funksprüche ihres diplomatischen Dienstes chiffrierten.
Sie schafften es sogar, die Maschinen nachzubauen, die von den Japanern zur Entschlüsselung benutzt wurden. Und so konnten die Amerikaner Einblick in den Funkverkehr nehmen, der zwischen den japanischen Ministerien und dem japanischen Diplomatischen Dienst ablief.
Zumeist waren die Nachrichten politischer Natur und mithin nicht von unmittelbar militärischem oder gar operativem Wert.
Anders jedoch im Fall des japanischen Marineattachés in Berlin: Seine Berichte erwiesen sich für Amerikaner wie Briten als wichtigste Quelle für Nachrichten über die Entwicklung der deutschen U-Boote – wichtiger sogar als die auf dem Weg über Ultra, die Entschlüsselung deutscher Funksprüche, gewonnenen Kenntnisse selbst.

↑ Großadmiral Karl Dönitz erscheint zum Lagevortrag bei Adolf Hitler im Führerhauptquartier. In den letzten Jahren des Krieges war der Befehlshaber der U-Boote der einzige Chef eines Wehrmachtsteils, der Hitler noch Erfolgsmeldungen überbringen konnte (Stern Archiv).

→ Matrosen und Offiziere der US-Navy an Bord von U 505, das am 4. Juni 1944 im mittleren Atlantik geentert und dann in einen amerikanischen Hafen geschleppt wurde (US Navy, Washington).

→ Teile der im Sektionsbau gefertigten neuen U-Boote vom Typ XXI auf einem Werftgelände in Kiel. Im Hintergrund das gekenterte Wrack des Schweren Kreuzers »Admiral Scheer« (Public Records Office, London).

↓ Eines der U-Boote neueren Typs wird beim Marsch von einem britischen Flugzeug beschossen (Axel Springer Verlag AG).

↑ Der Kopf eines Schnorchels, der den Booten Unterwasserfahrt durch viele Wochen ermöglichte.

← Deutsche U-Boote vor ihren Bunkern im norwegischen Drontheim. Von dort stießen sie nach dem Verlust der französischen Stützpunkte gegen die Alliierten vor (John Topham).

← Ein U-Boot läuft vom Stapel. Trotz schwerer Luftangriffe auf die Werften kamen immer noch neue Boote in großer Zahl zur Front.

→ Nahezu fertiggestellte Elektro-Boote, »totale Unterwasserboote«, bei Kriegsende auf einer Werft in Hamburg. Nur zwei der großen neuen Boote vom Typ XXI liefen zur Feindfahrt aus. Keines von ihnen feuerte einen Schuß ab (John Topham).

M

↑ Nach der Kapitulation läuft das U-Boot U 249 in den englischen Hafen Weymouth ein. Britische Matrosen sind schon an Bord (dpa).

→ Das deutsche U-Boot U 858 wird nach Kriegsende von einem US-Luftschiff in einen amerikanischen Hafen eskortiert (Popperfoto).

→ Deutsche U-Boot-Fahrer begeben sich nach der Kapitulation in Wilhelmshaven im Laufschritt zum Appell (Imperial War Museum).

↑ Mit gesenkten Köpfen stehen die Männer an Deck ihres U-Bootes, das nach der Kapitulation in den Hafen von Wilhelmshaven einläuft.

← Im nordirischen Hafen Lisahally sind 39 deutsche U-Boote festgemacht, die sich nach der Kapitulation britischen Streitkräften ergeben haben (Imperial War Museum).

↓ Deutsche U-Boote steuern, bewacht von einem britischen Flugzeug und einem britischen Kriegsschiff, in den Tagen nach dem Ende des Krieges den Hafen Loch Eriboll in Schottland an.

Rüstungsminister Albert Speer, Großadmiral Karl Dönitz, Reichspräsident, und Generaloberst Alfred Jodl, Chef des Wehrmachtsführungsstabes, bei ihrer Verhaftung durch britische Truppen am 23. Mai 1945 im Hof des Flensburger Polizeipräsidiums (Ullstein Bilderdienst).

Im U-Boot-Report der amerikanischen Admiralität heißt es über die Bedeutung dieser Quelle: »Der Funkverkehr zwischen dem japanischen Marineattaché in Berlin und seinen Vorgesetzten in Tokio lieferte einzigartige Informationen, Informationen nämlich, die dem administrativen und operativen Funkverkehr der deutschen Marine nicht entnommen werden konnten. Technische Informationen, die über den deutschen U-Boot-Funk verbreitet wurden, waren stets für Leute bestimmt, die bereits vom Gegenstand des Funkspruchs beträchtliche Kenntnisse hatten, also vorinformiert waren. Die Japaner aber waren – was die U-Boot-Technik anging – im wesentlichen in der gleichen Position wie ihre Feinde: Sie verfügten nicht über weitgehende Vorkenntnisse. Wenn deshalb der japanische Marineattaché in Berlin über eine neue Maßnahme der Deutschen nach Tokio berichtete, teilte er alle, wirklich alle Einzelheiten mit. Die Alliierten erlangten auf diese Weise durch Funkentzifferung gleichfalls Kenntnis aller Einzelheiten.«
So waren die Pläne des Großadmirals Dönitz und die neuen Boote schon verraten, bevor diese überhaupt ihre Probefahrten hinter sich gebracht hatten.
Der Funkspruch des japanischen Marineattachés vom 6. März 1944 bestätigte eine Vermutung der Alliierten: Nach der Niederlage der U-Boote im Geleitzugkampf würden die Deutschen ihren gesamten technischen Erfindungsreichtum einsetzen, um schnell ein Boot zu schaffen, das mit Aussicht auf großen Erfolg den Kampf wiederaufnehmen konnte.
Im U-Boot-Report der amerikanischen Admiralität heißt es: »Die Lage der Deutschen erforderte schnelle, effektive und revolutionäre Maßnahmen. Es war für die Alliierten eine Sache von größter Bedeutung, herauszufinden, welcher Art diese Maßnahmen waren, damit Gegenmaßnahmen eingeleitet werden konnten, bevor der Feind ein größeres Maß an Erfolgen erreichen konnte.«
Amerikanern wie Briten war klar, daß die Deutschen bei der Weiterentwicklung der U-Boot-Waffe vor allem darauf zielen würden, das U-Boot der Entdeckung durch die Radargeräte auf Schiffen und Flugzeugen zu entziehen. Die Ausrüstung der deutschen Boote mit dem Schnorchel hatte bereits die Richtung angezeigt, die von den deutschen U-Boot-Konstrukteuren eingeschlagen werden würde. Aber welche Eigenschaften würden die neuen Boote der Deutschen aufweisen, mit denen Karl Dönitz den Lauf des Krieges im letzten Augenblick wenden sollte?
Im Juni 1944 reicherte wieder ein Bericht des japanischen Marineattachés den Kenntnisstand der Alliierten an. Der Funkspruch stammte aus dem Dezember 1943, die alliierten Dechiffrier-Experten hatten Monate gebraucht, um ihn zu entziffern. Dieser Funkspruch gab den Bericht des japanischen Marineinspektors Tomonaga wieder. Die Deutschen hatten ihm erlaubt, in Konstruktionspläne und Zeichnun-

gen der neuen Boote Einsicht zu nehmen, und er hatte auch in einer Werft eines der neuen U-Boote gesehen.
Der japanische Attaché fügte dem Bericht des Inspektors eigene Beobachtungen hinzu, die er auf der Deschimag-Werft in Bremen gemacht hatte.
Die Amerikaner erkannten aus diesem entschlüsselten Funkbericht, daß »das Hauptmerkmal der neuen U-Boote ihre erhöhte Unterwasser-Geschwindigkeit war, die durch Batterien von großer Kapazität ermöglicht wurde.«
Der japanische Marineattaché teilte zugleich mit, daß die neuen Boote vermutlich im August oder September 1944 zur ersten Feindfahrt auslaufen würden.
Die Japaner waren jetzt, Mitte des Jahres 1944, in besonderem Maße daran interessiert, daß es den Deutschen gelang, die alte Schlagkraft ihrer U-Boot-Waffe wiederherzustellen. Denn die Japaner waren auf den Kriegsschauplätzen im Fernen Osten selbst in schwere Bedrängnis geraten. Der Einsatz der neuen deutschen U-Boote aber konnte die Japaner entlasten, wenn die Alliierten gezwungen waren, Schiffe und Flugzeuge aus dem Fernen Osten abzuziehen und in den Nordatlantik zu schicken.
Voller Ungeduld fragten die Japaner bei der deutschen Führung immer wieder nach dem Termin, zu dem die deutschen Boote endlich frontreif waren. Voller Enttäuschung mußten sie zur Kenntnis nehmen, daß alliierte Bombenangriffe auf deutsche Werften die Fertigung immer weiter verzögerten.
Noch Mitte 1944 rechneten die Deutschen damit, daß bis zum Ende jenes Jahres insgesamt 131 Boote des Typs XXI in Dienst gestellt werden konnten. Doch die Alliierten durchkreuzten die Pläne ihrer Feinde: Sie zerstörten viele der Boote dort, wo sie sich dem Angriff nicht entziehen konnten. Britische und amerikanische Bomber griffen Werftanlagen und auch jene Betriebe an, die wichtige Teile für die neuen Boote, so zum Beispiel Elektromotoren, herstellten.
Am 26. Juli 1944 berichtete der japanische Botschafter in Berlin, Oshima, nach Tokio über das neue deutsche Boot vom Typ XXI: »Im Augenblick ist es noch im Bau, und seine Auswirkungen auf den Krieg werden erst im September spürbar werden. Im November oder Dezember, so wird gesagt, werden größere Erfolge erzielt werden durch den Einsatz dieser Boote in großer Zahl.« So hielten die Japaner die Alliierten über den Stand der Produktion und auch ihre Verzögerungen ständig auf dem laufenden.
Wenig später erfuhr der japanische Marineattaché Einzelheiten über die Fahrleistungen der neuen deutschen Boote. Und so erfuhren – wie es jetzt schon selbstverständlich war – auch die Alliierten diese Details.
Am 13. August 1944 teilte er nach Tokio mit, daß das Boot vom Typ XXI

unter Wasser eine Höchstgeschwindigkeit von siebzehn bis achtzehn Knoten erreichen konnte und diese Geschwindigkeit über eine Strecke von 24 Meilen beibehalten konnte.
Über das Boot vom Typ XXIII wußte er zu berichten, daß es unter Wasser zwölf bis dreizehn Knoten fahren und diese Geschwindigkeit über 22 Meilen beibehalten konnte.
Er erfuhr auch, daß das Boot vom Typ XXI in der Lage sein würde, sich unter Wasser bei geringer Geschwindigkeit absolut geräuschlos vorwärts zu bewegen. Es verdanke diese Fähigkeit, so hieß es im Funkspruch, geräuschdämpfenden Motorteilen aus Gummi.
Natürlich nahmen die Alliierten auch an diesem Wissen teil.
Die Fahrleistungen, über die der japanische Marineattaché berichtet hatte, entsprachen bis auf geringe Abweichungen den tatsächlichen Möglichkeiten der Boote, die damals auf deutschen Werften gebaut wurden. So waren die Alliierten in die tiefsten Geheimnisse des Großadmirals Karl Dönitz und seiner U-Boote eingedrungen: Auf den Werften des deutschen Feindes entstand eine gefährliche neue Waffe, die den U-Boot-Krieg tatsächlich revolutionieren konnte.
Amerikaner und Briten schöpften jedoch zugleich Zuversicht aus der Tatsache, daß die Zahl der neuen Boote vorerst nur gering war. Die Ausstoßziffern, die von den Deutschen im Sommer 1944 noch angepeilt worden waren, erwiesen sich schon im Herbst als nicht mehr erreichbar: Immer neue, immer schwerere Bombenangriffe machten die Anstrengungen immer wieder zunichte.
Am 3. Dezember 1944 berichtete der japanische Marineattaché voller Bedauern nach Tokio: »Obgleich die deutsche U-Boot-Flotte und das Rüstungsministerium fieberhafte Anstrengungen machen, wird es wahrscheinlich vor dem März des nächsten Jahres keine Ergebnisse geben.«
Solange die neue Flotte von U-Booten nicht fähig war, in See zu gehen, mußte die alte Flotte die Last des Kampfes weiter tragen.
Im Januar verließen zwanzig mit Schnorcheln ausgerüstete Boote ihre norwegischen Stützpunkte und stießen gegen Englands Küsten vor. Sie wagten sich in die Themse-Mündung und in die Irische See, das Gebiet zwischen Großbritannien und Irland. Sie torpedierten und versenkten Schiffe in unmittelbarer Nachbarschaft der feindlichen Küste, Schiffe, die von einer Vielzahl feindlicher Kriegsschiffe geschützt wurden. Fünf britische Schiffe versenkten hier in gemeinsamer Jagd am 16. Januar 1945 U 482 unter dem Kommando von Kapitänleutnant Graf Matuschka, das Boot, das wenige Monate zuvor in diesem Seegebiet noch so erfolgreich gewesen war. Die Tapferkeit der U-Boot-Fahrer war groß, ihre Erfolge aber blieben gering. Sie hatten kaum eine Auswirkung auf die Transporte von Waffen und Nachschub für die alliierten Invasionsarmeen, die Deutschlands Grenzen überschritten. Dennoch

spürten die Alliierten, wie der Druck der U-Boote gegen ihre Schiffahrt wieder stetig zunahm.
Anfang Februar 1945 lief U 2322 unter dem Kommando von Oberleutnant zur See Fridtjof Heckel zu seiner ersten Feindfahrt aus: Es war ein Boot vom Typ XXIII, eines der kleinen Elektroboote. Heckel drang zur schottischen Ostküste vor und torpedierte einen Frachter.
Nach seiner Rückkehr berichtete er, die Kriegsschiffe der Briten, die nach ihm suchten, hätten ihre Wasserbomben »weitab und völlig planlos« geworfen. Seine hohe Unterwassergeschwindigkeit hatte es U 2322 ermöglicht, sich der Verfolgung zu entziehen, ohne jemals in Gefahr geraten zu sein.
Dönitz faßte das Urteil der Kommandanten, die Boote vom Typ XXIII fuhren, zusammen: »Ideales Boot für kurzfristige Unternehmungen in Küstennähe, schnell, wendig, einfache Tiefensteuerung, geringe Ortungs- und Angriffsfläche. Der Gegner ahnt mehr, daß ein Boot da ist, als daß er den klaren Beweis und die Position erhält.«
Großadmiral Dönitz berichtete Hitler am 28. Februar 1945: »Das U-Boot kann wieder in Räumen stärkster Überwachung kämpfen und zum Erfolg kommen, in denen es jahrelang nicht einmal leben konnte. Es kann all seine positiven Eigenschaften wieder voll zur Geltung bringen; Eigenschaften, gegen die auch die gewaltige Seemacht der Angelsachsen im wesentlichen machtlos ist . . . Mit dem vollkommenen Unterwasser-Fahrzeug ist eine Wende im Seekrieg herbeigeführt. Die scharfe Waffe des reinen U-Bootes ist vorhanden. Sie wird mit den neuen U-Boot-Typen und ihrer weit höheren Unterwasser-Leistungsfähigkeit noch stärker werden. Es kommt darauf an, mit vielen dieser scharfen Waffen in den Kampf zu gehen.«
Immer noch hoffte der Oberbefehlshaber der deutschen Kriegsmarine, rechtzeitig so viele der neuen Boote vom Typ XXI und XXIII ins Gefecht schicken zu können, daß der Nachschub für die alliierten Armeen ins Stocken und durcheinandergeriet. Eine Entwicklung dieser Art, so rechnete er, würde es ermöglichen, die Landfronten so lange zu halten, bis deutsche Gegenangriffe zu Lande und in der Luft das militärische Gleichgewicht wiederhergestellt hatten.
Doch: In diesen Frühjahrswochen zerbrachen unter wütenden Luftangriffen britischer und amerikanischer Bomber die Hoffnungen der deutschen Führung, mit den großen neuen Booten die Schlacht im Atlantik im großen Maßstab wiederaufzunehmen. Schwere Sprengbomben schmetterten in Hamburger und Bremer Werftanlagen, britische Flugzeuge verminten die Elbe und die Weser und auch die Zugänge zu den deutschen Häfen an der Ostsee.
In dieser Situation entschloß sich Karl Dönitz zu einem Angriff, mit dem er den Feind überraschend zu treffen hoffte: mit mehreren Booten mitten im Atlantik. Im März 1945 verließen sechs der alten, mit

Schnorchel ausgerüsteten Boote vom Typ XIc ihre Stützpunkte. Sie erreichten unentdeckt den Atlantik.
Die Boote hatten Befehl, auf 49 Grad 30 Minuten nördlicher Länge und 25 Grad westlicher Breite einen Aufklärungsstreifen zu bilden und von dort Kurs Südwest zu laufen, um Konvois abzufangen, die von Amerika nach Großbritannien liefen.
Am frühen Morgen des 3. April schickte die U-Boot-Führung ihnen einen Funkspruch nach: »In nahezu anderthalb Jahren hat der Feind keine Überwasser-Angriffe auf Geleitzüge mehr erlebt. Er ist nur auf U-Boot-Operationen unter Wasser vorbereitet. Greift unbarmherzig und entschlossen an.«
Am 9. April befahl Dönitz den sechs Booten, sich zur Gruppe »Seewolf« zusammenzufinden.
Doch auch diese letzte größere Offensive der Schnorchelboote wurde von Ultra zunichte gemacht.
Die Alliierten entzifferten die Funksprüche, die für die Boote der Gruppe »Seewolf« bestimmt waren. Die Amerikaner verfolgten auf ihren Karten den langen Marsch der aufrechten Sechs über den Ozean mit besonderem Argwohn. Agenten hatten berichtet, deutsche U-Boote seien mit Vorrichtungen ausgerüstet worden, aus denen schwere Raketen abgeschossen werden konnten, Raketen der Art, wie sie schon London in Schrecken versetzt hatten. Möglicherweise schleppten die sechs U-Boote der Gruppe »Seewolf« jetzt diese Raketen unter die amerikanische Küste, um sie dann auf New York abzufeuern.
Es gab offenbar nichts, was die Alliierten den U-Booten nicht zutrauten. Tatsächlich hatten die »Seewolf«-Boote keine Raketen an Bord. Gleichwohl war ihnen ein schlimmes Schicksal zugedacht.
Die Amerikaner entschlossen sich, die Glut zu löschen, bevor die Flammen emporschlugen: Sie schickten den sechs Booten vier Kampfgruppen mit vier Flugzeugträgern und insgesamt zwanzig Zerstörern entgegen. Die amerikanischen Kriegsschiffe riegelten tiefgestaffelt und auf breiter Front den Marschweg der deutschen Boote auf dem Ozean ab.
Mitte April war das Wetter auf dem nördlichen Atlantik so schlecht, daß die Flugzeuge nicht von den Flugdecks der Träger abheben konnten. Dennoch fand der amerikanische Zerstörer »Stanton« am Abend des 15. April eines der deutschen Boote.
Auf dem Radarschirm an Bord des Kriegsschiffs zeichneten sich die Umrisse von U 1235 ab, das von Oberleutnant zur See Franz Barsch kommandiert wurde. Die »Stanton« lief auf das Ziel zu, und ihre Suchscheinwerfer tauchten das Boot plötzlich in weißes Licht. Doch bevor der Zerstörer zum Rammstoß eindrehen konnte, tauchte U 1235 im Alarm weg.
Vom Bug der »Stanton« lösten sich 24 Hedgehog-Geschosse. Sie schlugen in den Strudel, den das tauchende U-Boot hinterlassen hatte.

Die Männer auf dem Zerstörer hörten aus der Tiefe eine Reihe von Explosionen.
Aber die Geräusche im Horchgerät zeigten an, daß das U-Boot sich noch vorwärts bewegte und in größere Tiefen zu entkommen versuchte.
Jetzt war ein zweiter amerikanischer Zerstörer, die »Frost«, herangekommen. Die Kriegsschiffe setzten die Jagd auf das Boot gemeinsam fort – Wasserbomben, Hedgehog-Salven.
Um 1.14 Uhr am 16. April 1945 dröhnten zwei schwere Explosionen aus der Tiefe des Meeres heraus. Sie gingen in ein donnerndes Rollen über, das die Zerstörer erzittern ließ und noch auf anderen amerikanischen Schiffen in zehn Meilen Entfernung gespürt wurde. U 1235 war vernichtet und alle seine Männer mit ihm.
Da die Amerikaner aus entzifferten deutschen Funksprüchen wußten, daß U 1235 nicht allein gewesen war, suchten sie in der Nähe der Stelle, an der das Boot von Oberleutnant Barsch sein Ende gefunden hatte, nach weiteren Booten.
Vierzig Minuten nach der Versenkung von U 1235 zeigte das Radargerät auf dem Zerstörer »Frost« einen Kontakt an. Der Zerstörer lief an und entdeckte auf der Oberfläche des Meeres U 880 unter dem Kommando von Kapitänleutnant Gerhard Schötzau. Das Boot versuchte, dem Feind mit hoher Fahrt zu entkommen. Die »Frost« eröffnete das Feuer mit ihren Geschützen.
U 880 tauchte weg. Jetzt nahm der Zerstörer »Stanton«, der der »Frost« gefolgt war, die Hatz auf. Sein Schall-Ortungsgerät zeigte deutlich an, wo unter Wasser sich U 880 befand. Und wieder feuerte der Zerstörer eine Hedgehog-Salve in die schäumende See. Die Männer an Bord des Zerstörers hörten vier Explosionen – vier der Projektile hatten das Boot getroffen.
Wenige Minuten später dröhnte aus der Tiefe des Ozeans eine ungeheure Explosion herauf. Ein Berg von Wasser wölbte sich über dem Meer empor. Die Schockwelle nahm den Zerstörer »Stanton« hoch und ließ ihn wieder fallen. In der Kombüse des Kriegsschiffes zerbrach Geschirr.
Auf dem Flugzeugträger »Croatan«, der 15 Meilen, nahezu 30 Kilometer weit entfernt stand, wurden die auslaufenden Vibrationen, die von der gewaltigen Detonation ausgelöst worden waren, noch wahrgenommen.
U 880 war mit seiner gesamten Besatzung versunken.
Fünf Tage später, am 21. April 1945, führte offenbar ein Funkspruch des Bootes die amerikanischen Kriegsschiffe zum Standort von U 518, das unter dem Kommando von Oberleutnant zur See Hans Offermann stand. Die Zerstörer vernichteten das tief unter Wasser fahrende Boot mit Hedgehog-Geschossen. Es versank mit seiner gesamten Besatzung.
Auf dem europäischen Kontinent neigte sich der Krieg seinem Ende zu.
In diesen Tagen näherten sich in Deutschland die Panzer- und Infante-

rie-Einheiten des britischen Feldmarschalls Montgomery bereits der Stadt Bremen. Am 22. April richtete Karl Dönitz seine Befehlsstelle in dem holsteinischen Städtchen Plön ein. Hitler hatte Dönitz die Befehlsgewalt über Norddeutschland übertragen. Die Rote Armee kämpfte bereits im Vorfeld der Reichshauptstadt.

Auf dem Atlantik fuhren die restlichen Boote der Gruppe »Seewolf« weiter gegen den Feind. Die Amerikaner setzten die Jagd nach den Wölfen mit einem gewaltigen Einsatz an Schiffen und Flugzeugen fort: Keines der Boote sollte ihnen entwischen.

Am 23. April 1945 befahl Karl Dönitz den »Seewolf«-Booten, getrennt zur amerikanischen Ostküste vorzustoßen und dort zu kämpfen.

Vom Deck der amerikanischen Flugzeugträger starteten am 24. April 1945 Avenger- und Wildcat-Kampfmaschinen, schwärmten über den Ozean aus und suchten nach den Booten. Ein Beobachter in einer der Avenger-Maschinen bemerkte auf der tiefblauen Oberfläche des Atlantik einen feinen Streifen von Schaum: Es war die Spur, die der Schnorchel des deutschen U-Bootes U 546 durch das Wasser zog.

Der Beobachter meldete seine Sichtmeldung über Sprechfunk an den Flugzeugträger. Der Kommandant der amerikanischen Kampftruppe setzte neun Zerstörer zur tödlichen Treibjagd auf den deutschen Wolf an.

Die Kriegsschiffe stürmten über das Meer – und dann meldeten sechs von ihnen nahezu gleichzeitig, daß ihre Sonar-Ortungsgeräte das Boot aufgespürt hatten.

Die Männer in U 546 hörten die schlagend-zischenden Geräusche der Zerstörer-Schrauben. Sie näherten sich aus allen Richtungen. Die Geräusche schwollen an und bald war das Boot eingekreist. Kapitänleutnant Paul Just, Kommandant von U 546, wußte, daß er kaum eine Chance haben würde, dem gemeinsamen Angriff der feindlichen Kriegsschiffe zu entkommen, wenn er davonzuschleichen versuchte. So nahm er den Kampf auf.

Just sah durch das Sehrohr den Geleit-Zerstörer »Frederick T. Davis« heranpreschen – kaum noch eine halbe Seemeile entfernt. In diesem Augenblick feuerte U 546 einen seiner »Zaunkönige« ab. Der Torpedo mit dem akustischen Zielsuchgerät fand seinen Weg zu den Schrauben, unter das Kriegsschiff. Eine schreckliche Explosion hob das Heck des Geleit-Zerstörers für einen Augenblick aus dem Wasser. Durch ein riesiges Leck schäumte der Ozean in das Schiff. »Männer starben im Augenblick dieses Ausbruchs«, berichtete ein Augenzeuge. »Viele wurden über Bord geschleudert. Andere, gefangen in den Trümmern zerstörter Schiffswände und der Maschinenanlage, gingen mit dem Schiff in die Tiefe.«

In der Verwirrung, die der Torpedotreffer angerichtet hatte, versuchte U 546 in großer Tiefe zu entkommen. Acht Zerstörer setzten dem Boot

nach. Wasserbomben torkelten in die Tiefe. Hedgehog-Geschosse platschten in das Wasser, unten im Meer schlug U 546 einen Haken, dann noch einen, fuhr langsam, dann schneller, wechselte die Tauchtiefe – die Detonationen kamen näher, entfernten sich, kamen ganz nahe.
Das Boot schüttelte sich, bockte und sprang. Wasser drang ein. Dann ein scharfer Knall unmittelbar am Boot – ein Hedgehog-Geschoß hatte eine der Tauchzellen von U 546 aufgerissen. Das Boot war tauchunklar. Es mußte an die Oberfläche zurück – nach einer zehnstündigen Jagd.
Doch die Tortur, die seine Besatzung erleiden mußte, war noch nicht beendet. »Als der Turm des U-Bootes die Wasseroberfläche durchbrach«, berichtete ein amerikanischer Augenzeuge, »eröffneten alle Schiffe, die klares Schußfeld hatten, das Feuer. Verstörte Männer der Besatzung kämpften sich ihren Weg durch die Luken nach draußen. Unter dem Sturm von Granattreffern stampfte und rollte das Boot.«
Dann sackte U 546 plötzlich weg. Die Amerikaner zogen die Überlebenden aus dem Wasser, unter ihnen Kapitänleutnant Paul Just. Sie fragten ihn nach seinem Schuß auf den Geleit-Zerstörer »Frederick T. Davis«. »Es war eine Sache von Leben oder Tod«, sagte Paul Just. »Entweder er kriegte uns oder wir kriegten ihn.«
Die Versenkung des Geleit-Zerstörers blieb der einzige Erfolg der »Seewolf«-Boote. Sechs waren ausgelaufen, vier waren vernichtet. Die beiden anderen, U 585 unter dem Kommando von Kapitänleutnant Thilo Bode und U 805 unter dem Kommando von Korvettenkapitän Richard Bernardelli, stießen in die Gewässer vor der amerikanischen Ostküste vor. Es waren noch vierzehn Tage bis zur bedingungslosen Kapitulation der deutschen Wehrmacht. Die Boote jagten allein und schweigend, sie blieben in Schnorcheltiefe unter Wasser, sie funkten nicht mehr – und so konnten Ultra und Huff-Duff sie nicht entdecken.
Der britische »Submarine Tracking Room« jedoch errang 2 500 Seemeilen weiter östlich in diesem April 1945 noch einen letzten Triumph – vor der Haustür der deutschen Kriegsmarine.
Ergebnisse von Funkpeilung und von Funkentzifferung fügten sich zu einem Bild von den Standorten deutscher Boote östlich von Jütland. Captain Rodger Winn berichtete über das Ergebnis der von ihm eingeleiteten Aktion: »Kurz vor einem Einsatz von 38 Mosquito-Bombern gegen Schiffahrtsziele erhielten wir durch einen glücklichen Zufall die durch Funkpeilung ermittelte Position eines U-Boots im Kattegat. Nach unserem Urteil handelte es sich um eine inzwischen weitermarschierte Gruppe von U-Booten, von der wir wußten, daß sie mit nördlichem Kurs ausgelaufen war. Die Mosquitos wurden dementsprechend unterrichtet. Sie fanden zwei U-Boote auf nördlichem Kurs, die auf ihrem ersten Kriegsmarsch waren, und griffen sie schneidig an . . . ebenso wie ein nach Süden laufendes U-Boot, das mit Fracht vollbeladen bis hierher erfolgreich die Reise von Batavia in Indonesien

durchgestanden hatte. Alle drei U-Boote wurden versenkt.«
Die drei Boote waren U 804 unter dem Kommando von Oberleutnant zur See Harald Meyer, U 843 unter dem Kommando von Kapitänleutnant Oskar Herwartz und U 1065 unter dem Kommando von Oberleutnant zur See J. Panitz.
Viele der Boote, die in den letzten Wochen vor dem Ende des Krieges durchs Kattegat und Skagerrak von der Ostsee in die Nordsee marschierten, waren nicht mit einem Schnorchel ausgerüstet. Zu ihnen gehörten Boote, die aus Danzig-Gotenhafen ausgelaufen waren, das bereits von der Roten Armee überrannt worden war.
Die feindlichen Armeen preßten den Raum, in dem die Deutschen noch handeln konnten, von Tag zu Tag enger zusammen. Doch noch wollte Karl Dönitz den U-Boot-Krieg nicht einstellen.
Hatte der letzte Einsatz der deutschen U-Boot-Fahrer noch irgendeinen Sinn?
Der Großadmiral wollte Zeit gewinnen – Zeit für die Frauen, Männer und Kinder des deutschen Ostens, die zu Millionen vor den stürmenden Sowjets zu Fuß, im Treck und über See nach Westen flohen.
Am 30. April 1945 legte Karl Dönitz in seiner Eigenschaft als Inhaber der Befehlsgewalt für Norddeutschland dem Hamburger Gauleiter Kaufmann dar, weshalb Hamburg noch nicht vor den Engländern, die bereits vor den Toren der Stadt standen, kapitulieren dürfe: »Hauptsorge der militärischen Führung in der augenblicklichen Situation ist die Rettung deutschen Landes und deutschen Volkstums vor dem Bolschewismus. Der Schwerpunkt der Kampfführung liegt daher eindeutig im Osten. Es wird militärisch alles nur mögliche getan, den russischen Vormarsch im Mecklenburger Raum abzustoppen oder zumindest so lange als möglich aufzuhalten, um den Abfluß der deutschen Menschen zu ermöglichen. Dieser Abfluß ist nur möglich, solange ein Tor nach Westen ... offenbleibt. Wird der Elbe-Trave-Kanal jetzt durch die Engländer gesperrt, geben wir sieben Millionen wertvoller deutscher Menschen der russischen Willkür preis.«
An diesem 30. April erschoß Adolf Hitler sich im Bunker unter der Reichskanzlei.
Am Abend dieses Tages erhielt Karl Dönitz ein Funktelegramm aus Berlin, unterzeichnet von Reichsleiter Martin Bormann: »Anstelle des bisherigen Reichsmarschalls Göring setzt der Führer Sie, Herr Großadmiral, als seinen Nachfolger ein. Schriftliche Vollmacht unterwegs. Ab sofort sollen Sie sämtliche Maßnahmen verfügen, die sich aus der gegenwärtigen Lage ergeben.«
Am frühen Morgen des nächsten Tages erhielt Karl Dönitz einen zweiten Funkspruch aus Berlin, wieder von Martin Bormann: »Testament in Kraft.«
Karl Dönitz schrieb über jene Stunden: »Ich zweifelte keinen Augen-

blick daran, daß ich diesen Auftrag annehmen mußte . . . Mein Regierungsprogramm war einfach. Es galt, so viele Menschenleben zu retten wie möglich.«

Deshalb strebte Dönitz in den nächsten Tagen eine Teilkapitulation an. Im Osten sollte die deutsche Wehrmacht weiterkämpfen, im Westen sich aber Engländern und Amerikanern ergeben. Immer noch versuchte Karl Dönitz, den Flüchtlingen aus den Ostprovinzen des Reiches ein paar Tage mehr Zeit zu verschaffen.

An diesem 30. April, wenige Stunden bevor der Oberbefehlshaber der Kriegsmarine an die Spitze des zerschmetterten Reiches trat, machte im deutschen Marinestützpunkt Bergen in Norwegen ein deutsches U-Boot die Leinen los, das einige Monate zuvor noch die Hoffnung des deutschen Großadmirals auf neue Siege im U-Boot-Krieg verkörpert hatte.

Jetzt jedoch trug sein Vorstoß allenfalls den Charakter einer letzten heroischen Geste: Es war U 2511, das erste große Elektroboot vom Typ XXI, das zu einer Feindfahrt auslief.

Für dieses Boot hatte Karl Dönitz eine Elite-Besatzung ausgewählt. Es stand unter dem Kommando von Korvettenkapitän Adalbert Schnee, der einer der erfahrensten Kommandanten der deutschen U-Boot-Waffe war. Leitender Ingenieur war Korvettenkapitän (Ing.) Gerd Suhren, Erster Wachoffizier war Kapitänleutnant Lüders. Das Ziel der ersten Feindfahrt von U 2511 war viele tausend Meilen entfernt: die Karibische See.

Das Boot lief nach Nordwesten. Sein Kurs sollte es nördlich der Britischen Inseln in den Atlantik führen. Am 2. Mai wurde U 2511 von den Schiffen einer britischen U-Jagd-Gruppe mit Asdic-Geräten unter Wasser geortet.

Jetzt mußte sich erweisen, ob es halten konnte, was die deutschen U-Boot-Konstrukteure und Karl Dönitz von ihm erwarteten.

Kommandant Schnee berichtete über diesen Augenblick: »Ich erhöhte die Geschwindigkeit von fünf auf sechzehn Seemeilen, machte eine Kursänderung von zirka 30 Grad, um unter Wasser die Richtung einzuschlagen, welche die Überwasser-Fahrzeuge genau gegen Wellen und Wind an der Oberfläche führte . . . Wir hörten sie noch lange suchen mit ihren Geräten, jedoch konnten sie das ›Neue‹ bei dieser Verfolgung sicher nicht begreifen. Wir erlebten dann noch mehrere solcher Situationen beim Eintritt in den Atlantik. Kein Bewacher kam dazu, auch nur eine Wasserbombe in die Nähe des Bootes zu werfen . . . Meine ganze Besatzung, die aus kampferprobten U-Boot-Männern bestand, war es gewohnt, in nächster Nähe diese Wasserbomben zu hören, die auf den vorausgegangenen Feindfahrten zu Hunderten heruntergeregnet waren; und es war nicht selten geschehen, daß ein geschickter Ingenieur gerade noch das Schlimmste hatte verhindern können. Und da war man nun plötzlich in der Lage, all dem aus eigenen Mitteln entrinnen zu können. Es war kaum zu glauben, und wir hatten ein Gefühl der Sicherheit, wie wir es nur in den ersten zwei Kriegsjahren an Bord der kleinen U-Boote erlebt hatten, die nachts über Wasser operierten.«

Am 3. Mai 1945 verließ das zweite Boot vom Typ XXI den Stützpunkt Wilhelmshaven: U 3008 unter dem Kommando von Kapitänleutnant Helmut Manseck.

Über dem Land, das langsam hinter ihm zurückwich, lag der unaufhörliche Donner schwerer Geschütze: Die Front war bis auf 30 Kilometer an Wilhelmshaven herangerückt.

An diesem 3. Mai verlegte Karl Dönitz seinen Sitz von Plön nach Flensburg-Mürwik: Er fürchtete, von englischen Truppen gefangengenommen und handlungsunfähig zu werden.

Zur gleichen Zeit verhandelte Generaladmiral Hans Georg von Friedeburg im Auftrage von Karl Dönitz mit dem britischen Feldmarschall Montgomery über eine Teilkapitulation, die für den nordwestdeutschen Raum, Dänemark und Holland gelten sollte. Die Verhandlungen hatten Erfolg.

Am Abend des 4. Mai unterzeichneten Montgomery und von Friedeburg eine Vereinbarung, der zufolge die deutschen Streitkräfte in Holland, auf den Inseln, in Norddeutschland und in Dänemark die Waffen streckten und sich bedingungslos ergaben.

An diesem 4. Mai 1945 funkte die U-Boot-Führung in Flensburg einen Befehl an alle U-Boote, der von Dönitz selbst unterzeichnet war: Die Boote sollten alle Kriegshandlungen einstellen und in ihre Stützpunkte zurückkehren.

Der Befehl, den Kampf einzustellen, erreichte U 2511, das erste Boot vom Typ XXI, das zur Feindfahrt ausgelaufen war, kurze Zeit, bevor sich dem Boot die erste Gelegenheit zu einem großen Schlag bot. Gleichwohl erwies sich an diesem Tag, daß die neuen Boote tatsächlich jene »scharfe Waffe« waren, von der Karl Dönitz gesprochen hatte.

Das Horchgerät des Bootes zeigte starke Schraubengeräusche an. Korvettenkapitän Schnee berichtete, was geschah: »Wir gingen auf Sehrohrtiefe und ich sah im Sehrohr einen englischen Kreuzer der Suffolk-Klasse, von mehreren Zerstörern gesichert. Einen solchen Brocken hatte ich während des ganzen Krieges nicht vor den Bug bekommen, und nun, ausgerechnet, wenige Stunden nach Einstellung der Kampfhandlungen. Wie beim schulmäßigen Angriff in der Ostsee fuhr ich deshalb weiter in Richtung auf den englischen Kreuzer. Unser Boot untertauchte die Zerstörer-Sicherung und ging dann zwischen Sicherung und Kreuzer wieder auf Sehrohrtiefe. Erst dann ließ ich meinen Leitenden Ingenieur und den Wachoffizier durch das Sehrohr blicken und den seltenen Anblick eines feindlichen Kreuzers erleben. Das Boot stand zu diesem Zeitpunkt 600 Meter seitlich vor dem Kreuzer, in einer Schußentfernung, die in jedem Fall zum Erfolg führt. Dann ging es wieder auf Tiefe unter dem Kreuzer hindurch. Der Heimmarsch wurde fortgesetzt.«

U 3008, das zweite Boot vom Typ XXI, das zur Feindfahrt gestartet war, fing den Befehl, den Kampf einzustellen, auf, als es im Seeraum zwischen Großbritannien und Südnorwegen stand. U 3008 stieß wenig später auf einen feindlichen Geleitzug, lief auf ihn zu – und wurde – wie U 2511 – nicht entdeckt. Dann ließ Kommandant Manseck das Boot auf östlichen Kurs legen.

In den deutschen und den norwegischen Stützpunkten lagen zu diesem Zeitpunkt viele Dutzend kampffähiger deutscher U-Boote. Montgomery hatte bei den Verhandlungen mit Generaladmiral von Friedeburg verlangt, daß keinerlei Zerstörungen vorgenommen und auch keine Kriegsschiffe versenkt werden durften.

Karl Dönitz sah sich durch diese Forderung in einen Konflikt zwischen soldatischer Ehre und politischer Notwendigkeit gedrängt: »Ich war mir klar, daß ich bei Auslieferung der Kriegsschiffe gegen jede Tradition unserer und der Kriegsmarine aller Nationen handeln würde. So hatten die deutsche Kriegsmarine nach dem Ersten Weltkrieg durch die Versenkung der Flotte in Scapa Flow versucht, diesem nationalen und soldatischen Ehrengesetz aller Nationen gerecht zu werden. Ich zweifelte aber nicht, daß ich die Übergabe auch der Kriegsschiffe jetzt anordnen mußte. Die Lage war eine andere als je nach früheren Kriegen. Es handelte sich diesmal darum, ungezählte Menschen unseres Volkes, auch Frauen und Kinder, noch am Ende des Krieges vor dem Tode zu bewahren. Verweigerte ich der Ehre der Flagge wegen die Übergabe der Schiffe, so würde es nicht zur Teilkapitulation kommen.«

In der Nacht vom 4. auf den 5. Mai 1945 stürzten zwei dicht aufeinanderfolgende Funksprüche die deutschen U-Boot-Fahrer in Verwirrung. Um 1.34 Uhr am 5. Mai, anderthalb Stunden nach Mitternacht, entschlüsselten die Funkmaate an Bord der Boote einen Befehl mit dem Wort »Regenbogen«.

Es war das seit längerem vorsorglich ausgegebene Stichwort, das die Selbstversenkung der Boote einleiten sollte.

Doch nur acht Minuten später forderte ein zweiter Funkbefehl: »Es darf keine Selbstversenkung oder Zerstörung vorgenommen werden.«

Wieder wenige Minuten später erschienen Kommandanten einiger in Flensburg liegender U-Boote im Hauptquartier des Großadmirals. Aufgebracht verlangten sie, Dönitz zu sprechen. Sie wollten nicht glauben, daß das Versenkungsverbot tatsächlich seinem Willen entsprach.

Korvettenkapitän Walter von Lüdde-Neurath, der persönliche Adjutant des Großadmirals, verwehrte ihnen den Zugang zu Dönitz, der sich

bereits in seinen Schlafraum zurückgezogen hatte. Den heftigen Wortwechsel beendete Lüdde-Neurath mit der Bemerkung: »Wenn ich U-Boot-Kommandant wäre, ich wüßte, was ich zu tun hätte.«
Die Kommandanten stürmten hinaus. Sie sprachen mit ihren Kameraden, verständigten sich über Funk mit den Booten in anderen Stützpunkten. Wenig später machten in Flensburg, Cuxhaven und Eckernförde Boote die Leinen los zu ihrer letzten Fahrt.
Mit leise brummenden Dieselmotoren glitten sie hinaus auf das tiefe Wasser vor den Häfen. Von den Sehrohren flatterte die Reichskriegsflagge. Dann legten sie Sprengpatronen an die Ventile, die Männer gingen in die Gummiflöße, in die Barkassen und Pinassen, die den U-Booten gefolgt waren.
Aus dem Innern der Boote dröhnten die Detonationen, und die Männer sahen, wie die Boote tiefer und tiefer sanken, immer tiefer, manche auf ebenem Kiel, manche mit dem Bug, mache mit dem Heck voran, bis die grauen Schatten von der Schwärze des nachtdunklen Wassers aufgesogen waren.
Dönitz schrieb später: »Die Kommandanten glaubten, mit der Versenkung doch in meinem Sinne zu handeln. Sie waren überzeugt, daß ich einen ›Übergabe-Befehl‹ nur unter Zwang gegeben haben könnte.«
Die Briten waren damals offenbar der Meinung, daß Dönitz die Selbstversenkung der U-Boote nicht veranlaßt hatte. Sie hielten sich jedenfalls an die Vereinbarungen, die zwischen Feldmarschall Montgomery und Generaladmiral von Friedeburg getroffen worden waren, und nahmen die Feindseligkeiten in Norddeutschland nicht wieder auf.
Am Nachmittag des 5. Mai um 15.14 Uhr verbreitete der deutsche U-Boot-Sender einen langen Funkspruch. Karl Dönitz hatte ihn verfaßt. Jetzt nahm der Großadmiral Abschied von den Männern, die in den grauen Booten hinausgefahren waren: »Meine U-Boot-Männer! Sechs Jahre U-Boot-Krieg liegen hinter uns. Ihr habt gekämpft wie die Löwen. Eine erdrückende Materialübermacht hat uns auf engstem Raum zusammengedrängt. Von der verbleibenden Basis aus ist eine Fortsetzung des Kampfes nicht mehr möglich.
U-Boot-Männer! Ungebrochen und makellos legt ihr nach einem Heldenkampf ohnegleichen die Waffen nieder. Wir gedenken in Ehrfurcht unserer gefallenen Kameraden, die ihre Treue zu Führer und Vaterland mit dem Tod besiegelten.
Kameraden! Bewahrt euren U-Boot-Geist, mit dem ihr lange Jahre hindurch tapfer und unbeirrt gekämpft habt, auch in Zukunft zum Besten unseres Vaterlandes. Es lebe Deutschland!
Euer Großadmiral!«
Dieser Funkspruch beendete den U-Boot-Krieg jedoch nur formal, nicht aber tatsächlich. Vernichtung kam weiter über alliierte Schiffe, U-Boote erlitten den Untergang.

Denn draußen in den Weiten des Ozeans fuhren deutsche Boote gegen den Feind, die der Befehl zur Einstellung der Kampfhandlungen nicht erreicht hatte. Sie befanden sich in langwährenden Tauchfahrten. Radiowellen aber dringen nur wenige Meter in das Wasser ein.
Ein Boot, das vom Ende des Krieges nichts erfuhr, war U 853 unter dem Kommando von Oberleutnant zur See Helmut Frömsdorf. Ende April stand es in seinem Operationsgebiet unweit der amerikanischen Ostküste, zwischen New York und Boston. Da es nicht gefunkt hatte, war seine Annäherung von den Amerikanern nicht bemerkt worden – bis zum Abend des 5. Mai.
In diesen Stunden steuerte der Kohlendampfer »Black Point« den Hafen von Boston an. Kommandant Frömsdorf sah das Schiff herankommen, und um 17.40 Uhr Ortszeit machte er einen Torpedo auf das Ziel los. Das Geschoß traf, und fünfundzwanzig Minuten später sank der Dampfer auf den Grund der See.
In diesen Minuten lief ein jugoslawischer Dampfer vorbei, und er meldete über Funk seine Beobachtung: ein sinkendes torpediertes Schiff.
Wenig später setzte die amerikanische Marine drei Zerstörer und eine Fregatte zur Jagd auf das U-Boot in Marsch. Die vier Kriegsschiffe hatten nach einer Stunde schon den Seeraum erreicht, in dem die »Black Point« gesunken war, und nun begannen sie mit der Suche nach dem Feind unter Wasser.
Sie bildeten eine Kette und harkten mit ihren Schall-Ortungsgeräten das Meer ab, das hier, dicht unter der Küste, nur flach war. Knapp zwanzig Minuten nach dem Beginn der Fahndungsaktion entdeckte der Zerstörer »Atherton« das deutsche Boot. Vom Vorderdeck des Zertörers jagten 24 Geschosse aus dem Hedgehog-Mörser in den Himmel, beschrieben zischend und fauchend eine Parabel, und dann erhoben sich 24 Fontänen über dem Wasser.
Schon dieser erste Angriff traf U 853 offenbar tödlich. Die Schall-Ortungsgeräte zeigten an, daß sich das Boot nicht mehr bewegte: Es lag in etwa 40 Meter Tiefe auf Grund.
Die Zerstörer liefen gleichwohl zu neuen Angriffen an: Viele Serien von Wasserbomben regneten in die Tiefe und explodierten am Boot. Öl breitete sich auf der Wasseroberfläche aus, dann tauchten Wrackteile aus der dunklen Tiefe herauf, und schließlich eine Kopfbedeckung aus einst weißem Tuch, jetzt ölverschmiert: die Mütze des Kommandanten Helmut Frömsdorf.
Da brachen die Kriegsschiffe die Operation ab. U 853 war das letzte U-Boot, das von amerikanischen Streitkräften im Zweiten Weltkrieg versenkt wurde. Jahre später tauchten Sporttaucher zu dem Wrack von U 853 hinab. Einer von ihnen brachte ein vollständiges Skelett mit an die Oberfläche.

Rund 24 Stunden nach der Versenkung von U 853 vor der amerikanischen Küste, am 7. Mai 1945, stand das deutsche U-Boot U 320 unter dem Kommando von Oberleutnant zur See der Reserve Emmrich östlich der Shetlandinseln im Seeraum zwischen Großbritannien und Norwegen. Das Boot war auf dem Rückmarsch. Sein Kurs kreuzte den Weg eines britischen Catalina-Flugbootes, das über diesem Seegebiet Streife flog. Der Pilot der Maschine, Lieutenant K. Murray, drückte die Catalina zum Angriff herunter, die Wasserbomben saßen im Ziel, U 320 versank. Es war das letzte im Kampf vernichtete deutsche U-Boot.

Die letzten Erfolge in diesem U-Boot-Krieg, der fünf Jahre und neun Monate zuvor begonnen hatte, aber erzielten deutsche Boote: U 2336 unter dem Kommando von Oberleutnant zur See Emil Klusmeier und U 1023 unter dem Kommando von Kapitänleutnant Heinz Schroeteler.

U 2336 war ein Elektroboot vom Typ XXIII.

Am späten Abend des 7. Mai fuhr Kommandant Klusmeier vor dem Firth of Forth, vor den Zugängen zum Hafen von Edinburgh in Schottland, den letzten U-Boot-Angriff dieses Krieges auf alliierte Dampfer. Die Torpedos des Bootes trafen zwei Frachter, einer knapp 2 000, der andere knapp 3 000 Tonnen groß.

Zerstörer und Korvetten suchten lange Zeit nach dem Feind. Doch U 2336 entzog sich der Verfolgung und steuerte seinen Stützpunkt Kiel an. Karl Dönitz vermerkte voller Genugtuung: »Keines der acht Boote des Typs XXIII, die in den schwierigen Operationsgebieten unter der feindlichen Küste eingesetzt waren, ging verloren.«

In der gleichen Stunde, da U 2336 am vorletzten Tag des Krieges im Norden der Britischen Inseln jagte, näherte sich U 1023, ein Schnorchelboot vom Typ VII c 42, der Südküste Englands, der Lyme Bay. U 1023 war am 25. März 1945, 44 Tage zuvor, aus seinem norwegischen Stützpunkt Bergen ausgelaufen. Das Boot hatte während seiner Unterwasser-Fahrt durch die Irische See die Funksprüche verpaßt, mit denen den Booten die Einstellung des Kampfes befohlen worden war.

In der Abenddämmerung des 7. Mai machte Kommandant Schroeteler am Sehrohr vier Kriegsschiffe aus, die er zunächst für Geleit-Zerstörer hielt. Die Schiffe preschten mit hoher Fahrt dahin. U 1023 machte aus Rohr 5 einen »Zaunkönig« los – der letzte Torpedo des Krieges, der auf ein alliiertes Kriegsschiff abgefeuert wurde. 350 Kilo Sprengstoff explodierten drei Minuten später unter dem Heck des norwegischen Minensuchers NYMS 382. Es war 20.52 Uhr mitteleuropäischer Zeit am 7. Mai 1945.

Das getroffene Schiff sank innerhalb von zwei Minuten, 22 norwegische Seeleute fanden den Tod. U 1023 entkam den Schiffen, die nach ihm suchten.

An diesem 7. Mai unterzeichneten Generaloberst Alfred Jodl und Generaladmiral Hans-Georg von Friedeburg im französischen Reims die Urkunde über die bedingungslose Kapitulation der deutschen Wehrmacht.

Am 9. Mai 1945 wandte sich Karl Dönitz in einem Funkspruch noch einmal an die Männer, die nahezu sechs Jahre lang seinen Befehlen auf den großen Wassern der Erde gefolgt waren.

Er verlangte von ihnen, die Anordnungen der Sieger zu befolgen: »U-Boot-Männer, nach einem heroischen Kampf ohnegleichen habt ihr die Waffen niedergelegt. Das höchste Opfer müßt ihr jetzt eurem Vaterland bringen, indem ihr bedingungslos folgende Weisungen durchführt. Zahlreiche Opfer werden dadurch in der Heimat vermieden. Der . . . Befehl zum Rückmarsch nach Norwegen ist aufgehoben. Euer Großadmiral.« Diesen Funkspruch fing nun auch Kapitänleutnant Schroetelers U 1023 auf.

Die Boote sollten, so schrieben es die Kapitulationsbedingungen vor, auftauchen, ihre Position in einem unverschlüsselten Funkspruch melden, zum Zeichen der Übergabe eine dunkelblaue oder schwarze Flagge hissen und in jene Häfen einlaufen, die Briten und Amerikaner ihnen vorschrieben.

An diesem 9. Mai durchquerten die letzten Schiffe mit deutschen Flüchtlingen aus dem Osten die Ostsee. Die Bilanz der Flucht über das Meer: 135 Schiffe gingen durch Torpedos, Fliegerbomben und Minen verloren, zwanzigtausend Menschen starben in jenen Monaten in der Ostsee einen jammervollen Tod.

Aber mehr als zwei Millionen Menschen entrannen den Russen – dank der Tapferkeit, der Einsatzbereitschaft und der Unermüdlichkeit deutscher Seeleute von Kriegsmarine und Handelsflotte und der Soldaten des Heeres, die um der Frauen und Kinder willen aushielten, als sie selbst schon verloren waren. Es war das größte Rettungsunternehmen aller Zeiten und es ist untrennbar verbunden mit dem Namen von Karl Dönitz. (Als der am Heiligabend 1980 im Alter von 89 Jahren verstorbene Großadmiral Karl Dönitz am 6. Januar 1981 in Aumühle im Sachsenwald bei Hamburg beerdigt wurde, reihten sich an seinem Grab auch die Kränze der Flüchtlinge.)

Am Morgen des 10. Mai 1945 näherte sich das deutsche U-Boot U 1009 unter dem Kommando von Oberleutnant zur See Klaus Hilgendorf dem britischen Kriegshafen Loch Eriboll am schottischen Pentland Firth. Es lief über Wasser, und von seinem Turm wehte eine schwarze Flagge – wie es die Anordnung der Sieger befahl. Es war das erste Boot, das dem Befehl nachkam, sich in einem britischen Hafen zu ergeben.

An diesem 10. Mai setzte U 1023, das Boot, das den letzten Torpedo des Krieges auf ein alliiertes Kriegsschiff abgefeuert und getroffen hatte, einen Funkspruch mit einem Bericht über die Erfolge des Bootes

während seiner letzten Feindfahrt ab, die 46 Tage gedauert hatte – 46 Tage zumeist unter Wasser. Der Funkspruch lautete: »Aus vollem Glauben und in festem Vertrauen auf Sie, Herr Großadmiral, führen wir nun den schwersten Befehl aus. U 1023 (Schroeteler).«
Dönitz funkte zurück: »An Schroeteler. Ich habe Ihnen am 2. Mai das Ritterkreuz zum Eisernen Kreuz verliehen. Mit meinen Gedanken bin ich bei Ihnen und Ihrer braven Besatzung. Ihr Großadmiral.« Kapitänleutnant Heinz Schroeteler war somit der letzte deutsche Marineoffizier, der mit dem Ritterkreuz ausgezeichnet wurde.
U 1023, das seinen Standort über Funk an die Engländer gemeldet hatte, wurde von zwei britischen Fregatten in den Hafen von Weymouth an der englischen Südküste geleitet – eines von insgesamt 155 deutschen U-Booten, die den Siegern in die Hände fielen. 221 Boote wurden von ihren Besatzungen selbst versenkt.
Im norwegischen Hafen von Bergen kam es in jenen Tagen zu einer denkwürdigen Begegnung, bei der es die Briten im Nachhinein noch schauderte. Dorthin war U 2511 gelangt, das große Elektroboot vom Typ XXI. Und dorthin hatte sich auch der Kreuzer begeben, auf den das Boot wenige Tage zuvor unbemerkt einen Scheinangriff gefahren hatte.
Der Kommandant von U 2511, Korvettenkapitän Schnee, berichtete, was sich zutrug: »Ich wurde sofort auf den englischen Kreuzer gebracht und dort der Admiralität vorgeführt. Begreiflicherweise war ich bei diesem ersten Zusammentreffen mit dem Feind recht schweigsam und beantwortete so gut wie nichts. Doch dann, als mich der englische Admiral nach meinen Feindberührungen auf dieser letzten Fahrt fragte, sagte ich ihm, daß meine letzte Berührung mit dem Feinde eben dieser Kreuzer gewesen sei, auf dem wir uns befanden. Nun wurde es turbulent. Man hielt es für völlig ausgeschlossen. Der Kommandant des Kreuzers und die Zerstörer-Kommandanten wurden befragt, und schließlich konnte der Beweis dazu erst erbracht werden, nachdem alle Logbücher und das meinige miteinander verglichen wurden und die Übereinstimmung der Standorte zum Zeitpunkt des Angriffes so bestätigt werden konnte.«
Die Spanne, mit der die Alliierten dem »totalen Unterwasserkrieg« und seinen vermutlich schrecklichen Folgen für ihre Schiffahrt entrannen, war nur klein. Im U-Boot-Report der amerikanischen Admiralität heißt es: »Die deutsche Kriegsmarine erwies sich als fähig, noch inmitten des Zusammenbruchs ihre Verluste auszugleichen und voller Energie den U-Boot-Krieg wiederaufzunehmen. Am letzten Tag des Krieges war die Zahl der U-Boote auf Feindfahrt größer als sie es in vielen Monaten zuvor gewesen war, und die Rate der Versenkungen alliierter Schiffe stieg wieder an . . . Wäre das Neubauprogramm ein Jahr früher begonnen worden, hätte eine sehr ernste Drohung entstehen können.«
Englands Kriegspremier Winston Churchill urteilte: »Der wirkliche Erfolg hing für Deutschland davon ab, daß die neuen Boote rechtzeitig in

großer Zahl in Dienst gestellt werden konnten. Ihre hohe Unterwassergeschwindigkeit belastete uns mit neuen drohenden Problemen und würde tatsächlich, wie es Dönitz voraussagte, die U-Boot-Kriegführung revolutioniert haben.«
Keine andere technische Entwicklung der Deutschen erschien der britischen und amerikanischen Marine so wertvoll wie die neuen deutschen U-Boote. Die Boote vom Typ XXI, die in deutschen Häfen lagen, waren ausnahmslos von ihren Besatzungen vernichtet worden. In norwegischen Häfen jedoch lagen zum Zeitpunkt der Kapitulation noch 12 Boote des Typs XXI. Die Verbündeten des Zweiten Weltkriegs teilten diese Beute unter sich auf: Fünf Boote behielten die Engländer, vier die Sowjets, zwei die Amerikaner, eins die Franzosen. Die deutschen Boote dienten den Seestreitkräften der Sieger des Zweiten Weltkriegs als Vorbild für eine neue Generation von U-Booten. Erst der ein Jahrzehnt später entwickelte Atom-Antrieb erwies sich der deutschen Konstruktion des Zweiten Weltkriegs überlegen.

*

In den Wochen nach der bedingungslosen Kapitulation der Wehrmacht war die Zeit gekommen, die Bilanz des U-Boot-Kriegs zu ziehen, der ohne jedwede Unterbrechung vom 3. September 1939 bis zum 7. Mai 1945 gedauert hatte – die längste Schlacht der Weltgeschichte.
Die U-Boote hatten 2882 Handelsschiffe mit mehr als 14 Millionen Bruttoregistertonnen und 149 Kriegsschiffe versenkt, darunter sechs Flugzeugträger, zwei Schlachtschiffe und 34 Zerstörer.
Zwischen dem 1. September 1939 und dem 8. Mai 1945 waren 1170 U-Boote in Dienst gestellt worden. 863 von ihnen fuhren gegen den Feind. 630 Boote kehrten von der Feindfahrt nicht zurück.
41 000 deutsche U-Boot-Fahrer hatten den Kampf gegen die beiden stärksten Seemächte der Welt gekämpft. 25 870 von ihnen waren gefallen. Keine andere Waffengattung – abgesehen von den japanischen Kamikaze-Piloten, den Fliegern des »göttlichen Windes« – war von einer auch nur annähernd so großen Verlustrate betroffen gewesen.
Sie hatten es durchgestanden, tapfer und wagemutig. Das Reich sank in Trümmer, das Heer löste sich auf, die Luftwaffe lag am Boden – die U-Boote fuhren weiter gegen den Feind.
Die Marineoffiziere, die den U-Boot-Report der amerikanischen Admiralität verfaßten, schrieben über die Männer der deutschen U-Boot-Waffe und den Geist, der sie beherrschte: »Es darf nicht vergessen werden, daß die deutsche U-Boot-Waffe noch am Tag der Kapitulation eine gefährliche Kampfeinheit war, organisiert, vervollkommnet und bereit, den Krieg fortzusetzen . . . Und es darf nicht vergessen werden, daß die U-Boot-Waffe im Mai 1945 nicht zur See besiegt wurde . . . Sie kämpfte bis zu dem Tag, an dem sie gezwungen war, zu kapitulieren, weil es kein Deutschland mehr gab, das sie verteidigen konnte.«

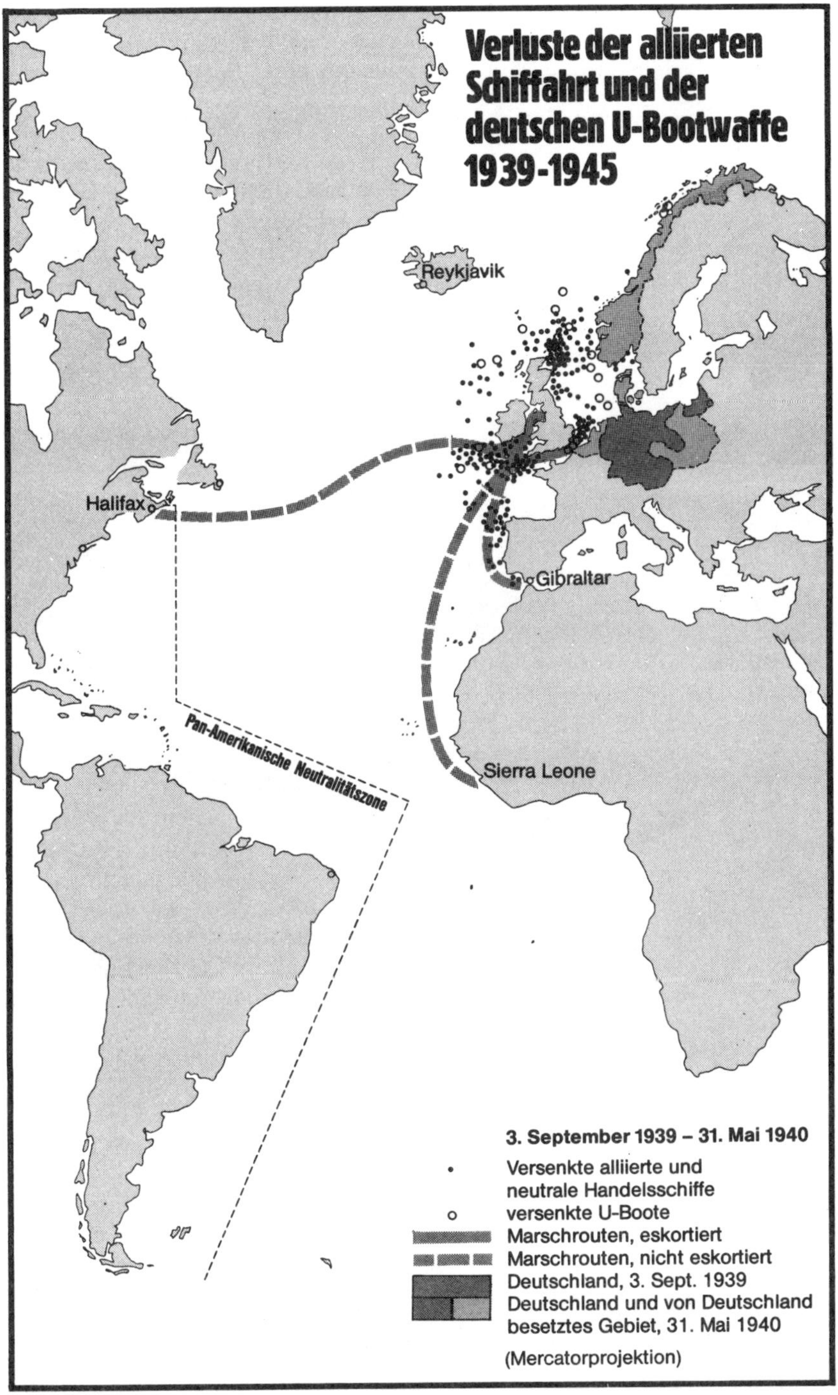
Verluste der alliierten Schiffahrt und der deutschen U-Bootwaffe 1939-1945
Reykjavik
Halifax
Gibraltar
Sierra Leone
Pan-Amerikanische Neutralitätszone
3. September 1939 – 31. Mai 1940
Versenkte alliierte und neutrale Handelsschiffe
versenkte U-Boote
Marschrouten, eskortiert
Marschrouten, nicht eskortiert
Deutschland, 3. Sept. 1939
Deutschland und von Deutschland besetztes Gebiet, 31. Mai 1940
(Mercatorprojektion)

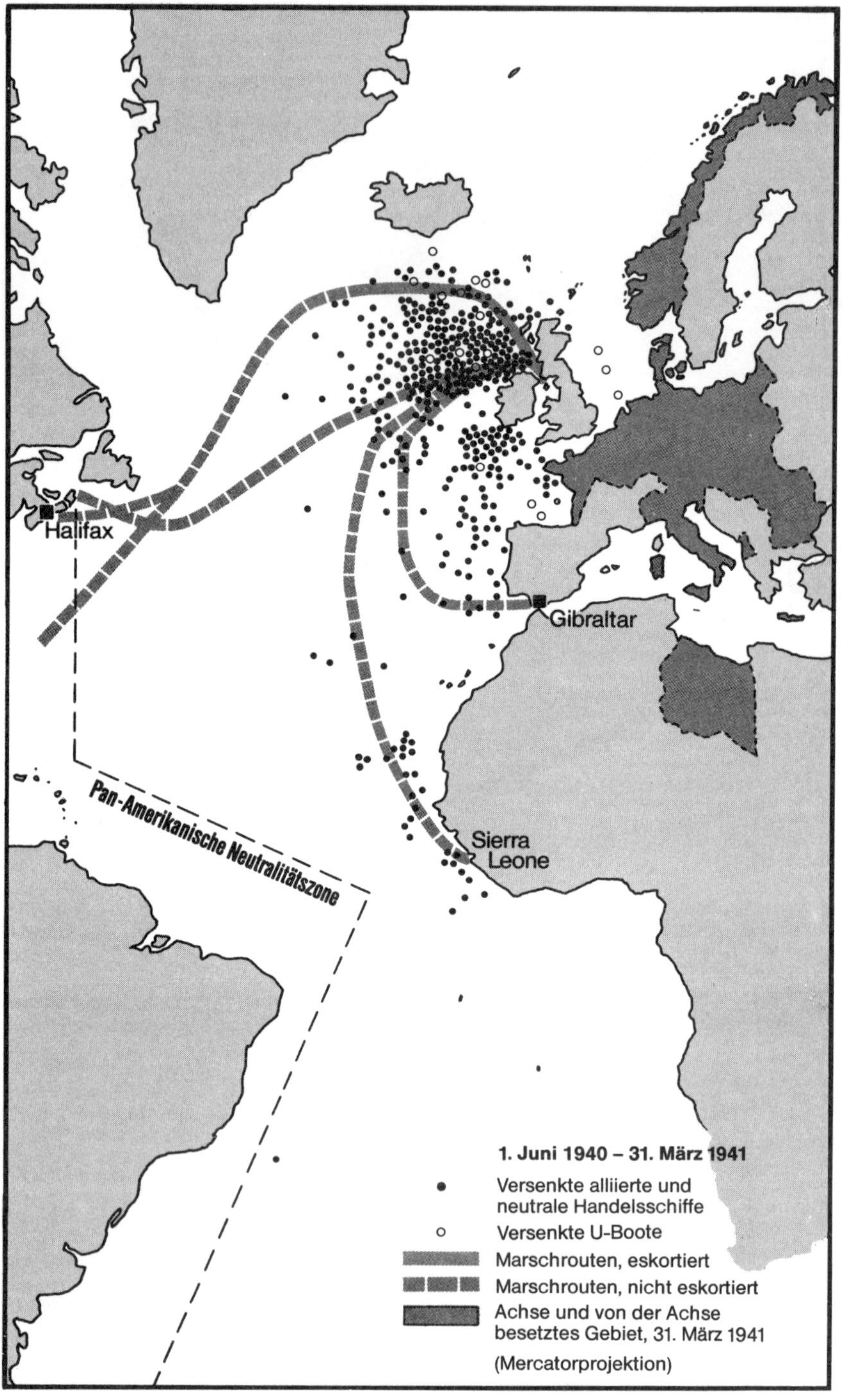
Halifax
Gibraltar
Sierra
Leone
Pan-Amerikanische Neutralitätszone
1. Juni 1940 – 31. März 1941
Versenkte alliierte und
neutrale Handelsschiffe
Versenkte U-Boote
Marschrouten, eskortiert
Marschrouten, nicht eskortiert
Achse und von der Achse
besetztes Gebiet, 31. März 1941
(Mercatorprojektion)

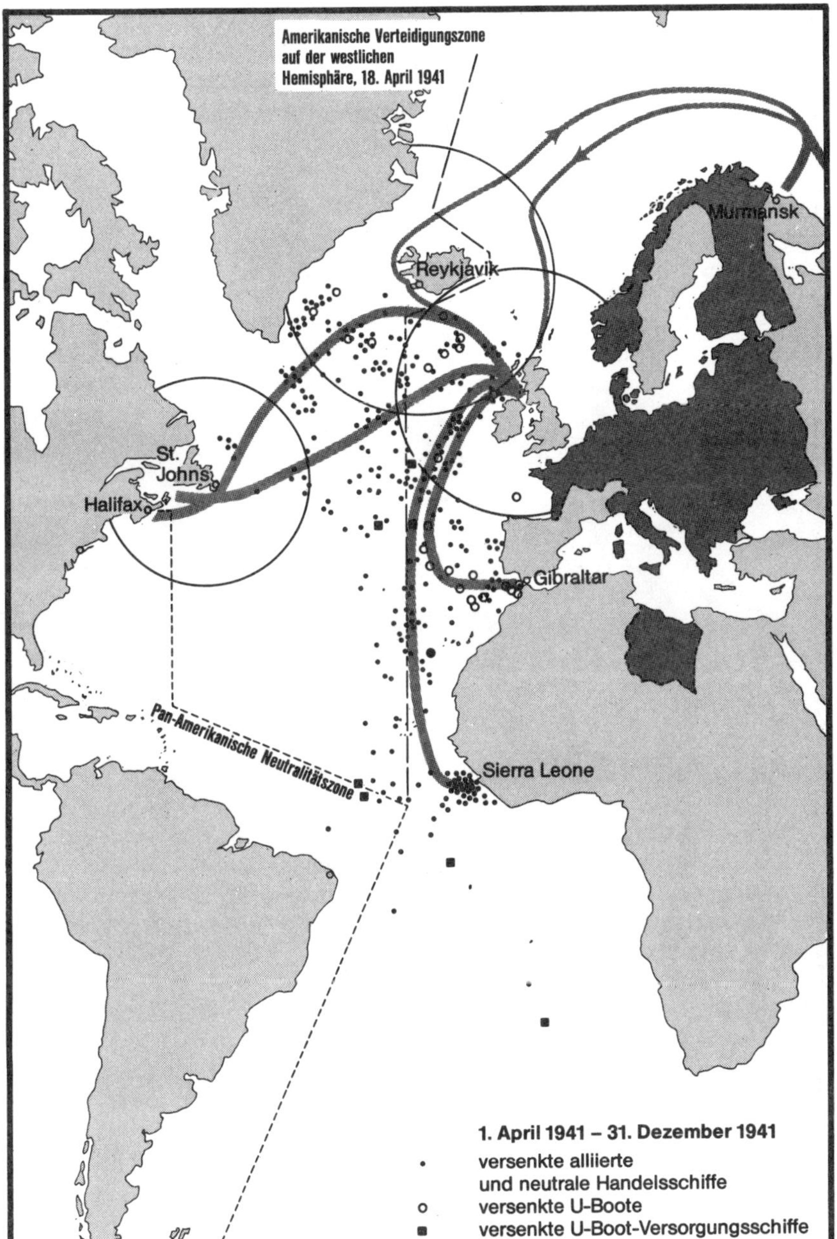

Amerikanische Verteidigungszone
auf der westlichen
Hemisphäre, 18. April 1941
Murmansk
Reykjavik
St. Johns
Halifax
Gibraltar
Pan-Amerikanische Neutralitätszone
Sierra Leone
1. April 1941 – 31. Dezember 1941
versenkte alliierte
und neutrale Handelsschiffe
versenkte U-Boote
versenkte U-Boot-Versorgungsschiffe
Marschrouten
Alliierte Luftdeckung
Achse und von der Achse besetztes
Gebiet, 31. Dezember 1941
(Mercatorprojektion)

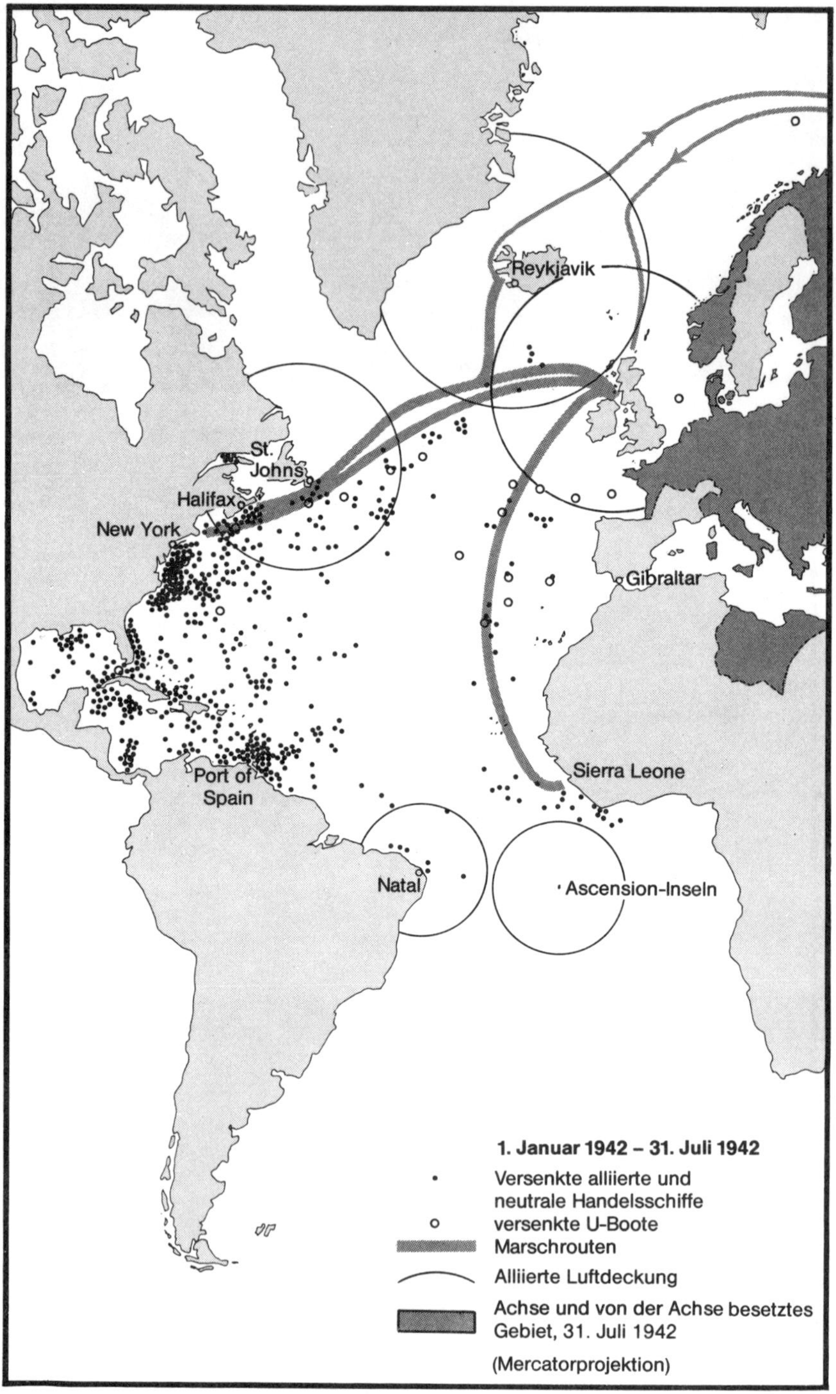
Reykjavik
St. Johns
Halifax
New York
Gibraltar
Port of Spain
Sierra Leone
Natal
Ascension-Inseln
1. Januar 1942 – 31. Juli 1942
Versenkte alliierte und neutrale Handelsschiffe
versenkte U-Boote
Marschrouten
Alliierte Luftdeckung
Achse und von der Achse besetztes Gebiet, 31. Juli 1942
(Mercatorprojektion)

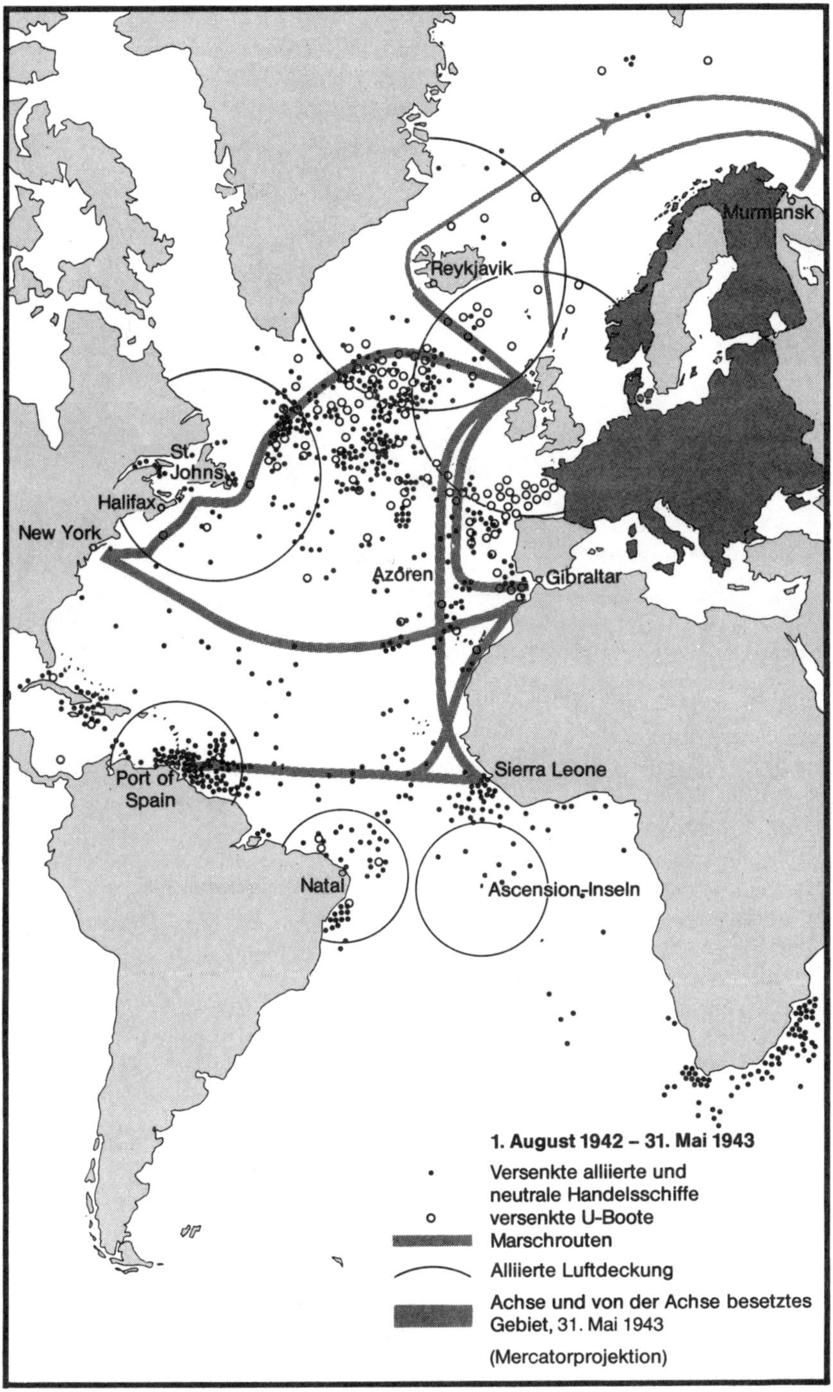
Murmansk
Reykjavik
St. Johns
Halifax
New York
Azoren
Gibraltar
Port of Spain
Sierra Leone
Natal
Ascension-Inseln
1. August 1942 – 31. Mai 1943
Versenkte alliierte und neutrale Handelsschiffe
versenkte U-Boote
Marschrouten
Alliierte Luftdeckung
Achse und von der Achse besetztes Gebiet, 31. Mai 1943
(Mercatorprojektion)

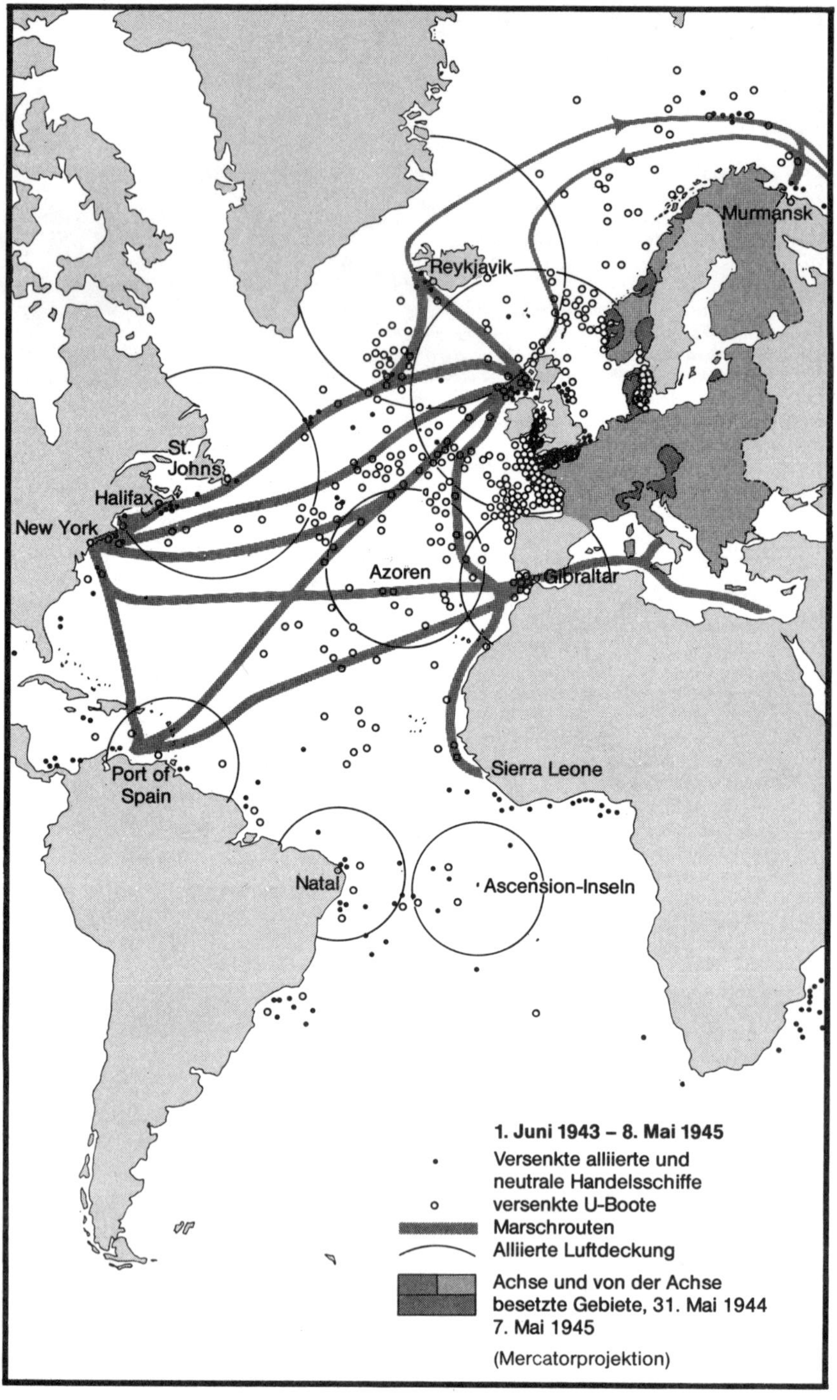
Reykjavik
Murmansk
St. Johns
Halifax
New York
Azoren
Gibraltar
Port of Spain
Sierra Leone
Natal
Ascension-Inseln
1. Juni 1943 – 8. Mai 1945
Versenkte alliierte und neutrale Handelsschiffe
versenkte U-Boote
Marschrouten
Alliierte Luftdeckung
Achse und von der Achse besetzte Gebiete, 31. Mai 1944
7. Mai 1945
(Mercatorprojektion)

# Literaturverzeichnis


*Alman, Karl:* Graue Wölfe in blauer See. Der Einsatz der deutschen U-Boote im Mittelmeer; München 1977

*Barak, Michael:* The Enigma; New York 1978 – deutsch: Operation Enigma; Bern/München 1979

*Beesly, Patrick:* Very Special Intelligence; London 1977 – deutsch: Geheimdienstkrieg der britischen Admiralität 1939–1945; Hrsg. Arbeitskreis für Wehrforschung; Frankfurt (Main)/Berlin 1978

*Bekker, Cajus:* Das große Bildbuch der deutschen Kriegsmarine 1939–1945; Oldenburg 1972
● Ostsee – Deutsches Schicksal 1944/45; Oldenburg/Hamburg 1959
● Radar – Duell im Dunkel. Dramatische Höhepunkte der wissenschaftlich-technischen Kriegsführung; Oldenburg/Hamburg 1958
● Verdammte See. Ein Kriegstagebuch der deutschen Marine; Oldenburg/Hamburg 1971

*Böddeker, Günter:* Die Flüchtlinge. Die Vertreibung der Deutschen im Osten; München/Berlin 1980

*Bredt, Alexander* (Hrsg.): Weyers Taschenbuch der Kriegsflotten. XXXVI. Jahrgang 1943/44; München/Berlin 1944

*Brennecke, Jochen:* Der Fall Laconia. Ein hohes Lied der U-Boot-Waffe; Biberach 1959
● Haie im Paradies. Der deutsche U-Boot-Krieg in Asiens Gewässern 1943–45; Preetz 1961
● Jäger – Gejagte. Deutsche U-Boote 1939 bis 1945; Herford 1956

*Brickhill, Paul:* The Great Escape; New York 1950

*Buchheim, Lothar-Günther:* Das Boot; München 1973
● U-Boot-Krieg; Zürich 1976

*Busch, Harald:* So war der U-Boot-Krieg; Bielefeld 1952

*Carell, Paul; Böddeker, Günter:* Die Gefangenen. Leben und Überleben deutscher Soldaten hinter Stacheldraht; Frankfurt (Main)/Berlin/Wien 1980

*Chalmers, W. S.:* Max Horton and the Western Approaches; London 1951

*Churchill, Sir Winston:* The Second World War; London 1948–53

*Costello, John; Hughes, Terry:* The Battle of the Atlantic; 1977 – deutsch: Atlantikschlacht. Der Krieg zur See 1939–1945; Bergisch Gladbach 1978

*Dönitz, Karl:* 10 Jahre und 20 Tage; Frankfurt (Main) 1963
● Mein wechselvolles Leben; Göttingen/Zürich/Berlin/Frankfurt (Main) 1968
● Die U-Bootswaffe; Berlin 1939
● 40 Fragen an Karl Dönitz; München 1980

*Farago, Ladislas:* The Tenth Fleet; New York 1962

*Frank, Wolfgang:* Die Wölfe und der Admiral. U-Boote im Kampfeinsatz – Triumph und Tragik; Oldenburg/Hamburg 1953

*Görlitz, Walter:* Karl Dönitz. Der Großadmiral; Göttingen/Zürich/Frankfurt (Main) 1972

*Herlin, Hans:* Verdammter Atlantik; Hamburg 1959

*Herzog, Bodo:* Die deutschen U-Boote 1906 bis 1945; München 1959

*Hillgruber, Andreas; Hümmelchen Gerhard:* Chronik des Zweiten Weltkriegs (Hrsg. Arbeitskreis für Wehrforschung) Frankfurt (Main) 1966

*Hinsley, F. H.:* British Intelligence in the Second World War. Its Influence on Strategy and Operations. Volume One. (Hrsg. Her Majesty's Stationary Office); London 1979

*Hoyt, Edwin P.:* U-Boats Offshore. When Hitler Struck America; New York 1978

*Kahn, David:* The Code-Breakers; London 1970

*Korganoff, Alexandre:* Prien gegen Scapa Flow; Stuttgart 1977

*Lewin, Ronald:* Ultra Goes to War. The Secret Story; 1978 – deutsch: Entschied ULTRA den Krieg? Alliierte Funkaufklärung im 2. Weltkrieg; (Hrsg. Jürgen Rohwer); Koblenz/Bonn 1981

*Lowell, Thomas:* Ritter der Tiefe; Gütersloh 1937

*Lüdde-Neurath, Walther:* Regierung Dönitz. Die letzten Tage des Dritten Reiches; Göttingen 1964

*Macintyre, Donald:* The Battle of the Atlantic; London 1961
● U-Boat Killer; London 1956

*Mallmann-Showell, J. P.:* U-Boats Under the Swastika; Shepperton 1973 – deutsch: U-Boote gegen England. Kampf und Untergang der deutschen U-Boot-Waffe 1939 bis 1945; Stuttgart 1975

*Mason, David:* U-Boat – The Secret Menace; 1968 – deutsch: Deutsche U-Boote; München 1980

*Müllenheim-Rechberg, Burkard Freiherr von:* Schlachtschiff Bismarck 1940/41. Der Bericht eines Überlebenden; Berlin/Frankfurt (Main)/Wien 1980

*Munson, Kenneth:* Aircraft of World War II; London 1972; deutsch: Die Weltkrieg II-Flugzeuge; Stuttgart 1973

*Peillard, Leonce:* La Bataille de l'Atlantique; Paris 1974 – deutsch: Die Schlacht im Atlantik; München 1979

● L'affaire du Laconia; Paris o. J. – deutsch: Affäre Laconia. 12. September 1942; Wien 1963

● Histoire Generale de la Guerre Sousmarine 1939–1945; Paris 1970 – deutsch: Geschichte des U-Boot-Krieges 1939–1945; Wien/Berlin 1970

*Piekalkiewicz, Janusz:* Seekrieg 1939–1945; München 1980

*Pitt, Barrie:* The Battle of the Atlantic; World War II; Alexandria, Virginia 1977 (TIME-LIFE)

*Rössler, Eberhard:* U-Boot-Typ XXI; München 1980

● U-Boot-Typ XXIII; München 1967

*Rohwer, Jürgen:* Die U-Boot-Erfolge der Achsenmächte 1939–1945; München 1968

● U-Boote. Eine Chronik in Bildern; Oldenburg 1962

● »Ultra«, xB-Dienst und »Magic«. Ein Vergleich ihrer Rolle für die Schlacht im Atlantik und den Krieg im Pazifik; Beitrag zum »Fourth Naval History Symposium, 26.–26. 10. 1979«; in Marine-Rundschau 10/1979

*Rohwer, Jürgen; Hümmelchen, Gerhard:* Chronik des Seekrieges 1939–1945 (Hrsg. Arbeitskreis für Wehrforschung und Bibliothek für Zeitgeschichte); Oldenburg/Hamburg 1968

*Rohwer, Jürgen; Jäckel, Eberhard* (Hrsg.): Die Funkaufklärung und ihre Rolle im Zweiten Weltkrieg; Stuttgart 1979

*Roskill, Stephen W.:* The Navy at War; London 1960 – deutsch: Royal Navy. Britische Seekriegsgeschichte 1939–1945; Oldenburg/Hamburg 1961

● The War at Sea (Hrsg. Her Majesty's Stationary Office) Volume I: The Defensive; London 1954. Volume II: The Period of Balance; London 1956. Volume III: The Offensive Part I; Part II; London 1960

*Salewski, Michael:* Die deutsche Seekriegsleitung 1935–1945. Band I: 1935–1941; Frankfurt (Main) 1970; Band II: 1942–1945; München 1975; Band III: Denkschriften und Lagebetrachtungen 1938–1944; Frankfurt (Main) 1973

● Von der Wirklichkeit des Krieges. Analysen und Kontroversen zu Buchheims »Boot«; München 1976

*Schmalenbach, Paul:* Die deutschen Hilfskreuzer 1895–1945; Oldenburg/Hamburg 1977

*Schofield, Brian B.:* The Arctic Convoys; London o. J. – deutsch: Geleitzugschlachten in der Hölle des Nordmeers; Herford 1980

*Wagner, Gerhard* (Hrsg.): Lagevorträge des Oberbefehlshabers der Kriegsmarine vor Hitler (1939–45); München 1972

*Weddigen, Otto:* Unser Seeheld Weddigen; Berlin 1915

*Werner, Herbert A.:* Die Eisernen Särge; München 1969

*Whitehouse, Arch:* Subs and Submariners; London 1963

*Whittingham, Richard:* Martial Justice. The Last Mass Execution in the United States; Chicago 1971

*Williams, Eric:* More Escapers; London 1968

*Winterbotham, Frederick W.:* The Ultra Secret; New York 1974 – deutsch: Aktion Ultra; Frankfurt (Main)/Berlin 1976

*Botting, Douglas:* Die Seefahrer. Die Unterseeboote; Amsterdam 1981 (TIME-LIFE)

# Danksagung

Verpflichtet fühle ich mich vor allem jenen vielen ehemaligen U-Boot-Fahrern, die mir schrieben, als der Vorabdruck dieses Buches in der Zeitung WELT am SONNTAG veröffentlicht wurde. Ihrer Aufmerksamkeit verdanke ich eine große Zahl zusätzlicher Informationen. Danken möchte ich auch Herrn Prof. Jürgen Rohwer, Bibliothek für Zeitgeschichte in Stuttgart, für die freundliche Bereitwilligkeit, mit der er meine Fragen beantwortete. In besonderer Weise verbunden fühle ich mich Herrn Korvettenkapitän a. D. Peter Erich, genannt Ali Cremer, dem Kommandanten des legendären Bootes U 333, der die gesamte Arbeit an diesem Buch mit sachverständigem Rat begleitete. G. B.

# Register